KB264848

파·워·풀·하·고·영·력·있·는·30·인·의·강·력·메·세·지

강단목회 핸드북
52주

다이나믹 설교뱅크

최 정 성 목사 엮음

강단목회 핸드북

52주

다이나믹 설교뱅크

머리말

최 정 성 목사
(인천 기독교연합회 총회장)

하나님이 한국 땅에 생명의 빛을 주시려고 115년 전 인천 제물포항에 복음이 들어오게 하시고 선교 115년에 1,200만 성도로 성장케 하는 큰 영광을 한국교회에 주셨습니다.

본인은 복음이 처음 들어온 인천에서 2000년도 인천 기독교연합회 총회장이 되면서 두 가지 숙원사업이 있었습니다. 첫째는 '2,000년 인천 기독교 연합회 총회사' 발행이요, 둘째는 인천에서 건전하게 목회하고 한국 교회 성장에 기여한 목사님들의 주옥같은 설교를 계획목회에 맞추어 '강단목회 핸드북'을 출간하고자 하는 일이었습니다.

본 '강단목회 핸드북' 특징은 계획 목회 형식을 따라서 목회현장에서 필요로 하는 모든 분야에서 길잡이가 되는 방향으로 편집 출간되었다는 점입니다.

제 1장은 건강한 교회와 교회성장에 관한 전략을 소개하였고, 제 2장에서는 강단목회 설교의 중요성을 말하였으며, 제 3장은 계획목회 모델로 송림중앙교회편을 약술하였습니다. 제 4장에서는 강단설교의 모델이 되는 12분 목사님을 선정하여 월별 주제에 따라 강단목회 설교를 수록하였고, 제 5장에서는 편저자인 최정성 목사의 저녁 강단설교를 52주 연재하였고, 제 6장에서는 인천에서 훌륭하게 목회하시는 목사님들의 헌신예배설교, 절기설교, 예식설교 등으로 특별설교를 수록하였습니다.

인천 기독교연합회에서 2001년을 위한 '강단 목회 핸드북' 출간은 하나님의 은혜요 연합회 임원들과 선후배 목사님들의 적극적인 참여로 이루어졌습니다.

우리 모두의 마음을 '말씀의 향연'으로 모았으며 이 책을 통해 목회일선에 계신 동역자들에게 다소라도 목회의 안내서가 될 수 있다면 그것으로 하나님께 감사와 영광을 돌리고자 합니다. 감사합니다.

2000. 12. 25.

차 례

다이나믹 설교뱅크

제 1 장

건강한 교회와 교회성장

최정성 목사(인천 동현장로교회)

1. 교회의 사명과 목적

교회는 그리스도께서 머리가 되시며(엡 4:16, 골 1:8) 그리스도의 몸이며(엡 1:23) 그리스도의 피로 값주고 사신 것이다(행 20:28). 그리고 진리의 터가 되고(딤전 3:15) 구원얻은 성도는 몸된 교회의 지체로서(엡 3:6, 4:12) 이루어진 영적 유기체이다.

이땅 위에 많은 교회들이 세워지고 교회의 사명을 따라 일하고 있지만 하나님께서 교회를 주신 본래의 목적과 교회와 예수님과의 관계, 그리고 교회와 성령의 역사의 하나됨을 반드시 알아야 한다.

교회는 진리를 찾는 자들에게 호감을 주는 교회가 아니라 진리를 찾는 자들이 찾아오는 교회가 되어야 하고 모든 사람들에게 복음을 전하며 그의 백성으로 삼는 교회가 되어야만 한다.

성경은 교회를 살아있는 유기적인 조직체로 말한다. 그러므로 교회는 부활하신 예수 그리스도 위에 세워진 하나님과 생명적인 관계를 가지고 있다.

교회는 하나님의 사람들로 구성되어 있다. 양무리들이 목자를 따르듯이 하나님의 백성들은 그리스도를 따른다. 하나님의 백성들은 왕같은 제사장들이며 그의 나라에 동일한 시민이다.

교회는 그리스도의 이름으로 하나님을 섬기고, 여러 지체를 가진 통일된 한 몸을 가지고 하나님께서 지상에 주신 사명 성취를 위해 존재한다. 그리고 교회는 성령이 거하는 하나님의 전이다. 교회는 세상에서 모든 민족들에게 그리스도를 증거할 사명이 있다.

(1) 교회의 성경적 정의

성경은 교회를 가리켜 하나님의 백성, 그리스도의 몸, 성령의 교제로 말하고 있다.

구약에서는 단순히 '모임'이라는 교회 개념이 신약에서 확대되어 '특별한 목적을 위해 부르심을 받은 자들의 모임'이란 의미로 나타나고 있다.

신약에서 가장 많이 이해되고 있는 교회의 의미는 '신자들의 공동체'이다. 이 말을 좀더 정확히 표현하면 '하나님에 의해 예수 그리스도를 통하여 부르심을 받아 모여진 공동체'라고 할 수 있을 것이다.

다시 말하면 세상에서 특별히 예배, 교육, 전도, 봉사, 교제의 목적으로 부르심을 받은 그리스도에게 속한 하나님의 백성들을 의미한다.

신약성경에 교회를 묘사하고 있는 상징적인 의미는 다음과 같다.

1) 하나님의 권속이다(엡 2:18-19).

2) 하나님의 성전이다(엡 2:20, 벧전 2:7).

3) 하나님의 양무리이다(요 10:4, 요 10:10).

4) 그리스도의 몸이다(엡 1:22, 5:15, 골 1:18).

5) 그리스도의 신부이다(마 25:6-13).

6) 왕같은 제사장이다(벧전 2:9).

(2) 교회의 목적

교회의 목적은 전도, 예배, 교제, 영적 성숙, 봉사 등이다.

초대교회의 성도들의 교회의 삶과 사도바울의 교회에 대한 권면을 보면 교회가 지상에서 해야할 사명과 목적을 알 수 있다(요 17:1-26, 엡 4:11-16, 행 2:41-47) 교회의 목적과 사명은 다음과 같다.

1) 전도와 선교

교회가 세워진 목적은 예수님께서 우리를 구원하시기 위해 이세상에 오신 것과 같이 교회를 통하여 세상의 사람들에게 복음을 전하기 위함이다. 주님께서는 온 세상에 나가서 복음을 전하고 그들을 주님의 제자로 삼으라고 명령하였다.

다이나믹 설교뱅크

교회에는 하나님의 말씀을 세상에 전할 책임이 주어져 있다. 우리는 예수 그리스도의 사신들이며 세계를 복음화해야 할 선교적 사명이 있다. 주님의 지상명령의 "가라"는 말씀의 원문의 의미는 "어디든지 가면서"라는 현재분사로 되어 있다. 모든 그리스도인들은 어디에 가든지 복음을 전해야 할 책임이 주어져 있다는 말이다.

전도는 우리의 책임 이상이며 우리의 특권이다. 우리는 복음전파의 사역을 잘 감당해야 하며 이 사역을 통해서 교회는 자연히 성장하게 되어 있는 것이다.

2) 예배

교회가 세상에 존재하는 첫번째 이유는 하나님을 예배하기 위함이다. 하나님께서 우리를 그의 백성으로 삼아주신 목적이 바로 하나님을 예배하게 하기 위함이다. 하나님을 섬기고 그를 위해 봉사하기 전에 먼저 하나님을 예배하는 것이 교회의 목적이다.

교회는 하나님을 사랑하고 예배하기 위해 모인 자들의 공동체인 것이다. 많은 교회가 하나님께 예배드리는 일보다 봉사하는 것을 교회의 존재 목적으로 알고 봉사를 권장하는 일이 있다. 그러나 하나님께 대한 진정한 사랑과 예배가 없는 봉사는 하나님과 사람 앞에서 아무런 유익이 없으며 자신의 신앙에도 도움이 되지 못한다. 교회안에서 봉사하기 이전에 먼저 하나님을 사랑하고 예배하는 법을 배워야 한다.

예배는 반드시 그리스도의 구속의 사랑에 기초해야 한다. 우리는 그리스도의 사랑으로 구속함을 받고 그에게 속하였다. 예배는 그리스도를 시인하고 하나님께 영광을 돌리는 것이 되어야 한다.

3) 성도의 교제

주님께서 교회를 지상에 세워주신 것은 물과 성령으로 거듭난 하나님의 백성들이 함께 공동체를 이루어 신자들이 교제하며 신앙의 삶을 함께 나누게 하기 위함이다.

주님의 주신 마지막 대명령 가운데 "가라. 세례를 주라. 가르치라"는 말은 모두 제자 삼으라는 본동사를 수식하고 있는 현재분사들인데, 세례를 주고 가르치라는 말은 교회안에서 성도들의 연합을 이루어 같은 지체 의식을 가지고 교제하며 양육함을 받으라는 의미이다. 성도의 교제가 곧 교회의 존재 목적이다.

4) 교화와 양육

교회를 주신 목적은 신자들로 그리스도의 제자로서의 삶을 세상에서 살아가게 함을 의미한다.

교회는 하나님의 백성들을 교화 또는 교육하기 위해 세상에 존재한다. 교화와 양육이란 교인들로 그들의 사상과 행위 속에서 더욱 그리스도를 닮아가도록 돕는 일이라고 말할 수 있다.

이러한 양육과 교화의 삶은 거듭나는 순간부터 세상의 삶을 마칠 때까지 계속되는 것이다.

바울은 "우리가 그를 전파하여 각 사람을 권하고 모든 지혜로 각 사람을 가르침은 각 사람을 그리스도 안에서 완전한 자로 세우려 함이니"(골 1:28)라고 말씀하고 있다.

교회는 불신자들에게 복음을 전하는 전도의 사명만이 있는 것이 아니라 전도받은 자들을 교화하고 양육하는 사명도 주어져 있다. 주님을 영접한 자를 반드시 영적으로 성장해 나갈 수 있도록 교회는 이 양육의 사명을 감당해야 한다(엡 4:11-13).

5) 사회 봉사

교회가 세상에 존재하고 있는 목적은 세상 사람들에게 봉사하기 위함이다. 예수 그리스도의 이름으로 상처받은 자들을 치유하고 없는 자들에게 필요한 것들을 공급하며 하나님의 사랑을 구체적으로 보여주는 것이 바로 교회의 목적인 봉사의 사역이다.

이러한 봉사에는 영적, 물질적, 육신적, 그리고 정신적이고 감정적인 모든 필요가 포함되어 있다. 예수님도 자신의 이름으로 소자 하나에게 냉수 한 그릇을 주는 것을 잊지 않으시겠다고 말씀하였다.

또 교회는 내적으로 성도들을 온전케 하는 봉사의 사역을 위해 존재하고 있다고 말씀하고 있다(엡 4:12).

(3) 교인의 책임의식

주님의 몸된 교회에 한가족이 된다는 것은 특권이며 동시에 책임이 있다는 것이다. 교회의 목적을 교인들에게 전달할 때 개인화해서 전달하는 것이 매우 중요하다.

1) 하나님은 교회의 일원이 되기를 원하신다.

이것은 교제의 목적을 개인화하는 것이다. 성경은 분명히 그리스도를 따르는 것이 하나의 믿음만을 소유하는 것이 아니라 그리스도의 교회에 속하는 것을 의미한다고 가르치고 있다. 그리스도인의 삶은 독자활동이 아니다. 반드시 다른 성도들과 함께 교제의 삶을 살아가야 한다. 하나님은 우리들의 유익을 위해 영적인 가족들을 허락해 주셨다(엡 2:19).

2) 하나님은 그의 성품을 닮기 원하신다.

이것은 교회의 목적인 제자도의 개인화된 목적이다. 하나님은 모든 신자들의 인격면에서 그리스도와 같이 되기를 원하신다. 그리스도와 같이 된다는 말은 "영적 성숙"이라는 말이다. 예수님은 우리의 모범이 되신다(벧전 2:21). 우리는 세상에서 말과 행동과 사랑과 믿음과 정절의 삶에서 성숙한 신자들이 되어야 한다(딤전 4:12).

3) 하나님은 그의 은혜의 봉사자가 되기를 원하신다.

모든 그리스도인들은 봉사와 사역의 책임이 있다. 하나님은 우리가 받은 은사와 달란트와 기회를 다른 사람들을 위해 사용하기를 기대하고 있다(벧전 4:10). 교회의 모든 성도들은 각자 맡은 사역들이 있다. 사명따라 은혜의 봉사자가 되어야 한다.

4) 하나님은 우리가 사랑의 사도가 되기를 원하신다.

이것은 교회의 전도의 목적이 개인화된 것이다. 우리가 거듭난 다음에는 다른 사람들에게 복음을 전하는 전도자가 되는 것이다(행 20:24). 이것은 모든 그리스도인들의 중요한 책임이다(고후 5:19-20).

하나님께서 우리를 고통과 슬픔과 죄가 많은 지상에 아직 남겨두신 이유가 무엇인가?

우리가 구원함을 받자마자 천국으로 인도함을 받으면 더 좋을 수 있다. 그러나 천국에서 할 수 없는 전도하는 일을 하게 하시기 위함이다. 우리는 복음을 세상에 전해야 할 책임을 가지고 있는 것이다.

5) 하나님은 우리가 그의 이름을 높이는 자가 되기를 원하신다.

성경은 우리가 하나님을 경배하고 찬양해야 할 책임이 있다고 가르치고 있다(시 34:3).

예배를 통해서 하나님을 경배하고 찬양해야 한다. 인생의 제일의 목적이 하나님을 영화롭게 하는 데 있다.

2. 교회의 비전과 목회 철학

교회는 그리스도의 몸으로서 지역적인 공동체의 교회가 아니라 개성 있는 교회로 교회의 정체성과 목적과 역할을 감당해야 한다.

교회는 양적인 성장을 강조하기 보다는 개체 교회의 건강과 교인들의 개인적이고 영적인 성장에 초점을 맞추어야 한다.

교회는 개인적 신앙성숙과 건강한 교회를 지향할 때 교인들을 불신자에 대한 관심을 가지고 지역사회 복음화를 이루어나갈 수 있는 것이다.

교회는 미래에 대한 계획이 있어야 한다. 10년 또는 20년 계획을 세우고 교회의 장래를 위해 준비하는 교회가 되어야 한다.

(1) 교회의 비전

교회가 사역의 비전을 가지게 될 때 비로소 지역사회 속에서 비전을 성취해 나갈 수 있는 교회 사역 철학을 정립할 수 있다.

교회 전체가 미래를 바라보는 비전이 있어야 교회는 사역철학을 세우고 장단기 구체적인 계획을 설정하며 비전을 수행해 나갈 수 있다.

1) 비전의 의미

비전은 '미래의 것을 감지 또는 분별'하는 지혜가 있는 특별한 능력이다.

성경에서의 비전은 현재의 상황에서 이상을 보는 것(창 15:1)과 미래에 하나님의 나라에서 일어날 사건을 미리 보는 묵시와 환상을 설명할 수 있다.

교회의 비전은 교회의 사명을 이해하는 데서 온다.

목회비전은 목회자 자신의 비전일 수 있고 교회의 비전은 하나님께서 그 개 교회에 주시는 지역사회에 대한 비전이다.

2) 교회비전의 모토

① 믿음

교회비전은 성경적인 비전이어야 한다. 믿음은 하나님을 향하여 주의 음성을 듣고 순종하려는 자세이다.

믿음은 하나님의 말씀대로 순종하고 생각하고 따라가는 것이다. 교회의 비전은 믿음의 역사로 이루어진다.

② 통찰력

비전에는 현재 사회문화와 주위 환경에 대한 통찰력이 요구된다. 비전을 가지려면 교회가 직면하고 있는 상황과 시대적인 흐름을 잘 살피는 연구가 있어야 한다.

지도자는 설교와 가르침을 통해서 교회의 사명과 지역사회 속에서의 비전을 지속적으로 교인들에게 제시하고 교육하여 교인들이 비전을 가슴에 공유할 수 있도록 해야 한다. 그리고 교회 비전을 행동으로 바꾸어야 한다.

③ 선견성

비전을 가진 지도자는 언제나 다른 사람들이 보지 못하는 미래를 보는 선견지명을 가지고 있다.

성경의 위대한 비전 제시자들은 모두가 버림을 받고 환영받지 못했다는 사실은 오늘날 하나님의 비전을 실현하는 데는 적지 않은 반대가 있음을 가르쳐 준다.

목회자가 비전을 제시하고 실천해 나가려고 할 때 교인들이 반대하는 것은 매우 당연하다. 이유는 목회자가 보고 있는 비전을 보지 못하고 현실만 보고 있기 때문이다.

그리고 하나님의 비전에는 마음과 뜻과 정신과 영혼과 힘을 다하는 전

다이나믹 설교뱅크

인격이 동원되어야 한다.

④ 열정과 사랑

믿음과 비전을 가지고 하나님의 사역을 하여도 진정한 열정과 헌신이 없이는 사역을 완성할 수 없다.

현대인들은 안일한 삶을 추구한다. 열정이 없으면 믿음과 비전을 실제적으로 실천에 옮길 수 없다. 사랑의 열정과 실천이 있을 때 비전은 실현될 수 있다.

(2) 목회자의 비전

비전 제시는 목회자가 교인들에게 하나님이 교회에 주신 특별한 사명과 책임이 무엇인가를 보게 하는 것이고 그 사명 성취를 위한 사역 철학과 방법을 구체적으로 세우게 하는 원동력이 된다.

목회자는 일반 성도들보다 멀리 볼 수 있는 안목이 반드시 있어야 하고 하나님이 자신에게 맡긴 교회를 어느 방향으로 인도해야 하는가에 대한 명확한 비전을 가지고 있어야 하나님이 원하시는 교회성장을 이루어 나갈 수 있다.

창조적인 사역철학을 가진 목회자의 특징은 다음과 같다.

1) 하나님의 뜻을 찾는 목회자
2) 자신을 잘 아는 목회자
3) 교회의 목적과 사명을 전달하는 목회자
4) 창의적이고 혁신적인 목회자
5) 균형잡힌 목회자
6) 다른 사람의 영향을 받은 목회자
7) 문화를 연구하는 목회자

(3) 목회사역의 성서적 배경

목회란 "칠목"(牧)과 "모일회"(會)의 두 한자가 한데 어우러져 된 말로서 "모임을 치는 것"이란 뜻을 지니고 있다. 곧 사람이 양, 염소, 소, 말 같은 짐승을 먹이고 기르듯이 교회의 지도자된 사람이 믿는 사람들의 모임인 교회를 기독교 신앙의 정신을 따라 잘 돌보는 것을 의미한다.

목회사역의 성서적 배경을 구약과 신약에서 살펴보고자 한다.

1) 구약성서적 배경

에스겔 34장은 이스라엘 백성과 이방나라들에 심판을 선포하는 말씀들의 모임에서(1-32), 앞으로 있을 구원에 대한 말씀들의 모임(33-48)이다.

그리하여 에스겔 34장은 하나님의 백성이지만 하나님을 거스리다 하나님으로부터 벌을 받아 나라를 잃고 바벨론에 사로잡혀 와 말할 수 없는 어려움을 겪고 있는 유다 백성들에게 지난 날의 잘못을 깨우치며 새로운 앞날을 약속하는 흐름 가운데 들어있는 말씀이다.

에스겔 34장에서 목회사역에 관한 가르침을 살펴보면 다음과 같다.

첫째, 개인을 돌보는 목회

· 목회는 평신도들을 먹이는 일이다(34:1-3, 5-8).

1-3절과 5-8절에서 하나님은 자기만 먹이고 양들은 먹이지 않는 이스라엘 목자들을 호되게 꾸짖으셨다. 여기서 우리는 목회란 평신도를 먹이는 것이지 목회자 자신을 먹이는 것이 아니라는 진리를 깨닫는다.

양이 목자를 위해 있지 아니하고 목자가 양을 위해 있듯이 평신도가 목회자를 위해 있는 것이 아니라 목회자가 평신도를 위해 있다는 말이다.

그러므로 목회는 목회자가 평신도를 잘 먹이는 일이다.

둘째, 목회는 평신도 한 사람 한 사람을 끊임없는 관심으로 보살피는 것이다(34:11-16).

4절과 11-16절은 목자가 양을 먹인다는 것이 구체적으로 무엇을 뜻하는지 말씀하고 있다.

목자가 양을 먹인다는 것은 양에게 그냥 먹이만 던져주는 것이 아니라 양이 약해지면 강하게 하고, 병들면 고쳐주고, 다치면 싸매어 주고, 쫓기면 돌아오게 하고, 길을 잃으면 찾아오고, 성하면 그 성한 것이 계속 유지되도록 하는 것을 뜻한다고 했다.

참목자이신 하나님께서도 바로 이처럼 양들을 돌보신다고 했다. 이는 목자가 양 한 마리 한 마리의 형편을 잘 살펴 각 형편에 알맞도록 보살핌을 뜻한다.

이처럼 목회란 신자 한 사람 한 사람의 삶에 대해 하나님의 마음으로 쉴새없이 배려하는 것이라 할 수 있다.

셋째, 목회는 하나님께 책임을 져야 하기에 목회자는 늘 스스로를 하나님 앞에서 삼가야 한다(34:10, 23-24).

목회의 직책은 사람의 어떤 자질과 능력 때문에 주어지는 것이 아니라 하나님께서 그 누구에게 맡겨주셨기에 그저 받는 직책이다.

이처럼 목회의 직책이 오로지 하나님으로부터 비롯된다 할 때 목회자는 목회를 하나님의 뜻대로, 하나님 법도대로, 하나님의 마음으로 해야 하는 것이다.

많은 평신도들은 목회자의 양들이 아니라 하나님의 양들이기 때문이다.

넷째, 목회란 하나님이 하시는 목회를 함께 하는 것이다(34:11-16, 23-24).

하나님 백성의 참목자는 본디 하나님이시다. 그리하여 이스라엘에 목자로 세운 사람들이 제구실을 못하니 하나님께서 몸소 목자 노릇 하시겠다고 11-16절에서 말씀하셨다. 이어 23-24절에서는 하나님 마음에 드는 새목자 다윗같은 목자를 세우시겠다고 하신다. 이 약속이 예수 그리스도에게서 이루어졌음을 우리는 안다.

이리하여 오늘날의 목회는 예수 그리스도에게 속한 양들의 관리인으로 그리스도의 목자직에 참여하는 직책이라 할 수 있다. 예수 그리스도께서 성령을 통하여 그 백성된 그리스도인들을 먹이시고 지키시고 보살피시며 이끄시는 일에 부탁을 받아 함께 하는 것이 목회이다.

다섯째, 나쁜 평신도들은 하나님의 심판에 맡기는 목회이다(17-22).

17-22절에서 하나님은 양들 가운데 못된 양들을 꾸짖으시고 그들을 심판하시겠다고 하신다.

그러기에 오늘의 목회에서는 좋지 못한 평신도들이 있어 목회하는 것이 어려워질 때가 있을 때 그런 사람들은 하나님께 맡겨야 한다.

마지막으로, 목회는 성도들이 복된 삶을 누리도록 하고 하나님을 하나님으로 높이는 데 있다(23-31).

에스겔 34장의 마지막 부분은 이상적인 새목자가 하나님의 이끄심을 받아 양된 이스라엘 백성을 잘 보살필 때 그 초장이 얼마나 아름다운지를 보여준다. 자유와 안전과 평화와 넉넉한 수확이 그것이다. 이럴 때에 하나님은 하나님으로 알리어진다고 한다. 목회는 교인 한 사람 한 사람이 풍성한 삶을 누리는 공동체, 하나님을 하나님으로 높이는 공동체를 이루는 것이다.

② 공동체를 돌보는 목회

첫째, 목회는 내 백성의 상처를 고치는 일이다(렘 6:13-14).

예레미야 6:13-14에서 예레미야는 하나님 백성의 나라 유다에 대해 무섭게 심판을 선언하였다. 이유는 이기적인 물질주의와 거짓된 안정신앙이 하나님 백성이 망하도록 하는 무서운 병임을 예레미야는 알았기 때문이다.

그런데도 종교 지도자들은 "내 백성의 상처"를 가볍게 보고 제대로 고치려 하지 않는다고 탄식하였다.

오늘의 목회는 "내 백성의 상처"를 고치는 일을 잘해야 한다.

둘째, 목회는 공동체의 상처를 고치는 목회가 되어야 한다.

· 내 백성의 상처를 고치는 자는 어떤 사람인가?

· 내 백성의 상처를 미리 보고 괴로워 할 줄 알아야 한다(4:19-22).

· 내 백성과 함께 고통받을 줄 알아야 한다(9:17-18).

· 하나님의 말씀에 의해 부서져야 한다(23:9).

· 깨닫지 못하는 백성을 깨우쳐야 한다(렘 30:12-15).

· 구원은 오직 하나님으로부터 옴을 알려야 한다(31:15-17).

2) 신약성서적 배경

신약에서는 예수님의 목회가 원형이지만 바울의 모습을 통해 목회사역의 근거를 살펴보고자 한다.

① 바울의 목회적인 동기

"나의 나된 것이 전적으로 하나님의 은혜"라고 고백한 것처럼 전적으로 하나님의 소명에 근거한 것이다.

② 바울의 목회적 관심의 대상

첫째, 지역교회이다.

바울은 어느 한 집에서 모이는 가정교회를 염두에 두고 "에클레시아"라는 말을 처음 사용하였다. 다시 말해서 이러한 한 가정교회가 각각 하나의 그리스도의 몸을 이룬다고 할 수 있다(고전 12:27).

둘째, 세계교회이다.

고린도전서 12장이 말하는 대로 각각의 지역 교회가 그 자체로서 그리스도의 몸이듯이 이러한 지역교회들이 총합을 이루는 큰 연결체도 역시 그리스도의 몸이다. 이 큰 연결체가 상징하는 그리스도의 몸을 "세계 교회"라고 불러도 좋다.

셋째, 개별적인 그리스도인들에게 관심이 크다.

바울의 목회는 기본적으로 사람을 향한 목회이다. 교인들은 그의 목회 사역의 궁극적인 관심이요 대상이었다.

③ 바울의 목회관

· 함께 하는 목회(빌 1:1)

· 열린 마음으로 하는 목회(고전 9:19-22)

· 보상을 바라지 않는 목회(살전 2:19)

신학자로서의 바울이 기독교 교리 형성에 크게 공헌하였고, 선교사로서의 바울이 기독교의 초창기에 복음이 이방세계에 전파되는 데 크게 공헌했다.

"내가 그리스도를 본받자 된 것같이 너희는 나를 본받는 자 되라"(고전 11:1)고 겸손한 바울은 말했다. 또 이 말이 신약성서에 남아있게 되어 우리에게까지 들려지게 된 것도 좋은 본보기이다.

(4) 목회철학의 기초

노스캐롤라이나 '채플 힐' 교회의 짐 아브라함슨 목사는 미국에서 가장 개성있게 성장하는 25개 교회를 연구 조사한 결과 개성있게 성장하고 있는 이유를 다음과 같이 말하였다.

① 시장성교회(The Market-Driven church)

② 관계중심적인 교회(The Relational Church)

③ 예배중심적인 교회(The Worship center church)

④ 성경을 가르치는 교회(The Bible Teaching church)

⑤ 기타 예외적인 교회 등이다.

또 덴버신학교의 교회성장연구소의 폴 보던, 팀 웨버, 헤롤드 웨사티

교수가 성장하는 교회 목회자들과 평신도들을 대상으로 연구한 결과는
다음과 같다.

① 초점이 분명한 교회는 명확한 목적 선언문으로 시작한다.

② 최상의 교회 목회는 교회를 섬기는 것이 아니라 교회를 통하여 지
역사회를 섬기는 것이다.

③ 성장하는 교회는 사람들의 필요를 충족시킨다.

④ 성경적인 교회는 하나님의 이웃에 대해 의무적이기 보다는 당연히
일하도록 동기를 부여한다.

⑤ 친절한 교회는 누구에게나 우정을 베푼다.

⑥ 효율적인 교회는 교회원들을 성숙한 신자로 대한다.

⑦ 능력있는 교회는 사역을 원하는 자들에게 그들도 할 수 있다고 격
려한다.

⑧ 강한 교회들은 다양한 전도 기회를 제공한다.

⑨ 건강한 교회들은 하나님의 일을 하는 데 최대의 자산은 프로그램이
아니라 사람이라는 것을 알고 있다.

⑩ 생동적인 교회들은 사람들을 안으로 데려올 뿐만 아니라 그들을 포
용한다.

목회의 성공은 돌발적인 사건이 아니다. 이것은 우연이나 요행도 운명
도 아니다. 이것은 목회자 자신의 태도의 문제라고 본다.

이 태도는 목회자의 방향성이나 목표설정에 따른 것이다. 목회에 있어
서 목표는 미리 결정되어 있어야 성공할 수 있다.

어떤 연구결과에 의하면, 우리의 약 95%는 자신의 인생목표를 전혀
글로 적어본 적이 없으며, 글로 써본 적이 있는 5%의 사람들은 그 중
95%가 자신의 목표를 성취했다. 1953년도에 미국 예일대학교에서는
졸업반의 3%만의 학생만이 구체적으로 인생의 목표를 써서 제출했는

데, 1975년의 그 연구결과, 인생의 목표를 써냈던 그 3%의 학생들은 나머지 97%의 학생들을 모두 합친 것보다 더 많이 목표에 이르렀다는 사실이 밝혀졌다. 이와 같이 오늘날 목회자들은 자신의 목회를 다시한번 생각할 필요가 있다.

신년목회를 위해 목회의 목표를 6가지로 지침을 세울 필요가 있다.

① 목표는 이타적이어야 한다.

이기적인 목표는 어떤 것도 가치성이 없다. 자신만의 성공을 위해 세우지 않고, 성도와 지역주민을 위한 넓고 크게 풍족한 목표를 세워야 한다.

② 목표는 명확성이 있어야 한다.

21세기를 향한 방향성과 목표의 타켓(표적)이 명확해야 한다. 지도가 있어도 가야할 방향성이 불분명하다면 쓸모없는 조건일 것이다. 누구를 위한 무엇에 맞춘 초점인가? 돋보기의 초점이 정확하면 태양불이 반대쪽 물체를 태울 것이다.

③ 목표는 측정할 수 있어야 한다.

어디가 시작이고 어디가 끝이 되는가? 그리고 어느 시점에 전환하고 뛰어야 하는지 환경적 요인과 분위기, 문제점 등을 파악하여 측정가능해야 한다.

④ 목표는 가치성이 있어야 한다.

쓸모없는 가치는 성공률이 떨어진다. 갈등과 좌절 속에 판단력을 흐릴 수 있다. 현재 목회하고 있는 교회는 과연 예수 그리스도의 가치성을 어느 정도에 두는가? 평생이 지나가도 변함이 없는 가치를 왜 값싸게 취급하는지 재고하여 보고 목회비전의 가치를 높여야 한다.

⑤ 목표는 확신으로 가득차 있어야 한다.

확신은 믿음이고 신앙의 판단이다. 확신이란 목표 그 자체가 가치롭다는 사실에 불굴한 신념이다. 그래서 확신있는 목회자는 열정이 있고 성취욕이 투철하여 '신내림'이 있다. 곧 성령의 임재 속에 추진력이 있다.

⑥ 목표는 성장시킬 수 있어야 한다.

목표를 목회자 자신의 사고와 짧은 안목에 제한하거나 고정화하지 말아야 한다. 목회자의 목표가 만일 확장시킬(expandale) 수 없는 것이라면, 그것은 소모(expendale)되고 말 것이다.

허공에 허비하거나 소모하지 말아야 한다. 우리는 성장해 나가면서 성장과정을 명확하게 들여다 보면서 끊임없이 우리의 목표를 높이 세워야 한다. 언젠가 목표를 성취하고 이제 더 이상 할 일이 없다고 생각될 때 곧 좌절과 낙심으로 목회를 포기할 수도 있을 것이기 때문이다.

목표는 비전을 잃지 않도록 풍랑 속에 배의 방향을 세워주는 등대와 같다. 성공하는 목회자가 되기를 원한다면 목표를 다시 점검해야 할 것이다. 그러면 분명히 성공적인 목회자가 될 것이다.

(5) 목회철학에 따른 전략

교회는 헌신의 써클과 생활계발과정이라는 두 가지 사역철학 안에서 목적을 성취하는 방법론이 나타난다.

1) 사역철학

― 헌신의 써클

① 지역사회 속에 있는 불신자들

교회에 나오지 않고 있는 사람, 절기 출석자들을 교회의 최상의 전도대상으로 삼는다.

② 주일 교인

주일교인들은 주일예배 참석자들을 의미한다.

일반 주일 출석을 통해서 복음을 듣고 그리스도를 영접하고 그리스도인이 되도록 한다.

③ 등록 교인

등록교인이란 교회에 정식으로 등록된 교회원을 가리킨다.

④ 헌신된 교인

헌신자들은 자신의 신앙에 대해 깊은 관심을 가지고 있으나 여러 가지 형편상 자신의 영적 성숙을 위한 제자훈련을 받지 못한 자들이다.

⑤ 핵심 교인

여기서 핵심교인들은 교회 안에서 가장 많은 헌신과 사역을 하고 있는 교인들이다.

— 생활계발과정

① 그리스도를 아는 단계 — 1단계 초신자 교육 12주

② 그리스도 안에서 성장하는 단계 — 2단계 24주

③ 그리스도를 섬기는 단계 — 말씀편, 교리편, 생활편

④ 그리스도를 전하는 단계 — 전도편, 성령편, 영성훈련

2) 사역전략

① 새 교인 동화 — 새신자 정착

② 다양한 프로그램 개발

 · 지역주민 초청 행사

 · 노인학교

 · 어린이 선교원

 · 평신도 지도자 훈련원

③ 교인교육

④ 소그룹사역 — 구역, 각기관별

⑤ 팀조직 — 선교팀, 찬양팀, 제자훈련팀, 사역팀

⑥ 교회 행사

매년 2개월 정도는 교회의 각 목적에 따라 강조하는 교회 행사를 갖는

다.

　　1·6월 : 성숙한 달 — 신약성경 통독, 교회 전체 성경 공부
　　2·7월 : 봉사의 달 — 봉사활동
　　3·8월 : 선교의 달 — 개인권고훈련, 선교대회, 특별한 선교행사
　　4·9월 : 교제의 달 — 새신자 야유회, 음악회, 축제행사
　　5·10월 : 찬양과 경배의 달
　　11·12월 : 추수감사절, 성탄절 행사

3. 21세기의 건강한 교회상

한국 기독교는 선교 100년을 지나면서 가장 중요한 전환기를 맞이하고 있다. 선교 1세기를 지나고 선교 2세기로 넘어가면서 21C를 맞았다.
2천년대라는 새세대를 맞이하게 되면서 교회도 새로운 방향 설정이 되어야 할 때이다.

(1) 21세기의 문화의 경향

1) 세계화와 민족화의 파라독스 시대가 열린다.

지구촌시대에 2000년대의 가장 현저한 변화는 세계적 생활양식의 등장과 정반대 방향으로 민족화가 일어나고 있다.

세계화와 함께 문화 민족주의가 일어나고 있다.

세계적 문화의 균일화와 함께 주체 문화의 보존이라는 역설적 운동을 촉진하고 있는 시대에 우리가 살고 있다.

2) 정보사회화의 시대에 살고 있다.

정보 초고속도로의 시대로 진입하고 있다.

후기 산업사회 속에서 미래사회 속에서 가장 중요한 것은 정보가 되리라는 것은 명약관화하다 이것은 모든 계층 모든 영역에 중요한 영향을 미칠 것이다.

3) 전문화의 시대가 된다.
정보사회는 자연스레 전문화의 경향을 띠게 될 것이다. 전문화의 효율성을 높이기 위한 마게팅은 삶의 양식이 되고 있다. 생산자와 소비자가 다함께 만족할 수 있는 시스템은 시대의 요청이다.

4) 여성화, 노인화, 싱글화의 시대가 된다.
20세기의 사회참여 형식이 2000년대에서 맞이하게 될 변화의 가장 큰 영역은 여성의 사회진출, 고령화된 노인의 증대, 그리고 싱글로 사는 개인들의 폭발적 증가가 예견되고 있다.

5) 기계화와 개인화의 시대이다.
기계화와 개인화의 경향은 인간소외를 촉진시키고 유토피아를 가져오지 못한다. 현재는 기능적 단계에 이르러 있고 여기에는 반드시 조직주의라는 것이 관련되게 된다. 인간 상호간의 관계가 기계적으로 다루어지게 되는 것이다. 현대인들은 보다 외로워진다는 말이다.

6) 가정의 사회화시대이다.
개인화의 현상은 매우 명백하다. 그와 함께 명백해지는 것은 가정의 사회화이다.
2000년대는 부모들이 자녀양육을 위해 보편적으로 사회 복지 시설을 이용하게 된다.
자녀들도 늙은 부모들을 사회시설에 위탁하거나 노인 자신들이 원하기도 한다.

(2) 21세기가 요구하는 교회상

1) 세계화와 지역화 이미지를 동시에 가진 교회

사람들은 교리적 교회를 외면하게 되고 지역속에서 커뮤니티 처치로서 구실을 하는 교회를 원한다. 지역성을 말하는 것으로 지역상황에 필요로 하는 교회를 원한다.

2) 종의 교회

과거의 전통적 교회는 권위적이었다. 교회 건물양식과 제도적인 모순이다.

예수님이 구유를 선택해 오셨고 예루살렘이 아닌 베들레헴에 오신 종의 이미지를 지닌 교회로 변해가야 한다. 다가가는 교회, 섬기는 교회가 되어야 한다.

3) 팀 미니스트리 교회

2천년대에는 너무 작은 교회는 살아남기 어렵다. 참사람의 목회라고 효율적인 목회를 할 수 없다. 그러므로 팀 미니스트리 교회가 되어야 한다.

4) 사역의 전문화

팀사역을 위해 필요한 것이 사명의 전문화이다. 교회의 필요를 따라서 어떤 일을 말하는 것이 아니라 자신의 은사에 따라 일을 맡아야 한다.

5) 치유하는 교회

현대인은 갈수록 소외를 더 많이 경험하게 되고 외로워지며 교회의 위로를 더욱 갈망하게 된다.

6) 가정화되는 교회

큰 교회가 살아나는 길은 작은 그룹들을 활성화시키는 것이다. 가정화
되는 구역활동의 강화로 결속력있는 교회를 이루어야 한다.

4. 건강한 교회의 성장 전략

(1) 교회성장의 전략(1,000명 성도)

1) 거룩한 동기를 가지라 — 불신자 전도

2) 끈질긴 기도를 드리라 — 목회자 기도

3) 절대 믿음으로 나아가라.

4) 명확한 목표를 세우라.

5) 실행계획을 세우라.

　　재정, 시설, 스텝, 희생, 자기개발, 기대치, 반대세력의 극복, 평신
　　도 지도자 개발, 소그룹활동

6) 중요한 소수에 집중하라 — 예배사역, 전도사역, 조직화, 훈련화

7) 신바람나는 분위기를 만들라 — 성령충만

8) 성장형 행사를 개척하라.

9) 목회적 기능을 적절히 분배하라 — 전도기능, 설교기능, 관리기능

10) 변화를 추구하라.

(2) 건강한 교회의 자화상

1) 강력한 리더십을 가진 목회자

2) 열정적인 평신도

다이나믹 설교뱅크

3) 서비스가 좋은 교회 — 위치, 시설, 교회환경
4) 효과적인 구조와 능률적인 조직
5) 동질성이 강한 분위기 — 생각, 마음, 문화
6) 전도와 양육이 강력한 교회 — 프로그램
7) 교회의 목적이 분명한 교회 — 목적의식

(3) 예배설교를 개발하라

1) 예배개발
① 적극적인 예배철학을 정립하라.
　　주일예배 : 새신자를 얻는 예배
　　저녁이나 오후예배 : 기존 신자가 즐기는 예배
　　수요예배 : 사람을 훈련하는 예배
　　금요예배 : 성령의 능력을 체험하는 예배
　　새벽예배 : 기도의 사역자
② 예배계획을 철저하게 세우라.
③ 창조적 긴장이 있는 예배가 되게 하라.
④ 예배가 곧 사역의 자리가 되게 하라.
⑤ 불신자와 새신자에게도 매력적인 예배가 되게 하라.
⑥ 역동성을 해치는 방해요소를 과감하게 제거하라.
⑦ 예배를 생활화시키라.

2) 설교개발
① 성경에 기초한 설교이다.
② 성령충만한 설교이다.
③ 그리스도 중심의 설교이다.
④ 생활적이고 실제적인 설교이다.

⑤ 긍정적인 사고의 설교이다.

⑥ 기도가 뒷받침된 설교이다.

⑦ 정도 및 선교지향적 설교이다.

⑷ 조직과 사역자를 개발하라

1) 효과적인 교회조직이 되게 하라.

① 입력체계 : 불신자나 새신자 끌어드리는 조직

② 변형체계 : 양육과 목양을 위한 조직

③ 출력체계 : 전도활동, 선교활동

2) 생명을 위한 조직이 되게 하라

① 성령운동

② 기도운동

③ 말씀운동

3) 노동자가 되지 말고 지도자가 되라.

　평신도목회, 영성과 관리기술 개발

4) 1520 법칙을 활용하라.

　한 사람 목사의 변화 — 신자 5명 변화

　한 조직체의 20 혹은 20% 변화가 되면 조직 전체가 산다.

5) 변화를 두려워하지 말라.

6) 지속적인 점검, 조정, 수정을 하라.

7) 모달리티보다 소달리티 조직(특수부대구조)을 활용하라.

⑸ 전도 목회를 개발하라

1) 전도의 중요성을 부각시키라.

2) 목사가 먼저 전도하라.

3) 전도전략을 수립하라.

4) 전도훈련을 실시하라.

5) 전도특공대를 신설하라.

6) 전도의 활성화를 위해 최대한의 지원을 하라.

⑹ 새신자 목회를 개발하라.

1) 새신자를 환영하는 교회가 되게 하라.

2) 새신자 정착의 장애물을 제거하라.

3) 새신자를 위한 프로그램을 준비하라.

　예배 — 양육 — 교제

4) 새신자 특공대를 조직하라.

5) 새신자 양육자를 키우라.

6) 충분한 재정을 투자하라.

제 2 장

강단목회의 중요성

최정성 목사(인천 동현장로교회)

설교는 기독교에 있어서 절대로 필요한 요소이다.
오늘날 교회에 설교가 없었다고 한다면
기독교의 신빙성을 보장하는 필수적인 한 면이 상실되었을 것이다.
왜냐하면 기독교는 바로 그 본질에 있어서
하나님의 말씀의 종교이기 때문이다.
하나님께서는 그의 말씀으로 천지만물을 창조하셨다.
"태초에 말씀이 계시니라 이 말씀이 하나님과 함께 계셨으니
이 말씀은 곧 하나님이시라"(요 1:1).
예수님께서 이 땅에 계실 때에는
"말씀이 육신이 되어 우리 가운데 거하시매"(요 1:14)라고
분명히 말씀하셨으니 기독교는 말씀의 종교임에 분명하다.
설교는 배움으로 통달할 수 있는 학문이 아니고
모든 면에서 필연적으로 사람과 서로 연관이 되어지는 하나의 종합예술이다.

1. 설교의 정의

설교는 하나님의 말씀에 기초하고 사람을 구원하려는 계획과 목적에 사람을 감동하도록 권면하는 법있는 종교적 강화이다.

설교는 다음 요소가 필수적이다.

(1) 하나님을 바로 소개해야 한다.

(2) 죄인으로서의 인간을 바로 소개해야 한다.

(3) 마귀로부터 해방을 받도록 해야 한다.

(4) 하나님을 만나게 해주어야 한다.

2. 강단설교의 중요성

교회는 교회다워야 하고 성도는 성도다워야 한다는 말을 이루기 위해서는 설교가 바로 선포되어야 한다. 설교의 목적은 성도의 구원에 두어야 하는데 그 구원은 예수를 증거하므로 이루어진다.

참된 설교란 하나님의 말씀을 성령의 도움으로 강해하여 그 시대의 상황을 백성들의 상황에 맞추어 다시 잘 정리하여 해석하고 적용하도록 전달함으로써 천국 백성의 삶을 살게 하는 데 있다.

설교는 잘해야 하는 것이 아니고 바로 해야 하는 것이다. 설교는 이론이 아닌 생명이다. 이 생명은 100% 확신에서 나오는 것이다. 이 확신으로 설교자는 청중들의 가슴에 예수만을 심어주어야 한다. 여기에 설교의 중요성이 있다.

(1) 진리는 인격을 통해 전달되어야 한다.

설교란 인격을 통해서 신적 진리를 전달하는 것이다.

설교란 단순한 말이 아니고 인격에 담겨진 하나님의 말씀이라야 효과적이며 능력이 있게 되는 것이다.

(2) 설교는 기도가 기초되어야 한다.

기도의 밑받침이 없는 설교는 화약없는 포탄과 같다. 기도는 예수님 삶의 원동력이었다. 기도는 성도들이 해야할 영혼의 호흡이며 온세계를 움직일 수 있는 하나님의 능력을 이 땅에 실현하게 하는 천국문을 여는 열쇠이다. 설교는 기도가 기초될 때 능력있는 말씀으로 전달된다.

(3) 설교는 복음적으로 해야 한다.

한국교회가 시작된 지 1세기가 넘었다. 그동안 한국 교회는 교회사의 한 부분을 장식할 수 있도록 화려하게 발전해 왔다. 그러나 이제 교회의 지도자들은 한계를 느끼고 있다.

이러한 때 한국 교회는 복음의 말씀대로 나아가야 한다. 이제 교회가 살기 위해서는 다시 1세기, 그리고 16세기의 복음으로 돌아가야 한다.

그 길 밖에는 없다고 성경이 말씀한다. "오직 의인은 믿음으로 말미암아 살리라"는 만고 불변의 진리로 돌 아가야 한다.

우리가 믿을 내용이 복음임은 이미 다 알고 있다. "이 복음은 모든 믿는 자에게 구원을 주시는 하나님의 능력이 됨이라"고 하였다.

하나님께서는 예수 그리스도를 통해 인간 역사에 장막을 치셨다. 그리스도는 이땅에 오셔서 우리들을 위하여 죽으셨으나 부활하셨으며 하늘로 승천하셨다.

그후 많은 놀라운 사건이 일어났는데 사람들은 그것에 관하여 말하지 않을 수 없었다. 이러한 증언을 떠나서는 기독교는 소멸되는 것이다.

그러므로 교회의 본질은 설교이다. 설교자가 그리스도를 통한 이 놀라운 역사를 선포할 때 설교자는 하나님 자신이 이를 선포하는 것처럼 설교해야 한다.

참된 설교는 하나의 사건, 곧 하나님의 권세와 구속의 역사를 효과있게 맺어주는 사건이 되어야 한다. 여기에 설교의 중요성이 있다.

3. 한국교회 강단의 현장

시대의 변천이나 개인의 발전이 어떤 단계에 이르든지 인간은 빵으로만 살 수 없는 피조물임을 스스로 알고 한국 사람들은 하나님의 말씀을 경청하기 위해서 아직껏 교회를 찾고 있다.

하나님의 말씀을 전달하는 강단목회 사역은 이 땅의 종교 문화로부터 거대한 위치를 차지하고 있다. 그러나 우리 한국 교회의 설교자가 감당해야 하는 설교의 횟수와 그 양은 실로 지탱할 수 없는 한계에 도달하고 있다. 한 주간을 두고 보면 주일 낮 설교를 비롯하여 주일밤, 수요일밤, 그리고 매일의 새벽과 금요철야에 이르기까지 한국의 설교자는 설교의 홍수속에 휘말리고 있다.

최소한 주일 낮과 밤, 수요일 밤만을 계산해도 일 년에 156회의 설교를 해야 한다. 10년이면 1560편의 설교를 해야 하는 실정이다.

과연 이런 짐을 한 인간이 감당할 수 있는 것인가? 한 설교자가 소유하고 있는 언어와 지식은 한계가 있는데 이런 상황 속에서 어떻게 늘 신선하고 역동적인 메시지를 전달할 수 있는가를 생각하면 실로 부끄러움에 가까운 사건이라고 말하지 않을 수 없다.

세계의 어느 교회를 가보아도 한국의 교회처럼 설교에만 의존하는 예배가 이렇게 빈번한지 그 사례를 찾아보기 힘든 형편이다.

이제 한국교회의 강단도 설교의 횟수를 줄이는 것이 설교자와 회중의 수명을 연장시키는 길이라고 본다. 주일의 낮 예배만은 하나님과 인간에게 부끄러움이 없는 반듯한 설교를 하도록 하고, 주일 밤과 수요일 밤에는 모두 성경강해 또는 계획된 성경공부를 비롯한 효과적인 프로그램을 개발할 필요가 있다.

이럴 때 설교는 기다림 속에서 경청하게 되는 새롭고 신선한 말씀으로써 회중들의 심령에 심어질 수 있다. 교회의 예배가 진정 목사의 설교에 성패를 건다는 것은 너무나 무모한 일이다.

"기독교 신앙을 전하는 데 있어서 독보적 존재로서 우상화되어 왔던 설교는 이제 그 왕관을 벗을 필요가 있다"고 설파한 베델(Theodone wedel)의 말에 새삼스럽게 귀를 기울여 음미해 볼 필요를 느끼는 시점에 왔다.

설교는 시대상황에 따라 메시지의 방향이 어느 한편에 치중될 수 있고, 또 그러해야 한다는 당위성을 가지고 있다. 그러나 시대의 형편이 어떤 위치에 있든지 그 메시지는 하나님을 중심하여 그 나라와 의를 확장해 나가는 데 그 기본적인 목적을 두어야 한다.

이것이 바로 기독교 메시지의 바른 형태이며 지난 수천년 동안 설교사역의 주역들은 이 궤도를 지키기에 심혈을 기울여 왔다.

그런데 우리의 한국 강단은 이땅의 종교 문화에 너무 극심하게 편승을 하고 있다. 즉 가난을 탈피하고 한을 풀어 풍족한 복을 누리려는 절박한 욕구를 종교에서 채우려는 신앙심을 그대로 수용하는 메시지가 범람하고 있다. 하나님이 무엇을 원하시는가를 전하는 것이 아니라 회중들의 영과 육과 범사가 잘되어 복을 담아야 할 그들의 창고가 차고 넘치는 길을 알려 주는 데 주안점을 둔 설교가 너무나 보편화되어 있다. 거기서 다시 한번 한국의 강단이 흔들리고 침몰의 위기를 맞게 되는 것을 경험하게 된다.

이런 결과로 회중의 가슴을 울리고 반성과 회개를 촉구하는 예언적 설교의 현장에는 교인들이 모이지를 아니하고 축복의 성회, 신유의 성회,

은사의 성회라는 현수막이 있는 곳에 한국 성도들의 발길이 무수히 몰리게 되었다.

　바로 이런 사연들이 오늘의 설교사역을 어렵게 만들고 있다. 한걸음 더 나아가 회중들의 기복 위주의 취향에 따라주지 않는 설교자는 외면하고 떠나주기를 바라는 지극히 이기주의적인 성도를 양산시키는 결과를 초래했다. 이제 하나님이 무엇을 원하시는가를 전하는 복음중심의 강단으로 환원해야 한국 교회가 살아갈 수 있다.

4. 강단설교의 내용

　설교없이는 구원이 없다. 설교란 영생을 위해 인간의 인격을 통한 신적 진리의 전달이다.

　성경적 설교의 내용은 "성경으로만"이란 말과 "성경 전부를"이라는 어구에 의해 적절히 묘사된다.

　기독교 설교자는 하나님의 말씀만 선포해야 함은 물론이지만 하나님의 말씀 전체를 선포해야만 한다.

　(1) 오직 하나님의 말씀만 설교해야 한다.

　(2) 하나님의 말씀 전부를 설교해야 한다.

　(3) 성경적 설교자는 그리스도 중심적일 수밖에 없다.

　(4) 죄에 대한 자각을 일으키도록 인도해야 한다.

　(5) 그리스도에게 자기를 위탁하는 행위로서 신앙을 끌어내야 한다.

　(6) 신자로 하여금 자기 자각을 하도록 만드는 것이어야 한다.

　(7) 신자로 하여금 거룩하고 고귀한 사명의 임무를 다하도록 하는 것이다.

제 3 장

계획 목회

조돈환 목사(송림중앙교회)

무슨 일이든지 계획이 잘되면
계획에 따른 실천과 운영을 효과있게 하여
그 결과가 좋은 열매를 맺을 수 있는 것이다.
목회도 계획목회가 효과가 있다.
2001년도 목회계획은
주제를 "초대교회를 회복하는 교회"로 정하였다.
구체적인 목회계획 방향은 송림중앙교회의
계획을 모델로 제시하였다.
독자 여러분이 교회 실정에 따라 적용하면
새로운 변화와 갱신이 있으며 활력있는 교회로 변할 것이다.
또한 새시대에 부응하는 교회가 될 것이라고 믿는다.
이장에서는 초대교회를 회복하는 교회의 모습이 무엇인가를
간략하게 소개하고자 한다.

1. 초대교회를 회복하는 교회

하나님이 펼쳐주시는 21세기를 맞는 교회의 목표는 "초대교회를 회복하자"이다.

성령의 역사하심을 힘입어 건물이 없고 예산이 없었어도 성령으로 거듭난 그리스도의 사람들이 날마다 모이고 떡을 나눔으로써 사랑을 실천하여 가난한 사람이 없었던 사랑의 생활 공동체요, 그리스도의 증인들을 경건히 청종하고 하나님의 말씀을 두려워하며 가르치고 예수님을 죽인 시대에서 부활의 주님을 주저없이 증거하여 사람들의 생명을 사망에서 살려내어 하루에 새 식구를 3,000명도 만나고 반기고 영접했던 사도행전에 나타난 교회를 회복하고자 하는 것이다.

초대교회의 모습을 어떠하였는가?

(1) 초대교회는 신앙중심의 교회였다(행 2:46).

초대교회는 예수 그리스도의 구원은총을 믿고, 구원받은 은혜를 감사하며 주님을 찬송하고 성도들 간에 서로 사랑하고 합심하여 기도하여 성령받고 능력을 받아 예수의 그리스도의 구원의 복음을 힘써 증거하였다.

(2) 초대교회는 성령충만한 교회였다(행 2:4).

오순절 예루살렘교회의 모든 성도들이 성령의 충만함을 받았다.

모였던 120명이 모두 성령충만함을 받았다고 했으니 부족함이 없었고, 뜨거운 성령의 체험을 받았고, 은혜를 감사하고 찬송하며, 사랑하며 헌금하여 가난한 사람을 구제하고, 병든 자가 고침을 받고, 방언도 하고 예언도 하여 예루살렘과 사마리아와 땅끝까지 복음의 불길이 일어났다. 그렇게 되니 교회는 부흥이 되고 교회수는 날마다 늘어났다고 했다.

(3) 초대교회는 일치단결한 교회였다(행 1:14).

예수 그리스도께서 친히 우리들에게 "하나가 되라"는 말씀으로 당부하셨다.

사람들은 외모가 각기 다른 것같이 마음도 다른 것이 사실이다.

그러나 초대교회는 하나가 되어 기도했다. 하나가 되어 찬송을 불렀다. 하나가 되어 사랑했다. 하나가 되어 헌금하여 구제하고, 성령받고 기쁨으로 전도하고 선교하는 일에 힘썼다.

금년 교회는 신앙중심의 교회, 성령충만한 교회, 일치단결한 교회로 일하는 초대교회를 회복하는 운동이 일어나기를 바란다.

2. 2001년 송림 중앙교회의 목장화

2001년도의 송림 중앙교회 목장은 바로 축제의 장(場)이 되며 사랑의 장이 되며, 성령이 역사하여 치유를 이루고 오직 주님께로만 영광이 올라가며 무엇을 하던지 형통하는 형제 공동체를 이루는 것이다.

초대교회를 회복하는 송림중앙교회가 되기 위하여 교회 구조(조직)를 "목장"으로 개편하고 운영한다.

(1) 속회(구역)의 의미가 입체적으로 살아있는 목장
1) 목장은 하나님께 속한 영혼(양)들의 울타리이다.
2) 목장은 말씀 선포와 말씀 생활 연습을 함께 한다.
3) 목장은 기도와 축제, 사랑 실천과 양육, 헌신과 선교를 함께 하는 살아있는 공동체이다.

(2) 직분 맡은 일꾼이 직책 맡은 사역자로 구조개혁

1) 목장의 일은 목자의 직책을 맡은 자가 책임진다.

2) 직책은 목자로 자원하고 훈련받은 사명자가 보내심 받아 책임진다.

3) 목장의 정책은 직책의 사명자가 목장가족과 결의하고 수행한다.

(3) 목장 성장의 마지막 길

1) 목장 성장의 마지막 길은 성령 임재와 내적 변화에 있다. 목장의 가족들은 성령으로 내적 변화를 받아야 한다. 이는 목장 가족을 인도할 목자의 내적 변화가 선행되어야만 이루어진다.

2) 변화된 형제 공동체의 외적인 축제가 이루어지며 이 축제가 하나님 보시기에 아름다운 것이며 형제 사랑의 사실이 되고 성령 역사의 현장이 되는 것이다.

3. 송림 목장의 목표 · 조직 · 운영

(1) 송림 목장의 목표

2000년대(New-Millenium)를 맞는 송림중앙교회의 목표는 '초대교회를 회복하는 것'이다. 하나님의 뜻과 예수님과 명령과 성령의 인도와 역사로 세워진 초대교회를 회복함으로써 하나님께 찬송, 존귀, 영광을 돌리고, 성도간에 형제(하나님의 권속)의 참 사랑을 나누는 천국 가정을 이루고자 기존의 "속회"와 "선교회"와 각 "부서"의 역할(예배, 음악, 전도, 봉사 등)을 수행할 교회의 기본 조직(공동체)으로 '목장'을 조직하고 운영한다. 이 뜻을 성취하고자 다음과 같은 구체적 목표를 세우고 추진한다.

1) 교회 구성원의 완전한(내적, 외적) 변화를 이루도록 한다.
 ① 구원의 확신(확증)으로 사는 사람
 ·그리스도로 말미암아 속죄와 구원을 체험한 사람
 ·예수님을 그리스도(나의 구주)로 고백하고 영접하는 사람
 ·구원과 영생의 기쁨이 넘치며 천국의 소망으로 사는 사람
 ② 가치관이 변화되어 삶의 의미, 목표, 양태가 변화된 사람
 ·신본주의의 가치관으로 사는 사람
 ·하나님(예수님)의 말씀과 성령의 역사, 인도하심에 절대 순종하고
  그 삶 전부를 맡기는 사람
 ·그 인격과 삶이 그리스도를 닮아가는 사람
 ③ 헌신, 봉사하는 사람
 ·하나님의 영광을 위하여 신명을 바칠 수 있는 사람
 ·예수 그리스도(하나님)의 말씀(명령)을 준행하고자 전심 전력을 다
  하는 사람
 ·복음을 증거하기에 최선을 다하는 사람

 2) 교회의 구조와 조직을 개편하고 그 역할을 조정하여 초대교회와 같
은 생동하는 교회를 이루도록 한다.
 ① 참 예배의 공동체로
 ·예배자가 내적으로 변화되어 신령과 진정으로 예배하는 공동체
 ·하나님께서 받으시고 함께하시며 역사하시는 영적 예배를 드리는
  공동체
 ·하나님을 만나고 기쁨, 소망, 은혜, 사랑이 넘치는 축제가 이루어지
  는 예배 공동체
 ② 참 사랑의 공동체로
 ·하나님과의 수직적인 사랑의 관계 뿐 아니라 형제간의 수평적인 사

랑이 확대되는 공동체
· 관념과 말로만의 사랑이 아니라 실제적, 구체적, 실천적인 사랑이 이루어지는 공동체
· 사랑으로 희생하고 헌신하는 이들이 돌보고 보살피고 나누어 주는 일에 더욱 힘쓰는 공동체
③ 힘있게 확장하고 선교하는 공동체로
· 교회 내외에서 헌신하고 봉사하는 생활로 전도하고 성장하는 공동체
· 이웃 나라에게도 나누어주며 베푸는 데 힘쓰는 선교 공동체

(2) 목장 조직

1) 목장

① 조직
· 목장은 목자와 목장 가족으로 구성한다.
· 목장은 연령별, 거주지별로 조직하는 것을 원칙으로 한다.
· 같은 직업이나 같은 직장에 근무하는 사람들로 "특별목장"을 조직할 수 있다
② 역할
· 교회의 모든 활동은 목장을 중심으로(통하여) 수행함을 원칙으로 한다.
· 목장은 기존의 속회와 선교회 및 각부서의 역할(예배, 음악, 전도, 양육, 봉사 등)을 수행한다.
· 이 역할은 각 목장의 목자와 전문사역자가 주도하여 수행한다.

2) 목장 사역자
목장에는 다음과 같은 사역자를 둔다.

① 목자

· 목장을 이끌어가는 책임자를 목자라고 부른다.

· 목자는 "목자기본훈련"을 마친 자 중 맡겨진 목장을 주님이 바라시
는 대로 이끌어 가기 위해 혼신의 힘을 다 바치기로 결단하고 서약
한 사람을 담임목사가 임명한다.

· 목자는 목장의 지도자로 신앙과 인격 및 생활면에서 목장 가족들의
본이 되어 목장가족의 신앙과 생활을 돌보며, 목장에 속한 모든 가
정이 인가귀도 되도록 노력한다.

· 목자는 기도와 성령, 은사 체험 등 체험적 신앙을 통하여 목장을 영
적 신앙으로 이끌어 간다.

· 남녀 목자들 중 대외관계를 위해 총남선교회장, 총여선교회장, 청장
년회장을 선정한다(필요에 따라 임원을 더 선정할 수 있다).

② 전문사역자

목자를 도와 기존의 선교회와 각 부서의 역할을 담당 수행하는 일군을
"전문사역자"라고 부른다.

각 목장에는 다음과 같은 전문사역자를 둔다.

· 예배, 음악전문 사역자

· 선교전문 사역자

· 봉사전문 사역자

필요에 따라 양육전문 사역자를 둘 수 있다.

전문 사역자는 목자가 추천하고 담임목사가 임명한다.

③ 서기, 회계

목장에는 서기와 회계를 둘 수 있다.

서기는 목자의 지도 아래 목장 가족의 출결석 파악, 보고 및 서신 발송
등 행정업무를 담당한다.

회계는 목자의 지도 아래 목장 헌금을 거두어 주일에 봉헌하고, 목장

운영 경비를 재무부에서 환수 받아 처리하며, 목장의 금전출납 업무 일체를 담당.

3) 대목장
① 조직
10개의 목장을 기준으로 하여 다음과 같이 대목장을 조직한다. 상황에 따라 목장수는 가감할 수 있다.
남자 : 모세대목장, 다윗대목장
여자 : 충성대목장, 사랑대목장, 성령대목장, 믿음대목장, 소망대목장, 결실대목장
② 역할
· 주기적으로 목자들이 모여 영성훈련을 행한다.
· 주기적으로 목자들이 모여 목장 모임 준비훈련을 실시한다.
· 각개 목장의 힘으로 할 수 없는 큰 사업을 협력하여 시행한다.
③ 담당교역자
대목장별로 담당 교역자를 두어 다음과 같은 일을 담당케 한다. 상황에 따라 2개의 대목장을 한 교역자가 담당케 할 수 있다.
· 목자들의 영성훈련과 목장 모임 준비훈련
· 각종(목장모임, 운영 등) 자료 준비, 제공 및 자문
· 행정처리 및 교적관리(전산화)
· 교인관리(목자의 요청에 따른 심방, 권면 등)
· 담임목사의 목장(목자)과의 목회관리 연계

⑶ 목장운영
1) 목장운영의 방향
· 모든 목장이 모일 때마다 온 가족이 하나님의 임재를 체험하는 천국

체험의 현장이 되도록 한다.

· 철저한 영성훈련과 신앙성장의 터전이 되도록 한다.
· 뜨거운 사랑(하나님, 형제)이 구체적, 실제적으로 나누어지는 사랑 실천의 현장이 되도록 한다.
· 하나님의 권속(가족)인 형제 자매의 친교의 장(場)이 되도록 한다.
· 인격과 생활이 그리스도를 닮아가는 변화의 도가니가 되도록 한다.
· 초신자가 성숙한 신앙인(성도)으로 자라는 요람이 되도록 한다.
· 헌신, 봉사하는 힘을 교회 밖으로 확장하여 영생, 천국, 구원의 복음을 만방에 힘있게 전하는 기지가 되도록 운영하여야 한다.

2) 목장모임

① 목장 모임

목장 모임은 목자의 인도로 주 1회 모이되 시간, 장소는 목자가 목장 형편에 따라 정한다. 그러나 장소는 가급적 한 곳에서 계속 모이는 것이 좋다.

목장 모임은 참 사랑의 공동체가 되어야 한다.

· 하나님 말씀과 구체적 사랑 실천
· 기쁨과 슬픔을 공유하고 나눔
· 함께 찬양, 기도하고 신령한 영적 생활을 나눔
· 어려운 문제 해결을 위해 합심기도와 협력

목장 모임은 목장 가족들의 부정적인 사고, 언어, 행동이 긍정적인 것으로 바뀌어 주님의 뜻은 반드시 성취된다는 믿음으로 교회의 예배, 선교, 봉사, 교육 등의 활동에 적극적으로 참여하여 교회성장에 밑거름이 되도록 해야 한다.

② 목자

목자는 주1회 이상 목장 가족들을 심방(방문, 전화)하여 위로, 권면,

격려, 충고함으로써 신앙과 생활을 돌보며 담임목사에게 목장상황을 보고하여 목회적 처리를 돕는다.

② 목장모임 불참자를 위하여 기도하고 적극적으로 돌보며 권면하고 전원 출석할 수 있도록 한다.

목장 모임 때마다 헌금하여 재무부에 전달한다. 특별한 경우 목장가족들의 동의로 특별(구제 등) 헌금을 수합할 수 있다.

3) 목장헌금(속회헌금) 관리

① 목장헌금은 주일에 봉헌하고, 이 헌금을 재무부에서 목장별로 관리한다.

② 목장 사역을 위한 경비는 목자가 재무부에 요청하고, 재무부는 목장에서 헌금한 액수 한도 내에서 지급한다.

③ 시행중인 해외 선교헌금도 위와 같은 원칙에 준하여 관리한다.

4. 2001년 예배음악부 목회 계획

〈교회목표 : 새 사람들의 공동체〉

(1) 예배음악 목회 방향

1) 신령과 진정으로 예배드리는 교회로!

① 교회는 예배공동체이기에 음악부는 본 교회가 신령과 진정으로 예배드리기 위한 모든 사항을 계획, 점검하고 실행한다.

② 예배국은 예배에 참석하는 교인들에게 신령과 진정으로 예배에 참여할 수 있도록 최선의 준비를 담당한다.

③ 예배국은 예배를 섬기는 자들을 선별하고, 이들을 훈련하여 예배를

이끌도록 마련한다.

④ 예배국은 예배를 위한 부대적인 시설과 장치를 효율적으로 사용하여 예배 분위기를 상위(上位)로 늘 유지한다.

2) 기쁨으로 찬양드리는 교회로!

① 교회는 예배공동체이고, 이 예배공동체는 기쁨으로 찬양드려야 하기에, 음악부는 기쁨으로 찬양드리기 위한 모든 사항을 계획하고, 점검하며, 실천에 옮긴다.

② 음악국은 예배나 교회 행사에 참여한 전 교인이 기쁨으로 찬양드릴 수 있도록 모든 준비를 한다.

③ 음악국은 성가대로 하여금 최고의 찬양을 드리기 위한 제반적인 사항을 계획하고 실행한다.

④ 음악국은 행사가 아니라 "예배와 찬양"함을 그 목적으로 하여 Program을 기획, 연출한다.

(2) 음악부 조직

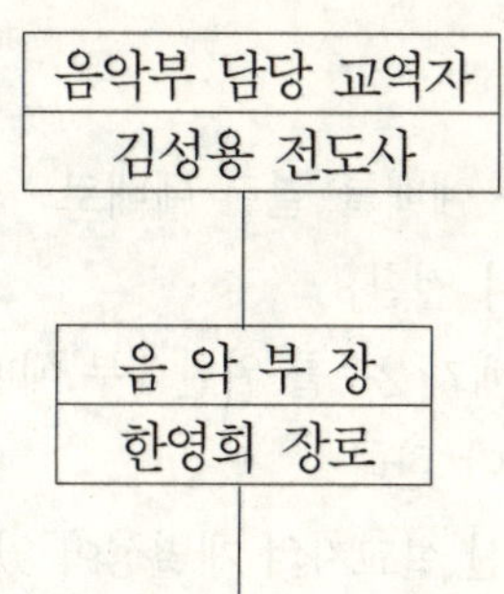

기관	예 배 국	음 악 국
국장	국 장 : 이갑수 권사	국 장 : 김상수 집사
활동	예배에 관련된 모든 활동 관장 (예배봉사자 훈련, 예배기물 관리, 헌신예배 선정 및 관리 등등)	교회 안의 모든 음악 활동 관장 (성가대 활동 관리, 음악예배 기획 및 실행, 기타 음악활동 관리 등)
인원	목장에서 지원자를 중심으로 모집 (인원제한 없음, 개별 목장 전체가 참여 환영)	목장에서 지원자를 중심으로 모집 (인원제한 없음, 개별 목장 전체가 참여 환영)

(3) 예배음악부 활동 계획

1) 신령과 진정으로 예배드리는 교회를 위한 예배국 활동 계획안

① 52주간 교회력에 따른 예배순서 및 일정

· 52주간 교회력과 설교본문에 따른 예배일정을 정하고, 그에 맞는
찬양을 순서에 배정한다.

· 주일 및 수요 예배 순서는 기존의 순서와 동일하게 한다.

· 주일 저녁예배와 수요일 저녁예배시에 목장별로 헌신예배를 마련하
여 목장들이 헌신하도록 인도한다. 목장을 76개로 볼 때 52주(총

104회)에 할당되고, 그 외의 날들은 교회 중요 기관 및 찬양예배로 마련한다.

② 주일 저녁 1부 예배를 열린 예배로
·열린 예배에로의 전환
주일 저녁 1부 예배가 2부를 위한 1부 예배가 아닌, 그 자체의 의미를 지니는 예배가 되어야 한다.

그러기 위해서 우선 설교자의 개별성이 있어야 한다. 2부가 헌신자를 위한 헌신예배의 성격이라면, 1부는 전적으로 찬양과 경배에 초점을 맞추어야 한다. 그러기 위해서 메시지도 역시 이와 같은 성격이어야 하고, 설교자도 1부를 담당하는 고정적인 설교자가 있어야 한다.

12제자 선교단의 조직 정비 작업을 통해 고품질의 연주와 찬양(복음성가 중심의 찬양을 탈피)을 제공하여, 신령과 진정으로 예배하고, 기쁨으로 찬양케 한다

열린 예배는 특별한 순서를 갖지는 않으나 기본적으로 정하면 다음과 같다.

영감의 찬양
회중기도
영감의 찬양
합심기도
생명의 말씀
영감의 찬양
합심기도
성도의 교제
주기도송

· 12제자 선교단을 중심으로 '성극'이나 '예배-춤(Worship-Danc
  ing)'을 공연하여 예배로의 참여를 인도한다.
· 프로젝트의 사용을 적극적으로 활용한다(가사, 성구, 설교 내용
  등).

③ 예배 봉사자 훈련
· 목장이 구성되면 12월 중에 예배부원을 지원자를 중심으로 모집한
  다.
· 예배위원이 구성이 되면, 이들 중 예배 봉사자를 선정한다.
· 선정된 예배 봉사자에 대해 분기별로 4회 훈련한다(12월 중에 훈련
  시작).
· 예배 섬김이 훈련 일정

훈련구분	일 시	훈련내용
제1분기	12월 19일(주일) 오후 2시	예배봉사자 실제훈련
제2분기	4월 30일(주일) 오후 2시	예배에 관한 이해
제3분기	9월 3일(주일) 오후 2시	예배봉사자의 올바른 자세
제4분기	12월 17일(주일) 오후 2시	예배봉사자 실제훈련

· 예배 봉사자 훈련 자료

1. 안내위원
(1) 안내위원은 예배시간 30분 전에 와서 기도로 준비하고 준비물과 복장을 점검, 정해진 위치에 서도록 한다(복장은 될 수 있는 한 남자는 정장, 여자는 한복 또는 정장을 입는다).
(2) 주보위원은 눈인사만 하지 말고 항상 미소를 지으며 "할렐루야!", "반갑습니다", "안녕하세요" 등의 인사말과 함께 주보를 정중히 나누어 준다.
(3) 계수위원 역시 인사는 같게 하면서 계수기를 손에 감추고 잘 보이지 않도록 한다.
(4) 좌석 안내위원은 교인들이 앉아야 할 좌석을 생각해 두었다가 인사를 한 다음 "이쪽으로 오세요", "여기 좌석이 있습니다" 하고 손을 들어 표시한다. 좌석에 교인이 앉은 다음에는 "감사합니다"라는 말을 잊지 않도록 한다. 좌석은 앞부터 그리고 가운데부터 앉도록 한다.
(5) 모든 예배봉사자는 예배가 시작되면 예배의 자리로 들어간다.

2. 헌금위원
(1) 입례순서:집례자, 성가대, 그리고 지휘자에 뒤이어 입례한다.
(2) 입례시 행동:시선은 제단 십자가와 제단상 사이에 두고 상체는 흔들지 말고 걸음걸이를 바로한다. 카페트에 들어갈 때에는 신발을 신발장에 넣는다.
(3) 헌금봉헌:설교 후 회중이 부르는 찬송 1절을 마치면 곧바로 일어나 나오되 준비된 슬리퍼를 신고 줄을 맞추고 바른 자세로 나온다.
(4) 헌금함은 반드시 언제나 두 손으로 다루도록 한다.
(5) 담당 전도사의 사인과 함께 찬송가 마지막 절 시작할 때 출발하여 찬송이 끝나기 전에 집례자에게 전달되도록 한다.
(6) 전달한 후 아래에 있는 마이크를 성찬상 위에 올려놓고 자리에서 봉헌기도가 끝날 때까지 서 있는다.

3. 새가족 영접위원

(1) 예배시간 15분 전에 와서 예배를 시작할 때까지 새가족 안내석에서 새가족을 확인한다.

(2) 새가족이 교회에 나왔을 때에는 인사를 하고 인도자와 함께 자리를 안내하여 함께 앉는다. 자리는 반드시 새가족석으로 인도한다.

(3) 새가족 눈높이로 하나에서 열까지 도와준다(주보 보는 것부터).

(4) "무엇을 도와 드릴까요" 하는 자세, "무엇이든지 물어보세요"라는 자세로 섬긴다.

(5) 환영시간

① 환영의 노래를 부를 때 즉시로 자리에 일어나서 "앞으로 나가세요" 친절한 태도로 제단 성찬상 앞까지 인도한다. 이 때 신발 벗는 것을 알려준다.

② 제단 앞 중앙에 새가족을 세우고 선물을 제단에 갖다 놓고 인사가 끝나면 들어가자는 사인과 함께 같이 자리로 들어간다.

③ 사진 촬영을 하는 것을 반드시 알려주고 돕도록 한다.

④ 사진 촬영이 끝나면 정문까지 에스코트하고 인사한다.

④ 예배 준비 및 제단장식

· 절기마다 절기에 맞는 제단장식을 하게 한다.

· 52주 동안 제단장식(꽃)을 12월말에 신청받아서 실행한다. 제단장식은 장식위원이 담당한다.

2) 기쁨으로 찬양드리는 교회를 위한 음악국 활동 계획안

① 성가대 조직 정비 작업

· 기존 성가대원을 중심으로 조직을 재정비하고, 새로운 대원을 모집한다.

· 새로운 성가대원의 모집은 각 성가대의 임원들이 담당하게 하는데, 성가대 임원은 11월중에 새로 선출하게 한다.

· 각 성가대마다 특성을 고려할 수 있겠지만, 기본적으로 총무와 회

계, 그리고 각 파트장을 둔다.

· 성가대 정비 및 새대원 모집을 12월에서 1월중으로 마감하고, 성가
 대 임명예배를 통해 사명감을 고취시킨다.

ㄱ. 일시:2001년 1월 28일(주일) 저녁예배시

ㄴ. 임명성가대

장년성가대 및 갈릴리성가대(그외의 아동부 담당 성가대와 학생부 담
당 성가대는 각부서의 모임에서 임명 예배를 동일한 주간 예배시에 실시
한다-교육부와의 협조 요망)

ㄷ. 성가대 임명시 각 성가대의 대장을 함께 임명한다. 이때 임명패를
제작해 나누어 준다.

② 성가대 교육활동 계획안

가. 2001년도 성가대 세미나

· 일시:2001년 2월 12일(월)~13일(화) 오후 7시-9시 30분

· 대상:갈릴리, 가브리엘, 다윗, 글로리아, 할렐루야, 시온, 임마누엘
 성가대(7개 성가대)

· 목적:교회 안에서 예배와 찬양의 사역을 담당하는 성가대원으로의
 의식을 고취시키고, 직접적인 합창기술과 방법을 습득하게 하는 데
 그 목적이 있다.

· 기대사항

ㄱ. 2001년도 성가대원 임명후 세미나를 실시하므로 대원 스스로가
 성가대로서 올바른 위치를 알 수 있을 것이다.

ㄴ. 평소에 할 수 없었던 합창의 기초사항을 집중적으로 실시하므로
 전문적인 성가대원으로 성장할 수 있을 것이다.

⑤ 내용

— "왜 우리는 호흡이 다하도록 찬양해야 하는가?"-찬양론(강사:담임

목사)

ㄱ. 찬양을 해야만 하는 이유와 올바른 자세를 배운다.

ㄴ. 성가대원으로 가져야 하는 찬양에 관한 기본적인 신학을 숙지한
다.

ㄷ. 실제 찬양을 통해 어떻게 진지하고 기쁘게 찬양에 임하는지 알게
한다.

— 합창 실제:호흡, 발성, 발음(강사:미정)

ㄹ. 합창의 기본적인 호흡법과 발성법, 발음법에 대해 배운다.

ㅁ. 학습한 것을 실제 찬양속에서 실습을 통해 익히게 한다.

• 일정

2월 12일	일 정	담 당
7:00 — 7:20	여는 기도회	담당교역자
7:20 — 8:20	찬송가와 교회음악	조돈환 목사
8:20 — 8:30	간 식	음 악 국 장
8:30 — 9:30	찬송가 실제 합창	조돈환 목사
2월 13일	일 정	담 당
7:00 — 8:00	합창실제 Ⅰ	미 정
8:00 — 8:10	간 식	음 악 국 장
8:10 — 9:30	합창실제 Ⅱ	미 정

⑦ 예산

내　　용	예　　산
강사비(2명)	300,000원
강사 접대비(다과)	50,000원
교재비(악보 및 자료)	50,000원
대원 간식비	500원×200명×2일=200,000원
계	600,000원

5. 2001년 선교부 목회 계획

〈교회목표 : 새 사람들의 공동체〉

(1) 선교부 목회 방향

1) 선교하는 교회로!

① 교회는 선교할 때 비로소 교회로서의 위치와 역할을 다 할 수 있기에, 선교부는 본 교회가 선교하는 교회가 되기 위한 제반 사항을 계획·검토·실행한다.

② 선교부는 선교하는 교회가 되게 하기 위한 구체적인 계획을 제시하고, 전 교인으로 하여금 특별히 목장들로 하여금 실제적인 참여의 장(場)을 마련한다.

③ 선교부는 선교가 단순히 전도하는 행위나, 또는 해외 선교하는 것으로만의 의미가 아니라, 그리스도의 제자로서의 헌신된 삶을 결단하는 구체적인 삶의 모습임을 전교인에게 제시한다.

④ 선교부는 교인들에게 모이면 기도하고 서로 사랑하며 감사하고, 가

정을 그리스도를 따르고 사랑하는 공동체되게 하는 선교적인 삶을 제시하여 이를 실천케 한다.

2) 새신자를 진심으로 환영하는 교회로!

① 새로운 영혼을 구원하는 일은 주님의 지상 최대의 명령이기에, 선교부는 본교회가 새 신자를 전도하는 교회되기 위한 모든 사항을 계획하고 실행한다.

② 선교부는 새신자를 전도하는 교회되기 위한 전교회적인 훈련(목장 중심으로)과 자원하는 부원들에 대한 훈련으로 교회가 전도하는 일에 참여케 한다.

③ 선교부는 새신자가 일단 교회에 등록하면, 그에 대한 환영과 양육, 그리고 결신에 이르는 과정을 총괄하고 관리한다.

(2) 선교부 목회 방향에 따른 실천사항 및 활동방향

1) 선교하는 교회되기 위해

— 목장을 선교의 전초기지로 한다.

① 목장의 모임이 갖는 구체적인 목표로 선교를 제시한다.

(목장 모임의 목표는 사랑의 공동체성 확립과 선교다—목장의 모델은 초대교회)

② 막연한 선교(목적없는 선교헌금 등)나 추상적인 참여(주제없는 중보기도 등)가 아니라, 구체성과 실제성을 부여하여 참여하는 교인들이 보람과 기쁨을 얻도록 한다.

③ 구체성과 실제성을 기하기 위해서, 목장별로 후원하는 선교지나 미자립교회, 후원기관을 선정한다. 또한 선교지와 선교사, 미자립교회와 후원기관에 대한 생생한 자료 제시를 통해 실제적인 중보기도를 하게 한다.

④ 기존의 남녀선교회가 하지 못한 것을 목장 안에서 "선교 담당 전문 사역자" 1인을 두어 활동하게 한다. 이 선교 담당 전문 사역자는 기존의 목장이 수행해야 할 선교적인 업무에 관한 전반 사항을 주관하고, 목자와 함께 목장을 선교의 중심으로 또한 목장 가족을 선교에 헌신하는 재원으로 만드는 데 주력한다.

⑤ 선교부는 선교 담당 전문 사역자를 관리하고, 목장 안에서 적극적이고 효과적인 활동을 할 수 있도록 주력한다.

2) 새신자를 중심으로 환영하는 교회되기 위해
— 새신자 전도에서 환영, 양육, 그리고 결신에 이르는 과정을 극대화한다.

① 목장이 전도하는 일에 최선을 다하도록 안내한다.

② 목장 중심으로 전도대원을 구성하여 이들을 훈련하여 전도하게 한다.

③ 목장 차원의 전도·결신 결산대회를 연말에 갖는다.

3) 선교기관 활동 방향

① 선교회에 속한 기관의 모든 활동이 행사를 위한 활동이 아니라, 헌신과 참여를 위한 활동으로 전환한다.

② 이를 위해 우선 기관에 속할 기관원들을 목장에서 자원자를 기준으로 선별한다.

③ 기존의 국장 및 몇몇만이 일하는 것이 아니라, 기관에 속한 형제들이 모두 참여할 수 있도록 유도한다.

· 선교국의 기관원의 수는 다른 선교기관의 활동을 위한 총괄과 지원을 위해 정예 소수로 정한다.

· 해외, 국내선교국은 선교원들이 직접 선교에 참여하게 인도한다.

또한 선교담당 전문사역자와의 연계를 통해 어떤 목장이 어떤 선교
지와 선교사를 또는 국내 미자립 교회를 지원한다는 것을 명시하여
목표를 확실하게 하고, 구체적인 선교현장에 참여케 하고 국내외
(內外) 선교국은 이를 조율하고 관리한다.

· 새신자국은 기존의 일반전도대와 이슬비전도대를 기관내에 구성하
여 활동한다. 또한 새롭게 신설되는 새가족 사역자들의 활동을 관
리하고 관장한다. 반드시 목장에서 자원하는 자들로 구성하여 이
를 훈련하고, 관리하는 일을 분담하는데, 인원은 소수 정예화로 정
한다. 새신자국은 새신자를 전도하는 일에서 정착하는 일에 관한
업무를 담당하고, 목장을 돌보는 목양교역자와 협력한다.

4) 선교 담당 전문사역자 활동 방향 및 조직

① 선교 담당 전문사역자(이후 선교사역자)는 목장 안에서 선교에 헌
신하는 자로 1인을 기준으로 구성한다. 이때 선교에 관한 모든 책
임은 목자가 맡고, 선교사역자는 선교업무에 관한 실무를 관장한
다.

② 선교사역자는 목장이 선교 사역에 헌신하도록 이끄는 역할을 담당
한다.

③ 선교사역자는 12월중에 조직하고, 선교사역자 모임을 갖고 사역의
방향과 활동에 대해서 훈련한다.

④ 선교사역자 훈련 계획

 · 일시 및 장소 : 12월 22일 오후 1시, 기도실

 · 대상 : 선교사역자(80명)

· 일정 및 소요 예산

시 간	내 용	비 고 (예 산)
1:00 — 1:30	경 건 회	교 역 자
1:30 — 2:30	"선교사역자란 무엇이며, 어떤 일을 하는가?" (사역자 훈련)	선교담당교역자
2:30 — 3:30	"그러면 우리는 무엇을 할 것인가?" (사역자 간담회)	간식비: 500원×80명=40,000원
3:30 — 4:00	결단 기도회	선교담당 교역자

— 형제 및 자매 목장의 선교사역자가 직장 등의 문제로 참석하지 못할 경우는 같은 날(22일) 저녁에 동일한 내용으로 훈련을 실시한다.

6. 2001년 목양부 목회 계획

(1) 목양부 목회 방향

1) 목양부 목표

⟨새 사람들의 공동체 형성⟩

그리스도 안에서 새로운 피조물(새사람)이 된(고후 5:17) 송림의 가족들이 구원과 확신과 천국의 소망을 갖고 함께 모여 하나님을 예배(경외)하며, 뜨거운 형제의 사랑을 나누고, 흩어지면 힘있게 복음을 전하는 초대교회와 같은 교회를 이루도록 한다.

2) 목양부 목회 방향

① 새로운 공동체를 경험하도록 한다.

· 속회와 선교회 및 각 부서역할을 일원화한 새로운 공동체로 목장을
조직한다.

· 모든 목양의 관리, 운영, 활동은 목장중심으로 이루어지는 것을 원
칙으로 한다.

· 목장 안에서의 모든 활동은 돌봄(양육)과 출산(전도)에 중점을 둔
다.

· 목장모임은 실제적으로 천국을 경험할 수 있는 가족 공동체를 이루
어 사랑으로 교제하며 말씀 안에서 변화되고 기쁨으로 만날 수 있도
록 한다.

② 새로운 지도자가 헌신하게 한다.

· 자발적이고 적극적으로 철저하게 훈련받은 지도자가 헌신하도록 한
다.

일차적으로 목자 기본훈련을 필한 자를 목장의 목자로 세우고 목자모
임을 통하여 영성의 체험과 성장을 하게 하고 목장에서 이루어지는 예배
와 활동을 훈련한다.

· 목장 안에 전문사역자(음악·예배, 봉사, 선교, 양육)를 두어 교회
의 모든 활동에 참여케 한다. 단, 전문사역자는 목자 기본훈련을 받
아야 하며 필요한 모임과 훈련에 참여하여야 한다.

· 그리스도께 헌신할 수 있도록 목장 안에서 변화된 체험과 돌봄이 있
게 하고 개인의 영적인 성장에 주력하여 평신도 사역자를 계속적으로 양
성한다.

③ 초대교회로 회복하여 가도록 한다.

· 형식적이고 외적인 공동체의 모습을 지양하고 그리스도를 만나고
성령의 능력으로 하나님의 뜻을 이룰 수 있도록 우선적으로 기도하

는 공동체(목장)가 되게 한다.
· 그리스도를 구주로 고백한 목장가족들이 실제적으로 그리스도의 피를 나눈 형제와 자매가 되고 아비와 자식이 될 수 있는 기쁨과 뜨거움을 경험하는 사랑의 공동체(목장)가 되게 한다.
· 그리스도께 전적으로 헌신하는 평신도 사역이 활발히 이루어지게 하여 안으로 사랑을 실천할 뿐 아니라 밖(세상)으로 그리스도를 증거하는 공동체(목장)가 되게 한다.

(2) 목양부의 실천 사항

1) 새로운 공동체 형성

① 목양조직의 개편

· 속회와 선교회를 일원화하여 연령별로 지역을 감안하여 목장을 조직하고 가족적인 사랑의 공동체가 되게 한다.
· 목자가 목장 안에 있는 가족들을 아비(어미)의 심정으로 돌보게 하고 목장 안에서 이루어지는 모든 활동을 관할, 실천할 수 있게 한다. 이를 위하여 목자는 1일 연수를 통해 운영과 관리, 활동사항에 대하여 훈련한다.

② 목장 모임

· 기존 속회의 모습을 탈피하고 모임의 변화를 이루어 천국을 경험하는 목장이 되게 한다. 모일 때마다 그리스도를 만날 수 있도록 예배의 변화와 사랑을 경험하는 나눔과 교제중심으로 모임이 이루어지도록 하며, 한가족이 될 수 있게 한다.
· 화요 목자모임시 매주 목장모임을 위한 활동경험을 하게 하여 미리 준비하게 한다.

2) 새로운 지도자 양성

다이나믹 설교뱅크

① 목자

· 목양 조직의 개편에 따라서 새로운 지도자를 세우되 우선적으로 목자 기본훈련을 필하고 모범적으로 헌신할 수 있는 자를 목자로 임명한다.

· 목자로 임명된 자는 매주 화요 목자 모임을 통하여 계속적인 영성 훈련 시간을 갖도록 하고 사명을 다할 수 있게 한다. 화요 목자 모임은 목자의 연령별로 그룹을 만들고 훈련은 그룹별로 교역자가 담당한다.

② 전문사역자

· 목장 안에 목자 외에 전문사역자를 두어 각 부서의 활동을 담당하게 하고 이들을 단계별로 훈련과정(7단계 양육 - 목자 기본훈련 - 요한복음)을 필하게 하여 헌신하는 사역자로 양성한다.

· 그리스도께 헌신하고자 하는 평신도는 훈련을 받을 수 있는 기회를 주고 목자는 목장 안에서 사역자로 양성할 후보자를 발굴하여 필요한 훈련을 받을 수 있게 하고 돌봄과 양육으로 계속적으로 신앙이 성장(성숙)할 수 있게 한다.

3) 목장활동방향

초대교회로 회복하기 위한 목장활동의 중점을 다음과 같이 두고 운영한다.

① 뜨겁게 기도하는 공동체

· 목장모임에서 언제든지 만나면 뜨겁게 기도할 수 있도록 한다. 그러기 위해서 모든 헌신자는 새벽기도회에 참석하는 것을 의무로 정해 놓는다. 계속적인 영성기도 생활을 철저하게 하기 위해 헌신하는 자기 영성생활 점검표를 작성하여 제출하도록 한다.

· 월삭 성찬기도회를 새벽 1부 예배에 실행하여 그리스도 임재의 은

혜를 경험하도록 훈련한다.
- 특별기도회(사순절기도회, 오순절기도회, 중보기도)를 준비하여 훈련한다.

② 사랑을 실천하는 공동체
- 목장 안에서 사랑의 교제가 이루어지도록 목장모임의 실제적 활동 사항을 준비하여 목자를 훈련시키고 실천하게 한다.
- 목장 가족들이 서로의 관계를 형성, 성장할 수 있는 활동을 계획하여 실행하게 한다.
- 목장의 새가족이나 기존교인중 처음 목장모임에 참석하는 자는 환영잔치를 열어주어 사랑을 실제적으로 경험할 수 있게 한다.
- 목자는 수시로 목장 가족들의 생활을 돌아보고 적절한 목장활동을 자체적으로 계획, 실행하게 한다.

③ 증거하는 공동체
- 목장은 누구든지 초대할 수 있는 복음의 장이 되게 한다. 따라서 초청의 날을 정하여 불신자 또는 낙심자들이 함께 모임을 갖고 말씀과 사랑을 나눌 수 있도록 한다.
- 목장 중심으로 전도와 선교에 적극적으로 참여할 수 있게 하여 목장이 성장할 수 있는 계기가 되게 한다.
- 가정이 인가귀도 할 수 있도록 기도하게 하고, 초청할 수 있도록 전도의 날을 정하고 실행한다.

(3) 목장조직

1) 목장조직의 방향

기존의 속회와 선교회와 각 부서의 역할(예배, 전도, 양육, 봉사 등)을 수행하는 새로운 공동체로 목장을 조직하고 그 목장 안에서 목장 가족들이 성숙한 신앙을 갖도록 양육되어 그리스도께 전적으로 헌신하며 참사랑을 실천할 수 있도록 운영한다. 즉 가정공동체(목장) 속에서 평신도 사역이 활발히 이루어질 수 있게 하여 교회의 목적을 이루도록 주력한다. 묶는 동아리는 영성훈련과 동질성을 위하여 가급적 동년배 및 동일한 직장으로 한다.

2) 목장조직의 방안과 명칭
① 목장
· 기존의 속회와 선교회와 각 부서의 역할(예배, 전도, 봉사 등)을 수행할 교회의 기본공동체로서 연령별, 거주지별로 조직하고 목장이라 칭한다.
· 구성인원은 여자인 경우 15-20명(참석인원 10명)으로 하고 남자인 경우는 15-25명(참석인원 10명)을 원칙으로 한다.
· 목장을 돌보는 자를 목자라 칭하고 목자기본훈련을 필한 자 중에서 임명, 파송한다.
· 목장의 구성원을 목장가족이라 칭하며 목장가족의 호칭은 '○○○형제', '○○○자매'라 칭한다.

② 대목장
· 8-11개의 목장을 하나로 묶어 대목장을 구성하되 8개의 대목장을 연령별로 골고루 조직한다(남자-2개 대목장, 여자-6개 대목장).
· 대목장의 명칭은 다음과 같다.
  남자 - 모세대목장, 다윗대목장
  여자 - 충성대목장, 사랑대목장, 믿음대목장, 성령대목장, 결실대목장
· 대목장은 거주지별로 다음과 같이 조직한다.
  모세대목장(9개목장):계양구, 서구, 도화3동, 송림4, 5, 6동

다윗대목장(9개목장) : 송림1,2,3동, 송현동, 중구, 남구, 연수구,
　　　　　　남동구
충성대목장(9개목장) : 부평구, 가좌동, 도화3동, 송림4동, 송림5동
사랑대목장(10개목장) : 부평구, 가좌동, 도화3동, 송림4동,
　　　　　　송림5동
성령대목장(10개목장) : 송림6동
믿음대목장(10개목장) : 송림1동, 송림2동, 송림3동, 송현동, 중구
소망대목장(8개목장) : 도화1동, 2동, 남구, 십정동, 간석동
결실대목장(8개목장) : 구월동, 만수동, 연수구
· 대목장별로 활동계획이 있을시 목자들이 함께 논의, 결정하여 진행
　될 수 있게 한다.

③ 목장 조직표

송 림 목 장
담 임 목 사
모세 대목장
다윗 대목장
충성 대목장
사랑 대목장
성령 대목장
믿음 대목장
소망 대목장
결실 대목장
모세 1목장
모세 2목장
모세 3목장
모세 4목장
모세 5목장
모세 6목장
모세 7목장
모세 8목장
모세 9목장
모세 목자
다윗 1목장
다윗 2목장
다윗 3목장
다윗 4목장
다윗 5목장
다윗 6목장
다윗 7목장
다윗 8목장
다윗 9목장
다윗 목자
충성 1목장
충성 2목장
충성 3목장
충성 4목장
충성 5목장
충성 6목장
충성 7목장
충성 8목장
충성 9목장
충성 목자
사랑 1목장
사랑 2목장
사랑 3목장
사랑 4목장
사랑 5목장
사랑 6목장
사랑 7목장
사랑 8목장
사랑 9목장
사랑 10목장
사랑 목자
성령 1목장
성령 2목장
성령 3목장
성령 4목장
성령 5목장
성령 6목장
성령 7목장
성령 8목장
성령 9목장
성령 10목장
성령 목자
믿음 1목장
믿음 2목장
믿음 3목장
믿음 4목장
믿음 5목장
믿음 6목장
믿음 7목장
믿음 8목장
믿음 9목장
믿음 10목장
믿음 목자
소망 1목장
소망 2목장
소망 3목장
소망 4목장
소망 5목장
소망 6목장
소망 7목장
소망 8목장
소망 목자
결실 1목장
결실 2목장
결실 3목장
결실 4목장
결실 5목장
결실 6목장
결실 7목장
결실 8목장
결실 목자

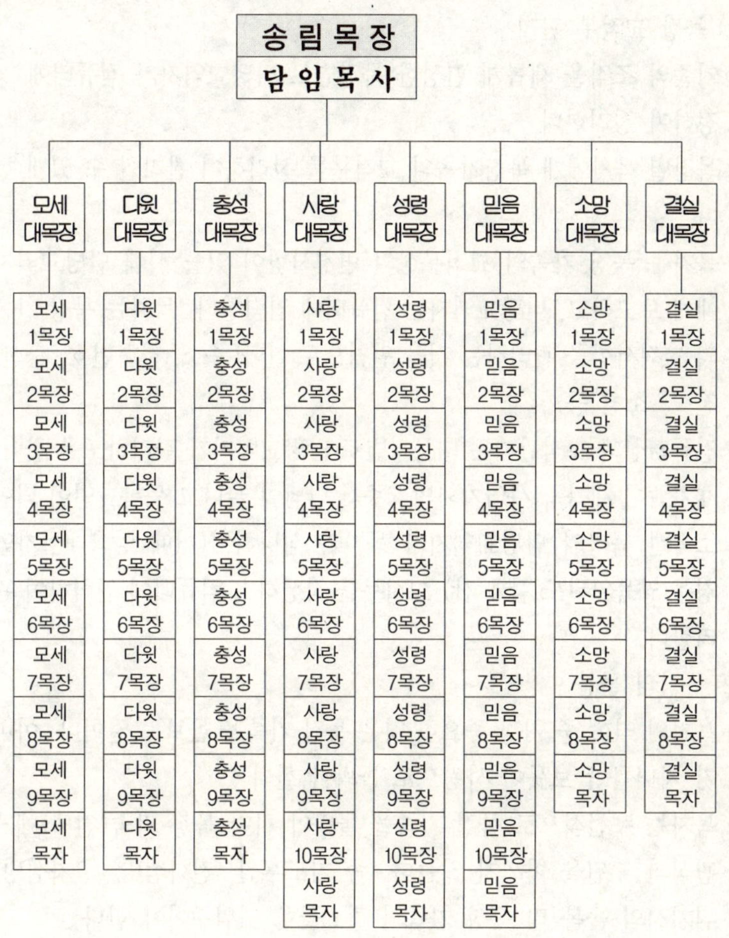

⑷ **목장관리와 운영**

1) 목장 관리 계획

① 목장 교적부 관리

· 기존의 조직을 새롭게 편성한 목장별로 담당교역자가 컴퓨터에 정
정하여 정리한다.

· 목장별 목자에게 목장가족의 교적부를 정리하여 관리할 수 있게 한
다.

· 목자는 목장 가족의 교적부상의 변경사항이 있을 시에 담당교역자
에게 보고하고, 담당교역자는 컴퓨터에 입력한다. 목자는 목장 가족
의 교적사항을 관리하는 것을 원칙으로 한다(주소, 전화번호, 출산,
전출, 소천 등).

· 컴퓨터상의 교적관리는 대목장별로 담당교역자가 관리하도록 한다.

· 새가족이 새가족 사역자와의 7주간 만남이 끝나고 등록교인이 되면
소속한 목장의 담당교역자가 목자와 심방하여(이때 양육대상자인
경우 양육위원도 함께 감) 교적부를 작성하고 컴퓨터에 입력하여 관
리한다.

② 목장의 돌봄

· 목자의 역할 중 가장 중요한 것은 목장 가족을 돌보는 일이다. 아비
가 자녀를 돌보듯이 사랑으로 돌봐야 한다.

· 목자는 우선적으로 목장 가족을 돌봐야 하며 목장 가족(전체)에게
관심과 후원을 아끼지 않는다. 즉 기도후원, 전화심방, 환자심방,
위기시의 돌봄 및 목장 가족의 필요들을 채워주어야 한다.

· 목장 안에서는 목장 가족간의 상호적 돌봄이 이루어지도록 한다. 목
자 혼자서 목장 가족을 다 돌보는 것은 불가능한 일이다. 목장 가족
이 서로 돌볼 수 있도록 일을 분담(은사활동)하여 자연스럽게 사랑
의 공동체를 체험할 수 있게 한다.

· 목장에서 해결하기 힘든 일, 특별한 일(경조사), 긴급한 일이 있을 시에는 담당교역자에게 지원을 요청하여 돌봄에 차질이 생기지 않도록 한다.

· 새가족 사역자와의 7주간 만남이 끝난 새가족은 정식으로 목장 가족이 된다. 따라서 목자는 세밀한 관심과 보살핌으로 새가족이 목장에 정착할 수 있게 한다.

③ 목장의 영적 성장

· 목장에서 돌봄의 목표는 그리스도와 더 좋은 관계를 맺게 하고 그리스도의 모습으로 변화하는 데 있다.

· 목장 안에서의 영적 표본은 목자이다. 또한 목장 가족들은 목장 안에서 그리스도를 배우고 그리스도의 성품으로 자라나야 한다. 따라서 목자는 이를 성취하기 위해 자신뿐만 아니라 목장 가족들이 삶의 변화를 통하여 영적으로 성장할 수 있어야 한다.

· 목장은 분기별로 성장목표와 지침을 계획하여 목장 가족들의 영적 성장에 필요한 영역을 충족시켜 나갈 수 있도록 한다.

제안 1 — 체험과 확신을 위해서

제안 2 — 그리스도를 닮아가기 위해서

제안 3 — 사랑과 돌봄의 공동체(가정교회)를 세우기 위해서

제안 4 — 교회를 섬기고 전도하며 헌신하기 위해서

· 목자는 목장가족의 영성에 따라 필요한 훈련에 참여할 수 있도록 독려한다.

④ 목장의 행정 보고

· 목자는 매주 목자모임의 내용을 상세히 목장모임 보고서에 작성하여 담당교역자에게 제출한다.

· 목장에서 활동한 돌봄의 내용을 주간 목장 심방보고서에 자세히 기록하여 담당교역자에게 제출한다.

· 모든 보고서는 화요 목자모임시 제출한다. 제출된 보고서는 담당교역자 및 담임목사의 결재를 받는다.
· 수요예배, 주일 저녁예배 시에 예배출석카드를 목장별로 기록하여 제출한다.
· 어찌할 수 없는 사정으로 인한 목장 이동이 있을 시 담당교역자에게 보고하는 해당되는 목장의 목자에게 연결시켜 주고 변경된 모든 사항은 인계받은 목장에서 행정처리를 한다.

2) 목장 운영 계획
① 목장의 가치와 비전
· 목장에서 중요한 것은 서로의 관계 속에서 성장하고 그리스도 안에서 헌신된 자로서의 삶이다. 목장은 하나의 천국 가족 공동체이다. 서로를 인정해주고 격려하는 분위기에서 목장은 성장하여야 한다.
· 목장은 서로의 필요와 섬김을 위해 자기가 갖고 있는 자원을 언제든지 쓸 수 있어야 한다.
· 목장은 서로의 마음을 열 수 있어야 한다. 이것은 서로의 관계를 진실하게 하며 모든 것을 함께 나눌 수 있게 한다.
· 목장은 서로간의 신뢰가 형성되었을 때 관계는 성장하게 된다. 사랑으로 진실을 말하여야 하며 그것들을 용납하고 지켜주어야 한다.
· 목장 안에서 기도는 하나님의 임재를 경험하며 서로의 가치를 찾게 해준다. 하나님이 함께 하시는 목장은 바로 천국의 기쁨을 갖게 하고 그리스도의 사랑을 나눌 수 있게 한다.

② 목장 모임 준비
· 목자는 목장모임의 목표와 나아갈 방향을 정하고 철저한 사전 준비와 계획을 세워 효과적이고 생명력있는 모임이 되도록 힘써야 한다.

다이나믹 설교뱅크

· 매주 한번 모이는 것을 원칙으로 하되 요일과 시간은 목장의 형편에 맞게 정한다. 가능하면 고정시켜서 모이도록 한다.

· 모임장소 제공자를 결정한다. 가능하면 한 장소(목자의 집)에 고정하여 모이고 목장의 형편에 따라 다른 장소에서도 모임을 가질 수 있다.

· 모임 장소 제공자는 따뜻하고 돌보는 분위기를 만들어야 하며 목장 가족들을 반갑게 맞이해야 한다.

· 목자는 목장모임의 시간과 장소를 목장 가족들에게 확실하고 신속하게(모임 하루 전까지) 전하여 준다.

· 목장모임에 사정으로 인하여 참석할 수 없는 목장 가족이 있을 경우는 개별적으로 교제를 하여 목장모임에 관심을 가질 수 있도록 한다. 또한 별도로 모임의 시간(상대방에게 편한 시간)을 마련하여 빠진 가족들과 교제를 함께 나눌 수도 있다. 이렇게 하여 목자는 목장 가족들에게 깊은 관심과 사랑을 쏟아서 한가족임을 느낄 수 있도록 한다.

· 목장모임에 처음 참석자(새가족, 목장가족중, 방문자)가 있는지를 반드시 파악하여 특별한 모임이 되도록 필요한 준비를 하는데 처음 참석자에게 마음이 끌리고 감동을 줄 수 있는 모임이 되도록 한다. 처음 참석자에게 줄 작은 선물이나 꽃을 준비하는 것도 좋다.

· 목장모임 준비 점검표

1. 요점 — 모임에서 달성하고자 하는 것은 무엇인가?
모임의 중심주제를 파악한다. (알고, 느끼고, 행하고, 계획을 작성한다 — 목장교재 중심)
2. 모임장소 — 모임장소는 잘 준비되어 있는가?
탁자, 다과, 음악, 아이를 돌보는 일, 방해요소점검, 온도, 조명, 차기 모임장소, 기타 등
3. 활동 — 모임 중에 무엇을 할 것인가?
화요 목자모임시에 훈련 : 분위기를 자연스럽게 진행하는 순서, 찬양, 말씀, 기도, 친교활동, 인간관계 훈련, 교재자료 준비, 광고사항 등
4. 필요 — 목장 가족들의 삶 속에서 일어나고 있는 일은 무엇인가?
경제적인 면, 어려운 결정사항, 가족문제, 자녀문제, 가정문제, 어려운 문제들, 영적인 면 등

· 목자는 반드시 목장모임이 성령의 인도하심 속에서 이루어질 수 있
도록 개별적으로 특별기도 시간을 갖도록 한다.

② 목장 모임의 실제

· 모임의 시작

ㄱ. 목장모임은 약속한 시간에 시작해야 한다. 모임에 늦게 오는 사람
이 있더라도 기다리지 말고 정시에 바로 시작한다. 모임에서 우선 시간
을 철저히 지키는 것이 중요하다. 모임에 대한 기본적인 신뢰감을 심어
준다. 모일 때에는 피붙이 형제와 자매를 기다리듯 한다.

ㄴ. 목장모임의 분위기는 언제든지 목장 가족들이 편안하고 따뜻한 기

분이 들게 해야 한다. 어색하거나 긴장된 분위기가 되지 않도록 마음을 쓴다. 서로 밝은 표정으로 인사를 나누고 모임에 대한 기대감을 가질 수 있게 한다.

· 모임의 진행 방침

ㄱ. 모임의 진행은 특별히 정해놓은 형식에 얽매일 필요는 없다. 다만 목자는 질서와 융통성있게 진행이 될 수 있도록 하여 모임의 필요를 상황에 따라 충족시키는 기술이 있어야 한다.

ㄴ. 진행에 대한 목장 가족들의 참여도는 매우 중요하다. 하나도 빠짐없이 적극적인 참여가 될 수 있도록 하며 목자는 목장 가족들의 영적, 심리적인 면을 세심하게 파악하여 서로의 관계 속에서 필요를 만족하게 해주어야 한다.

ㄷ. 진행순서에 따라 개인적인 강요는 피하는 것이 좋다. 서로의 인격을 존중해야 하며 부담스러워 하지 않도록 유의해야 한다. 자연스럽게 참여할 수 있도록 한다.

ㄹ. 목장 가족의 마음과 뜻이 하나가 되도록 찬송하고 기도한다.

③ 모임진행의 실제와 방법

진행순서	소요시간	주요내용
찬양의 시간	10분	서로 은혜받은 찬양을 함께 하도록 한다. 또한 교재에 나와 있는 찬양을 참고로 하여 찬양한다. 이 시간은 서로의 마음을 열게 하며, 하나님의 임재를 간절히 사모하는 시간이다. 이 때 간단하게 찬양의 간증을 나누어도 좋다.
점검의 시간	20분	지난 모임 이후 자신들의 영적상태를 점검하며 생활에 중요한 부분을 함께 나눈다. 질문:생각, 말, 행동에 잘못은 없었는가? 예배에 빠짐없이 참석했는지? 못했으면 왜? 지난 한주간에 무슨 일이 있었는가?(은혜받은 일, 기쁜 일, 어려운 일, 슬픈 일 등) 서로 돌아가면서 이야기를 나누고 서로 격려와 칭찬을 해준다.
나눔의 시간	50분	지난 설교 말씀중심으로 나눔을 갖는다. 목장모임교재를 참고하여 활용한다. 은혜받은 것과 삶에 어떻게 적용했는지를 돌아가면서 나눈다(실천한 일, 부족한 점, 앞으로 계획과 실천할 일 등) 활동프로그램:실제적으로 말씀을 경험하고 실천할 수 있는 나눔을 통하여 천국의 기쁨과 소망을 갖게 하고 사랑을 훈련한다. 화요 목자모임시 활동진행을 위한 계획안을 점검하고 훈련한다.

진행순서	소요시간	주요내용
기도의 시간	20분	서로의 기도제목을 내놓고 합심으로 기도한다. 이때 개인의 기도뿐 아니라 교회와 나라, 주요 목장계획을 위해 기도한다. 〈방법〉 ·목자는 목장에서 나온 기도제목과 응답을 기록하도록 한다. 함께 기도할 제목이 긴급히 일어날 경우 목자에게 연락하도록 하고 목자는 목장 가족들과 함께 기도할 수 있게 한다. ·목장 가족들이 한 주간 동안에 기도할 제목들을 종이에 써서 제출하도록 한다. 종이를 접어서 기도 바구니에 넣게 하고 각자가 하나씩 꺼내어 주중에 기도해 주며 전화로 격려하도록 한다. ·기도제목 나누는 시간을 줄이기 위해 기도카드를 준비하여 나눠주고 기도제목을 적게 한 후 카드를 교환하여 기도한다.
마무리 시간		모임을 끝내는 시간은 정해진 것은 아니다. 그러나 대략 모임의 시간을 정하여 놓아서 개인의 생활에 차질이 생기지 않도록 하는 것이 좋다. 개인적인 것을 더 나누어야 할 경우는 모임을 끝내고 차후에 시간을 갖도록 한다. 다음 모임 때는 준비사항이나 해결할 일이 있으면 다시 상기시킨다. 교회의 특별한 일정이 있으면 목장 가족들에게 상세하게 알려주고, 다음 모임에 필요한 사항을 알린다(다음장소, 시간). 기도로 마친다. 참여한 목장 가족에게 목자는 감사의 표시를 한다.
다과의 시간		미리 준비한 다과나 식사를 한다. 사랑의 교제를 나누는데 함께 음식을 나누는 것은 중요하다. 그러나 먹는 데 치중하지 않도록 한다. 음식을 준비하기 위해 모임을 소홀히 해서는 안된다. 모임을 가질 때에 목장 가족이 음식을 서로 나눌 수 있도록 돌아가면서 하거나 함께 준비하도록 한다.

④ 목장 모임 평가

• 목장의 모임을 보다 더 잘할 수 있도록 목장 가족들의 의견을 수렴하고 평가하는 것은 매우 중요하다. 따라서 목자는 목장모임을 갖고 나서 모임의 평가를 통하여 잘된 것은 더 발전해 나가고 잘못된 것과 부족한 것은 시정, 보강해 나가 목장의 모임이 보다 더 재미있고 생동감이 있도록 하며, 새로운 것을 경험하고 창조해 나가는 목장으로 목장 가족에게 목장의 비전을 제시해 준다.

• 목자는 목장모임 보고서에 형식적인 기록이 아니라 보다 진지하게 목장의 운영을 효과적으로 하기 위해 필요한 것이 무엇인지를 살피고 점검해야 한다. 그것은 목장 가족들의 기대를 충족시키기 위해서이다. 목장가족의 신앙생활을 철저히 확인하고 적절하게 필요한 대로 봉사할 수 있는 기회를 제공해 준다. 보고서의 내용은 구체적으로 사실적으로 기록하고 평가하며 다음 모임을 위해 준비하고 계획하는 데 도움이 되게 한다(부록에 목장모임 보고서를 제시한다).

⑤ 목장 운영 예산

• 목장의 모든 활동의 운영비는 목장모임의 헌금으로 충당한다.

• 매주일에 목장헌금을 봉헌하면 재무부에서 목장별로 수합하게 되며 목장에서 목장활동비가 필요할 때 재무부에 신청하면 목장운영비로 지급된다.

• 목장 안에 회계를 두어 이를 기록 관리하게 한다.

• 목장의 특별활동 및 선교활동을 위하여 자율적으로 특별헌금을 하여 운영한다.

⑥ 예배시 목자 수칙

• 목자는 주일예배 및 수요일 예배에 미리 와서 목장 가족들을 맞이할 수 있도록 하고 예배가 끝난 뒤에도 목장 가족들과 인사를 나눈다.

• 주일 저녁 예배 및 수요예배를 드릴 때에는 대목장별로 지정해 놓은

좌석에 앉게 하여 출석을 확인하고 교제를 나눈다.

· 목자는 예배시 '목자뺏지'를 반드시 달도록 한다. '목자뺏지'는 대목
  장별 색상으로 하며 목장명과 목자이름을 명시한다.

7. 2001년도 목자양성부 목회 계획

〈교회목표 : 새 사람들의 공동체〉

(1) 목자양성부 목회 방향

1) 초대교회를 본받는 교회로!

① 초대교회를 모범으로 삼기 위해서 목자양성부는 목자들의 목장을
효율적으로 섬기고, 그 안에서 형제들과 사랑을 나누도록 하기 위한 모
든 사항을 공급하고, 훈련하며, 지도한다.

② 목자양성부가 초대교회가 내외적으로 가졌던 특성을 본교회가 기
능하도록 목자를 중심으로 인도한다.

2) 헌신하는 목자에 의해서 이끌리는 교회로!

① 목자양성부는 자원한 목자들을 훈련하고, 관리하는 일련의 과정을
총괄한다.

② 훈련된 그리고 헌신하려는 목자들을 계속적인 훈련과정을 통해 재
생산하고 목양부와의 연계 속에서 적소에 배치시켜 목장과 교회가 성장
하도록 이끈다.

(2) 목자양성부 조직

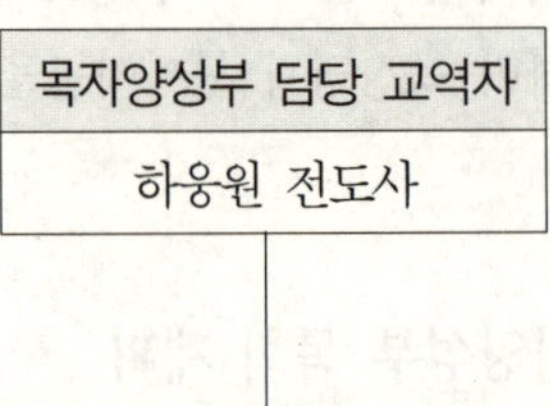

(3) 목자 훈련 계획

1) 2001년도 목자 훈련

① 목자 기본 훈련 : 제5기, 제6기

· 대상:목자 기본 훈련을 희망하는 자

· 제5기 목자 기본 훈련

ㄱ. 일시:2001년 6월 첫주간 ⇒ 8주간

ㄴ. 인원:희망자로 구성(예상인원:10명 내외, 기본적인 대상은 여러 이유로 2000년의 목자훈련이나 제5기 훈련에 불참한 자 또는 앞으로 목자를 희망하는 자)

ㄷ. 인도자:신청자에 따라서 1-2명(목자양성부 담당교역자가 담당)

ㄹ. 장소 및 모임일자:신청자의 여건을 고려해서 자유롭게 선정함

② 2000년도 목자 훈련

·목자 훈련의 방향

ㄱ. 2000년부터 본 프로젝트를 실천한다고 하는 가정 아래, 목자훈련은 직접적으로 지도자로서 알아야 할 사항과 특별히 웨슬리의 신학을 교육 훈련하여, 체험케 한다.

ㄴ. 목자훈련은 영성과 사랑의 실천에 바탕을 둔 실제적인 교육과 훈련으로 진행한다.

ㄷ. 훈련의 진행은 목장별로 운영하고, 요일 및 시간까지도 목장의 지도자를 고려하여 선정한다.

·목자훈련 내용

ㄱ. "주님을 따라 살았던 사람" — 웨슬리 신학 → 8주

웨슬리의 신학이 사랑과 성화의 실천에 바탕을둔 것을 중심으로 훈련한다.

웨슬리의 사랑의 실천이 주님을 따라 한 것처럼, 목자들이 구체적으로 목원들에게 사랑을 실천케 하고, 구체적인 사랑의 실천을 통해 얻어지는 참된 기쁨을 훈련한다.

·목자 훈련 일정

ㄱ. 일시:2001년 3월 중순 ~ 5월 중순까지

ㄴ. 대상:제1기~제3기 참가자(목자)

ㄷ. 인도자:교역자

ㄹ. 장소 및 일정:훈련 팀별로 자유롭게 선정

2) 2002년도 목자훈련

① 목자 기본 훈련:제7기, 제8기

·대상:목자 기본 훈련을 희망하는 자

·제7기 목자 기본 훈련

ㄱ. 일시:2002년 6월 첫주간 8주간

ㄴ. 인원:희망자로 구성(예상인원:10명 내외, 기본적인 대상은 여러 이유로 2001년의 목자훈련에 불참한 자 또는 앞으로 목자를 희망하는 자)

ㄷ. 인도자:신청자에 따라서 1-2명(목자양성부 담당교역자가 담당)

ㄹ. 장소 및 모임일자:신청자의 여건을 고려해서 자유롭게 선정함

· 제8기 목자 기본 훈련

ㄱ. 일시:2002년 10월 첫주간 8주간

ㄴ. 인원:희망자로 구성(예상인원:10명 내외, 기본적인 대상은 여러 이유로 2001년의 목자훈련이나 제7기 훈련에 불참한 자 또는 앞으로 목자를 희망하는 자)

ㄷ. 인도자:신청자에 따라서 1-2명(목자양성부 담당교역자가 담당)

ㄹ. 장소 및 모임일자:신청자의 여건을 고려해서 자유롭게 선정함

② 지도자의 소양 교육(지도자론, 속회운영, 심방, 전도)

· 2001년도 목자훈련의 방향

ㄱ. 2001년 훈련은 이미 진행 중인 본 프로젝트의 진행과정을 염두에 두고서 실시한다.

ㄴ. 본 프로젝트가 적용되어 가고 있다는 가정 아래 목자로서 가져야 하는 소양교육을 실시한다.

ㄷ. 지도자가 가져야 하는 성품과 능력을 훈련하여 습득케 한다.

ㄹ. 효율적인 목장 운영을 위해 실제적인 방안을 제시한다.

ㅁ. 구체적이고 실제적인 심방에 대해서 교육하고, 목장원들이 구체적으로 삶의 현장에서 전도할 수 있도록 전도에 관한 교육을 하여 각 목장에 맞는 팀전도 전략을 짜고, 직접 앞장서서 전도할 수 있도록 훈련한다.

· 2002년도 목자훈련 내용 : 총 8주 과정

ㄱ. "하나님이 쓰시는 일꾼" — 지도자론 교육 → 2주

목장을 이끄는 영적 지도자로 반드시 가져야 하는 성품과 신앙, 그리

고 능력을 교육하고 훈련을 통해 이를 습득케 한다.

하나님이 쓰시는 일꾼이라는 자긍심과 열심을 갖게 하고, 겸손과 섬김으로 목장을 이끌도록 훈련한다.

ㄴ. "하나님께 속한 우리 목장" — 효율적인 목장 운영 교육 → 3주

효율적인 목장운영을 위해 필요한 사항을 교육하고 이를 구체적으로 실천케 한다.

목장을 관리하는데 따르는 여러 문제점들을 고려하여 현실적이고 구체적인 방법을 제시한다.

목장이 선교회와 기존의 각 부서의 기능까지도 감당할 수 있도록 교육하고, 실천케 한다.

ㄷ. "전도는 우리의 사명입니다!" — 심방 전도 교육 → 3주

목자로서 알아야 하는 심방에 대한 내용을 교육하고, 실천케 훈련한다.

각 목장이 전도 특공대로서의 역할을 감당할 수 있도록, 팀전도 전략을 교육 및 훈련하고, 목자는 전도팀의 구체적인 팀장으로의 역할을 감당하도록 훈련한다.

각 목장이 구체적으로 생활속에서 전도할 수 있는 방법인 생활전도를 소개하고 실천케 한다.

③ 2001년도 목자훈련 일정

· 일시 : 1월 중순~3월 준순까지

· 대상 : 각 목장의 목자

· 인도자 : 교역자

· 장소 및 일정 : 훈련 팀별로 자유롭게 선정

· 기간 : 총 8주 훈련

④ 목자 훈련 도식화(2001년까지의 훈련과정)

<table>
<tr><td>기본 목자
훈련(8주)</td><td>⇒</td><td>주님을 따라
살았던 사람
(8주)</td><td>⇒</td><td>목자 소양
훈련(8주)</td><td>⇒</td><td>훈련된 목자로 양성</td></tr>
</table>

1월
믿음의 달

김광식 목사(인천제삼장로교회 원로목사)

- 새 2001년에는 빛되는 삶을 살자(사 60:1-9)
- 기독교는 믿음으로 구원을 얻습니다(마 16:13-28)
- 믿음은 자기를 희생하는 것이다(막 10:23-31)
- 지금은 몰라도 후에는 알리라(요 13:1-17)

새 2001년에는 빛되는 삶을 살자
(사 60:1-9)

　세기가 바뀌는 뜻깊은 한 해를 다 보내고 이제 정말로 새 천년이 시작되는 2001년을 맞이하여 하나님의 축복이 인천 시내 2,288교회(1988년 통계)와 80만 성도들, 그리고 인천 시민 위에 충만하기를 기원합니다.

　지난 해는 남·북간의 냉전 시대가 종식되고 화해와 평화를 맞이하였습니다. 지난 6월에 평양에서 남북의 거두가 회담을 통하여 공동 성명서를 발표하였습니다. 그리고 8월 15일부터 3일 간 남과 북이 각각 100명씩 서울과 평양에서 이산 가족이 상봉을 하였으며, 9월 15일에는 경의선 철도가 복원되는 착공식이 임진각에서 거행되었습니다.

　새해에는 7천만 동포가 자유롭게 남북을 왕래하는 통일이 이루어졌으면 하는 희망을 가지고 품고 어떤 일이 있어도 물러서지 않고 앞만 바라보며 전진해야 하겠습니다.

　좋은 출발은 좋은 결과가 있기 마련입니다. 독일의 시인 괴테는 "첫 단추를 잘 끼우지 못하면 마지막 단추는 끼울 구멍이 없다"라고 하였습니다. 그러므로 새해는 오직 하나님께만 영광을 돌리며 믿음으로만 살며 몸과 마음과 온 정성을 주님께만 헌신하는 한 해가 되어야 하겠습니다.

세상 사람들은 자신의 욕구 때문에 살다가 죽으나 기독교인들은 자신을 포기하고 하나님의 요구하시는 그 뜻대로 살려고 힘씁니다. 그러므로 새해는 축복을 더 많이 받기보다 이미 받은 축복을 나누어주며 봉사하며 바치며 사는 한해가 되어야 하겠습니다.

현대인의 특징중 하나는 인생을 쉽게 살려고 하는 것입니다. 더구나 젊은이들은 고생을 덜하며 살았기 때문인지는 모르나 너무나 쉽게 사는 쪽으로 쏠리고 있습니다. 수고와 노력이 없이 성공하려고 하며 수고와 고생보다 몇 배나 많은 대가를 바라는 사고입니다.

그러나 세상은 결코 수고 없이 쉽게 성공하려는 것을 용납하지 않습니다. 눈물과 수고와 땀과 희생이 있을 때 그 대가를 받을 수가 있으며, 참된 기쁨과 감사와 영원한 축복을 받을 수가 있습니다.

우리는 새해를 맞이하여 각자 자기의 몸에 맞는 새 옷으로 갈아입었습니다. 그러므로 새 옷을 1년 365일 간 더럽히지 않고 깨끗하게 해야 하겠습니다.

어거스틴은 방탕한 생활을 하다가 새 사람이 된 후에 어느 날 길을 가다가 옛 애인을 만났는데 본체 만체 하고 그냥 지나갔습니다. 이때 그 여자가 어거스틴을 향하여 크게 소리를 질렀습니다. 그러자 어거스틴은 "나는 이제 새사람이 되었소. 과거의 어거스틴이 아니요. 내 마음에는 주님이 계시고 나는 주님과 함께 살고 있소."라고 대답하였습니다.

본문은 이사야 선지자가 이스라엘 백성들에게 하신 말씀입니다. 이스라엘 백성이 바벨론 포로에서 실의와 좌절에 빠져 있을 때 백성들에게 멀지 않아 해방되어 시온에 돌아가서 자유롭게 하나님을 섬길 때가 온다는 희망의 말씀을 주었습니다.

하나님은 시온을 향하여 빛을 발하라고 하십니다. 창세기 1:3에 "하나님이 가라사대 빛이 있으라 하시매 빛이 있었고"라고 했습니다. 성경은 하나님께서 빛을 창조하는 것으로 시작을 하였습니다. 요한복음 1:9에는 "참 빛 곧 세상에 와서 각 사람에게 비취는 빛이 있었나니" 하고 예수님께서 세상에 오심을 빛으로 비유하였습니다. 마태복음 8:14에는 "너희는 세상에 빛이라"고 했습니다. 즉 모든 그리스도인들은 세상에서 빛 되는 삶을 살아야 할 것을 말씀하셨습니다. 그러므로 새해를 세상에서 빛 되는 사명을 잘 감당해야 하겠습니다.

1. 가정에서 빛이 되자.

하나님은 가정을 중요시 합니다. 태초에 하나님은 가정을 이루어 살도록 하였습니다. 사람은 누구나 가정에서 태어나서 가정에서 살다가 가정에서 죽는 것이 원칙입니다. 그러므로 인간에게 있어 가정보다 더 중요한 것은 없습니다.

모이면 교회가 되고 흩어지면 가정이 됩니다. 가정은 교회의 연장입니다. 가정에서 천국을 경험할 수 있어야 합니다. 그러기 위해서는 가정에서 어른들이 자녀들에게 믿음으로 빛이 되어야 합니다. 즉 신앙과 상황에 본이 되어야 합니다. 가정은 인류 역사가 시작한 때부터 인류 역사가 끝날 때까지 계속될 것입니다. 무디 선생은 "나는 세상의 모든 사람들에게 존경을 받지 못한다 해도 아무런 상관이 없다. 그러나 가정에서 내 자녀들에게 존경을 받지 못하면 가장 불행하다"라고 하였습니다.

최근 교육에 문제가 되고 있는 소위 문제아는 문제 부모 때문이라고 귀결짓고 있습니다. 그러므로 부모가 가정에서 자녀들에 대한 책임은 너무나도 중요합니다.

사회에서 죄악이 흐르고 돌다가 마침내는 가정으로 스며드는데, 이는 가정을 파괴하는 무서운 공해입니다. 가정이 파괴되면 아무런 소망이 없습니다. 그러므로 가정에서 부모는 자녀들에게 빛이 되어야 합니다.

히브리인의 종교는 가정에서 시작이 되었는데 가정과 민족을 연결하여 하나의 공동체를 형성하였습니다. 그러므로 히브리 민족은 가정을 매우 소중하게 여겼습니다.

히브리 민족이 수천년 간을 세계에 흩어져 나라 없이 방랑의 생활을 하면서도 망하지 않은 것은 가정에서 부모들이 자녀들에게 하나님의 말씀인 '쉐마'를 가르쳤기 때문입니다. 그러므로 가정이 나라를 지키고 가정이 나라를 다시 찾은 셈입니다.

유대인의 가정에서 아버지가 자녀들에게 물을 달라고 하면 아들이나 딸이 물을 떠다가 어머니에게 주면 어머니가 물을 아버지에게 드립니다. 우리 나라는 반대로 어머니가 대뜸 아버지가 물 좀 달라고 하니 떠다가 드리라고 합니다. 가정에서 부모들이 자녀들에게 본을 보이는 일은 중요합니다.

저는 목회 현장에서 다음과 같이 가정 표어를 만들어서 신도들의 가정마다 벽에 붙여 항상 묵상하도록 하였습니다.

"예수님은 우리 가정의 주인이십니다. 식사할 때 함께 하시는 손님이시오, 일할 때 도와주시는 능력자이시요, 잠잘 때 지켜주시는 보호자이시요. 모든 기도의 응답자이십니다."

모든 가정은 부모들이 가정에서 자녀들에게 예배드리는 일에 빛이 되어야 하며, 성경을 읽는 일에 본이 되어야 합니다. 기도하는 일에 솔선수범이 되어야 하며, 사랑과 구제와 봉사와 헌신에 있어서 생활로 친히 본을 보여야 합니다.

2. 교회에서 빛이 되자.

교회를 헬라어로 "에클레시아"라 하고 히브리어로 "카알"이라고 하는 데 그 뜻은 '불러내다, 불러낸 무리'입니다. 기독교는 2000년의 역사로 모든 시대를 지내면서 많은 사람들에게 칭찬과 존경을 받음과 동시에 때로는 비난과 조롱의 대상이 되기도 하였습니다.

교회가 세상에서 없어서는 안되는 가장 필요한 존재로서 마치 태양처럼 빛냄으로 세상의 어두움을 몰아내고 광명한 세계로 만들었는가 하면, 다른 시대에는 교회가 빛을 잃어 사회로부터 빈축을 받아 외면을 당하여 빛을 가리우기도 하였습니다.

교회가 크다고 좋은 교회가 아니며 신도수가 많아서 모범적인 교회가 아닙니다. 또한 교회의 역사가 오래되거나 사회의 명성이 높은 사람이 많거나 재정적으로 넉넉하다고 좋은 교회는 아닙니다. 교회는 참 신앙을 고백한 무리들이 교회 자체에서 기도하며 봉사하며 헌신하여 온 교회 앞에 한 자루의 초가 되어 빛을 나타내느냐에 달렸다고 볼 수 있습니다.

하나님은 세상에 교회를 세우기로 계획을 하셨으며 예수 그리스도는 세상에 오셔서 친히 교회를 세우셨습니다. 교회는 구원을 얻은 사람들이 모여서 동일한 신앙을 고백한 공동체입니다. 그러므로 이질적인 것이 존재할 수가 없습니다. 그러나 교회 안에서 복음에서 벗어나 서로가 불화하거나 비방하거나 불신하는 경우가 있습니다.

예수님은 제자들의 발을 씻어 주시면서 너희들도 뭇 사람의 발을 씻어 주는 자가 되라고 본을 보여 주셨습니다. 그러므로 모든 신도는 온 교회 안에 빛이 되어야 하겠습니다.

서머나 교회와 빌라델비아 교회는 책망할 것이 없는 칭찬만의 교회가 되었으며, 데살로니가 교회는 마게도냐와 아가야 지방에서 본이 되었습니다. 가이오와 같은 장로, 스데반과 빌립 같은 집사, 브리스길라와 아굴라 같은 충성된 젊은 부부, 자기 몸에 병이 나서 죽기에 이르러도 돌아보지 않은 에바브로디도, 자기 집을 교회로 제공한 자주장사 루디아 같은 여신도, 이들은 모두가 교회 앞에 빛이 되어 오늘에 이르기까지 본이 되고 있습니다.

교회는 신도 한 사람 또 한 사람이 교회 앞에서 빛을 나타내는 일이 중요합니다. 한국 교회가 양적으로 크게 부흥되었는데 교회마다 서로 불화하고 다투고 심지어는 갈라지는 현상이 있습니다.

새 2001년에 모든 교회가 그리고 모든 신도들은 자기가 섬기는 교회에서 빛을 나타내어야 하겠습니다. 특별히 인천의 모든 2,288 교회는 칭찬받는 교회가 되어야 하겠으며, 인천의 80만 신도는 모범적인 신도가 되어 교회적 사명과 신도의 사명을 다해야 하겠습니다.

3. 사회에서 빛이 되자.

예수님께서 "나는 세상에 빛이다" 그리고 "너희는 세상에 빛이라"고 하셨습니다. 교회는 시대적인 빛의 사명이 있습니다. 즉 세상에서 빛의 사명을 다해야 합니다. 우리는 주님으로부터 생명의 빛을 받았습니다. 교회가 빛을 발하지 못할 때 세상은 점점 어두워져 언젠가는 어두움의 세계로 변하고 말 것입니다. 주님은 에베소 교회를 향해 교회가 빛을 잃었으므로 촛대를 옮기겠다고 하였습니다.

흔히들 유럽의 교회가 이미 불이 꺼졌다고 말합니다. 그리고 미주의 교회도 거의 꺼져가는 상태라고 하면서 오로지 한국의 교회만이 맹렬하게 타오르고 있다고 합니다. 그렇다면 한국교회는 세계를 향한 그 빛에 대한 책임이 너무나도 큽니다.

빛은 하나님의 창조물 중에 제일 먼저 지으셨습니다. 창세기 1:3에 보면 "하나님이 가라사대 빛이 있으라 하시매 빛이 있었고 그 빛이 하나님이 보시기에 좋았더라 이는 첫째 날이니라"고 했습니다.

다이나믹 설교뱅크

새벽에 태양이 떠오르면 어두움은 어디론가 사라집니다. 우리는 이 세상에서 하나 하나의 작은 빛입니다. 우리 모두가 녹아지고 없어지는 초가 되어 어두운 이 세상을 밝혀야 하겠습니다.

이 빛의 근원은 하나님이십니다. 그리고 이 빛의 첫 시발은 예수 그리스도입니다. 그러므로 그리스도인은 이 세상에 어두움을 정복하여 빛의 세계로 만들어야 하겠습니다. 이사야 선지자는 "일어나라 빛을 발하라"고 하였습니다. 그리고 "네 빛이 이르렀고 여호와의 영광이 네 위에 임하였음이니라. 보라 어두움이 땅을 덮을 것이며 캄캄함이 네 위에 나타나리니, 열방은 네 빛으로, 열방은 네 비치는 광명으로 나아오리라"고 하였습니다.

러시아는 주후 989년에 전국민에게 기독교를 믿도록 국가가 선포하였습니다. 그래서 러시아정교가 국교로 제정되면서 교회가 크게 부흥하였습니다. 그런데 러시아정교가 타락하여 1917년 10월에 소위 "10월 혁명"이라는 레닌의 볼셰비키가 혁명을 일으켜 찰스황제 정권을 무너트리고 소비에트 연방공화국을 세우면서 교회의 재산을 몰수하고 신앙을 지키지 못하도록 하였습니다. 그리고 성경을 만드는 성서공회를 폐쇄하고 성경사본을 1933년 10만 파운드에 영국에 팔았으며, 영국은 대영성서공회에 비치하여 성서를 전세계에 반포하여 축복을 받았습니다.

오늘의 사회가 총체적으로 위기를 맞고 있습니다. 정치, 경제, 환경 즉 수질오염, 공기오염, 땅 오염 등 우리가 몸담아 살고 있는 자연마저 마구 훼손되어 썩고 있습니다. 더구나 사람들을 썩게 하는 소위 "러브호텔"의 난립과 여기 저기서 터져 나오는 사건들은 모두가 희망이 없어보이기도 합니다.

이러한 위기에 처한 사회를 향하여 교회가 빛을 발해야 하겠습니다. 그리고 하나님이 우리에게 주신 깨끗한 물과 공기를 흘려 보내어 정화를 시켜야 하겠습니다.

　교회가 사회에 빛을 발하지 못하면 사회는 점점 더 어두워지고 결국은 절망에 빠지게 됩니다. 그러므로 새천년을 맞이하여 인천 교회와 기독교인 80만 신도가 빛을 발하여 복음이 제일 먼저 들어온 인천이 제일 먼저 복음화 되어야 하겠습니다.

기독교는 믿음으로 구원을 얻습니다
(마 16:13-28)

사람이 사는 세상에는 많은 종교가 있습니다. 모든 종교는 자기가 믿는 종교가 참 종교라고 합니다. 종교마다 교주가 있는데 불교는 석가모니, 이슬람교는 마호멧, 유교는 공자 등입니다. 그리고 종교마다 인간의 불안, 고통, 죽음의 문제를 해결하기 위하여 원리 또는 교리가 있어 이를 믿게 하려고 합니다. 그런데 이상의 모든 종교는 인간이 신을 찾아가서 만들어진 종교입니다. 그러나 기독교는 하나님께서 우리 인간을 찾아 오셔서 인간의 근본 문제를 해결하여 주셨습니다. 그러므로 기독교가 참 종교입니다.

기독교는 삼위일체의 하나님을 믿는데 성부, 성자, 성령입니다.

성부 하나님은 창조의 주시며, 성자 예수 그리스도는 구속사역을 이루셨으며, 성령은 세상에 교회를 세우셨습니다.

교회는 세상에서 가장 귀한 존재입니다. 하나님께서 세상에 교회를 세우신 목적은 인간을 죄와 사망에서 구원하시기 위함입니다.

기독교는 구원의 종교입니다. 하나님은 구원사역을 오로지 교회를 통하여 이루십니다. 그러므로 교회 밖에는 구원이 없습니다. 기독교의 생명은 교회입니다.

교회는 하나님을 바로 알게하여 주며 그리스도를 구주로 영접하게 하며, 이 사실을 믿게 하여 믿음으로 살게 합니다.

교회는 자신의 존재를 모르고 살던 사람을 하나님 앞에서 자신이 어떠한 사람인 것을 깨닫게 하며, 자기밖에 모르고 교만하게 살던 사람이 겸손한 사람으로 변화되며, 죽을 사람이 영원한 생명을 얻어 살게 됩니다.

본문에 보면 예수님께서 어느 날 제자들과 함께 가이사랴 빌립보 지방에 가셨습니다. 가이사랴 빌립보는 갈릴리 북쪽 레바논 기슭에 위치하고 있는데, 갈릴리 바다의 발원지로서 자연환경이 매우 좋은 곳입니다. 이곳은 예수님의 복음전도의 최북단으로 여기서 두 가지 사건이 있었습니다.

첫째, 예수님께서 제자들에게 "세상 사람들이 나를 누구라고 하느냐?"(13절)라고 물었습니다. 이때 제자들은 "더러는 세례요한, 더러는 엘리야, 어떤 이는 예레미야나 선지자 중에 하나라 하나이다"(14절)라고 대답하였습니다.

그 당시에 군중이 예수님을 세례 요한으로 본 것은 세례 요한이 예수 그리스도의 선구자였기 때문입니다. 엘리야로 본 것은 엘리야가 죽지 않고 승천하였기 때문입니다. 그리고 예레미야나 선지자 중에 하나로 본 것은 예레미야가 장차 망할 이스라엘 민족을 향한 눈물의 선지자인데 예수님께서 앞으로 멸망할 예루살렘을 바라보며 눈물을 흘렸기 때문입니다.

이상의 세 부분의 사람들은 그 당시 유대인들에게 높이 존경을 받은 인물로서 이미 오래 전에 죽었으나 다시 오리라는 믿음을 가지고 기대하였던 사람들입니다.

이때 예수님은 제자들에게 "너희는 나를 누구라 하느냐?"(15절)라고 물었습니다. 이때 시몬 베드로가 대답하여 가로되 "주는 그리스도시요 살아계신 하나님의 아들이시니이다"(16절) 하고 대답하였습니다. 이 대답은 베드로의 신앙고백입니다. 그러나 베드로의 신앙고백뿐 아니라 제자들 전체의 신앙고백입니다. 그리고 기독교인 전체의 신앙고백이어야 합니다.

예수님은 신·인 양성을 가지셨는데 인성은 다윗의 후손이 되심이요, 신성은 하나님의 아들이심에 조화를 이루고 있습니다. 그래서 예수님은 베드로에게 "너는 베드로라 내가 이 반석 위에 내 교회를 세우리니 음부의 권세가 이기지 못하리라"(18절)고 하였습니다. 본래 베드로의 이름의 뜻은 "페트로스" 즉 '돌'이라는 뜻으로 교회를 의미합니다. 그러므로 예수가 하나님의 아들로 믿는 믿음 위에 교회가 세워져야 한다는 말씀입니다.

반석 또는 돌(Rock or Stone), 이것이 없이는 교회가 세워질 수 없습니다. 혹시 세워진다 하여도 참된 교회라고 할 수가 없습니다. 이는 베드로의 인격을 의미하는 것이 아니라 베드로의 신앙고백을 뜻하는 말씀입니다.

이와 같이 교회는 예수가 하나님의 아들이심과 우리의 구주가 되심을 믿는 신앙고백 위에 세워져야 합니다. 이렇게 세워진 교회가 하나님의 교회요, 그리스도의 교회입니다.

둘째, 본문 21절에 보면 "예수께서 예루살렘에 올라가 장로들과 대제사장들과 서기관들에게 많은 고난을 받고 죽임을 당하고 제 3일에 살아나야 할 것을 제자들에게 비로소 가르치시니"라고 하였습니다. 22절에는 "베드로가 예수를 붙들고 간하여 가로되 주여 그리 마옵소서. 이 일이 결코 주에게 미치지 아니하리이다"라고 끔찍이 생각해서 말하였습니다.

그러나 예수님은 베드로에게 "예수께서 돌이키시며 베드로에게 이르시되 사단아 내 뒤로 물러가라. 너는 나를 넘어지게 하는 자로다 네게 하나님의 일을 생각지 아니하고 도리어 사람의 일을 생각하는도다"(23절)라고 호되게 책망을 하였습니다.

그리고 24절에 "예수님께서 제자들에게 이르시되 아무든지 나를 따라오려거든 자기를 부인하고, 자기 십자가를 지고 나를 좇을 것이니라"고 하였습니다.

십자가는 제자들뿐 아니라 모든 믿는 자들에게 있습니다. 이 십자가를 자원하여 끝까지 잘 지는 사람은 상급이 있을 것이며, 자기의 십자가가 힘들고 어려워 포기하는 사람에게는 심판이 있게 됩니다.

모든 신도는 상급과 심판을 따지기 앞서 십자가를 사랑하는 심정에서 즐거움으로 져야 합니다. 믿음은 예수 그리스도와 각기 자신과의 관계이며, 십자가를 지고 뒤를 끝까지 따르는 것입니다. 기독교인은 누구나 예수님께로 부름을 받아 하나님의 자녀가 되어 자기 십자가를 지고 생명을 바치기까지 해야 합니다.

예수님께서 십자가를 지시고 죽으신 후에 베드로는 예수님을 멀찍이 쫓아가다가 마침내 예수님을 세 번씩이나 모른다고 부인하였습니다.

유대인의 탈무드에 다음과 같은 이야기가 있습니다.

유대인 부자 노인이 돈 3만불을 가지고 있었는데 앞으로 살 날이 얼마 남지 않음을 알게 되었습니다. 그래도 천국에 가고 싶은 욕망은 강해서 생각 끝에 제일 먼저 유대인 랍비를 찾아가서 1만불을 주면서 자신이 천국에 들어가도록 기도를 요청하였습니다. 그래서 유대인 랍비는 1만불을 받고 부자 노인이 천국에 들어가도록 기도를 하였습니다.

그런데 부자 노인이 집에 돌아와서 곰곰이 생각을 하니 천국에 들어갈 자신이 없었습니다. 그래서 생각하다가 두 번째로 신부를 찾아가서 역시 1만불을 주면서 천국에 들어가도록 기도를 부탁했습니다. 신부는 1만불을 받고 부자 노인이 천국에 들어가도록 기도를 하였습니다.

부자 노인은 아직도 석연치 않아 세 번째로 목사를 찾아가서 1만불을 주면서 마지막 기도로 알고 천국에 들어가도록 기도를 부탁하였습니다. 이때 목사는 1만불을 노인 부자에게 돌려주면서 "천국은 돈으로 가는 곳이 아닙니다. 천국에는 믿음으로 갑니다"라고 하였습니다.

그렇습니다. 천국은 돈이 통하지 않습니다. 천국에 들어가려면 모든 죄를 회개하고 믿음으로 주님을 영접하여 자기 십자가를 지고 끝까지 주님을 따라야 합니다.

어린이 복음성가에 다음과 같은 노래가 있습니다.

1. 돈으로도 못가요 하나님나라
　　힘으로도 못가요 하나님나라
　　거듭나야 가는 나라 하나님나라
　　믿음으로 가는 나라 하나님나라

2. 벼슬로도 못가요 하나님나라
　　지식으로 못가요 하나님나라
　　거듭나야 가는나라 하나님나라
　　믿음으로 가는 나라 하나님나라

기독교는 믿음으로 구원을 얻습니다. 베드로처럼 "주는 그리스도시요 살아 계신 하나님의 아들이라"는 참된 신앙고백이 있어야 합니다. 새해를 맞이하여 믿음으로 구원얻었은즉 하나님의 자녀로서 합당한 삶을 살아갈 수 있기를 기원하는 바입니다.

믿음은 자기를 희생하는 것이다

(막 10:23-31)

세상에서 제일 귀한 것은 생명입니다. 그런데 생명보다 더 귀한 것이 있는데 그것은 믿음입니다. 믿음은 인간의 소관이 아니라 하나님의 소관으로 하나님께서 인간에게 주시는 선물입니다.

세상에는 믿음으로 사는 사람과 믿음 없이 사는 사람이 있습니다. 믿음으로 사는 사람은 가장 행복하고 믿음 없이 사는 사람은 가장 불행합니다.

기독교는 믿음으로 구원을 얻는 종교입니다. 그러므로 모든 기독교인은 믿음을 얻으려고 힘쓰며 얻은 믿음을 지키려고 힘씁니다. 믿음은 풍선에 바람을 불어넣었다가 쾅하고 터져서 없어지는 것이 아닙니다. 그러므로 한번 얻은 믿음을 영원히 간직하고 있어야 합니다.

현대 기독교인들은 자기의 욕구를 충족시키려는 경향이 있습니다. 참신앙은 자기를 희생하는 데 있습니다. 신학자 본 훼퍼는 "자기 욕망과 소원만을 위하는 기복 신앙은 싸구려 믿음이다"라고 하였습니다.

믿음은 모든 고난과 시련에서도 변하지 말아야 합니다. 그리고 사람들이 위험을 피하고 겁내어 뒤로 물러설 때에 참 믿음의 사람은 자신을 희생하여 앞장설 줄 알아야 합니다.

6.25때에 서울에서 있었던 일입니다. 인민군이 불시에 남침하여 서울시에 침입하자 서울 시민들은 한강 이남으로 내려가야 산다고 한강 인도교로 몰려들기 시작하였습니다. 현재는 한강 다리가 10개가 훨씬 넘으나 그 당시에는 인도교가 하나밖에 없었습니다. 정부는 정책상 한강 다리를 6월 28일 오전 2시 15분에 인민군을 일시나마 저지코자 폭파시켰습니다.

서울 시민들은 이 사실을 모르고 밤중에 한강다리로 몰려들어 수많은 사람들이 한강에 떨어져서 처참하게 희생을 당했습니다. 뒤늦게 알고 난 사람들은 밤중에 이리저리 헤매다가 날이 밝을 녘에 한남동 나루터에 조그마한 나룻배 하나를 발견했습니다. 그러자 사람들이 삽시간에 배가 가라앉을 만큼 올라탔습니다.

이때 사공 영감은 이렇게 많이 타면 배가 갈 수가 없으며 간다 해도 위험하니 5-6명쯤 내려야 한다고 사정을 했습니다. 그러나 이 처지에 누가 내리겠습니까? 내리면 죽을 판이니 모두가 숨을 죽이고 서로 눈치만 보고 있었습니다. 이때 사공은 두 명만 내리면 어떤 방법으로든지 가보겠다고 도리어 사공이 애원을 하였습니다. 그러나 내리는 사람은 아무도 없었습니다.

서울 장안에는 총소리 폭탄 소리로 진동을 하는데 배 안에는 침묵이 감돌고 아주 심각하고도 떨리는 순간입니다. 바로 이 때 어느 젊은이가 벌떡 일어서면서 "제가 내리겠습니다. 저는 신장이 9척이요 몸무게도 작은 사람 두 몫은 됩니다. 사공님 빨리 떠나세요"라고 하였습니다.

배 안에 있는 사람들은 고마우면서도 미안한 눈초리로 그 청년을 바라보았습니다. 사공은 젊은이의 패기에 더 이상 된다, 안 된다 할 수 없어 무겁게 실은 나룻배는 맞은편 동작동 쪽으로 건너갔습니다. 그리고 젊은

이는 배낭을 멘 채 한남동 언덕으로 저벅 저벅 모래바닥을 말없이 걸어 갔습니다. 이 젊은이는 50여명을 살린 희생 양이었습니다. 그는 목사의 아들로 자기 희생으로 믿음을 보여준 셈입니다.

본문의 말씀은 예수님께서 참 믿음이 어떠한 것임을 교훈하셨습니다. 29절에 "나와 및 복음을 위하여 집이나 형제나 자매나 어미나 아비나 자식이나 전토를 버린 자는" 이라고 하였습니다. 믿음으로 사는 사람은 믿음때문에 포기해야 할 것을 크게 두 가지로 구분하였습니다.

첫째는 집, 형제, 자매, 부모, 자식 등으로 혈육과의 관계입니다. 여기서 말하는 신앙은 가정과 자기 식구들과의 관계에 있어서 파괴를 뜻하는 것이 아닙니다. 가정과 식구들이 중요하나 하나님께 대한 신앙이 우선이어야 함을 가르치는 말씀입니다.

둘째로 전토(田土)입니다. 여기에 전토는 땅뿐만이 아니라 모든 재물 전체를 의미합니다. 그러므로 재물때문에 신앙에 지장을 주어서는 안된다는 말씀입니다.

17절 이하에 있는 말씀에 어느 부자 청년이 예수님을 찾아와서 영생 문제에 대하여 상담을 하였습니다. 예수님은 부자 청년에게 "계명을 지키는 것도 중요하지만 영생 문제를 해결하려면 한 가지 부족한 것이 있는데 있는 것을 다 팔아서 가난한 사람들에게 나누어 주고 와서 나를 좇으라"고 하였습니다.

22절에 "그 사람은 재물이 많은 고로 이 말씀을 인하여 슬픈 기색으로 근심하며 가니라"고 하였습니다. 예수님께서 다시 제자들에게 "재물이 있는 자는 하나님의 나라에 들어가기가 심히 어렵도다"라고 말씀을 하셨으며, "약대가 바늘 귀로 나가는 것이 부자가 하나님의 나라에 들어가는 것보다 쉬우니라"(25절) 하고 말씀하셨습니다.

마태복음 6:24에 "하나님과 재물을 겸하여 섬기지 못하느니라"고 하셨습니다. 이는 예수님께서 재물 자체를 죄악시한 것이 아니라 재물때문에 신앙에 지장이 있어서는 안된다는 말씀입니다. 그러므로 가족관계와 재물이 귀한 것이나 믿음에 지장이 되면 안된다는 말씀입니다.

미국을 중심하여 전세계에 체인으로 되어 있는 호텔 홀리데이 인 (Holiday Inn)의 회장 클라이머(Lm. Clymer)씨가 은퇴를 선언하였습니다. 그는 호텔을 시작할 때에 자신이 경영하는 호텔에는 카지노(도박장)를 두지 않기로 하나님과 약속을 하였습니다.

그러나 지난 주주 총회에서 장시간 토의 후에 애틀랜틱시티 호텔 지점에서 카지노를 시설하기로 결의를 하였습니다. 그러자 클라이어 회장은 "나는 하나님과의 약속을 지킬 수가 없는 처지이므로 차라리 호텔에서 손을 떼겠습니다. 호텔을 통하여 얻는 엄청난 수입보다는 하나님과의 약속인 믿음이 더 중요하기 때문입니다."라며 은퇴를 한 것입니다.

클라이머 회장은 참으로 훌륭한 신앙인입니다. 그는 믿음을 위하여 재물을 포기하였습니다.

돈이나 재물 자체가 잘못된 것이 아닙니다. 다만 그것을 잘못 쓸 때에 문제가 될 뿐입니다. 재물에 대하여 더좋은 방법은 재물을 가난한 사람들에게 분배하는 귀한 일입니다. 예수님께서 재물에 대하여 말씀하신 근본 뜻은 사람들이 재물을 신뢰하고 재물이 생명을 보호하여 주는 것처럼 생각하기 때문에 재물에 대하여 바른 교훈을 하신 것입니다.

어쨌든 신앙을 위해서 재물을 버릴 때 당장은 손해보는 것 같으나 하나님께서 금생과 내세에 영생으로 갚으신다고 하였습니다.

가족과 재물은 현세에서 살아가는 데 절대적으로 필요합니다. 그러나 내세의 영광과 비교하면 족히 비교할 수가 없습니다. 그러므로 인간은 영생을 얻는 것보다 더 귀한 것은 없습니다. 그러므로 지금은 손해를 보나 미래에 큰 영광이 있음을 바라볼 줄을 알아야 합니다.

1985년 스페인 마드리드에서 세계 마라톤대회가 열렸습니다. 세계에서 마라톤 선수가 수 100명이 모여서 달렸는데 마지막에 약 1km를 앞두고 선두에서 달리던 선수가 갑자기 다리에 쥐가 나서 쩔룩거리며 제대로 걷지도 못하였습니다. 이 순간에 2등으로 뒤를 쫓아오고 있던 선수와는 불과 100m 간격이었으므로 1등을 하는 일은 문제가 없었습니다.

드디어 두 선수가 운동장에 들어왔는데 트랙 한 바퀴를 돌면 승부가 결정이 납니다. 스탠드에 관중들 중에 일부는 선두로 달리는 선수에게 힘을 내라고 소리를 지릅니다. 또다른 관중들은 2등으로 달리는 선수에게 좋은 기회가 주어졌으니 빨리 달려서 1등을 하라고 소리를 지릅니다.

이 순간 2등으로 달리던 선수가 1등으로 절룩거리는 선수에게 가까이 가서 그를 붙들고 골인 지점까지 가서 그를 1등으로 라인을 밟게 하고 자기는 한 발을 뒤로 하여 2등이 되었습니다. 이순간 운동장에 수많은 관중들은 숙연해졌습니다.

어쩌면 저럴 수가 있을까? 모든 군중들은 일제히 일어나서 2등을 한 선수에게 박수와 갈채를 보냈습니다. 드디어 시상식이 있어 1등한 선수에게 월계관을 씌워 주었습니다. 이 때 1등한 선수가 2등한 선수에게 월계관을 벗어서 주면서 "이 월계관은 당신의 것입니다."라고 했습니다. 얼마나 멋진 장면입니까?

호주 시드니 올림픽 때에 양궁 여자 개인전에서 우리 선수끼리 금, 은, 동 메달을 모두 차지했습니다. 1등 윤미진, 2등 김남순, 3등 김수녕입니다. 금과 은은 어쩔 수가 없으나 동메달 하나는 북한 선수 최옥실 선수에게 양보를 했으면 하는 생각이 들었습니다. 최옥실 선수가 이태리의 강자 나탈리아 발레바를 꺾어주어서 우리 선수들이 수월했다는 보도가 있었습니다. 김수녕 선수가 마지막 한 발을 일부러 하늘로 쏘든가 땅으로 박든가 했다면 남북한 선구가 공동으로 입장을 하여 세계를 놀라게 하였을텐데, 동 하나를 북한에게 양보를 했다면 얼마나 좋았을까 하는 아쉬움이 생겼습니다.

믿음때문에 가족과 재물을 포기하는 일은 쉬운 일이 아닙니다. 가족은

혈연관계인 생명의 관계요, 재물은 인간이 매일 매일 살아가는 데 절대
적으로 필요한 조건입니다. 이상의 모든 것이 아무리 좋아도 믿음을 위
하여 버리고 주님을 따르는 자로서 합당한 하나님의 자녀가 되어야 하겠
습니다. 그러므로 믿음은 자기를 희생해야 합니다.

지금은 몰라도 후에는 알리라
(요 13:1-17)

　방정환 선생님의 집에 어느 날 도둑이 들어와서 값 나가는 물건들을 추려 가지고 나가려고 하였습니다. 이 모습을 물끄러미 바라보고 있던 방정환 선생님이 도둑에게 "고맙다고 인사 한 마디를 해야지요"라고 말을 건넸습니다. 그랬더니 도둑이 "'이 세상에 도적질하면서 고맙다고 인사하는 도적이 어디 있소?"라고 퉁명스럽게 대꾸했습니다. "그래도 고맙다고 인사 한 마디 하시오" 하자 도둑은 할 수 없이 "고맙습니다" 하고 집에서 나갔습니다.

　그런데 얼마쯤 가다가 길거리에서 경찰에 잡혀 누구 집에서 훔쳐왔느냐고 다그치는 바람에 하는 수 없이 방정환 선생님의 집에까지 왔습니다. 경찰은 "이 놈이 당신 집에서 이 물건을 도둑질했소?"라고 물었습니다. 이때 방정환 선생님은 "아니오, 제가 그 물건을 주었고 저 분은 고맙다고 인사까지 했소. 어느 도둑이 고맙다고 인사까지 하겠습니까?" 그래서 도둑은 풀려났습니다. 도둑은 감동을 받아 선한 사람으로 평생을 방정환 선생님의 하시는 일을 협력하여 섬겼다는 이야기가 있습니다. 고맙다는 말 한 마디가 그때는 몰랐는데 그후에 인생을 바꾸어놓는 계기가 되었던 것입니다.

예수님께서 제자들에게 두 가지 방법으로 교훈하셨습니다. 첫째는 말씀으로 교훈을 하셨고, 둘째는 실제 생활로 교훈하셨습니다.

본문의 내용은 예수님께서 사랑하는 제자들의 발을 씻어주시므로 실제의 교훈을 하셨는데 그 뜻은 겸비와 봉사와 희생을 나타내는 산 교훈입니다.

때는 예수님께서 잡하시기 전날 밤이었습니다. 마가의 다락방에서 제자들이 아직도 서로가 높아지려고 다투는 모습을 예수님은 보셨습니다.

누가복음 22:24에 보면 "저희 사이에 그중 누가 크냐 하는 다툼이 난지라"고 했습니다. 그 당시 유대인 풍습에 의하면 발 씻는 일은 종이 하는 일입니다. 그런데 선생인 예수님께서 제자들의 발을 씻겼으니 이는 뒤바뀐 일입니다. 그래서 이 사건으로 예수님과 제자들 사이에 몹시 긴장과 당혹감이 흘렀습니다. 더구나 베드로가 중간에 자기의 발을 씻길 수 없다고 하였으나 오히려 예수님은 베드로의 행동을 단호히 저지시켰습니다. 이것은 제자들에게 남을 섬기지 않으면 제자가 될 수 없으며, 종의 길을 가려고 하면 당연히 남을 섬겨야 한다는 교훈입니다. 그리고 발 씻긴 사건은 낮아질 뿐 아니라 죽으시기까지 하여 구속 사역을 보여주는 생생한 교훈입니다.

여기에 가룟 유다가 동석한 것은 예수님의 마음을 더욱 상하게 하였으며, 가룟 유다 자신에게는 마지막으로 회개할 기회를 주었습니다. 그리고 다른 제자들에게는 유다의 행위에 동조하지 않음에 큰 의미가 있습니다.

"유월절에 예수님께서 세상을 떠나 아버지께로 돌아가실 때가 이른 줄을 아시고 세상에 있는 자기 사람들을 사랑하시되 끝까지 사랑하시느니라"(1절).

예수님께서 전 생애를 통하여 하나님의 아들로 본분을 다하고 이제는 죽음을 통하여 인류를 죄에서 구원하는 구속사역을 이루시게 됩니다. 유월절은 이스라엘 백성들이 애굽에서 구원받은 사실을 기념하는 절기로서 예수님 자신이 "하나님의 어린 양"으로 희생 제물이 되는 데 의미가 있습니다.

지금까지 예수님은 제자들과 함께 생활하셨으며, 고통을 함께 당했으며, 희생을 당하셨는데, 이제는 마지막 절정인 십자가에 죽으심으로 하늘에서 땅에 오신 사명을 다하시는 것입니다. 예수님의 십자가 사건은 전에도 후에도 없는 일입니다.

예수님은 저녁 잡수시던 자리에서 일어나 겉옷을 벗고 수건을 가져다가 허리에 두르시고 제자들의 발을 씻기셨습니다. 그리고 그 두르신 수건으로 씻기기를 시작하여 시몬 베드로에게 이르렀습니다. 이때 베드로는 "주여 주께서 내 발을 씻기시나이까?"라고 반문하였습니다.

팔레스틴의 지방은 날씨가 몹시 덥고 건조하여 길거리에는 언제나 먼지가 많이 일어났습니다. 물론 현재는 웬만한 길은 모두가 아스팔트가 되어 있으나 그때는 그렇지 못하였습니다. 그러므로 사람들이 외출하였다가 집에 돌아오면 발에 쌓인 먼지를 씻어야 방 안에 들어갈 수가 있었습니다. 여기에 발씻는 일의 원칙은 언제나 식사 전에 씻었으며, 발을 씻어주는 이는 그 집의 종이 하는 일이었습니다.

그런데 예수님께서 발을 씻겨주는 사건은 저녁식사, 즉 만찬이 한창 벌어지고 있는 도중에 발생하였습니다. 이는 제자들이 식사하는 도중에서까지 네가 높으냐, 내가 더 높다, 네가 잘했느냐, 내가 더 잘했다 등등 서로가 언성을 높였기에 예수님은 발씻는 행위로서 제자들에게 근본 뜻을 가르치기 위함이었다고 볼 수 있습니다.

예수님은 하나님의 아들로서 하늘의 모든 영광을 버리시고 세상에 오셔서 인류를 구원하시려고 자기 생명을 버리셨습니다. 여기에 예수님의

다이나믹 설교뱅크

섬김과 순종의 극치가 있습니다. 예수님께서 십자가에 죽으시고, 부활하사 승천하심으로 아버지께 돌아가게 됩니다. 이 사건은 예수님의 영광이요 승리입니다.

이제 베드로의 차례가 돌아왔습니다. "주여 주께서 내 발을 씻기시나이까?" "내 발은 절대로 씻기지 못하리이다" 베드로는 제자인 제가 선생님의 발을 씻어드려야 할터인데 어찌 선생님께서 제 발을 씻길 수가 있겠느냐고 반문합니다. 베드로는 3년 간 단 한번도 예수님의 말씀에 거역한 일이 없으나 이번만은 "절대"라는 말을 인용하여 거역할 수밖에 없다는 굳은 의지를 나타냅니다.

여기에 예수님의 뜻과 베드로의 생각이 서로 엇갈렸습니다.

예수님은 "내가 너를 씻기지 아니하면 네가 나와 상관이 없느니라"(8절)고 했습니다. 발 씻는 행위는 14절의 "내가 주와 또는 선생이 되어 너희 발을 씻겼으니 너희도 서로 발을 씻기는 것이 옳으니라"는 말씀 그대로입니다. 미래에 어느 날 제자들도 뭇 사람의 발을 씻어줄 때가 있을 것을 생각하면서 하신 말씀입니다. 현재 예수님과 베드로의 관계는 스승과 제자의 관계이나 장차 영적으로 연합하는 관계를 표현한 말씀입니다. 즉 예수 그리스도의 십자가로 씻음을 받은 자만이 예수님과 연합하여 천국에 들어갈 수 있음을 시사해 주고 있습니다.

저는 1970년도에 일본 동경에서 공부할 수 있는 기회가 있어 얼마 동안 있었는데 그때 '마쓰다이즈미'(益田泉)여사를 만난 일이 있습니다. 그는 목사의 딸로서 어렸을 때 척추 소아마비로 오랫동안 치료를 하였으나 불가능하여 목숨을 포기하다시피 하였는데 하나님께서 기적으로 살려주셨습니다. 그녀가 쓴 책 『지금은 몰라도 후에는 알리라』를 번역하여 출판을 하였습니다. 일본과 러시아가 국제적으로 관계가 좋지 않은 시대에 기독교인으로 러시아에서 통역을 잘못했다는 구실로 러시아 형무소에서 평생을 옥고를 치러야 했습니다. 그런데 구사일생으로 풀려나서 본국에 송환되어 자신이 겪은 사실을 책으로 펴냈습니다.

그녀는 일본 전국을 순회하며 간증 전도 집회를 가졌으며, 남미 여러 나라를 순방하여 전도 간증을 했습니다. 저는 그 책을 선물로 받아 여러 번 읽고 감동을 받아 1975년에 한국어로 번역을 하였습니다. 그리고 그 후 1978년에 『후에는 알리라』의 제목으로 나의 출생과 성장과정, 그리고 내가 목사가 된 간증과 성지순례, 설교 몇 편의 내용으로 출판을 하였습니다.

사람은 현실에서 견딜 수 없는 고난과 어려움이 있을지라도 참고 견디면 후에는 알릴, 먼 훗날에 좋은 결과가 있게 됩니다.

지금은 몰라도 후에는 알게 됩니다. 새 천년에는 영원한 미래를 바라봅시다.

2월
기도의 달

이칠우 목사(팔복장로교회)

- 기도는 이렇게 합시다(느 1:1-11)
- 구체적으로 무엇을 기도할까요(골 1:9-12)
- 예수님은 어떻게 기도하셨을까?(마 26:36-46)
- 기도가 없으면 능력도 없습니다(막 9:14-29)

기도는 이렇게 합시다

(느 1:1-11)

그리스도인이라면 누구나 기도를 해야만 한다는 것을 압니다. 또한 기도가 얼마나 중요한지에 대해서도 잘 알고 있을 것입니다. 사실 기도는 해도 되고 안해도 되는 선택사항이 아닙니다. 성경은 "쉬지말고 기도하라"(살전 5:17)고 말씀하는데 이것은 명령입니다.

그런데 많은 그리스도인들이 기도를 어떤 방식으로 하는 것이 좋은지에 대해서 많은 고민을 하고 있는 것 같습니다. 기도를 어떤 방식으로 하는 것이 가장 좋을까요? 물론 기도라는 것이 단순히 하고 싶은 것들을 하면 되는 것이 아닌가 하는 생각을 가질 수도 있을 것입니다.

하지만 우리는 우리 기도의 대상이신 하나님께서 인격적인 분이시라는 사실을 알아야 합니다. 그렇다면 인격을 대하면서 무조건 하소연하듯 하는 기도보다 좀 더 예물을 갖춘 기도를 드릴 필요가 있음을 깨달아야 합니다.

성경은 참으로 많은 부분에 있어서 기도에 대해서 강조하고 있고 가르쳐 주고 있습니다. 얼마나 많은 부분에서 기도를 강조하고 있는지 모릅니다. 우리가 존경하는 많은 성경의 인물들은 다 기도의 사람이었습니다. 문제가 있을 때 하나님으로부터 해결하기를 원했던 사람들이었습니다. 그런데 그들은 아무렇게나 기도하지 않았습니다. 그들이 하나님을 찬양할 때도, 회개할 때도, 또한 하나님께 감사할 때도, 때로는 하나님께 하소연할 때도 나름대로의 예의를 갖추어서 했다는 것을 알아야 할 것입니다.

오늘은 본문을 통해 느헤미야가 어떤 방식으로 기도했는가를 살펴보고 우리도 또 그의 기도방법을 배울 수 있기를 원합니다.

본문의 배경을 잠깐 살펴보면 느헤미야는 바사제국의 아닥사스다 왕이 통치할 때 왕의 술관원으로 있었습니다. 그는 제법 그곳에서 인정을 받고 높은 관직을 차지하면서 살고 있었습니다. 이때 동생 하나니와 몇 사람으로부터 고국의 소식을 들었습니다. 그런데 이 고국의 소식은 너무나도 안타까운 소식이었습니다.

3절의 말씀을 보겠습니다. "저희가 내게 이르되 사로잡힘을 면하고 남은 자가 그 도에서 큰 환난을 만나고 능욕을 받으며 예루살렘 성은 훼파되고 성문들은 소화되었다 하는지라." 참으로 엄청난 상황이 고국에 벌어졌다는 소식을 느헤미야는 접한 것입니다. 이 소식을 접한 느헤미야는 앉아서 울고 수일 동안 슬퍼하면서 하나님 앞에 금식 기도를 드립니다.

5절부터 마지막 절까지가 바로 느헤미야가 기도하는 내용입니다. 고국의 안타까운 상황을 접한 느헤미야가 하나님께 어떤 방법으로 기도를 드리고 있는지 이제부터 구체적으로 살펴보도록 하겠습니다.

1. 하나님을 찬양하는 기도를 드렸습니다.

5절 말씀을 보겠습니다. "가로되 하늘의 하나님 여호와 크고 두려우신 하나님이여 주를 사랑하고 주의 계명을 지키는 자에게 언약을 지키시며 긍휼을 베푸시는 주여 간구하나이다."

그는 하나님의 성품을 찬양하고 있습니다. 기도의 대상이신 하나님이 어떤 분이신지를 밝히면서 그 분을 높여 드리고 있는 것입니다.

느헤미야는 하나님을 찬양하면서 하나님의 두 가지 측면을 고백하고 있습니다. 하나는 "크고 두려우신 하나님"이라고 고백하고 있습니다. 다른 하나는 "언약을 지키며 긍휼을 베푸시는 주"를 고백하고 있습니다.

이 두 가지는 서로 대조되고 있습니다. 즉, 하나님께서는 범죄하는 백성 앞에서는 크고 두려우신 하나님이십니다. 그러나 자신의 죄를 회개하고 계명을 지키는 자에게는 언약을 지키며 긍휼을 베푸시는 하나님이 되시는 것입니다.

그는 하나님의 성품을 기억하고 그 성품을 생각하면서 그 뜻에 맞도록 기도하고 있는 것입니다. 기도할 때 하나님의 성품을 깨닫고 그 성품을 찬양드리는 것은 참으로 중요합니다. 왜냐하면 우리가 기도해야 할 기도의 대상에 대한 올바른 인식을 할 수 있기 때문입니다.

이사야 43:7은 말씀합니다. "무릇 내 이름으로 일컫는 자 곧 내가 내 영광을 위하여 창조한 자를 오게 하라. 그들을 내가 지었고 만들었느니라."

하나님께서 우리를 만드신 목적은 바로 하나님의 영광을 위해서입니다. 우리는 늘 하나님께 영광을 돌려 드려야 합니다. 언제나 하나님을 찬양해야 한다는 것입니다. 이것은 우리가 꼭 해야 할 의무인 것입니다.

기도는 무조건 원하는 것을 들어달라고 졸라대는 것이 아닙니다. 기도는 인격적인 대화라는 사실을 잊어서는 안될 것입니다. 누군가에게 필요한 것을 부탁한다고 할 때 무조건 부탁을 하는 것보다는 그를 높이고 그와의 인격적인 관계를 맺은 후에 부탁을 하는 것이 더 현명한 것임을 우리는 너무 잘 압니다. 하나님께도 마찬가지인 것입니다. 인격적인 하나님께 인격적인 기도를 드리기 위해서 먼저 하나님을 찬양하는 일을 잊지 않기를 바랍니다.

2. 회개의 기도를 드렸습니다.

6, 7절 말씀입니다. "이제 종이 주의 종 이스라엘 자손을 위하여 주야로 기도하오며 이스라엘 자손의 주 앞에 범죄함을 자복하오니 주는 귀를 기울이시며 눈을 여시사 종의 기도를 들으시옵소서. 나와 나의 아비집이 범죄하여 주를 향하여 심히 악을 행하여 주의 종 모세에게 주께서 명하신 계명과 율례와 규례를 지키지 아니하였나이다."

하나님을 찬양하는 기도를 드린 느헤미야는 이제 자신과 이스라엘 백성들의 죄를 회개하고 있습니다. 느헤미야는 지금 백성 전체를 대표해서 회개를 하고 있는 것입니다. 지금 이스라엘에 닥친 일들에 대해서 왜 그런 일들이 일어났는가를 깊이 생각했을 때 느헤미야는 이런 일들이 죄악 때문인 것을 느낄 수가 있었던 것입니다. 그렇다면 이런 일들이 회복되기 위해서는 반드시 회개가 필요했던 것입니다.

하나님께 자신의 것들을 아뢰기 전에 잘못된 부분을 빨리 수정해야만 합니다. 하나님과의 관계를 멀어지게 하는 죄악들을 빨리 제거해야 하는 것입니다. 하나님께서는 하나님의 백성들이 하나님을 찬양하고 또한 자신들의 죄를 회개할 때 그 백성들에게 더욱 친근감있게 다가가실 것입니다.

회개하면 하나님께서는 용서해 주십니다. 느헤미야는 그것을 알고 있었습니다. 따라서 그는 이미 하나님을 찬양하는 기도를 드릴 때 긍휼을 베푸시는 하나님이라고 찬양했습니다. 사람은 누구나 잘못을 범할 수 있습니다. 중요한 사실은 그 잘못을 깨닫는 것입니다.

요한의 말입니다. "만일 우리가 우리 죄를 자백하면 저는 미쁘시고 의로우사 우리 죄를 사하시며 모든 불의에서 우리를 깨끗게 하실 것이요" (요일 1:9) 우리가 죄를 자백하기만 하면 하나님께서는 용서해 주실 것입니다.

3. 언약의 말씀을 붙들고 기도했습니다.

8-9절 말씀입니다. "옛적에 주께서 주의 종 모세에게 명하여 가라사대 만일 너희가 범죄하면 내가 너희를 열국 중에 흩을 것이요 만일 내게로 돌아와서 내 계명을 지켜 행하면 너희 쫓긴 자가 하늘 끝에 있을지라도 내가 거기서부터 모아 내 이름을 두려고 택한 곳에 돌아오게 하리라 하신 말씀을 이제 청컨대 기억하옵소서."

느헤미야는 참으로 하나님의 성품을 잘 아는 사람이었습니다. 어떻게 하면 기도가 잘 응답되는지에 대해서도 잘 알고 있었습니다. 느헤미야는 옛적에 하나님께서 하신 언약의 말씀을 기억하면서 그 말씀을 붙들고 기도하고 있습니다. 하나님께서는 범죄한 자들에 대해서는 징벌을 하시지만 회개하고 돌아온 자들에 대해서는 용서해 주실 것이라고 말씀하신 것을 기억하면서 그 말씀을 들어 기도하고 있는 것입니다.

구약성경 레위기 26:27-45과 신명기 29:14-30의 말씀을 언급하면서 하나님께서 그 말씀들을 기억해 달라고 기도하고 있습니다. 따라서 이스라엘 백성들이 죄를 지은 것은 사실이지만 회개하고 돌아오기를 원하기 때문에 이제는 말씀대로 용서해 달라는 기도를 드리고 있는 것입니다.

사람들과의 관계에 있어서도 이것은 참 중요합니다. 예전에 약속한 일이 있을 때 그것을 기억하고 상기시키면서 지금 그러한 상황이기 때문에 들어달라고 하면 상대방은 들어줄 수밖에 없는 것입니다. 느헤미야는 바로 그러한 방법으로 하나님께 기도드리고 있는 것입니다.

우리 하나님께서는 언약의 말씀을 붙들고 기도할 때 반드시 응답해 주실 것입니다. 하나님은 신실하신 분이시기 때문에 그렇습니다.

4. 구체적인 기도제목을 가지고 간구의 기도를 드렸습니다.

11절 말씀입니다. "주여 구하노니 귀를 기울이사 종의 기도와 주의 이름을 경외하기를 기뻐하는 종들의 기도를 들으시고 오늘날 종으로 형통하여 이 사람 앞에서 은혜를 입게 하옵소서 하였나니 그 때에 내가 왕의 술관원이 되었었느니라."

이제 드디어 느헤미야는 자신이 간구할 기도제목을 가지고 기도를 드리고 있습니다. 그의 기도제목은 참으로 간단한 것이었습니다. 그것은 바로 "오늘날 종으로 형통하여 이 사람 앞에서 은혜를 입게 하옵소서"라는 기도였습니다. 이 사람은 바로 아닥사스다왕을 가리키는 것입니다. 그는 아닥사스다왕의 마음을 움직여서 자신이 요구하는 것들에 대해서 다 들어주게 해달라는 기도를 드리는 것입니다.

그는 이러한 기도제목을 가지고 하나님께 기도드리기 위해서 먼저 하나님을 찬양했고, 또한 자신과 이스라엘의 죄를 회개했습니다. 그리고 하나님의 언약의 말씀을 붙들었습니다.

하나님께 요구할 사항이 있다고 기도를 시작하자마자 들어달라고 하는 기도는 너무나 이기적인 기도입니다. 기도는 단순히 요구가 아니라는 사실을 기억해야 합니다. 기도는 대화입니다. 대화중에서도 하나님과의 대화입니다.

사람들과의 대화에서도 한쪽에서 일방적으로 요구만 하지는 않을 것입니다. 그것을 대화라고 하지는 않을 것입니다. 사람과의 관계에서도 대화라는 것이 너무 중요하고 서로간의 친밀함을 더해주는 것이라면 인격적이신 하나님과의 대화에서도 그러한 일이 일어나야 합니다.

요구를 하지 말라는 것이 아닙니다. 좀 더 지혜롭게 하라는 것입니다. 너무 성급하지 말라는 것입니다. 하나님이 우리에게 원하시는 것은 친밀한 교제입니다. 교제가 더욱 친밀해지기만 한다면 우리의 사정을 잘 아시는 하나님께서 우리의 기도제목을 미리 아시고 들어주실 것입니다.

사랑하는 성도여러분!

다시 한번 말씀 드리지만 기도는 일방적인 요구가 아닙니다. 기도는 인격이신 하나님과의 대화입니다. 그렇다면 우리의 기도의 방법도 달라져야 합니다. 기도제목이 있다고 해서 일방적으로 그 기도제목들을 나열하는 방식의 기도에서 탈피해야 합니다. 하나님과의 인격적인 교제가 이루어져야 합니다. 하나님을 기쁘시게 해드려야 합니다. 하나님과의 관계를 회복해야 합니다.

기도할 때 좀 더 하나님을 생각하는 기도를 드려서 기도가 더욱 풍성해지고 응답받는 기도생활을 하는 성도님들이 되시기를 주님의 이름으로 축원합니다.

구체적으로 무엇을 기도할까요?

(골 1:9-12)

그리스도인이라면 누구나 기도의 중요성을 너무나 잘 알고 있습니다. 기도는 꼭 해야만 한다는 사실에 대해서도 누구나 인정합니다. 그런데 때때로 많은 그리스도인들이 기도할 때 도대체 어떤 기도를 드려야 하는지에 대해서 고민하는 것을 발견합니다. 구체적으로 어떤 기도제목을 드리는 것이 하나님께서 원하시는 것일까를 고민하는 것입니다.

기도를 드림에 있어서 특별히 정해진 기도의 내용은 없을 것입니다. 자신이 하고 싶은 것, 하나님께 아뢰고 싶은 것을 하면 되는 것입니다.

그러나 우리는 성경의 위대한 인물들은 어떤 기도 제목을 가지고 기도를 드렸는지를 아는 것은 큰 도움이 될 것입니다. 그들의 기도제목을 통해 우리가 드리지 못하는 기도에 대해서 생각해 보고 우리 또한 기도의 범위를 넓혀야 할 것입니다.

많은 인물들이 있지만 그중에서도 바울은 기도할 때 어떤 기도제목을 가지고 기도했는지를 살펴보도록 하겠습니다. 바울이 무엇을 위해서 기도했는지를 살펴보면서 그 기도제목이 여전히 우리들에게도 필요한 것임을 깨달았으면 합니다. 이 기도는 다른 형제 자매들을 위해서 기도해

주는 데에도 좋은 본이 되기도 하지만 나 자신의 신앙을 위해서라도 그 기도제목을 잊지 않고 적용하면서 기도하기를 바랍니다.

바울이 골로새 성도들을 위해서 기도한 기도제목은 4가지였습니다.

1. 신령한 지혜와 총명을 구하는 기도였습니다.

9절에 보면 "이로써 우리도 듣던 날부터 너희를 위하여 기도하기를 그치지 아니하고 구하노니 너희로 하여금 모든 신령한 지혜와 총명에 하나님의 뜻을 아는 것으로 채우게 하시고"라고 했습니다.

바울은 지혜와 총명을 위해서 기도했습니다. 그냥 지혜와 총명이 아니라 신령한 지혜와 총명을 위한 기도입니다. 그 지혜와 총명은 하나님의 뜻을 알기 위한 것이었습니다. 다시 말하면 하나님의 뜻을 깨닫는 능력을 달라고 기도한 것입니다. 세상을 살아가는 지혜를 가지는 것도 중요합니다. 세상의 지식을 가지는 것도 너무나 중요합니다. 하지만 우리에게 가장 중요한 것은 하나님의 뜻을 아는 것입니다.

하나님의 뜻을 위해서 우리는 말씀을 열심히 읽어야 됨을 잘 압니다. 그러나 성경을 읽을 때, 성경을 공부할 때도 우리는 기도하는 것을 잊지 않아야 합니다. 성경의 저자이신 성령님께 그 말씀을 잘 깨닫게 해 달라고 기도를 드려야 합니다. 바울의 기도의 출발점은 신령한 지혜와 총명으로 말미암아 하나님의 뜻을 깨닫는 것이었습니다.

2. 행함을 위한 기도였습니다.

10절에 보면 "주께 합당히 행하여 범사에 기쁘시게 하고 모든 선한 일에 열매를 맺게 하시며 하나님을 아는 것에 자라게 하시고"라고 했습니다.

아는 데 그치는 것은 올바른 것이 아닙니다. 첫 번째 기도 제목이 신령한 지혜와 총명을 위한 기도였다면 이제는 그것을 행할 능력을 위해서 기도해야 합니다. 합당하게 행동하기만 하면 범사에 주님을 기쁘시게 할 수 있습니다.

교회생활 중에도, 직장생활 중에도, 공부할 때도 모든 상황에서 주님을 기쁘시게 할 수 있는 것입니다. 주님을 기쁘시게 해드리고 싶지 않으십니까? 합당히 행할 수 있도록 기도해야 합니다. 이런 사람은 선한 일에 열매를 맺게 되고 결국은 하나님을 아는 것에 자라게 된다고 본문은 말씀하고 있습니다.

우리에게 꼭 필요한 것 아닙니까? 행함은 그리스도인들에게 있어서 너무나 강조되는 부분입니다. 말씀에 순종하지 않으면 결코 자라지 못합니다. 신령한 지혜와 총명으로 올바르게 하나님의 뜻을 깨달아서 주께 합당하게 행동하게 될 때 하나님께서는 하나님을 아는 지식에서 자라도록 해주시는 것입니다.

야고보는 "영혼없는 몸이 죽은 것같이 행함이 없는 믿음은 죽은 것이니라"(약 2:26)고 했습니다.

많은 그리스도인들이 믿음은 많이 강조하는데 행함은 등한히 여기는 경우가 있습니다. 그러나 바울은 신령한 지혜와 총명을 위해서 뿐아니라 행함을 위해서 기도하고 있음을 명심해야 할 것입니다.

3. 인내를 위한 기도였습니다.

11절에는 "그 영광의 힘을 좇아 모든 능력으로 능하게 하시며 기쁨으로 모든 견딤과 오래 참음에 이르게 하시고"라고 했습니다.

하나님의 뜻을 알고 합당히 행하면 주께서 기뻐하신다고 했습니다. 그런데 그러한 모든 일들이 다 쉬운 것은 아닙니다. 때로는 참을 수 없는 상황들이 찾아오기도 하는 것입니다. 그래서 바울이 그들을 위해서 그 다음으로 기도한 것은 견딤과 오래 참음을 위해서입니다. 인내가 필요하다는 것입니다.

인내에는 두 가지의 종류가 있습니다. 하나는 견딤이고 하나는 오래 참음입니다. 견딤이라는 것은 어려운 환경에 대해서 인내하는 것을 말합니다. 환경과 관련해서 인내하는 것을 말합니다. 오래 참음이라는 것은 대인관계에서의 어려움에 대해서 인내하는 것을 말합니다. 인관관계와 관련해서 오래참는 것을 말합니다.

이러한 어려움들이 닥칠 때 이를 악물고 이러한 모든 상황에 인내하라고 바울은 말하고 있지 않습니다. 본문에 의하면 기쁨으로 할 수 있도록 기도하고 있는 것입니다. 어려운 상황이 없어지게 해달라고 기도하라고 말하고 있지도 않습니다. 아무리 힘들어도 그 어려운 상황과 그 어려운 인간관계를 기쁨으로 이겨나갈 수 있도록 해달라고 기도하는 것입니다. 주어진 상황을 이겨나가는 사람, 환경을 초월한 사람이 되게 해달라고 기도하는 것입니다.

어떤 사람은 어려운 상황을 이겨 나가게 해달라고 하나님께 이렇게 기도한다고 합니다. "하나님, 제게 인내를 주시옵소서. 지금 당장 주시옵소서."

뭐든지 즉시 이루어지길 바라지 않는 것이 또한 인내입니다. 기다릴 줄 알아야 합니다.

책에서 읽은 재미있는 예화가 하나 있습니다.

한 사업가가 있었습니다. 열심히 신앙생활을 하고 열심히 사업을 함에도 불구하고 사업이 잘 풀리질 않습니다. 견디다 못한 그는 그래서 어느 날 이런 기도를 드렸다고 합니다.

"하나님, 당신께는 100만 년도 1초와 같은 시간이 아니겠습니까?"

그랬더니 하나님께서 "네 말이 맞다. 나는 영원자 이니라" 하고 말씀하시더랍니다. 그래서 이 사업가가 다시 이렇게 말했다고 합니다.

"그러면 100만 달러도 하나님에게는 1달러나 마찬가지가 아니겠습니까?"

"네 말이 맞다."

"그렇다면, 하나님 제게 1달러만 주십시오."

그랬더니 하나님께서 뭐라고 말씀하셨는지 아십니까?

"줄테니 1초만 기다리라"고 하셨답니다.

하나님께서는 상황을 변화시키라고 말씀하시지 않습니다. 고난이나 시련이 없어질 수 있다면 좋겠지만 하나님께서 원하시는 것은 그것이 아닙니다. 하나님께서 원하시는 것은 환경이 변하는 것이 아닙니다. 바로 내가 변하는 것입니다. 내가 그 환경에서 견딜 수 있는 사람으로 변화되기를 원하십니다. 그것을 위해 기도하는 것은 너무나 중요하기에 바울은 기도하고 있는 것입니다.

4. 감사의 기도였습니다.

12절에 보면 "우리로 하여금 빛 가운데서 성도의 기업의 부분을 얻기에 합당하게 하신 아버지께 감사하게 하시기를 원하노라"고 했습니다.

신령한 지혜와 총명이 있어서 하나님의 뜻을 아는 사람은 주께 합당하게 행할 일이 무엇인지를 압니다. 그러한 사람은 또한 인내할 줄 압니다. 인내할 줄 아는 사람은 감사하게 되는 것입니다. 이렇게 어려운 상황에서, 혹은 인간관계에서 인내를 배운 사람은 우리를 위해서 길이 참으시는 하나님께 감사하게 됩니다. 바울은 바로 이러한 감사를 위해서 기도하고 있습니다.

바울은 과연 무엇을 위해서 감사하기를 기도하고 있습니까? 우리를 위해서 하나님께서 준비해 주신 기업 때문에 감사하라는 것입니다. 천국에는 우리들이 거할 장소가 있습니다. 하나님께서 이미 준비해 놓으셨습니다.

본래 우리는 천국갈 입장이 못되었던 사람들이었습니다. 그러나 하나님께서는 독생자 예수 그리스도를 이 땅에 보내주셔서 십자가에 달려 죽게 하심으로 우리를 천국 백성으로 삼아 주셨습니다. 생각해 보면 우리는 사실 감사할 것이 너무나 많습니다.

바울은 데살로니가전서 5:18 말씀을 통해 말합니다.

"범사에 감사하라. 이는 그리스도 예수 안에서 너희를 향하신 하나님의 뜻이니라."

바울은 범사에 감사하라고 말합니다. 우리가 하나님께 감사할 것을 하나 하나 찾기 시작하면 너무나 감사한 것이 많을 것입니다. 도저히 다 헤아릴 수 없는 감사가 넘치게 될 것입니다.

빌립보서를 "기쁨의 서신"이라고 부를 수 있다면 골로새서는 "감사의 서신"이라고 부를 수 있습니다. 그만큼 감사를 강조하고 있습니다.

바울은 개인에게나 교회에 편지를 보낼 때 감사하는 것을 잊지 않았습니다. 공동체, 동역자들을 주신 것도 너무나 감사한 기도의 내용인 것입니다.

지금까지 바울이 기도한 내용을 살펴보면 육신적인 기도들이 아닙니다. 영적인 것, 신앙의 성숙을 위한 기도임을 깨달아야 합니다. 물론 육신적인 기도도 중요합니다. 그러나 더 중요한 것은 영적인 성숙입니다. 영적인 성숙을 위해서도 아주 구체적인 기도가 필요합니다.

하나님이 제일 사랑하는 사람이 누구이겠습니까? 바로 "나" 입니다.

하나님께서 가장 사랑하시는 나에게도 역시 바울이 기도한 그 내용들이 있어야 할 것입니다.

여러분들은 주로 어떤 기도제목을 가지고 하나님께 기도합니까? 개인적으로 기도할 때 자신이 주로 하는 기도제목은 어떤 것들인지 생각해 볼 수 있기를 바랍니다. 그 기도제목들 중에서 바울처럼 영적인 부분들을 위해서 얼마나 구체적으로 기도하고 있는가를 점검해 보았으면 합니다.

만약 지금까지 자신의 영적인 부분에 대해서는 그렇게 구체적으로 기도하지 못했다면 이제 우리의 기도 시간에 바울이 기도한 내용을 가지고 기도해 봄이 어떨까 합니다.

바울처럼 자신의 영적인 부분에서 더욱 구체적으로 기도하시는 성도님들이 되시기를 축원합니다.

예수님은 어떻게 기도하셨을까?
(마 26:36-46)

성경에는 기도의 모범을 보여준 많은 구절들이 있습니다. 그 중에서는 예수님께서 기도하시는 장면도 많이 등장하고 있습니다.

예수님께서 기도하셨기 때문에, 또한 예수님께서 기도에 대해서 가르쳐 주셨기 때문에 우리는 더욱 기도의 필요성과 중요성을 느낄 수가 있는 것입니다.

본문에는 예수님께서 기도하시는 상황 가운데서 가장 간절하고 절실한 장면을 기록하고 있습니다. 예수님께서 이렇게까지 기도하셨다는 내용을 접하면서 우리 또한 기도에 대한 필요성과 간절함을 배울 수 있기를 바랍니다.

본문을 통해서 예수님께서는 어떻게 기도하셨는지를 살펴보도록 하겠습니다.

1. 절박한 상황에서 간절하게 기도하셨습니다.

본문의 상황은 예수님께서 십자가에 달려 돌아가시기 전날에 겟세마네 동산에서 기도하시는 장면입니다. 죽음을 앞둔 예수님의 심정을 본문 37, 38절은 이렇게 묘사하고 있습니다.

"베드로와 세베대의 두 아들을 데리고 가실쌔 고민하고 슬퍼하사 이에 말씀하시되 내 마음이 심히 고민하여 죽게 되었으니 너희는 여기 머물러 나와 함께 깨어 있으라 하시고."

예수님께서는 고민하고 슬퍼하셨습니다. 심히 고민하여 죽을 것 같았다고 기록하고 있습니다.

무엇인가 결전을 앞둔 사람들의 마음은 참으로 초조합니다. 긴장이 됩니다. 아주 중요한 시합을 앞둔 선수들의 마음이 그럴 것입니다. 또한 중요한 시험을 앞둔 수험생들의 마음이 그럴 것입니다. 군 입대를 앞둔 청년들의 마음도 또한 그럴 것입니다. 사형 집행을 앞둔 사형수의 마음이 가장 가까울지 모릅니다.

그러나 그런 것과는 비교가 되지 않는 것입니다. 예수님의 죽음은 단순한 죽음이 아닙니다. 하나님으로부터 버림을 받는 것입니다. 이것은 예수님으로서는 견디기 힘들었던 고통이었을 것입니다. 이런 상황 가운데서 예수님은 버림받음을 깨닫지 않았더라면 죽음 그 자체는 하나님의 아들의 영을 그렇게까지 괴롭히지 않았을 것입니다.

너무나 간절한 기도였기 때문에 예수님께서는 제자들과 함께 산에 오르셨습니다. 특별히 가장 사랑하시는 제자들, 베드로와 야고보와 요한을 곁에 두고 그들에게 기도 부탁까지 하셨습니다. 자신의 상황을 설명하시면서 함께 기도하기를 간구하셨을 정도로 그분의 기도는 너무나 간절했던 것입니다.

예수님께서 자기의 고민을 그들에게 말씀하시는 것은 그들의 공감을 불러일으키기 위해서였습니다. 예수님의 심정을 이해하고 함께 기도하기를 원했던 것입니다. 물론 그는 그들의 약함을 충분히 알고 계셨습니다. 그럼에도 불구하고 제자들이 지금의 상황을 깨닫도록 하기 위해서 이 말씀을 하신 것입니다.

많은 사람들이 하나님의 아들은 인간적인 고난과는 무관할 것이라고 생각을 합니다. 그러나 그것은 그분을 진정한 의미에서의 인간됨을 인정하는 많은 말과 같습니다. 예수님께서는 이 세상에 계실 때 다른 인간과 똑같은 감정을 가지신 분이셨다는 사실을 알아야 합니다.

우리들도 때로는 정말 견디기 힘든 상황을 맞이할 수 있습니다. 그러나 과연 예수님과 같은 그런 상황보다 못할까 하는 생각이 듭니다. 해결책은 하나님밖에 없었습니다. 정말 절박한 위기의 순간에 하나님을 찾아야 합니다. 기도해야 합니다. 기도는 모든 것을 변화시킬 수 있는 것입니다.

예수님께서는 정말 간절히 기도하셨습니다. 39절 전반부는 이렇게 기록하고 있습니다.

"조금 나아가사 얼굴을 땅에 대시고 엎드려 기도하여 가라사대 내 아버지여 만일 할 만하시거든 이 잔을 내게서 지나가게 하옵소서."

예수님께서는 얼굴을 땅에 대시고 엎드려서 기도하고 있습니다. 그의 모습만으로도 얼마나 간절히 기도하고 있는지를 느낄 수가 있습니다.

이 부분에 대해서 히브리서 5:7은 이렇게 기록합니다.

"그는 육체에 계실 때에 자기를 죽음에서 능히 구원하실 이에게 심한 통곡과 눈물로 간구와 소원을 올렸고 그의 경외하심을 인하여 들으심을 얻었느니라."

예수님은 심한 통곡과 눈물로 기도하셨습니다.

누가복음 22:44은 이렇게 기록합니다.

"예수께서 힘쓰고 애써 더욱 간절히 기도하시니 땀이 땅에 떨어지는 피방울같이 되더라."

예수님께서 얼마나 간절히 기도하셨든지 땀이 땅에 떨어지는데 피방울같이 뚝뚝 떨어졌다고 기록하고 있는 것입니다.

예수님의 기도는 정말 간절한 기도였습니다. 온 힘을 다해 드리는 기도였습니다.

우리는 예수님의 기도하시는 모습을 통해서 우리 스스로의 기도의 모습을 생각해 보아야 합니다. 우리의 기도는 얼마나 간절합니까? 정말 땀이 피방울처럼 뚝뚝 떨어지면서 기도해 본 적이 있습니까?

2. 하나님의 뜻에 맞는 기도를 드렸습니다.

참으로 힘들고 절박한 상황에서 하나님께 자신의 간구를 들어달라고 기도하고 있는 예수님이지만 결코 무조건 그것을 들어달라고 기도하지는 않으셨습니다.

39절 후반부의 말씀을 보겠습니다.

"내 아버지여 만일 할 만하시거든 이 잔을 내게서 지나가게 하옵소서. 그러나 나의 원대로 마옵시고 아버지의 원대로 하옵소서."

통곡과 눈물로 기도할 정도로 간절히 기도를 드리는 예수님, 땀이 피방울처럼 떨어지도록 간절히 기도 드리는 예수님께서는 자신의 기도제목보다도 하나님의 뜻을 더욱 중요하게 생각하셨습니다. 하나님의 마음에 원하는 기도를 드리는 것입니다. 통곡과 눈물로 기도했지만 그는 자신만을 위한 기도를 드리고 있지 않은 것입니다.

사람들은 참으로 어렵고 힘들 때 하나님을 찾습니다. 예수님처럼 하나님께 정말 간절한 심정으로 부르짖습니다. 그런데 더 나아가 하나님의 뜻을 구하면서 기도하기는 참으로 어렵습니다. 자신을 위한 기도가 되기 쉽습니다. 단순히 하나님께 하소연하는 데 그치기 쉽습니다. 지금 자신이 드리는 기도가 무조건 응답받기를 원하기 때문입니다.

우리의 삶은 하나님을 알고 그 뜻대로 살아가는 것이 중요하다는 것을 한시도 잊어서는 안됩니다. 모든 일이 내 뜻대로 되어서는 안되는 것입니다.

로마서 12:2을 통해 사도 바울은 말합니다.

"너희는 이 세대를 본받지 말고 오직 마음을 새롭게 함으로 변화를 받아 하나님의 선하시고 기뻐하시고 온전하신 뜻이 무엇인지 분별하도록 하라."

우리는 삶을 통해 하나님의 선하시고 기뻐하시고 온전하신 뜻을 분별하는 것이 중요합니다. 그렇지 않으면 이 세대를 본받는 삶을 살게 되는 것입니다.

때때로 어떤 결정을 내려야 할지 정말 막막할 때가 있지 않습니까? 우리는 늘 하나님께 민감한 삶을 살아야 합니다. 작은 것이라도 하나님께서 원하시는 것이 무엇일까를 생각하며 기도하면서 살아야 합니다. 그렇게 되어야 정말 결정적인 순간이 되었을 때 하나님의 뜻을 구할 수 있게 되는 것입니다.

예수님처럼 하나님의 뜻을 구하는 것에 익숙한 삶을 살도록 언제나 기도할 수 있어야 합니다. 하나님으로 하여금 우리의 소원과 다른 것을 결정하도록 허용하는 것이 믿는 자의 올바른 자세입니다.

3. 기도하신 후에 모든 것을 하나님께 맡겼습니다.

빌립보서 4:6-7절 말씀을 보면 "아무 것도 염려하지 말고 오직 모든 일에 기도와 간구로 너희 구할 것을 감사함으로 하나님께 아뢰라. 그리하면 모든 지각에 뛰어난 하나님의 평강이 그리스도 예수 안에서 너희 마음과 생각을 지키시리라"고 했습니다.

하나님은 우리의 기도를 들으시는 분이십니다. 그리고 우리의 모든 것을 지켜주시는 분입니다. 염려와 근심은 하나님께 맡겨야 합니다. 그리고 맡긴 후에는 그것에서 자유로와져야 하는 것입니다. 기도를 하고는 여전히 그 문제로 인하여 고민한다면 그것은 하나님의 능력을 확실히 신뢰하지 못하는 것입니다. 하나님이 어떤 분이신지에 대해서 깨닫지 못하고 있는 것입니다. 하나님을 신뢰하여 하나님께 온전히 맡겨야 합니다.

일단 기도를 드린 후에 예수님께서는 이제 다시 당당해지셨습니다. 이제는 정말 그 문제에 관하여 자유로워진 것입니다. 해결함을 받은 것입니다. 하나님께서 자신의 기도를 들으셨고, 또한 하나님께서 무엇을 원하시는지에 대해서 알았기 때문입니다.

하나님께서는 정말 간절히 기도하는 사람, 눈물 흘리며 기도하는 사람의 기도에 더욱 약하신 것 같습니다. 그런 자들에게 정말 원하시는 것이 무엇인지를 가르쳐 주실 것입니다. 가장 선한 길이 어떤 길인가를 가르쳐 주실 것입니다.

45-46절의 말씀을 보겠습니다.

"이에 제자들에게 오사 이르시되 이제는 자고 쉬라. 보라 때가 가까웠으니 인자가 죄인의 손에 팔리우느니라. 일어나라 함께 가자. 보라 나를 파는 자가 가까이 왔느니라."

예수님은 이제 하나님의 뜻에 순종하고 있습니다. 하나님께서 원하시는 길을 당당하게 대처하고 계신 것입니다. 이제는 자신이 어떤 길을 가야할지에 대해서 더 이상 고민하거나 슬퍼하지 않는 것입니다. 더 이상 이 문제로 인하여 죽게 되었다고 생각하지 않게 된 것입니다.

"일어나 함께 가자"라고 말씀하시는 예수님은 기도하신 후에 새로운 힘을 얻으신 것입니다. 전에는 나름대로는 죽음에 대해 대처할 수 있었지만 그 시간이 점점 다가오자 마음이 너무 괴로웠고 그 죽음에서 벗어날 수 있었으면 좋겠다는 마음을 가졌습니다. 그러나 기도와 눈물을 통해 예수님께서는 하나님으로부터 힘을 얻은 것입니다.

상황이 바뀐 것은 없습니다. 기도가 힘을 준 것입니다. 이제는 예수님에게서 두려움이 사라졌습니다. 이제는 자신있게 죽음을 향해서 나아갈 수 있게 된 것입니다. 이제는 더 이상 잔을 옮겨달라고 기도할 필요가 없습니다. 이제는 하나님의 뜻이 명백히 드러났기 때문입니다.

사랑하는 성도 여러분!

우리는 예수님의 기도를 본받아야 합니다. 예수님은 정말 절박한 상황 가운데서 너무나 간절하게 하나님께 기도를 드렸습니다. 그러한 기도 가운데서도 하나님의 뜻대로 응답해 주실 것을 잊지 않았습니다. 기도를 드린 후에 모든 것을 하나님께 맡기고 그 분의 뜻에 순종했습니다. 더 이상 그것으로 인해서 고민하거나 슬퍼하지 않았습니다. 힘을 얻은 것입니다. 용기가 생긴 것입니다. 예수님처럼 기도할 때 그 기도는 바로 이러한 놀라운 역사를 일으키는 것입니다.

기도는 모든 것을 변화시킨다고 했습니다. 그런데 그 기도는 또한 기도하는 사람도 변화시킵니다. 기도는 우리에게 너무나 필요한 것이며 중요한 것입니다.

예수님처럼 기도하시고 정말 절실하게 기도하셔서 그 기도로 인하여 힘을 얻는 성도님들이 되시기를 바랍니다.

기도가 없으면 능력도 없습니다
(막 9:14-29)

예수님이 나머지 제자들이 있는 곳으로 내려오시자 그곳에는 큰 소동이 일어나고 있었습니다. 왜냐하면 그곳에 벙어리 귀신들린 아들을 고쳐 달라고 아버지와 사람들이 찾아왔기 때문이었습니다. 제자들은 사력을 다해 귀신을 쫓아내려고 했지만 아무리 애써봐도 귀신은 꼼짝도 하지 않았습니다. 사람들은 동요했고, 제자들은 난감해 하고 있었습니다.

그때 변화산에서 큰 영광을 체험한 예수님과 선택된 제자들이 그들에게로 돌아왔고, 그 상황을 만나게 되었던 것입니다. 남아 있던 제자들뿐 아니라 주변의 사람들도 예수님의 출현에 반가왔고, 이 일이 어떻게 될 것인지 지켜보게 되었을 것입니다. 예수님은 귀신들린 어린아이를 말씀으로 고쳐 주셨습니다.

이를 본 제자들은 낙심이 되었고, 절망에 휩싸여 버렸습니다. 왜냐하면, 자신들이 이미 귀신을 쫓아내는 권세를 예수님으로부터 부여받았지만(6:7) 오늘의 모습에서는 한없이 무기력한 모습을 보였기 때문입니다.

이때 예수님은 그들을 향해 "기도 외에 다른 것으로는 이런 유가 나갈 수 없느니라"고 하셨습니다.

오늘을 살아가는 우리에게 동일하게 주시는 말씀은 "기도를 해야 능력이 나타난다"는 것입니다. 다시 말하면 "기도가 없으면 능력도 없다"는 것을 말씀하시는 것입니다.

사랑하는 성도 여러분!

우리의 기도에 능력이 나타나길 원한다면 어떻게 하여야 하겠습니까? 본문을 통해 함께 살펴보길 원합니다.

1. 믿음의 기도가 필요합니다.

기도가 없으면 능력도 없습니다. 이것은 교회와 개인 모두에게 적용되는 진리임에 틀림없습니다. 18절 말씀을 통해 알 수 있는 것은 제자들에게 귀신들린 아이를 데려왔지만 그들은 결코 아무 것도 변하게 할 수 없었다는 것입니다. 오히려 예수님을 반대하던 서기관들만 더 의기양양하게 만드는 결과를 가져왔을 뿐입니다. 또한 기대를 가지고 왔던 아비의 마음을 불신으로 가득차게 만들었습니다. 그리고 귀신을 쫓기 위해 함께 했던 제자들을 낙심케 했고, 그들의 위신을 떨어뜨리는 결과를 가져왔습니다.

무능력한 제자들로 말미암아 제자들이나 귀신들린 당사자나 그를 데려와 고침을 받기 원했던 아비나 모두에게 절망적인 상황이 왔습니다. 그런데 어떤 소망도 보이지 않았던 그 자리에 예수님께서 찾아 오셨습니다. 예수님이 오시자 15절 말씀처럼 "온 무리가 곧 예수를 보고 심히 놀라며 달려와" 문안했다고 기록하고 있습니다. 어찌해 볼 수 없는 절망적인 상황에서 예수님이 나타나셨습니다.

그런데 우리는 귀신들린 아이의 문제를 해결해 주실 수 있는 예수님께서 오셨음에도 그 아이의 상태가 더 나빠졌다는 것에 우선 주목해야 합니다(9:20). 그는 자신의 의지로 인해 상태가 더 나빠진 것이 아니었습니다. 그것은 귀신에 의한 것이었습니다. 아마도 주변의 사람들이나 제자들조차 예수님도 어쩔 수 없을 것이라고 생각하게 만들려고 했는지도 모르겠습니다.

바로 이러한 불신의 골이 그의 아비의 태도에서 나타나고 있습니다. 제자들의 실패를 본 아비는 그들의 스승인 예수님께 나아와 다시 간구하고 있지만 그의 말에선 믿음이 보이지 않았습니다. "그러나 무엇을 하실 수 있거든 우리를 불쌍히 여기사 도와 주소서"(22절). 아비는 조건형의 청원을 하고 있습니다. "하실 수 있거든 도와주소서."

절망적인 상황에 처한 아비로서는 예수님을 전적으로 의지하고 믿어야 했지만 그는 그렇게 하지 못했습니다. 자기 생각에는 제자들의 실패를 보면서 예수님도 마찬가지일 것이라고 생각했을 것입니다. 마치 한센병에 걸린 나아만 장군이 엘리사에게 찾아갔을 때, 자기 생각에 맞지 않자 화를 내며 돌이키려고 했던 것처럼 그들의 문제는 믿음의 결여에 있었던 것입니다.

예수님은 귀신들린 아이를 고치시기 전에 아비에게 믿음을 요구하셨습니다. 23절에 보면 "할 수 있거든이 무슨 말이냐 믿는 자에게는 능치 못할 일이 없느니라"고 예수님이 책망하시자 아비가 "내가 믿나이다. 나의 믿음 없는 것을 도와주소서"라고 소리쳤던 것입니다.

또 미디안과 싸워 이긴 기드온의 300 용사를 기억하십니까? 그들이 싸움에 능한 용사였기 때문에, 그들에게 특별한 무기가 있었기 때문에 승리했습니까? 아닙니다. 하나님의 말씀을 믿고 나감으로 하나님께서 승리할 수 있도록 도우셨다는 것입니다. 그들의 승리는 외적인 조건에 있었던 것이 아니라 그들을 도우신 하나님의 내재하심이라는 것입니다.

마태복음 21:18 이후에서 예수님께서 무화과나무를 저주하셨을 때 제자들이 이상히 여기자 예수님께서 말씀하셨습니다. "내가 진실로 너희에게 이르노니 만일 너희가 믿음이 있고 의심치 아니하면 이 무화과나무에게 된 이런 일만 할 뿐 아니라 이 산더러 들려 바다에 던지우라 하여도 될 것이요 너희가 기도할 때에 무엇이든지 믿고 구하는 것은 다 받으리라"(마 21:22-22).

또한 야고보서에서는 이렇게 믿음의 기도를 말씀하고 있습니다. "믿음의 기도는 병든 자를 구원하리니 주께서 저를 일으키시리라. 혹시 죄를 범하였을지라도 사하심을 얻으리라"(약 5:15).

우리 믿는 자들에게 하나님의 임재하심과 함께 하심이 있을 때에 우리가 상상할 수 없는 능력이 나타나게 됩니다. 이런 은혜가 있기를 소원합니다.

예수님은 아비의 믿음을 강화시키고 귀신들린 아이에게서 귀신을 쫓아 주셨습니다. 믿음의 기도는 능력이 있음을 기억하시길 바랍니다.

2. 지속적인 기도가 필요합니다.

기도가 없으면 능력도 없습니다. 제자들이 무리들로부터 멀리 떨어진 후 예수님께 조용히 나아왔습니다. 그리고 예수님께 물었습니다. "예수님 우리들은 왜 귀신을 쫓아내지 못했습니까? 분명히 예수님이 귀신을 쫓아내는 권세를 주셨는데 왜 그랬습니까?" 예수님께서는 그들에게 단호히 말씀하셨습니다. "기도 외에 다른 것으로는 이런 유가 나갈 수 없느니라"(9:29).

사실 이 본문을 살펴보면 제자들의 행동을 여러 가지로 유추할 수 있을 것입니다. 그 하나는 제자들이 기도 없이 귀신을 쫓아내려 했다는 것입니다. 그들이 6장 7절에서 부여받은 '더러운 귀신을 제어하는' 권세를 통해서 잠정적으로 자신들에게 그런 권세가 내재하고 있다고 믿음으로 기도할 생각은 하지 않았다는 것입니다.

또다른 하나는 제자들이 기도의 삶을 살지 않았다는 것을 의미하는 것입니다. 귀신을 쫓아내려면 기도해야 함을 제자들도 알고 있었지만 기도의 생활이 삶으로 연결되지 못했다는 것입니다. 그래서 악한 세력을 제어할 수 없었다는 것입니다.

그러나 예수님께서는 기도 안에서 사신 분이셨습니다. 예수님은 하나님의 아들이셨지만 하나님과 동등됨을 버리시고 친히 기도의 본을 보여 주셨습니다. 예수님은 새벽이며 밤, 낮을 가리지 않고 기도하셨습니다. 심지어 십자가에서 죽으시기 전날 밤에도 겟세마네 동산에 올라 기도하셨습니다.

기도의 사람 다니엘을 기억하십니까? 그는 자신을 해하려는 음모를 알고, 기도하면 그 결과가 어떨 것을 안 가운데서도 기도하는 것을 멈추지 않았습니다(단 6:10). 다니엘서 10장에서 다니엘은 하나님이 주신 환상과 계시를 깨닫기 위해서 하나님 앞에 기도하기를 시작한 지 21일째에 하나님의 천사장 미가엘의 도움을 받은 하나님의 사자로부터 이 환상과 계시의 의미를 깨닫게 되었습니다. 그는 응답받기까지 쉼없이 기도한 사람이었습니다.

히스기야왕을 기억하십니까? "너는 가서 히스기야에게 이르기를 네 조상 다윗의 하나님 여호와께서 이같이 말씀하시기를 내가 네 기도를 들었고 네 눈물을 보았노라. 내가 네 수한에 십 오년을 더하고"(사 38:5). 그는 하나님께 응답받기를 위해 간절하게 기도했습니다. 그랬더니 하나님께서는 그의 기도에 응답하셨습니다. 응답받을 때까지 그의 기도는 멈출 수 없었던 것입니다.

마지막 사사이며 선지자였던 사무엘은 기도를 쉬는 것을 '죄'라고 보았습니다. 사무엘상 12:23 말씀에 보면 백성들의 지도자로서 자신의 직무가 기도임을 강하게 피력하고, 이것이 자신의 생을 마감할 때까지 계속되어야 함을 암시하면서 "나는 너희를 위하여 기도하기를 쉬는 죄를 여호와 앞에 결단코 범치 아니하고."라고 말씀하셨습니다.

요셉이 애굽에 팔려 간 후로부터 총리로 높임을 받을 때까지 하나님과 동행하면서 믿음을 잃지 않고 살 수 있었던 것은 바로 그의 아버지 야곱의 기도가 있었기 때문입니다. 야곱, 그는 기도의 사람이었습니다. 그는 눈물로 기도의 씨앗을 심은 사람이었습니다. 그의 기도의 씨앗이 타국에 종으로 팔려 갔던 요셉을 통해 이뤄지게 된 것입니다.

구약의 한나는 무자(無子)함으로 고통 중에 응답받을 때까지 기도했습니다(삼상 1:17-18). 그녀는 자신이 남편에게 사랑받는 존재였음에도 불구하고 하나님께 은혜를 받지 못했다는 생각 속에 살았습니다. 그러므로 매년 성전에 올라갈 때마다 그녀의 통곡은 계속되었고 그녀의 기도는 아이를 주시기까지 멈추지 않았습니다. 하나님은 이렇게 기도하는 여인의 간구를 외면치 않으시는 분이셨습니다.

또한 성경은 믿는 성도에게 기도에 힘써야 함을 말씀하십니다. "기도를 항상 힘쓰고 기도에 감사함으로 깨어 있으라"(골 4:2). "모든 기도와 간구로 하되 무시로 성령 안에서 기도하고 이를 위하여 깨어 구하기를 항상 힘쓰며 여러 성도를 위하여 구하고"(엡 6:18).

기도하는 사람에게도 시련이 찾아올 수 있습니다. 그러나 시련이 계속되기 때문에 우리가 해야 할 기도를 멈출 수는 없습니다. 왜냐하면 기도로 심은 씨앗은 시련 중에도 남아서 감사의 열매를 맺기 때문입니다.

그러므로 지속적인 기도는 하나님의 능력을 힘입는 첩경임을 기억하시길 바랍니다. 우리는 지속적인 기도를 통해 악한 세력과 싸울 수 있는 힘을 갖게 되며 하나님의 마음을 움직일 수 있기 때문입니다.

잡하시기 전 예수님과 함께 기도하러 올라갔던 제자들이 졸고 있자 예수님은 그들을 향해 이렇게 말씀하셨습니다. "시험에 들지 않게 깨어 있어 기도하라 마음에는 원이로되 육신이 약하도다"(막 14:38) 우리는 약한 존재들입니다. 깨어 있어 기도하지 않으면 대적 마귀가 "우는 사자 같이" 우리를 삼키려고 공격해 올 것이기 때문에 지속적인 기도가 필요한 것입니다.

지속적인 기도는 우리 아버지의 음성을 듣게 하며 마음을 움직일 수 있게 만드는 것입니다. 우리의 모범이신 예수님의 삶이 바로 기도였습니다. 저와 여러분도 그분을 따라 기도의 생활을 놓지 않으시길 바랍니다.

3. 능력있는 기도가 필요합니다.

기도가 없으면 능력도 없습니다. 기도 가운데 하나님 앞에 담대하게 나아가는 자가 역사의 흐름을 바꿀 수 있습니다. 구약의 엘리야의 기도를 기억하십니까? 그는 우리와 성정이 같은 사람이었지만 그가 기도하자 하늘의 하나님이 들으심으로 3년 반 동안 이스라엘 땅에 비가 오지 않았습니다. 또한 바알과 아세라 선지자들과 갈멜산에 올라 대결을 벌일 때도 역시 하나님께서 그의 기도에 응답하셔서 놀라운 능력을 보여 주셨습니다.

여호수아는 아모리와의 전투에서 하나님의 능력을 힘입고 태양을 향해 멈출 것을 명하자 그대로 되었습니다(수 10:12).

베드로와 요한은 성전에 올라가다가 만난 앉은뱅이를 예수 그리스도의 능력으로 일으켰습니다(행 3:1-10).

이처럼 하나님의 능력을 의지하여 믿음으로 구하는 기도에 우리 하나님은 응답해 주시는 분이십니다.

그런데 예수님의 제자들은 귀신을 쫓아내는 일에 실패하였습니다. 그들의 실패의 원인이 무엇입니까? 바로 기도에 능력이 없었기 때문입니다. 능력 있는 기도는 믿음으로 구한 기도요, 지속적으로 구한 기도를 통해서 이뤄지는 것입니다. "예수께서 이르시되 할 수 있거든이 무슨 말이냐 믿는 자에게는 능치 못할 일이 없느니라"(9:23)고 말씀하십니다. 하나님을 향한 믿음이, 그리고 그분을 향한 지속적인 기도가 능력의 기도가 됨을 믿고 기도하시길 바랍니다.

사랑하는 성도 여러분!

제자들의 실패가 우리에게 주는 교훈이 무엇입니까? 그들은 예수님처럼 기도하지 못했습니다. 그들의 기도는 믿음의 간구가 아니었고, 지속적인 삶이 되지 못했으므로 능력이 나타나지 않았던 것입니다. 그들은 하나님 나라의 일을 너무 쉽게 하려고 했습니다.

기도는 헌신입니다. 기도는 자신을 온전히 하나님께 드리는 것입니다. 기도를 통하여 아버지의 뜻을 알게 되고, 기도를 통해 그분의 뜻이 이뤄지게 되는 것이므로 기도는 하나님의 능력을 보여주는 훌륭한 그리스도인의 무기인 것입니다.

세상은 예수 그리스도를 믿는 우리들에게 수없이 많은 유혹의 손길을 뻗치며, 낙심과 절망의 상황을 안겨 주면서 주저앉게 만들려 하고 있습니다. 그러나 세상을 이기신 주님을 의지하고 시험에 들지 않도록 끊임없이 기도하면 능력있는 응답을 받게 될 것입니다.

오늘 예수님은 이 시대를 살아가는 우리에게는 동일한 말씀으로 명령하고 계십니다. "기도 외에 다른 것으로는 이런 유가 나갈 수 없느니라." 그러므로 기도하라고 명령하시는 주님의 말씀 앞에 순종하며 능력을 체험하시는 여러분이 되시길 바랍니다.

3월

전도의 달

최성규 목사(인천 순복음교회)

- 멸망치 않고 영생을 얻게(요 3:16)
- 너희를 쉬게 하리라(마 11:28-30)
- 내게 있는 것(행 3:6-8)
- 전도하는 사람(행 2:37-41)

멸망치 않고 영생을 얻게

(요 3:16)

많은 사람들이 망할까봐 죽을까봐 두려워하다가 결국 실패합니다. 우리는 왜 예수님을 믿습니까? 예수님을 믿으면 하나님의 아들이 되어 멸망치 않고 영생을 얻기 때문입니다.

그러나 사람들에게 "왜 예수를 믿습니까?" 하고 물으면, 이 대답을 잘하지 못하고 고상한 대답을 하려고 합니다. 그러나 신앙은 악세사리가 아닙니다. 기독교는 종교 이상입니다. 기독교는 구원입니다. 기독교는 생명입니다.

이 시간, 복음의 핵심을 살펴봄으로 말미암아 구원의 확신을 얻고, 한 영혼이라도 더 구원하여 복 주기를 원하시는 하나님의 마음을 깨닫기 바랍니다.

1. 하나님은 사랑이십니다.

에덴동산을 창조하신 하나님의 마음은 사랑입니다. 하나님은 사람이 조금도 부족함 없이 살 수 있도록 에덴동산을 창조하셨고, 그곳에서 사람과 직접 대화하시며 영혼을 돌보셨습니다. 인류에게 영혼이 잘 되고, 범사가 형통하며, 강건한 삼중축복을 주셨습니다(요삼 1:2).

하나님은 지금도 이 사랑의 마음을 계속해서 품고 계십니다(히 13:8). 방탕하여 집 떠난 아들이 돌아오기를 간절히 기다리는 아버지와 같이 포기하지 않고 우리를 기다리시며 은혜 베풀기를 원하십니다.

하나님의 은혜와 사랑은 죄인된 우리를 위하여 이 세상에 독생자 예수님을 보내 주심으로 확증되었습니다. 사도 바울은 "우리가 아직 죄인 되었을 때에 그리스도께서 우리를 위하여 죽으심으로 하나님께서 우리에게 대한 자기의 사랑을 확증하셨느니라"(롬 5:8)고 했습니다.

타락한 피조물이 창조주와 교제할 수 있도록, "먼저" 하나님이 우리를 택하시고 독생자 예수님을 보내 주신 것입니다(고전 1:9). 하나님은 지금도 이 땅의 모든 영혼들이 이 사랑을 누리며 살기를 원하십니다. "하나님은 모든 사람이 구원을 받으며 진리를 아는 데 이르기를 원하시느니라"(딤전 2:4).

2. 인간은 죄인입니다.

인간이 하나님의 사랑과 은혜를 누리지 못하는 것은 '죄' 때문입니다. 성경은 "오직 너희 죄악이 너희와 너희 하나님 사이를 내었고 너희 죄가 그 얼굴을 가리워서 너희를 듣지 않으시게 함이니"(사 59:2)라고 말씀합니다.

피조물인 인간이 교만하여, 감히 창조주 하나님과 같아지려고 한 것이 바로 "죄"입니다(창 3:5). 그래서 타락한 인간들은 "하나님은 없다"고 말하면서, 스스로 자신의 문제를 해결하려고 합니다(시 14:1). 각종 선행이나 철학, 종교 등에 의존하여 풍성한 삶을 누리려고 노력합니다.

그러나 죄로 물든 인간의 본성은 악한 일에만 더욱 민감해지고, 결국은 하나님을 떠나 더 많은 죄를 짓게 될 뿐입니다. 이처럼 하나님을 떠나 죄 중에 있는 인간을 기다리고 있는 것은 오직 '사망'뿐입니다. "이러므로 한 사람으로 말미암아 죄가 세상에 들어오고 죄로 말미암아 사망이 왔나니 이와 같이 모든 사람이 죄를 지었으므로 사망이 모든 사람에게 이르렀느니라"(롬 5:12).

3. 예수님은 구세주이십니다.

죄를 지은 범인이 아무리 용서를 구해도, 피해자가 그것을 받아들여야 용서가 되는 법입니다. 그런데 하나님은 죄인된 우리가 용서를 구하기도 전에, '먼저' 예수님을 보내셔서 우리 죄를 대속하셨습니다. 성경은 "우리는 다 양 같아서 그릇 행하여 각기 제 길로 갔거늘 여호와께서는 우리 무리의 죄악을 그에게 담당시키셨도다"(사 53:6)라고 말씀합니다.

우리에게는 첫 사람 아담이 지은 원죄가 있습니다. 우리는 날마다 수많은 자범죄를 짓고 있습니다. 이 죄가 해결되지 않는다면 인생은 결코 행복해질 수도 없거니와, 하나님 아버지께 나아갈 수도 없습니다. 우리를 사랑하시는 하나님 아버지께서는 이 모든 죄를 예수 그리스도께 담당시키셨습니다. 예수 그리스도의 피로 말미암아 우리는 이제 죄와 상관없게 되었습니다. 우리는 완전한 용서를 받게 된 것입니다. 하나님은 예수님의 피로 말미암아 다시는 우리의 죄를 기억하지 않으십니다. "또 저희 죄와 저희 불법을 내가 다시 기억지 아니하리라 하셨으니"(히 10:17).

그뿐만 아니라, 하나님은 우리 삶의 문제도 해결해 주십니다. 예수님 앞에 자신의 문제를 완전히 맡기기만 하면, 누구나 그 문제를 해결받을 수 있습니다. 예수님은 친히 "수고하고 무거운 짐진 자들아 다 내게로 오라 내가 너희를 쉬게 하리라"(마 11:28)고 말씀하십니다. 예수님은 우리의 영혼뿐만 아니라, 삶 전체를 구원하시는 구세주이신 것입니다.

4. 성령님은 보혜사이십니다.

성령님은 하나님의 영이시자 예수님의 영으로서 우리를 "돕는 분"이십니다. 성령님은 인간의 이성으로는 이해할 수 없는 하나님의 말씀과 행한 일들을 깨닫게 하십니다. 예수님과 동행했던 제자들도 성령충만해서야 비로소 주님의 말씀을 깨닫고, 권능을 얻어 예수님의 증인으로서의 삶을 살게 되었습니다.

마찬가지로, 성령님이 우리에게 임하시면 예수님을 "나의 구주"라고 시인할 수 있으며, 하나님을 "아바 아버지"라고 고백할 수 있습니다. "그러므로 내가 너희에게 알게 하노니 하나님의 영으로 말하는 자는 누구든지 예수를 저주할 자라 하지 않고 또 성령으로 아니하고는 누구든지 예수를 주시라 할 수 없느니라"(고전 12:3).

더 나아가, 보혜사 성령님은 우리가 영적 전쟁에서 승리하도록 '성령의 검', 곧 하나님의 말씀을 주십니다. 또한 우리와 동행하시면서 죄된 우리의 모습을 거룩한 "하나님의 사람"의 모습으로 변화시켜 주십니다. "주는 영이시니 주의 영이 계신 곳에는 자유함이 있느니라. 우리가 다 수건을 벗은 얼굴로 보는 것 같이 주의 영광을 보매 저와 같은 형상으로 화하여 영광으로 영광에 이르니 곧 주의 영으로 말미암음이니라"(고후

3:17-18).

5. 예수를 믿으면 구원을 얻습니다.

"부뚜막의 소금도 집어넣어야 짜다"라는 속담과 마찬가지로, 성령을 통하여 우리 곁에 와계신 예수님을 '나의 구주'로 믿고 고백해야 합니다. "나의 구주, 나의 하나님"으로 영접해야 하는 것입니다. 이것만이 죄인된 우리가 멸망하지 않고 영생을 얻을 수 있는 유일한 길입니다.

구원을 얻는 유일한 길은 오직 예수님을 믿는 것뿐입니다(행 4:12). 믿기만 하면 됩니다. 광야에서 불뱀에 물린 이스라엘 백성들이 놋뱀을 쳐다보고 살아난 것처럼, 우리는 십자가 위에서 돌아가신 예수님을 바라보면서 구세주로 믿어야 구원을 얻을 수 있습니다(민 21장).

예수님만 바라보면 됩니다. 인간의 어떤 공로나 수고도 필요하지 않습니다. 구원은 전적으로 하나님의 선물입니다. 그래서 성경은 "너희가 그 은혜를 인하여 믿음으로 말미암아 구원을 얻었나니 이것은 너희에게서 난 것이 아니요 하나님의 선물이라. 행위에서 난 것이 아니니 이는 누구든지 자랑치 못하게 함이니라"(엡 2:8-9)고 말씀합니다.

이렇게 할 때에 우리는 죄와 사단의 종에서 하나님의 자녀요, 예수 그리스도의 신부이며, 주님의 제자로 변화되어 영생을 얻을 수 있습니다. "하나님이 세상을 이처럼 사랑하사 독생자를 주셨으니 이는 저를 믿는 자마다 멸망치 않고 영생을 얻게 하려 하심이니라"(요 3:16).

예수님을 믿은 우리는 모두 복음의 빚진 자요, 값없이 하나님의 은혜로 구원받은 존재들입니다. 그러나 아직도 우리 주변에는 멸망과 사망의 길에 서 있는 불신자들이 너무 많이 있습니다. 우리는 그들에게 예수님을 전해야 합니다. 이것이 우리의 사명입니다.

너희를 쉬게 하리라
(마 11:28-30)

사람은 누구나 제각기 크고 작은 인생의 짐을 지고서 이 세상을 살아가고 있습니다. 사람들은 모두 각자가 지고 있는 이러한 많은 짐들로부터 벗어나기를 간절히 소망하고 있지만, 그것은 그렇게 쉽지 않습니다. 하나의 문제가 해결되었는가 하면 또다른 문제가 생기고, 그 문제가 해결되었는가 하면 역시 또 다른 문제가 계속해서 생기기 때문입니다.

그런데 이 영원한 문제의 고리로부터 우리를 해방시켜 주실 수 있는 분이 계십니다. 그분은 바로 예수님이십니다. 예수님께서는 "수고하고 무거운 짐진 자들아 다 내게로 오라. 내가 너희를 쉬게 하리라. 나는 마음이 온유하고 겸손하니 나의 멍에를 메고 내게 배우라. 그러면 너희 마음이 쉼을 얻으리니 이는 내 멍에는 쉽고 내 짐은 가벼움이라 하시니라"(마 11:28-30)고 말씀하셨습니다.

예수님은 우리의 모든 짐을 풀어 주시고 문제의 속박으로부터 우리를 해방시켜 주실 수 있는 분이십니다. 그러면 구체적으로 인간의 어떤 문제들이 예수님께 나와서 해결받고 쉼을 얻을 수 있는지 몇 가지로 나누

다이나믹 설교뱅크

어서 생각해 보도록 하겠습니다.

1. 마음의 고통이 있는 사람이 쉼을 얻을 수 있습니다.

모든 인간에게 있어서 가장 큰 짐 중에 하나는 마음의 짐입니다. 마음 속에 있는 부담과 거리낌은 소위 현대인의 불치병이라고 말해지는 스트레스로 발전하게 됩니다.

스트레스는 세 가지 단계를 거치면서 사람을 질병에 이르게 하는 것으로 알려져 있습니다.

첫째, 경고반응의 단계로서 사람은 이 단계에서 계속되는 스트레스로 정신이 더 이상 극복할 수 없는 한계 상황에까지 도달하여 잠을 이루지 못하고 피로와 심한 두통에 시달리게 된다고 합니다. 둘째, 저항의 단계로서 사람은 이 단계에서 혼신을 다해서 방어 체계를 강화하게 되어 많은 정신 에너지를 소모하고 결국 의욕을 상실하게 된다고 합니다. 셋째, 질병의 단계로서 사람은 이 단계에서 자력으로는 더 이상 치료될 수 없을 정도로 병들게 된다고 합니다.

성경은 "마음의 즐거움은 양약이라도 심령의 근심은 뼈로 마르게 하느니라"(잠 17:22)고 말씀했습니다. 사람들은 모두 이 마음의 근심으로부터 벗어나고 싶어하지만, 그 누구도 다른 사람의 근심을 해결해 줄 수 없습니다.

예수님께서는 "수고하고 무거운 짐진 자들아 다 내게로 오라. 내가 너희를 쉬게 하리라"(마 11:28)고 말씀하셨습니다. 예수님께서는 우리의 근심과 고통을 대신 담당하시기 위해 십자가에 달려 돌아가셨습니다. 그러므로 예수님께 나와서 믿음으로 기도하는 사람은 쉼을 얻고 기쁘게 살아갈 수 있습니다.

2. 물질의 어려움이 있는 사람이 쉼을 얻을 수 있습니다.

지금은 IMF와 구조조정으로 인해 물질적인 어려움을 당하는 사람들이 많습니다. 인생에 있어서 빵의 문제는 가장 기본적이고 중요한 문제 중에 하나입니다. 예수님께서도 주기도문에서 먹을 것을 위해서 기도하라고 가르쳐 주셨습니다.

예수님께서는 물질적인 어려움의 문제를 외면하지 않으셨으며, 우리에게 양식을 공급해 주실 것을 약속하셨습니다. 성경은 "예수님께서 가라사대 내가 곧 생명의 떡이니 내게 오는 자는 결코 주리지 아니할 터이요 나를 믿는 자는 영원히 목마르지 아니하리라"(요 6:35)고 말씀했습니다.

사람들은 경제적인 어려움으로 낙심하고 절망하여 자살하기까지 합니다. 그러나 하나님의 아들이신 예수님께서는 우리를 위해서 가난하게 이 세상을 사셨습니다. 그분은 우리의 가난을 대신 짊어지셨습니다. 성경은 "…부요하신 자로서 너희를 위하여 가난하게 되심은 그의 가난함을 인하여 너희로 부요케 하려 하심이니라"(고후 8:9)고 말씀했습니다. 그러므로 예수 그리스도를 믿는 자는 가난에서부터 벗어나 부유하고 행복하게 살아갈 수 있습니다.

3. 질병으로 고생하는 사람이 쉼을 얻을 수 있습니다.

과학이 발달했다고 해서 질병의 종류가 감소되거나 환자가 줄어드는 것은 아닙니다. 오히려 더 복잡하고 많은 질병이 등장하여 사람을 병들게 하고 죽어가게 하고 있습니다.

이러한 질병의 짐 역시 예수님 옆에 나올 때 치료받을 수 있습니다.

예수님께서는 우리의 질병을 치료하시기 위해 매 맞으시고 십자가에 달려 돌아가셨습니다. 성경은 "그가 찔림은 우리의 허물을 인함이요 그가 상함은 우리의 죄악을 인함이라. 그가 징계를 받음으로 우리가 평화를 누리고 그가 채찍에 맞음으로 우리가 나음을 입었도다"(사 53:5)라고 말씀했습니다.

예수님께서는 공생애의 반 이상을 병든 자를 치료하시면서 보내셨습니다. 성경은 "그의 소문이 온 수리아에 퍼진지라. 사람들이 모든 앓는 자 곧 각색 병과 고통에 걸린 자, 귀신들린 자, 간질하는 자, 중풍병자들을 데려오니 저희를 고치시더라"(마 4:24)고 말씀했습니다.

그러므로 지금도 믿음을 가지고 예수님께 나아가는 사람은 누구든지 질병으로부터 치료받아 쉼을 얻을 수 있습니다. 예수님께서는 "믿는 자들에게는 이런 표적이 따르리니 곧 저희가 내 이름으로 귀신을 쫓아내며 새 방언을 말하며 뱀을 집으며 무슨 독을 마실지라도 해를 받지 아니하며 병든 사람에게 손을 얹은즉 나으리라 하시더라"(막 16:17-18)고 말씀하셨습니다.

4. 인생의 궁극적인 문제를 지닌 사람이 쉼을 얻을 수 있습니다.

사람은 물질과 건강으로만 살아가는 것은 아니라 더 근본적인 문제, 즉 "무엇 때문에 살며, 어떻게 살며, 죽은 뒤에는 어디로 갈 것인가?" 하는 문제에 대한 깊은 관심을 가지고 살아갑니다. 그렇기 때문에 소수의 어떤 사람들은 삶의 이 근원적인 문제를 놓고 씨름하면서 수도생활을 하기도 합니다. 그러나 사람이 아무리 득도를 했을지라도 그것은 단지 자신의 신념만으로 살아간 것일 뿐, 결코 영생을 얻은 것이라고는 말할 수 없습니다.

이 문제의 해답은 오직 하늘로부터, 즉 하나님으로부터 예수님을 통해서만 올 뿐이며 다른 해답의 길은 없습니다. 성경은 "예수님께서 가라사대 내가 곧 길이요 진리요 생명이니 나로 말미암지 않고는 아버지께로 올 자가 없느니라"(요 14:6)고 말씀했습니다.

모든 인간은 인생의 의미를 추구하는 구도자라고 볼 수 있습니다. 그러나 모든 사람이 다 구원을 얻지는 못합니다. 오직 예수를 믿고 교회에 나오는 사람만이 인생의 근원적인 문제로부터 해결함을 받아 쉼을 얻고 구원을 얻을 수 있습니다.

세상을 살면서 얻게 되는 어떤 짐이라 할지라도 우리가 교회에 나와서 그것을 풀어놓을 때, 예수님 안에서 해결받고 쉼을 얻을 수 있습니다. 예수님께서는 우리가 짐 지고 세상을 살아가는 것을 원하시지 않습니다. 그러므로 모든 짐을 예수님께 맡기고 쉼을 얻어서 행복하고 건강하며 부유하게 살아가게 되시기를 주의 이름으로 축원합니다.

내게 있는 것

(행 3:6-8)

현대인들이 가장 중요하게 여기는 가치는 "소유"입니다. 그런데 사람들은 자신에게 필요한 것이 무엇인지 생각해 보지도 않고 무조건 많이 가지려고만 합니다. 충분히 가지고 있음에도 불구하고 가진 게 없다고 불평합니다. 그 결과, 가장 소중한 것을 잃어버리면서까지 헛되고 헛된 것만을 추구합니다.

그러나 성도는 세상이 결코 줄 수 없는 가장 귀한 것을 소유한 존재입니다. 예수님께서는 친히 "그 날에는 내가 아버지 안에, 너희가 내 안에, 내가 너희 안에 있는 것을 너희가 알리라"(요 14:20)고 말씀하셨습니다. 성도에게는 예수님의 이름을 사용할 권세가 있습니다(요 5:17). 예수님의 이름은 세상에서 가장 존귀하고, 능력있는 이름입니다(빌 2:9-10).

그러면 우리가 사용할 권세를 가진 예수 이름의 능력은 어떤 것일까요?

1. 죄가 용서됩니다.

인생에 있어서 제일 먼저 해결되어야 할 것은 바로 죄의 문제입니다. 죄 때문에 죽음이 오고, 병이 들고, 불안하고, 근심하게 됩니다. 죄는 하나님과 우리 사이를 가로막는 담입니다.

본문에 나오는 나면서 앉은뱅이된 자는 태어나면서부터 죄인된 우리의 모습입니다. 앉은뱅이와 같이 사람들은 죄로 인하여 "성전 미문"에 앉아 있으면서도 하나님을 보지 못하고 "물질"만을 구합니다. 사람들은 생명의 주인이신 하나님이 가까이 계신데도 물질에 의존하면서 살아갑니다. 그러나 물질은 결코 앉은뱅이 되고, 죄인된 우리들을 구원하지 못합니다. 죄는 반드시 하나님 앞에서 "용서"받아야 합니다. 물질이 많고 권력이 높다고 죄를 숨길 수는 없습니다.

우리의 죄를 용서할 수 있는 것은 오직 "예수님의 이름" 뿐입니다. 성경은 말씀합니다. "자녀들아 내가 너희에게 쓰는 것은 너희 죄가 그의 이름으로 말미암아 사함을 얻음이요"(요일 2:12). 누구든지 예수님의 이름을 믿으면 주홍같이 붉은 죄, 먹보다 더 검은 죄가 흰눈처럼 양털처럼 깨끗이 씻어지게 됩니다.

2. 무능력자가 능력 있는 자로 바뀝니다.

성경에서 가장 위대한 능력은 "예수님의 십자가"와 "성령충만"입니다. "십자가의 도가 멸망하는 자들에게는 미련한 것이요 구원을 얻는 우리에게는 하나님의 능력이라"(고전 1:18). 십자가는 인간을 향한 하나님의 사랑이며, 주님을 향한 인간의 순종입니다.

우리가 성령충만할 때, 십자가를 질 수 있는 참된 능력자가 됩니다. 자기의 십자가를 지고 예수님을 좇으며, 하나님 아버지의 말씀에 순종하며 살아갑니다. 예수님을 버리고 도망가던 제자들은 이제 "예수의 이름"을 자랑합니다. 높은 자리를 얻기 위해 다투던(막 9:34) 제자들은 한 마음으로 영혼구원을 위해서 함께 일하게 됩니다. 또한 돈을 구걸하는 앉은뱅이의 입술이 하나님을 찬미하는 입술이 됩니다.

참된 능력은 병을 고치는 기적이 아니라, 우리의 삶에서 "예수님의 이름"이 증거되고, "십자가"가 선포되는 것입니다. 사도 바울은 "그러나 내게는 우리 주 예수 그리스도의 십자가 외에 결코 자랑할 것이 없으니"(갈 6:14)라고 고백했습니다. 우리가 예수님의 이름으로 기도하여 성령세례, 성령충만 받으면 복음을 증거하는 능력자로 변하게 됩니다.

3. 병든 자가 건강한 자로 바뀝니다.

예수님의 이름은 우리 구원의 보증일 뿐만 아니라, 치료의 능력입니다. "믿는 자들에게는 이런 표적이 따르리니 곧 저희가 내 이름으로 귀신을 쫓아내며 새 방언을 말하며 뱀을 집으며 무슨 독을 마실지라도 해를 받지 아니하며 병든 사람에게 손을 얹은즉 나으리라 하시더라"(막 16:17-18).

본문에서 무려 40년 이상 앉은뱅이었던 사람이 일어나 걸을 수 있었던 것은 "예수 이름의 능력" 때문이었습니다. "베드로가 가로되 은과 금은 내게 없거니와 내게 있는 것으로 네게 주노니 곧 나사렛 예수 그리스도의 이름으로 걸으라 하고"(행 3:6). 예수 그리스도의 이름은 능력이고, 기적이며, 치료의 권능입니다. 그런데 많은 성도들이 예수 이름의 능력을 가지고 있으면서도 사용하지 않습니다.

예수 이름의 능력은 육체적인 병 뿐만 아니라, 영적인 병도 치유합니다. 수많은 사람들이 성전에 올라갔지만, 영적인 눈이 닫혀져 있었습니다. 종교적 의식은 수행했지만, 영적인 능력은 없었습니다. 예수님의 이름은 닫혀진 영의 눈을 열어 주고, 죽었던 영적 능력을 되살려 줍니다. 많은 사람들이 성전에 들어가며 구걸하는 앉은뱅이를 보았지만, 오직 베드로와 요한만이 앉은뱅이를 구원하기 원하시는 하나님의 마음을 보았고, 그 영혼을 향해서 예수 이름의 능력을 선포했습니다.

4. 저주받은 자가 복받은 자로 바뀝니다.

성전 문 "밖"에 앉아 있는 앉은뱅이의 모습은 저주받은 인생의 모습입니다. 평생 돈을 구걸하지만, 성전 문 밖에 있는 자에게는 참된 안식과 평안이 없습니다. 노동의 기쁨을 누리지 못하고, 물질의 노예가 되어서 살아가는 인생은 저주받은 인생입니다.

예수님의 이름만이 성전 문 밖에 있는 자를 성전 안으로 들어오게 할 수 있습니다(행 3:8). 예수님의 이름만이 죄인의 저주의 굴레를 벗길 수 있으며, "아브라함의 복"을 누리며 살게 할 수 있습니다. "그리스도께서 우리를 위하여 저주를 받은 바 되사 율법의 저주에서 우리를 속량하셨으니 기록된 바 나무에 달린 자마다 저주 아래 있는 자라 하였음이라. 이는 그리스도 예수 안에서 아브라함의 복이 이방인에게 미치게 하고 또 우리로 하여금 믿음으로 말미암아 성령의 약속을 받게 하려 함이니라"(갈 3:13-14). 예수님의 이름이 있는 곳에 저주가 물러가고, 하나님의 복이 오는 것입니다.

5. 지옥에 갈 자가 천국에 갈 자로 바뀝니다.

■■■
다이나믹 설교뱅크

예수님의 이름이 선포되고, 그 능력이 역사하는 곳에 천국이 임합니다. 앉은뱅이에게 예수 이름이 증거되자 그의 삶은 180도 변화되었습니다. 나면서부터 앉은뱅이였던 사람이 걷기도 하고 뛰기도 하며 하나님을 찬미하며 성전으로 들어갔습니다(행 3:8). 지옥의 삶이 천국의 삶으로, 절망의 삶이 소망의 삶으로 바뀌게 된 것입니다.

예수님의 이름은 인생을 바꾸어 놓습니다. 예수님을 믿으면 하나님의 아들이 되고, 천국 갈 수 있으며, 이 세상에서도 천국의 행복과 기쁨을 맛보며 살아갈 수 있게 됩니다(요 3:16). 또한 어쩔 수 없이 사는 인생이 아니라, 매순간 하나님의 사랑과 축복을 맛보며 사는 인생으로 변합니다(눅 17:20).

예수님의 이름을 믿는 자에게는 이 땅에서의 무너질 장막집이 아니라, 하나님이 예비하신 영원한 처소가 예비되어 있습니다. "만일 땅에 있는 우리의 장막집이 무너지면 하나님께서 지으신 집 곧 손으로 지은 것이 아니요 하늘에 있는 영원한 집이 우리에게 있는 줄 아나니"(고후 5:1). 따라서 예수의 이름을 믿는 사람들은 세상을 두려워하거나 돈을 좇지 않고, 다시 오실 주님만을 바라보며 선한 싸움을 싸우는 사람이 됩니다. 사도 바울은 "내가 선한 싸움을 싸우고 나의 달려갈 길을 마치고 믿음을 지켰으니 이제 후로는 나를 위하여 의의 면류관이 예비되었으므로 주 곧 의로우신 재판장이 그 날에 내게 주실 것이니 내게만 아니라 주의 나타나심을 사모하는 모든 자에게니라"(딤후 4:7-8)고 했습니다.

성도에게는 세상의 그 어떤 것과도 비교할 수 없는 가장 귀한 분이 와 계십니다. 만왕의 왕이요, 만주의 주되신 예수님께서 우리 안에 성령과 말씀으로 와 계신 것입니다. 그러므로 죄악된 세상에서 예수 이름의 권세와 능력을 마음껏 사용하여, 세상과 원수를 이기고 구원받지 못한 이웃을 구원하며 살아가도록 합시다.

전도하는 사람

(행 2:37-41)

교회에는 언제나 전도하는 사람이 필요합니다. 예수님을 믿음으로 말미암아 전해진 복음이 아무리 전 인류를 구원하는 좋은 소식일지라도 이것을 전하는 사람이 없었다면, 오늘날의 교회는 존재하지 않았을 것입니다. 성경을 기록한 사람들도 전도자요, 초대교회 시대로부터 역사상 교회를 세우고 이끌어 간 사람들도 모두 전도자들이었습니다. 만약 우리가 이 전도의 사명을 다하지 못한다면, 이 시대뿐만 아니라 장차 다가올 시대의 모든 사람들을 불행한 삶 가운데 버려두는 결과를 초래하게 될 것입니다.

사도들이 성령충만을 받아서 처음 한 일이 전도였고, 그 결과로 수많은 사람들이 구원을 얻게 되었습니다. "베드로가 가로되 너희가 회개하여 각각 예수 그리스도의 이름으로 세례를 받고 죄사함을 얻으라. 그리하면 성령을 선물로 받으리니 이 약속은 너희와 너희 자녀와 모든 먼 데 사람 곧 주 우리 하나님이 얼마든지 부르시는 자들에게 하신 것이라 하고 또 여러 말로 확증하며 권하여 가로되 너희가 이 패역한 세대에서 구원을 받으라 하니 그 말을 받는 사람들은 세례를 받으매 이 날에 제자의 수가 삼천이나 더하더라"(행 2:38-41).

이러므로 우리는 모두 "전도하는 사람"이라는 의식을 가지고 살아가야 하겠습니다. 그러기 위해서 우리가 꼭 알아두어야 할 사항 몇 가지가 있습니다.

1. 전도는 하나님의 명령에 순종하는 것입니다.

전도는 하나님의 뜻이요, 하나님께서 가장 기뻐하시는 것이며, 예수님의 지상명령입니다(막 16:15). 그러므로 전도에 힘쓴다는 것은 하나님의 명령에 순종하는 것입니다.

하나님 아버지를 모시는 사람은 전도하는 사람이 되어야 합니다. 실제로 전도를 많이 하는 사람이 하나님 아버지께 효자인 것입니다. 효자는 부모님의 말씀에 순종합니다. 특히 그것이 여러 사람에게 유익하고 좋은 것이라면 더욱 그래야 할 것입니다.

하나님 아버지의 뜻은 모든 사람이 잘 되는 것입니다. 성경에 "하나님은 모든 사람이 구원을 받으며 진리를 아는 데 이르기를 원하시느니라"(딤전 2:4)고 말씀했습니다. 예수님께서는 교인들만을 위해서 죽으신 것이 아니라, 세상의 모든 사람들을 위해서 죽으셨습니다. 그래서 하나님은 집 떠나간 자식을 기다리는 아버지처럼 세상에서 방황하며 고통당하는 사람들이 돌아와 구원받기를 고대하십니다.

우리는 하나님을 기쁘시게 해드리는 사람이 되어야 합니다. 우리는 하나님의 명령에 순종하는 것을 넘어서, 하나님의 뜻을 헤아려 그 마음을 기쁘시게 해드려야 합니다. 그것은 바로 구원받지 못한 내 가족, 이웃과 나라, 그리고 온 세상 사람들이 구원받아 하나님의 자녀가 되도록 전도하는 일입니다.

2. 전도는 남을 살리는 것입니다.

복음은 죽어가는 개인과 가정과 사회와 나라를 살리는 생명입니다. 또한 전도는 저주를 변하여 축복이 되게 하는 비결입니다.

전도는 우리의 영혼과 정신을 살립니다. 그럼으로써 이 사회에 바른 정신을 가진 사람이 많아지게 하는 것입니다(요삼 2장). 전도를 통해 구원을 받아 정신이 살고 범사가 잘되며 마귀가 가져오는 질병이나 고통이 없는 건강한 사람들이 많아질 때, 이 사회는 건강한 사회가 될 수 있습니다.

전도는 기쁜 소식을 이웃에게 알리는 것입니다(사 52:7). 기독교는 희망의 종교입니다. 전도는 질병과 죄악과 가난으로 인해 절망한 사람들에게 복음을 통하여 회복될 수 있다는 희망을 줍니다. 이 사회의 문제는 내일에 대한 꿈과 구체적인 비전과 소망이 없다는 것입니다. 우리가 보다 높은 이상향을 꿈꾸며 내일은 오늘보다 나을 것이라는 희망을 가질 때, 개인과 가정과 사회와 나라가 살 수 있게 됩니다.

전도는 사랑하기 때문에 하는 것입니다. 남이 잘 되기를 바라는 마음이 사랑입니다. 이에 우리는 자신만을 위해 살 것이 아니라, 자신보다 남을 더 잘 되게 하는, 사랑이 많고 거룩한 성도들이 되어야 하겠습니다.

3. 전도는 내가 사는 것입니다.

우리가 인생의 목적을 하나님 아버지의 뜻인 전도에 두고 살아갈 때,

■■■
다이나믹 설교뱅크

우리에게는 범사가 잘 되는 길이 열리게 됩니다.

전도하면 충만한 믿음을 가질 수 있습니다. 그러나 복음을 전하지 않는 교회나 성도는 무기력해질 수밖에 없습니다. 전도할 때 우리는 자신에게 믿음이 얼마나 있는가를 깨닫게 됩니다. 우리는 남에게 전도하기에 앞서서 "나는 지금 예수님을 나의 구주로 올바로 믿고 따르는 삶을 살고 있는가?" 하는 질문을 해야 합니다. 이것을 통해서 우리는 자신의 신앙을 재점검하여 견고히 서게 되는 것입니다.

우리가 전도하면 영적인 힘을 얻게 됩니다. 성경은 "믿는 자들에게는 이런 표적이 따르리니 곧 저희가 내 이름으로 귀신을 쫓아내어 새 방언을 말하며 뱀을 집으며 무슨 독을 마실지라도 해를 받지 아니하며 병든 사람에게 손을 얹은즉 나으리라 하시더라"(막 16:17-18)고 말씀했습니다. 전도하는 사람은 기도에 힘이 생기고, 믿음으로 기도하게 되고, 기도할 때 능력의 체험을 하게 됩니다. 전도의 효과를 위해서 우리 주님은 각종 은사를 허락해 주십니다.

전도하면 건강의 복을 받을 수 있습니다. 성경에 "너희는 먼저 그의 나라와 그의 의를 구하라. 그리하면 이 모든 것을 너희에게 더하시리라"(마 6:33)고 말씀했습니다. 하나님께서는 일하는 사람을 도와주십니다. 그러므로 열심히 나가서 복음을 전하는 사람은 무엇을 먹을까, 입을까 염려할 필요가 없습니다(딤젼 5:18). 하나님께서는 전도하는 사람의 육신의 문제를 해결해 주시고, 병으로 인해 전도가 방해받지 않도록 건강하게 해주십니다.

4. 전도는 내가 상 받는 것입니다.

우리는 반드시 상 받기 위해서 전도하는 것은 아닙니다. 그러나 전도를 열심히 하는 사람에게 하나님께서는 큰 상을 베풀어 주십니다.

전도하는 사람은 많은 열매를 맺는 사람입니다. 여러 가지 열매 가운데 가장 알차고 소중한 열매는 전도의 열매입니다. 우리는 전도의 충실한 열매를 거두기 위해서 애써야 합니다. 그리고 이 일을 위한 기본원리는 제자를 양육하는 것이요, 그 제자가 또 다른 제자를 계속 양육하도록 하는 것입니다.

이러한 전도자에게는 면류관이 예비되어 있습니다. 이 세상에서 열심히 전도하고 봉사하고 신앙생활하는 사람에게는 의의 면류관(딤후 4:8), 생명의 면류관(약 1:12), 그리고 영광의 면류관(벧전 5:4)이 주어질 것이라고 성경은 말씀하고 있습니다.

그리고 전도하는 사람은 자손이 복을 받습니다. 전도하는 사람은 천국에서의 면류관뿐만 아니라, 이 세상에서 그 자손이 잘 되는 복을 받습니다. 성경은 "내가 어려서부터 늙기까지 의인이 버림을 당하거나 그 자손이 걸식함을 보지 못하였도다. 저는 종일토록 은혜를 베풀고 꾸어 주니 그 자손이 복을 받는도다"(시 37:25-26)라고 말씀하고 있습니다.

전도는 하나님 아버지의 명령에 순종하는 것이요, 남을 살리는 것이며, 내가 살고, 내가 상 받는 것입니다. 여러분 모두 성령충만한 성도가 되어 전도에 힘씀으로 말미암아 하나님의 명령에 순종하고, 남을 살리며, 자신도 살고, 상 받게 되시기를 바랍니다.

4월

부활의 달

장자옥 목사(간석제일성결교회)

- ■ 죽음 — 그 새로운 의미(고전 15:55)
- ■ 요나의 표적과 부활의 실증(욘 2:1-10)
- ■ 완전한 부활(살전 4:16-17)
- ■ 순교자의 목메인 호소(창 4:3-12)
- ■ 오늘 구원을 받으라(눅 19:1-10)

죽음-그 새로운 의미
(고전 15:55)

길가에 흩날리는 휴지처럼 수많은 것이 사람이지만 슬프지 않은 죽음이 어디 있으며 눈물로 이어지지 않는 장례식이 어디 있겠습니까? 좀처럼 울지 않기로 유명했던 알렉산더 대왕도 페르시아 원정길에서 페르시아의 국부 키루스의 묘비를 보고는 눈물을 흘리고 말았다고 합니다.

죽음이란 그 모습, 그 얼굴, 그 이름, 그 업적 등 그의 전 존재를 잊혀지게 합니다. 이처럼 죽음은 슬프고 흉한 것이며, 두렵고 불길한 것입니다. 또한 사랑했던 사람을 잊혀지게 하므로 사람들은 죽음을 심판이나 저주나 형벌이라고 생각했고 죽음에 관한 입 열기를 꺼려합니다.

그러나 예수 그리스도로 말미암아 죽음의 의미는 완전히 새로워졌습니다. 그 분은 부활하신 영원한 의사로서 죽음에 대한 대수술을 단행했습니다. 그래서 불길하고 두렵던 잿빛 죽음이 아니라 부활 소망으로 새롭게 미화되었습니다. 그래서 톨스토이는 이렇게 간증했습니다.

"이 세상에 출생할 때에 그대는 울었으나 주위의 많은 사람은 모두 기뻐했을 것이고, 그대가 이 세상을 떠날 때 많은 사람은 슬퍼울 것이나 그대는 미소를 띠리라."

그리스도 안에서 성도들에게 죽음의 의미는 무엇입니까?

1. 죽음은 생명의 종식이 아니라 형태의 변모이며, 장소의 이동일 뿐입니다.

어린 아이가 하루종일 밖에서 즐겁게 뛰놀았습니다. 이윽고 밤이 되자 아이는 땀과 흙으로 더럽혀진 옷을 그대로 입고 피곤에 지쳐 집에 들어오자마자 쓰러져 깊은 잠에 빠졌습니다.

그런데 이튿날 아침 다시 산뜻해진 기분으로 눈을 떠보니 이게 웬일입니까? 더럽던 얼굴과 손발이 깨끗해졌고, 흙으로 얼룩진 옷은 간 데 없어졌으며, 보드랍고 깨끗한 잠옷으로 입혀져 있고, 마룻바닥에 쓰러졌는데 푹신한 침대에 누워 있는 것이었습니다. 아이는 빙그레 웃으며 "엄마, 엄마가 나를 이렇게 잘 재워 주셨죠?"라고 말했습니다.

비록 철없는 아이처럼 어느 날 더럽혀진 채 우리가 죽는다 할지라도 예수 그리스도께서 그 보혈로 우리를 깨끗하게 씻으시며 우리에게 의의 옷을 입혀 주시므로 우리가 잠에서 깨면 우리는 하나님의 나라에 올라가 있을 것입니다.

그런 의미에서 죽음이란 천국으로의 이민입니다. 다만 '비자' 대신에 '하나님의 은혜'로 가며 '여권' 대신에 우리의 '믿음'으로 가는 이민입니다. 그러므로 기쁘고 즐거운 복입니다. 성도의 죽음이 곧 천국으로의 이민임을 믿기 때문에 그의 죽음 앞에서 찬송을 부르고 소망과 여유를 갖게 되는 것입니다.

2. 죽음은 주의 품에 고이 안기는 안식입니다.

저는 믿음 안에서 운명하신 한 성도의 편안한 얼굴, 환히 빛나는 얼굴을 보았습니다. 그 얼굴은 세수를 방금 마친 얼굴처럼 신선하기까지 했습니다. 그것은 영원한 애인 예수 그리스도를 만나려는 영적 신부의 홍조 띤 얼굴이었습니다.

이미 고인이 되셨습니다만, 한신대학장으로 계셨던 고 김정준 목사님은 젊은 날 폐결핵에 걸려 마산 요양소에서 지냈습니다. 매일 곁에 있는 환자들이 죽어가는 상황에서 한 친구가 "자네는 죽음을 어떻게 생각하나?" 하고 물었습니다. 그때 김정준 목사는 이런 시로써 대답을 대신했다고 합니다.

내가 죽는 날

내가 죽는 날 그대들은 저 좋은 낙원 이르니 찬송을 불러주오.
또 요한 계시록 20장 이하를 끝까지 읽어주오.
그리고 나의 묘비에는 이것을 새겨주오.
'임마누엘' 단 한 마디 말을

내가 죽는 날은 비가 와도 좋다.
그것도 내 죽음을 상징하는 슬픈 눈물이 아니라
예수의 보혈로 내 죄 씻음을 받은 감격의 눈물.

내가 죽는 날은 바람이 불어도 좋다.
그것은 내 모든 이 세상 시름을 없이하고
하늘나라 올라가는 내 길을 준비함이라.

내가 죽는 시간은 밤이 되어도 좋다.
캄캄한 하늘이 내 죽음이라면
거기 빛나는 별의 광채는

새 하늘에 옮겨진 내 눈동자이리라.

오, 내가 죽는 날
나를 완전히 주님의 것으로 부르시는 날
나는 이 날이 오기를 기다리노라.

다만 주님의 뜻이면 이 순간에라도
닥쳐오기를 번개와 같이 닥쳐와
번개와 같이 함께 사라지기를.

그 다음은 내게 묻지 말아다오.
내가 옮겨간 그 나라에서만
내 소식 알 수 있을 터이니.

그는 죽음을 부활 생명으로 들어가는 관문으로 보았고 부활을 확신하는 그의 신앙은 병상의 불안과 초조를 이미 극복하고 있었습니다.

왜 죽음이 두렵지 않습니까? 예수 안에서는 사망이 우리 믿는 성도들을 쏘지 못하기 때문입니다.

한 소년과 아버지가 꽃밭에서 꽃구경을 하는데 벌 한 마리가 소년의 머리 위로 날아왔습니다. 공포에 질린 소년은 소리를 지르면서 몸을 피했습니다. 그래도 벌은 소년을 쏘려고 했습니다. 그때 아버지가 날렵하게 손을 뻗어 벌을 꽉 잡았습니다. 아버지가 손을 살며시 펴자 벌은 또 소년에게로 덤벼들었습니다. 그때 아버지는 놀라는 아들에게 이렇게 말했습니다.

"애야, 이젠 벌의 침이 없어졌단다. 아버지의 손을 쏘았기에 벌은 이제 너를 더 이상 해할 수 없게 되었다. 자 손을 내밀어 잡아라."

벌은 한 번 쏘면 자신의 침을 잃어버리게 됩니다. 그렇습니다. 죽음이 그 날카로운 침으로 예수를 쏘았을 때 그 침을 잃어버린 것입니다. 그래서 바울은 '부활장'인 고린도전서 15:55에서 "사망아 너의 쏘는 것이 어

다이나믹 설교뱅크

디 있느냐"라고 호령했습니다.

초대교회 성도들은 주일 아침이 되면 즐거운 얼굴로 인사를 나누었는데 그 내용은 "예수 다시 사셨네" 이 한 마디였다고 합니다. 신약성서에는 401회에 걸쳐 예수 그리스도의 부활을 언급하고 있습니다. 소망이 아니면 무엇 때문이겠습니까?

3. 죽음의 문을 열고 들어가면 주님께서 기쁘게 맞아주실 것입니다.

한 거듭난 성도가 소망 중에 생활을 했지만 죽음이 임박해오자 두려웠습니다. 그는 그의 감정을 기독교인 의사에게 솔직히 털어놓았습니다. 의사는 무슨 말을 해야 할지 망설였습니다.

바로 그때 문밖에서 개가 끙끙거리며 문을 긁는 소리가 났습니다. 이때 의사가 문을 열자 의사의 집에서 기르는 개는 병원까지 와서 주인을 알아보고 꼬리를 흔들며 반색하는 것이었습니다. 그 순간 의사는 환자에게 위로할 말을 찾아냈습니다.

"저의 개는 전에 이 방에 들어온 적이 결코 없었습니다. 따라서 개는 이 방이 어떻게 생긴 것을 전혀 알지 못합니다. 그러나 개는 주인인 내가 여기 있는 것을 알았습니다. 저 개는 주인이 여기 있는 것을 믿고 긁어댄 것입니다. 그것으로 충분합니다. 나는 하늘나라를 고대하고 있습니다. 나는 그 나라를 잘 알지 못하고 가본 일은 더욱 없습니다. 그러나 나의 구세주가 거기에 계신 것을 압니다. 이것이 우리가 가질 확신이라고 생각합니다."

그때 환자의 눈은 빛났고 오랜만에 환하게 웃었다고 합니다.

요나의 표적과 부활의 실증
(욘 2:1-10)

큰 물고기 뱃속에 들어갔다가 3일 만에 다시 살아난 요나 선지자는 유대인과 우리 그리스도인들에게 많은 희생적 교훈을 시사해 주고 있습니다.

부정적 측면에서 볼 때 비록 선지자라 할지라도 민족 감정과 개인 감정에 사로잡히면 하나님께 불순종할 수 있고 사명자가 지나치게 이기주의에 빠지거나 비겁하다 보면 일을 그르칠 수 있다는 사실을 깨닫게 합니다.

또 하나님께서는 비록 일시적으로 불순종하고 사명을 외면해도 버리지 않고 물고기 뱃속 같은 환난 속에 밀어 넣어서 다시 새롭게 사용하신다는 사실도 배우게 됩니다. 또한 어디에 있든 회개하며 매달리는 사람은 결코 죽지 않고 다시 회복될 수 있다는 점도 알 수 있습니다.

그리고 그렇게 소화력이 왕성한 큰 물고기가 덜컥 요나를 삼켰으나 끝내 소화시키지 못하고 토해내고 말았다는 사실에서 생명의 불멸성을 볼 수 있습니다. 요나처럼 분명히 사명에 붙잡힌 생명이라면 어떤 대적도 영원히 삼켜서 해체시키지는 못한다는 사실입니다.

심지어 예수님께서는 자신의 운명과 존재를 요나와 같다고 믿고 있습니다.

1. 요나는 소화되지 않았습니다.

물고기 뱃속에서 사흘 만에 다시 살아난 요나의 체험은 요나의 한 개인적인 사건을 넘어 유대 민족의 역사를 증언해 주는 묵시적 사건이라 할 수 있습니다. 즉 이야기 속의 요나는 비록 큰 고기에서 삼킨 바 되었지만 그 위 속에서 소화되지 않았습니다. 소화되어 버리는 요나, 위 속에서 위액에 녹아 해체되어 버리는 무력한 인간 요나, 그것은 요나의 운명이 아니었다는 것입니다.

유대인들은 그 기나긴 역사에서 물리적으로 강한 나라들로부터 짓밟히고 패한 적이 한두 번이 아니었습니다. 그러나 유대인들은 그때마다 요나처럼 되살아났습니다. 큰 물고기와 같은 이집트, 앗수르, 바벨론, 그리스, 로마 등 거대한 국가들은 지금껏 약한 유대를 수없이 삼키려 했지만 끝내 소화시키지는 못했습니다. 요나의 생명은 죄많은 니느웨 사람을 건지기 위해서 유지되어야 했던 것입니다.

바벨론으로 사로잡혀간 청년 가운데 신심과 지덕이 빼어나 그 나라 총리가 된 다니엘이란 위인이 있었습니다. 바벨론의 대신들은 다니엘을 삼켜 버리려고 온갖 기회를 다 노렸습니다. 그러나 다니엘은 조금도 흔들리지 않았습니다.

급기야 그들은 다니엘이 바벨론의 국가 종교를 신봉하지 않는다는 이유로 고소하기에 이릅니다. 그들은 다리오 왕에게 "다른 신을 숭배하여 기도하는 자가 있으면 사자굴에 던져 넣어야 합니다. 그래야만 왕의 통치가 권위 있게 실현될 수 있나이다"라고 했습니다. 그들은 다니엘이 얼마나 철저하게 기도하는가를 너무 잘 알고 있었습니다.

다니엘로서도 어찌할 수 없는 노릇이었습니다. 그는 그 존엄한 법을 알면서도 변함없이 하루 세 번씩 기도했습니다. 결국 그는 왕명을 거역한 죄로 사자굴에 던져집니다. 그런데 기이한 것은 뼈도 찾기 힘들 줄 알았는데 사자들은 다니엘을 소화시키기는커녕 삼키지도 못할 뿐더러 입도 대지 못했습니다.

쉽게 덤빌 수 있으나 결정적으로 해치우지 못하는 민족, 쉽게 삼킬 수 있으나 소화시키지 못하는 민족, 이것이 세계사에서 불사신으로 영원히 실존하는 이스라엘과 유대인의 특징입니다.

우리 민족도 5천년 역사 가운데 수많은 고통을 겪으며 얼룩진 세월을 지탱해 왔습니다. 한, 수, 당, 원, 명, 청, 일본, 중국, 소련 등 주위 강대국으로부터 여러 번 삼킨 바 되고 움켜쥔 바 되어 바르르 떨고 숨도 편히 쉬지 못한 한의 역사가 바로 우리의 역사였습니다. 일제는 36년 동안이나 우리를 삼키려 했지만 결국 소화시키지 못했습니다.

이스라엘은 왜 요나처럼 소화되지 않는 민족으로 남아 있습니까? 하나님의 뜻을 그 백성을 통해 펼치시고 또 그 나라에 주 예수께서 오셔야 했기 때문입니다. 할렐루야!

왜 우리 나라를 사자 발톱과 강대국들의 창칼에 소화, 해체되지 않게 역사하셨습니까? 그것은 미래의 세계 선교의 주역으로 삼으시려는 놀라운 선교 비전이 있기 때문입니다.

이북에 미국 선교사가 들어가면 "원수들, 미제 반동분자"라고 얼마나 교육을 받았는지 인상이 안좋아서 복음 증거에 어려움이 많습니다. 중국도 마찬가지입니다. 같은 피, 같은 황색 피부 색깔의 우리가 가야 저 북한과 저 10억의 중국을 복음화시킬 수 있는 것입니다.

한 국가뿐만 아니라 어떤 개인도 그가 사명에 사로잡혀 살아가면 절대로 그는 파괴당하거나 파멸되거나 부서지지 않습니다.

하나님의 영광을 위한 사업도 마찬가지입니다. 성부, 성자, 성령의 이름으로 선교와 복음사업을 위해 기치를 높이 들고 나아가면 절대로 거꾸러지거나 해체될 수 없습니다. 그 대적이 아무리 강하고 그 경쟁자가 아무리 악랄할지라도 요나처럼 우리를 결코 소화시킬 수 없습니다.

우리가 하나님의 능력 안에서 의의 병기로 자신과 사업, 공장과 회사를 하나님께 맡기기만 하면 비록 우리가 죽는 자 같으나 살고, 징계를 받는 자 같으나 죽임을 당하지 아니하고, 대적이 사방으로 에워싸고 몰려올지라도 원수가 벌떼같이 나를 에워쌀지라도, 모든 원수들과 문제들은 마른 가시덤불처럼 소멸되고 말 것입니다.

요셉의 형들은 같은 피를 나눈 동생이 사랑받는 것을 참지 못했습니다. 더구나 친어머니도 없는 동생이 좀 잘난 것 같으니까 죽여 버리자고 결의합니다. 어느 날 자기를 위해 점심보따리를 가지고 오는 요셉을 멀리서 바라보며 "저기 꿈꾸는 자가 온다. 저를 죽여 버리자. 그리고서 그 꿈이 어떻게 되는가 보자."라고 모의합니다.

그러나 시편 118:17에 "내가 죽지 않고 살아서 여호와의 행사를 선포하리로다"함과 같이 요셉은 죽지 않았습니다. 그의 꿈도 사라지지 않았습니다.

질병에 우겨쌈을 당하고 있습니까? 불안, 초조, 우울증에 휩싸여 있습니까? 고독과 무기력의 수렁에 빠져 있습니까? 사업때문에 삼킴을 당하고 있습니까? 요나를 생각하십시오.

"내가 고통 중에 여호와께 부르짖었더니 여호와께서 내게 응답하시고 나를 넓은 모래 벌판 위에 토해내게 하셨도다."

쉽게 포기하지 마시기 바랍니다. 그렇게 빨리 녹아버릴 수 없지 않습니까? 악한 자들이 어떻게 택한 우리를 찢어 해체시킬 수 있겠습니까?

2. 예수님은 요나처럼 3일 만에 살아나셨습니다.

예수님은 자신을 향해 표적을 보여달라는 유대인들을 향해 "악하고 음란한 세대가 표적을 구하나 선지자 요나의 표적밖에 보일 표적이 없다."라고 말씀하신 그대로 3일 만에 부활하셨습니다.

예수님은 하나님의 병에 사로잡혀 사신 의인의 표상이었습니다. 그러므로 무덤에 갇힐 까닭이 없었습니다. 그러나 우리의 죄를 지고 그 값을 치르기 위해 죽어 무덤에 들어가셨던 것입니다. 그는 죄값을 치르기 위해 얼마 동안 무덤에 저당물로 갇혀 있었습니다. 그러나 죄값을 치른 후에는 그 흑암 속에 더 이상 갇혀 있을 필요가 없었습니다.

요나가 고기 뱃속에서 회개할 때 물고기의 입을 열어 토해내게 하셨던 하나님께서는 예수 그리스도께서 무덤 속에서 우리 죄값을 다 치르자 곧장 무덤과 흑암의 문을 열어 부활의 생명으로 다시 살아나게 하셨습니다.

이제 요나에겐 고기 뱃속이 필요없습니다. 마찬가지로 생명의 부활체로 다시 사신 예수 그리스도에게는 무덤 같은 것이 필요없습니다. 어떻게 죽음이 영원한 말씀, 영원한 생명을 가두어 둘 수 있겠습니까?

> 헛되이 지키네 예수 내 구주
> 헛되어 봉하네 예수 내 주
> 거기 못 가두네 예수 내 구주
> 우리를 살리네 예수 내 주

예수 그리스도의 부활은 십자가에서 우리 죄가 탕감되었으며 우리를 정죄하고 죽이려는 사단의 권세가 무너지고 그리스도 안에서 우리가 의로워졌음을 확증한 사건입니다.

"예수는 우리 범죄함을 위하여 내어줌이 되고 또한 우리를 의롭다 하심을 위하여 살아나셨느니라"(롬 4:25).

3. 우리 무덤도 결국 빈 무덤이 될 것입니다.

"주께서 호령과 천사장의 소리와 하나님의 나팔로 친히 하늘로 좇아 강림하시리니 그리스도 안에서 죽은 자들이 먼저 일어나고"(살전 4:16).

그러므로 가장 바람직한 것은 잘 살다가 무덤 속에 들어가지 않고 살아 있다가 주님의 재림을 맞이하는 것입니다.

우리는 더러 사랑하는 사람을 무덤에 묻고 절망적인 현실에서 몸부림칩니다.

유복자를 낳아 그 외아들이 스물 여덟 살이 되도록 수절하면서 오직 그 아들 하나 믿고 살던 어떤 어머니가 있었습니다. 그런데 고등학교 수학 선생으로 있던 아들이 어느 날 자정까지 시험지를 채점하다 심장마비로 쓰러져 죽고 말았습니다. 장례식장에서 "아들과 같이 묻어 달라. 자식 죽이고 내 어찌 홀로 살기를 바라랴!"하며 구덩이 속으로 기어 들어가는 모정을 보고 저도 그만 울어버린 적이 있습니다.

그러나 그렇게 절망할 필요가 없습니다. 우리에게는 소망이 있습니다. 무덤은 잠든 육체가 잠시 쉬는 안식처요 부활을 기다리는 동굴입니다. 무덤에서 살과 뼈가 다 썩어 해체되어 땅 속으로 다 스며들어가 버렸을 텐데 어떻게 새 생명체로 부활한다고 합니까? 핵 분열같이 해체되었는데 어떻게 결합할 수 있습니까?

그런데 최근에 미국, 영국 과학자들이 핵 분열이 아니라 원자를 융합해 엄청난 에너지를 생산해 내는 연구를 완성했다고 합니다. 종전의 핵 에너지는 원자를 쪼개는 방법으로 에너지를 얻었습니다. 따라서 핵 분열에서 생기는 핵폐기물 처리가 가뜩이나 공해에 시달리는 현대인들에게 큰 공포의 대상이 되고 있습니다. 그런데 핵 융합을 통해 에너지가 얻어지는 과정에서 핵 찌꺼기가 거의 생성되지 않는다는 것입니다.

그리고 핵 분열 에너지는 우라늄이라는 특수 광석이 있어야만 했는데 핵 융합 원료는 바닷물에서 얼마든지 추출해 낼 수 있다고 합니다.

생각해 보십시오. 히로시마 같은 도시를 한 순간에 파괴시켜 버린 놀라운 힘이 바닷물 속에 있는 중수소에서 나온다는 것입니다. 중수소가 눈에 보입니까? 냄새를 맡을 수는 있습니다. 그저 바닷물 하면 짠 소금기가 있다는 정도입니다. 그런데 그 물에서 중수소를 빼내어 융합시킬 때 엄청난 에너지가 생성된다는 것입니다.

석유가 없어도 얼마든지 살아갈 수 있게 되었습니다. 원자로가 없어지면 핵 찌꺼기 공포도 사라지고 석유 에너지가 핵 융합 에너지로 대체되면 공기도 훨씬 맑아질 것입니다.

우리 몸이 비록 녹아 형체가 없어진다 할지라도 주님의 나팔소리가 신호되어 일시에 융합되면 놀라운 능력을 가진 생명체로 부활할 줄 믿습니다. 그때 융합된 새 생명체는 지금처럼 땀을 흘리지 않고 눈물, 콧물, 오줌 같은 찌꺼기도 남기지 않는 아주 이상적인 존재가 될 것입니다.

다시 살아날 것에 대해 염려하지 마십시오. 이해가 되지 않아도 실망하지 마십시오. 하나님의 어리석음이 인간의 지혜보다 낫습니다. 하나님은 하실 수 있습니다.

요나의 부활을 믿읍시다. 동시에 주님의 부활을 찬양합시다. 그리고 요나를 삼켰던 고기 입이 열리듯 때가 되면 성도들을 가둔 무덤 문이 활짝 열리며 성도들이 일어날 줄 믿습니다.

그리하여 "사망아 너의 이기는 것이 어디 있느냐 사망아 너의 쏘는 것이 어디 있느냐!"(고전 15:55) 이렇게 외칠 수 있기를 축원합니다.

완전한 부활
(살전 4:16-17)

1. 양심의 부활

이광수는 1919년 기미독립운동회 좌절 이후로 우리 나라의 지성인, 부자, 상류계급이 어떻게 체념하고 좌절, 타락했는가를 '재생'이라는 소설에서 잘 표현했습니다.

'재생'의 여주인공 순영은 교회에서 성가대원으로 봉사하는 대학생입니다. 그녀는 이미 중학교 때부터 독립운동을 하는 오빠와 그 친구 신봉구를 돕는 애국 소녀였습니다. 그런데 그녀는 세월과 더불어 지극히 현실적인 인간으로 변신합니다. 꿈에도 애인 신봉구를 잊지 못하면서도 저주받은 육신은 백만장자 백윤희의 첩으로 들어갑니다. 그것이 하나님 앞에서 죄가 되는 줄 알면서도 가난한 애국 청년 신봉구보다는 호사스럽게 해주는 호색가 백윤희의 노리갯감으로 전락합니다. 결국 순영은 불의의 씨를 낳지만 매독에 의해 소경 딸을 얻게 되었습니다. 자신의 육체도 성병으로 시들어갑니다. 불타던 애국심도 싸늘하게 식고 오직 보석과 쾌락의 노예로 전락한 순영은 27세의 젊은 나이에 소경 딸을 끌어안고 금강산 구룡폭포에서 투신 자살함으로써 죄많은 청춘을 속죄합니다.

지성 작가 이광수는 그래도 순영의 마음에 한 가닥 양심이 살아 있다고 보았기에 속죄의 죽음을 통해 그녀의 정신을 다시 살게 한 것입니다.

요한복은 4장에 보면 수가 성에 사는 아주 부도덕한 여인이 나옵니다. 그녀는 동네 여인들로부터 욕을 먹기 싫어서 그랬는지, 늦게까지 자느라고 게을러서 그랬는지 모르나 한낮에 물을 길러 나왔습니다. 그녀는 온 동네가 다 알 정도로 부도덕하게 살던 여인이었습니다. 그런데 어느날 처음 만난 예수께서 자신의 남성 편력을 환히 들여다보자 파렴치했던 양심을 돌이켜서 오히려 많은 사람을 주께로 인도하게 됩니다.

칸트는 "양심이란 인간의 마음 속에 숨은 죄책을 추궁하는 인간 내면의 법정이다."라고 말했고, 톨스토이는 "양심은 인간 속에 있는 하나님의 음성 자체"라고 말했습니다. 그러므로 양심의 부활이란 곧 인간성의 부활이요 하나님을 믿는 신앙의 부활이라고 할 수 있습니다.

이광수의 '재생'에 나오는 순영이 자기 내면의 법정에서 고발하는 양심의 소리에 따라 속죄의 자살을 한 것으로 보아 양심이 부활했다는 것을 알 수 있습니다. 또한 수가 성의 여인이 처음에는 요염한 모습으로 예수님을 대했지만 "내가 보니 당신은 메시아로소이다"라고 한 것으로 볼 때 화인맞았던 양심이 부활한 것이 틀림없습니다.

제5공화국 시절 새마을 운동이니 새마음 운동이니 하고 사회가 떠들썩했지만 이 양심의 부활이 없는 고로 지옥 마을운동과 무엇이 달랐습니까?

성경은 "믿음과 착한 양심을 가지라."고 말씀합니다. 양심의 부활이 없는 믿음은 언제나 야누스 신세를 면치 못합니다. 그래서 순영이란 여인처럼 신선한 애국 청년 신봉구를 존경하면서도 행동으로는 백윤회의 별장에서 보석에 눈이 어두워 쾌락의 노예가 되어 청춘을 부끄럽게 엮어가는 것입니다. 성가대에서 보면 성녀 같고, 신여성 모임에서 보면 애국지사 같고, 별장에서 보면 탕녀 같은 순영입니다.

양심을 회복한 성도가 되시기를 바랍니다. 양심이 새롭게 부활해야 합니다. 이것이 제1의 부활입니다. 집사인가 잡사(?)인가, 양심이 부활하면 한계가 분명해지는 것입니다.

2. 윤리적 부활

톨스토이의 '부활'에 나오는 네플류도프는 어느날 어떤 매춘부가 살인과 강도죄로 재판을 받는 법정에 배심원으로 출석했습니다. 그런데 이게 웬일입니까? 10년 전 자기가 군장교 시절 달콤한 언어로 유혹하여 순결을 짓밟아 버렸던 카추샤였습니다.

"카추샤가 매춘부가 되고 살인강도까지?"

그는 죄책감에 가슴이 아팠습니다. 일시적인 충동으로 그녀를 유혹하고 휴지 조각처럼 버렸으나 10여년 간 아이를 가진 그녀가 얼마나 기막힌 사연으로 엮어진 밑바닥 삶을 살아왔는지 알게 되었습니다. 그런데 카추샤는 비록 매춘부였으나 살인 강도범은 아니었습니다.

네플류도프는 감옥으로 찾아갑니다.

"나는 행동으로 속죄하고 싶소. 당신을 어떻게든지 무죄 석방시켜 당신과 결혼하겠소."

그러나 10년 간 무자비하게 채이고 찢기고 속아 살아온 그녀는 어떤 남자도 믿지를 않았습니다. 네플류도프는 귀족 딸과의 약혼도 파기하고 유명한 변호사를 대면서 정부에 청원서를 제출합니다. 그러나 그렇게 노력한 보람도 없이 카추샤는 실형을 받아 시베리아로 유형을 떠나게 됩니다. 그도 시베리아로 그녀를 따라갑니다. 여기에서 카추샤도 그의 진실을 알고 10년 전의 순진한 마음씨를 차츰 회복합니다.

그때 카추샤는 시몬손이란 정치범을 사랑하게 됩니다. 둘은 장래를 약속합니다. 결국 네플류도프는 카추샤를 향한 자신의 속죄를 끝까지 실천하지 못하고 맙니다. 그러나 그 남은 생애를 감옥에서 고생하는 수인들을 위해 바치려고 결심합니다.

우리는 여기에서 한 청년이 과거의 죄악을 깊이 뉘우치면서 윤리적 행동으로 속죄하려고 발버둥치는 윤리적 부활을 보게 됩니다. 자기 잘못을 보상함으로써 그 죄악으로부터 용서를 받으려는 행동적이고 실천적인 윤리주의자, 그는 네플류도프 백작이며 곧 톨스토이 자신이었던 것입니다. 윤리적 부활이 없이 믿는 것은 젊은 날의 네플류도프처럼 가는 곳마다 파렴치한 일만 저지르기가 쉽습니다.

우리는 이제 죄악의 잠에서 깰 때가 되었습니다. 우리 구원의 때가 가까웠습니다. 이제는 어둠의 옷을 벗고 빛의 갑옷을 입읍시다. 단정하게 행동합시다. 흥청망청 먹고 마시며 술 취하지 말고 음란과 반란과 싸움과 시기하는 일을 온전히 버립시다. 이것이 제2의 부활입니다. 이 제2의 부활이 없으면, 윤리와 행동의 변화없이 믿음이 있노라 하던 데살로니가 일부 교인처럼 공연히 다니면서 일만 만들어 내는 트러블 메이커(trouble maker)가 되기 십상입니다.

3. 영혼의 부활

문제는 영혼의 부활입니다. 이 영혼의 부활이야말로 부활의 알파와 오메가입니다. 사실 영혼의 부활 없이는 양심의 부활이 있을 수 없고 윤리적 부활도 기대할 수 없습니다.

모든 영혼은 아담 이후 원죄와 허물, 그리고 자신의 자범죄로 인해 죽어 있는데 예수 그리스도 안에 나타난 하나님의 사랑으로 우리는 죄를 용서받고 영혼이 거듭나 부활한 것입니다.

이 사실을 현대인의 성경에 보면 "여러분은 불순종과 죄 때문에 영적으로 죽었던 사람들입니다. 그러나 자비가 풍성하신 하나님은 우리를 무척이나 사랑하셨기 때문에 죽었던 우리를 그리스도와 함께 다시 살려 주셨습니다."(엡 2:1-4)라고 했습니다. 그래서 우리는 모두 영혼이 거듭난 사람이 된 줄로 믿습니다.

저는 지금 부활한 영혼을 향해 설교를 하고 있습니다. 만약 제 설교가 귀에 몹시 거슬리거나 전혀 무슨 말을 하는지 모르겠다고 생각되면 그 영혼은 아직 부활하지 못한 것인지 모릅니다. 저는 지금 거듭난 영혼, 부활한 영혼, 달걀이 아니라 노랗게 새로 깨어난 병아리와 같이 부활을 경험한 새 생명을 향하여 설교를 하고 있는 줄 믿습니다. 이렇게 영혼이 부활한 크리스천은 끝날에 영화롭게 부활하는 복된 주인공이 되는 것입니다.

미국의 극작가 유진 오닐 하면 '수평선 너머'라는 소설로 유명합니다. 그는 기독교적인 희곡 '나사로는 웃었다'를 썼습니다. 유진 오닐은 작가적 상상력으로 나사로가 4일 간 낙원에 머물면서 그 낙원의 영광을 경험한 뒤 다시 살아서 세상으로 돌아온 데서부터 이야기를 시작합니다.

낙원에 갔다 온 그의 두 번째 변화는 세상 권세자를 대하는 태도에서 볼 수 있습니다. 로마의 권세를 한 손에 쥐고 있는 티베리우스 황제의 장엄한 행차를 지켜보면서 미친 듯이 환호하는 군중들과는 달리 길목에 서서 담담하게 응시하며 오히려 그를 비웃기까지 했습니다. 땅에서 짧은 청춘을 뒹굴며 살았기에 그도 크고 높은 권좌에 앉아 보고 싶었으나 이젠 그런 마음이 손톱만큼도 생기지 않았습니다.

나사로의 태도가 변한 세 번째 모습은 죽음을 만났을 때 두드러지게 나타나고 있습니다. 나사로는 기독교 신앙 때문에 끝내 황제 앞에 끌려

가게 되고 황제는 그 권세로 나사로를 죽이기로 결정합니다. 그는 다시 한번 생과 사의 기로에 놓이게 되었는데 죽이겠다는 황제를 향해 계속 미소를 보내고 있었습니다. 결국 나사로는 부자도 권력자도 죽음까지도 모두 웃어넘긴 것입니다. 젊은 나이에 다시 죽는다는데 죽음의 공포와 불안을 비장한 각오로 이겨보려고 한 것이 아니라 오히려 여유있게 죽음을 맞이했습니다.

그러면 나사로는 어떻게 그렇게 여유있고 담대하게 행동할 수 있었느냐 하는 것입니다. 그것은 나사로만이 아는 비밀이었는데 그것은 그가 낙원에서 부활의 영광된 삶을 경험했기 때문이었습니다. 다만 우리는 그것을 나사로와 같이 아직 경험하지 못했으나 예수 안에서 그것을 믿음으로 파악하고 살아가고 있는 것입니다.

"너희는 마음에 근심하지 말라. 하나님을 믿으니 또 나를 믿으라. 내 아버지 집에 거할 곳이 많도다"(요 14:1-2).

바울 사도는 그 집을 손으로 짓지 아니한 영원한 처소라고 했습니다. 그곳에서 주와 함께 영원히 살 것이라고 했습니다.

> 황금 보석 꾸민 집에 주의 얼굴 대하리
> 한량없는 영광 중에 주의 얼굴 대하리

다시 쇠하지 않고 병들지 않는 몸의 부활, 그것이 영화로운 부활인데 이 부활이야말로 완전한 부활인 것을 믿으시기 바랍니다.

영혼의 부활로 새 생명이 시작됩니다. 영생은 여기에서부터 시작됩니다. 영원한 부활을 믿는 성도는 양심을 거스르며 살 수 없고 윤리적으로는 선한 열매를 맺으며 살아가게 됩니다.

상상만 해도 영광스러운 부활을 믿으신다면 이제부터 성도답게 살아갑시다. 다시 살아난 나사로처럼 말입니다.

순교자의 목메인 호소
(창 4:3-12)

우리는 그 날의 함성을 잊을 수가 없습니다. 1960년 4월 19일! 4·19의거 학생 혁명이 일어났던 사건 말입니다. 학생들에게는 총칼도 없었고, 사전 조직도 하지 않았고, 작전도 없이 오직 불의에 항거한다는 일념의 의분만을 가지고 봉기한 순수한 의거였습니다.

이제는 4·19의거가 있었던 시간이 오래 전 일이니만큼 이 사건을 과장도 말고 격하시키지도 않은 채 사실 그대로 평가할 시기가 가까웠다고 봅니다.

4·19학생 의거 사건의 발달은 3·15부정 선거에 대한 규탄으로부터 시작되었습니다. 그러나 그 절정을 이룬 것은 학생들이 고귀한 피를 흘림으로 해서 이룩되었다고 봅니다. 즉 핏소리의 호소가 이렇게 엄청난 사건을 일으킨다는 교훈을 우리는 똑똑히 우리 눈으로 보았습니다.

그 시발이 마산에서부터였습니다. 김주열 군의 시체가 두 눈에 최루탄 탄피가 박힌 채 경찰서 안의 우물에서 발견됨을 기점으로 해서 일어났습니다. 다시 말해 김주열 군이 흘린 핏소리가 시발이 되었습니다.

사실, 그때까지만 하더라도 전국에서 산발적으로 일어났던 학생들의 데모에 대부분의 성인들은 냉담하였고 심각한 일로 여기지 않으려고 억지로 태연한 척 했습니다.

그러나 4월 18일, 고려대학교 학생 데모대가 평화스럽게 시위하면서 교문을 뛰쳐나와 안암동 로타리를 지나 동대문을 통과하여 종로 4가에 다다랐을 때에 난데없는 정치 깡패들이 나타나서 무자비하게 폭행했습니다. 대학생들은 무방비상태에서 아스팔트 한복판에서 기습을 받아 야수와 같은 무법자인 깡패들에게 개·돼지 두들겨 맞듯이 비참하게 얻어맞고는 종로바닥에 즐비하게 피를 흘리며 쓰러졌습니다.

지나가는 행인들조차도 이 깡패들의 횡포가 무서워서 한 사람도 그 대학생들을 도와주지 못했습니다. 대학생들은 피를 흘리며 서로 서로 껴안으며 종로 4가에서부터 안암동의 캠퍼스까지 줄줄 피를 흘리며 돌아왔습니다.

대학생들은 이를 갈며 차가운 콘크리트 바닥 교실에서 해가 뜨기만을 아픔을 참으며 고대했습니다.

그날 밤 종로바닥에서부터 안암동까지 뿌려진 대학생들의 고귀한 피가 밤새도록 호소했습니다. 날이 밝아지자 4·19날, 이 젊은 피의 호소는 서울의 온 장안을 진동하였고 성난 파도와 같이 전국의 방방곡곡으로 번져나갔으며 자식을 가진 부모들은 울분을 터뜨렸습니다.

그리하여 다시 전열을 가다듬은 고려대 학생 데모대의 진군과 함께 연세대학교, 중앙대학교 등의 데모대가 합세하여 경무대를 포위했습니다. 이 때에 난데없는 총소리가 들리면서 학생들이 피를 흘리며 쓰러지기 시작했습니다. 총탄에 맞아 쓰러지며 흘린 학생들의 핏소리는 너무나 강하게 호소했습니다. 학생들이 총탄에 맞아 피투성이가 된 학우들을 들것에 메고는 태평로 국회의사당으로 향했습니다. 피투성이가 된 학생들의 시체를 보고 서울 시민은 누구든지 그 핏소리의 호소에 분개하지 않을 수 없었습니다. 바로 4·19의 절정은 핏소리의 호소가 이룩했던 것입니다.

그런데 이 붉은 피의 호소는 4월이 되면 우리 한국인에게 들려지는 반갑지 않은 소리이건만 인류의 최초 사건에서 목메인 피의 호소가 나타납니다.

창세기 4:3-12을 보면 가인과 아벨이 등장하는데 아담의 아들들입니다. 인류의 조상들인 셈이지요. 이때부터 피의 호소가 있기 시작하여 인류 역사에 중차대한 일이 있을 때마다 이 피의 호소 사건이 있었음을 알 수 있습니다.

1. 아벨의 목메인 피와 그 호소

아담의 두 아들, 가인과 아벨은 직업이 달랐습니다. 형 가인은 농사 짓는 농사꾼이었고 아우 아벨은 양치는 목자였습니다. 이 둘은 각기 소산을 가지고 아담의 가르침에 따라서 하나님께 제사를 드렸습니다.

가인은 추수한 곡식으로 제물을 삼아 제사를 드렸고, 아벨은 짐승의 첫새끼와 그 기름으로 제사를 드렸다고 하였습니다. 그런데 그 제사의 결과는 상반된 현상이 나타났습니다. 아벨의 제사 행위와 제물은 열납하시고 가인의 제사 행위와 제물은 열납하지 않았다는 것입니다.

여기에 대한 이유는 성서에 분명히 명시되지 않았습니다만 여러 가지로 추측을 합니다.

정성을 드린 제사였느냐? 형식적인 제사였느냐? 첫 소산이냐? 그렇지 않은 것이냐? 하나님의 뜻에 합당한 제사이었느냐? 그렇지 않느냐?

그러나 그 결과에 대한 반응이 엄청난 비극을 가져왔습니다. 가인은 자기의 제사가 열납되지 않았다고 해서 동생 아벨을 살인하게 되었습니다. 사건의 시발은 하나님께 제사드리는 종교 행위였는데, 결말은 아우를 살해하는 흉악한 살인사건으로 끝맺어버렸습니다.

오늘날, 우리의 신앙 자세도 이러한 경우가 있지는 않습니까? 이렇게 엄청난 상반된 사건으로 종결짓는 경우는 없습니까? 처음 시작은 참으로 신성하고 경건하게 되어졌는데, 그 끝맺음은 엉뚱하게 비극적으로 마감하는 경우가 있지는 않는지요?

그러나 이런 비극적인 결과에 대하여 공의의 하나님께서는 간과하시지 않습니다. "네 아우 아벨이 어디 있느냐?"고 물으셨습니다.

여기에 가인은 "내가 알지 못하나이다. 내가 내 아우를 지키는 자니이까?"라고 뻔뻔스럽게 응답할 때에 하나님은 단호하게 말씀하셨습니다.

"네가 무엇을 하였느냐? 네 아우의 핏소리가 땅에서부터 내게 호소하느니라!"

그리고는 가인을 저주하셨습니다. 이렇게 인류 역사의 태동과 함께 피의 호소도 시작되었습니다. 억울하게 흘린 핏소리의 호소는 예나 지금이나 하나님이 들으십니다. 그리고 반드시 그것에 대한 응분의 대가를 요구하시는 공의의 하나님이 역사하심을 믿으시기를 바랍니다.

2. 유월절 희생 제물과 그 호소

그 다음의 핏소리의 호소사건은 한 민족을 구원한 사건입니다.

이스라엘 백성이 애굽에서 430년간이나 노예생활을 하고 있었습니다. 그러나 이들에게는 항상 정치적인 자유와 종교적인 자유를 쟁취하고자 하는 꿈이 있었습니다. 마침 모세가 나타나서 이 일을 성취시키는데 이스라엘 백성의 애굽에서의 해방된 사건을 출애굽(EXODUS)이라고 하며, 이때 극적인 사건이 유월절 사건인데 이 때의 피의 호소가 나타납니다.

모세는 대변인 아론과 함께 강퍅한 애굽의 바로왕과 담판합니다. 그러나 바로왕은 쉽사리 이스라엘 백성을 놓아주려고 하지 않습니다. 하나님께서는 바로의 마음을 감동시키려고 애굽 나라에 엄청난 재앙을 내리게 합니다.

나일강 물이 피로 변하게 하는 재앙, 개구리 재앙, 이 재앙, 파리 재앙, 가축의 역질 재앙, 독종의 재앙, 우박 재앙, 메뚜기 재앙, 흑암의 재앙, 그리고 마지막 재앙인 애굽인의 맏아들과 짐승의 첫 번째를 죽이는 재앙이 내려집니다.

그런데 마지막 재앙을 내릴 때에 천사가 애굽인의 집과 이스라엘 백성의 집을 식별하는 방법을 이스라엘 백성에게 제공해 줍니다. 재앙이 있기 전 날 이스라엘 백성은 양을 잡아서 고기를 먹고 그 피를 문설주에 바르게 하였습니다. 그리하여 천사가 내려와서 문설주에 아무 표시가 없는 집은 애굽인의 집임으로 침입하여 장자를 죽였고, 문설주에 양의 붉은 피가 칠해진 이스라엘인의 집은 건너뛰었다(踰越)고 해서 유월절(踰越節)이 생겼습니다.

이 재앙에 의하여 바로는 이스라엘 백성을 놓아주게 되어 이스라엘 백성의 출애굽이 이루어진 것입니다.

이 유월절 사건에서도 문설주에 바른 양의 피가 호소했기에, 하나님의 천사로부터 재앙을 면한 것이기에 핏소리의 호소로 이스라엘 백성이 구원받은 것입니다.

3. 십자가상에서 흘린 예수 그리스도의 보혈의 호소

"그 아들 예수의 피가 우리를 모든 죄에서 깨끗하게 하실 것이요"(요 1:17)라고 요한이 기록했으며, 바울 사도는 로마 교인들에게 편지하기를 "그러면 이제 우리가 그 피로 인하여 의롭다 하심을 얻었은즉 더욱 그

로 말미암아 진노하심에서 구원을 얻을 것이니…"(롬 4:9)라고 하였습
니다.

예수 그리스도가 십자가에서 피를 흘린 그 보혈의 호소가 인류의 죄를
청산하고 구원에 이르게 하였다는 기독교의 진리입니다.

이렇게 핏소리의 호소를 상고해 봄으로써 최초의 핏소리의 호소는 인
류 최초의 살인 범죄 사건이 하나님께 상달되었는데, 결국은 그리스도의
보혈의 핏소리의 호소 덕택에 인류 범죄의 모든 사건이 해결되었다고 할
수 있습니다.

더욱이 오늘의 교회에서 이 보혈의 의미는 성만찬 예식에서 그 깊은
뜻을 되새깁니다. "…이 잔은 내 피로 세우는 새 언약이니 곧 너희를 위
하여 붓는 것이라"(눅 22:20). "내 살을 먹고 내 피를 마시는 자는 내
안에 거하고 나도 그 안에 거하나니…"(요 6:56).

성만찬의 성례를 통하여 주님의 핏소리 호소가 우리의 몸에 전달되는
체험을 하는 것이 기독교의 신비성입니다.

우리는 4·19학생 혁명일을 맞이하여 하나님께서는 억울한 자의 핏
소리의 호소를 반드시 들어주신다는 사실과 의로운 자가 흘린 핏소리의
호소를 들어주신다는 사실을 깨달았습니다.

그리고 한걸음 더 나아가서 인류의 죄 문제도 예수 그리스도의 보혈의
호소가 해결하였으니 우리는 그 예수 그리스도를 믿기만 하면 구원함을
얻는다는 기독교의 진리를 다시 한번 재확인 하시기를 기원합니다.

오늘 구원을 받으라
(눅 19:1-10)

삭개오의 사건은 한 개인이 구원받은 이야기이지만 여기에는 기독교의 중요한 구원의 진리가 내포되어 있습니다.

1. 구원의 주체가 누구인가 하는 문제입니다.

구원의 주체는 누구입니까? 구원을 계획하시고 구원을 시작해 이루고 완성하시는 분은 우리 하나님이십니다. 인간 구원을 위한 작은 복음인 요한복음 3장 16절에는 "하나님이 세상을 이처럼 사랑하사 독생자를 주셨으니 이는 저를 믿는 자마다 멸망치 않고 영생을 얻게 하려 하심이니라"고 했습니다. 여기에서도 구원의 주체가 우리 하나님이심을 밝혀 주고 있습니다.

여리고라 하는 마을에 사람답지 못하게 살아가고 있던 삭개오, 동족도 인정도 외면한 채 오직 황금에 미쳐 살아가고 있던 삭개오, 그를 구하시

"

려 예수께서 여리고에 오셨다는 것입니다.

2. 삭개오는 어떤 사람입니까?

그는 여리고라는 유대에서 비교적 살기 좋은 동네에서 살고 있었습니다. '여리고'란 '향기롭다'라는 뜻입니다. '삭개오'의 뜻은 '순결하다'입니다. 그는 향기로운 고장에서 순결하다는 이름을 가지고 살았습니다. 그러나 이름 좋고 산 좋고 물 좋으면 무슨 소용 있습니까? 그는 순결하기는커녕 사악할 대로 사악했고, 10대 아이들이 본드향에 취하듯이 돈에 취한 인간이었습니다.

삭개오는 죄인이었습니다. 그는 8절에서 스스로 말한 대로 죄를 많이 지었습니다. 동네 사람들도 그를 향해 공공연하게 죄인이라고 정죄했습니다. 죄의 삯은 사망입니다. 그러므로 죄인은 구원받아야 합니다. 그런 삭개오에게 구세주 예수님이 오셨던 것입니다.

삭개오는 구원의 기회를 잘 포착했습니다. 우리는 예수께서 여리고에 오셨으나 그곳에 영주하신 것은 아니었음에 주의해야 합니다. 구원의 기회가 영원히 보장되어 나를 기다려주는 것은 아닙니다. 삭개오는 예수께서 오실 때 그때를 놓치지 않았습니다. 삭개오는 예수께서 지나가시면 다시 오지 않을 것을 알았기 때문입니다.

호기심 때문에 구원의 기회를 얻을 줄 누가 알았겠습니까? 3절에 보면 그는 '예수께서 어떤 사람인가 꼭 한 번 보아야겠다'라고 생각했습니다.

"저 교회가 어떤 교회일까? 한번 가보고 싶다." "교회에 가려고 했는데 입당예배가 있다고 하니 그때 꼭 가봐야지." "예수 초청 큰잔치가 뭐야? 나도 갈 수 있나?"

다이나믹 설교뱅크

하나님의 일, 곧 교회의 일에 거룩한 호기심으로 임하시기를 바랍니다. 무감동, 무관심, 무책임은 신앙의 적이요 병임을 알아야 합니다.

삭개오는 예수께로 나아가는 길에 있는 방해꾼들을 보고 좌절하거나 포기하지 않았습니다. 웬 사람들이 언제 저렇게 많이 몰려 왔는지 예수님이 도무지 보이지 않았습니다. 그것은 그가 본래 키가 작았기 때문이었습니다.

키가 작아서 볼 수 없는 것은 자신에게 있는 내적 방해물이고, 사람들이 엄청나게 몰려 온 것은 외적 방해물이라고 볼 수 있습니다. 그렇다고 포기하거나 좌절해서는 안됩니다. 내적 열등감과 외적 방해와 시련은 언제든지 다가오는 것으로 계절이 순환하는 것과 같습니다. 그때마다 좌절하고 돌아서다 보면 도무지 온전한 신앙인으로 성장할 수 없습니다.

삭개오는 도전 앞에서 적극적으로 구원에 참여했습니다. 그는 키작은 것을 원망하지 않고 먼저 온 사람들을 욕하지 않고 다른 방법을 찾았습니다.

믿음의 경력이 짧은 것, 재산이 적은 것, 먼저 믿은 사람들이 나보다 앞서가는 것을 원망하지 말고, 돌아서지 말고 삭개오처럼 뽕나무 위로 올라가시기 바랍니다.

> 주를 앙모하는 자 올라가 올라가
> 삭개오 같이
> 모든 시험 이기고 험한 핍박 벗은 후
> 올라가 올라가 삭개오같이…

3. 예수께서 삭개오에게 가까이 오셨습니다.

예수님은 삭개오를 우러러 보시면서 "삭개오야, 속히 내려와라. 내가 오늘 네 집에 유하여야겠다.”라고 하셨습니다.

예수는 힘쓰고 애쓰는 삭개오를 그냥 지나치지 않으시고 그를 눈여겨 보셨습니다. 예수께서 여리고에 오실 때만 해도 여리고의 모든 사람들을 위해 오셨지만 이 순간만은 삭개오를 위한 예수님이 되신 것입니다.

“하나님을 가까이 하라 그리하면 너희를 가까이 하시리라”(약 4:8).

“너희는 여호와를 만날 만한 때에 찾으라”(사 55:6).

“여호와의 눈은 온 땅을 두루 감찰하사 전심으로 자기에게 향하는 자를 위하여 능력을 베푸시나니”(대하 16:9).

나의 하나님 나의 하나님
나와 함께하신 하나님!

예수님께서는 우리를 혼자 있게 내버려 두시지 않습니다.

“삭개오야, 내가 오늘 네 집에 유하여야겠다”고 하셨습니다.

그렇습니다. 하나님께서는 늘 나와 함께하기를 원하십니다.

“볼지어다 내가 문 밖에 서서 두드리노니 누구든지 내 음성을 듣고 문을 열면 내가 그에게로 들어가 그로 더불어 먹고 그는 나로 더불어 먹으리라”(계 3:20).

4. 삭개오는 예수님을 즐겁게 영접했습니다.

첫째, 그는 급히 지체없이 내려와 영접했습니다. 영접할 바에는 속히 내려와야 합니다. 나무 위에서 내려온다는 것은 예수님 앞에서 겸손해짐을 의미합니다. 재산이 많아도, 지체가 높아도 그 높은 데서 일단 내려와야 합니다.

둘째, 즐겁게 영접했습니다. 기왕이면 기쁜 마음으로 영접해야 합니다. 비록 예수님께서 여리고에 오셨다고 해도 삭개오가 영접하지 않았다면 무슨 소용이 있겠습니까?

지금 이 예배당 안에 성령께서 역사하십니다. 그러나 내가 거부하고 예수님을 그냥 여리고에 오신 예수님으로만 구경하면 무슨 소용이 있겠습니까? 여리고의 예수님으로 구경하거나 ○○교회에 오신 예수님으로 알지 말고 나의 예수님, 나의 구주로 영접하시기를 축원합니다.

"그가 세상에 계셨으며 세상은 그로 말미암아 지은 바 되었으되 세상이 그를 알지 못하였고 자기 땅에 오매 자기 백성이 영접지 아니하였으나 영접하는 자 곧 그 이름을 믿는 자들에게는 하나님의 자녀가 되는 권세를 주셨으니"(요 1:10 -12).

우리가 주님을 구주로 영접하여 충성할 때 여리고 사람들처럼 주위에서 수군거려도 낙심할 필요가 없습니다. 신앙은 나와 주님과의 관계입니다. 수군거리는 사람을 두려워할 필요가 없습니다.

다섯째, 삭개오는 회개의 열매를 맺었습니다.

"주여! 내가 남의 재산을 속여 빼앗은 것은 4배로 갚겠고, 내 재산의 절반을 가난한 이웃에게 나누어 주겠습니다."라고 주님께 고백했습니다.

베드로도 "주여! 나를 떠나소서. 나는 죄인이로소이다."라고 했습니다. 죄를 회개해야 합니다. 회개에는 회개에 합당한 열매를 맺어야 합니다. 모든 불의, 추악, 탐욕, 악독, 시기, 살의, 분쟁, 수군거림, 비방, 교만, 악을 도모하는 것, 부모를 거역하는 것, 약속을 지키지 않는 것, 무정한 것, 무자비한 것을 모두 회개해야 합니다. 회개해야 죄 사함을 받을 수 있습니다.

베드로의 설교를 들은 사람들이 마음에 찔려 "형제들아 우리가 어찌할꼬"할 때 베드로는 "그러므로 너희가 회개하고 돌이켜 너희 죄 없이함을 받으라. 이같이 하면 유쾌하게 되는 날이 주 앞으로부터 이를 것이요"(행

3:19)라고 했습니다.

또한 사랑의 열매도 맺어야 합니다. 천사의 말을 하는 사람도 사랑이 없으면 소용이 없다고 했습니다.

여섯째, 구원의 보증입니다.

"오늘 구원이 이 집에 이르렀으니 이 사람도 아브라함의 자손임이로다"(9절).

"주 예수를 믿으라. 그리하면 너와 네 집이 구원을 얻으리라"(행 16:31).

회개해야 용서를 받습니다. 회개할 때 사랑의 은총이 임합니다. 의롭다고 인정해 주시는 칭의의 은사를 주십니다.

"나는 나를 위하여 네 허물을 도말하는 자니 네 죄를 기억지 아니하리라"(사 43:25).

"만일 우리가 우리 죄를 자백하면 저는 미쁘시고 의로우사 우리 죄를 사하시며 모든 불의에서 우리를 깨끗게 하실 것이요"(요일 1:9).

회개할 때 우리를 의롭다 인정하시며 또한 구원의 은사를 베풀어 주십니다. 그러므로 구원은 지금 현재로부터 시작되는 것입니다. 지금 구원받지 못한 사람은 죽은 후에도 구원을 받지 못합니다. 그러므로 삭개오와 그의 가족처럼 지금 오늘 이 시간 구원의 기회를 붙잡아 회개하고 주 예수를 영접하고 구원을 받으시기를 축원합니다.

5월

가정의 달

임헌승 목사(인천중앙침례교회)

- 천국에서 큰 자(마 18:1-4)
- 부모의 심정(눅 15:11-32)
- 요셉의 믿음의 길(창 39:7-23)
- 고넬료 가정의 신앙(행 10:24-33)
- 빌립 가정의 신앙(행 21:7-16)

천국에서 큰 자
(마 18:1-4)

세상에서 큰 자와 천국에서 큰 자가 있습니다. 세상에서 큰 자 중에 대통령은 정치적으로 큰 자요, 학박사는 지식으로 큰 자며, 부자는 돈으로 큰 자입니다.

제자들이 천국에서는 누가 큰 자인가 물어볼 때 너희가 돌이켜 어린아이들과 같이 되지 아니하면 결단코 천국에 들어가지 못한다고 주님이 말씀하셨습니다. 마태복음 11:25에 "그 때에 예수께서 대답하여 가라사대 천지의 주재이신 아버지여 이것을 지혜롭고 슬기있는 자들에게는 숨기시고 어린아이들에게는 나타내심을 감사하나이다"라고 하였습니다. 다시 말하면 어린아이와 같으면 천국을 소유한 자요 어린아이와 같지 않으면 천국을 소유하지 못한다는 말씀입니다.

그러므로 어린아이와 같이 자기를 낮추는 자가 되라고 가르쳤습니다. 또 예수 그리스도의 이름으로 어린아이 하나를 영접하면 그것이 곧 그리스도를 영접한 것과 같다고 말씀하였습니다.

1. 어린아이가 가지고 있는 생활

(1) 어린아이는 부모를 의지합니다.

어린아이는 자기 스스로 살아가기가 어렵습니다. 부모가 없다면 다른 사람이라도 도와주어야 삽니다. 물을 떠난 고기가 살 수 없는 것같이 우리 믿는 사람이 하나님 없이는 살 수가 없습니다. 우리는 항상 주님을 의뢰하고 주님이 도와주어야 산다는 것을 깨달아야 합니다. 성도는 주 안에서 살기를 힘쓰고, 주를 사모하고, 앙모하며 갈망하며 찾아야 살 줄로 깨닫고 명심하시기 바랍니다.

(2) 어린아이는 자신을 낮춥니다.

자기를 높이고 자기가 스스로 서 있다고 하면 교만한 자이고 스스로 서있다고 하는 자는 넘어질까 조심하라고 하였습니다. 잠언 18:12에 "사람의 마음의 교만은 멸망의 선봉이요 겸손은 존귀의 앞잡이"라고 하였습니다. 또 잠언 16:5에 "무릇 마음이 교만한 자를 여호와께서 미워하시나니 피차 손을 잡을지라도 벌을 면치 못하리라"고 하였습니다. 그러므로 나이가 많아도 교만한 자는 어린아이가 아닙니다. 나이가 어려도 자기를 낮추지 않으면 어린아이가 남에게 마음을 주고 신뢰합니다.

이와 같이 자기를 낮추고 예수님만 의지하면 천국을 소유하게 됩니다. 천국을 소유한 자가 꼭 가지고 있는 것은 겸손입니다. 믿는 사람은 어린아이와 같이 스스로를 낮추고 전적으로 하나님을 의지하는 겸손한 신앙을 갖도록 힘써야 합니다.

(3) 어린아이는 모방하려고 합니다.

어린아이는 부모나 형제들이 하는 것을 무엇이나 배우고 본따서 모방하려는 것이 강합니다. 그리하여 믿는 사람도 어린아이와 같이 하나님을 본받고 배우고 따라가려고 힘쓰고 예수님의 형상을 닮아가려고 노력하여야 합니다.

믿는 사람에게 중요한 것은 날마다 성경을 배우고, 주님을 배우고, 주님을 닮아가는 것입니다. 주님을 닮아진 만큼 하늘에서 큰 영광과 존귀와 면류관을 받습니다. 힘써 주님을 닮은 만큼 천국을 소유합니다.

(4) 어린아이는 젖을 사모합니다.

어린아이는 부모의 젖을 먹는데 욕심이 있고 젖을 떼지 않으려고 합니다. 어린아이가 젖을 뗄려면 얼마나 힘들고 어려운지 경험하여 본 적이 있을 것입니다. 어린아이와 같이 젖을 사모하여야 합니다. 베드로전서 2:2에 "갓난 아이들같이 순전하고 신령한 젖을 사모하라. 이는 이로 말미암아 너희로 구원에 이르도록 자라게 하려 함이라"고 하였습니다. 갓난 아이는 젖먹는 것이 일입니다. 그러므로 믿는 사람은 하나님의 말씀인 신령한 젖을 얻어 먹으려고 힘써야 합니다. 그러므로 신령한 젖을 먹는 일이 본업이 되어야 합니다.

마음이 평온하고 고요할 때 하나님의 말씀을 사모하고 하나님의 말씀을 찾게 됩니다. 하나님의 말씀은 우리에게 생명이 됩니다. 그러므로 성령의 인도를 받아 사는 일에 힘써야 합니다. 시편 119:131에 "내가 주의 계명을 사모하므로 입을 헐떡였나이다"라고 하였습니다.

(5) 어린아이는 순종합니다.

어린아이는 마음이 순진하여 어른의 말을 잘 듣습니다. 어린아이는 부모의 말을 잘 따르고 순종을 잘 합니다. 어린아이와 같이 된 성도는 하나님의 말씀에 순종의 정신을 가지고 하나님의 말씀에 따라야 합니다. 어린아이는 교활하지 않습니다. 언제나 꾸밈이 없고 솔직합니다. 어린이는 가장도 하지 않고 가식도 없고 순전한 것뿐입니다. 또 어린아이는 아무

것도 감출 수가 없습니다. 언제나 있는 그대로를 나타내는 것입니다. 믿음의 성도는 어린아이와 같이 순종의 믿음을 소유할 때 천국을 소유하게 됩니다.

(6) 어린아이는 부모를 따릅니다.

어린아이는 부모와 떨어지면 죽는 줄 알고 부모가 가는 곳에는 어디라도 따라가려고 합니다. 우리도 어린아이와 같이 되어 주님과 함께 사는 것을 좋아하고 주님을 항상 떨어지지 말고 주님 가시는 곳에 나도 항상 따라가려고 힘써야 되고 동행하려고 노력하시기 바랍니다.

2. 어린아이와 같이 되는 방법

(1) 하나님의 말씀을 깨달아야 합니다(마 11:25).

어린아이가 는 부모의 말씀을 있는 그대로 다 받을 때 지적으로 육적으로 성장하게 되는 것과 같이 믿음이 순진하고 성경 말씀을 하나님의 말씀으로 성령의 감동으로 깨달아야 그 말씀이 자기에게 생명이 되는 것입니다.

(2) 어린아이와 같이 쉬지 않고 활동해야 합니다.

어린아이는 언제나 끊임없이 움직이고 활동하며 자라납니다. 오늘 우리 믿음도 어린아이와 같이 끊임없이 말씀을 새김질하고 행하고 가르치고 배우고 활동해야 성장되는 것입니다. 과거의 믿음만 내세우고 자랑하고 지금은 앉은뱅이 신앙이라면 자라지 못합니다. 끊임없는 믿음의 생활 속에서 생생하게 성장하고 자라나야 합니다.

(3) 어린아이는 약합니다.

어린아이는 약하기 때문에 전적으로 부모를 신뢰합니다. 그리스도인도 바로 하나님을 신뢰하고 따라야 합니다. 그리스도인은 바로 이런 겸손을 가져야 합니다. 자신이 언제나 약함을 깨닫고 전적으로 하나님을 신뢰하고 의지하고 믿어야 합니다. 사도 바울은 고린도후서 12:9에 "내게 이르시기를 내 은혜가 네게 족하도다. 이는 내 능력이 약한 데서 온전하여짐이라 하신지라. 이러므로 도리어 크게 기뻐함으로 나의 여러 약한 것들에 대하여 자랑하리니 이는 그리스도의 능력으로 내게 머물게 하려 함이라"고 하였습니다.

(4) 어린아이는 시기, 미움이 없습니다.

어린아이는 남에게 원망과 원수를 품지 않습니다. 화를 내기는 하지만 악을 품지 않습니다. 어린 아이에게는 순수한 사랑의 마음이 있습니다. 온전한 믿음은 사랑으로 증거가 됩니다. 주님께서 우리에게 요구하시는 것은 사랑입니다. 시기와 미움 대신 사랑으로 가득 채우고 우리의 마음 밭에 사랑의 씨를 심으시기 바랍니다.

(5) 어린아이는 악의가 없습니다.

부모가 책망을 해도 순수하게 달게 받고 악의가 없이 부모의 교훈을 받아들입니다. 아브라함이 이삭을 제사드리기 위하여 손발을 묶고 제단 위에 놓고 칼로 치려고 하였을지라도 이삭은 결코 거부하지 않고 아버지에게 악의를 품지 않았습니다. 하나님은 우리에게 이런 순수한 믿음을 요구하십니다. 마태복음 11:29-30에 "나는 마음이 온유하고 겸손하니 나의 멍에를 메고 내게 배우라. 그러면 너희 마음이 쉼을 얻으리니 이는 내 멍에는 쉽고 내 짐은 가벼움이라 하시니라"고 하였습니다.

어린아이와 같은 믿음을 소유하시기 바랍니다.

부모의 심정
(눅 15:11-32)

하나님의 말씀을 어기고 범죄하여 무화과 나무 밑에 숨은 아담을 하나님은 먼저 찾으셨습니다(창 3:9). 또 누가복음 15장에는 잃어버린 양을 찾으시고 기뻐하는 주님을 잃은 드라크마의 비유와 잃어버린 탕자가 돌아오는 것을 기뻐하시는 아버지의 모습을 보여 주는 말씀입니다.

끊임없이 반역했던 이스라엘을 어루만지사 구원시킨 주님의 사랑입니다. 참으로 우리가 하나님을 먼저 사랑한 것이 아니라 하나님이 우리를 먼저 사랑하셨습니다(요1 4:19). 놀라운 하나님의 심정을 본문을 통해서 배우시기를 바랍니다.

1. 배반하고 나간 아들을 기다리는 부모의 심정입니다.

20절에 "이에 일어나서 아버지께로 돌아가니라. 아직도 상거가 먼데 아버지가 저를 보고 측은히 여겨 달려가 목을 안고 입을 맞추니라"고 하였습니다. 아버지를 거역하고 배반하고 떠나버린 불효자식을 밤낮으로 기다리는 아버지의 심정을 보여 줍니다. 아버지 집까지는 아직도 거리가 멀었으나 아버지는 그를 보고 측은히 여겨 달려가 목을 안고 입을 맞추었습니다. 아버지는 불효막심한 아들 즉 아버지가 피땀 흘려 먹지도 못하고 허리띠를 졸라매고 얻은 재물을 허랑방탕하며 허비한 아들을, 괘씸한 자식을 어디서 굶지나 않나 병이 나서 앓지는 않나 걱정하며 매일 멀리까지 나와서 그 아들이 돌아오기를 기다렸던 것입니다. 아들이 집을 나간 것이 하루 이틀이 지난 것이 아니라 벌써 오랜 세월이 흐른 것입니다. 그러나 아버지는 오랜 세월 동안 하루도 빠짐없이 기다렸습니다.

이와같이 하나님께서도 우리가 하나님의 품을 떠난 후 지금까지 천년을 하루같이 우리가 돌아오기를 기다리고 있습니다(벧후 3:8).

그런데 멀리서 거지같은 사람이 오는 것을 보니 아들이 틀림없으므로 너무 기쁘고 반가운 마음으로 달려가 목을 안고 입을 맞추며 영접했습니다. 이것이 바로 부모의 심정입니다. 하나님 아버지는 우리를 이렇게 사랑하는 것입니다.

또 언제나 아버지는 기다리는 사랑의 아버지입니다. 아버지 하나님은 우리를 찾으시려고 부르시고 애절하고 간절하게 찾고 날마다 아들의 기다리고 또 기다린 것입니다. 이처럼 하나님의 품을 떠난 우리가 사랑의 하나님의 음성을 듣고 깨달으시기를 주님의 이름으로 축원합니다.

2. 모든 잘못을 용서하고 기다리시는 부모의 심정입니다.

20절에 "이에 일어나서 아버지께로 돌아가니라. 아직도 상거가 먼데 아버지가 저를 보고 측은히 여겨 달려가 목을 안고 입을 맞추니라"고 하였습니다. 아버지는 돌아오는 나의 모든 죄를 용서해 주시겠다는 것입니다. 아버지는 지난 날을 묻지도 않으시고 모든 것을 덮으시고 용서해 주시겠다는 것입니다.

재산을 탕비한 아들을 아무런 책망이나 나무라지 않고 맞이한다는 것은 정말 아버지 심정이 아니고는 상상할 수가 없는 것입니다. 그러므로 아버지는 아직도 상거가 먼데 저를 보고 측은히 여겨 달려갔습니다. 아버지는 잘못된 것을 용서하는 마음으로 달려갔습니다. 이뿐 아니라 아버지는 측은히 여겨 신속히 달려가 목을 안고 입을 맞추었습니다. 얼마나 사랑과 긍휼과 자비가 풍성한 아버지입니까? 아들은 아버지의 심정을 100분의 1도 깨닫지 못하고 있습니다.

오늘 우리는 회개하고 돌아오면 과거를 묻지 아니하시고 한 마디 책망이나 질책도 하지 아니하시고 지난 날의 죄를 덮으시고 용서하시는 하나님의 사랑을 깨달으시기를 바랍니다.

예레미야 31:34에 "그들이 다시는 각기 이웃과 형제를 가리켜 이르기를 너는 여호와를 알라 하지 아니하리니 이는 작은 자로부터 큰 자까지 다 나를 앎이니라. 내가 그들의 죄악을 사하고 다시는 그 죄를 기억지 아니하리라 여호와의 말이니라"고 하였습니다.

이사야 44:22에는 "내가 네 허물을 빽빽한 구름의 사라짐같이, 네 죄를 안개의 사라짐같이 도말하였으니 너는 내게로 돌아오라 내가 너를 구속하였음이니라"고 하였습니다.

시편 103:12에 "동이 서에서 먼 것 같이 우리 죄과를 우리에게서 멀리 옮기셨으며"라고 하였습니다.

하나님께서 우리의 죄를 몰라서도 아니요 책망거리가 없기 때문도 아니요 그냥 아무 조건없이 아무 이유없이 우리의 죄를 다 덮으시고 용서하여 주시기 위하여 우리 주님이 높고 높은 하늘 영광을 버리고 낮고 낮은 마굿간 구유까지 오셔서 우리의 죄를 위하여 십자가를 지시기까지 사랑하신 것은 하나님의 지극한 사랑이 아니고 무엇이겠습니까?

이사야 1:18에 "여호와께서 말씀하시되 오라 우리가 서로 변론하자 너희 죄가 주홍 같을지라도 눈과 같이 희어질 것이요 진홍같이 붉을지라도 양털같이 되리라"고 하였습니다. 우리를 이와 같이 다 용서해 주신 것을 믿으시기 바랍니다. 오늘도 죄와 허물로 인하여 멸망받아야 할 죄인들에게 용서받을 소망이 있습니다. 진정으로 회개하고 사랑의 하나님에게로 돌아오기만 하면 모든 죄를 용서함 받게 됩니다.

3. 부모를 배반하고 거지가 된 아들에게 제일 좋은 것으로 자비를 베푸신 아버지의 심정입니다.

아버지를 배반하고 집을 나간 아들이 헌 누더기를 두르고 굶주려 돼지가 먹는 쥐엄열매로 배를 채우고 굶주려 비틀거리며 신발조차 신지 못하고 맨발로 돌아왔습니다. "내가 하늘과 아버지께 죄를 얻었사오니 지금부터는 아버지의 아들이라 일컬음을 감당치 못하겠나이다"하면서 바로 죽게 된 순간에 모든 것이 풍족한 아버지 집을 생각하였습니다.

이제는 염치도 없어 아들의 대우는 생각지도 못하고 종이나 품꾼으로 살겠다며, 죽어도 아버지와 함께 살기만 하면 감사하겠다는 희망을 안고 돌아오게 되었습니다. 그렇지만 사랑의 아버지 하나님은 아들로 맞아주었습니다. 잃었다가 다시 찾은 아들, 죽은 줄 알았던 아들을 살아서 만나니 제일 좋은 옷을 입히고 신발을 신기고 반지를 끼워주고 살찐 송아지를 잡아 잔치의 주인공이 되게 해주셨습니다.

사랑의 하나님은 이와 같이 자격도 없는 탕자같은 우리들을 진정으로 회개하고 돌아오자 영접해 주시고 한량없는 은혜와 축복을 주십니다. 여기서 좋은 옷을 입힌 데 대한 신령한 뜻은 구속의 흰옷을 입혀 주신 것을 의미합니다(계 7:9, 14). 손에 가락지를 끼운 것은 영광스럽게 해주시는 것을 가리킵니다(시 8:4-5). 발에 신을 신기는 것은 복음의 신을 신기는 것을 의미하며(엡 6:15) 살찐 송아지를 잡아 잔치한 것은 그리스도의 구속의 은총에 참여시켜 그리스도의 살과 피를 먹게 하는 것을 의미합니다(요 6:33, 53).

이것이 바로 아들을 위하여 가장 좋은 것으로 주려는 아버지의 마음이 아니겠습니까? 세상의 불완전한 육신의 아버지도 이렇게 좋은 것을 아들에게 주려고 한다면 만복의 근원이 되시고 생사화복을 주관하시는 하나님 아버지는 우리의 즐거움을 삼으시는 것입니다. 하나님에게는 죄인이 돌아오는 기쁨보다 더 큰 기쁨이 없습니다.

지금도 사랑의 아버지는 우리를 기다리고 있습니다. 지난 날의 모든 죄와 허물을 용서하시는 마음으로 기다리고 있습니다. 시시때때로 우리에게 필요한 것을 준비해 놓고 기다리고 있습니다. 영광과 존귀와 면류관을 준비해 놓고 기다리고 있습니다. 우리가 구원과 영생의 복을 누리기를 바라면서 기다리고 있습니다. 이 복을 누리기 위해 지체마시고 마음과 뜻과 생활이 속히 주님의 품으로 돌아오시기를 주님의 이름으로 축원드립니다.

요셉의 믿음의 길
(창 39:7-23)

요셉은 정치가요 경제가요 신앙가로서 언제, 어디서, 어떤 사람을 대하거나 무슨 일을 하든지 환난, 시험을 당해도 변하지 않는 빛나는 신앙의 소유자입니다.

요셉은 누구보다도 아버지로부터 사랑을 받는 아들로 보아도, 가정에서 꿈꾸는 소년으로 보아도, 애굽에 팔려가 보디발의 가정에서 종 노릇하는 것을 보아도, 옥중에서 죄인들에게 본이 되는 것을 보아도, 애굽 왕에게 꿈 해몽하는 것을 보아도, 형제들을 애굽에서 만나 처신하는 것을 보아도, 노년에 운명하는 장면을 보아도 아주 위대하고 흠모할 만한 삶을 살았습니다.

그러나 요셉은 시험이 끊이지 않았습니다. 그는 어떤 시험을 받았을까요?

1. 형들의 미움을 받는 시험을 당했습니다.

요셉은 형들의 미움을 받고 살았습니다. 꿈꾸는 것 때문에 형들에게 미움을 받았습니다. 또 그는 아버지의 사랑을 많이 받아 형들에게 미움을 받게 되었습니다. 이런 미움을 받는 생활 가운데 아버지의 심부름으로 형들이 양을 치고 있는 들로 가게 되었는데 형들이 요셉이 오는 것을 보고 꿈쟁이가 온다고 하면서 요셉을 죽이려는 생각을 했습니다.

이렇게 미움과 시기는 무서운 결과를 가져옵니다. 미움과 시기가 하찮은 것 같지만 엄청난 결과를 가져오는 것입니다. 주님은 형제를 미워하는 자마다 살인하는 자라고 하였습니다. 요셉의 형제들은 하나님이 보고 계시는 것도 모르고, 아버지께 대한 효성도 잊고 형제에 대한 사랑도 내어버린 채 마음이 강퍅하여 동생을 죽이려고 하였습니다. 이것은 대제사장과 바리새인들이 시기하여 예수님을 죽인 것과 마찬가지입니다. 동생 요셉이 잘되면 형들도 얼마나 좋은 일입니까? 형들에게도 그 혜택이 돌아가게 마련입니다. 그러나 동생이 잘되는 것을 시기해서 동생을 죽이려고 하였습니다.

속담에 사촌이 땅을 사면 배가 아프다는 말도 시기와 미움에서 나온 것입니다. 동생이 잘될 때 형들이 협력하면 서로 잘됩니다. 교회에서도 서로 협력만 하면 교회도 자신도 복을 받게 되는 것입니다. 이스라엘이 아말렉과 전쟁할 때 모세의 손이 올라가면 이기고 내려오면 졌습니다. 이때 아론은 동생 모세의 손을 받쳐주는 일을 하였습니다. 이때 이스라엘이 승리하게 되었고 모세, 아론, 이스라엘 백성 모두가 살게 되었습니다.

요셉을 죽이려고 할 때 맏형 르우벤이 동생들에게 요셉을 죽이지 말자고 제의를 하였습니다. 그리고 구덩이에 던지자고 하였습니다. 그리하면 우리 손으로 동생을 죽이지 않고 스스로 굶어 죽지 않겠느냐는 것입니다. 그래도 맏형은 선을 행했습니다. 구덩이에 넣고 나니 넷째 유다가 요셉이 안스러워 애굽에 팔자고 하여 은 20에 종으로 팔려가게 되었습니다. 유다도 이런 선한 마음 때문에 유다 후손에게 예수 그리스도가 탄생하는 축복을 받게 되었습니다. 형들은 요셉을 시기하고 미워하다 마음이 어두워졌습니다. 하나님을 두려워 하지도 않고 악행을 저질렀습니다.

2. 보디발의 아내의 시험을 당하였습니다.

요셉은 장사꾼에게 팔려 바로의 신하 보디발의 집에 종으로 들어갔습니다. 요셉에게 보디발의 아내의 시험이 다가왔습니다. 요셉은 타향살이하는 가운데 여인의 따뜻한 사랑이 그리웠을 것입니다. 그러나 요셉은 "내가 어찌 이 큰 악을 행하여 하나님 앞에 득죄하리이까?"하고 무서운 유혹을 뿌리치고 달아났습니다.

오늘날도 유혹이 많이 있습니다. 돈, 명예, 권력, 여자 등 많은 것이 우리를 유혹하지만 이것을 이겨낼 수 있는 신앙이 있어야 합니다. 이런 유혹을 이기지 못하면 하나님의 심판을 받게 됩니다. 삼손은 여자의 유혹에 빠져 비참한 최후를 맞이하게 되었습니다. 죽은 물고기는 물살에 떠내려 가지만 산 물고기는 물살을 거슬러 올라갑니다. 죽은 신자는 세속의 물결에 떠내려 가지만 산 신자는 이기고 나갑니다. 우리에게 닥치는 모든 시험과 환난을 산 믿음으로 이기고 나갈 때 독수리같이 올라가는 신앙이 되시기를 바랍니다.

요셉이 보디발 아내의 유혹을 이긴 힘은 하나님을 두려워하는 믿음이 있었기 때문입니다. 요셉은 하나님의 말씀대로 살았습니다. 요셉은 하나님의 말씀을 지키고 사는데 두렵고 떨림으로 살았기 때문에 무슨 유혹이 오더라도 물리칠 수 있었습니다. 하나님을 두려워하는 자에게 자유와 행복과 평안을 주시는 것이므로 우리가 복을 누리기 위해서는 하나님을 두려워해야 합니다. 하나님은 하나님을 두려워하는 자에게 자유와 행복과 평안을 주시므로 우리가 복을 누리기 위해서는 하나님을 두려워해야 합니다. 이스라엘은 하나님을 두려워하지 않았기 때문에 망하고 말았습니다. 성도는 어디에 가든지 무엇을 하든지 하나님을 두려워하는 신앙을 가져야 합니다.

요셉은 하나님의 말씀 안에서 살았습니다. 에덴동산에서 하와는 선악과를 따 먹으면 정녕 죽는다는 하나님의 말씀을 듣고도 순종하지 않고 불순종하여 하나님의 말씀을 떠났습니다. 하나님의 말씀을 생명으로 삼지 않고 하나님과 동행하는 생활을 하지 않았기 때문에 미혹에 빠질 수밖에 없었습니다. 하와가 미혹됨으로 인류 역사상에 불행과 죽음이 오게 되었습니다. 주님이 40일 간 금식기도하고 공생애에 들어갔을 때 마귀가 미혹하고 시험을 하였으나 말씀으로 물리쳤습니다. 그러므로 말씀에 능력과 권세와 축복이 있습니다. 베드로가 밤이 다하도록 고기를 잡지 못했지만 주님의 말씀에 순종할 때 넘치게 잡았던 것처럼 하나님의 말씀을 믿고 순종해 나갈 때 축복의 삶을 살게 되는 것입니다.

3. 감옥에 들어가는 시험을 당했습니다.

보디발의 아내가 요셉이 자기 말을 듣지 않음으로 도리어 요셉을 미워하여 간음 미수죄로 그 남편에게 고하니 보디발은 아내의 말을 듣고 노하여 요셉을 옥에 가두었습니다. 그러나 요셉은 변명 하나 하지 않았습니다. 요셉이 애굽에 종으로 팔려 온 것과 죄없이 감옥에 갇힌 것이 인간적으로 볼 때는 매우 억울한 일이지만 하나님의 섭리가 그 가운데 있었던 것입니다. 성도들도 때로는 억울하고 고난을 당하나 이 모든 일은 하나님이 허라해서 된 줄로 믿고 인내하는 믿음을 가지시기 바랍니다.

요셉은 애굽에 팔려가고 종살이하고 감옥 생활할 때 하나님을 원망하지 않았습니다. 또 사람을 원망하지도 않았습니다. 보디발의 아내도 원망하지 않고 요셉은 하나님의 주권을 믿고 모든 것을 하나님에게 맡기고 모든 이를 사랑과 선으로 대하였습니다. 요셉이 옥에 갇혔어도 거기서도 하나님이 동행하셨으므로 형통하게 되었습니다. 예수 안에 사는 것이 이렇게 행복한 것입니다. 하나님과 동행함으로 요셉은 초막이나 감옥이나 궁궐이나 그 어느곳이라도 하늘나라요 또 무슨 일을 만나든지 범사에 형통하였습니다. 만사가 형통하는 주님의 축복을 받으시기를 축원합니다.

고넬료 가정의 신앙
(행 10:24-33)

고넬료는 당시 의인이요 그의 가정은 하나님을 경외하는 믿음의 가정이요, 유다 백성으로부터 칭찬받는 사람이요, 모범된 가정으로 소문난 가정입니다. 고넬료의 가정에 베드로가 찾아오게 되었고 은혜받는 가정이요 주님과 동행하는 가정이요 성령의 놀라운 역사가 일어나는 가정이었습니다.

오늘 우리의 가정은 어떤 가정입니까? 믿는다고 하지만 주님이 다녀간 지 벌써 오래된 빈 집은 아닌가요? 오늘 본문을 통해서 고넬료의 가정이 주의 은혜와 성령의 놀라운 역사가 충만한 원인이 도대체 무엇인지 그 길을 배워야 하겠습니다.

1. 경건한 가정입니다.

이방인 고넬료가 사도 바울을 청하였을 때 경건한 하인 두 사람과 종

다이나믹 설교뱅크

졸 가운데 하나를 욥바에 보냈습니다. 고넬료가 이렇게 베드로를 청하기 위해 경건한 사람을 택한 것을 보면 하나님의 일을 믿음으로 하였고 경건한 가정임을 알 수가 있습니다. 경건은 하나님 앞에 바로 사는 생활입니다. 고넬료는 자기 개인적인 경건뿐만 아니라 가족 전체가 경건한 생활을 하였습니다. 베드로는 고넬료의 초청을 받아 고넬료의 집에 도착하니 고넬료는 이미 가족과 하인들, 친지 등 모두를 모아 놓고 베드로가 오기를 기다렸습니다. 이와 같이 고넬료처럼 모든 일을 경건한 믿음으로 할 때 하나님의 일에 실패가 없고 은혜와 성령의 역사가 일어납니다.

그렇습니다. 은혜받으려면 경건한 생활을 해야 하고, 경건으로 하나님의 일을 시작해야 하며, 인내하는 믿음이 있어야 놀라운 은혜를 체험합니다. 그러기에 같은 시간 같은 장소에서 예배를 드려도 은혜받는 사람과 그렇지 못한 사람이 있습니다. 그 이유는 경건한 마음으로 은혜를 기다리고 간절한 마음으로 사모하느냐 아니냐에 따라 다릅니다.

고넬료의 가정은 믿음으로 은혜를 사모하고 만방으로 은혜받을 준비를 하였습니다. 오순절에 은혜와 성령의 역사가 충만할 때도 120문도와 예수님의 가족과 제자들이 10일 동안 은혜를 간절히 사모하고 고대하며 은혜를 기다렸을 때 성령의 역사가 충만하였습니다. 오늘날도 은혜받기 위하여 고넬료의 가정과 같이 오순절에 모인 사람들과 같이 사모하며 은혜를 간절히 기다리며 경건한 태도로 준비하는 것을 배워야 합니다.

요술쟁이 시몬은 다른 사람이 은혜받는 것을 보고 욕심을 내었습니다. 은혜와 성령충만은 갑자기 돌발적으로 받는 것이 아니라, 경건함과 간절히 사모하는 마음과 오랫동안 기다리는 마음의 자세가 필요합니다. 그러나 요술쟁이 시몬은 믿음의 자세없이 욕심만 가지고 하다가 실패하고 망신을 당하였습니다.

사랑하는 성도 여러분, 오늘 우리도 은혜와 성령충만을 받기 위하여 간절히 사모하는 마음으로 토요일부터 준비하여 주일 오기를 기다리고 간절히 은혜를 사모하면 반드시 주일은 복받는 날이 되는 것입니다. 그런데 은혜받을 준비가 없는데다 예배 시간 만년 지각생, 앉기만 하면 눈을 감고 감상을 하니 무슨 은혜가 있겠습니까? 은혜받기 위하여 마음을 가다듬고 간절한 마음으로 은혜를 사모하는 하나님의 사람이 되기를 바랍니다.

2. 하나님을 경외하는 데 열심히 있는 가정입니다.

은혜를 받으려면 열심히 중요합니다. 주님은 말씀에 게으른 자는 먹지도 말라고 하였습니다. 오늘 고넬료의 가정은 은혜받기 위한 열심히 있는 가정이었습니다. 여호와를 위한 열심(왕상 19:10, 14), 하나님의 말씀에 대한 열심(행 21:20), 주님을 섬기는 열심(롬 12:11)이 필요합니다. 하나님을 경외하는 것은 참으로 귀한 것입니다. 아브라함은 온 집으로 더불어 하나님을 경외하였고, 다윗도 하나님을 경외하였습니다. 하나님을 경외하는 생활을 하려면 살아계신 하나님을 믿고 그 앞에 두렵고 떨리는 마음으로 말씀을 순종하고 그 인도를 받아야 합니다.

예수 믿는 사람은 일생 동안 하나님 경외하는 것을 배워야 합니다(신 4:10). 하나님 경외하는 것이 하나님의 명령입니다. 하나님을 경외하는 것만큼 하나님은 은혜를 베푸십니다. 반대로 하나님을 멸시한 만큼 하나님은 그 사람을 멸시합니다. 하나님을 높이는 만큼 그 사람이 높아지고 하나님을 두려워한 만큼 그 사람의 인격이 위대해 집니다. "나를 존중히 여기는 자를 내가 존중히 여기고 나를 멸시하는 자를 내가 경멸히 여기리라"(삼상 2:30)고 하였습니다.

이스라엘 백성은 하나님을 섬긴다고 하면서도 제대로 경외하지 못하고 우상을 섬겼기 때문에 하나님이 멸시를 하였습니다. 시편 34:7에 주님을 경외하는 자는 여호와의 사자가 와서 진을 치고 환난에서 건져 주시겠다고 하였습니다. 다니엘은 하나님을 경외하였기 때문에 사자굴에서 하나님의 도움을 받았습니다. 하나님의 혜택을 받지 못한 사람은 하나님 경외함이 없기 때문입니다.

고넬료는 열심히 하나님을 경외하였습니다. 구제도 열심히 하였습니다(고후 9:12). 다른 사람을 구제할 때 대가를 바라지 말고 구제해야 합니다(눅 6:34). 구제할 때 오른 손이 하는 것을 왼손이 모르게 하라고 하였습니다.

3. 하나님의 종을 영접한 가정입니다.

고넬료가 베드로를 청하여 이렇게 오셨으므로 '잘하였나이다'하고 기쁨으로 영접하였습니다. 이것은 베드로를 하나님의 사람으로 기쁘게 영접한 태도입니다. 고넬료가 주님의 말씀을 받고자 할 때 은혜를 받게 됩니다. 하나님의 말씀을 전하는 자의 말을 사람의 말로 듣지 말고 하나님의 말씀으로 믿고 받도록 노력해야 합니다. 우리가 하나님의 말씀을 받을 때 하나님이 직접 자기에게 말씀해 주시는 것으로 받아야 합니다. 그러면 그 말씀이 능력과 권능이 있고 믿는 자 속에 역사하게 됩니다.

요한복음 12:48에 "나를 저버리고 내 말을 받지 아니하는 자를 심판할 이가 있으니 곧 나의 한 그 말이 마지막 날에 저를 심판하리라"고 하였습니다. 고넬료는 베드로의 인간적인 면을 보지 않고 천사와 같이 영접하였습니다. 그렇기 때문에 고넬료의 가정이 복을 받았습니다. 인간적인 면을 보고 하나님의 종을 멸시하고 무시하면 그 집에서 하나님의 복이 떠납니다. 그 죄가 삼대까지 내려갑니다.

4. 겸손한 가정입니다.

베드로 사도가 들어올 때 고넬료가 베드로를 신과 같이 존경하고 엎드려 절한 것은 잘못이나 그의 겸손과 하나님의 종을 공경하는 마음은 귀한 것입니다. 갈라디아서 4:14-15에 보면 갈라디아 교회는 주의 종을 예수 그리스도와 같이 천사와 같이 존경하였기 때문에 복을 받았습니다.

믿음의 필수조건이 무엇이냐는 질문에 신학자요 철학자인 어거스틴은 첫째도, 둘째도, 셋째도 겸손이라고 하였습니다. 잠언 18:12과 16:18에 "교만은 패망의 선봉이요 겸손은 존귀의 앞잡이"라고 하였습니다.

고넬료의 가정에 은혜와 성령의 역사가 충만한 것은 겸손이 있기 때문입니다. 고넬료는 당시 로마의 장교 신분이요 베드로는 로마의 통치를 받는 한 사람입니다. 고넬료는 지식이 있는 사람이고 베드로는 고기잡는 어부였습니다. 그럼에도 불구하고 베드로의 발 앞에 엎드려 절한 것은 그리 쉬운 일이 아니었습니다. 고넬료는 얼마나 겸손합니까? 참으로 겸손한 자가 은혜를 받습니다. 베드로의 겸손은 훌륭합니다. 왜냐하면 고넬료가 절할 때 당연한 것으로 생각하지 않고 26절에 "나도 역시 사람이라"고 하면서 고넬료를 일으켜 세웠습니다.

사랑하는 성도 여러분 오늘 수십년 동안 교회 다니면서 아직도 마음에 아무런 은혜의 체험이 없다면 그것은 여러분 마음에 교만이 도사리고 있기 때문입니다. 이런 사람은 하나님의 말씀을 들을 때 졸기만 하고 믿음 생활에 재미가 없으며 교회가 사랑이 없느니 어쩌니 하면서 불평 불만한 하는 사람입니다.

교회는 사람의 눈치를 보는 곳이 아닙니다. 우리의 삶 속에 교만이 빠져 나가야 은혜를 받습니다. 물은 낮은 데로 흐릅니다. 은혜와 겸손도 낮은 데로 임합니다. 인간적인 방법으로 높아지려고 하거나 교만하지 말고 낮아지고 겸손해져서 하나님의 축복을 놀랍게 받으시기를 바랍니다.

빌립 가정의 신앙

(행 21:7-16)

　빌립은 사도 빌립이 아니고 일곱 집사 중 한 사람인 집사 빌립입니다. 바울은 가이사랴에 도착하여 빌립 집에 들어가 오랫동안 머물면서 전도하였고 빌립은 집사로서 가이사랴에 오랫동안 머물면서 전도하고 있었습니다.

1. 신령한 가정입니다.

　빌립의 가정은 신령한 가정입니다. 빌립에게는 딸 넷이 있는데 다 처녀로 예언을 하는 자였습니다. 빌립 집사의 신앙이 좋으므로 딸들이 아버지 신앙을 본받아서 하나님의 은혜를 풍성히 받아 예언을 하고 복음을 전하였습니다. 그리고 빌립 집사는 여식들을 신앙으로 양육하여 우리의 귀감이 됩니다. 빌립의 가정은 이상적인 가정으로서 오늘 믿는 모든 사람들에게 예수 믿는 사람이 세워야 할 신앙의 가정을 보여 주고 있습니다. 그래서 모범적인 빌립 집사도 사랑과 존경을 받았습니다.

2. 전도의 가정입니다.

빌립은 가정은 신령한 가정이요 또 여러 성도들을 여러 날 동안 잘 대접하는 가정입니다. 사도행전 21:8에 빌립은 전도자라 불림을 받았습니다. 매사에 충실히 이행하고 모범적인 집사로 존경을 받으며 모든 사람에게 사랑을 받는 집사가 되었습니다. 그러나 빌립 집사는 우쭐하지 않고 자만하지 않고 더 열심히 전도의 의무를 다하였습니다. 그래서 사마리아에 최초로 전도한 사람이 빌립 집사입니다.

사도행전 8:26-40에 빌립이 광야를 행하여 예루살렘 남쪽으로 내려가다가 한 내시가 병거를 타고 가는 것을 보았습니다. 이 내시는 에디오피아 여왕 간다게의 모든 국고를 맡은 큰 권세를 가진 내시였습니다. 빌립은 에디오피아 고관에게 처음으로 전도하였습니다. 오늘 교회도 시급한 것, 즉 무엇보다도 먼저 할 일은 전도입니다. 왜냐하면 주님이 세상에 오셔서 전도로 일생을 살았기 때문입니다. 그리고 우리에게 부탁한 일이 바로 세상 끝까지 전도하라는 것입니다(마 28:19-20, 행 1:8).

오늘 교회학교 교사는 전도하는 교사, 집사는 전도하는 집사, 남·여 전도회 회장도 전도하는 회장이 되어야 합니다. 전도는 주님이 명령한 지상명령이요 의무입니다. 그러므로 의무도 이행못하는 것은 주님의 명령을 거스리는 것임을 명심해야 합니다.

3. 성도를 사랑한 가정입니다.

사람은 나면서부터 선천적으로 타고난 욕구가 있습니다. 그것이 무엇입니까? 여러 욕구 중에도 강도 높은 사랑의 욕구라고 할 수 있습니다. 그래서 사람은 모태에서 태어날 때 부모의 사랑을 받고 싶어 해서 아이 때부터 부모와 떨어지려 하지 않고 어린아이지만 사랑하면 좋아하고 사랑을 받지 못하면 울거나 보채거나 어리광을 부립니다. 그러기에 부모의 사랑을 받지 못하고 자라난 아이는 성격적 결함이 생깁니다.

어린아이뿐만 아니라 장성한 여자도 남자의 사랑을 받으려고 하는 욕구가 있습니다. 이것은 인간이 번식하기 위해서 필요한 욕구입니다. 그러므로 남녀를 막론하고 이성적 사랑을 받고 싶어합니다. 그래서 결혼하게 되고 부부 사이에도 서로 계속 사랑을 받으려고 합니다. 그래서 부모는 늙으면 자식으로부터 사랑을 받고 싶어하는 것이 사실입니다. 그러기에 누구나 사랑받기 원하며 사랑이 필요하지 않는 사람은 한 사람도 없습니다. 그런데 사람들은 사랑을 저희끼리 또는 끼리끼리 주고 받고자 하는 것 뿐이지 하나님의 사랑을 받을 줄도 모르고 하나님을 사랑할 줄도 모릅니다.

하나님은 우리 인간에게 십계명을 주었습니다. 1-4계명은 위로 하나님을 사랑하고 5-10까지는 아래로 이웃을 사랑하라는 계명입니다. 주님이 새 계명을 우리에게 주셨는데 위로 하나님을 사랑하고 아래로 네 이웃을 사랑하라고 하였습니다. 하나님은 우리를 사랑하되 독생자를 대속의 재물로 주기까지 사랑하였습니다(요 3:16). 예수님은 우리를 위하여 죽으심으로 하나님의 사랑을 완전히 나타내셨습니다. 서로 사랑하는 것이 주님이 주신 새 계명입니다(요 13:34).

요한복음 14:21에 "나의 계명을 가지고 지키는 자라야 나를 사랑하는 자니 나를 사랑하는 자는 내 아버지께 사랑을 받을 것이요 나도 그를 사랑하여 그에게 나를 나타내리라"고 하였습니다. 이 말씀은 하나님께 사랑을 받을 줄도 알고 또 하나님을 사랑할 줄도 아는 가장 이상적인 사랑을 보여 주는 것입니다. 즉 하나님께 사랑을 받고 또 하나님을 사랑하라는 말씀입니다.

나와 하나님이 함께 사랑 속에 기쁘게 살아간다는 것이 얼마나 행복이요 축복의 삶이겠습니까? 그러기에 성경은 "너는 마음을 다하고 성품을 다하고 힘을 다하여서 네 하나님 여호와를 사랑하라"(신 6:5)고 가르치고 있습니다. 빌립의 가정은 하나님의 사랑을 받기도 하고 하나님을 사랑하기도 하였습니다. 빌립의 모범적인 사랑을 본받아 사랑하고 사시기 바랍니다.

6월 성령의 달

임형재 목사(도원성결교회)

성령의 능력
(행 2:37-47)

우리를 새롭게 하시고 좋게 하시는 성령의 역사가 여러분과 가정과 사업과 다니는 직장과 우리교회 위에 충만하게 함께 하시기를 먼저 축원합니다. 성령강림은 예수 그리스도께서 부활하시고 승천하신 후 10일 만에 이루어진 오순절 사건입니다. 성령강림은 예수 그리스도의 초림에 이어 인류역사상 초대 예루살렘 교회가 탄생하는 놀라운 사건입니다.

그리스도교는 성령의 역사로 세워진 종교요 교회입니다. 성령의 역사와 축복이 없이는 오늘의 교회는 있을 수 없습니다. 과거 2천 년 동안 온갖 박해와 시련 속에서도 교회가 진멸되지 않고 승리에 승리를 거듭하여 성장하며 오늘에 계승된 것은 사람의 힘이 아니고 성령의 도우심과 역사의 힘입니다.

성령은 지난 2천 년 동안 각 시대, 각 교회, 모든 성도들 사이에 있어서 혹은 흐르는 물과 같이, 타오르는 불과 같이, 혹은 밤하늘에 조용히 내리는 이슬과 같이, 때로는 급하고 강한 바람과 같이, 때로는 유한 기름과 온유한 비둘기 같이 역사해 오셨습니다.

그래서 성령의 역사하는 곳에는 죄악을 소멸하고 사람을 거듭나게 하며 메마른 심령에 새 생명을 주며 맹물이 포도주가 되게 하듯 새로운 창조의 역사가 일어납니다. 그래서 혈육의 인간을 죽게 하고 성령의 열매인 사랑, 희락, 화평, 인내, 자비, 양선, 충성, 온유, 절제의 역사를 일어나게 해줍니다. 또한 늘 기도하게 하시며, 즐거운 마음으로 찬미하게 하며, 봉사하며 거칠고 험한 이 세상 위를 담대하게 물 위를 걸어가듯 걸어가는 용감한 사람으로 만들어 주실 줄 믿습니다.

이제 그리스도인은 성령을 받아야 합니다. 교회는 성령의 역사 위에 세워져야 합니다. 여러분의 가정도, 직장도, 나라도 성령의 축복 속에 지켜지고 세워져야 합니다. 성령으로 충만하면 어떤 역사가 나타납니까?

1. 능력이 있습니다.

사도행전 1:8에 보면 "오직 성령이 너희에게 임하시면 너희가 권능을 받고…"라고 했습니다. 성령을 받으면 능력이 있습니다. 성령은 두려움을 해소합니다. 의심을 사라지게 합니다. 확신을 가지게 합니다. 용기를 한없이 공급합니다. 엄청난 과업도 능히 수행합니다. 자기를 부인하고 새로운 목표에 자신을 헌신케 합니다.

성령은 힘입니다. 능력입니다. 악령은 우리를 악하게 하나 성령은 우리를 강하게 합니다. 특별한 이유 없이 믿음이 약해지고 기도하기 싫어지면 사단의 힘빼기 작전에 걸려든 줄 아시고 정신을 차려야 합니다. "마귀는 우는 사자와 같이 삼킬 자를 두루 찾는다"(벧전 5:8)고 했습니다. 성령을 받아 능력있는 성도가 되어 신앙생활에 힘이 들지 않고 남에게까지 능력있는 영향을 끼치시기 바랍니다.

성령은 속 사람을 능력으로 강하게 하신다고(엡 3:16) 말씀했습니다.

■■■
다이나믹 설교뱅크

사람의 힘으로는 아무것도 할 수 없습니다. 세상을 이길 수 없습니다. 사단의 역사를 물칠 수 없습니다. 믿음을 지키며 기도할 수 없습니다. 이 모든 것을 이길 수 있기 위해 성령의 능력을 힘입어야 합니다.

"피곤한 자에게 능력을 주시며 무능한 자에게 힘을 더하시나니… 오직 여호와를 앙망하는 자는 새 힘을 얻으리니 독수리의 날개치며 올라감같을 것이요 달음박질하여도 곤비치 아니하겠고 걸어가도 피곤치 아니하리로다"(사 40:29-31).

여호와를 앙망하는 자에게 새 힘을 주신다고 하셨는데 곧 성령의 역사로 능력받는 자를 말하는 줄 믿습니다. 펄펄 뛰는 힘, 달려도 달려도 피곤치 않는 성령의 능력을 받아 역사하시기를 축원합니다.

2. 사랑이 있습니다.

우리가 진정 하나님의 영, 즉 성령의 사람이라면 우리의 영이 하나님의 영, 즉 성령의 지배를 온전히 받음으로써 하나님의 것들을 깨닫게 되는 것입니다. 우리가 성령의 사람이라는 의미는 우리의 영이 온전하게 하나님의 영의 지배를 받음으로써 마음과 생각이 온통 다 하나님의 생각으로, 하나님의 마음으로, 하나님의 인격과 뜻으로 가득차서 당연히 하나님의 신령한 것들을 더 많이 깨달아 알게 되는 것입니다.

하나님의 본성은 사랑입니다. 마가 다락방에 모인 무리 위에 성령이 불같이 임했다고 했습니다(행 2:3). 불같이 임한다는 의미는 성령을 받으면 좋은 면으로 변화되어간다는 것과 뜨거운 사랑의 소유자가 된다는 의미가 있습니다. 하나님은 사랑이십니다(요일 4:8). 그 사랑의 하나님을 믿는 성도들도 사랑의 사람이 되어야 합니다.

탈무드에 "들보다 강한 것은 쇠고, 쇠보다 강한 것은 불, 불보다 강한 것은 물, 물보다 강한 것은 공포심, 공포심보다 강한 것은 바람, 바람보다 강한 것은 사람, 사람보다 강한 것은 공포심, 공포심보다 강한 것은 술, 술보다 강한 것은 잠, 잠보다 강한 것은 죽음, 죽음보다 강한 것은 사랑이라"고 했습니다. 성령의 사람은 사랑의 사람이 됩니다. 사랑이란 한 마디로 표현한다면 빼앗는 생활이 아니라 주는 생활입니다. 울지 않으면 종(鐘)이 아니고 불리워지지 않으면 노래가 아니고 주는 것이 없으면 사랑이 아니라는 말이 있습니다.

성도 여러분, 성령을 받은 사람은 하나님을 사랑합니다. 교회와 성도와 주의 종들과 이웃을 사랑합시다. 성령충만하여 늘 사랑하며 사시기 바랍니다.

3. 평안이 있습니다.

참된 평안은 내가 확신이 있을 때, 즉 확신이 생길 때 오는 것으로 평안은 믿음입니다. 믿음이 없으면 늘 불안하지만 믿음이 있으면 늘 평안합니다. 참된 평안은 하나님과의 올바른 관계에서만 허락됩니다.

"의의 공효는 화평이요 의의 결과는 영원한 평안과 안전이라"(사 32:17). "바른 길로 행하는 자는 걸음이 평안하려니와 굽은 길로 행하는 자는 드러나리라"(잠 10:9)는 말씀처럼 평안한 삶은 불의의 길이 아닌 하나님과의 바른 관계가 이루어질 때 성령의 내주하심으로 이루어질 줄 믿습니다.

예수님이 요단강에서 세례를 받고 물에서 올라오실 때 성령이 비둘기 같이 내려오셨습니다. 비둘기는 평화를 상징합니다. 성령받은 사람은 스데반같이 마음 속의 평화가 얼굴에까지 나타나 천사의 얼굴같이 평화가 넘치는 것입니다(행 9:15). 여러분의 얼굴을 거울 앞에 한번 서서 보십시오. 천사의 얼굴입니까?

성령을 받은 사람은 비둘기같이 화평케 하는 사람입니다. 이 세상에 살면서 우리 마음에 평강이 있고, 기쁨이 있고, 은혜가 있는 것은 얼마나 축복인지 모릅니다. 하나님을 사랑하고 믿는다 하면서도 매사에 불평하고 원망하고 다투는 불쌍한 영혼들이 의외로 많다는 사실에 마음 아프지 않을 수 없습니다.

찬송가 466장은 "나 어느 곳에 있든지 늘 맘이 편하다. 주 예수 주신 평안함 늘 충만하도다. 나의 맘 속이 늘 평안해 나의 맘 속이 늘 평안해 악한 죄 파도가 많으나 맘이 늘 평안해"라고 했습니다.

누가복음 4:18에 "주의 성령이 내게 임하셨으니 이는 가난한 자에게 복음을 전하게 하시려고 내게 기름을 부으시고"라고 했습니다. 기름을 부음같이 성령이 임하셨다는 말씀은 부드럽게 하는 역사입니다. 인심이 광야같이 각박한 세상이라 부드럽게 하는 일이 참으로 요청되는 시대입니다.

지금 여러분이 처한 곳에 기름이 말라 삐끄덕 소리가 나지 않고 있습니까? 성령의 기름을 치기 바랍니다. 하나님은 굳은 마음을 제하시고 부드러운 마음을 주시는 분이십니다(겔 11:19). 성령이 역사하면 평안이 넘칩니다. 인생은 짧습니다. 따라서 짧은 인생 살면서 평안의 축복을 받고 살아야 합니다. 우리 인생길 어느 곳에서나, 어떤 경우에서나, 어떤 일을 만날 때에라도, 어떤 일을 할 때라도 평안한 마음을 가지며 사는 것은 하나님의 축복입니다.

우리가 가는 길은 처음부터 정해진 길이 아닙니다. 때로는 사망의 음침한 골짜기를 가기도 합니다. 때로는 사자굴 속 같은 위기상황에 부딪히기도 합니다. 풀무불 속에 가기도 하고 고기 뱃속 같은 캄캄한 지경을 만나기도 하며 때로는 광풍노도 가운데 처하기도 합니다. 이런 상황에서도 성령의 충만함으로 평안함을 소유하시기를 바랍니다.

내일을 위해 오늘을 바치자
(히 11:32-40)

현충일은 나라와 겨레를 위해 그 몸과 넋을 바친 거룩한 영령들의 뜻을 받들어 위무함으로써 그 유업을 길이 기리고 우리의 새로운 삶의 의지를 가다듬자는 날인 줄 압니다. 동작동 국립묘지에는 조국의 광복을 쟁취하고 민족의 활로를 개척하기 위해 순국하신 선열들의 강인한 민족정신이 생동하고 있으며, 또한 반공전선에서 신명을 바치신 민주 영웅들의 뜨거운 애국정열이 충일하고 있습니다. 그리고 월남전선에서 대한 남아의 용맹을 세계만방에 떨치고 평화십자군의 거울이 된 국군장병들의 발랄한 평화의지가 응결되어 있습니다. 그리하여 영령들의 그 정신은 민족갱생의 무한한 활력소가 되었고, 그 정열은 국가보위의 초석이 되었으며, 그 의지는 새 역사 창조의 줄기찬 원동력이 되고 있습니다.

그러므로 오늘 우리는 영령을 추모하고 위로하는 의식만 되어서는 안 되고 그들의 고귀한 희생정신과 유지를 받들어 우리도 자손만대에 영원히 물려줄 수 있고 영광스런 새 역사를 창조해 나가는 데 더욱 분발하고 더욱 헌신할 것을 스스로 다짐하는 결의의 예배가 되어야 할 줄 압니다.

현충일이 없는 나라도 있습니다. 모진 역사를 가지지 않는 나라, 그리고 오늘도 불안없이 살 수 있는 나라는 굳이 이러한 무거운 의의를 찾지 않아도 사람이 본래의 생을 즐기고 살 수 있기 때문에 현충일같은 날이 없는 나라도 있습니다.

사랑하는 성도 여러분, 뭐 고생을 자랑하고 싶어서가 아닌 줄 압니다. 그 지긋지긋한 고생을 하루 빨리 청산하기 위해 우리는 고생의 쓰라림을 되씹는 것이며, 그 쓰라림을 저버리기 위해 몸과 넋을 내던진 영령들의 발자국을 되새기는 것이며, 현충일을 마련하여 우리의 다짐을 새로이 기약하는 것입니다. 그것은 한 마디로 평화롭게 잘 살아보자는 우리의 염원이 아니겠습니까? 그래서 우리는 선열의 핏자국이 거름이 되어 얻은 이 땅의 평화를 소중하고 값진 것으로 알고 이것을 가꾸고 키워 필경은 우리가 잘살고 잘되는 밑천으로 삼고자 이렇게도 몸부림을 치고 있는 것이 아니겠습니까?

세계 제2차대전 중 인도와 미얀마에서 전사한 국제연합군을 장사한 "노스앗삼"에 있는 〈국제연합군 묘지〉의 입구에는 "사람들에게 알려 주어라. 우리는 그들의 내일을 위하여 우리의 오늘을 죽었다"고 기록되어 있습니다. 생명의 귀중성을 알았기 때문에 오히려 천하보다 귀한 생명을 버리고 다른 생명을 구원하여 생명의 귀중성을 더욱 빛나게 한 이들의 죽음 앞에 머리를 숙이지 않을 수 없습니다.

이러한 위대한 인간의 역사가 또한 오늘 읽은 본문에 기록되어 있습니다. 후대의 많은 사람들에게 광명을 주기 위하여 신앙으로 자기의 오늘을 희생한 위대한 기록은 바로 오늘 우리에게 또 다시 내일을 위하여 오늘 우리를 바치라는 명령을 들려주게 된 것입니다. 로버트 슐러 목사님은 깊은 상처가 없이 위대한 인물이 되지 못하는 것처럼 민족과 국가도 억압과 박해와 고통이 있을수록 위대한 민족이 되는 것을 역사를 통해서 잘 알 수 있다고 했습니다.

이스라엘 민족의 역사는 거의 전쟁의 연속입니다. 그들은 지금도 전쟁을 계속하고 있습니다. 그러나 그들은 전쟁의 상처 속에서 이스라엘의 영광을 찾는 민족이 되고 있습니다. 오늘의 말씀은 전쟁과 박해의 역사 속에서도 결코 굴하지 않고 믿음으로 승리하는 신앙의 이스라엘 선조들의 위대한 모습을 우리에게 증거하고 있습니다.

본문에 보면 "불의 세력을 멸하기도 하고 칼날을 피하기도 하며 연약한 가운데서 강하게 되기도 하며"라고 기록되어 있는데, 이것은 골절되었다가 회복되는 곳은 다른 부위보다 더욱 튼튼해져서 다시는 부러지지 않는다는 의미로 생각할 수 있습니다. 우리의 상처도 마찬가지입니다. 인류 역사를 파국으로 몰아넣는 세 가지 요인이 있습니다. 하나는 사회의 종교적, 도덕적 타락이요, 다음은 끊임없는 전쟁이요, 셋째는 계속되는 천재지변이라고 합니다.

19세기 러시아에는 크리스찬(희랍정교회)이 1억에 가까웠습니다. 신부들의 수만도 6만 명이 넘었습니다. 그러나 그들은 4만 5천 명밖에 되지 않는 공산주의자들에게 패하고 말았습니다. 그 이유는 그들의 종교가 형식만 남아 신앙적인 생명을 잃어버리고 무기력했기 때문입니다. 어느 시대를 막론하고 종교가 타락하면 국가가 타락하였습니다. 영국이 도덕적으로 타락했을 때에 감리교의 교조가 되는 웨슬레 목사님의 신앙과 교회의 갱신운동을 통하여 영국을 구출해 냈습니다. 영적인 힘을 길렀기 때문에 무혈혁명을 통하여 영국을 구출해 낼 수 있었던 것입니다.

공자는 말하기를 민족 공동체가 유지되려면 세 가지 요소가 꼭 필요한데 첫째는 그 나라의 군사력이 강해야 하고, 다음은 경제력이 강해야 하고, 셋째는 통치자와 국민간의 신뢰하는 힘이 강해야 한다고 했습니다.

그리스도교는 역사의식이 분명한 종교입니다. 유대인들은 3천 년 전에 행해졌던 유월절을 오늘날도 철저히 지키고 있습니다. 유월절이 되면 그들은 쓴 나물과 찬밥을 먹으며 광야에 나가 스스로 고생하면서 3천년 전에 출애굽 때 조상들의 고난을 지금도 생생하게 체험하고 있습니다. 이것이 바로 종교교육이요 유태인의 신앙을 계승해 나가는 역사의 교훈입니다.

미국 하와이 진주만에 가면 제2차 세계대전 때에 일본군의 폭격으로 격침 당한 전함 애리조나호의 굴뚝 위에 "진주만을 기억하리라"는 문구가 씌어있는 것을 볼 수 있습니다. 그들은 그곳에 기념관을 세워서 1천 5백 명의 전사자의 이름을 새겨놓고 역사적 교훈을 얻고 있는 것입니다. 독일의 뮌헨 근처에는 다카오 유대인 수용소가 있는데 6백만 명이라는 엄청난 수의 유태인이 학살당했던 치욕의 다카오가 지금도 그대로 남아 있습니다. 그곳에는 독일의 청년들이 연일 줄을 이으며 자기 조상들의 수치를 보면서 다시는 이런 일이 있어서는 안 된다는 역사적 교훈을 새기고 있습니다. 역사의 교훈을 얻지 못하는 백성은 비극을 되풀이 할 수밖에 없다는 사실을 분명하게 알아야 합니다.

신앙의 교훈을 잊지 않고 기억해야 합니다. 이스라엘의 역사를 살펴보면 구약시대에는 전쟁의 교훈을 반드시 신앙의 교훈으로 삼은 것을 알 수 있습니다. 특히 바벨론에 의해 망하고 모두 포로로 붙잡혀가 70년 동안 노예생활을 했을 때 왜 이런 일이 일어났는가를 깊이 깨달아 신앙의 교훈으로 삼은 것입니다. 역사의 교훈과 신앙의 교훈을 분명하게 볼 줄 아는 젊은이들의 지혜가 필요한 때입니다. 구약의 교훈은 오늘도 우리가 체험하는 헌신적인 교훈입니다. 오늘 우리는 우리가 읽은 본문에서 "우리의 몸과 우리의 신앙과 생명을 바쳤노라"는 위대한 과거의 역사 속에서 우리의 심령을 향하여 소리치는 살아있는 음성을 듣습니다.

우리는 더 이상 살 길이 보이지 않던 어둡고 숨막히는 절망에 쌓였던 지난 날에 인간의 진정한 자유와 존엄을 지키기 위해 용감하게 고난을 견디며 자신의 생명을 초개같이 버린 위대한 사람들을 봅니다. 본문에 나타난 이스라엘 사람들의 하나님에 대한 위대한 헌신은 그들이 온갖 불행과 역경, 죽음까지라도 참고 견디는 데서 이루어졌으며, 그들의 위대한 신앙의 희생은 이 지구 역사와 함께 길이 살아서 인간의 영원한 생명의 소망을 절망에 찬 죽어가는 인생들에게 비춰 주고 있습니다.

오늘 우리가 누리는 평안과 안정된 모든 삶은 모든 후세의 인간들을 위하여 오늘의 자기를 희생한 신앙의 고귀한 대가 위에 세워진 일들입니다. 민족의 번영과 발전과 안전한 생활들이 진실로 민족의 소망의 주초가 되어준 위대한 희생의 피의 대가 없이는 이루어질 수 없습니다. 모든 나라의 역사 속에서 백성을 절망과 위기에서 구해준 피흘린 역사가 없었다면 오늘의 세계는 어떻게 되었겠습니까? 참으로 우리는 천하로도 살 수 없는 고귀한 생명의 값을 치른 이 땅 위에서 오늘의 모든 것을 누리고 있는 것입니다.

그러므로 우리는 지난 날의 역사를 되새기는 기념일들의 가치를 바로 알아야 합니다. 이날들은 바로 오늘날 자기 보존에 급급한 우리들에게 내일의 후손들을 위하여 나의 오늘을 즐겁게 바칠 수 있는 인간사회를 형성하는 데 바로 사용되어져야 합니다. 진정한 의미에서 내일을 위하여 저들의 오늘을 바친 사람들의 생명은 죽지 않고 살아서 우리 속에서 생명의 운동을 일으키고 있습니다. 사람들의 마음 속에 살아 있는 사람은 죽음을 남기지 않는다는 위대한 시도 있습니다.

에드워드 벤스(Edward Benes)는 "내가 죽은 후 비석을 세우지 말라. 내가 내 백성들 마음 속에 살아있는 한 그들은 나의 누운 자리를 잊지 않으리라" 했습니다. 나라를 위해 죽은 사람은 그 민족의 마음 속에 그 민족과 함께 살아있고, 진리를 위해 죽은 사람은 진리를 따르는 모든 사람의 마음 속에 영원히 살아 있습니다. 우리가 아니면 저희로 온전함을 이루지 못하게 하려 한다(히 12:40)는 말씀을 보십시오. 우리 앞에 오는 세대에 더 나은 삶의 터전을 마련해 주기 위하여 우리의 모든 노력과 주어진 달란트(책임과 의무)를 내일을 위해 바쳐야 하는 것입니다.

■ ■ ■ ■
다이나믹 설교뱅크

　오늘 뜻깊은 현충일 추모예배를 드리면서 우리는 이분들의 순국이 지닌 의미와 교훈을 곰곰이 되새기며 그들의 유족들을 위로하고, 사랑의 한마음으로 돌보아 주며, 민족사적 발전의 큰 뜻으로 한데 뭉쳐야겠습니다. 우리도 후손의 빛난 내일의 영광을 위해 우리의 오늘을 즐거운 마음으로 바칠 수 있는 성도들 되시기를 축원합니다.

성령의 역할
(롬 8:26-30)

지금은 은혜의 시대, 성령이 역사하는 때입니다. 신앙의 눈으로 볼 때 역사를 크게 세 시대로 나눕니다. 구약시대를 성부시대, 신약시대를 성자시대, 그리고 오늘날 교회시대를 성령시대라고 말을 합니다. 교회는 성령의 역사로 시작되었으며, 성령의 힘에 의해서 선교가 진행되었으며, 오늘에 이르기까지 교회가 존재하게 되었습니다. 오늘 우리들이 예수 그리스도를 믿고 그 믿음으로 살게 된 원동력은 성령께서 우리를 불러주시고 영적인 힘을 주시기 때문에 가능한 것입니다.

예수님이 십자가를 지시기 전 마지막으로 제자들과 대화를 하셨을 때 그들은 우울했고 불안했으며 어찌할 바를 몰랐습니다. 그 때 예수님은 "내가 너희를 고아처럼 버려두지 아니하겠다. 내가 아버지께 구하겠으니 또다른 보혜사를 너희에게 주사 영원토록 너희와 함께 있게 하시리라"고 하셨습니다. 다른 보혜사 성령을 보내주셔서 우리 모두 믿는 사람들과 함께 있게 하시겠다는 위로와 격려와 희망의 말씀입니다.

"보혜사"라는 말은 "위로자, 옹호자, 돌봐주는 자, 인도자"라는 의미입니다. 이것은 마치 어머니와 같은 따스함을 느끼게 합니다. 하나님의 세 가지 위(位), 즉 성부는 부성(父性)을 대표하며 성자는 아들 되신 예수 그리스도를 나타냅니다. 또한 성령은 항상 따뜻한 어머니의 사랑을 느끼게 합니다.

이 약속대로 예수님께서는 승천하신 후 마가의 다락방에 모인 120여 제자들에게 보혜사 성령을 보내주셨습니다.

그러면 보혜사 성령은 오늘날 우리들 속에서 어떤 일을 하고 계실까요? 좋은 일만 하시는 성령을 받으면 그 결과가 좋아야 할 것입니다. 성령께서 우리 가운데 오셔서 구체적으로 하시는 일이 무엇일까요?

1. 하나님을 믿고 살도록 감동을 주십니다.

마태복음 16장에서 베드로의 위대한 신앙고백을 보게 됩니다. "주는 그리스도시요 살아계신 하나님의 아들이십니다"라는 그 고백을 듣고 예수님은 곧 베드로를 칭찬하십니다. "바요나 시몬아 네가 복이 있도다. 이를 네게 알게 한 이는 혈육이 아니요 하늘에 계신 네 아버지시니라." 이 말씀은 하나님께서 베드로를 감화 감동시켰기 때문에 이런 놀라운 신앙고백을 할 수 있다는 것입니다. 우리가 믿음을 가지고, 또 믿음이 성장하는 것도 성령께서 내 마음을 감동시켜 주시고 성령께서 나를 일으켜 세워주실 때 가능한 것입니다.

"주의 날에 내가 성령에 감동하여 내 뒤에서 나는 나팔소리와 같은 큰 음성을 들으니"(계 10:10). 사도 요한은 하나님의 말씀과 예수의 증거를 인하여 밧모섬에 유배되어 있을 때 주의 날에 성령 감동함을 받았습니다.

희랍어의 "에게노멘"(감동)은 "일어나다, 제정신으로 돌아오다"라는 뜻이 있는데 묻혀 있던 좋은 생각이 일어나고 본래의 제 정신으로 복귀하는 상태를 의미하는 말입니다. 가라앉아 버린, 맥이 빠진 상태를 움직여서 새로운 의욕이 생기게 하고 스스로 하고자 하는 자발의식을 가지게 되는 좋은 상태를 말합니다.

성령이 오시므로 교회가 탄생한 후로 지난 기독교 2천년 역사 속에서도 강퍅한 인간들을 감동시킨 성령의 역사는 놀라웠고 일일이 그 일들을 다 말할 수는 없을 것입니다. 주의 날 교회에 열심히 가고 싶은 마음, 주님께 충성하고 싶은 마음, 주의 종들을 대접하고 싶은 마음, 십일조를 더 많이 바치고 싶은 마음, 전도를 열심히 하고 싶은 마음, 찬송할 때 가슴이 뜨거워지는 감격, 기도할 때 힘이 솟아오르는 체험, 말씀을 들을 때 깨달아 지는 것 등 이 모든 일들은 성령의 감동으로 일어나는 현상입니다. 성령께서는 지금 이 시간에도 단절없이 성도 여러분의 마음을 감동시키고 있습니다. 때로는 낙심되고 타락할 만한 일이 닥치고 생각이 삐뚤어져가도 성령은 그냥 두시지 아니하시고 곧 올바로 설 수 있도록 감동시켜 주십니다.

성전을 건축하는 것도 에스라 1:5에서 보면 하나님께 감동을 받은 사람들이 여호와의 전을 건축할 마음을 가지게 된 것을 볼 수 있습니다. 한 때 예수님을 배반하고 부활을 의심하고 불신했던 사람들도 오순절날 성령 충만함을 받고 예수만이 구세주라는 확신을 가지고 예수를 증거하기 위해서 자기 생명을 던졌습니다. 성령은 우리 마음에 감동을 주시므로 믿음의 용기를 갖추게도 하십니다.

성도 여러분, 끊임없이 성령의 감동을 받는 사람들이 되어서 주님 사업에 열심히 봉사하고 충성하는 성도들 되시기를 주의 이름으로 축원합니다.

2. 거듭나게 하여 확신을 가지게 하십니다.

성령으로 거듭나야만 하나님 나라의 백성이 될 수 있습니다(요 3:5). 성령은 어떻게 우리를 거듭나게 만들어 줍니까? 먼저 회개시켜 새로운 사람이 되게 합니다. "내가 그를 너희에게 보내리니 그가 와서 죄, 의, 심판에 대하여 세상을 책망하시리라"(요 16:7-8). "예수 그리스도 안에 있는 생명의 성령의 법이 죄와 사망의 법에서 너를 해방하였음이라"(롬 8:1).

성령은 우리로 죄를 깨닫게 합니다. 죄를 고백해야 합니다. 그럴 때 죄의 용서함을 받게 합니다. 성령은 항상 우리 양심에 고동을 칩니다. 어떤 일을 하다가 누구와 대화를 하다가 내가 이러면 안되겠다는 양심의 가책을 느낄 때 그 순간이 하나님께서 성령을 보내주셔서 강권적으로 역사하고 계신 순간임을 자각하시기 바랍니다. 이 때 회개하여 죄사함을 받고 구원의 확신을 갖게 하십니다.

또한 진리의 길로 인도하십니다. 우리의 지난 날의 죄에 대하여는 회개하게 하고 반면에 진리의 삶을 살도록 인도하십니다. "진리의 성령이 오시면 그가 너를 모든 진리 가운데로 인도하시리니"(요 16:13). 성령의 힘은 나로 하여금 조금 편하게, 조금 잘살게 하는 힘을 주시기 보다 어떤 처지 환경에 있을지라도 올바르게 사는 방법을 주십니다. 이것이 성령이 우리를 가르쳐 주시는 것이고 우리를 인도하여 주시는 힘입니다.

성령이 역사하면 확신을 얻게 됩니다. 구원의 확신이 있을 때 시험을 받게 되고 신앙이 흔들리게 됩니다. 도마는 예수님의 부활을 의심했습니다. 그 후 예수를 만나 손의 못자국, 옆구리 창자국을 만져본 체험을 한 후, "나의 주시며 나의 아버지시니이다"(요 20:28)라고 고백하며 믿었던 것입니다. 성령은 지금도 의심하는 자에게 확신을 주시려고 체험을 하게 하십니다.

3. 연약함을 도와 능력이 있게 하십니다.

로마서 8:26에 "성령은 우리 연약함을 도우신다"고 했습니다. 우리 인간은 무척 강한 것 같지만 가장 약한 존재입니다. 질병 앞에서 힘을 못씁니다. 특히 죽음 앞에서는 처절할 정도로 무능해집니다. 죽음은 항상 멀리 있고 남의 것처럼 느껴지지만 실상은 내 곁에 있고, 언젠가는 내 것이 되고 맙니다.

인생은 죽음을 향해 달음질하는 경주자입니다. 우리의 생활도 그렇습니다. 기쁘고 행복한 날보다는 실패와 좌절, 슬픔과 고통의 날이 더 많은 것이 인생입니다. 영적인 삶도 마음으로는 선을 추구하면서도 실제 생활은 악에 머물러 있습니다. 마음은 올바른 것, 진실을 원하지만 실제는 그릇된 것, 거짓으로 가득차 있습니다. 이처럼 가장 약한 존재가 인간입니다. 마귀는 지금도 우리를 넘어뜨리고 약하게 만들려고 우리를 장악하고 있습니다. 이런 때 마귀를 이기고 우리로 강하게 살도록 도와 주시는 분이 바로 보혜사 성령이십니다. 성령의 도우심으로 우리는 모든 일을 할 수 있습니다.

"오직 성령이 너희에게 임하시면 너희가 권능을 받고"(행 1:8). 성령이 바람같이 임한다는 의미도 힘을 뜻합니다. 바람은 육안으로는 볼 수 없으나 대단한 힘을 가지고 있습니다. 아무리 밀폐되어 있어도 바늘구멍만한 틈만 있어도 들어갑니다. 바늘구멍에 황소바람이 들어온다고 합니다. 뿐만 아니라 우리는 태풍의 위력을 너무나 잘 압니다. 태풍은 큰 비를 몰고 오고 해일을 일으키고 산을 무너뜨리고 집과 도로, 교량을 다 파괴합니다. 그러나 성령은 이보다도 더 큰 능력을 가지고 역사하십니다. 사도행전을 읽고 있노라면 그 활자 자체가 막 움직이고 있고 내가 그 속에 들어가 움직이고 있는 착각을 일으킬 만큼 그 사건들이 생동적입니다. 이는 성령의 능력으로 역사하기 때문에 그런 느낌을 갖게 되는 것입니다.

베드로가 설교할 때 3천명이나 회개한 역사(행 2:41), 성전 미문 앞 앉은뱅이가 벌떡 일어난 역사(행 3:7), 성령을 속인 죄로 아나니아와 삽비라가 죽어간 심판(행 5:1-6), 핍박자 사울이 다메섹 도상에서 고꾸라진 사건(행 9:1-9), 빌립보 옥문이 활짝 열려 옥사장이 무릎 꿇던 통쾌한 전도(행 16:25-31), 유라굴로 태풍으로 다 죽게 되었을 때 살아 계신 하나님을 증거한 것(행 27:1-) 등 이루 다 열거할 수 없는 이 모든 사건들은 다 성령의 능력으로 되어진 것입니다. 힘있게 하는 이 성령의 역사는 지금 우리 속에서도 역사하고 계심을 믿습니다.

왜 그런지 요즈음 교회 일을 열심히 하고 싶고 주의 일에 헌신하려 하면 가슴이 뛴다고 하는 분들이 있습니다. 이런 마음의 상태는 자기 스스로가 아니라 성령께서 힘이 나도록 역사하여 주신 것이라 믿어집니다. 성도 여러분에게 힘을 주십니다. 믿음을 지킬 수 있는 힘, 주의 일 할 수 있는 힘, 사탄을 물리칠 수 있는 힘을 주실 줄 믿습니다. 마귀가 우리를 약하게 하는 힘보다 우리를 강하게 만드는 성령의 힘이 훨씬 더 강할 줄 믿습니다.

"내게 능력 주시는 자 안에서 모든 것을 할 수 있느니라"(빌 4:13). 불같은 성령의 힘으로 모든 것을 감당할 수 있기를 축원합니다.

4. 변화시켜 새롭게 쓰십니다.

사무엘상 10:6은 "여호와의 신이 크게 임하리니 너도 그들과 함께 예언을 하고 변하여 새 사람이 되리라"고 했습니다. 변화되는 영을 주신다는 것입니다. 또한 이사야 32:15에 "필경은 위에서부터 성신을 우리에게 부어주리니 광야가 아름다운 밭이 되며 아름다운 밭을 산림으로 여기게 되리라"고 했습니다. 성령이 임하시면 황무지에서 장미꽃이 피는 기적의 역사가 생기게 합니다. 성령은 변화의 역사를 주십니다. 광야가 변화되어 아름다운 밭이 되는 역사를 이루고 아름다운 밭을 울창한 산림으로 변화시키십니다.

이사야는 냉랭한 심령이 뜨겁게 변했습니다. 솔로몬은 머리가 변화되는 역사가 생겼습니다. 히스기야는 체질이 변화되어 죽을 병에서 해방을 얻었습니다. 한나는 생리적인 변화를 얻어 태문이 열리고 사무엘을 얻었고, 바울은 환경이 변화되어 옥문이 열리고 매었던 사슬이 풀려졌고, 모세는 홍해가 갈라지게 하는 자연계의 기적을 베풀었습니다.

성령은 모든 것을 변화시킬 수 있는 능력입니다. 약자를 강하게 변화시킵니다. 어리석은 자를 지혜롭게 변화시킵니다. 실패한 자를 승리롭게, 병든 자를 건강하게, 마귀의 종을 성령에 사로잡혀 순종하는 사람으로 변화하는 역사를 이루어지는 줄 믿습니다. 성령은 나쁜 것을 좋은 것으로, 불의를 의롭게, 잘못된 것을 잘되게, 굽은 것을 곧게, 어둠을 밝게 변화시키는 것입니다.

사람은 겉모양은 변화시킬 수 있으나 마음은 고칠 수 없습니다. 사람의 마음을 변화시킬 수 있는 이는 성령 하나님 한 분뿐입니다. 성령께서 우리 마음에 임하여 항상 좋은 것으로 변화시켜 주십니다.

찬송 208장에 보면 "주 예수 내 맘에 들어와 계신 후 변하여 새 사람 되고"라고 했습니다. 성령이 내 마음에 들어와 역사하실 때 변하여 새사람 될 줄로 믿습니다.

성도 여러분! 성령은 오늘도 우리 속에서 역사하시며 간섭하십니다. 여러분 마음 속에 성령충만이 이루어져 늘 승리하시고 은혜와 축복이 쏟아지기를 주의 이름으로 축원합니다.

다이나믹 설교뱅크

신앙인의 애국
(막 6:6-8)

오늘은 6.25를 상기하면서 그런 비극이 이 민족사에 재연되어서는 안된다는 각오로 이 날을 되새기며 자세를 가다듬고 예배를 드립시다.

6월은 무거운 달입니다. 그것은 현충일이 있으며 민족으로 잊을 수 없는 민족상잔의 비극인 6.25 동란이 있기 때문입니다. 국가에서는 6월을 보훈의 달로 정하고 그들을 위무하며 정신을 배우고 그들을 도우며 위하는 각종 행사를 하고 있습니다. 이럴 즈음 우리 그리스도인은 더욱 나라를 위해 모든 일에 앞장서서 모범된 생활을 하여야 하겠습니다.

그러므로 매년 6월말 되면 우리는 나라의 소중함을 다시 한번 생각하게 됩니다. 오늘은 지난날의 참상과 역사를 되돌아보면서 교훈을 받도록 하겠습니다.

동족상잔의 비극적인 역사, 6.25동란을 겪지 않은 세대가 벌써 80%를 넘었다고 합니다. 이제는 그 비극의 참상도 흐려져 가고 있지 않나 생각이 듭니다. 더욱 요즘 확실치 않는 통일정책으로 국방을 담당하고 군대에서도 수적 개념상실로 이제는 머지않아 6.25의 체험을 통한 반공

교육도 없어지지 않을까 염려하지 않을 수 없습니다.

우리 나라는 반만년의 유구한 역사를 가지고 있지만 평안하게는 제대로 살지 못하고 늘 수난 속에서 투쟁해야 했습니다. 병자호란이 있었고, 임진왜란이 있었습니다. 특히 20세기에 우리 나라는 잊을 수 없는 국난을 많이 겪었습니다. 1910년 일제에 의해 국권을 빼앗긴 우리는 36년이라는 긴 세월을 식민지로 있으면서 우리의 의사와는 상관없이 2차 세계대전을 겪고 참여했습니다. 그리고 해방의 기쁨을 누리기도 전에 다시 같은 핏줄이 총부리를 겨눈 6.25사변을 겪으면서 나라 전체가 이념문제로 변절과 배신을 겪으며 죽이고 죽임을 당하는 처절함에 몸서리를 쳐야만 했습니다. 그러한 국난 속에서 나라를 지키려는 수많은 젊은 생명들이 피를 흘렸습니다. 그들의 피가 아니었더라면 지금 우리가 살고 있는 나라는 없을는지도 모릅니다. 나라를 위해 그들이 흘린 피는 소중했고 매우 값진 것이었습니다.

이런 기막힌 시련을 당하면서도 정신을 차리지 못해 학생들이 피를 흘려야 하는 4.19가 있었고, 5.16혁명, 그후 두 번에 걸친 문민정부에 이르기까지 국민소득은 놀라우리만큼 높아져서 상위권을 바라보게 되어 먹을 것이나 입을 것에 대한 걱정은 하지 않아도 될 때가 왔습니다. 경제적으로는 큰 산봉우리처럼 우뚝 섰으나 정신적인 면에서는 문제가 너무나 많습니다. 제 얼굴에 침을 뱉는 일을 하는 사람도 있고, 자기의 위치를 자각못하는 장님도 있으며, 우리는 생각하지 못하고 나만 아는 이기적인 사람과 도덕과 윤리에서 벗어나 살려고 하는 잘못된 사람이 너무나 많습니다. 황금을 만능으로 생각하며 사는 사람이 점점 많아져가고 있습니다. 나라를 지키고 나라를 사랑하는 일에 온 국민이 하나가 되어야 하는데 되질 않고 있습니다.

생각해 봅시다. 물고기 한 마리에 수백만 원대에서 천만 원에 가까운 것이 있고, 그 물고기를 치료하는 어의까지 있는데 월급이 백만 원이 넘는다고 합니다. 또한 개가 사는 집이 40평이요, 일주일에 목욕을 두 번 시키며 호화 호식한다고 합니다. 그래서 사람은 못보고 돈만 보고 사는 사람이 되고 말았습니다.

이렇게 잘못되어 가고 있는 시대에 특별히 우리 믿는 사람이 해야 할 일이 무엇일까요? 기독 신앙을 가진 우리는 물론 우리 나라를 사랑하는 일에 앞장서야 겠습니다.

1. 의롭게 살아야 합니다.

한 마디로 의가 없는 곳에 가서 의롭게 살므로 바르게 사는 모습을 보여 주어야 합니다. "까마귀 싸우는 곳에 백로야 가지 말라 고이 씻은 몸 더럽힐까 하노라"는 시조도 있습니다. 이 시조처럼 혼자라도 깨끗이 하는 것이 필요하지만 우리 그리스도인은 피하지 말고 과감하게 뛰어들어가 정화해야 할 책임이 있습니다.

의는 사람이 가야할 옳은 길입니다. 이 세상 모든 일은 다 길이 있습니다. 짐승은 짐승의 가는 길이 있고, 사람은 사람의 가는 길이 있습니다. 아버지는 아버지의 가야할 길이 있고, 어머니의 길, 아들의 길, 며느리의 길, 스승의 길, 학생의 길, 차가 다니는 차도, 기차가 다니는 철도, 배가 다니는 뱃길, 비행기가 다니는 항로, 사람이 다니는 인도 등이 있습니다. 사람이 인도를 가지 않고 차도와 철로로 가면 차에 치여 죽고 맙니다.

사람은 옳은 길을 가지 않으면 반드시 파멸합니다. 사회의 부조리가 제거되지 못하고 새 사회의 정의가 실현될 수 없으며 국방이 아무리 견고할지라도 의가 없는 나라는 내적 몰락의 슬픈 운명을 모면할 수밖에 없습니다. 도덕의 불이 꺼진 사회는 이미 생명의 불도 꺼진 사회이기 때문입니다.

소돔과 고모라가 왜 망했습니까? 의인 열 명이 없어 망했습니다. 타락과 부패의 도시가 된 소돔과 고모라에는 아무리 찾아도 의인 열 명이 없었습니다. 그래서 하나님은 소돔과 고모라에 불의 심판을 내려 멸망의 형벌을 가했습니다. 소돔과 고모라, 그곳은 보다 번영을 만끽하는 근대화의 요람이었습니다. 그곳으로 돈이 모여들었고, 사람이 모여들고, 눈 뜨고도 바라볼 수 없는 인간타락의 죄악상이 날개 치고 있습니다. 명예, 권력, 돈, 많은 사람이 그곳에는 있었습니다. 그러나 그곳에는 의인이 없었습니다. 에누리를 해가며 찾아보아도 찾아야 될 의인이 보이지 않습니다.

"의인을 찾습니다." 어느 기업체의 구인광고가 아닙니다. 이것은 하나님의 구인광고입니다. 이것은 계속해서 이미 에덴동산에서 들렸던 음성이요, 노아 홍수 직전에, 또 소돔과 고모라에 나붙었던 하나님의 구인광고였습니다.

우리는 오늘도 역사의 골목에 나붙어 있는 하나님의 구인광고를 들여다보아야 합니다. 하나님은 이 민족을 위기에서 구하시려고 의인을 찾고 있습니다. 불의는 망하고 정의는 빛나고 반드시 승리합니다. 백제의 의자왕, 월남과 캄보디아 등을 보아 잘 알 수 있습니다. 어느 사회나 부패가 있으며 어느 나라에나 탁류가 있을 수 있습니다. 그러나 부패를 방지하는 소금의 세력이 강하고 탁류를 정화시키는 맑은 샘물 줄기가 흐르면 그 사회는 언제나 맑고 깨끗해집니다. 부패가 두려운 것이 아니라 부패를 방지하는 소금의 세력이 없는 것이 더 두렵습니다. 사회의 탁류가 무서운 것이 아니라 그 탁류를 정화시키는 맑은 샘물 줄기가 없는 것이 더 두렵습니다.

그래서 주님은 나약한 우리를 향해서 "너희는 세상의 소금이 되라"고 (마 5:13) 하셨습니다. 소금은 절대로 썩지 않습니다. 썩은 소금을 본 일이 있습니까? 소금은 스스로가 썩지 않기 때문에 남이 썩는 것을 방지하고 보존하게 합니다. 이것이 소금의 정신이요, 오늘 우리 그리스도인이 소유하고 배워야 할 정신입니다. 의인은 땅의 소금입니다. 땅의 소금이 많으면 많을수록 그 사회는 건전사회가 되고 정의국가가 됩니다. 길은 먼 데 있지 않고 우리 생활 속에 있고 행동 주변에 있습니다.

지금 이 시간 나부터 땅의 소금이 되고 맑은 샘물이 되기를 바랍니다.

"의는 나라를 영화롭게 만들고 죄는 백성을 욕되게 한다"(잠 14:24)고 했습니다. 유대인들의 죄가 다윗이 쌓아올린 견고한 성을 무너뜨렸고 솔로몬이 지은 화려한 성전도 무너뜨렸습니다. 우리 민족이 조상으로부터 물려받은 화려한 물질의 유산은 없지만 우리 곁에서 어둠을 몰아내고 눈물을 쫓고 태양같이 솟는 내일의 승리를 위하여 희망을 가지고 의롭고 진실한 새 사회 건설을 위해 총력을 경주해야 하겠습니다.

"그리스도교에는 국경이 없으나 그리스도인에게는 조국이 있다"는 말이 있습니다. 참된 그리스도인이라면 조국을 생각지 않을 수 없고, 자기 민족을 사랑하지 않을 수 없습니다. 우리 모두 진실되고 부지런하여 의롭게 살아갈 수 있기를 바랍니다.

2. 눈물의 사람이 되어야 합니다.

사람에게는 눈물이 있습니다. 눈물은 인생에 가장 순수한 것이요 가장 맑고 아름다운 것입니다. 가장 순수하고 아름답기에 눈물이 쏟아지는 곳에는 반드시 새역사가 창조되었던 것입니다. 눈물은 누구든지 흘리지만 이웃의 고난을 슬퍼하는 눈물, 조국을 위하여 흘리는 눈물은 고귀한 인격 실현에서 오는 눈물입니다. 수많은 사람들이 자기 외로움과 설움에서 눈물을 흘립니다만 조국을 위하여 흘리는 눈물은 찾아보기가 어렵습니다.

애국선지 예레미야의 눈물은 자기를 위한 눈물도, 가족을 위한 눈물도 아니었습니다. 그의 눈물은 나라와 민족을 위한 눈물이었습니다. 조국의 운명, 하나님의 징계를 미리 알고 일생을 눈물로 보냈던 것입니다. 눈물 없는 소돔과 고모라는 망하였고, 하나님의 심판예고를 받은 니느웨는 왕으로부터 짐승에 이르기까지 금식하며 통회의 눈물바다를 이룬 까닭에 구원을 받았습니다.

예수님도 감람산을 넘어오시다가 장차 망할 예루살렘을 보시며 뜨거운 눈물을 흘리셨습니다. 예수님의 예언대로 A.D. 70년 9월 8일 로마 디도장군의 침략으로 예루살렘이 함락되기까지 4개월 반에 걸친 처참한 참상을 교회사가였던 요세푸스는 이렇게 기록했습니다.

"로마 적병이 사방으로 겹겹이 둘러싸고 구원병은 올 수 없고, 성안은 양식이 끊어져 집집마다 굶어죽는 부녀자들이 시체더미를 이루고, 자기 자식을 잡아먹기까지 되었으며, 마지막 성이 함락되고 아름다운 성전이 다 불타버리고 이때 죽은 자가 백만이 넘었다."

이 비참한 조국의 앞날을 바라보시면서 예수님께서는 감람산에서 목놓아 우셨고 예루살렘에 가까이 오시면서 더욱 크게 우셨습니다. 그러므로 예루살렘을 보시고 통곡하시던 예수님 심정의 그 눈물이 우리에게도 있어야 하겠습니다.

히브리 민족은 2천 년 동안 나라를 잃은 채 세계에 흩어져 설움을 겪었지만, 독일 히틀러에게 600만 명이 죽으 것을 회상하고 600만 그루의 소나무를 눈물로 심으면서 애국의 혼을 토착화시켰던 것입니다. 이 역사의 고난 속에서 하나님의 뜻을 찾아야 우리에게도 살길이 있습니다. 그리고 우리 모두 나라와 민족을 위해 눈물을 흘릴 때 새 역사는 비로소 창조될 줄 믿습니다.

■ ■ ■
다이나믹 설교뱅크

3. 기도하는 사람이 되어야 합니다.

느헤미야 1:4에 "내가 이 말을 듣고 앉아서 울고 수일 동안 슬퍼하며 하늘의 하나님 앞에 금식하며 기도하며"라는 말씀이 있습니다. 느헤미야는 조국을 위하여 울기만 한 것이 아니라 조국을 위하여 기도하였습니다. 나라와 민족을 위한 눈물도 중요하지만 나라를 위한 기도는 더욱 중요한 것입니다.

그리스도인은 조국을 위해 기도해야 합니다. 그리스도인이 조국을 위한 헌신 가운데 최대의 봉사는 기도하는 것입니다. 기도는 전능하신 하나님의 능력이 나타나는 통로입니다. 국가의 운명이 하나님의 손에 달려 있다고 믿는다면 하나님의 도우심을 구하며 기도해야 할 것입니다.

기도는 세상을 움직이며 국가를 뒤흔들고 역사를 창조합니다. 이 모든 사실은 우리가 기도할 때 하나님께서 우리의 기도를 들으시고 친히 역사하시기 때문입니다. 살아계신 하나님에게 불가능이란 없습니다. 하나님은 전지전능자이기 때문입니다. 전능자이기 때문에 기도에 대한 응답으로 역사의 방향을 돌리시고, 국가의 생명력을 바꾸시고, 전쟁을 멈추게도 하실 수 있는 것입니다.

예레미야도 울기만 한 것이 아니라 조국을 위하여 기도하였습니다. 다니엘도 하루에 3회씩 예루살렘을 향한 문을 열고 하나님 앞에 나라를 위해 간절히 기도했습니다. 에스라도 하나님의 전 앞에 엎드려 울며 기도하며 죄를 자복했습니다. 이제 우리도 사무엘처럼 민족을 위하여 기도하는 각오를 해야 할 것입니다.

스코틀랜드의 존낙스는 어느 날 친구를 초청했습니다. 그런데 밤중에 주인이 없어져 찾아보니 마당에서 한밤중에 얼굴을 땅에 대고 기도합니다. "오 하나님이시여 나에게 스코틀랜드를 주시옵소서. 아니면 이 생명을 거두어 주옵소서" 하며 부르짖었습니다. 그의 기도는 실로 한 나라의 운명을 걸머지고 백성을 대신하여 생명을 바치고자 하는 것이었으니 이와 같은 기도가 응답 못받을 리가 없는 것입니다. 그래서 영국 여왕 메리는 "일만 군대보다 존낙스의 기도가 더 무섭다"고 하였습니다. 국가는 기도로 터를 쌓고 기도로 성을 쌓아야 합니다.

미국 역사의 한 단면을 소개하겠습니다. 새나라 새헌법을 제정하기 위해 필라델피아에 의회가 소집되었을 때에 한 가지 의견이 일치가 되지 않아 사람들이 퇴장하려고 술렁거렸습니다. 그 때 벤자민 프랭크린은 "여러분 잠깐만 기다리십시오. 이 나라는 하나님을 믿는 신앙 가운데 탄생한 국가입니다. 그러므로 우리들은 모두 기도의 응답을 믿습니다. 우리가 같이 무릎을 꿇어 전능하신 하나님께 기도드립시다. 하나님께서 우리들의 이 어려운 긍지와 해답을 받기를 바랍니다."라고 제안했습니다. 그러자 그들은 일제히 무릎을 꿇었습니다. 기도로 세운 헌법은 국민의 자유와 권리를 보장하고 기도로 세운 나라는 번영합니다. 미국의사당에는 기도실이 있다고 합니다.

우리는 나라를 위하여 얼마나 기도합니까? 만일 기도한다면 어떤 기도를 드립니까? 느헤미야 1:6에서 보면 "이제 종이 주의 종 이스라엘 자손을 위하여 주야로 기도하오며 이스라엘 자손의 주 앞에 범죄함을 자복하오니 주는 귀를 기울이시며 눈을 여시사 종의 기도를 들으시옵소서. 나와 나의 아비집이 범죄하여 주를 향하여 심히 악을 행하여 주의 종 모세에게 주께서 명하신 계명과 율례와 규례를 지키지 아니하였나이다."라고 했습니다. 느헤미야는 자기와 자기 집의 죄를 회개하는 동시에 자기 민족 전체의 죄를 회개하면서 민족 전체를 대표해서 민족의 죄를 자복하며 용서해 주기를 호소하였습니다.

우리도 나라를 위하여 기도드릴 때 먼저 내 죄와 내 가정의 죄를 회개하고 이 나라 국민 전체의 죄를 대신 회개하면서 하나님의 긍휼과 자비를 간구해야 하겠습니다. 그리고 기도만이 아니라 기도 드린 것을 행동으로 옮기기 위해 나부터 먼저 바르게 살면서 이웃을 내 몸처럼 사랑하는 동시에 하나님을 잘 섬기시기 바랍니다. 그러면 이 나라가 흔들리지 않는 반석 위에 견고히 세워질 줄 믿습니다.

이 민족이 사는 길은 하나님의 사람들이 먼저 악한 길에서 떠나 의롭게 사는 데 있습니다. 이 백성이 사는 길은 교회에서부터 회개운동이 일어나야 합니다. 교회가 교회로서 책임을 감당하지 못하면 하나님의 심판은 먼저 교회로부터 시작될 것입니다. 이 민족이 사는 길은 위정자로부터 국민 성도 모두가 눈물로 제단을 적시며 기도하는 일입니다. 주님께서 말씀하신 대로 교회는 기도하는 집이 되어야 합니다. 기도만이 이 나라를 한반도의 공산의 위협과 수난에서 구할 유일한 무기입니다.

아시아 넓은 땅덩어리가 공산화되어 온통 붉게 물들었을 때 이 조그마한 땅덩어리는 없어지지 아니하였습니다. 지금까지 건재하고 세계에 선진국으로 발돋움하게 된 것은 여러 성도들의 힘인 것입니다. 무기로 세운 나라는 망할지언정 무릎으로 세운 나라는 망하지 않습니다. 우리 모두 사랑하는 내 조국을 위해 진실된 마음으로 눈물로 기도하며 지키며 사랑하는 성도들 되시기를 바랍니다.

7월

교육의 달

최정성 목사(인천동현장로교회)

- 현대교회와 교회학교 교육(마 28:19-20)
- 교회교육의 목적(엡 4:11-12)
- 예수님 닮은 교사(눅 4:38-44)
- 내일을 가진 청년(수 1:1-9)
- 지혜로운 젊은이가 되라(엡 5:15-17)

현대교회와 교회학교 교육
(마 28:19-20)

기독교 교육의 목적은 성령을 통하여 모든 사람이 예수 그리스도 안에서 자기를 계시하시는 하나님의 실제와 구원하시는 사랑을 경험함으로 예배와 순종으로 하나님께 응답하고 자아를 알고 사회와 역사 속에서 사랑과 정의에 입각하여 사회건설과 구원의 역사를 이루어가는 데 있습니다.

이런 교육의 목적을 이루어가기 위하여 교회 자체가 교육적 관심 속에 적극적인 성원과 기도와 책임 감당을 열심히 하여야 합니다. 현대교회의 교회학교 교육은 어떠해야 할까요?

1. 십자가를 나누어 지는 교육이 되어야 합니다.

기독교의 본질은 십자가의 도입니다. 주님께서 인류의 죄를 속죄하여 주시기 위해 자신의 몸을 십자가에 버리시기까지 희생하시므로 인류 구원을 성취하셨습니다.

예수님은 사랑을 선포하는 데서 끝난 것이 아니라 십자가로 사랑을 실천하셨습니다. 그러므로 예수님은 인간의 마음에서 영원히 지워질 수 없는 훌륭한 스승으로 항상 살아계십니다.

그 사랑은 너무나 값비싼 희생이었습니다. 그 희생은 인간적으로 볼 때에는 실패라고 할지라도 하나님 편에서는 강한 승리였으며, 부활의 새 서광이 삶의 의미와 용기를 던져주고 있습니다.

오늘의 교회교육은 십자가를 나누어 지는 교육이 되어야 합니다. 개인주의가 만연된 세상에서 이웃에 대한 관심으로, 이기주의적인 사고에서 이타주의 사상으로 바꾸어가야 합니다. 주님의 십자가의 정신을 바로 가르치고 오늘의 삶에서 십자가를 나누어 지는 삶을 살 수 있도록 교육하여야 합니다.

교사들은 땀흘리는 수고로 가르치는 십자가를 지고, 교회는 교회학교 교육을 위하여 재정적 뒷받침을 넉넉히 해주는 일, 교육시설과 교육자료를 충분히 제공해 주는 일이 십자가를 나누어 지는 일입니다. 또한 성도들이 기도와 교사를 격려해 주는 일, 물심양면으로 협조하는 일도 십자가를 나누어 지는 일입니다.

이렇게 교회 자체가 교육적 현장으로 변화된 교회는 성숙한 교회요, 생명있는 교회입니다. 십자가를 질 수 있는 교육, 십자가를 질 수 있는 교회는 성장한 교회입니다.

2. 복음이 생활화 되는 교육이 되어야 합니다.

교육은 바람직한 인간상을 기대하면서 전진적인 촉진으로 전인적인 인간 개조를 지표로 하는 인생 최대의 예술입니다. 따라서 교육은 깊고 무겁고 넓게 보다 나은 인간 변화에의 역동적 과정이며 사회개혁에의 과정입니다. 또한 국가 발전에의 원동력으로서 인류복지를 지향하는 산 기능입니다.

기독교 교육은 마태복음 28:20의 말씀처럼 "모든 복음의 진리를 가르쳐 지키게 하는 사명"이 있습니다. 말로만의 교육이 아니라 생활의 교육이 되어야 하고, 지식의 전달만이 아니라 신앙의 교육이 되어야 하며, 가르치는 것만이 아니라 지키게 하는 교육이 되어야 합니다. 이것이 복음이 생활화되는 교육입니다.

어려운 이웃을 위해 기도해주고, 전도를 실제로 해보게 하고, 봉사의 삶을 통해 그리스도의 사랑을 실천해 보게 하는 데 있습니다. 연례행사로 끝나는 교육이 아니라 내실이 있고 변화가 있으면 결실있는 교육행사가 될 수 있기를 바랍니다.

3. 그리스도인의 바른 삶을 살게 하는 교육이어야 합니다.

교회교육은 그리스도의 복음으로 새로워져서 그리스도인으로서 바른 삶을 살게 하는 데 목적이 있습니다. 그리스도인의 바른 삶은 죄인임을 고백하고, 믿음으로 의로운 삶을 살고, 그리스도처럼 섬김의 삶으로 주의 영광을 위해 사는 데 있습니다.

바른 삶의 기본적인 의미는 하나님께 순종하는 삶이요, 예수 그리스도를 닮아가는 삶입니다. 또한 교회에 유익이 되는 삶이고, 인간을 사랑하는 삶이어야 하고 죄와의 대결에서 승리하는 삶인 것입니다.

그리스도인의 바른 삶은 예수 그리스도를 나의 구주로 믿고 분부한 선교의 명령을 따라 복음선교에 힘쓰는 것입니다.

부활하신 주님께서는 영광의 자리로 승천하시기에 앞서 이땅에 남아 당신의 구원사역을 계속해갈 사랑하는 제자들에게 귀한 사명을 맡겨 주셨습니다. 그 사명이란 "모든 족속에게 가서", 그들로 하여금 "제자를 삼아", "세례를 주고", 당신의 말씀을 "가르쳐 지키게" 하는 것입니다.

물론 주님께서는 이 귀한 사명을 맡기시는 것으로 끝나지 않으시고 그들 각자에게 필요한 능력과 힘과 권위를 부여해 주셨습니다.

어디 그뿐입니까? 주님은 "볼지어다 내가 세상 끝날까지 너희와 함께 있으리라"(20)는 약속까지 주셨습니다. 그렇습니다. 주님은 "세상 끝날까지 항상" 다시 말하면 기쁠 때나 슬플 때나 날이 개일 때나 흐릴 때나를 불문하고 "함께" 하신다는 것입니다. 그런데 복음 사역자가 주님께로 부름받는 그날까지, 아니 당신께서 이땅에 재림주로 다시 오시는 그날까지 항상 영원히 같이 계셔 주시겠다고 하셨습니다.

이제 우리는 주께서 영원히 함께 하시겠다는 이 빛나는 약속을 굳게 믿고 아골 골짝이나 황량한 빈들에도 담대히 주의 복음을 들고 나아가 선교하는 일에 힘써야 하겠습니다.

교회교육은 십자가를 나누어 지는 교육, 복음이 생활화되는 교육, 바른 삶을 사는 교육을 통해 복음선교의 사명을 다하는 데 있습니다.

교회교육의 목적
(엡 4:11-12)

교회의 목표를 요약하면 개인적 인격목표는 그리스도를 닮아 거룩한 사람이 되는 것이고, 사회적 목표는 교회의 하나님 나라를 실현하는 데 있으며, 예언적 목표는 예수 그리스도의 재림을 통해 선악간에 판단하시고 신불신간의 심판으로 인하여 공의와 사랑이 실현되는 하나님의 나라 완성을 위해 소망적인 삶을 사는 데 있습니다.

신앙공동체로서 거듭난 성도들의 모임, 사랑의 교제를 나누는 교회, 하나님을 사랑하는 교회를 이루는 데 있다.

1. 성숙한 인간이 되게 하는 데 있습니다.

골로새서 1:10은 "주께 합당히 행하여 범사에 기쁘시게 하고 모든 선한 일에 열매를 맺게 하시며 하나님을 아는 것에 자라게 하시고"라고 했습니다.

성숙한 인간이 되려면 다음 3가지 성숙이 있어야 합니다.

(1) 교리적 성숙입니다.

"우리가 다 하나님의 아들을 믿는 것과 아는 일에 하나가 되어 온전한 사람을 이루어 그리스도의 장성한 분량이 충만한 데까지 이르리니"(엡 4:13).

이것은 기독교 진리 안에서의 진보를 뜻합니다. 우리는 삼위일체 하나님을 아는 일, 진리를 아는 일에 성숙해야 합니다.

또한 진리 안에서의 자기 정립을 뜻합니다. 하나님의 말씀을 통하여 인간의 내적 생명을 진리로 정립시켜 가는 작업을 뜻합니다.

(2) 인격적 성숙입니다.

"형제들아 지혜에는 아이가 되지 말고 악에는 어린 아이가 되라. 지혜에 장성한 사람이 되라"(고전 14:20).

이것은 도덕적 영적 죄악으로부터의 성별(고후 7:1)된 죄악을 이기는 생활을 합니다.

그리고 그리스도의 형상으로 성숙해 갑니다.

"하나님이 미리 아신 자들로 또한 그 아들의 형상을 본받게 하기 위하여 미리 정하셨으니 이는 그로 많은 형제 중에서 맏아들이 되게 하려 하심이니라"(롬 8:29).

(3) 봉사적 성숙입니다.

"각각 은사를 받은 대로 하나님의 각양 은혜를 맡은 선한 청지기같이 서로 봉사하라"(벧전 4:10).

봉사자의 기본조건은 성령으로 거듭난 자신을 희생하여 남을 봉사하는 정신을 가지는 것입니다. 교회, 사회 국가를 봉사하고 세계를 봉사하는 자로 성숙시키는 것입니다.

2. 그리스도 안에서 온전한 자로 만드는 일입니다.

에베소서 4:16은 "그에게서 온몸이 각 마디를 통하여 도움을 입음으로 연락하고 상합하여 각 지체의 분량대로 역사하여 그 몸을 자라게 하며 사랑 안에서 스스로 세우느니라"고 했습니다.

그리스도 안에서 온전한 자로 양육하는 일은 그 모델이 예수님처럼 자라게 될 때까지 양육해야 합니다.

양육의 방법은(엡 4:15) "오직 사랑 안에서 참된 것을 하여 범사에 그에게까지 자랄지라. 그는 머리니 곧 그리스도라"라고 했습니다.

(1) 사랑 안에서 양육해야 합니다.

사랑을 받고 자란 사람은 사랑을 베풀며 살게 됩니다. 사랑받지 못한 사람은 작은 사랑에도 쉽게 빠지고 사랑은 베풀지 못하고 받으려고만 합니다.

(2) 성령 안에서 양육해야 합니다.

성령 안에서 자란 사람은 서로에게 친절합니다. 서로 선한 대화로 격려해 주고 악한 대화에 대해서는 경고해 줍니다.

(3) 참된 것을 하도록 양육해야 합니다.

세상에는 선과 악이 공존되어 있습니다. 참된 것을 하도록 양육받은 사람은 악은 모양이라도 버리고 선을 좋아 행하게 됩니다.

(4) 범사에 예수님처럼 자라게 하는 것이다.

바울은 "모든 겸손과 온유로" 행하라고 하였습니다. 겸손은 자신을 낮출 뿐만 아니라 타인에게도 낮게 취급되기를 원하는 마음가짐입니다.

온유는 하나님께 대하여 순종하고 타인에 대해 부드럽게 대하는 태도입니다.

3. 섬기는 자가 되게 하는 데 있습니다.

교회교육은 선한 사마리아 사람과 같이 섬기는 사람이 되게 하는 데 있습니다.

교회교육은 지배자가 되게 하고 대접받는 자가 되게 하는 데 있지 않고 섬기는 자로 희생을 교육하는 데 있습니다.

섬김의 의미는 그리스도의 섬김의 도(막 10:45)에서 찾을 수 있습니다.

(1) 자기 자신을 잘 돌보아야 합니다.

"형제들아 사람이 만일 무슨 범죄한 일이 드러나거든 신령한 너희는 온유한 심령으로 그러한 자를 바로잡고 네 자신을 돌아보아 너도 시험을 받을까 두려워 하라"(갈 6:1).

(2) 교회를 잘 돌보아야 합니다.

"제자들의 마음을 굳게 하여 이 믿음에 거하라. 권하고 또 우리가 하나님나라에 들어가려면 많은 환난을 겪어야 할 것이라 하고 각 교회에서 장로들을 택하여 금식기도하며"(행 14:22-23).

(3) 가족을 잘 돌보아야 합니다.

"누구든지 자기 친족, 특히 자기 가족을 돌아보지 아니하면 믿음을 배반한 자요 불신자보다 더 악한 자니라"(딤전 5:8).

교회교육의 목적은 성숙한 인간, 그리스도 안에서 온전한 자, 그리스도의 사랑 안에서 섬기는 자가 되게 하는 데 있습니다.

예수님 닮은 교사
(눅 4:38-44)

"학교는 있지만 교육은 없다"는 말이 있습니다. 이는 지식전달의 교육은 있지만 인간교육, 즉 인격교육은 없다는 말에서 연유된 말입니다.

교회는 신앙교육, 생활교육 즉 인격교육이 잘되어야 합니다. 우리는 예수님의 제자입니다. 제자는 스승을 배우고 스승을 그대로 닮아가는 교사가 되어야 합니다.

첫째, 예수님의 인격을 배워야 합니다. "내 마음은 온유하고 겸손하니 나의 멍에를 메고 내게 배우라"(마 11:29)고 했습니다.

둘째, 예수님의 삶을 닮아야 합니다. "인자가 온 것은 섬김을 받으려 함이 아니요 도리어 섬기려 하고 많은 사람을 위하여 자기의 목숨을 대속물로 주려 함이니라"(막 10:45)고 했습니다.

셋째, 예수님의 정신을 따라야 합니다. "진리를 알지니 진리가 너희를 자유케 하리라"(요 8:32)고 했습니다.

교육의 모델은 "전인교육"입니다(눅 2:52).

(1) 키가 자라고 : 육적 성장

(2) 지혜가 자라가며 : 영적 성장
(3) 하나님과 사람에게 더 사랑스러워 가시더라 : 도덕적 성장
예수님 닮은 교사는 어떤 교사입니까?

1. 열심히 심방하는 교사입니다(38-39절).

"예수께서 일어나 회당에서 나가사 시몬의 집에 들어가시니."

병든 자, 약한 자, 소외된 자, 불행한 자를 찾아서 심방하시는 예수님을 닮은 교사가 되어야 합니다. 예수님은 어렵고 불행한 사람을 찾아 심방하셨습니다.

하루는 나인성에 가셨습니다. 아들이 죽은 과부를 만나게 되었습니다. 예수님께서 관에 손을 대시고 "청년아 일어나라" 하시니 장사 지내려고 가던 시체가 일어났습니다. 과부의 집은 초상집이었습니다. 그러나 아들이 살아난 다음에는 잔치집이 되었습니다. 과부에게 외아들이 죽었으니 완전히 절망에 빠진 지옥이었습니다. 그러나 지옥이 변하여 천국이 되었습니다. 예수님이 찾아가시는 집안은 이렇게 될 수 있습니다.

오늘의 본문 38-39절에서는 시몬의 장모가 중한 열병에 붙들린 것을 가정 심방을 통해 고쳐주신 내용입니다.

예수님 닮은 교사는 가정심방을 열심히 하는 교사입니다. 심방을 하려면 어떻게 해야 합니까?

첫째, 부지런해야 합니다. 심방은 찾아가야 합니다.

둘째, 열심이 있어야 합니다. 시간과 노력을 바쳐야 합니다.

셋째, 교회로 인도해야 합니다. 생명길로 인도해야 합니다.

2. 사람대접을 잘하는 교사입니다(40-41절).

예수님은 절대 차별하는 법이 없습니다. 사람이라면 누구를 막론하고 사람 대접을 잘하셨습니다.

이세상을 살아가는데 돈을 믿고 사는 사람이 있습니다. 그들은 교만하고 돈없는 자를 천대합니다. 자기 재산을 믿고 사는 사람이 있는데 자기 중심적이고 이웃을 외면합니다. 그러나 하나님을 진실히 믿고 사는 사람은 남을 귀하게 여기고 사람대접을 잘 하는 생활을 합니다.

본문 40-41절에 "해질 적에 각색 병으로 앓는 자, 있는 사람들이 다 병인을 데리고 나아오매 예수께서 일일이 그 위에 손을 얹으사 고치셨다"고 했습니다. 예수님은 건강한 자나 병인들도 귀신들린 사람도 사람대접을 하였습니다.

예수님을 닮은 교사는 어린이를 차별없이 대접해주어야 합니다.

첫째, 차별없이 관심을 가져주어야 합니다.

"다 병인을 데리고 나아오매"라고 했습니다.

둘째, 사랑으로 양육해야 합니다.

"일일이 그 위에 손을 얹으사 고치셨다"고 했습니다.

셋째, 어린이를 인격체로 대접해야 합니다.

귀히 여기고 이름을 불러주고, 만져주고, 칭찬해 주어야 합니다.

3. 사명에 충실한 교사입니다(42-44절).

사명은 생명보다 귀한 것입니다. 세상에서 생명이 제일 귀하다 하지만 사명을 위해 목숨을 바치는 것이니 사명이 생명보다 귀한 것입니다.

바울 사도는 "나의 달려갈 길과 주 예수께 받은 사명 곧 하나님의 은혜

다이나믹 설교뱅크

의 복음을 증거하는 일을 마치려 함에는 나의 생명을 조금도 귀한 것으로 여기지 아니하노라"고 하였습니다(행 20:24).

사명에 충실한 삶이 가장 훌륭한 삶입니다.

42절에서 보면 은혜를 입은 자들이 주님이 자기들 곁을 떠나지 아니하기를 애원하였습니다. 그때 주님은 "내가 다른 동네에서도 하나님의 나라 복음을 전하여야 하리니 나는 이 일로 보내심을 입었노라"고 했습니다.

하나님이 예수님을 이땅에 보내신 목적은 전도를 하기 위함이라고 자기의 사명을 밝혔습니다. 예수님 닮은 교사는 사명에 충실한 교사입니다.

교사의 사명이 무엇입니까?

마태복음 28:19-20에 "너희는 가서 모든 족속으로 제자를 삼아 아버지와 아들과 성령의 이름으로 세례를 주고 내가 분부한 모든 것을 가르쳐 지키게 하라"고 했습니다.

교사의 사명은 선교와 교육으로 어린이들을 구원하여 교화운동과 제자화운동을 하는 것입니다.

예수님 닮은 교사는 열심히 심방하는 교사, 어린이를 사랑하는 교사, 사명에 충실하는 교사입니다.

내일을 가진 청년
(수 1:1-9)

청년의 시기는 참으로 좋은 시기이며 젊음이 있고 꿈이 있는 시기입니다. 또한 여름과 같이 무성한 시절입니다. 모험을 추구하고자 하는 욕망이 넘치고, 일을 강행하는 과정을 중요시하고, 항상 자신의 용기를 과시하고자 하는 의욕이 왕성합니다. 또한 인생을 독립적으로 도약하려는 강한 의지와 충동을 느끼고, 가치체계가 유동적이므로 모순과 갈등에서 방황하기도 하는 시기입니다.

그러나 장점은 내일을 가진 청년이라는 것입니다. 내일이 있는 사람은 꿈이 있습니다. 사랑이 있습니다. 젊음이 있습니다. 용기가 있습니다.

본문은 내일을 바라보고 가던 이스라엘 백성이 드디어 가나안 땅에 들어가는 꿈이 성취되는 것을 기록한 것이 여호수아의 말씀입니다.

그래서 여호수아서를 가리켜서 "내일을 가진 사람에게 주는 안내서"라고 말합니다.

내일을 가진 청년의 특징을 알아보겠습니다.

■ ■ ■
다이나믹 설교뱅크

1. 높은 뜻을 선택한 사람입니다(2절).

"이제 너는 …… 이 요단을 건너 …… 하나님 자손에게 주는 땅으로 가라"

위대한 사람은 비전을 가지고 살아갑니다. 비전이 없는 백성은 망한다고 했습니다. 사람은 먹을 것과 입을 것, 땅에 속한 것만 가지고는 살아갈 수가 없습니다. 그래서 헬라어로 인간은 "안드로포스"라고 합니다. 이 말은 "위를 바라보라"는 뜻입니다.

누구든지 큰 뜻을 품고 있는 사람은 그대로 이루어지는 것을 우리는 역사 속에서도 찾아볼 수 있습니다.

에이브러햄 링컨은 가난한 집안에서 태어나 별로 배우지도 못한 무식한 소년이었습니다. 한번은 그가 뉴올리언즈에 갔다가 흑인들을 매매하는 노예시장을 가게 되었습니다. 부모와 자식이 경매에 붙여져 아버지는 동쪽으로, 자식은 서쪽으로 팔려가는 것을 보았습니다.

그는 자기와 동갑인 6살난 소녀가 경매에 붙여져 사람들 앞에서 수모를 당하며 팔려가는 것을 보았습니다. 그때 에이브러햄 링컨은 '저것은 인간이 할짓이 아니다'라고 생각하고 노예제도를 없애야겠다는 굳은 결심을 했는데, 이것을 달성하기 위해서는 자신이 대통령이 되는 길밖에 없다고 생각했습니다. 결국 그는 후에 미국의 16대 대통령이 되어 노예제도를 철폐하기에 이르렀습니다.

내일의 꿈을 꾸며 살아가는 사람은 그대로 성취되는 것을 잘 알 수 있습니다.

여호수아는 모세의 충성스러운 신하였습니다. 그는 모세에게서 큰 믿음을 배웠습니다. 큰 비전을 배웠습니다. 그는 가나안땅을 정탐하러 갔던 12사람 중 한 사람이었습니다.

12사람 가운데 열 명은 매우 부정적인 보고를 했습니다. 그러나 여호수아와 갈렙은 "하나님께서 저 땅을 우리의 땅으로 약속해 주셨으니 우리는 갈 수가 있다"고 했습니다.

부정적인 보고를 했던 열 사람은 불평한 사람들과 함께 모두 광야에서 죽고 말았지만, 여호수아는 40년 후에 모세의 지도력을 위임받아서 요단강을 건너 가나안 땅에 들어갔습니다.

성경은 약속하기를 "무릇 너의 발바닥으로 밟는 곳을 내가 다 너희에게 주었노니"라고 했습니다. 여호수아는 이스라엘 백성을 이끌고 모세가 들어가지 못한 약속의 땅, 내일의 땅인 가나안 땅에 들어가는 위대한 지도자가 되었습니다.

하나님은 내일을 가진 사람을 쓰십니다. 부정적인 사람, 불평하는 사람은 버리시고 긍정적이고 내일의 소망을 가진 사람을 귀하게 쓰십니다.

2. 과거에 사로잡히지 않는 사람입니다(2절).

모세는 느보산 비스가 봉에서 죽었습니다. 그리고 이제부터는 여호수아가 전적인 지도력을 위임받고 요단강을 건너가게 되었습니다. 이것은 모세의 그림자 밑에서 더 이상 있을 수가 없다는 말입니다.

실패하는 사람은 대개 "만일 내가 이러했더라면" 하면서 과거에 얽매이는 사람입니다. 또한 모든 일에 자신이 없고 다른 사람과 비교해서 열등감에 사로잡혀 있는 사람입니다.

그러나 하나님께서는 여호수아에게 이제는 과거에 붙잡히지 말고 앞으로 나아가라고 했습니다.

기독교인은 과거에 이런 실패를 했든지 어떤 잘못을 범했든지 간에 그리스도 앞에 나와서 그 잘못들을 모두 십자가에 못박아 버리고 새로운 피조물이 되어서 구원의 삶, 부활의 삶을 살아가는 사람들입니다.

과거에 붙잡히지 않는 내일의 청년은 세월을 아껴서 삽니다.

"너는 청년의 때에 곤고한 날이 이르기 전 아무 낙이 없다고 할 해가 가깝기 전에 너의 창조자를 기억하라"(전 12:1). "세월을 아끼라 때가 악함이라"(엡 5:16)고 했습니다.

청년의 때가 영원한 것이 아닙니다. 잠시 잠깐 뿐입니다. 그러므로 시간을 소중히 생각하고 세월을 아껴야 합니다.

시간은 흘러가는 물과 같고 날아가는 화살과 같습니다. 그러므로 게으르지 말고 열심을 품어 주님을 섬기는 일에 힘써야 합니다. 세월을 아긴다는 것은 악을 떠나 자기의 영혼을 보전하는 것입니다(잠 16:17). 고난이 닥쳐와도 낙심치 아니하고 오히려 연단의 기회로 삼습니다.

그리고 그리스도와 복음을 위하여 젊음과 기회를 투자하는 것입니다. "네 장막에서 불의를 멀리하면 흥하리라"(딤전 4:15)고 했고 눈물을 흘리며 씨를 뿌리는 자는 기쁨으로 단을 거두게 된다고 했습니다.

내일을 가진 청년은 과거에 사로잡히지 않고 내일의 소망을 갖고 오늘의 삶에서 세월을 아껴 살아갑니다.

3. 일어나 전진하는 사람입니다(6절).

성경은 "강하고 담대하라 의심하지 말고 믿고 약속의 땅을 차지하라"고 말씀합니다. 또한 "강하고 담대하라 좌우에 치우치지 말고 말씀을 묵상하고 기록된 대로 실천하라"고 합니다.

교인들 가운데 때때로 좌우에 치우치는 사람이 있습니다. 교회에 잘 다니다가도 "다른 데 뭐좀 좋은 것이 없나?"하며 자꾸 좌우를 봅니다. 그러다 보면 결국 남들은 벌써 저 앞으로 달려갔는데 자기는 뒤에서 머뭇거리는 사람이 되어 있습니다.

계속해서 "강하고 담대하라 두려워 말며 놀라지 말라 내가 너와 함께 함이니라"고 합니다. 강하고 담대한 신앙을 가진 사람은 좌우를 돌아보지 않고 일어나 앞만 보고 전진합니다.

청년의 특징은 정열과 용기와 박력과 희망입니다. 청년 때에는 꿈과 희망과 비전을 가진 때요 이것을 실현하기 위해 시도하는 때입니다.

청년에게 희망이 있을 때에 얼굴에는 생기가 넘치고 눈에는 정기가 빛나고 걸음걸이는 활력이 있고 생활에는 활기가 넘치게 됩니다.

이 세상에서 가장 불쌍하고 나약한 사람이 누구입니까? 돈이 없는 사람, 학벌이 없는 사람, 권세나 명예가 없는 사람이 아닙니다. 꿈과 희망이 없는 사람이 가장 불쌍하고 초라한 사람입니다. 희망은 강한 용기요 모든 불행을 치료하는 약입니다.

내일을 가진 청년은 희망을 갖고 일어나 전진하는 사람입니다. 내일을 가진 청년은 높은 뜻을 선택한 사람이요, 과거에 사로잡히지 않는 사람이며 희망을 가지고 일어나 나아가는 사람입니다.

약속의 말씀을 믿고 하나님의 우리와 같이 계신 것을 믿고 담대하게 나아갑시다.

오늘의 교회 청년들은 내일의 교회에 기둥같은 역군들입니다. 그러므로 교회는 청년들을 아끼고, 격려하고, 기도하고, 용납하고 이해해야 합니다.

그들의 제안에 귀를 기울이고 교회를 위해 봉사할 자리와 기회를 제공해야 합니다. 그들의 참여와 활동의 영역을 넓혀줄 때에 예수 그리스도의 몸된 교회로서 활기찬 성장을 하게 될 것입니다.

지혜로운 젊은이가 되라
(엡 5:15-17)

청년기는 인생 시발점이지 결국 종착역이 아닙니다. 청년은 인생의 미완성품이요 결국 완성품은 아닙니다. "이제부터"라고 할 때지 "다 되었다. 그만하면 다 되었다"는 때가 아닙니다. 따라서 진보하기 위해서, 향상하기 위해서 노력해야 합니다.

나폴레옹은 젊었을 때 무엇을 하든지 천하제일을 목표하고 부단히 노력했습니다. 에디슨은 1%의 영감과 99%의 땀으로 된 것이라고 말할 정도로 노력하였습니다.

참으로 큰 소망을 품고 열심히 노력하는 청년들이 되시기를 바랍니다.

말세 현상중에 "많은 사람이 빨리 왕래하며 지식이 더하리라"(단 12:4)고 하신 예언이 깊이 느껴지는 지식의 홍수 속에 오늘을 사는 신앙의 젊은이의 삶에 우선 원칙을 제시하고자 합니다.

"여호와를 경외하는 것은 지혜의 훈계라 겸손은 존귀의 앞잡이니라"(잠 15:33).

"겸손과 여호와를 경외함의 보응은 재물과 영광과 생명이니라"(잠

22:4) 하셨으며, 야고보서 1:5을 보면 지혜로운 젊은이의 삶의 방향은 어떤 것인가를 가르쳐주고 있습니다. 즉 "너희중에 누구든지 지혜가 부족하거든 모든 사람에게 후히 주시고 꾸짖지 아니하시는 하나님께 구하라 그리하면 주시리라"고 했습니다.

1. 세월을 아끼는 것입니다(16절).

때가 악합니다. 시간이 낭비되기 쉬운 현실입니다. 젊은이의 때는 더욱 소중합니다. 주어진 시간의 길이는 동일하나 사용 용도에 따라 절약되고 가치가 있게 되는 것입니다.

세월을 아끼는 방법으로는 부지런히 일하는 것입니다. 잠언 6:6에는 "게으른 자여 개미에게로 가서 그 하는 것을 보고 지혜를 얻으라"고 했습니다.

또한 주의 영광 중에 일해야 합니다. "그런즉 너희가 먹든지 마시든지 무엇을 하든지 다 하나님의 영광을 위하여 하라"(고전 10:31)고 했습니다.

심판의 때를 의식하여 일하는(마 24:44) 것입니다.

세월을 아낀 자들은 어떤 복을 받을까요? 많이 거두는 복(시 126:5), 칭찬듣는 복(마 25:21), 많이 맡게 되는 복(마 24:46)을 받게 됩니다.

만약 지금까지 우리가 세월을 낭비해 왔다면 지금부터 배전의 노력을 기울이지 않으면 안됩니다. 그리스도인들이 빈둥거리는 일에 투자하는 시간을 올바로 사용하기만 한다면 온세상을 구원할 수 있을 것입니다.

2. 성령의 충만을 받아야 합니다(18절).

"술취하지 말라. 이는 방탕한 것이니 오직 성령의 충만을 받으라."

바울은 새사람을 입은 자로서 이 악한 세상을 지혜롭게 살아가기 위한 또하나의 지침으로 육체적 절제를 가르치고 있습니다. 그것에 대한 실제적 교훈으로 술취함과 방탕, 곧 무절제하고 사치스런 삶을 지양하라고 권하였습니다.

그렇다면 성도는 무엇으로 그 본성적 허전함을 채워가야 할까요? 이에 대해 바울은 "성령의 충만을 받으라"고 권고하였습니다. 즉 한번이 아니라 지속적으로 하나님의 영의 충만함을 덧입을 것을 권하였습니다.

사실 우리가 거듭나는 순간 성령은 우리 속에 내주하시지만 그렇다고 해서 늘상 성령이 충만한 상태에 있는 것은 아닙니다. 따라서 우리 신자들은 끊임없이 성령이 우리를 강권적으로 지배하시며, 마치 술에 취한 자가 술에 의해 그 행동과 생각이 좌우되듯이 성령에 흠뻑 취하여 성령에 의해 그 행동과 생각이 지배되도록 해야 합니다.

실로 인간 스스로는 유약하며 범죄의 가능성이 짙은 존재입니다. 하지만 그 연약한 인간 속에 우주보다 크신 성령께서 좌정하시고 그 인간을 지배하게 될 때 그 인간은 심령이 강할 수 있으며, 어떤 풍파 가운데서도 평안과 소망과 기쁨을 가질 수 있습니다. 그러기에 정녕 성령의 충만을 받아야 합니다.

3. 찬양하며 섬기는 삶에 최선을 다해야 합니다(19절).

"시와 찬미와 신령한 노래들로 서로 화답하며 너희의 마음으로 주께 노래하며 찬송하며"라고 했습니다.

모든 하나님의 백성들은 기쁨으로 노래 부를 만한 이유를 갖고 있습니다. 왜냐하면 우리 모두는 하나님의 크신 은혜와 사랑으로 죄와 사망의 권세에서 구원받은 자들이기 때문입니다.

어디 그뿐입니까? 우리는 이땅의 복과 오는 세상의 복을 받은 참으로 복된 존재가 아닙니까? 설사 우리가 노래를 항상 부를 수는 없다 하더라도 하나님께 항상 감사할 수는 있을 것입니다. 우리는 삶 가운데 어떤 일이 일어나건 하나님께 감사할 수 있어야 합니다

실로 주의 은혜 가운데 사는 자에게는 비가 오면 비가 오는 대로 감사의 제목이 있을 것이고, 해가 뜨면 해가 뜨는 대로 감사의 제목이 있을 것입니다. 비록 시련과 고통이 온다 할지라도 우리는 그 가운데 하나님의 사랑과 선하신 뜻이 감추어져 있음을 믿고 그 사실에 만족하며 항상 모든 일들에 대해 감사를 드려야 합니다.

믿는 자들이 서로 존경하며 사랑하는 것이야말로 신자들 서로 간의 의무를 다하는 것이며, 또한 하나님께 영광을 돌리는 일입니다.

정녕 하나님을 찬양하며 그분께 감사하는 일은 하나님이 사랑하시는 이웃에게 봉사하며 겸손히 복종하는 것과 무관하지 않음을 잊지 말아야 합니다.

8월

헌신의 달

이종복 목사(인천 은혜감리교회)

- 진정으로 주님을 사랑하는 자(눅 7:36-50)
- 너는 나를 좇으라(눅 9:57-62)
- 주가 쓰시겠다 하라(막 11:1-10)
- 완전한 헌신(레 1:1-7)

진정으로 주님을 사랑하는 자
(눅 7:36-50)

진정한 사랑에는 구체적인 행동이 따릅니다. 사랑은 입술로만 하는 것이 아니기 때문입니다. 행함이 없는 믿음은 죽은 믿음이듯이 행함이 없는 사랑은 죽은 사랑입니다. 우리가 주님을 사랑한다고 하면서 그 사랑에 대한 구체적 행동이 없다고 하면 이는 주님을 진정으로 사랑하는 것이 아닙니다.

본문에는 두 사람이 대조되어 나타나고 있습니다. 한 사람은 바리새인 시몬이라는 사람이고, 다른 한 사람은 죄인인 여인입니다. 시몬은 바리새인이었습니다. '바리새'라는 말은 '구별한다' 또는 '성별한다'는 뜻을 갖고 있습니다. 즉 남보다 더 깨끗하게 종교생활을 하며 남보다 더 온전하게 하나님의 계명을 지킨다고 해서 붙여진 이름입니다.

이 바리새인인 시몬이 예수님을 자기의 집으로 초대하였습니다. 그런데 죄인인 한 여인이 향유를 담은 옥합을 가지고 와서 예수님의 발 아래 엎드려 눈물로 발을 적시며, 자기 머리털로 예수님의 발을 씻으며 입맞추고 향유를 부었습니다.

시몬은 이 여자를 못마땅하게 생각했습니다. 그는 이 여자가 하는 것을 가만히 허락하고 계신 주님을 보면서 '아! 이분은 선지자가 아니다'라고 속으로 생각했습니다. '내가 모신 이 분이 정말로 선지자이면 이 여자가 얼마나 더러운 여자인지 아실 것이고 또 아셨으면 당연히 물리치셨을 것인데 왜 가만히 계시는가?' 하고 생각을 했습니다. 시몬은 예수님을 자기 집으로 모신 것으로 자기 할 바를 다했다고 여겼고, 죄인인 여자의 행동을 만류하시지 않는 예수님의 행동을 오히려 잘못된 것으로 여기고 있었습니다.

이스라엘에서는 존경받는 손님이 초대받아 집에 들어왔을 때는 언제나 세 가지 일이 행해졌다고 합니다. 먼저 주인이 자기의 두 손을 손님의 어깨에 얹고 평화를 기원하는 뜻의 입맞춤을 합니다. 그리고 이어 손님에게 발 씻을 물을 내놓았습니다. 그래서 언제나 먼지가 묻은 손님의 발을 씻도록 하고, 또 피로회복을 위해 시원한 물을 그 발 위에 부었습니다. 끝으로 향기나는 기름 한 방울을 손님의 머리 위에 떨어뜨렸습니다. 이런 일들은 손님에게 당연히 행해야할 예법이었는데, 시몬의 경우는 그 중 하나도 행하지 않았습니다. 더욱이 그의 마음 속에는 죄인인 여자의 행동을 만류하시지 않는 예수님의 태도를 오히려 잘못된 것으로 여기고 있었던 것입니다. 예수님께서는 이 사실을 일깨워 주고 계십니다.

그러나 여인은 눈물로 예수님의 발을 적시고 자기 머리털로 씻고 그 발에 입맞추는 행동을 하였습니다. 이는 예수님으로부터 칭찬을 받겠다는 생각에서 나온 것이 아니라 예수님께 받은 사랑이 너무 크고 고마워서 순수한 마음에서 우러나온 사랑의 표현이었습니다.

그 당시 이스라엘 결혼 풍습 가운데 여자들이 혼수 준비물로서 가장 중요하게 준비하는 것이 옷과 향유라고 합니다. 그 향유를 예수님을 위해 아낌없어 쏟아 부은 것입니다. 본문에 나타난 여자의 행동에 대해 사람들은 곱지 않은 시선을 보냈습니다. 그러나 예수님은 몸과 마음과 정성과 물질을 드려 헌신하는 그녀의 중심을 아셨습니다.

그리고 예수님께서는 이를 시몬에게 깨닫게 하시고자 비유를 말씀하셨습니다. "빚진 자가 둘이 있는데 한 사람은 오백 데나리온을 빚졌고 또 한 사람은 오십 데나리온을 빚졌는데 두 사람이 갚을 길이 없다. 그래서 빚을 주었던 사람이 은혜롭게 둘 다 탕감해 주었는데 둘 중에 누가 더 그를 사랑하겠느냐?"

이 둘 사이에는 굉장한 차이가 있지만 여기서 말하려고 하는 것은 빚진 자의 입장에서는 둘 다 갚을 길이 없다는 것입니다. 예수님은 비유를 들어 시몬 자신을 돌아보게 만드십니다. "네가 이 여인을 업신여기지만 너도 이 여자와 마찬가지로 죄인이다. 네 생각에는 네가 저 여인보다 의롭다고 생각하는 모양인데 빚지기는 마찬가지다." 즉 갚을 수 없는 입장은 똑같다는 것입니다. 시몬은 죄많은 여인에 비해서 자신은 낫다는 것만 보았지 하나님 앞에서 내가 얼마나 초라하고 보잘것없는 존재인가를 잊고 있었습니다.

오늘 본문이 우리에게 말씀하는 진리는 우리 모두가 다 죄인이라는 것입니다. 빚을 졌다고 하는 것은 다하지 못한 의무를 말하고 있습니다. 빚은 꼭 갚아야 하는 것입니다. 옛날에는 빚을 갚지 못하면 몸으로 일해서라도, 즉 노예가 돼서라도 갚아야 했습니다. 예수님께서는 두 사람 모두가 그 빚을 갚을 수 없다고 하셨습니다.

우리는 하나님 앞에 내놓을 것이 과거에도 없었고 현재에도 없었고 앞으로 없습니다. 앞으로 내가 좀더 선하게 살 수 있다고 하더라도 갚을 수도 없습니다. 가장 위대한 신앙인이라고 할 수 있는 사도 바울은 "오호라 나는 곤고한 사람이로다. 누가 나를 이 사망에 몸에서 건져내랴. 원하는 선은 행하지 못하고 원치 않는 죄만 짓는다"고 고백했습니다. 이것이 바로 사도 바울의 고백이요, 참된 신앙인의 고백입니다.

시몬과 여자의 차이는 무엇입니까? '주님을 누가 더 사랑하느냐?'입니다. 적은 빚을 탕감받은 자보다 많은 빚을 탕감받은 자가 더 주님을 사랑하는 것입니다. 주님은 그 자리에 있는 자들에게 선언하셨습니다. "저의 많은 죄가 사하여졌도다. 이는 저의 사랑함이 많음이라." 그리고 이어서 그녀에게 "네 믿음이 너를 구원하였으니 평안히 가라"고 큰 소리로 선언하셨습니다. 아마 이전에 개인적으로 주님의 용서를 받은 여자라고 생각됩니다. 그러나 이제는 많은 사람 앞에서 이 여자가 하나님의 용서받은 사람이라는 것을 선언하여 주신 것입니다.

이 말을 들은 여자는 다시금 주님의 사랑을 경험하고 그 사랑에 감복하여 그전과는 전혀 다른 삶을 살았을 것입니다. 남들은 다 자신을 정죄했지만 오직 한 분 예수님은 자신의 죄를 용서해 주신 그 사랑에 감격하여 주님께 나아왔습니다.

그의 행위는 주님을 사랑하는 신앙의 표현입니다. 눈물을 흘린 것은 자신의 죄를 용서해주신 사랑에 대한 감격으로 인한 것입니다. 머리털로 발을 씻기는 것이 중요합니다. 머리털은 여인의 영광입니다. 그런데 그 영광도 주님께 드렸습니다. 발에 입맞춤은 사랑과 복종을 의미합니다. 그녀가 보여준 것은 감사와 복종과 사랑의 표현이었습니다. 이것이 참신앙인의 자세입니다. 진실한 신앙의 표현은 사랑입니다.

시몬은 예수님을 자기의 집으로 초대하여 식사를 대접했습니다. 이 사실로 보아 그는 예수님께 호감을 가지고 있었던 사람임에 틀림없습니다. 그러나 예수님을 기쁘시게 해드리지는 못했습니다. 사랑이 없었기 때문입니다.

우리는 주님을 위해 예배와 봉사, 전도와 선교를 하면서 그 속에 주님을 향한 사랑이 빠져 있지는 않은지 돌이켜 보아야 합니다. 우리는 죄인이었지만 주님께로부터 놀라운 구속의 사랑을 받았습니다. 그 사랑에 진심으로 감사하며 하나님을 찬양하고 이제는 오직 주님만을 위하여 봉사하고 복음을 전하고 일하는 성도들이 되어야 하겠습니다.

다이나믹 설교뱅크

너는 나를 좇으라
(눅 9:57-62)

예수 믿는다는 것은 그렇게 간단한 것이 아닙니다. 예수님의 제자가 된다는 것, 예수님을 따르고 예수님의 사람이 되는 것은 과거를 버리고 새로운 출발을 하는 것을 의미합니다.

예수님을 따라가려면 과거를 버리고 새롭게 출발하는 바른 자세가 필요합니다. 공부하는 학생은 자세가 중요합니다. 기본자세가 바로 되어 있어야 공부를 잘합니다. 운동도 그렇습니다. 운동의 기본자세가 바로 되어 있어야 실력이 향상됩니다. 만약 잘못된 기본 자세가 몸에 배면 나중에 고치려고 해도 잘 고쳐지지가 않아 실력이 향상되지 않습니다.

마찬가지로, 신앙생활에 있어서도 바른 신앙자세가 필요합니다. 은혜 받으려는 자세가 되어있는 사람은 꾸준하게 신앙이 자랍니다. 더 나아가 결단이 있어야 합니다. 예수님께서는 한 사람이 두 주인을 섬기지 못한다고 하셨습니다. 진실하게 살려면 때로는 많은 모함과 오해가 따릅니다. 그러나 이것이 진리요, 의라면 각오해야 합니다. 고귀한 것을 얻기 위해, 의를 위해 이런 각오가 없다면 아무 것도 이루어지지 않습니다.

본문에는 예수님과 세 사람의 대화가 나옵니다. 그런데 예수님께서 이 세 사람에게 하신 말씀의 공통점은 예수님을 따르기에 합당한 자는 고난을 감수하고 예수님을 우선하며 헌신해야 한다는 것입니다. 한 마디로 예수님을 따르는 데 각오와 결단이 있어야 한다는 말씀입니다.

본문에 나오는 세 가지 유형의 사람 가운데 첫 번째 사람은 충동형으로 성격이 급한 사람인 듯합니다. 마태복음 8:18 이하에는 본문의 사건과 동일한 사건을 기록한 본문이 있는데 첫번째 사람을 서기관이라고 했습니다. 서기관이라면 학식과 권위를 지닌 유대사회에서 최고 상류층의 사람입니다. 이런 계층의 사람이 예수를 자원하여 따르겠다고 말한 것은 이례적인 일입니다.

예수님께서 오병이어로 오천 명이 넘는 굶주린 무리를 배불리 먹이시고, 귀신을 쫓아내시고, 가지각색 병자들을 고치시자 예수님의 인기는 대단했습니다. 이 사람은 그 능력과 인기를 보고 내가 이 분을 따라가면 괜찮겠다 싶어서 말합니다. "어디로 가시든지 저는 좇으리이다." 이에 예수님께서 그의 주의를 환기시키십니다. "여우도 굴이 있고 공중의 새도 집이 있으되 인자는 머리 둘 곳이 없도다." 이 말은 "네가 큰 기대를 갖고 나를 따른다고 하는데 여우나 새 같은 짐승들도 일정한 거처가 있지만 나는 몸 편히 쉴 곳도 없다. 새와 짐승에게도 허락된 최소한의 삶의 터전조차 보장받지 못한다. 그러나 지금까지 갖고 있던 감정을 버리고 오히려 가난과 비천함을 생각하라"는 의미입니다.

이런 충동성 신앙은 문제가 있습니다. 벳새다의 빈들에서 오병이어의 기적을 일으킨 예수님을 보고 군중들은 예수님을 지도자로 삼자고 소리쳤습니다. 그러나 예수님은 흥분한 군중심리에 도취되지 아니하시고 조용히 그들의 곁을 떠나셨습니다. 몇 일이 지난 후 그 군중들이 유월절을 지키려고 예루살렘에 모였을 때에 예수님은 찬양했던 바로 그 입으로 예수님을 십자가에 못박으라고 외쳤던 것입니다. 이것이 지극히 감정적이고 이기적인 동기에서 예수님을 따르려던 무리들의 모습입니다.

이런 동기에서 신앙생활을 하면 조금만 핍박이 와도 뒤로 물러나게 됩니다. 예수님을 믿을 때에 얻게 될 눈에 보이는 유익만 생각했지 치러야 할 대가는 생각지 않는다면 뒤에 가서 문제가 따릅니다. 실망하게 됩니다. 처음부터 고난받을 각오를 하고 출발할 것입니다. 그러나 그것으로 끝나는 것은 결코 아닙니다. 하늘나라에는 이보다 더 큰 상급이 있다는 것을 아는 사람은 실망하지 않습니다.

두 번째 형태의 사람은 갈등형입니다. 첫번째 사람과는 달리 이 사람은 예수님으로부터 나를 좇으라는 부름을 받았습니다. 하지만 이 사람은 즉각적으로 그 부름에 "예"하고 대답하지 않습니다. 그는 "나로 먼저 가서 내 부친을 장사하게 해달라"고 합니다." 여기서 말하는 장사하게 허락해 달라는 것은 부모에 대한 의무를 다하게 해달라는 청으로 보아야 합니다. 내가 부친을 모시고 있으니만큼 부친이 세상을 떠날 때까지 책임을 다하고 나서 따르겠다는 것입니다. 그의 요청에 대한 예수님의 대답은 "죽은 자들로 자기에 죽은 자들을 장사하게 하고 너는 가서 복음을 전파하라"고 하셨습니다. 여기서 죽은 자들은 영적으로 죽은 자, 곧 예수 그리스도를 믿지 않는 자들을 가리키며, 자기의 죽은 자는 육체적으로 죽은 자를 뜻합니다. 따라서 예수님의 말씀은 부친을 장사하는 일은 불신가족이나 친지들에게 맡기고 너는 나를 따르라는 말입니다.

이 말씀은 결코 부모에 대한 효성을 무시하라는 뜻은 아닙니다. 십계명 중 사람의 관한 계명 중 첫 번째 계명이 "네 부모를 공경하라" 입니다. 우리들은 불신자보다는 부모를 더욱 공경해야 마땅합니다. 그러나 부모를 섬기는 일을 예수님을 따르는 데 변명으로 삼아서는 안된다는 것입니다. 갈등을 겪는 사람은 예수님의 제자가 될 수 없습니다. 우선 순위를 분명히 해야 합니다. 예수님은 마태복음 11:37에서 "아비나 어미를 나보다 더 사랑하는 자는 내게 합당치 아니하다"고 하셨습니다.

세 번째 형태의 사람은 두 마음을 품은 사람입니다. 이 사람은 주님을 따르는 일과 가족과 작별하는 일에 두 마음을 가지고 있습니다. 이 사람은 "나로 먼저 내 가족을 작별하게 허락하소서"라고 요청하였습니다. 예수님은 이에 대하여 "손에 쟁기를 잡고 뒤를 돌아보는 자"라고 말씀하셨습니다.

우리 나라에서 농사짓는 방식과 이천년 전 팔레스틴에서 농사짓던 것이 비슷합니다. 왼손에 쟁기를 잡고 오른손에 채찍을 들고 두 마리에 소를 때리면서 밭을 갈아나가는 것입니다. 그런데 손에 쟁기를 잡은 농부가 궁금해져서 뒤를 돌아보면 똑바로 밭을 갈 수가 없게 됩니다.

예수님의 제자가 된 사람은 과거에 미련을 두어서는 안됩니다. 이제 예수님의 제자가 되었으면 이제부터의 운명은 예수님과 함께 하는 것입니다. 앞에 계신 그리스도만을 바라보고 나아가면 됩니다.

예수님께서는 누가복음 17:32에서 롯의 처를 생각하라고 말씀하셨습니다. 창세기 19:23에서 소돔과 고모라 성이 멸망할 때에 롯의 아내는 뒤에 남겨 두고 온 자신과 집과 재산이 모두 불타는 것에 마음이 쏠려서 뒤를 돌아보고 말았습니다. 그 순간 롯의 아내는 그가 선 자리에서 소금기둥으로 변해 버렸습니다.

그에 비해 롯과 비슷한 이름을 가진 이방여인 룻은 시어머니 나오미를 따라 고향을 떠났습니다. 시어머니는 며느리의 장래를 생각해서 집으로 돌아가라고 설득합니다. 그러자 룻은 어머니를 떠날 수 없다고 고백합니다.

룻이 끝까지 시어머니를 따르기로 결단했듯이 과거를 돌아보지 않고 믿음의 주요 온전케 하시는 주님을 바라보며 주님을 따르는 성도들이 되시길 바랍니다.

■ ■ ■
다이나믹 설교뱅크

주가 쓰시겠다 하라
(막 11:1-10)

본문은 예수님께서 나귀를 타시고 예루살렘 성에 입성하시는 승리의 입성장면입니다. 우리는 흔히 승리의 입성하면 전쟁에서 승리한 장군이 많은 군중들에 환호를 받으며 입성하는 장엄한 광경을 떠올리게 됩니다.

그에 비해 예수님의 입성은 너무나도 초라한 것이었습니다. 시민들은 "호산나"라고 소리 높여 주님을 찬양했습니다.

이와는 반대로 당시 종교지도자들은 성전에서 호산나를 부르는 아이들을 보고 분하게 여겼습니다.

예수님의 예루살렘 입성은 하나님의 구속 사역을 이루시기 위한 하나의 과정으로서 큰 의미를 지니고 있습니다. 그런데 특이한 점은 예수님께서 입성하시는 교통수단으로서 나귀를 타셨다는 것입니다. 예수님은 나귀를 타시고 예루살렘에 입성하셨는데 그 나귀를 타시기까지 쓰임받은 사람들이 있었습니다. 예수님의 명령대로 따른 제자 둘이 있었고, 나귀를 내어 준 나귀 주인 그리고 호산나를 외치며 환호하는 군중들이 있었습니다. 이들과 나귀를 보며 하나님께 쓰임 받으려면 어떤 사람이 되어야 하는지 살펴보며 함께 은혜를 나누고자 합니다.

1. 주님의 계획을 믿고 따른 제자 둘이 있습니다.

예수님의 계획은 나귀를 타시고 예루살렘성에 들어가시는 것입니다. 그 계획을 이루시기 위해 예수님은 두 제자를 부르시고 그들에게 나귀를 풀어오라고 명령하셨습니다. 그리고 누가 왜 나귀를 끌고 가느냐고 묻거든 무조건 "주가 쓰시겠다 하라"고 하셨습니다. 그 나귀는 주인이 없는 들나귀도 아니고 고삐가 매여있는 집나귀였습니다. 그런데 그 나귀를 끌고 오라고 하셨습니다. 설령 주님의 말씀대로 전하더라도 순순히 주인이 내어줄 리 만무하고 오히려 도둑으로 안 몰리면 다행인 것 같았지만 두 제자는 순종하였습니다.

믿지 않으면 문제가 복잡하고 안될 것 같지만 예수님 말씀을 그대로 믿고 순종하면 어려운 것이 하나도 없습니다. 그저 예수님께서 시키시는 대로만 하면 자신들에게 맡겨주신 일을 다할 수 있는 것입니다.

사람의 계획은 그대로 안될 때가 더 많습니다. 부족해서 못 이룰 때도 있고, 약해서 못 이룰 때가 있고, 내 생각대로 상황이나 환경이 받쳐주질 않아 계획대로 안될 때가 많습니다. 그러나 하나님의 계획은 하나도 어김없이 반드시 이루어집니다. 문제는 내가 하나님의 계획 속에 쓰임 받는 자가 되느냐 하는 것입니다.

본문에 보면 예수님의 두 제자들은 예수님의 명하신 대로 했다(6절)고 했습니다. 그리고 그 결과 나귀를 끌고 오게 되었습니다.

2. 주님의 주권을 인정한 나귀 임자가 있습니다.

제자들이 예수님이 명대로 마을로 가 문 앞 거리에 매여있는 나귀를 푸니 묻는 사람이 있습니다. "나귀새끼를 풀어 무엇 하려느냐?" 이 말을 한 사람은 나귀 주인이었습니다. "주가 쓰시겠다"고 제자들이 대답하자 그 주인은 나귀를 풀어 가게 하였습니다. 나귀 주인은 예수님의 주권을 인정했습니다. 원래 주인은 자신이 아니라 주님이시라는 사실을 인정했습니다. 그래서 주님께서 쓰신다고 할 때 주님께 드린 것입니다.

왜 사람들이 쓰임 받지 못합니까? 드리지 못하기 때문입니다. 재능, 지식, 건강, 물질도 있지만 그것을 주인이신 주님께 드리지 못해서 쓰임 받지 못하고 있는 것입니다. 사람에게 쓰임받는 것도 기쁜 일이지만 하나님께 쓰임받는 사람은 가장 복되고 영광스런 사람입니다. 누구보다도 우리의 모든 것을 아시는 하나님께 쓰임 받을 때 가장 합당하게 쓰임받을 수 있습니다.

그러면 사람들이 하나님께 드리지 못하는 이유가 무엇일까요? 누가복음 12장에는 우리가 잘 알고 있는 어리석은 부자의 이야기가 나옵니다. 그 이야기에 부자는 모든 것이 다 자기 것인 줄로 착각했습니다. 내 곡식, 내 곡간, 내 물건, 내 영혼 이 모든 것이 자기 것이 아니라는 것을 알기까지는 오랜 시간이 걸리지 않았습니다. 하나님이 그 부자에게 알려 주셨습니다. "어리석은 자여 오늘밤에 네 영혼을 도로 찾으리니." 내 것이라고 주장하는 그것이 바로 하나님의 것이라는 말씀입니다.

"예수 그리스도가 나의 주인이십니다" 하고 주권을 인정하여 주님께 쓰임받기를 바랍니다.

3. 할 수 있는 최선을 다해 헌신해야 합니다.

나귀 주인은 나귀새끼를 주님께 드렸습니다. 제자들은 자기들의 겉옷을 벗어 예수님이 타실 나귀 등 위에 깔았습니다. 환호하는 군중 중에 어떤 이들은 자기들의 겉옷을, 어떤 이들은 나뭇가지들을 예수님이 지나 가시는 길 위에 펴놓았습니다. 그들은 모두 할 수 있는 것으로 헌신했습니다.

주님께 헌신하지 못하는 이유가 무엇입니까? 여러 가지가 있겠지만 지금 내게 주신 것으로 헌신하지 않기 때문입니다. 나중에 형편이 나아지면 더 많이 하지, 나중에 능력이 되면 하지, 이러다가 하나님께 헌신할 기회를 놓쳐 버리는 것입니다.

하나님은 "지금 하라"고 하십니다. 그러나 마귀는 "내일 하라"고 유혹합니다. 내일은 바뀔지 모릅니다. 지금 하십시오. 내일 일은 어떻게 될지 모릅니다. 지금 하십시오. 주님은 나중에 더 많은 것으로 헌신하기로 지체하기보다 지금 할 수 있는 최선을 다해 헌신하기를 원하실 것입니다.

4. 예수님이 타고 가신 나귀의 순전성을 볼 수 있습니다.

예수님께서 하필이면 왜 나귀새끼를 택하셨을까요? 당시의 교통수단은 지금처럼 다양하지 않았습니다. 하지만 늠름한 말이나 말이 끄는 마차도 있었는데 주님은 나귀, 그것도 새끼 나귀를 택하셨습니다. 말이나 마차가 왕이나 귀족, 장군들의 교통수단이라면 나귀는 시민의 발입니다. 그리고 새끼 나귀라는 것은 아직 속(俗)됨을 경험하지 않았다는 의미가 있습니다. 또한 아무도 타보지 않았다는 것은 순결성을 의미하기도 합니다. 나귀는 말처럼 힘이 강하거나, 멋이 있거나, 빠르지도 않습니다. 느리고 천천히 걷기는 해도 예수님을 태우고 이끄시는 대로 묵묵히 예루살렘성을 향해 나아갔습니다.

나귀는 고집이 센 동물입니다. 그러나 새끼 나귀는 아직 고집이 없습니다. 사람들도 나이가 들면서 고집이 생깁니다. 웬만해선 남의 이야기에 귀를 기울이지 않습니다. 지금까지 자신이 알고 경험한 것이 전부요, 그것만이 옳은 줄로 생각합니다. 내 것만을 고집하고 남의 것을 받아들이지 않습니다. 그에 비해 어린아이들을 잘 받아들입니다.

잘 받아들인다는 말은 잘 배운다는 말이요, 변화하기 쉽다는 말입니다. 신앙생활도 오래 믿을수록 잘 믿기 어려운 이유 중에 하나가 바로 나의 신앙이 전부인 것으로 생각하기 때문입니다. 내 신앙방식만이 옳은 줄로 압니다. 그러므로 잘못된 부분의 신앙이 있어도 잘 바꾸려하지 않고 다른 사람도 이해하고 포용하기 어려운 것입니다.

우리의 삶은 하나님이 쓰실 때에만 가치가 있는 것입니다. 우리의 삶은 하나님께 쓰임받을 때에만 행복해진다는 사실을 알아야만 합니다.

쓰여지지 않는 금그릇, 은그릇보다 쓰임받는 나무 그릇이 더 복된 것입니다. 주님은 준비된 사람을 쓰십니다. 여러분의 삶을 주님께 드려 하나님께 쓰임받는 사람이 되시길 바랍니다.

완전한 헌신
(레 1:1-17)

레위기는 '죄인이 어떻게 하나님 앞에 나아갈 수 있을까'를 알려주고 있는 책으로, 그 가운데 하나가 바로 제물을 가지고 나아가는 것입니다. 그 중에서도 1장은 번제에 관한 말씀입니다. 번제물은 제물을 통째로 태워서 드리는 예물로서 여호와 앞에 완전한 헌신을 의미합니다.

번제는 이스라엘 백성들이 가장 많이 드리던 제사 형식이며 가장 오래된 제사형식입니다. '번제'라고 불리우는 이유는 제물 모두가 불에 태워져 하나님께로 올라가기 때문입니다. 번제는 히브리어로 '올라가는 것'이란 뜻을 가진 히브리어 '올라'가 사용되었습니다. 다시 말해 번제는 하나님께 올라가는 제물이라는 뜻입니다.

하나님은 하나님께 바칠 번제물에 대해 말씀하시면서 이스라엘 백성들이 번제물을 바칠 때 지켜야 할 것들을 말씀하셨습니다. 사람이 좋다고 여겨서 바친다고 다 하나님이 받으시지 않으셨습니다. 하나님께 드릴 제물은 하나님의 요구하시는 기준에 맞는 것이어야 했습니다. 왜냐하면 하나님은 거룩하신 분이므로 거룩하신 하나님 앞에 바칠 제물도 거룩한

다이나믹 설교뱅크

것이어야 했기 때문입니다.

그러면 하나님께서 바치라고 하신 요구 기준은 구체적으로 무엇일까요?

첫째, 번제물은 소나 양 중에 흠이 없는 수컷이어야 합니다.

본문 3절에는 "그 예물이 소의 번제이면 흠없는 수컷으로 회막문에서 여호와 앞에 열납하시도록 드릴지니라" 했고 10절에서도 "만일 그 예물이 떼의 양이나 염소의 번제이면 흠없는 수컷으로 드릴지니"라고 했습니다. 번제물은 흠없는 수컷이어야 했습니다. 하나님께 드릴 정결한 제물이므로 흠이 있거나 점이 있거나 불구여서는 안되었습니다. 또 소나 양은 재산으로서의 가치를 지닌 짐승들이었습니다.

다시 말해 하나님께 드릴 것은 가치가 있는 것이어야 합니다. 의식적으로 흠이 없을 뿐더러 가치가 있고 귀하게 여겨지는 것, 최상의 것을 드리라고 하십니다.

우리는 그 하나님께 가장 좋은 것을 드리는 것이 마땅합니다. 헌신한다고 하면서 물질의 헌신이 없으면 그 헌신은 가짜입니다. 그런데 그 물질 중에서도 있어도 그만 없어도 그만인 것을 드려서는 안됩니다. 드려서 정신적으로 희생이 될 만큼 드려야 합니다. 사실 우리가 하나님께 드린다고 하지만 원래 하나님의 것을 우리가 받은 것입니다. 받은 것 가운데서 하나님께 드리는 것입니다. 그리고 하나님께서는 그것을 받아주십니다.

둘째로 번제물은 본인이 자원해서 드려야 합니다. 번제물을 드리는 사람이 그 제물을 가지고 회막문 앞에까지 이릅니다. 이것은 그 제물을 드리는 사람이 제물과 함께 자기 자신을 하나님께 바친다는 헌신의 표시였습니다.

이 헌신은 온전한 헌신이며 자발적인 헌신이어야 합니다. 하나님은 즐거이 내는 예물을 기뻐하십니다. 아무리 값진 재물일지라도 드리는 사람이 자원하는 마음, 기쁜 마음이 아니라 억지로 마지못해 드리는 것이라면 하나님은 그 재물을 기쁘게 여기시지 않습니다. 자발적으로 드리지 않으면 하나님께서 받으시지 않습니다.

하나님은 세상에 보기에는 보잘 것 없고 하찮은 것일지라도 자원하는 마음으로 온 정성을 다해서 드리는 제물을 기뻐하십니다. 하나님이 바라시는 재물은 아나니아와 삽비라가 바쳤던 거짓된 재물보다는 가난한 과부의 생활비였던 두 렙돈인 것입니다.

셋째, 번제는 바치는 사람의 죄를 대속합니다. 1장 4절에는 "그가 번제물의 머리에 안수할지니 그리하면 열납되어 그를 위하여 속죄가 될지니라" 했습니다. 번제물의 머리에 안수하는 것은 번제를 드리는 사람의 죄가 번제물에 옮겨져서 번제물이 그 사람의 죄를 대신하여 희생제물이 되는 것을 의미합니다. 번제물이 죽는 것을 보며 자신을 봅니다. 제물의 각을 뜨고 머리가 잘려지는 것을 보며 곧 "내가 죄로 인해 피 흘려야 하고 죽어야 하는데 저 짐승이 대신 죽는군요" 하고 고백하게 되는 것입니다. 번제물은 제단에 올려져 불에 완전히 태워질 때 번제물과 함께 그 사람의 죄도 완전히 태워 없애지는 것입니다.

번제의 핵심은 제물과 함께 제주 자신이 하나님께 드려지는 데 있습니다. 제물과 제주를 동일시하는 것입니다. 제물이 드려지며 제물을 바친 제주도 하나님께 열납된다는 것입니다. 하나님께서 내 헌금을 받으시는 것도 중요하지만 더 중요한 것은 하나님께서 나 자신을 받아주신다는 사실입니다. 주님께서 나를 받으실 수 없다면 내가 바치는 그 제물이 무슨 의미가 있겠습니까? 우리가 주 앞에 바치는 어떤 제물보다 더 중요한 의미를 가지고 있는 것은 '바로 내가 하나님 앞에 열납될 수 있는가?'라는 사실입니다.

넷째, 번제는 짐승을 통째로 태워 향기로운 냄새를 하늘로 올려 보냄으로써 하나님께 드리는 제물입니다. 1:8-9에는 "위에 있는 나무에 벌여

놓을 것이며 그 내장과 정강이를 물로 씻을 것이요 제사장은 그 전부를 단위에 불살라 번제를 삼을지니 이는 화제라 여호와께 향기로운 냄새니라”고 했습니다. 번제물로 드리는 짐승은 통째로 불살라졌습니다. 그래서 제물 전체가 불길과 연기와 같이 하나님께 올라갔습니다. 다른 제물은 어떤 부분은 태우고 다른 부분은 제사장이나 제주가 먹었습니다. 하지만 번제물의 경우는 전부가 하나님께 드려져야 했습니다.

물론 예외도 있어서 14-17절 말씀에 의하면 새의 경우에는 먹통과 더러운 내장은 제하여 버리고 제물로 드렸습니다. 그러나 소와 양의 경우에는 뜬 각과 머리와 기름을 모두 불살랐을 뿐만 아니라 더러운 내장과 정강이까지도 물로 씻어서 깨끗하게 한 후에 불살랐습니다. 그리고 이 번제가 향기로운 냄새가 되어 여호와께서 받아주신 제사가 된 것입니다.

하나님은 부자의 제물만 기뻐 받으시는 분이 결코 아닙니다. 가난하면 가난한 대로, 없으면 없는 가운데서도 가진 것 중에서 드릴 때 하나님은 형편을 아시고 기뻐 받으십니다.

하나님께서는 오늘도 우리의 제사를 받으시기 원합니다. 구약시대처럼 이제는 짐승을 태워 제사드릴 필요가 없지만 우리 자신이 하나님께 향기로운 냄새가 되길 원하십니다.

로마서 12:1에서 사도 바울은 우리를 향해 권면하십니다.

“그러므로 형제들아 내가 하나님의 모든 자비하심으로 너희를 권하노니 너희 몸을 하나님이 기뻐하시는 거룩한 산 제사로 드리라. 이는 너희의 드릴 영적 예배니라.”

9월

봉사의 달

이호문 목사(숭의감리교회)

- 나를 나타내지 말자(마 6:2)
- 눈을 뜨고 바로 봅시다(마 9:28)
- 심은 대로 거둔다(갈 6:8)
- 우리 서로 사랑한다고 말합시다(요1 4:10-11)
- 우리가 따라야 할 본(엡 5:1-2)

'나'를 나타내지 말자
(마 6:2)

사람은 어떤 경우에서나 자기를 나타내기를 좋아합니다. 그리고 칭찬과 환호를 늘 기대하며 삽니다. 이런 인간의 속성은 신앙생활을 하는 우리에게도 있습니다. 신앙적인 교만, 뽐내는 것, 우쭐해 하는 것, 오래 교회 다녔다고 남을 판단하고 비판하는 것은 쉽게 우리들에게서 발견되어지는 것들입니다.

성경은 우리들에게 이러한 죄를 범치 말도록 몇 가지의 큰 제목들을 가려서 권고합니다. 그것은 의를 행하는 것과 구제하는 것, 그리고 기도할 때 등등의 세 가지를 구분해서 교훈을 해 주십니다. 의와 구제와 기도는 바로 신앙생활의 가장 근원적인 형태이기 때문에 말씀을 근거해서 우리가 어떤 주의를 기울여 신앙생활을 해야할 것인가를 살펴보도록 하겠습니다.

1. 우리가 의를 행할 때의 자세입니다.

하나님은 우리에게 의를 행하라고 명령하십니다. 이 '의'란 구원의 본질이요 신앙행위의 으뜸 되는 표현이기도 합니다. 곧 하나님을 사랑하고 섬기며 그의 계명을 지키는 내적, 외적 우리의 모습을 말합니다. 바로 이 의를 사람에게 보이려고 사람 앞에서 행하지 말라고 하십니다(마 6:1). 왜냐하면 사람에게 보이려고 행한 것은 하나님 앞에서는 보이지 않기 때문입니다(마 23:5).

우리는 눈에 뜨이게 행동하기를 좋아합니다. 그것이 모양이 나는 것, 칭찬과 부러움이 뒤따르는 일에는 더욱 그렇습니다. 거드름을 피우며 예배에 출석하는 척하고 널리 알려지기를 은근히 바라며 헌금합니다. 눈에 잘 뜨이는 부분에서만 자신을 나타내어 봉사하는 척 합니다. 그러나 이런 모든 모습들은 참된 의가 아닌 것입니다. 그렇게 하지 않는 자라야 바로 예수님의 자녀가 되는 것입니다(요일 2:29). 의를 바로 행하는 자는 예수님 자신이 의로우신 것처럼 그도 의롭다고 칭함을 받을 것입니다(요일 3:7). 그리고 사람 앞에서가 아닌, 하나님 앞에서만 은밀히 행하는 자에게만 상급이 마련될 것입니다(마 6:1).

2. 우리가 구제할 때의 자세입니다.

남을 돕는다는 것은 우리들의 삶에서 빼놓을 수 없는 고귀한 행위입니다. 돕는다는 것은 도움을 주는 자, 도움을 받는 자 뿐만 아니라 옆에서 그 모습을 보는 자까지도 훈훈한 기쁨을 주는 것입니다. 그만큼 구제는 행하는 자에게 어떤 자부심과 자랑을 주기에 충분한 유혹도 곁들여진다는 것도 사실입니다.

다이나믹 설교뱅크

그래서 주님께서는 구제할 때 사람에게 칭찬과 영광을 얻기 위해서 나팔을 불지 말라고 하셨습니다(마 6:2). 뿐만 아니라 구제를 시행할 때 바로 오른 손이 하는 것을 왼손이 모르게 하라고 하셨습니다. 왜냐하면 사람이 보지 못해야 하나님이 발견하시고 갚아주시기 때문입니다(마 6:4).

그 위에 더 구제의 범위를 우리에게 가르치셔서 구제 자체의 어려움을 깨닫게 하십니다. 구제의 내용은 겸손입니다. 자기의 모습을 들어내지 않는 것입니다. 구제의 범위는 무한합니다. 자기 목숨까지도 내어 던져 이웃을 위해 희생하라는 한계까지입니다. 그러나 이것은 어렵습니다. 구제 자체는 사랑이신 하나님의 능력 없이는 이룰 수 없는 것입니다. 그래서 구제는 곧 하나님이 우리를 통해서 하시는 것이므로 우리로 하여금 자랑하지 못하게 하신 것입니다. 그렇게 몸까지 내어줄지라도 사랑으로 하신 그리스도 예수님을 본받지 않고는 그 엄청난 희생을 따르지 않고는 어려운 것입니다(고전 13:3).

3. 우리가 기도할 때의 자세입니다.

성도에게 있어서 기도는 매우 중요한 일상입니다. 바로 영혼의 호흡이요 하나님과의 은밀한 교제를 잇는 끈입니다. 바로 기도는 영혼의 생명줄인 것입니다. 그래서 기도를 호흡과 대비해서 쉬거나 끊어서는 안된다고 "쉬지 말고" 하라고 하시는 것입니다.

이 기도를 어떻게 하라고 하십니까? 기도할 때, 외식하는 자와 같이 길 어귀에서 하지 말라고 하십니다(마 6:5). 길 어귀는 어떤 곳입니까? 사람의 왕래가 빈번한 곳입니다. 눈에도 잘 뜨이는 곳입니다. 두드러져 보이는 곳입니다. 바로 거기에서 하지 말라고 하신 것입니다. 곧 기도의 모습을 다른 이에게 나타나게 하지 말라는 것입니다. 왜냐하면 기도는 나와 하나님과의 개인적이고 인격적인 대화이기 때문입니다.

그래서 "너희가 기도할 때에는 골방에 들어가 은밀한 중에 계시는 아버지께 하라"고 하십니다(마 6:6). 하나님과 나 사이에 존재하는 생명의 비밀, 이것은 나의 노력이나 나의 공로로 얻어지는 것이 아니기에 우리의 자랑이나 내보임이 이 자리에 있어서는 안될 것입니다. 아무도 보지 않는 신비의 기도 시간은 남에게 빼앗겨서도, 남의 간섭을 받아서도 안 되는 것처럼, 우리도 기도의 모습과 시간을 남에게 내보여서는 안될 것입니다. 아무도 보지(알지) 않아야 하나님께서 갚아주실 것입니다(마 6:6).

우리의 구할 바, 우리의 필요, 다지고 싶은 나의 연약한 부분들을 다 감찰하시고 아시는 주님께서 우리의 간구를 들으시려니와 그 응답의 조건은 바로 외식하지 않는 데 있다는 것을 명심하시기 바랍니다(마 6:5).

사랑하는 성도 여러분!

그 어느 때보다도 주께서 가르쳐 주시는 세 가지 교훈을 잘 지키는 것이 절실히 요구되는 때에 우리가 살고 있습니다. 우리는 이 교훈 따라 살기를 쉬지 않는 생활을 능력 있게 실행해야 할 것입니다. 겸손한 의, 남에게 감추는 구제, 뽐내지 않는 기도, 주님과 나와의 인격 대 인격으로 만나는 기도로 나날을 채우시고 승리하며 응답받는 여러분이 되시기를 예수님의 이름으로 축원합니다.

눈을 뜨고 바로 봅시다

(마 9:28)

옛날 그리스의 철인 디오게네스는 대낮에도 어둡다면서 등불을 켜들고 다녔다고 합니다. 인간이 어울려 모둠을 이룬 사회의 처절하고도 총체적인 불의가 대명천지를 칠흙같이 어둡게 했기에 디오게네스는 그것을 통탄하며 등불을 들고 다녔던 것입니다.

그에 비견할 만한 경구로 "눈을 떴으나 보지 못한다"는 말씀처럼 보아야 할 것은 보지 않고 보지 말아야 할 것을 보고자 하는 왜곡되고 비뚤어진 이 세태를 보면서 그 치유의 처방을 성경에서 찾아 교훈을 얻고자 합니다.

먼저 자기 자신을 있는 그대로 주님께 내어 보이십시오(마 9:28). 굴절된 시각을 나는 갖고 있다는 자기 인식이 필요합니다. 나의 시각을 통해서 내가 이해하고 분석하는 나의 지식이 사실은 얼마나 부정적이고 비창조적인가를 고백해야 합니다. 연약하고 부끄러운 부분은 인정해야 합니다(마 9:28). 그리하여 우리 주 예수 그리스도의 치유의 처방에 자신을 맡기도록 하십시오(요 9:6).

우리의 잘못된 습관, 그 습관의 파괴적 결과 때문에 수십 번, 생애를 통해서 겪어내고 경험하지만 우리의 힘으로 그것을 결코 고칠 수 없습니다. 만일 우리가 우리를 교정할 수 있는 능력이 있다면 이 사회가, 이 땅이 이 지경에까지 이르지는 않았을 것입니다. 이 땅의 무수한 크고 작은 범죄나 부정이 바로 그 사실을 증명하고 있습니다.

그래서 우리를 치유해 줄 절대자가 필요한 것입니다. 그가 곧 예수 그리스도입니다. 그에게 나를 맡겨야 합니다. 나의 연약한 부분, 그 부끄러운 모습을 숨기지 말고 내어놓아 치료를 받아야 합니다(요일 1:8, 눅 18:11). 그렇게 자신의 부족한 부분을 인정하고 예수님께 나아간 자는 이제껏 보지 못하고, 이제껏 들어본 적이 없는(요 9:32) 하늘의 기적을 볼 수 있습니다. 뿐만 아니라 나의 못 보던 내 결점이 치유되어지는 모습을 볼 수 있는 복을 받게 될 것입니다(막 5:34).

자신을 내어 보인 것으로만 그치지 말고 치유해야 할 부분을 고쳐 주시도록 도움을 청해야 합니다(눅 18:39).

성경은 예수님의 성품에 대해 그의 백성의 요청을 결코 거절하시지 않는 분(눅 18:40)이라고 설명하고 있습니다. 뿐만 아니라 그 분은 찾아오는 자를 버리지도 않으시는 분입니다(요 6:37). 그 위에 더 예수님은 후히(돌보아) 주시고 꾸짖지도 않으시고 (비록 병들고 죄된 몸, 떴으나 보지 못한 눈), 우리의 필요를 채워주시되(약 1:5) 그렇게 병들어 쇠약해진 우리를 늘 기다리시는 분이십니다(계 3:18).

바로 그 분에게 우리를 맡기기 위해 찾아나서야 합니다. 나의 무능을 위해, 나의 좌절과 허물을 좇는 그릇된 시각을 고치기 위해, 나의 부정적이고 융통성없는 암울한 맹목을 치료받기 위해 마땅히 주님을 찾고 만나야 합니다. 지체말고 구하고 찾으십시오. 언제나 응답해 주시려고 준비하고 계시는 그 주님은 곧 응답해 주실 것입니다(마 7:7).

그리고 이제부터는 육체의 소욕을 좇는 것을 생의 최대의 가치로 여기고 그것을 바라보고 애썼던 나의 시각장애를 치유하도록 하십시오. 옛날의 퇴행적(退行的)인 구습을 계속 유지하고 싶어하는 나의 죄된 습성을 (엡 4:22) 과감하게 교정할 수 있는 기회의 방법을 결코 놓치지 마십시오. 그것은 바로 우리 주 예수 그리스도께 도움을 요청하는 것입니다. 오직 그 분만이 어떤 것도 나를 버릴지라도 버리지 않고 나의 다가감을 용납하시는 분이심을 잊지 마시기 바랍니다.

도움을 청했을 때는 주 예수 그리스도만이 나의 눈먼 것, 바로 보지 못하는 나의 시각장애를 치유해 주실 유일한 분이심을 믿으십시오.

믿음은 치유자 예수를 아는 것입니다. 그가 전능자이심을 아는 것입니다. 그리고 그 분의 행위(Acting)에 의해 나의 적극적인 반응을 믿음이라고 합니다.

본문에 나타난 대로, 그 분 앞에 나아온 소경을 향하여 "내가 능히 이 일(시각장애를 고치는 일)을 할 줄을 믿느냐?"라는 물음을 통하여 병든 자의 반응을 오히려 기대하고 계심을 봅니다.

그렇습니다. "믿는다"라는 절대신뢰의 표현을 예수님께서도 그 효력을 높이어 평가하신 적이 있습니다. "네가 겨자씨만큼의 믿음이 있다면 여기 있는 산에게 명하여 저 쪽으로 옮겨 앉아라 해도 그리될 것이라"고 말씀하실 정도로 신뢰는 큰 결과를 낳습니다. 그래서 믿는 자에게는 능치 못할 일이 없다고 하셨습니다(막 9:23).

믿음의 반응(기도)은 그래서 응답을 불러일으킵니다(약 5:16). 그 작은 나의 기대를 예수님은 칭찬하실 뿐 아니라(마 8:10) 그 믿음을 보시고 기적을 행하시는 주님의 응답을 우리는 기대할 수 있는 것입니다(행 14:9). 아직도 우리가 어두움 가운데 거하고 있으며, 세상 가운데 완고한 담을 쌓고 헤매고 있습니까?(롬 13:12, 요일 2:16, 엡 2:13)

그런 모습을 우선 발견해 내시고 주님께 나아가십시오. 그리하여 무겁고 고통스런 짐을 지신 모든 그릇된 시력을 고치시기 바랍니다.

심은 대로 거둔다
(갈 6:8)

결실의 계절, 수확과 보람을 함께 거두는 이 가을에 여러분이 과연 무엇을 심었습니까? 심은 그 결과는 풍작인가, 아니면 평년작인가를 돌아보는 계기를 성경을 통하여 마련해 보고자 합니다.

심은 대로 거두는 법칙은 인류사의 삶과 언제나 밀접해 온 동반적 법칙입니다. 그것은 노력과 인내를 촉구할 때 자주 등장하는 명제로 너무 귀에 익은 경구여서 우리는 이 심는 대로 거두는 단순논리를 소홀히 해 버리는 경우가 너무 많습니다.

우리말 속담에 "팥 심은 데는 팥 나고 콩 심은 데는 콩 난다"가 있습니다. 그러나 우리는 '심은 대로 거둔다'는 팥 심어 팥 거두는 단순재생산의 원리를 뛰어 넘는 '결과'에 대해서 살펴보려는 것이다.

심는 대로 거두는 이 농사행위는 거두어지는 결과가 심는 것에 비해 엄청나게 증폭되어 나타난다는 속성을 염두에 두고 과연 우리는 무엇을 심어 가꾸고 인내하며 보람찬 최선의 결과를 얻어내야 할 것인가를 성경을 통하여 배우고자 합니다.

1. 심은 것은 언제 거두게 됩니까?

성경은 언제나 추수 때, 곧 시기를 지정할 때 현재형으로 말씀하고 있습니다. "눈을 떠서 밭을 보아라. 이삭이 익어 벌써 추수 때가 되었다"(요 4:35). 그래서 언제나 거두는 행위는 바로 지금(현재)이 됩니다.

우리는 나날의 나의 행보를 통하여 무엇인가를 심습니다. 나의 언어를 통하여 심고, 나의 사고를 통하여 심으며, 삶의 방편인 직업을 통하여 끊임없이 심습니다. 그 결과는 언제나 있게 마련이어서 심는 것의 모습에 따라 그대로 나타나되 그것은 60배, 100배 증폭되어 나타나는 데에 우리는 두려움이 있는 것입니다. 그 증폭되어 나타나는 결과에는 반드시 판단을 받은 '정한 이치'가 있습니다(히 9:27).

그래서 늘 우리는 거두어 들여야 하는 절대적 현장에 서서 끊임없이 거두어 들이면서 나의 생을 마감하는 대단원의 추수기까지 신중하게 살펴야 할 것입니다. '나의 나날이 선을 심었는가? 매사에 적극적이고 최고의 노력을 경주했는가?' 후회없는 삶의 내용에 절대자요, 구원자인 우리 주 예수 그리스도를 모셨는가 하는 것을 판단받는 그 때를 우리는 기다리며 준비해야 합니다(막 13:33). 그러기 위해서 자기의 타작마당을 깨끗하게(최선의 삶을 사는 자세) 해서 버릴 쭉정이를 심지 말고(마 3:10) 거두어 쌓아 둘 알곡을 심는(마 3:12) 나날이 되어야 할 것입니다.

2. 어떤 것을 심어야 합니까?

성경은 "육체를 위해서 심는 자는 썩어진 것을 거두게 된다"(갈 6:8)라고 단호하게 말씀합니다. 이 세상에 존재하는 모든 것의 유한성과 인생의 유한성을 "헛된 것"으로 규정한 성경적 원리를 직설법으로 표현한 것입니다.

아무리 돈을 많이 벌어 축적해 놓아도 그것은 "육체를 심는 것(헛된 것)"에 지나지 않습니다. 아무리 권세의 정점에 올라 있다 할지라도 언젠가는 허무한 종말이 있기 마련입니다. 그렇다고 이땅에 살면서 우리가 노력도 하지 말고 손들어 서있으라는 뜻은 아닙니다. 헛되지 않는 것, 영원한 것에 절대치를 두어 거기에다 열과 성을 다하여 심으라는 뜻입니다.

무한한 것, 헛되지 않는 것, 복되고 가치있는 것은 무엇일까요? 성경은 그것을 가리켜 "예수 그리스도"라고 말씀합니다. 그 분을 믿는 것, 그 분은 우선하는 것, 그것을 신령한 것에 심는다고 하고 영생을 거둔다고 성경은 말씀하고 있는 것입니다(갈 6:8).

3. 어떻게 거두어야 합니까?

우리가 거두기 위해 심을 때, 곧 유한한 것(썩어질 육체의 것)에 심지 않고 영원한 것(썩지 않고 영생하는 신령한 하늘의 것)에 심고 거둘 때, 거두는 자의 자세는 어떠해야 하는가 하는 문제를 생각해 봅시다.

성경은 "선을 행하다(심다가) 낙심하지 말라. 때가 되면 거두게 된다"(갈 6:9)고 말씀하십니다.

우리가 정욕 때문에 육신적 삶의 편의나 희락을 위해 애쓰기는 쉽습니다. 때로는 그렇게 애쓰는 모습을, 그리고 그 방법과 수단을 가장 정당한 것으로 치부하는 세태가 오늘의 모습이기도 합니다.

그래서 당장 나의 피부에 와 감지되는 현실이 아닌 내세적인 것에 심기 위해 어떤 노력을 한다는 것은 여간 힘든 일이 아닙니다. 때로는 "그

다이나믹 설교뱅크

리스도와 바꿀 것이란 그 어떤 것도 없다"라고 마음을 가다듬는 신자의 경우일지라도 그것은 어려운 일입니다. 그래서 성경은 부단히 우리에게 "낙심하지 말 것"을 가르쳐 지적하고 있는 것입니다.

그렇습니다. 우리의 세계가 금생뿐이라면 우리의 신령한 것도 허무한 것일 것입니다. 그러나 우리에게는 삶의 영원한 영속적 결과인 영생이라는 내생이 있음을 분명히 알고 믿어야 합니다.

그것은 인류가 생성된 이래 불변하는 성경이 줄기차게 우리에게 교훈하는 진리인 것입니다(고전 15:19).

사랑하는 형제 자매 여러분!

지금 여러분은 어느 밭에 씨를 뿌려 거두는 작업을 오늘도 펼치고 있습니까! 지금 여러분의 씨앗은 좋은 씨입니까? 뿌리기에 좋은 밭이며, 거두기에 적합한 시기에 있습니까?(마 13:19, 23;고후 6:2)

씨를 뿌리면 반드시 추수의 때가 이르게 되고, 그 타작마당에서 거두어 곡간에 들일 알곡과 버려서 불에 태워버릴 쭉정이를 가려야 하는 일을 해야 합니다. 이처럼 영적인 것(신령한 것, 하늘의 것, 영원한 것, 썩지 않는 것)에도 추수의 때가 반드시 있다는 것을 명심하셔서 숱한 어려움 속에서 낙망하지 말고 신령한 일을 도모하시기 바랍니다. 그리하여 좋은 결실을 맺어 풍성한 수확을 거두는 여러분이 되시기를 우리 주 예수 그리스도의 이름으로 축원합니다.

우리 서로 사랑한다고 말합시다

I want to say, I love you

(요일 4:10-11)

'사랑'이란 말처럼 추상적이고도 현학적인 말은 없습니다. 쉽게 구사되어지는 언어 가운데 사랑이라는 말처럼 무성하게 사용되는 낱말 또한 없습니다. 그러나 그렇게 요란하게 온 땅을 사랑이라는 말이 뒤덮고 있어도 정작 사랑의 실체나 본질, 형태나 내용은 전혀 나하고는 상관없는 세상에 우리는 살고 있습니다.

사랑은 수많은 문화의 주제(theme)였음에도 불구하고, 오고 오는 세대의 삶의 중심 구호였음에도 불구하고 사랑에 대한 실상은 너무 무지합니다.

오늘 다루고자 하는 표제, "서로 사랑한다고 말합시다(I want to say, I love you)"라는 말은 미국의 상담학자인 제임스 볼쉬윅이 쓴 책의 제목입니다. 이 표제의 주제를 중심으로 우리가 추구하고 실천해야 할 사랑의 내용과 실상이 무엇인가를 성경을 통해서 살펴보고자 합니다.

1. 사랑의 근원에 대하여

성경은 "사랑이란 오직 하나님에게서 난다"(요일 4:7)고 선언하고 있습니다. 사랑의 근원에 대한 이보다 더 확고한 설명은 이 지구상 어디에서고 있지 않습니다. 그래서 우리가 서로 사랑한다면 우리도 하나님께로서 난 자가 되고 그를 아는 자가 된다고 교훈하십니다. 그것은 우리는 사랑을 스스로 하도록 되어 있지 않는 인성을 지니고 있는데, 스스로 사랑하시되 넘치도록 하실 수 있는 하나님의 속성이 우리를 사랑하시기에 사랑은 우리의 것이 아니요 바로 하나님의 것이라는 말입니다(요일 4:10).

하나님께서는 신실하시게도 우리를 "사랑하겠다"고 하신 약속을 지키셨습니다. 우리가 범죄함으로 하나님과 원수되었을 때, 화목의 빙거가 되는 희생제물로 바로 자신이신 예수 그리스도를 우리 죄를 대신해 죽게 하심으로, 사랑의 극치요 최대치를 보이셨습니다(롬 5:8, 10).

그래서 우리는 하나님이 사랑하셨기에 그 근원을 따라 우리도 사랑해야 합니다(요일 4:11). 그것도 우리가 마땅히 하여야 할 바입니다. 대가를 요구하지 않는 일방적인 사랑, 자신의 희생까지도 온유와 겸손과 순종을 감내하시고, 감당케 하시는 그 사랑의 근원은 그래서 바로 하나님이신 것입니다. 그리고 그 분이 우리를 사랑하셨기에 우리도 서로 사랑하는 것이 마땅하다(요일 4:11)는 권면으로 사랑의 근원으로부터 발원된 사랑의 실행을 교훈하고 계신 것입니다.

2. 사랑의 기능에 대하여

이제 사랑의 기능은 어떤 것인가를 살펴보도록 하겠습니다. 곧 사랑이 마땅히 하는 일, 곧 그것이 우리에게서부터 우러날 때, 어떤 행위로 표출이 되는가 하는 것을 살펴보자는 것입니다.

사랑은 먼저 상대의 허물(부족한 것, 단점들)을 덮습니다(벧전 4:7). 그래서 우리 삶의 지표로 성경이 주신 '율법의 완성'(이뤄냄)이라고 성경은 설명합니다(롬 13:10). 사랑의 줄은 그 어떤 연장으로도 단절시키거나 훼손하지 못합니다. 그것은 그 근원이 창조주 하나님으로부터 비롯된 그 분의 속성이기 때문입니다. 그래서 모든 것 위에 더할 것이 없는 온전한 띠요 단단히 묶인 삶과 생명에의 연결고리인 것입니다(골 3:14).

또한 사랑의 기능은 믿음이나 소망이 다 있더라도 사랑이 있어야만 완전한 믿음이요, 소망이라는 고린도전서 13장의 사랑의 선언문에도 잘 표현되어 있습니다. 그래서 사랑의 기능은 물러섬도 없고 다함도 없는 승리 그 자체인 것입니다(요 16:33).

우리가 그리스도 예수님을 영접하여 그의 자녀가 된 후 각양 각색의 은사로 무장을 합니다. 그 중에 사랑의 기능을 십분 발휘하여 죽어가는 이웃의 영혼을 감싸고 안는 사랑의 은사가 가장 큰 은사임을 명심해야 할 것입니다(고전 12:31).

3. 사랑의 가치에 대하여

우리는 여러 가지 말을 함으로써 상대편에게 자신의 은사를 전달합니다. 내가 무엇을 어떻게 하겠다는 행동의 개시로써 언어를 구사함으로 예감을 갖게 합니다. 사랑도 이 언어를 통하여 행동으로 옮기겠다는 예고를 합니다. "너를 위하겠다. 죽도록 충성하겠다"라는 말은 상대를 돕는 행동의 예고일 것입니다. 그런데 성경은 놀랍게도 이런 예고나 예시의 언어가 아무리 아름다운 내용으로 가득하고 엄청난 행위를 고지(告知)

하는 것이라 할지라도 '사랑'이 없으면 올리는 꽹과리와 소리내는 징에 불과하다고 단언해 버립니다(고전 13:11).

또한 선견지명과 뛰어난 통찰력으로 앞일을 미리 내다볼 만한 예언의 능력이 있고, 또 앞산을 가리켜 "뒤로 가라!"고 명령 한 마디로 옮겨가게 할 수 있다 할지라도 사랑이 없다면 아무것도 아니라고 했습니다(고전 13:2).

구제하거나 자기 희생을 통하여 남에게 아무리 큰 이익을 준다 할지라도 그것이 사랑을 통한 결과가 아니라면 어떤 유익도 있지 않다는 사실 또한 말할 나위 없습니다(고전 13:3).

그만큼 사랑의 가치는 영원하고 무한합니다. 그것은 세상의 지식이 다 그 가치를 잃어도, 예지나 놀라운 능력이 또한 쇠잔해진다 해도 없어지지 않는다는 것입니다(고전 13:8).

사랑하는 형제, 자매 여러분!

사랑은 바로 하나님의 으뜸된 본성입니다. 그 사랑은 그리스도 예수를 통하여 우리에게 전달해 주심으로 큰 은혜로 삼으셨습니다. 그리고 그 사랑의 가치는 죄되고 허물 많은 우리네 인간의 본성을 덮고도 남을 거대한 것입니다.

이 사랑을 오늘 우리가 서 있는 이 현장에서 우리를 통하여 이웃에게 전달되기를(transfer) 하나님은 원하고 계십니다. 또한 이 사랑은 이 세상 끝날까지 우리의 삶을 유지하는 기둥이요 보존하는 빛과 소금임을 깨닫기 바랍니다. 그리하여 이웃을 향하여 "나는 당신을 사랑합니다(I want to say, I love you!)" 할 수 있는 여러분 되시기를 우리 주 예수님의 이름으로 축원합니다.

우리가 따라야 할 본
(엡 5:1-2)

우리가 세상을 살면서 자의든 타의든 어떤 것을 본받기 마련입니다. 그것이 학문이든 기호품이든 취미이든, 어떤 상황이든지 할 것 없이 따라야 하거나 닮으려고 애를 쓰도록 되어 있습니다.

그런데 그것이 나 자신에게 이익이 되는 것과 상관없이 선이면 마땅히 따라야(Do copy)하지만 그것이 악일 때는 아무리 자신에게 이익이 되더라도 과감히 버려야(Do not copy)합니다. 그러나 우리가 '따라야 한다'라는 통념적 정의 앞에 딱 마주친다면 어떤 것을 기준으로 하여 따르든지 말든지 할 것인가 하는 가치의 판단을 해야 하는 어려움이 있습니다.

상관이나 스승의(혹은 지도자) 뒤를 따르다가 부질없는 일을 당하기 일쑤일 것이 역사적 교훈이라면 더욱 더 "따라야 한다"라는 행위의 강요는 어려워집니다. 그런데 여기에 따라야 하는 어려움을 밝게 해소할 기준치가 우리에게 주어져 있음을 말씀드리고자 합니다. 그 기준치는 구원의 가치를 흔들리거나 변질없이 즐기차게 지켜온 살아계신 하나님의 말씀을 기록한 성경입니다.

■■■
다이나믹 설교뱅크

이제 이 성경이 제시한 우리가 본받아야 할 대상이 누구(무엇)이며 왜 본받아야 하고, 무엇을 본받아야 하는지를 살펴 그렇게 따르는 우리가 되기를 바랍니다.

1. 성경은 그 말씀을 주신 하나님을 본받으라고 하십니다.

하나님은 우리들을 사랑하십니다. 그러기에 그 사랑을 입은 자답게 사랑을 주신 당신(하나님)을 따르라고 하셨습니다(엡 5:1). 곧 그의 모든 것, 그의 속성을 따라 삶의 현장에서 이겨내는 사람이 되라고 요구하십니다.

그렇다면 우리가 꾸준히, 그리고 정직하게 서서 따라야 하는 하나님의 속성이란 무엇일까요? 그것은 하나님의 자비하심입니다(눅 3:36). 그의 자비는 제한되지 않으신 자비입니다. 빈부와 권력, 학덕과 무지, 건강과 병약, 남녀와 노소를 구별하지 않는 자비입니다. 그리고 베푸시는 자비의 양이나 질, 그리고 시간을 제한하시지도 않습니다. 바로 그 자비를 우리는 따라야 합니다.

또한 그의 거룩을(벧전 1:15) 본받아야 합니다. 죄를 싫어하시는 그의 본성에 따라 죄를 멀리하는 삶을 살아야 합니다. 하나님은 용서의 하나님이십니다(엡 4:32). 우리는 차마 할 수 없는 용서를 그의 능력을 힘입어 해내야 합니다.

그리고 하나님은 온전하십니다(마 5:48). 그의 온전함이 우리를 온전케 하십니다. 우리의 부족을, 우리의 불완전을 채우고 보수하십니다. 그런 그의 온전을 우리는 신령과 진정으로 예배함으로써 따라야 합니다(요 4:24).

2. 우리가 본받고 따라야 할 대상은 예수 그리스도이십니다.

성경은 우리가 본받을 것은 이 세대(또는 세태)가 아니라고 진술하고 있습니다(롬 12:2). 실로 우리가 몸담아 살고 있는 이 세상의 천태 만태는 위험하기 짝이 없고 견뎌내기가 여간 어렵지 않은 고통과 시련, 거짓과 속임으로 가득차 있습니다. 말초적이고 원초적 쾌락은 있을지언정 진정한 애정은 없습니다. 이익의 극대화를 전제로 한 우정은 있을지언정 희생을 내세운 우정은 증발해 버린 지 오래입니다. 자기의 돋보임만 있지 겸양, 겸손은 찾아볼래야 찾을 수 없을 정도의 시대에 우리가 있습니다.

그런 우리들에게 예수 그리스도는 자신의 겸손함처럼 겸손하고(빌 2:7), 자신의 순종처럼(우리를 위해 죽기까지 한) 우리에게 순종의 덕을 따르고 쌓으라고 하십니다(빌 2:8). 그렇게 본받아 따르며 사는 삶은 바로 승리의 삶이라고 단언하고 있습니다(요 16:33).

또한 우리가 예수님의 섬김의 모습, 곧 종이요 봉사자의 모습도 따라야 합니다(요 14:14). 예수님 스스로 영광된 몸이셨음에도 불구하고 그 영화의 자리를 내어놓고 낮은 땅에 겸손으로 오셨고(마 11:29), 그 온유의 표현으로 섬기는 모습을 몸소 실천해 보이셨습니다.

섬기기란 쉽지 않은 인간의 성정입니다. 누구나 윗자리에 앉고 싶고, 대접받아야 한다고 생각하고 있으며, 섬김을 받으려 하지 그 반대로 낮아지거나 섬기려는 정신은 없습니다. 그런 우리를 향하여 섬기는 길을 걷는 그의 발자욱을 따라 걸으라고 하시고 행동으로 옮기라고 하십니다. 바로 그 예수님은 우리가 닮아야 하고 따라야 마땅한 대상입니다. 그렇게 따른 것은 어둠이 아닌 빛 가운데 행하는 것(요 8:12)임을 기억해야 할 일입니다.

3. 성경은 예수님 때문에, 복음 때문에 어떤 자기의 유익(심지어 목숨까지도)도 하찮게 여기며 일생을 살았던 사도들을 본받고 따르라고 합니다.

사도들은 목숨까지 던져가며 마땅히 본받아야 할 일(복음)을 전했던 사람들입니다(행 7:60). 그리고 그들은 배우고 듣고 본 바를 가감없이 그대로 행했던 성실한 사람들이었습니다(빌 4:9). 우리가 무엇을 배운다는 것(빌 4:9), 우리가 무엇을 따른다는 것은 매우 어렵습니다. 그러나 그보다 더 어려운 것은 그것을 덜하거나 더하지 않고, 또 그 배운 바를 훼손하지 않고 "배우고 듣고 본 바"를 실천에 옮기는 것입니다.

그러나 사도들은 그렇게 실천했던 것입니다. 그렇게 하기 위해서는 당연히 자기 희생이 필요합니다(살후 3:9). 그 희생은 재물일 수도 있습니다. 심지어 목숨까지도 내어 버려야 할 만큼의 어려움일 수도 있습니다. 그런 어려움을 마다 않고 사도들은 그리스도의 가르침을 따랐고 그의 가르침을 목숨 걸고 전했던 것입니다(행 4:20).

사랑하는 형제 자매 여러분!

만고불멸의 진리, 변하지 않는 기준의 가치를 체험해 보지 않으시렵니까? 그 복된 진원인 하나님, 그 진원의 통로인 그리스도, 그리고 그 진원의 안내인 말씀이 오늘도 우리에게 따르라고 요구하며 강권하고 있습니다. 그것을 따르는 것은 어렵고 힘이 드는 것임에는 틀림없지만, 그러나 그렇게 따름의 결과는 축복이요 평안이며 영광이고 영복임을 깨닫는 여러분이 되시기를 우리 주 예수 그리스도의 이름으로 축원합니다.

10월

충성의 달

나겸일 목사(인천주안장로교회)

- 죽도록 충성하라(계 2:10)
- 바꾸어 주시는 일(창 50:21-22)
- 바꾸어 주시는 하나님(단 6:19-28)
- 후회없는 삶을 삽시다(롬 14:7-9)

죽도록 충성하라
(계 2:10)

이스라엘 백성이 광야를 지나기 위해 행진을 계속하고 있습니다. 이 이스라엘 백성들이 너무 죄를 많이 지어 불뱀이 나타나 물어서 수많은 사람이 죽게 되었습니다.

그때 모세가 하나님께 기도하기 시작했습니다.

"하나님! 이 백성을 어떻게 했으면 좋겠습니까?"

하나님께서 "높은 장대 위에 구리뱀을 달아라. 그리고 그 구리뱀을 바라보는 자마다 나으리라 말하라"고 하셨습니다.

모세는 그 말씀대로 선포하였습니다. 그랬더니 많은 사람들은 모세가 나이가 많아서 망령이 들었다고 생각했습니다. 해독제나 치료방법은 주지 않고 요즘말로 안수나 안찰을 하지 않고 나와서 보기만 하라니까 비웃는 무리가 많았습니다.

그러나 일부분에서는, 주의 종 말은 하나님의 권위로부터 나왔기 때문에 인간의 이치에는 불합리하게 보이지만 하나님의 말씀이라고 믿고 나가서 보는 사람도 있었습니다. 주의 종의 말씀을 믿고 나가서 본 사람들은 바라본 순간에 모든 독이 사라지고 고통과 아픔이 없어졌습니다. 깨끗이 나음을 입었습니다. 그러나 나가지 않은 사람들은 하나도 예외 없이 모두 죽었습니다. 여기서 보면 나간 사람들은 아무리 깊은 독이라도 깨끗이 나음을 입었고 나가지 않은 사람들은 금방 물린 사람이라 할지라도 모두 죽었습니다.

중요한 것은 독이 얼만큼 깊은가가 아니라 나가서 구리뱀을 보았느냐, 보지 않았느냐입니다. 그것에 따라서 살기도 하고 죽기도 하였습니다. 이 구리뱀은 십자가에서 돌아가신 예수님을 의미합니다. 십자가에서 돌아가신 예수님을 지금도 바라보기만 하면 믿기만 하면 구원을 받습니다. 하나님의 말씀을 믿고, 예수님의 말씀을 믿고, 십자가에서 죽으신 예수님을 믿기만 하면 모든 죄가 용서되고 영원히 사는 것을 믿어야 합니다.

구리뱀을 나가서 볼 때 가까이 본 사람도 있었고 멀리서 바라본 사람도 있었습니다. 그러나 무조건 순종하고 나가서 본 사람은 나음을 입었습니다.

오늘도 예수님을 자세히 아는 사람도 있고 그렇지 않은 사람도 있습니다. 믿기만 하면 구원을 받습니다. 그러나 성경을 잘모르지만 예수님이 나를 위해 죽으신 것을 알고, 예수님의 피가 나를 구원한 것을 믿고, 예수님이 부활하신 것을 믿고, 예수님이 승천하신 것을 믿고, 예수님이 다시 사신 것을 믿으면 영원히 사는 것을 믿는 것만으로도 구원을 받습니다.

하나님의 사람은 반드시 믿어야 합니다. 그래야 축복이 오고 떠나면 화와 해가 옵니다. 미련해 보이지만 하나님의 뜻대로 살 때만 이땅에서 축복받고 내세도 잘됩니다. 그 외에는 축복이 없습니다.

전도는 예수 안믿는 사람을 믿게 하는 것이 목적이 아닙니다. 나에게 전도 기회를 주어 하늘의 큰 상 주시려고 기회를 제공하는 것입니다. 전도 자체가 목적이면 천사 하나만 동원하면 다 믿게 할 수 있습니다.

■■■
다이나믹 설교뱅크

하늘 나라의 가장 큰 상은 전도상입니다. 이웃을 내 몸같이 사랑하고 또 나를 사랑할 줄 알아야 합니다. 그러므로 하나님을 죽도록 사랑하려면 전도해야 합니다. "시몬아 네가 나를 사랑하느냐. 내 어린 양을 먹이라. 내 양을 치라"고 했습니다. 우리가 주님을 죽도록 사랑하는 것은 전도요 이웃을 내 몸같이 사랑하는 것, 그것이 전도입니다.

제가 꿈을 꾸었는데 왕이 되었습니다. 왕이 되어서 좋아 껄껄 거리며 웃고 있는데 아내가 화장실을 다녀오다가 내 발을 밟아서 잠이 깼습니다. 어찌나 서운했는지 모릅니다. 또 한번은 거지 꿈을 꾸었는데 무척 시원하였습니다. 나는 이 왕의 꿈과 거지 꿈을 생각해 보았습니다. 왕이 된 다음 꿈을 깨니까 섭섭했고 거지가 된 다음 꿈을 깨니까 시원했습니다.

깨어 보니까 나는 왕도 아니고 거지도 아니었습니다. 그러나 꿈 속에서는 정말 왕인 줄 알고, 정말 거지 일 줄 알았습니다. 깨어 보니까 나와는 아무런 관계도 없었습니다.

세상의 모든 것은 일장춘몽입니다. 꿈과 같은 것입니다. 내가 왕이면 어떻고 거지면 어떻습니까? 죽으면 끝납니다. 죽은 다음에는 아무것도 남는 것이 없습니다. 남는 것은 예수 믿는 것하고 상급 밖에 없습니다.

이 땅의 부귀 영화는 있어도 좋고 없어도 좋습니다. 예수님을 믿는 것은 축복 상급 받을 수 있는 영원한 것이고 가장 귀한 것입니다. 예수를 믿더라도 잘 믿어야 합니다. 믿는 자에게는 구원이 있습니다. 그런데 구원에는 부끄러운 구원과 영광스런 구원이 있습니다.

새벽에 사우나 집에서 불이 나니 모든 여성이 알몸으로 튀어 나와 사람을 본 뒤 부끄러워 등을 보이며 가리기 시작했습니다. 숨을 곳도 없고 2, 3층 모든 위치에서 다 쳐다보고 있지만 불타오르는 건물 안으로 다시 들어갈 수도 없었습니다.

그 후 누군가 옷이나 타올을 가져와 창피를 잠시 가렸는지 모르나 부끄러움을 당했습니다. 천국에 가는 자 중 부끄러운 구원받은 자가 너무 많이 있습니다. 지옥은 면했지만 창피한 구원을 받은 자입니다. 차라리 이런 자들에게는 지옥이 날지도 모릅니다. 그러나 영광스런 구원도 있습니다.

천국은 행한 대로 갚아주는 곳입니다. 천국에는 3가지 등급이 있습니다.

C-class는 예수를 믿는 목적이 전부 본인을 위한 것입니다. 내가 잘되고 축복받고 자식의 축복과 구원과 천당을 위합니다.

B-class는 예수의 사랑에 깊이 감사합니다. 자식 잘됨도 주님을 위하여 자식의 잘못됨도 주님의 영광을 가릴까봐 걱정하는 자입니다. 모든 뜻이 주님의 영광을 위해 사는 자입니다. 이들은 하늘의 상급이 쌓이는 자입니다.

A-class는 면류관의 주인공 예수님과 더불어 왕노릇 합니다. 생명을 걸고 순교자의 길을 걷습니다. 십자가는 주님이 나를 위해 죽으신 흔적입니다. 주님의 뒤를 따를 때 생명 걸고 따릅시다.

사람들이 고시 공부 할 때는 전부 눈이 빨갛고 엉덩이는 못이 박히고 허리는 다들 아프도록 공부합니다. 그러다가 떨어지면 다시 재수를 합니다. 죽든지 살든지 공부밖에는 모릅니다. 시험 당일때는 주사 맞고 시험을 치릅니다. 그래야 판사 검사 사무관이 될 수 있습니다.

사람의 일을 하는데도 이렇게 열심히 하는데 하늘 나라를 위해서는 더욱 생명걸고 해야 합니다. 이보다 쉽게 교사, 구역장, 집사, 권사 등 주님 일을 하는 자는 영적 살인자입니다. 적당히 주님 일을 해서는 안됩니다. 자기 자식을 키우는 마음으로 한 영혼을 키워야 합니다. 자기 자식은 유치원 초중고 대학에서 유학까지 가르치고, 결혼할 때는 재산을 털어 결혼을 시킴에도 불구하고 한 자녀를 위해 26, 27년을 키우면서 한 영혼을 키우기에는 너무 정성을 쏟지 않습니다. 그들은 모두 영적 살인자입니다.

"오직 성령이 너희에게 임하시면 너희가 권능을 받고 예루살렘과 온 유대와 사마리아와 땅끝까지 이르러 내 증인이 되리라"(행 1:8)고 했습니다. 이 말씀은 사도행전의 요점입니다. 말씀과 같이 성령의 권능을 받고 열심히 전도해야 합니다. 죽도록 충성해야 합니다. 죽도록 충성하는 자에게 하나님께서 생명의 면류관을 주십니다. 성도는 자기에게 주어진 사명과 직분을 따라 죽도록 충성할 때 면류관을 받을 수 있습니다.

정몽주는 "이몸이 죽고 죽어 일백 번 고쳐죽어, 백골이 진토되어 넋이라도 있고 없고, 임향한 일편단심이야 가실 줄이 이시랴"고 했습니다. 옛 날에는 본인뿐만 아니라 삼족이 멸하는 최후를 맞이했습니다. 한 임금을 위해 목숨도 걸고 넋도 겁니다. 하물며 영원하신 하나님께서 축복이고 영원한 면류관을 주겠다는데 우리의 생명을 바쳐 충성하는 것이 당연한 것이 아니겠습니까? 춘향이는 이도령을 위하여 몸도 마음도 지켰습니다. 한 남성만을 위해서도 목숨을 바치고 세상 것을 위해 목숨을 거는데 하늘 영광의 면류관을 위해 목숨거는 것은 당연한 것입니다.

니느웨성은 하나님이 멸망시키기로 작정했으나 요나가 생명걸고 복음을 전파할 때 모두 회개하고 구원받았습니다. 회개하고 목숨걸고 들어가면 놀라운 역사가 이루어집니다. 소돔과 고모라성은 천사까지 보내어 구원하려 했지만 의인 10명이 없어 멸망하고 말았습니다. 죄인 때문에 죽은 것이 아니라 의인 10명이 없어 죽었습니다. "너희가 만일 공의를 행하며 진리를 구하는 자를 한 사람이라도 찾으면 내가 이 성을 사하리라"(렘 5:1). 하나님은 목숨 거는 한 사람, 오늘날도 이 한 사람을 찾고 계십니다.

영국의 경제가 파탄하고 도덕이 땅에 떨어지고 정치가 부패했을 때, 요한 웨슬레가 생명걸고 복음 전하여 세계를 지배하는 나라가 되었습니다. 우리는 "주님 내가 여기 있나이다"라고 말할 수 있는 자가 되어야 합니다.

바꾸어 주시는 일
(창 50:21-22)

요셉은 형들로 인해 애굽에 노예로 팔려갔습니다. 그리고 수많은 고생을 하면서 끝까지 믿음을 지켰습니다. 그는 오해를 받아 감옥까지 갔습니다. 그러나 죄수의 몸이 되어도 믿음을 지키면서 하나님의 뜻대로 살았습니다.

정말할 수밖에 없는 자리에서도 계속 믿음으로 살면서 하나님께 영광을 돌렸습니다. 모든 상황이 어렵고 고통스럽고 절망적이지만 하나님이 함께 하심을 믿었습니다. 그는 그 믿음대로 하나님께 복을 받아 총리 대신이 되어서 자기 나라도 살리고 애굽도 살리는 놀라운 일을 담당하게 되었습니다.

흉년이 들자 형들이 먹을 양식을 사러 찾아왔습니다. 요셉이 애굽의 총리 대신이 된 줄도 모르고 애굽으로 양식을 사러 왔다가 자기들이 팔았던 동생임을 알고 벌벌 떨었습니다. 동생이 복수할 줄 알고 말입니다. 그러나 요셉은 "두려워 마소서"라고 오히려 위로하였습니다. 요셉이 간증하기를 "당신들은 나를 해하려 하였으나 하나님은 그것을 선으로 바꾸사 오늘과 같이 만민의 생명을 구원하게 하시려 하셨습니다."라고 말했습니다. 우리는 여기서 요셉이 사랑을 베푸는 모습을 보게 됩니다. "당신들을 구원할 뿐만 아니라, 당신들 자녀들도 내가 기르리다" 하면서 높은 사랑으로 형들을 도와주며 위로하였습니다.

인간적으로 볼 때는 요셉이 비참하게 시험을 당한 것처럼 보이지만 하나님께서는 이것을 통해서 역사하사 모든 것을 바꾸어 주셨습니다. 하나님께서는 어려운 시험과 환난 가운데서도 믿음을 지킨 자에게 반드시 은혜를 베푸시며 더욱 좋은 것으로 주시는 것을 믿으시기 바랍니다.

항상 좋은 시절만 있다면 그 사람은 축복을 받을 수가 없습니다. 때로 어려움과 시련을 겪지만 이 모든 것을 은혜로 바꿔주시는 하나님을 체험하게 됩니다. 하나님을 믿는 믿음을 강하게 하셔서 하나님의 사랑을 깨달아 하나님의 영광의 사람이 되게 하십니다. 하나님께서는 하시고자 하면 다 하실 수 있는 분입니다.

영원하시며 모든 것을 하실 수 있는 하나님께서 그렇게 병자를 찾아주시고 병자를 낫게 해주십니다. 마태복음 9:12을 보면 "건강한 자에게는 의원이 쓸 데 없고 병든 자에게라야 쓸 데 있느니라"고 하셨습니다. 오늘도 병든 자를 하나님께서 치료하시는 것을 믿으시기 바랍니다.

주님은 죄인을 찾으러 오셨습니다. 마태복음 9:132에 "내가 의인을 부르러 온 것이 아니요 죄인을 부르러 왔노라"고 말씀하셨습니다. 우리가 죄가 있기 때문에 주께서 찾아오셨습니다. 내가 죄인이기 때문에 주님이 필요합니다. 죄인이기 때문에 주님을 만나게 되고 더 큰 하나님의 사람으로, 영광의 사람으로 인도를 받게 됩니다.

주님은 우리를 부요케 하시려고 이 땅에 찾아오셨습니다. 고린도후서 8:9에 "우리 주 예수 그리스도의 은혜를 너희가 알거니와 부요하신 자로서 너희를 위하여 가난하게 되심은 그의 가난함을 인하여 너희로 부요케 하려 하심이니라"고 기록되어 있습니다. 예수님은 나 때문에 가난하게 오셨습니다. 우리를 부요케 만들기 위함이셨습니다. 하나님께서는 모든 것을 바꾸어 주시기 원하고 더 좋은 것으로 온전케 인도하시는 분입니다.

병든 자를 건강한 사람으로 바꾸어 주시고 죄인을 의인으로 바꾸어 주시며, 가난한 자를 축복의 사람으로 바꾸어 주시고, 실패한 자를 성공한 자로 바꾸어 주시며, 불평 불만이 많은 사람을 긍정적인 사람으로 바꾸어 주시고, 무능한 자를 유능한 자로 바꾸어 주시고, 복잡한 문제의 사람을 남의 문제까지 해결하는 큰 능력의 사람으로 바꾸어 주십니다. 하나님은 악을 선으로 바꾸어 주십니다.

하나님은 바꾸어주시는 좋으신 분임을 믿으시기 바랍니다. 여러분의 모든 형편도 바꾸어주실 것을 믿으시기 바랍니다. 지금의 어려운 형편만을 보지 마시고 이 모든 것을 바꿔주시는 주님을 요셉처럼 계속 믿고 시인하며 나아가십시오. 하나님께서 그 믿음대로 바꿔주실 것입니다.

여러분의 신앙상태는 지금 어떻습니까? 만족하십니까? 하나님은 더 큰 믿음으로 바꾸어주시길 원하십니다. 그렇게 바꾸시기를 바랍니다. 여러분 사업상태는 어떻습니까? 하나님은 엄청난 축복으로 큰 사업가로 여러분을 바꾸어주시길 원하십니다. 여러분의 가정상태는 어떻습니까? 화목합니까? 아이들이 순종을 잘 합니까? 아름다운 가정으로 바꾸어주시길 원하십니다.

빌립보서 4:13에 "내게 능력주시는 자 안에서 내가 모든 것을 할 수 있느니라"고 하였습니다. 마가복음 11:24에 "무엇이든지 기도하고 구한 것은 받은 줄로 믿으라. 그리하면 너희에게 그대로 되리라"라고 하셨고, 마가복음 9:23에는 "할 수 있거든이 무슨 말이냐 믿는 자에게는 능치 못할 일이 없느니라"고 하셨습니다. 또 욥기 8:7에 "네 시작은 미약하였으나 네 나중은 심히 창대하리라"고 하셨습니다.

바로 이렇게 모든 것을 바꿔주시는 하나님은 좋으신 분인 줄 믿으시기 바랍니다. 하나님 말씀을 믿고 할 수 있다고 믿는다면 지금도 얼마든지 우리를 통해서 역사하시고 바꿔주실 것입니다. 모든 부정적인 생각을 긍정적인 생각으로 바꾸시고 현재에 만족하지 않고 더 큰 승리와 성공, 더 큰 축복을 향해서 달려나가는 여러분이 되기를 축원합니다.

하나님이 바꿔주시길 원하시는데 바꾸어 주시기 이전에, 그 바꾸는 그릇은 우리가 만들어야 합니다. 그러나 덮어놓고 바꾸지 않습니다. 하나님의 뜻을 이룰 때 바꾸어 주십니다.

그러면 하나님께서는 어떤 자를 바꾸어 주십니까?

1. 항상 사모하는 사람입니다.

시편 107:9에 "사모하는 영혼에게 만족을 준다"고 했습니다. 우리에게 항상 사모하는 마음이 있어야 합니다. 한나는 아들을 꼭 낳기를 사모했습니다. '기어코 내가 아들을 낳으리라. 아들을 낳아서 하나님께 영광을 돌리리라. 그리고 아들을 낳으면 훌륭한 주의 종으로 삼으리라.' 그의 마음은 너무나 간절했습니다.

하나님께 간절히 사모하는 마음이 뜨거워질 때 하나님께서는 한나를 통하여 사무엘을 낳게 하셨습니다. 사무엘을 통하여 한나를 영광스럽게 하셨을 뿐만 아니라 계속 자식을 낳을 수 있도록 축복하셨습니다. 또한 사무엘을 통하여 하나님의 놀라운 역사를 일으키셨습니다.

솔로몬은 지혜를 간절히 사모했습니다. 열두 살의 어린 나이였으므로 그는 나라를 통치할 수 있는 지혜가 필요했습니다. 간절한 마음으로 지혜를 사모했습니다. "하나님이여! 나에게 지혜를 주옵소서." 지혜를 사모하는 마음을 가졌을 때 하나님께서 그에게 넘치는 지혜를 주신 것을 보게 됩니다.

은혜를 사모하다가 은혜를 받으시기 바랍니다. 축복을 사모하다가 축복을 받으시기 바랍니다. 사모하는 마음을 가지면 모두 바꿔주시는 이 기적의 축복을 선물로 받으시기를 바랍니다. 사모하는 마음으로 간절히 하나님의 전에 나오는 자에게 하나님은 응답하십니다.

2. 회개하는 사람입니다.

예수님의 우편 십자가에 달려 있던 강도는 평생 강도질을 했지만 하나님 앞에 회개했습니다. 그때 하나님은 지옥갈 영혼을 천국으로 바꾸어 주셨습니다. 이렇게 회개하기만 하면 모든 것을 바꾸어 주십니다. 진로가 달라집니다.

요나는 고기 뱃속에서 죽을 뻔했습니다. 하지만 그 속에서 간절하게 회개하며 기도할 때 하나님께서 그 고기로 하여금 육지에 그를 토하게 하셨습니다. 요나가 육지로 나오자마자 다시 귀한 일을 담당할 때 니느웨성 전체를 살리는 놀라운 역사가 일어났습니다. 고기 뱃속에서 비참하게 죽을 뻔한 요나가 회개할 때 하나님께서는 그를 귀하게 사용하셨습니다. 니느웨 전체를 살리는 하나님의 놀라운 사랑의 사람으로 쓰임받은 것을 보게 됩니다.

여러분 중에 절망적인 환난을 당한 자가 있습니까? 지금도 죽을 병으로 어려움을 당한 자가 있습니까? 회개할 때 하나님께서 기적적으로 바꾸어 주시는 것을 믿으시기 바랍니다.

지금도 내 부족을 깨닫고 잘못을 깨닫고 용서해 달라고 하면서 우리의 갈 길을 바꾸기만 하면 하나님께서 내 모든 운명을 달라지게 만드시고 앞날도 달라지게 만드시는 것을 믿으시기 바랍니다.

3. 순종하는 사람입니다.

나환자였던 나아만 장군은 고집이 세었습니다. 처음엔 거절하려고 했으나 마음을 돌려 엘리사를 통한 하나님의 말씀에 순종하기로 결정했습니다.

처음에는 일곱 번 들어갔다 나와도 아무 소용이 없을 것처럼 느껴졌습니다. 그러나 주의 종의 말을 듣고 일곱 번 들어갔다 나왔을 때 어린아이 살처럼 희어졌다고 성경은 기록하고 있습니다. 그는 온전하게 병고침을 받고, 옛날보다 더 좋은 어린 아이 살처럼 희어진 피부로 치유받았습니다. 순종하면 하나님께서 지금도 바꾸어 주십니다. 지금도 역사해 주십니다.

가나의 혼인 잔치집에 포도주가 떨어졌습니다. 예수님께서 항아리에 물을 가득 부으라고 하셨습니다. 하인들이 그 말씀대로 순종했습니다. 또 그 물을 떠다 주라고 했을 때도 순종했더니 혼인집에 왔던 손님들이 모두 놀랐습니다. 보통 다른 잔치집에서는 처음에는 좋은 것을 주고 나중에는 나쁜 것을 주는데 오히려 이 집은 나중에 더 좋은 술이 나온다며 칭찬하였습니다. 그리하여 잔치는 더 무르익어 갔습니다. 인간적으로 볼 때 물을 떠다 붓고 물을 갖다주는 것은 아주 어리석은 일입니다. 그러나 주님의 말씀대로 순종했을 때 모든 것을 바꾸어 주셨습니다.

하나님께서는 지금도 하나님의 말씀대로 순종할 때 역사하십니다. 나아만 장군이 처음에는 엘리사의 말을 우습게 여겼습니다. 거절하고 "요단강물보다도 더 좋은 물이 있는데 내가 왜 저런 물에 목욕하랴" 하면서 뿌리치고 가는 것을 그의 신하가 붙들었습니다. "이것보다 더한 것도 할 것인데, 옷 벗고 들어갔다 나오면 그만인데 그리 못하겠습니까?" 그래서 주의 종 엘리사의 말을 듣기로 작정하고 일곱 번 들어갔다 나와서 치유를 받았습니다.

엘리사의 말을 듣고 나아만 장군이 순종할 때 하나님께서 역사하시고 축복하신 것처럼, 주의 종의 말을 듣고 순종하며 기도할 때 하나님의 놀라운 역사가 임할 줄 믿으시기 바랍니다. 수많은 것이 바꿔질 것을 믿으시기 바랍니다. 가장 위대한 능력을 받는 기회가 될 것입니다.

하나님께서는 불행을 행복으로, 패배를 승리로, 절망을 소망으로 바꾸어 주시는 분입니다. 요셉의 비참한 옥중생활에서 화려한 궁중생활로 바꾸어 주시고, 십자가에 달려죽게 된 우편 강도는 회개하므로 지옥생활에서 천국생활로 바꾸어 주셨습니다. 또한 나환자였던 나아만 장군이 고침받아 새생명의 삶을 살도록 바꾸어주시는 하나님이십니다. 은혜를 사모하고 죄를 회개하며 하나님의 뜻에 순종하는 사람은 하나님께서 좋은 편으로 바꾸어 주십니다.

바꾸어 주시는 하나님
(단 6:19-28)

본문은 총리의 지위에 있던 다니엘을 시기한 무리들에 의해 다니엘을 제거할 음모가 진행된 장면입니다. 경건한 신앙생활을 영위했던 다니엘이 사자굴 속에 갇히게 된 것입니다. 전능하신 하나님의 보호로 인해 사나운 사자굴의 틈바구니 속에서도 능히 생존하고 승리한 내용의 말씀입니다.

인간의 힘으로는 한계상황에 이르고 도저히 감당할 수 없는 불가항력적인 일에서 하나님은 놀라운 축복과 승리의 상황으로 바꾸어주시는 분입니다.

전능하신 하나님께서 바꾸어 주시는 일은 무엇이며 어떤 사람에게 바꾸어 주시는가를 잠시 말씀드리고자 합니다.

1. 기도하는 사람입니다.

다니엘은 간절하게 기도했습니다. 하루에 세 번씩이나 기도했습니다. 기도하다가 들키면 잡혀서 사자굴 속에 들어갈 것을 알았지만 다니엘은 기도하는 것을 멈추지 않았습니다. 결국 다니엘은 기도하다 잡혀 사자굴 속으로 떨어졌습니다. 그러나 다니엘은 그 안에서도 기도를 드렸습니다.

다음날 아침, 다니엘을 모함하던 사람들이 다니엘이 죽은 것을 확인하러 갔다가 다니엘이 사자와 노는 것을 보고 깜짝 놀랐습니다. 왕은 다니엘을 빼내고 대신 그들을 사자굴 속에 넣었습니다. 그들이 땅에 닿자마자 사자들은 그들을 할퀴고 물어뜯어 죽였습니다.

우리가 보기에는 하나님께 기도하는 사람이 처음에는 비참하게 된 것처럼 보일지 모르지만 후에 더 큰 하나님의 사랑을 받고 하나님의 놀라운 영광의 사람으로 바뀌는 것입니다. 다니엘도 임금에게 더 큰 신뢰와 사랑을 받는 사람으로 바뀌었습니다.

지금도 기도하는 자를 하나님께서 바꿔 주십니다. 응답해 주십니다. 허락하여 주십니다. 새벽마다 간구하는 것을 하나님께서 응답해 주실 줄 믿습니다.

베드로가 잡혀간 다음 성도들은 교회에서 열심히 기도했습니다. 모든 교인들이 "하나님, 주의 종이 감옥에 있습니다. 그를 구해 주시옵소서." 하고 간절히 기도하였습니다. 그랬더니 하나님께서 응답하였습니다. 천사가 옥문을 열고 베드로를 데리고 나왔습니다. 그리고 모든 교인들을 다시 만나게 했습니다. 하나님께서는 기도하는 자에게 감옥문을 열어서 자유의 몸으로 바꾸어지게도 하십니다.

지금도 교회에서 기도하는 여러분의 모든 기도에 하나님께서 응답하셔서 여러분의 운명을 바꾸실 것입니다. 어려운 담도 무너질 줄로 믿습니다. 홍해도 갈라질 줄로 믿습니다. 여리고 성도 기도하고 또 기도할 때 모두 무너졌습니다. 이스라엘이 행진하는 곳마다 그들의 기도를 통해서 하나님께서 역사해주신 것처럼 하나님을 사랑하는 우리들이 날마다 기도할 때 하나님께서 인도하여 주시리라 믿습니다.

하나님께서는 지금도 우리와 함께 하십니다. 지금도 역사하십니다. 지금도 응답주시기를 기뻐하시는 하나님입니다. 어제나 오늘이나 영원토록 동일하신 주님은 모두 응답하여 주시는 하나님입니다. 바꿔주시는 주님입니다.

종합 검진을 시간이 없어 못했는데 '일 년에 한 번은 못하더라도 이삼 년에 한 번은 해야 되지 않겠는가?' 하는 생각이 들어서 지난 주에 병원에 갔었습니다. 가서 종합검진을 받았습니다. 혈액검사로 모두 사십여 가지 검사가 나온다고 했습니다. 또 위에서 아래까지 모든 검진을 했습니다. 몸 속을 컴퓨터로 보면서 원장님 하시는 말씀이 "전에 간에 이상이 있었군요. 아직도 흠집이 보입니다. 간암으로 고생하셨습니까?"하고 물었습니다. 그래서 "제가 간암으로 죽을 뻔하다가 살아났습니다. 그런데 전에 앓았던 흔적이 지금도 있습니까? 저는 다 나아서 흔적이 없는 줄 알았는데…."라고 했습니다. 제 눈에도 보일 정도로 스크린에 나와 있었습니다. "전에 간암균이 죽은 다음에 농이 생겨 간농양이 되었습니다. 그래서 간 농양을 다 뺀 적이 있습니다."라고 했더니 "농양을 뺀 자국은 없지만 암은 치유되었어도 흔적이 있습니다. 그래서 간암으로 고생했다고 생각했습니다. 그런데 지금 간은 너무 깨끗합니다."라고 했습니다. 전에 다른 데서 검진할 때도 지금 간이 옛날보다 더 좋은 상태라고 했습니다.

그리고 저는 사실 옛날보다 더 피곤을 못느낍니다. 옛날에는 주일에 설교 세 번만 하면, 월요일이 되면 아이고 하고 누워 있었습니다. 키만 컸지 원래 몸이 좀 무른 편입니다. 주일에 설교를 보통 네 다섯 번 하고 월요일엔 오전부터 강의를 합니다. 오전에 두세 시간을 강의하고 오후에 강의하고 또 월요일 저녁부터 부흥회를 인도하러 다녀도 옛날보다 더 건강을 유지하고 있고, 더욱더 열심히 뛰는 것을 보면 하나님께서 모든 것을 바꿔 주신다는 것을 확신하게 됩니다.

저에게 주일은 원래 '죽는 날'이었습니다. 의사 선생님이 금요일로부터 삼일을 넘기기가 어렵다고 했을 때 '주일에 죽겠구나.' 생각했습니다. "주일이 목사가 간암으로 죽는 날인데, 여러분 같이 기도합시다" 할 때 교회 성도님들이 기도를 많이 해주셨습니다.

어떤 성도님들은 기도원으로 올라가며 "목사님 아프시다는데 우리가 금식기도 하겠습니다."하면서 오산리 기도원, 한얼산 기도원으로 많이 가셨습니다. 또 기도원에 가지 못한 성도님들은 저를 위해서 얼마나 많은 기도를 하셨겠습니까? 바로 베드로가 감옥에 있을 때 그를 위해 기도한 것처럼 말입니다. 물론 제 기도와 믿음도 있겠지만, 여러 성도들이 믿음으로 기도하였기에 죽기로 된 날이 지났는데도 이렇게 살아 있습니다.

월요일 새벽에 배가 부글부글 자꾸 끓었습니다. 배탈이 났을 때 부르륵 소리가 나는 것보다 더 크게 귀에 들릴 정도로 막 끓었습니다. 그 순간 대변이 나오는데 붉은 핏덩이가 나오면서 '부드드' 하는데 순간 그렇게 아프고 쑤시던 것이 딱 멈췄습니다. 참을 수 없을 만큼 너무 아파 밤잠을 못 자고 그냥 밤새도록 끙끙 앓기만 했었습니다. 말이라도 하려고 하면 너무 아파 소리도 안 나오고 신음소리만 나왔습니다. 진짜 아파 보지 않은 사람은 알 수 없을 것입니다.

그런데 그렇게 고통스럽고 아픈 것이 거짓말처럼 멈추었습니다. 그때 그 기분, 무엇이라고 말할 수 없을 정도입니다. 그것을 꼭 말로 표현하면 온 전신 마디마디가 감전된 것처럼 짜릿짜릿하며 시원했습니다. 대변을 참았다 누면 시원하잖습니까? 그런 시원함과는 비교도 안될 정도로 피부의 세포 하나 하나가 전율을 느낄 정도로 시원해졌습니다. 아픈 게 멈추니까 살 것 같았습니다. 그 순간 내 병이 나았다는 확신이 왔습니다.

바로 이렇게 다같이 열심히 합심해서 한 기도가 만사를 바꾸어 놓았습

다이나믹 설교뱅크

니다. 운명을 바꿉니다. 역사를 바꿉니다. 하나님께서는 기도하는 자에게 모든 것을 바꾸어 주십니다. 지금도 하나님께서 역사하십니다. 응답해 주십니다.

2. 확실한 믿음을 가진 사람입니다.

하나님 말씀을 그대로 믿는 자에게 예수님은 "그 믿음대로 될지어다"라고 말씀하셨습니다. 하나님의 역사가 나타나는 것을 믿으시기 바랍니다.

혈루증을 앓던 여인은 12년 동안 고생을 했습니다. 그러나 '내가 예수님 만나면 반드시 나으리라.'고 그녀는 그렇게 믿었습니다. 또 그렇게 기도했습니다. 그리고 예수님이 지나가실 때 끝까지 따라갔습니다. 넘어지면서 밀리면서 약한 여자가 남자들 품을 밀치면서 예수님께 가까이 갔습니다. 예수님께 손만 대어도 나을 것 같았습니다.

예수님께서 가까이 지나가실 때 손을 내밀자 예수님 옷이 손에 닿았습니다. 예수님께서 가시던 길을 멈추셨습니다. "누가 내 옷에 손을 대었느냐?" 제자들은 밀리고 밀치다가 손이 닿은 줄 알았습니다. 예수님께서 자기를 찾는 줄 알고 혈루증 여인이 그 앞에 엎드렸습니다. 예수님께서 "네 믿음이 널 구원했다."라고 하셨습니다. 이 여인은 확실히 나을 줄 믿었습니다. 나을 줄 믿고 계속 주님 옆으로 갔습니다.

여러분도 이번에 응답받을 줄 믿으시기 바랍니다. 응답될 줄 믿으시기 바랍니다. 우리가 합심하여 "하나님, 이 기도에 응답하소서."하며 기도할 때 하나님께서 역사해 주십니다. 이번에 불같은 역사로 하나님께서 모든 응답을 주실 줄로 믿습니다. 놀랍게 역사하실 줄로 믿습니다.

여러분, 믿음을 갖기 바랍니다. '기도 제목 써낸다고 뭐 낫겠는가?' 하

면서 의심하면 응답받지 못합니다. 주의 종의 말씀에 써내라면 써냄으로
써 순종하면 반드시 이룰 줄 믿으시기 바랍니다.

3. 기쁨으로 바치는 사람입니다.

하나님께서는 기쁨으로 바친 자들의 운명을 달라지게 만드십니다. 감
사 예물을 드리면서 기도드리는 자에게 하나님께서 역사해 주십니다. 저
는 예물을 드리는 자에게 하나님께서 축복하신 것을 체험한 적이 있었습
니다.

저의 동생이 죽었기 때문에 동생 이야기를 하고 싶지는 않지만 그때
체험한 것을 이야기하고자 합니다. 동생이 결혼한 지 5년이 되도록 아이
가 없었습니다. 어머니와 아버지께서 "형은 딸만 낳아서 너를 빨리 결혼
시켜 군대 가기 전에 손자를 보려고 했는데…. 군대 가서 제대할 때까지
소식도 없고 서울로 가서 진찰을 해보고 오너라."하고 성화셨습니다. 성
화에 못 이겨 동생 내외는 서울 유명한 병원에서 진찰을 해보았지만 아
무 이상이 없다고 했습니다. 그 다음 해도, 또 그 다음해도 계속 정기적
으로 검사를 했지만 아무런 이상도 발견할 수가 없었습니다.

칠 팔년째 아무 이상도 없으면서 임신이 되지 않자 하루는 제게 전화
를 걸어 왔습니다. "형님! 형님은 목사님이시니까 절 위해서 기도해 주십
시오. 아무 이상이 없다는데 임신이 안됩니다."하면서 그날밤 부흥회부
터 열심히 참석하고 하나님께 의지하려고 한다고 했습니다.

그래서 동생에게 한 가지 부탁을 했습니다. 부흥회에 참석할 때 감사
예물을 드리라고 했습니다. 그랬더니 군소리도 없이 "예"하고 대답을 했
습니다. 그때 동생 내외는 부모님께 돈을 타서 쓸 때입니다. 그래서 돈
달라기가 미안했던지 두 내외가 상의 끝에 패물을 바쳤는데도 아깝지가

않고 기뻤다고 합니다. 그런데 거짓말처럼 그 달부터 소식이 왔습니다. 임신을 한 것입니다. 배가 부르기 시작하더니 글쎄 아들을 낳았지 뭡니까? 그것을 볼 때 "하나님께서는 기쁨으로 작은 것이나 큰 것이나 정성스럽게 바칠 때 축복해 주시는구나."하며 간증하는 것을 들었습니다.

내 동생뿐만 아니라 그런 간증은 수없이 많이 있습니다. 하나님 앞에 기쁨으로 예물을 드릴 때 하나님께서 반드시 축복하시고 바꿔주십니다. 기쁨으로 드리는 자의 예물을 영광으로 받으십니다. 그리고 다른 방법으로도 더 큰 응답을 반드시 주십니다. 내가 원하는 응답은 아니지만 다른 큰 것으로 하나님께서 바꿔주시는 것을 믿으시기 바랍니다. 할렐루야!

아브라함은 자식을 바치라고 할 때 기쁨으로 바쳤습니다. 그랬더니 하나님께서 그 자식도 놀랍게 축복하셨습니다. 그 뿐 아니라 하나님께서 더 큰 자손, 후대에 놀라운 영광의 주인공으로 만드시는 큰 축복을 허락하셨습니다. 바친 자에게서 영광을 받으십니다.

우리 교회가 성전 건축할 때도 모두가 기쁨으로 바쳤습니다. 어떤 분은 작은 것이지만 정성껏 바쳤고, 또 여유가 있는 분은 집을 바치고 또 아파트를 팔아서 전셋집으로 가며 바치기도 했습니다. 집 한 채를, 땅을 몽땅 드리는 분도 있었습니다. 인간적으로 볼 때는 아깝다고 생각할지 몰라도 기쁨으로 바친 자에게 하늘의 놀라운 큰 축복이 쌓였습니다.

영원한 보화가 천국에 있을 뿐만 아니라 이 땅에서도 앞으로 수많은 복으로 넘치게 채워주실 줄로 믿습니다. 정성껏 기쁨으로 바친 자에게 하나님께서 채워 주십니다. 어떤 분은 마지못해서, 또 체면 때문에 하시는 분도 있을 것입니다. 그러나 그분은 그분대로 또 주십니다. 하나님은 정확하신 분입니다. 심은 대로 거둡니다. 심은 대로 역사해 주십니다. 심은 대로 하늘나라에서 거두게 만드십니다. 그리고 이 땅에서도 바꾸어 주십니다. 하나님은 영광의 하나님입니다.

이번 기회에 기쁨으로 바치신 분들은 큰 기대를 가지시기 바랍니다.

하나님께서 성전 건축을 통하여 우리 가정에도 세계적인 축복을 주시리라, 내 자식도 세계적인 자식으로 인도해 주시리라, 우리의 운명도 영광의 하나님의 큰 축복으로 인도하시리라, 마지막날도 면류관의 주인공으로 인도하시리라고 믿으시기 바랍니다. 영원히 큰 자로 예수와 더불어 왕노릇 하는 영광의 귀한 자로 인도하시리라고 믿으시기 바랍니다.

이런 믿음을 가지고 기쁨으로 바친 자에게 주시는 놀라운 축복이 여러분 머리 위에, 여러분 가정 위에, 여러분의 앞날 위에 함께 하실 것입니다. 바꾸어 주시는 주님이심을 믿습니다.

4. 성령 세례를 받은 사람입니다.

모세는 옛날에 사십 년 동안 광야에서 생활했습니다. 너무 어려웠습니다. 그러나 가시떨기나무 불꽃 가운데서 하나님을 만난 후부터는 사십 년 더 크게 쓰임받아 민족을 해방시켰습니다. 민족의 국부가 되었습니다. 그는 천국에서도 영원히 큰 자가 된 것을 믿으시기 바랍니다. 변화산에서 예수님께서 기도하실 때 모세가 천국에서 얼마나 큰 자인지를 알게 합니다. 이 땅에서도 쓰임받을 뿐만 아니라 내세에서도 영원히 큰 자가 된 모세는 호렙산에서 하나님을 만난 후부터 하나님의 영광의 주인공이 된 것입니다.

여러분도 성령 세례 받으면, 성령의 능력을 받기 시작하면 앞날이 달라지게 됩니다. 미래의 위치가 달라집니다. 천국의 영광의 주인공으로 만들어 주십니다.

베드로도 전에는 약하디 약한 사람이었습니다. 그러나 마가의 다락방에서 성령 충만함을 받은 후 그는 담대하게 말씀을 외치기 시작했습니다. 하루 아침에 오천 명씩 회개시키고 세례를 주는 역사가 나타났습니다. 마지막 날 순교하는 역사를 이룩하고 마지막에 수제자로서 하나님의 영광의 면류관의 주인공이 된 것을 믿으시기 바랍니다.

우리 운명이 달라집니다. 하나님께서는 지금도 여러분 모든 앞날을, 여러분의 갈 길을, 여러분의 미래를 바꾸어 주기를 원하십니다. 바꾸어 주시는 주의 축복이 여러분 모두에게 임하기를 주의 이름으로 축원합니다.

후회없는 삶을 삽시다

(롬 14:7-9)

대부분의 사람들은 지난 날을 후회하며 살아갑니다. 아무런 후회가 없다고 자신만만한 사람은 드문 것 같습니다. 이처럼 우리 인간은 누구나 자기의 부족을 인정할 수밖에 없는 연약한 존재입니다. 항상 후회하면서도 또 후회할 일을 저지르는 것이 우리 인간의 모습입니다.

그러나 예수님의 생애를 보면 온 인류를 구속하기 위하여 십자가에서 피흘려 죽으심으로 영적인 구원 뿐만 아니라 육체의 질병까지 모든 고난을 이기셨으며 마지막 운명하실 때에도 "다 이루었다"라고 말씀하심으로 승리의 삶을 사셨습니다. 주님의 생애는 조금도 후회함이 없는 삶이었습니다.

우리 예수 믿는 성도들의 삶은 하나님의 영광을 위한 것이 되어야 합니다. 그러면 예수를 믿는 우리는 무엇을 위하여 어떻게 살아야 하나님께 영광을 돌릴 수 있겠습니까? 어떻게 사는 것이 하나님의 영광을 위하여 사는 삶이고 후회 없는 삶입니까?

1. 예수님을 위해 사는 삶입니다.

인간은 누군가를 위하여 살 때 보람과 행복을 느낍니다. 자신만 위하여 사는 사람은 불행한 사람입니다. 한 번도 남을 사랑해 보지 않았거나 희생해본 적이 없는 사람은 가장 불행하고 어리석은 삶을 산 사람입니다.

비록 사람들의 멸시와 천대를 받는 창녀라도 질병과 가난에 허덕이는 가족을 먹여살리는 경우에는 그 보람이 그 사람의 삶을 지탱시킬 수가 있습니다. 부끄럽지만 나로 인해 가족이 굶주림과 고통에서 벗어나게 될 것을 생각할 때마다 오히려 기쁨을 느낄 수도 있을 것입니다. 나 한 사람의 희생으로 공부를 계속하는 동생을 바라볼 때마다 자신의 처지가 보상되는 것으로 여길 것입니다. 이렇게 누군가를 위하여 산다는 것은 행복입니다.

그러나 자신이 가진 장애가 온 식구의 불편함이 되고 전혀 나아질 가망도 없다고 절망하는 사람의 경우는 종종 스스로 목숨을 끊는 것을 봅니다. 그 사람이 그렇게 자신의 삶을 마감하는 가장 큰 이유는 누구에게도 도움이 되지 못한다는 생각, 즉 아무도 위할 대상이 없다는 절망 때문인 것입니다. 희생할 대상이 없을 때 아무런 보람이 없으므로 삶의 의미를 찾지 못합니다.

어떤 사람은 자기 자신만을 위하여 사는 것을 봅니다. 자기의 돈, 명예, 쾌락만 추구하며 가족이나 이웃을 희생시키면서도 모든 것을 홀로 누리는 사람입니다. 세상 사람의 눈에는 모든 것을 가진 자로 보일지 몰라도 그 속에는 만족이 없고 불안과 초조로 가득한 세상에서 가장 불행한 사람입니다.

자식을 사랑해본 사람은 그 기쁨을 압니다. 기쁨으로 남에게 무엇인가 주어본 사람만이 그 기쁨을 압니다. 받는 것도 기쁘지만 주는 것이 훨씬 더 기쁩니다. 내가 누군가를 위해 살지 못하고 사랑할 대상이 없는 사람, 희생할 대상이 없는 사람은 너무도 불행한 사람입니다.

그러므로 우리는 누군가를 위해서 살 때 기쁨이 있고 행복과 보람이 있습니다. 거기에 삶의 의미가 있습니다. 그 바탕 위에 자기를 더 큰 자기로 생산해 나가는 것입니다. 자기만 위해서 사는 사람보다 나는 어려움을 당하지만 내 남편을 위하여, 내 아내를 위하여, 내 자식을 위해서 사는 것은 무엇과도 비교할 수 없는 행복한 큰 삶입니다.

그보다 더 나은 삶이 있습니다. 이웃을 사랑하며 이웃의 유익을 이해 사는 삶입니다. 이웃을 위해 희생하며 좋은 것을 주고 싶어 애쓰는 사람입니다. 특별히 그 영혼을 구원하며 영원한 축복을 나누고 싶어 복음을 전하며 위하여 기도하고 애쓰는 사람입니다. 이 사람은 근본적인 축복을 나누어 주는 귀한 사람입니다.

또 이보다 더 넓고 귀한 사랑의 삶이 있습니다. 그것은 나라와 민족을 위해서 사는 삶입니다. 이 민족이 잘 되는 길이라면 자신을 돌보지 않고 힘쓰고 애쓰는 사람들이 바로 애국자입니다. 뿐만 아니라 내 민족을 정말로 사랑하기 때문에 민족의 복음화를 이루어 모두 구원받고 영광의 백성이 되게 하기 위하여 끊임없이 애쓰는 사람들이 있습니다. 참으로 귀하고 보람된 삶이며 그 모든 결과도 큰 축복으로 이루어지게 됩니다.

자기 나라와 민족보다 더 넓게 온 인류를 위해 사는 삶도 있습니다. 슈바이처 박사도 그런 사람입니다. 온 세계 평화를 위해서 산 사람이며 더 나아가 온 세계의 구원을 위해서 산 사람입니다. 영원한 축복과 영광을 바라보며 끊임없이 기도하고 복음과 더불어 치료의 손길을 펼친 사람입니다.

마지막까지 삶을 드렸습니다. 그 사람도 위대하지만 그 일에 여러 모양으로 동참한 사람도 위대합니다. 그를 위해 기도하고 물질로 후원하며 애쓴 사람도 마찬가지로 고귀한 삶입니다.

전에 김익배 목사님이 우리 교회에 오셔서 간증한 적이 있습니다. 저와 같은 고향이라 그분에 대하여 잘 압니다. 그 댁의 여러 형제 중 형님 한 분이 중학교 중퇴했을 뿐 모두 초등학교만 나왔습니다. 김 목사님은 막내였습니다. 아들 중에 한 사람이라도 공부한 사람이 있어야겠다고 생각하신 아버지가 이 막내를 온 형제들이 힘을 모아 가르치자고 결정하였습니다. 중학교, 고등학교, 대학교를 마친 후 다시 신학교에 입학했습니다. 모든 식구들은 이제 대학을 졸업했으며 좋은 직장에 들어가 아버지와 형들에게 보답해야 한다고 신학교 진학을 반대하였습니다. 그러나 그는 신학을 공부하고 주의 종이 되는 것이 하나님을 위할 뿐만 아니라 아버지와 가족을 위한 길도 된다고 간곡히 설명을 드린 후 일생을 하나님께 드리기 결심하고 그것에 대하여 용서를 빌었습니다.

그래서 가족들은 훌륭한 목사를 만들겠다고 다시 3년 동안 수고를 했습니다. 그리고 선교사로 준비하는 2년 동안 또 수고하여 그 모든 과정을 마치고 목사가 된 후 선교사가 되었습니다.

인도네시아로 떠나는 날 그의 어머니는 죽으러 가는 것처럼 우셨습니다. 그렇게도 어렵게 공부시켰더니 어떤 고난이 기다릴지도 모르는 나라로 떠나느냐는 것입니다.

김 목사님은 자기가 당할 어려움을 알면서도 또 가족을 위해서 일해야 되는 줄 알면서도 세계 선교와 하나님의 복음을 위하여 모든 것을 뿌리치고 가신 것이었습니다.

언젠가 그 사모님이 오셔서 선교 보고를 하시며 그분들의 아이가 풍토병에 걸려 언제 죽을지도 모른다고 말했을 때 참으로 생명을 다해 하나님의 영광을 위하여 일하며 다른 민족의 구원을 위하여 수고하는 사람임을 알았습니다.

우리는 그렇게 직접 나가 복음을 전하지는 못할지라도 그런 사역자를 위하여 생명 걸고 기도하고 물질로 뒷받침할 줄 알아야 합니다. 해외 선교가 많은 영혼을 구하는 하나님의 뜻인 줄 알고 함께 힘쓰고 애쓰는 사람들을 통하여 하나님께서는 영광을 받으십니다.

이제 이렇게 온 세계를 위하여 일하는 사람보다 더 높은 삶을 사는 사람이 있습니다. 그것은 예수님의 영광을 위해 사는 사람입니다. 예수님을 위한 것은 하나님의 영광을 위하는 것입니다. 하나님께서는 우주를 만드신 온 세계의 주인이십니다. 주님을 위해서 일하는 것이 가장 높고 귀합니다. 이 삶보다 더 큰 삶은 없고 더 큰 축복도 없습니다.

하나님의 영광을 위해서 사는 사람은 예수님을 위해서 사는 사람입니다. 온 인류를 위해서 사는 삶이고, 우리 민족을 위하고 내 이웃을 위하는 삶이며 내 가족을 위해서 사는 삶입니다. 그리고 내 자신을 위해서도 가장 축복된 길입니다.

누구든 위해서 살아야 하는 인생인데 기왕이면 가장 넓고 높고 고귀한 뜻을 위한 삶으로 바뀌어져야 하겠습니다. 그것이 바로 하나님의 영광을 위해서 사는 삶입니다. 우리 모두가 끊임없이 그 영광을 위해 달려나가는 하나님의 사람이 되시기 바랍니다.

또 한 가지 내가 어디서 왔는지, 그리고 무엇을 하다가 어디로 가는지를 바로 알고 사는 사람은 하나님의 영광을 위해 살 수 있습니다.

하나님의 영광을 위해서라면 어떤 손해를 당하고 억울한 일을 당하더라도 순종할 수 있어야 합니다. 그것이 바로 하나님의 영광을 위한 삶입니다. 고린도전서 10:31에 "너희가 먹든지 마시든지 무엇을 하든지 다 하나님의 영광을 위하여 하라"고 우리에게 말씀합니다. 궁극적인 삶의 목표를 알려주신 것입니다. 이렇게 사는 것이 후회없는 삶입니다. 그것이 가장 나를 위한 삶이며 나의 영혼을 위한 삶입니다.

2. 주님의 말씀대로 사는 삶입니다.

■ ■ ■
다이나믹 설교뱅크

예수님처럼 하나님의 모든 말씀을 내 삶의 지표요, 윤리와 규범으로 삼아서 날마다 그 말씀대로 살아나가는 것이 하나님의 영광을 위한 삶입니다. 또한 나에게도 가장 유익한 길입니다. 성도의 생활은 항상 주님의 말씀을 묵상하며, 가라고 하시면 가고 오라고 하시면 오는 순종하는 모습이어야 합니다. 또 하나님의 말씀대로 사는 것이 가장 보람된 삶이며 후회함이 없는 삶인 줄 분명히 알고 날마다 자신을 채찍질하는 복종이 있어야 합니다. 신호등의 지시를 따를 때 안전이 보장되는 것처럼 하나님의 말씀을 따라 사는 것이 때로는 어리석어 보이지만 결국은 나를 살리고 가장 축복이 되는 결과를 보게 됩니다. 반면 말씀을 어기고 살면 잠시는 편하고 유익한 것처럼 보이지만 마침내 마귀의 밥이 되고 영원히 지옥에 떨어지는 불행한 자가 되고 맙니다.

시편 기자는 "복 있는 사람은 악인의 꾀를 좇지 아니하며 죄인의 길에 서지 아니하며 오만한 자의 자리에 앉지 아니하고 오직 여호와의 율법을 즐거워하여 그 율법을 주야로 묵상하는 자로다"(시 1:1-2)라고 노래했습니다.

또 "모든 육체는 풀과 같고 그 모든 영광이 풀의 꽃과 같으니 풀은 마르고 꽃은 떨어지되 오직 주의 말씀은 세세토록 있도다"(벧전 1:24) 하심같이 하나님의 말씀은 영원토록 있기 때문에 이 말씀을 듣고 묵상하며 늘 지키는 자가 영원히 영광되고 복받은 사람인 것입니다.

3. 하나님께 받은 사명을 지키며 사는 삶입니다.

인간은 사명적인 존재입니다. 생명보다 귀한 것이 사명입니다. 세상의 어떤 사명보다 하나님께서 주신 사명은 가장 귀하고 중하므로 이 사명을 위하여 나의 가진 모든 소유를 드리고 생명까지도 바쳐야 합니다. 자기의 소유를 아까워하는 사람은 그 생명도 영원히 잃어버리게 됩니다. 그러나 모든 것을 바쳐 사명을 위해 사는 사람은 영원한 생명과 상급과 함께 이 땅의 축복을 누리게 됩니다.

하나님께서는 이 사명을 위하여 우리에게 직분을 주셨습니다. 내가 받은 직분이 얼마나 귀한 것인지 알고 생명을 바쳐 피 흘리기까지 충성스럽게 일해야 합니다.

본문 8절에서 "우리가 살아도 주를 위하여 살고 죽어도 주를 위하여 죽나니 그러므로 사나 죽으나 우리가 주의 것이로다"라고 충성되어야 할 것을 권면하고 있습니다.

하나님께서 주신 직책과 직분을 위해서 사는 삶은 복된 삶입니다. 맡겨진 직책을 하찮게 여기는 사람은 큰 잘못을 범하는 것입니다. 우리가 받은 직분은 하나님께서 직접 주신 것을 알아야 합니다. 교회나 인간인 목사가 준 것이 아니라 교회를 통하여 하나님께서 그에게 주신 것입니다. 이 직분에 죽도록 충성하면 생명의 면류관을 주신다고 주님이 약속하셨습니다.

이 직분과 사명을 감당할 때 많은 고난이 따릅니다. 그러나 그 모든 어려움을 이겨내야 합니다. 하나님의 사명을 감당하는 것은 항상 즐겁기만 한 것이 아닙니다. 힘들고 어려운 길입니다.

예수님께서도 십자가에서 죽기까지 사명을 감당하시지 않았습니까? 또 33년의 모든 생애가 고난의 연속이 아니었습니까? 그러므로 우리도 하나님께 받은 사명, 이 직분을 감당하게 될 때 다가오는 고난을 피하지 맙시다. 오히려 인내로 이기는 사람이 되시기 바랍니다. 그 인내의 과정을 하나님께서 기뻐하시고 열매맺게 하십니다. 인내할 뿐만 아니라 이제는 스스로 고난을 찾고 즐거워하는 사람이 되어야겠습니다. 그 사람이 예수님의 고난에 참여하는 사람입니다.

4. 주님을 위하여 사는 삶입니다.

주님을 위하여 살아야 하는 이유를 몇 가지 말씀드리겠습니다.

첫째, 피조물로 하나님의 영광을 위하여 창조되었습니다. 주님을 위해 창조된 피조물이므로 주님을 위해 살아야 합니다. 그것이 인간 창조의 목적이고 우리 생애의 원리입니다. 본문 7절에 "우리 중에 누구든지 자기를 위하여 사는 자가 없고 자기를 위하여 죽는 자도 없도다"라고 기록되어 있습니다. 그러므로 우리가 자신만 위하여 살 때는 아무것도 아닙니다. 하나님의 말씀을 순종하는 자는 잘 되지만 거역하는 자들은 망합니다. 피조물인 우리는 창조주의 뜻에 맞게 사는 것이 가장 원리대로 사는 것입니다. 이렇게 하나님의 뜻을 거스르지 않고 순리를 지킬 때 복을 받습니다.

둘째, 주님은 우리를 피로 값주고 사신 하나님이시기 때문입니다.

우리는 어느 누구도 자신의 것이 아닙니다. 하나님의 것입니다. 원래 마귀에게 속하였는데 이제는 주께서 우리의 죄를 사하시고 주의 피로 값 주고 다시 사신 하나님의 병기입니다. 그러므로 우리는 자기를 위해 살지 말고 하나님을 위하여 살아야 됩니다.

본문 8절에 보면 "우리가 살아도 주를 위하여 살고 죽어도 주를 위하여 죽나니 그러므로 사나 죽으나 우리가 주의 것이로다"라고 했습니다. 요한복음15:16에 "너희가 나를 택한 것이 아니요 내가 너희를 택하여 세웠나니"라고 말씀하신 것은, 이제 우리는 하나님의 사람이며 내 마음대로 살면 안되는 존재라는 뜻입니다. 온전히 하나님의 영광만을 위하여 살아야 할 존재라는 뜻입니다.

셋째, 세상의 마지막에 주님의 심판이 있기 때문입니다.

우리 삶이 끝나면 그때 반드시 결산이 있고 심판이 있습니다. 모든 행함이 드러나는 회개할 마지막 심판이 있기 때문에 그의 백성된 자로 주를 위해 살아야 합니다.

그날에는 악하고 게으른 종으로 판명되어 영원토록 저주받을 사람이 있고, 착하고 충성된 종으로 영원히 하나님의 영광에 동참하게 될 사람이 있습니다. 우리는 그날 영광 중의 최고의 영광, 면류관의 주인공이 되도록 힘씁시다. 모두가 생명의 면류관, 의의 면류관, 영광의 면류관의 주인공이 되도록 힘쓰고 애씁시다.

사도 바울은 "내가 선한 싸움을 싸우고 나의 달려갈 길을 마치고 믿음을 지켰으니 이제 후로는 나를 위하여 의의 면류관이 예비되었으므로"(딤후 4:7-8)라고 자신있게 말했습니다. 우리도 이런 믿음을 지켜 조금도 후회함이 없는 삶을 살아야 하겠습니다. 남은 삶은 자신만을 위한 삶이 아니라 더 넓게 하나님의 영광을 위하여 모든 것을 드리며 사는 삶이 되어야 합니다.

하나님의 영광을 위해 모든 것을 바칠 때 영원한 축복과 영광이 나뿐만 아니라 나의 가족, 나아가 우리 민족, 온 인류에게 임할 것입니다. 하나님의 영광을 위해 투자한 사람에게 더 많은 하나님의 보상이 주어집니다.

그러므로 우리의 남은 삶은 나를 위해서 살지 맙시다. 하나님의 영광을 위해서 전적으로 삽시다. 내 뜻대로 살지 말고 하나님의 뜻대로만 삽시다. 하나님의 영광을 위한 일이라면 모든 것을 바칠 줄도 알고 어떤 고난이나 죽음까지라도 기쁘게 생각하며 주를 향하며 달려나가는 하나님의 사람들이 되시기를 예수 그리스도의 이름으로 간절히 축원합니다.

11월

감사의 달

하귀호 목사(만민장로교회)

- 환난과 감사(고후 1:1-11)
- 감사하는 성도(골 3:15-17)
- 감사의 노래를 부르세(시 136:1-4)
- 사도 바울의 감사 조건(살후 2:13-15)

환난과 감사
(고후 1:1-11)

본문에서 사도 바울은 고린도전서와 마찬가지로 우선 고린도 교인들에게 문안 인사를 나눈 뒤 환난 가운데서도 위로를 잊지 않으신 하나님의 은혜에 감사와 찬송을 드리고 있습니다.

예수 그리스도의 십자가의 보혈 공로를 힘입고 구속받은 성도는 환난을 두려워하지 않습니다. 오늘날 환난이 두려워서 불의 가운데서도 세속화되며 진실을 외면하는 일들이 간혹 있는데 우리는 환난을 역이용하여 환난이 나의 신앙 성숙의 기회로 삼아야 합니다.

고린도후서는 바울의 제3차 전도여행 중 마게도냐에서 보낸 서신입니다. 바울은 고린도전서를 55년 유월절 경에 기술하여 고린도 교회에 보냈는데 거기에는 분파주의와 음행문제, 소송사건, 혼인문제, 우상의 제물과 성령의 은사, 또는 부활과 헌금 문제 등이 기록되어 있습니다. 이로 보아서 우리는 바울이 고린도교회가 복잡한 상황에 있음을 보고받고 그에 대한 올바른 지도를 위해 지침서를 쓴 것임을 알 수 있습니다.

그런데 바울은 전서를 보낸 후에 여러 가지 이유로 또다시 마게도냐에서 본서를 기록하여 고린도교회에 보냈습니다. 바울과 디모데가 공동으로 보낸 이 서신은 전서에 비해 비조직적이고 복잡성을 가지고 있습니다. 뿐만 아니라 전서가 조직적이고 객관적인 데 비해, 후서는 대단히 주관적 요소가 강합니다. 말하자면 전서는 교회가 질문한 문제를 질서있게 대답한 것이지만, 후서는 상당히 격한 감정을 가지고 공격조로 기술하고 있다는 말입니다. 그러면 본문에 의지하여 환난과 감사라는 제목으로 말씀을 상고하면서 은혜를 나누고자 합니다.

1. 본서(고린도후서)는 환난의 책입니다.

본문 4절에 "우리의 모든 환난 중에서 우리를 위로하사 우리로 하여금 하나님께 받는 위로로써 모든 환난중에 있는 자들을 능히 위로하게 하시는 이시로다"라고 했습니다. 고린도후서가 기본적으로 강조하는 내용은 환난받는 성도와 소망입니다.

바울의 일행은 아시아에서 너무 심한 환난으로 고생을 하여 살 소망까지 끊어지고 틀림없이 죽는 줄만 알았습니다. 그런데도 그 환난은 감사와 기쁨으로 변하고 죽은 자를 다시 살리시는 하나님만 의뢰할 수 있게 만들었다고 간증하고 있는 것입니다.

바울이 당한 이 숱한 환난은 곧 고린도에 복음을 전하고 교회를 세우며, 그들이 믿어 구원에 이르게 하기 위한 것이었습니다. 즉 바울의 고난과 핍박은 고린도교회 성도들의 위로와 구원에 관계가 있다는 것입니다. 그럼에도 불구하고 고린도 교인들은 편안히 앉아서 일행을 근심하게 만들고, 또한 다른 교회에도 덕이 되지 않게 하고 있었습니다. 그러므로 죽을 고비를 수없이 넘기며 그리스도의 복음사역에 종사하는 자들을 생각해서라도 분쟁을 삼가고, 그 환난에 동참하는 역사가 있기를 바라는 마음에서 바울은 이 글을 쓴 것입니다. 본문 7절에 "너희를 위한 우리의 소망이 견고함은 너희가 고난에 참예하는 자가 된 것같이 위로에도 그러할 줄을 앎이라"고 했습니다.

2. 본서(고린도후서)는 바울의 자서전입니다.

"내가 다시 근심으로 너희에게 나아가지 않기로 스스로 결단하였노니"라고 2:1에 말씀했습니다. 본서는 바울의 자서전과 같은 것입니다. 그것도 변명과 항의조로 구성된 자서전이라고 할 수 있습니다. 왜냐하면 바울은 고린도를 방문코자 하나 지금 고린도교회는 아직도 해결되지 못한 문제들이 있어서 껄끄러움이 남아있었기 때문입니다.

바울은 약 반만 년 전에 고린도전서를 통해 고린도교회의 문제들을 해결하고자 하였습니다. 그래서 디모데를 함께 보내면서 그를 정중히 대접해 줄 것을 요청하였습니다. 그러나 디모데의 파견은 별성과가 없었습니다. 오히려 어쩌면 고린도교회의 사정은 더욱 악화되었는지도 모릅니다. 바울을 반대하는 세력은 이미 매우 커져 있었습니다.

그리하여 바울은 디도를 고린도에 파견하여 사태를 수습하도록 하였습니다. 디도는 젊은 디모데보다 대담하였고 수완도 있어서 일단 수습의 기미가 보였습니다. 바울은 디도의 보고를 듣고 고린도로 가기를 원하여 에베소에서 초조하게 기다리고 있었으나 디도의 도착이 늦어졌고, 또 에베소에서는 데메드리오라는 은장색의 선동으로 소동이 일어나 에베소를 떠날 수밖에 없었습니다.

바울이 디도를 만나 고린도교회의 보고를 들을 수 있었던 것은 마게도냐에서였습니다. 그는 이 소식을 듣고 고린도후서를 쓴 것입니다. 본서는 이러한 바울 자신의 변명이 강하게 내포된 자서전의 성격을 가지고 있는 것입니다.

3. 바울은 환난 가운데서도 감사했습니다.

본문 11절에 "너희도 우리를 위하여 간구함으로 도우라. 이는 우리가 많은 사람의 기도로 얻은 은사를 인하여 많은 사람도 우리를 위하여 감사하게 하려 함이니라"고 하였습니다. 디도의 희망있는 보고에서 힘을 얻은 바울은 자신이 이 복음을 전하기 위해 얼마나 많은 수난과 핍박을 당해 왔는가를 말하면서도 하나님의 위로에 대한 감사와 찬송을 잃지 않았습니다. 환난중에 받은 위로야말로 사역자에게는 산소망이 되는 것입니다.

바울은 환난중에서도 하나님의 자비를 체험했고 확신했습니다. 그리스도의 십자가의 고난이 환난받는 자신에게 넘친다고 했습니다. 이것은 주와 함께 고난을 받으면 영광도 함께 받으리라는 사실을 알고 있었기 때문입니다. 그래서 그리스도의 남은 고난을 그의 육체에 채우고자 한 것입니다. 여기에 하나님의 구원의 위로가 있습니다. 그러므로 이 어찌 감사와 찬송을 돌리지 않을 수 있겠습니까? 특히 바울을 위해서 기도하는 그 많은 성도들의 모습을 회상할 때면 감사하게 된다는 것입니다.

감사하는 성도

(골 3:15-17)

감사는 지, 정, 의를 소유한 인격자인 인간에게만 부여된 특권이요, 만물의 영장된 영적 존재의 상징입니다. 하나님께 감사할 줄 아는 사람은 축복받은 성도요, 감사하는 것은 성도만이 가지는 자랑의 면류관입니다. 하나님께 감사하는 그 마음은 구원의 기쁨을 소유한 마음이요 주님께 감사 찬송하는 그 사람은 영생의 축복을 이미 받은 사람입니다.

감사의 생활을 하는 사람은 이미 성령을 받고 사는 사람입니다. 감사야말로 은혜의 산물이요, 신앙의 표현이요, 축복의 열매요, 감사야말로 천국생활의 상징입니다. 천국에는 감사와 찬송만이 있을 뿐입니다. 내가 무엇을 감사할까 하고 감사의 내용을 찾는 사람은 벌써 행복의 길을 걷고 있는 사람이요, 감사의 내용을 발견한 사람은 벌써 하나님을 모신 사람입니다.

감사는 하나님을 영화롭게 하는 최고의 제사요, 마귀를 이기는 최대의 무기요, 성도의 제일 귀한 보배입니다. 우리 성도들의 감사는 세상의 감사와 달라서 물질적인 것이 아니고 영적인 것이며, 현세의 것이 아니고 내세의 것이며, 변하는 것이 아니라 불변의 것입니다. 그러나 믿음으로 구원받은 사람들의 감사는 범사에 감사하는 생활입니다. 우리는 무엇을 감사해야 합니까?

1. 개개인의 생활에서 감사해야 합니다.

나의 생각과 나의 몸과 나의 행동 전체를 통하여 하나님께 감사해야 합니다. 나의 사상이나 정신이나 나의 생활이나 모두 감사로부터 출발해야 합니다. 감사를 중심한 사상과 감사를 기초한 정신은 건전하고 아름다운 것입니다. 감사없는 사상 때문에 무신론 사상으로 타락하고 감사없는 정신 때문에 교만하고 배은망덕하고 반역합니다. 결국 감사없는 생활로 그 개인은 쇠하고 맙니다.

2. 가정생활에서 감사해야 합니다.

가정은 투쟁없는 세계요, 사랑이 가득한 세계요, 지상의 낙원입니다. 투쟁없는 곳이 곧 감사가 있는 곳이요, 사랑의 세계가 곧 감사의 세계요, 낙원이 곧 감사가 충만한 곳입니다. 건물은 가정이 아닙니다. 이해와 용서와 사랑과 친절, 자유와 기쁨, 봉사와 질서가 있는 곳이 바로 감사생활이 있는 곳입니다. 감사없는 가정은 지옥입니다. 우리는 가정생활에서 범사에 감사해야 할 것입니다. 가정의 파괴는 감사없는 까닭에 생깁니다. 사랑만으로는 그 가정이 행복하지 못합니다. 감사없는 사랑은 향락이요 죄악이요 세속화입니다.

가정생활에서 감사가 있어야 그 후손들이 감사의 인격을 이루고 감사로 하나님께 영광을 돌리고 복을 받습니다. 어떤 자녀들이 원망 가운데서 자라면 그는 남을 비난하는 것만 배우고, 어린 자녀들이 적대시하는 가운데서 자라면 커서도 싸움만 합니다. 그러나 어린 자녀들이 정직과 감사와 관용과 믿음과 사랑가운데서 자라면 진리를 배우고, 헌신을 배우며, 인내와 안심을 배웁니다. 감사하는 곳에 마귀는 도망가고 세속과 향락의 죄악의 물결은 들어오지 못합니다. 가정에 감사의 찬송으로 가득하게 하면 지상낙원이 될 것입니다.

3. 교회생활에서 감사해야 합니다.

교회는 감사만이 충만한 곳입니다. 교회는 천국의 모형이요 주님의 몸 된 지체입니다. 미국의 부흥사 토리 박사는 "성령충만은 감사충만이다"라고 말했습니다. 성령으로 이룩된 교회 내에 감사가 없으면 그곳은 교회가 아닙니다. 감사가 떠난 교회에서는 잡음만 계속될 것입니다. 구원받은 성도의 모인단체인 교회가 십자가의 사랑이 떠났기 때문에 불평과 불순종과 불화로 가득차게 됩니다.

이제 우리는 교회생활에서 범사에 감사하는 성도들이 되어야 합니다. 시험이 있어도 감사하고 시험을 이겨도 감사하는 범사에 감사자가 되어야 합니다.

4. 사회생활에서 감사해야 합니다.

하나님의 구원의 축복은 이 지상 어디에나 미칩니다. 오늘날 성도들이 교회에서만 감사하고, 자기의 직장이나 사업하는 사회생활에서는 불평하고 감사치 않는다면 진정한 성도가 아닙니다. 우리의 사회에도 하나님의 주권이 임하도록 힘쓰고 하나님의 뜻이 이 땅위에도 이뤄지도록 하기 위해서 항상 범사에 감사해야 합니다.

미국은 감사하는 신앙의 터위에 세운 국가입니다. 영국의 청교도 153명이 신앙의 자유, 곧 감사생활을 하기 위해 고국을 떠나 오랫동안 항해하던 중 51명의 희생자를 내면서 마침내 마사츄세즈에 상륙했습니다. 그들은 농사를 짓고 그 얻은 것을 먼저 하나님 앞에 드리면서 감사절을 지켰습니다. 이것이 그 나라의 건국의 초석이 되었습니다.

미국의 7대 대통령 앤드루 잭슨은 "미 합중국은 성경을 반석으로 삼고 서 있다"고 말했습니다. 그 나라의 기초가 성경이라면 그들의 생활은 분명히 감사의 생활이었습니다. 미국이 부강한 나라가 된 비결이 여기에 있습니다. 우리 한민족이 감사하는 백성이 되고, 우리 나라가 감사의 신앙 위에 재건될 때 우리도 부강한 나라가 될 것입니다. 그러면 우리 성도는 하나님께 어떻게 감사해야 합니까?

(1) 마음으로 감사해야 합니다.

마음에 없는 감사는 형식이요 거짓입니다. 믿음은 마음에 머뭅니다. 그러므로 마음으로 감사하는 것이 믿음의 감사입니다. 사도 바울은 에베소서 5:19에 "너희 마음으로 주께 노래하며 찬송하라"고 말씀했습니다. 나의 마음과 주님의 마음이 말씀을 통하여 만날 때 감사가 있습니다.

(2) 몸으로 감사해야 합니다.

곧 몸으로 교회에 나오고 행동으로 봉사하는 것입니다. "몸으로 산제사를 드리라. 이것이 영적 예배이니라"고 사도 바울은 말씀했습니다. 우리의 몸전체를 의의 병기로 하나님께 드리는 것이 곧 몸으로 감사하는 것입니다.

(3) 물질로 감사해야 합니다.

한 알의 밀알 속에도 하나님이 역사하시는 축복은 얼마나 많은지 모릅니다. 태양이 빛을 주고 수분과 바람과 이슬 등 이 모든 것은 하나님이 주시는 축복입니다. 밀 한 알이 완전히 자라는 데는 천연혜택이 96%요, 인공혜택은 4%라는 말이 있습니다. 이것이 일반 은총입니다. 이렇게 하나님의 은혜는 큰 것입니다.

그러므로 우리의 물질의 십일조를 마치며, 감사의 예물을 드리며 감사해야 합니다. 병고침받은 열 문둥이 중에 한 사람만 다시 돌아와 예물을 하나님께 드리며 영광을 돌렸습니다. 물질로 예물을 드리는 것은 하나님께 영광돌리는 방편입니다.

마음을 주께 드려 감사하면 마음에 평안의 축복이 임하고, 몸을 주께 드려 감사하면 몸에 건강의 축복이 임하고 물질의 축복을 받습니다. 이렇게 감사하는 성도는 나의 것이 나의 소유가 아니고, 모두 하나님의 것으로 알아서 주님께 영광의 제물로 드리는 신앙의 소유자입니다.

감사의 노래를 부르세
(시 136:1-4)

11월은 추수감사절의 계절입니다. 추수감사절의 유래는 이러합니다. 영국의 브라운주의자들이 신앙의 자유를 찾아 화란으로 갔다가 다시 신대륙 아메리카로 메이플라워호와 스피드웰호로 출발했으나 스피드웰호는 중간에서 돌아가고, 1620년 11월 29일 110명을 태운 메이플라워호만 플리머스에 상륙했습니다.

첫 겨울이 지나자 인디안들의 공격과 식량부족으로 인해 반은 죽었습니다. 3년 간의 천신만고 끝에 수확의 기쁨을 얻은 그들은 감사절을 지켰습니다. 메사츄세츠주 초대주지사 윌리암 브래드 포드는 "위대한 하늘 아버지께서 옥수수와 밀, 완두콩, 땅콩, 호박 등 많은 채소를 풍부하게 거두게 하셨고, 숲에는 사냥감이 많게 하셨으며, 바다에는 생선들로 가득하게 하셨고, 인디안들과 맹수의 위험에서 우리를 지켜 주시며, 각종 질병에서 구해주셨고, 우리의 양심에 따라 자유롭게 하나님을 예배하게 하셨습니다. 우리 순례자들이 이곳에 도착한 지 3년 만인 1623년 11월 29일 목요일 아침, 여러분 모두는 부인들과 자녀들에 이르기까지 예배당이나 동산에 모여서 목사님의 설교를 듣고 우리의 전능하신 하나님께 그의 축복에 대하여 예물을 드리며 감사절을 지킬 것을 나 지사는 선언합니다"라고 하였습니다. 그후 미국의 초대 대통령 죠지 와싱톤이 1789년 11월 26일을 추수감사절로 정하여 전 미국이 지키게 하고, 링컨 대통령은 11월 마지막 목요일, 루즈벨트 대통령은 11월 셋째 목요일로 바꾸어서 지켜오고 있습니다.

심리학적인 어느 영화의 한 장면이 기억납니다. 프랑스 파리발 미국행 비행기가 갑자기 엔진에 불이나 추락할 지경에 이르게 되었습니다. 스튜어디스가 승객 전원에게 언제 추락할지 모르니 구명대를 메라고 했습니다. 그러자 사람들은 각기 본 모습을 드러냈습니다. 어떤 천주교인은 묵주를 굴리면서 기도문을 외우고, 어떤 기독교인은 의자에 엎드려 주기도문을 외웠습니다. 그중에는 한 화려한 여배우도 있었는데 그녀는 구명대를 멘 후 거울을 꺼내더니 짙게 한 화장을 지우고 눈썹을 떼고 의치를 빼버리고 가발을 벗어 던졌습니다. 그녀는 죽음 직전에야 비로소 껍질을 벗고 자신의 진실된 실체로 돌아온 것입니다.

시편 136편은 시편 중 '감사시'의 대표적 형식입니다. 여기 나타난 감사의 신앙은 이스라엘의 고대 신앙고백을 그대로 이어받고 있는 것입니다. 전체 26절로 구성되어 있는 이 시는 절마다 똑같이 두 부분으로 나뉘어져 있습니다. 그래서 예배시간에 사회자와 예배 공동체가 번갈아 제창하는 것입니다. 예를 들면 1절 상반절의 "여호와께 감사하라 그는 선하시며"라고 제사장이 독창으로 감사의 내용을 선창하면, 그 다음에 예배 공동체가 하반절의 "그 인자하심이 영원함이로다" 하고 한 목소리로 제창하는 것입니다. 마치 오늘날 교회 예배에서 사회자와 회중이 교창하는 교독문과 같은 것입니다. 이스라엘 예배 공동체가 감사시를 이런 식의 교창 형태로 부른 것은 예배 대중을 한 덩어리로 묶는 데 큰 기여를 했기 때문입니다.

1. 감사의 내용은 오직 하나님이십니다.

"여호와께 감사하라 그는 선하시며 그 인자하심이 영원함이로다"라는 말이 이 시의 전체구조를 이루고 있습니다. 하나님이 우리에게 베풀어 주신 물질로 인하여도 감사해야 하지만, 그보다 우리의 감사를 받으시는 하나님이 누구시며 어떤 일을 하셨기에 우리의 감사를 받으시기에 합당한가를 말씀하고 있는 것입니다.

1절에 "그는 선하시며 인자하시고", 2절에 "모든 신에 뛰어난 하나님이며", 3절에 "모든 주에 뛰어난 주님이시며", 4절에 "홀로 큰 기사를 행하시는 자이고", 5절에 "지혜로 하늘을 지으신 이시고", 6절에 "땅을 물위에 펴신 분이며", 7, 8절에 "큰 빛을 지으시고 해와 낮을 주관케 하신 이"가 하나님이시므로 그에게 감사해야 한다고 노래하고 있습니다.

그리고 이어서 그 하나님이 이스라엘을 위하여 "강한 손과 펴신 팔로 이스라엘을 애굽에서 인도하여 내시며 기업으로 땅을 주셨다"고 고백하고 있는 것입니다. 이러한 신앙고백은 신명기 26:5-9의 내용을 그대로 되새기는 것이기도 합니다.

(1) 하나님은 선하시므로 감사해야 합니다.

인간이 죄인되었을 때 내어 버리지 아니하시고 용서하시며 그 외아들을 보내시사 죄인을 대신하여 죽으심으로 구원하시기까지 선하신 하나님이십니다. 우리는 그의 선하심을 의지하고 주께 나아갈 수 있습니다.

(2) 하나님은 영원하신 분이므로 그분께 감사해야 합니다.

하나님의 속성 가운데 영원한 인자하심이 없었다면 인간은 모두 심판을 받아 마땅히 죽을 수밖에 없겠지만, 그분의 인자하심으로 인하여 인간에게 베푸시는 은총으로 우리는 구원을 받을 수 있는 것입니다. 그러

다이나믹 설교뱅크

므로 "하나님의 인자하심이 너를 인도하여 회개케 하심을 알지 못하여 그의 인자하심과 용납하심과 길이 참으심의 풍성함을 멸시"해서는 안되는 것입니다.

(3) 하나님은 모든 신에 뛰어나신 분이기에 감사해야 합니다.

여기서 시인은 "모든 신"이라고 말하고 있지만, 그가 다신사상을 가지고 있는 것은 아닙니다. 시인은 이사야 43:11의 "나 곧 나는 여호와라 나 외에는 구원자가 없느니라", 이사야 44:6의 "나는 처음이요 나는 마지막이라 나외에는 구원자가 없느니라", 이사야 40:25의 "거룩하신 자가 가라사대 그런즉 너희가 나를 누구에게 비기며 나로 그와 동등이 되게 하겠느냐"는 말씀에서 알 수 있는 유일신 사상에 확고히 서 있습니다. 우리는 그에게서 세상에 신이라고 부르는 것들이 있기는 하지만 여호와에 비교될 수 있는 신이 없다는 확고한 신앙의 고백을 엿볼 수 있는 것입니다. 그러므로 하나님은 세상과 인간을 지배하는 주가 되신다고 고백하고 있습니다.

2. 하나님께 감사의 찬송을 드리는 것은 성도의 의무입니다.

시편 50:14에 "감사로 하나님께 제사를 드리며 지극히 높으신 자에게 네 서원을 갚으며"라고 했습니다. 골로새서 3:16, 17에는 "그리스도의 말씀이 너희 속에 풍성히 거하여 모든 지혜로 피차 가르치며 권면하고 시와 찬미와 신령한 노래를 부르며 감사함으로 하나님을 찬양하고 또 무엇을 하든지 말에나 일에나 다 주 예수의 이름으로 하고 그를 힘입어 하나님 아버지께 감사하라"고 하였습니다.

성도가 지켜야 할 의무중 가장 중요한 것이 하나님께 감사하는 것입니다. 우리가 하나님께 찬양과 감사의 기도를 드리는 것은 아버지께서 우리에게 베풀어주시는 은혜에 감사하는 것입니다. 하나님께서 베풀어 주시지 아니하면 한 순간도 생을 영위할 수 없는 것이 인간이지만, 하나님을 떠난 사람들은 그의 생을 "하나님께 감사치도 아니하고 오히려 그 생각이 허망하여지며 미련한 마음이 어두워졌나니 스스로 지혜있다 하나 우준하게 되어 썩어지지 아니하는 하나님의 영광을 썩어질 사람과 금수와 버러지 형상의 우상으로 바꾸어" 자기의 부끄러운 욕심대로 살아가는 것입니다.

그러나 하나님을 알고 그를 아버지로 모신 성도는 하나님의 사랑과 인자하심을 깊이 명상하고, 또 그러한 명상을 통해서 주님께 대한 깊은 사랑을 확인하고 감사의 찬송을 드려야 합니다. 우리가 하나님을 찬송하는 것은 그에 대한 감사의 적절한 표현입니다. 마음에서 일어나는 감동은 우리의 입술을 움직이기 때문입니다. 그러므로 성도의 삶은 범사에 감사하는 삶이 되어야 합니다. 감사만이 하나님을 가까이 할 수 있는 길이기 때문입니다.

사도 바울의 감사조건
(살후 2:13-15)

본문에서 사도 바울은 하나님께서 데살로니가의 성도들을 택하신 사실에 대해 감사를 드린다고 했습니다. 즉 그들로 하여금 진리를 믿게 하고 그로 인해 구원을 얻게 하였으며 성령의 사역을 통해 거룩하게 만드신 하나님의 은혜를 찬양하는 것입니다.

데살로니가후서인 본 편지는 예수 그리스도의 재림을 그 중심 사상으로 하고 있습니다. 특히 본장의 전반부에서 재림 이전에 일어날 이단과 불의한 자의 역사에 관해 말한 바울은 후반부에서 장차 구원받을 자에 대해 감사의 기도를 드리고 있습니다. 이제 사도 바울이 말하는 감사의 조건이 무엇인지 상고하며 은혜를 받고자 합니다.

1. 주님의 선택하시는 사역에 대해 감사하였습니다.

(1) 처음부터 택하심을 받았습니다.
이 말은 바울이 데살로니가 교회에서 복음을 전하기 이전, 즉 태초로

부터 하나님은 데살로니가 교인을 선택하셨다는 뜻입니다. 이는 다시 말하면 주께서 인간들이 타락하고 창조사역에 실망한 나머지 구원계획을 세우셨다는 것이 아니라, 이미 창조사역이 시작되기 이전부터 인간의 모든 구속계획을 세우셨다는 말입니다. 이러한 주의 구속계획이 오랜 시일이 지난 뒤 바울을 통하여 데살로니가 교회에서 시행된 것입니다.

이렇게 볼 때 바울은 결국 주의 구원사역을 수행하는 하나의 도구에 불과한 것입니다. 그러나 바울은 자신이 주의 도구로 쓰임받았다는 사실만으로도 너무나 감사하고 있습니다. 창세 전에 계획된 주의 사역이 우리 성도들에 의해 수행된다는 사실은 큰 기쁨이 아닐 수 없습니다. 더구나 이 일은 사람의 영혼을 살리는 일이기에 더욱 그렇습니다.

(2) 전하는 사역자로 택하심을 받았습니다.

태초에 행하신 하나님의 선택 행위는 이제 바울에 의해 현재의 부르심으로 바뀌었습니다. 사실 아무리 하나님께서 우리들을 선택하셨다 할지라도 이 사실이 누구에 의해선가 직접적으로 개인에게 알려지지 않는다면 이는 아무 수용이 없는 것입니다. 이렇게 볼 때 복음은 곧 초대입니다. 이 그리스도의 초대를 받아들이는 자에게만 복음은 문자 그대로 복된 소식이 되는 것입니다.

그런데 데살로니가 교인들을 향한 하나님의 초대가 바로 바울에 의해 알려진 것입니다. 자신이 받은 구원도 감사의 조건이지만 구원의 복된 소식을 전하는 사역자로 부름을 받은 것은 더 큰 감사의 조건이 되는 것입니다.

2. 성령의 거룩하게 하심을 감사하였습니다.

바울은 선택하시는 주의 은총에 대해 감사하였습니다. 이제 바울은 두 번째로 성령의 거룩하게 하심을 감사하고 있습니다. 우선 중요한 것은 성화사역, 즉 거룩해지는 일의 주체가 성령이라는 사실입니다. 선택받은 백성은 주의 자녀다운 삶을 위해 자신을 성결케 해야 합니다. 이는 아버지되시는 하나님께서 거룩하시기 때문입니다.

구약의 모든 율례는 곧 이스라엘의 성결한 삶이 목적이었습니다. 우리 그리스도인이 성별된 삶을 살아야 하는 것도 이와 같은 이치입니다. 그러나 문제는 이런 거룩하고 성별된 삶은 우리 성도 개인의 노력으로는 불가능하다는 사실입니다. 성령께서 우리에게 양자의 영을 허락하시고 하나님의 자녀임을 확증하게 하시며, 또 성도들을 주 앞으로 인도해 주실 때만이 성도는 성결한 삶을 살 수 있는 것입니다.

여기에 대해 바울은 로마서 8:14에서 이렇게 말씀했습니다. "무릇 하나님의 영으로 인도함을 받는 그들은 곧 하나님의 아들이라." 이러한 성결케 하시는 성령의 사역에 대해서는 베드로전서 1:2에도 잘 나타나 있습니다.

한편 성결이란 지·정·의가 결합된 인격의 총체적인 변화를 말합니다. 창세기 43:13에 성화의 대표적인 인물로 야곱을 들고 있습니다. 젊은 시절 형제와 부모, 친지를 속이고 갖은 권모술수로 개인의 유익만을 추구했던 야곱이 노년에 이르러 모든 것을 주께 맡기고 의지하는 자로 변모된 것은 성화되어 가는 자의 좋은 모범이 된다 하겠습니다. 이처럼 하나님 앞에 자신의 모든 것을 맡길 때만이 성령의 인도하심을 받고 거룩한 처소를 향해 한 걸음씩 나아갈 수 있는 것입니다.

3. 진리를 믿음으로 구원얻게 하심을 감사하였습니다.

사실 선택이나 구원이나 그 내용은 동일합니다. 그러나 선택이 구원에 대한 약속이라면 구원은 선택의 결과라 할 수 있습니다. 바울은 본문에서 세 번째로 데살로니가 교인들이 진리를 믿고 구원얻게 된 것에 대해 하나님께 감사를 드린다고 했습니다. 여기서 알아야 할 사실은 구원은 진리를 믿음으로써만 가능하다는 것입니다. 이 진리는 그리스도가 구세주, 즉 메시야가 되신다는 사실을 말합니다. 예수님이 그리스도이심을 믿을 때만이 구원은 가능합니다.

많은 사람들이 이 진리를 단순히 윤리적인 측면에서 선한 행실이나 도덕적인 삶 정도를 이해하는 오류를 범합니다. 또 어떤 이들은 복음 진리의 실상을 잘못 파악하여 영원히 구원받지 못할 자리로 나아가기도 합니다. 그러나 참진리는 그리스도인이며, 또 한 분 그리스도뿐임을 명심해야 합니다. 하나님께서는 그리스도 이외의 천하 인간에게 구원을 얻을 만한 다른 이름을 주시지 않았습니다.

바울이 데살로니가 교인들을 향하여 감사한 조건들은 오늘날 우리 성도들이 주를 향해 해야 할 감사의 조건들입니다. 주께서 선택하시고, 거룩하게 하시며, 구원하시는 역사를 생각한다면 우리 성도는 그저 범사에 감사할 것밖에 달리 할 것이 없습니다.

12월

축복의 달

최광영 목사(인천성덕감리교회)

- 차고도 넘치는 외적인 복(신 28:1-6)
- 행복을 심는 내적인 복(시 84:1-5)
- 삶 속에서 누릴 현실적인 복(욜 2:12-14)
- 하늘나라 세우는 신령한 복(마 5:1-12)
- 새 세계를 차지하는 영광스런 복(계 14:13)

차고도 넘치는 외적인 복
(신 28:1-6)

인간은 누구나 행복해지기를 원합니다. 복받고 살기를 원합니다. 동서고금을 막론하고 남녀노유를 불문하고 모두가 복받기를 원하고 있습니다. 그래서 우리 민족은 모두가 복(福)자를 좋아하고 있습니다.

이 사실을 잘 알고 계시는 하나님은 시대에 따라서 필요한 사람들을 택하셔서 하나님의 백성들이 누려야 할 복을 질서있고 정연하게 말씀하셨습니다. 어느 것이 복이며 어떻게 하여야 복을 받는 것인지 복받는 비결을 잘 가르쳐 주셨습니다.

생각해 보면 우리가 복받기를 싫어해서 복을 못받는 것이 아니라 복을 받고 싶어도 복받을 일을 행하지 못하기 때문에 받지 못하는 것입니다. 성경 속에는 복을 받을 수 있는 요인 복인(福因)과 복의 열매인 복과(福果)가 있습니다.

필자가 예수님을 영접하기 이전에는 한학(漢文)을 공부하여 샤머니즘 풍토에서 여러 가지 부끄러운 일들을 많이 행하였었습니다. 토정비결, 사주, 궁합, 동토잡이, 입춘쓰기, 제사에 축문쓰기, 택일, 해몽, 작명…

등 잘못인 줄도 모르고 하나님 앞에서 죄를 범하였었습니다.

당시에 있었던 기억에 남는 이야기를 하나 소개하겠습니다. 1년 24절기 가운데 입춘이 되어서 입춘을 다시 붙이는데 대문에 붙였던 복복(福)자와 재앙재(災)자를 뜯어내렸습니다. 주인을 따라다니던 개의 입에는 '福'자가 물려있었습니다. "개도 '福'자가 '災'자보다 더 좋은 모양이다"라고 중얼거려 보았었습니다. 개가 '복'자를 아무리 좋아한다 하여도 개는 복을 받지 못합니다. 왜냐하면 개는 복받을 일을 할 줄 모르기 때문입니다.

사람들 모두가 복을 좋아하여도 진정한 복을 받으려면 복받을 일을 반드시 해야만 합니다. 의무는 생각하지 아니하고 권리만 주장하는 것은 있을 수 없는 일입니다.

하나님은 인간들에게 복을 가르쳐 주시되 시대를 따라서 필요적절하게 가르쳐 주셨습니다. 세상이 처음으로 창조된 이후에는 생육하고 번성하며 창대하여지는 외적이고 가시적인 복을 가르쳐 주셨습니다. 자리가 잡혀진 인간들에겐 내적인 복을 가르쳐 주셨고, 예언자들을 통하여서는 현실에서 믿음의 삶을 어떻게 살아가는 것이 복인가를 가르쳐 주셨습니다. 예수님과 그의 제자들을 통하여서는 하늘나라를 세우는 신령한 영적인 복을 가르쳐 주셨습니다. 또한 계시록에서는 종말론적인 복을 사도 요한을 통하여 말씀하여 주심으로 인간이 누려야 할 모든 복을 체계적으로 가르쳐 주셨습니다.

필자는 12월의 5주를 복에 대한 설교를 하므로 진정 밝아오는 새해에 성도들이 복을 받는 비결을 가르쳐 드리려고 합니다. 어느 의미에서는 성경도 행복을 추구하는 최고의 책입니다. 왜 하나님을 믿어야 합니까? 영원한 구원의 행복을 얻기 위해서입니다. 왜 하나님의 말씀을 따라 살아야 합니까? 이 땅위에서 행복하고 질서있게 더불어 잘 살기 위해서입니다. 성경속에는 福이란 말이 361회 이상 나타나고 祝福이란 단어가

97회 이상 나타납니다. 이만큼 복에 관한 하나님의 관심이 지대하시다는 것을 성경은 우리에게 가르쳐주고 있습니다.

그러면 모세의 5경 속에, 그리고 역사서 속에 나타난 복에 대한 내용을 요약해서 말씀드리겠습니다. 먼저 복받을 요인(要因)에 대하여 말씀을 드리고 다음에 복의 열매(結果)에 대하여 말씀을 드리겠습니다.

1. 주일을 잘 지킴으로 복을 받습니다.

창세기 2:3에 보면 "일곱째 날을 복주사"라는 말씀이 기록되어 있습니다. 하나님이 하루 하루 천지를 창조하시고 "하나님의 보시기에 좋았더라"고 하루의 창조를 마무리하셨습니다. 그런데 복을 주신 날은 7일 가운데 오직 안식하신 날 일곱째 날 외에는 없습니다.

일곱째 날에 복을 주셨다는 말은 안식하는 날을 거룩하게 지키고 하나님께 신령과 진정으로 경배하는 자에게 복을 주시겠다는 하나님의 약속입니다. 오늘 우리의 현실에서는 주일을 거룩하게 지키는 백성에게 복을 주신다는 귀중한 말씀입니다.

단을 쌓고 제물을 봉헌하는 자에게 복을 주시는(출 20:24) 말씀이나 첫열매를 봉헌하므로 복을 받는 내용이 느헤미야 13:31에도 나타나 있습니다.

2. 하나님 잘 섬기고 법도와 율례를 지켜 행하는 자에게 복을 주십니다.

성경에 복받는 비결로 제일 많이 언급되어 있는 말씀이 바로 이 말씀입니다. 신명기 6:2-3을 비롯하여 많은 곳에 언급이 되어 있습니다. 하나님은 인간에게 명령하시거나 행하여야 할 일을 말씀하실 때는 반드시 약속을 동반하셨습니다. "……하여라 그러면 내가 ……하여 주리라"는 언약을 동반하였습니다. 우상을 제거하고(출 23:24-25) 하나님만을 잘 섬기면 복을 받게 됨도 말씀하셨습니다.

3. 부모를 잘 공경하므로 복을 받습니다.

신명기 5:16에 "부모를 공경하면 땅에서 잘되고 복을 받는다"고 약속하셨습니다. 하나님께서 인간들에게 십계명을 주실 때에 첫 번째 계명에서부터 4번째 계명까지는 하나님을 섬기는 계명을 주셨고, 5번째에서 10번째까지는 인간을 위한 계명을 주셨습니다.

그런데 인간의 계명 가운데 첫째 되는 계명이 부모에게 효도해야 할 계명인 것입니다. 부모에게 효도할 때 땅에서 잘되고 장수하는 복을 받게 될 것을 하나님은 약속하셨습니다.

4. 종을 자유하게 하므로 복을 받습니다.

신명기 15:18에 6년 동안 주인을 위하여 열심히 섬겼으니 종을 자유하게 하여 주는 자에게는 하나님이 범사에 복을 주시리라고 약속하셨습니다. 현재의 사회제도 속엔 종의 신분이 없지만 보이지 아니하는 실제적 현상은 종으로 사는 사람들이 많습니다.

현재의 종은 누구입니까? 얽매이지 말아야 할 어떤 것에 얽매여 있는 사람이 종입니다. 죄의 사슬에 얽매여 있는 사람들이 많습니다. 신분이나 지위의 사슬에 매여있는 종도 있습니다. 돈의 사슬에 묶여있는 자도 있습니다. 병의 사슬에 묶여서 고통 속에 있는 자들도 있습니다.

이러한 모든 묶인 자들을 예수님의 동산으로 이끌어서 무거운 짐을 내려놓고 자유롭게, 기쁘고 즐겁게 살아가도록 이끌어주는 자는 복이 있는 사람입니다. 다니엘 12:3에서 "많은 사람을 옳은 데로 돌아오게 한 자는 별과 같이 영원토록 비춰리라"고 말씀하셨습니다.

5. 구제하는 사람이 복을 받습니다.

신명기 15:10에 "구제로 인하여 범사와 네 손으로 하는 바에 네게 복을 주시리라"고 말씀하셨습니다. 구제는 물질이 많다고 잘하는 것도 아니요 소유한 물질이 적다고 하여 못하는 것도 결코 아닙니다. 긍휼히 여길 자를 긍휼히 여기는 마음만 있으면 언제나 가능한 것입니다.

그러나 구제는 말처럼 쉬운 것만은 아닙니다. 이웃과 더불어 살아가도록 이웃을 주신 하나님 앞에서 불우한 이웃, 고통당하는 이웃들을 향하여 사랑의 손길을 펼쳐나가는 것은 주님의 마음을 본받는 자입니다.

6. 제사장의 축복으로 복을 받습니다.

민수기 6:22-27을 보면 하나님께서 모세에게 "이스라엘 민족을 위하여 축복을 하라. 그리하면 내가 그들에게 복을 내리리라"고 말씀하셨습니다. 사람들은 서로 축복하면서 살아가야 합니다. 이웃이, 나라가 잘되기를 위하여 축복해야 합니다.

모두에게 복을 빌 수 있는 권한이 주어졌습니다. 축복은 전능하신 하나님께 복을 주시라고 비는 것입니다. 그러므로 축복은 누구나 할 수 있습니다만 제사장이 하나님 앞에 축복하는 것은 더 유의하여 들으시고 복을 내려주십니다. 제사장들이 축복할 수 있도록 여건을 만드는 것도 복받는 현명한 방법일 수 있습니다.

7. 성전을 지음으로 복을 받습니다(출 39:43, 삼하 7:29, 대상 17:27).

하나님의 집을 짓는 일은 참으로 어려운 일이면서도 복을 받는 첩경이기도 합니다. 물질과 시간과 재능을 바쳐서 하나님의 집을 짓는 자에게 어찌 하나님이 잠잠하시겠습니까?

솔로몬이 하나님의 전을 건축하고 낙성식을 행할 때 그의 봉헌기도가 끝나자마자 하늘의 응답이(대하 7:1) 어떻게 나타났었던가요! 불이 하늘에서 내려와서 그 번제물과 제물들을 사르고 여호와의 영광이 그 전에 가득하였습니다. 제사장들도 감히 그 전에 들어가지 못하였고 이스라엘 백성들은 땅에 엎드려 경배하며 "선하시도다. 그 인자하심이 영원하도다"고 감사찬양을 하였습니다. 하나님이 이렇게 영광을 받으시는 성전을 짓는 자에게 어찌 복을 내리시지 아니하겠습니까?

8. 하나님의 법궤를 모신 자에게 복이 임합니다(삼하 6:11-12, 대상 13:14).

하나님의 법궤가 오벧에돔의 집에 석달 동안 머물러 있는 동안 오벧에돔의 집에 하나님이 복을 내리셨습니다. 하나님의 법궤를 모시려고 의도적으로 계획하여 모신 것이 아니라 어쩔 수 없는 상황에서 법궤를 모셨는데 여호와께서 내리시는 복이 오벧에돔의 집에 임하게 되었습니다.

오늘의 법궤는 무엇일까요? 오늘의 법궤는 하나님의 말씀입니다. 하나님의 말씀이 머물러 있는 심령은 복이 임하는 심령이요, 하나님의 말씀이 가정의 한복판 가장 소중한 자리에 모셔진 가정은 복이 임하는 가정임에 틀림이 없습니다.

위와 같은 복받을 요인을 행하였을 때 주어지는 복의 열매는 무엇일까요? 이러한 사람에게 하나님이 내리시는 복은 무엇일까요? 소유가 많아집니다(창 26:2), 민족이 창대하여집니다(신 6:3, 30:16), 보호하시고 대적을 막아 주십니다(창 28:15, 신 28:7), 자식을 많이 얻습니다(신 34:24), 장수합니다(신 15:16, 33, 신 6:3), 후손이 잘됩니다(신 12:25, 신 7:13), 토지소산이 많아집니다(신 7:13-14), 형통의 복을 누립니다(신 15:10).

이상과 같은 복을 누리게 됨을 하나님은 약속하셨습니다.

구약에 나타난 복의 개념은 특히 모세의 5경이나 역사서에 나타난 복의 개념은 외부적으로 잘되고 형통하고 인간들이 추구하는 가시적인 복을 언급하였습니다. 신학자들이 흔히 말하는 기복신앙의 형태가 아닌가 오해할 정도로 외적이고 물량적인 복을 언급하였습니다.

그러나 이 하나님이 약속하시고 허락하신 외적인 복이 결코 기복신앙이라고 매도하기에는 너무 애매한 부분이 많습니다. 수의 중다와 물질의 많음과 명예를 누릴 수 있는 것이, 건강하고 오래 사는 것을 바라는 것이 결코 기복신앙만은 아닙니다. 하나님이 약속하시고 베풀어 주시는 것을 누가 나쁘다 말할 수 있을까요? 주신 것을 잘못 사용하고 또 욕심으로 사용하기 위하여 구하고 또 구하는 신앙이 기복신앙이 되어지는 것입니다.

우리 모두가 하나님이 주시는 외적인 복도 잘 받으시기 바랍니다.

제4장 강단목회 설교

행복을 심는 내적인 복

(시 84:1-5)

모세의 5경에서나 역사서에 나타나는 복과에는 외적이고 가시적이며 풍성한 번영의 복을 말씀하고 있습니다. 창세 이후의 인간들에게 꼭 필요한 복입니다. 세월이 흐르는 동안 신앙의 짜임새와 삶의 기틀이 잡혀져가게 된 인간들에게 현자나 지자들을 통하여 하나님이 말씀하시는 복의 내용은 한 단계 더 성장한 내용인 것을 알 수가 있습니다. 외적인 것에서 내적인 것으로, 가시적인 것에서 비가시적인 것으로, 물질적인 것에서 정신적이며 영적인 것으로 발전하고 있음을 깨닫게 됩니다.

그렇습니다! 인간은 결코 외부의 조건으로만 만족할 수 없는 정신적인 존재이며 영적인 존재입니다. 럿셀(B.Russel)은 그의 행복론에서 "동물은 그들이 건강하고 먹을 것을 충분히 가지고 있는 한 행복하다. 인간도 역시 그러한 것이라고 생각되고 있다. 그러나 적어도 태반의 경우 인간은 그렇지는 않다"고 말하였습니다.

휠티(Karl Hilty)도 그의 행복론에서 "인류가 행복을 구하는 이들 길 중에는 외적인 것으로 재산, 명예, 일반적인 향락, 건강, 문화, 과학, 예술 등이 있고 내적인 것으로 부끄럽지 않은 양심, 덕, 이웃에 대한 사랑, 종교, 위대한 사상과 사업에 종사하는 생활 등이 있다"고 말하므로 행복은 내외(內外)의 구비를 말하였습니다.

시가서, 지혜서에서는 인간이 누리는 복이 외적인 것보다 내적인 것에 있다는 사실을 말하여 주고 있습니다. 이제 지혜자와 현자들을 통하여 말씀하시는 하나님의 음성을 들으시기 바랍니다.

1. 하나님 경외, 말씀 순종, 법도와 율례를 준행, 하나님을 의지하는 자가 복을 받습니다(시 1:1-3, 2:12, 84:12, 112:1-).

하나님을 경외하는 자, 말씀에 순종하는 자, 그리고 법도와 율례를 준행하는 자, 하나님을 전적으로 의지하는 자에게 하나님께서 은혜와 평강과 사랑을 주시고 복을 주시는 것은 당연한 일일 것입니다. 왜냐하면 하나님이 이미 약속하신 일이기 때문입니다.

복을 받을 수 있는 요인 가운데 제일 많이 언급되어진 부분이 바로 위에 기록되어진 네 가지 항목입니다. 이것은 모세의 5경 속에서나 역사서에도, 그리고 시가서, 지혜서, 예언서 속에 어느 부분에서도 자주 언급되어지고 있을 만큼 중요한 내용입니다. 결코 하나님의 백성이 하나님을 떠나서나 말씀을 거역하면서 복을 기대할 수는 없습니다. 피조물이 조물주를 떠나서는 존재할 수 없는 이치와 같습니다.

위의 하나로 묶여진 네 가지 조항은 인간이 하나님으로부터 복을 받는 조건 가운데서 최우선의 조건입니다. 인간이 해야 할 일들 중 우선순위가 바뀌지만 않는다면 하나님이 하시는 모든 일은 질서있게 약속하신 대로 진행하십니다. 하나님은 어지러움의 하나님이 아니십니다. 화평의 하나님(고전 14:33)이십니다.

2. 영적 무장을 잘한 자가 복을 받습니다(시 84:4, 5).

주의 집에 거하는 자가 복이 있고 마음에 시온의 대로가 있는 자가 복이 있음을 말씀하였습니다. 물질의 풍요를 누리는 것이나 또는 궁중과 같은 좋은 집에서 사는 것을 복이라 아니하고 주의 집에 거하는 것이 복이 있고 마음 속에 주님 나라와 통하는 시온의 대로가 활짝 열려진 자가 복이 있다고 말씀하였습니다.

인간은 외부적인 조건만을 갖추었다고 하여 모든 것이 행복한 것은 아닙니다. 내적인 조건이 잘 갖추어져서 내외(內外)가 조화를 이룬 자가 진정 행복을 느끼는 자가 되며 인격적으로도 갖춘 자가 됩니다. 그런데 시편에서는 이 인간의 내적이며 영적인 분야에 착안을 하여서 영적으로 무장을 한 자가 복을 받은 자임을 언급하고 있습니다. 세상의 금은보화를 가지고 있다 하여서 행복을 소유하였다고 말할 수는 없습니다. 진정한 행복은 영혼의 자유와 다함이 없는 평화와 사랑을 소유할 때에 느낄 수 있습니다.

3. 공의와 이웃을 위해 의를 행함으로 복을 받습니다(시 106:3, 잠 24:24-25, 시 37:26, 41:1, 잠 14:21).

하나님은 공의를 사랑하십니다(시 61:8). 특별히 예언서에서는 공의에 대한 말씀이 많이 언급되어져 있습니다. 사람이 함께 살아가는 세상 속에는 반드시 정의가 있어야 합니다. 개인의 욕구 달성에만 혈안이 되어있는 자는 하나님의 공의와 사랑을 실천할 수 없습니다.

자아 중심의 사상에서 이웃을 향해 새롭게 번져가는 이웃지향의 사상이며 이기적 사고에서부터 이타적 사고로 바뀌어진 복의 사상을 새롭게 발견할 수가 있어서 참으로 좋습니다. 나만을 생각하는 곳에는 사회정의가 실현되어질 수 없습니다. 나 아닌 이웃을 바라보며 그 이웃을 위하여 공의를 행하여 나가는 것을 통하여 하나님의 정의가 정오의 햇살같이 번져가는 것입니다.

4. 가정의 여건이 좋은 자가 복을 받은 자입니다(잠 18:22, 5:18, 시 128:3, 시 133:3).

가정은 행복의 보금자리요 온상이라 할 수 있습니다. 가정에서 불행해지면 어디에서도 행복을 찾을 수 없습니다. 가정이 불행하여 언제나 평화롭지 못하면 그의 생활은 무엇을 소유하였어도 복받은 가정이라 말할 수 없습니다. 그러면 가정의 여건이 좋다고 하는 것은 무엇을 말하는 것일까요?

(1) 좋은 부부가 있어야 행복합니다.

부부는 하나님이 인간에게 최초로 주신 최고의 선물입니다. 홀로 사는 것이 쓸쓸해 보이신 하나님은 함께 살면서 서로 의지하고 부족한 부분을 보충하면서 살아가도록 가장 가까운 이웃을 주신 것입니다. 시편 128:3에서 "네 집 내실에 있는 네 아내는 결실한 포도나무 같으며"라고 말하므로 아내의 존재의 아름다움을 최고로 표현하였습니다. 결실이 없는 포도나무는 쓸모없는 나무입니다. 땅만 버리고 맙니다. 그러나 포도송이가 알알이 익어서 새까만 열매를 내었을 때 포도나무의 존재의 가치가 한층 더하여지는 법입니다.

옛부터 내려오는 말 가운데 '처복'이란 말이 있습니다. 아내를 잘 얻었다는 말인데 실상 아내를 잘 얻으면 많은 물질을 얻은 것보다 훨씬 더 좋습니다. 그리고 더 행복합니다. 아울러 좋은 아내와 같이 좋은 남편이 있어야 진정한 행복한 가정이 되어집니다.

⑵ 좋은 자녀가 있어야 복있는 가정입니다.

시편 128:3에서 "상에 둘린 자식은 어린 감람나무와 같다"고 말씀하면서 복된 자녀의 아름다운 모습을 그려주고 있습니다. 어린 감람나무와 같은 자식을 소유하는 것은 히브리인들의 이상입니다.

좋은 자녀는 부모에게 자랑거리가 되고 바르지 못한 자녀는 부모에게 근심거리가 됩니다. 잠언 17:25에 "미련한 아들은 그 아비의 근심이 되고 그 어미의 고통이 되느니라" 하였고, 잠언 10:1엔 "지혜로운 아들은 아비로 기쁘게 하거니와 미련한 아들은 어미의 근심이니라"고 했습니다.

지혜로운 아들, 효도하는 아들, 아비의 훈계를 잘 좇는 아들은 참으로 복있는 아들입니다. 가정에 좋은 부부와 좋은 자녀가 있으면 그 가정은 행복이 넘치는 가정이 됩니다. 이러한 가정에 시온의 복과 예루살렘의 복이 넘쳐나게 됩니다.

⑶ 좋은 형제가 있는 가정은 복받은 가정입니다.

시편 133에 보면 "형제가 연합하여 사는 모습이 상서로운 기름이 흡족히 흘러내림 같고 산과 들에 이슬이 흡족하게 내림과 같다"고 말씀하였습니다. 그리고 여호와께서는 형제가 연합하여 사는 곳에 복을 명하셨다고 말씀하셨습니다. 형제가 우애하며 살아가는 가정에 하나님은 복을 내리십니다.

필자가 초등학교 다닐 때 도덕책에 나오는 '의좋은 형제'가 있었는데 너무 감동있게 읽어서 지금도 잊혀지지 아니합니다. 추수기에 의좋은 형제는 서로 곡식 낟가리에 볏단을 날라다 놓았습니다. 형은 동생의 집을 생각하고 동생은 형의 집을 생각하여 서로가 상대방의 낟가리에 곡식단을 몰래 갔다가 쌓았다는 이야기입니다. 현대자동차에 위기가 왔는데 형제 간에도 이권문제로 협력을 하지 못하는 모습은 보는 이로 하여금 안타까움을 자아내게 합니다.

5. 신앙의 행위를 잘 가짐으로 복을 받습니다.

신앙인이라면 하나님의 말씀대로 준행하여서 명실공히 살아있는 믿음을 소유한 자가 되어야 합니다. 믿음과 행위는 별개의 것이 아닙니다. 서로 분리할래야 분리할 수 없는 상관관계에 있습니다. 생명력이 있는 믿음은 반드시 행동하게 만듭니다. 만약에 신앙 따로 행동 따로라면 믿음과 생활이 서로 괴리되어진 아이러니를 낳고 무기력한 신앙으로 전락되어지고 맙니다. 어떤 신앙의 행위를 해야 할까요?

첫째, 악인의 꾀를 좇지 아니하는 자입니다(시 1:1, 34:13-14).

둘째, 오만한 자의 자리에 앉지 아니하는 자입니다(시 1:1, 40:4).

셋째, 뜻을 허탄한 데 두지 아니하는 자입니다(시 24:4-5).

넷째, 거짓 맹세하지 아니하는 자입니다(시 24:4-5).

다섯째, 성실한 자입니다(잠 28:20).

여섯째, 충성하는 자입니다(잠 28:20).

일곱째, 주의 징벌을 받고 교훈을 받는 자입니다(시 94:12).

여덟째, 선한 눈을 가진 자입니다(잠 22:9).

이와 같은 신앙의 행위를 가진 자들은 복이 있는 사람들입니다.

시가서나 지혜서에서 언급되어진 복은 내적이며 영적인 면을 다분히 볼 수 있습니다. 이것은 참으로 다행스러운 일이라 생각합니다. 만약에 모세오경 속에 나타난 복의 개념만 우리가 알고 있다면 인간의 모든 삶의 의미가 땅에만 있다고 주장하는 것이 되어버리고 말뿐입니다. 외적이고 가시적인 세계에만 치중하는 1차원의 세상에만 맴돌고 말테니까요!

그러나 보이는 세계만 세계가 아니라 보이지 아니하는 정신의 세계(2차원), 영의 세계(3차원)가 있음을 가르쳐주기 때문에 복의 개념이 점점 발전하여 오늘에 이르게 된 점을 감사하게 생각합니다.

우리가 지금까지 만사가 형통하고 많은 물질을 소유하고 많은 명예를 소유하는 것에만 치중하며 이것만이 복이라 생각하여 왔다면 이제 성경에 눈을 돌려야 합니다. 골고루 갖추어진 하나님이 인간에게 주시는 통전적인 복을 복으로 알고 누리는 지혜로운 성도들이 되시기를 주님의 이름으로 축원합니다.

■■■
다이나믹 설교뱅크

삶 속에서 누릴 현실적인 복
(욜 2:12-14)

예언자들의 가장 중요한 임무는 첫째로 도덕적 교훈입니다. 예언자는 제사장과 같이 율법의 해설자가 아닙니다. 때로는 정통적이며 습관적이요 종교적인 교훈에 반대되는 하나님의 뜻의 직접적인 계시를 말했으며, 공의와 자비와 믿음에 중점을 두어 그들의 소신을 피력하는 데 생명을 내어 걸었던 사람들입니다.

둘째로 예언자들의 임무는 종교적인 교훈입니다. 이것은 도덕적인 교훈과 밀접한 관계를 가지고 있기 때문에 이스라엘 민족의 신관이 고상해지면 고상해질수록 이스라엘의 도덕적 수준도 높아져 갔음을 알 수 있습니다. 예언자들의 외치는 복의 내용은 당연히 생활 속에서 누려야 할 현실적인 복에 대하여 외칠 것이 분명합니다.

지금까지 모세의 오경이나 역사서, 그리고 시가서와 지혜서 속에 나타난 복에 대한 개념을 말씀드렸습니다. 이제는 예언자들을 통하여 주시는 복에 대한 사상을 말씀드리려 합니다.

예언서에 나타난 복을 한 마디로 요약한다면 하나님의 말씀을 증거하는 바로 그들의 사명과 시대적인 외침에 걸맞은 복입니다. 이것을 증거하도록 하나님은 역사하셨다는 점을 주목해야 합니다. 질서와 기강이 해이해진 사람들, 하나님의 법도와 율례를 좇아 살지 아니하는 백성들, 성도의 본분이 무엇인지를 잘 모르는 백성들에게 예언자들의 말씀을 통하여 하나님은 복에 대하여 말씀하셨습니다.

그러므로 복에 대한 사상도 예언자다운 복을 외쳤다는 말씀이 되겠습니다.

1. 하나님의 명령을 행하는 자가 복을 받습니다.

예레미야 7:23에 "너희는 내 목소리를 들으라. 그리하면 나는 너희 하나님이 되겠고 너희는 내 백성이 되리라 너희는 나의 명한 모든 길로 행하라. 그리하면 복을 받으리라" 말씀하셨습니다. 하나님의 백성이 하나님의 명령을 거역하면서 형통하기를 바란다면 이것은 매우 잘못된 신앙이며 신앙과 생활이 완전히 분리되어진 삶이 될 것입니다. 이 내용은 앞에서도 몇 번 언급하였기에 약하도록 하겠습니다.

2. 백성을 잘 인도함으로 복을 받습니다.

이사야 32:20에 "모든 물가에 씨를 뿌리고 소와 나귀를 그리로 모는 너희는 복이 있느니라"고 기록되어 있습니다. 소와 나귀를 모는 자가 복이 있다는 말로 되어 있습니다. 성서주석가 매튜헨리의 주석을 보면 씨를 뿌린다는 말을 마태복음 13:3을 인용하면서 하나님의 말씀을 전하는 자로 해석하였고, 소와 나귀를 모는 것을 하나님의 말씀을 먹이는 것으로 해석하였습니다. 매튜헨리의 주석을 인용한다면 "소와 나귀를 먹이고 잘 보호한다는 것은 말씀을 풀어서 설교하는 것으로 평가할 수 있다. 그들은 기다리는 곳에 씨를 뿌렸다. 그들은 가는 곳마다 복음을 선포하였다"라고 주석하였습니다.

풀핏 콤멘타리(Pulpit Commentary)에서도 물가에 씨를 뿌린다는 말과 소와 나귀를 모는 자를 일하는 기독교인으로 해석하였습니다.

종합하여서 해석을 한다면 씨를 뿌리고 소와 나귀를 잘 모는 자가 복이 있다는 말씀은 하나님의 백성을 말씀으로 잘 인도하는 자가 복이 있다는 말이 될 것입니다. 하나님의 백성을 사랑하고 위로하고 치료하며 불쌍히 여기며 돌보는 자는 복이 있는 사람입니다.

속장으로서 강사로서 하나님의 백성들을 잘 이끄는 자는 복이 있는 자입니다. 교사로서 어린 영혼들을 사랑하고 잘 돌보아서 하나님 말씀으로 양육받도록 하는 일은 참으로 복이 있는 사람이 할 수 있는 일입니다.

3. 회개하는 백성이 복을 받습니다.

요엘서 2:14에 "옷을 찢지 말고 마음을 찢으며 하나님 여호와께로 돌아올지라. 그러면 마음과 뜻을 돌이키시고 그 뒤에 복을 끼치사"라고 말씀하였습니다. 예언자들이 외치는 중요한 내용 중의 하나는 회개의 촉구였습니다. 죄에서부터 돌아오며 구태의연한 잘못된 습관에서, 사회악에서 돌아오기를 촉구하였습니다.

회개는 마음의 변화, 후회, 또는 가책의 감정, 윤리, 종교적 의미의 회개로 나눌 수 있습니다. 종교적 의미로 회개는 죄로부터 벗어나 하나님께로 돌아오는 것입니다. 회개는 구원의 관문이기 때문에 회개 자체가 복이 되어집니다. 니느웨성이 완전히 멸망받을 수밖에 없었을 때 요나의 회개하라는 외침을 듣고 니느웨성의 왕으로부터 서민에 이르기까지 굵은 베옷을 입고 재에서 뒹굴며 회개하였을 때 하나님은 니느웨를 용서하여 주셨습니다. 하나님은 회개하는 백성 앞에서는 약하여지시는 하나님이십니다.

4. 기다리는 자가 복이 있습니다.

'기다린다'는 말은 '인내'라는 말과 맥을 같이 합니다. 어려움과 고난과 시련이 있어도 참고 기다려야 된다고 외치는 자들은 예언자들입니다. 구약시대에나 지금이나 고난과 시련은 동일하게 존재하고 있습니다. "기다려서 일천삼백삼십오십 일까지 이르는 그 사람은 복이 있으리라"는 이 말은 인내하는 신앙을 말하는 것입니다. 날자는 상징적인 숫자이므로 숫자에 대한 해석은 여러 사람의 주장과 견해가 다릅니다.

신앙인의 3대요소라고 말하는 믿음, 소망, 사랑 중에 소망은 인내를 동반한 것임을 데살로니가전서 1:3에서 말씀하고 있습니다. 박해나 환난이 다가와도 참고 기다리며 끝까지 이기는 자가 승리의 면류관을 얻을 수 있습니다. 오래 참는 인내는 성령의 9가지 열매 중(갈 5:22)에도 나타나며 신의 성품에 참여하는 8가지 단계(벧후 1:6)에도 나타나고 있습니다.

믿음의 조상 아브라함도 하나님으로부터 약속을 받고 오래 참고 기다려서 약속을 받았습니다. 인내하는 정신이 필요한 하나님의 백성들에게 예언자들은 오래 참아서 기다리는 자에게 복이 임한다고 가르쳐 줌으로 훌륭한 지도자의 역할을 감당하였습니다.

다이나믹 설교뱅크

5. 십일조를 드림으로 복을 받습니다.

말라기서 3장은 십일조장이라고 말합니다. 십일조 제도는 창세기 14:20에서 아브라함이 대제사장 멜기세덱에게 얻은 것에서 10분의 1을 드린 것이 시초가 되어서 야곱이 형에게로부터 도망치면서 하나님이 그를 번성케 하여 주시면 하나님께 10분의 1을 드리겠다고 약속한 데로 연결됩니다.

그후 모세 시대에 들어와서 십일조는 크게 중요시 되어졌습니다. 땅에서 나는 것의 십분의 일은 하나님께 드리는 것이 의무화 되어졌습니다. 구약성경의 자료가운데 가장 최초의 율법문서집인 언약책(Book of Covenant)에서는 십일조에 대한 언급이 전혀 없었지만 그후에 신약에 이르기까지 십일조는 계속 강조되어 왔습니다. 특히 예언서 가운데는 십일조에 관한 내용이 두 번이나 언급되어졌고, 말라기에 와서는 매우 강조되어졌습니다.

십일조를 드리면 황충을 금하여 주시며, 토지 소산을 멸하지 않게 하시며, 밭의 과일이 기한 전에 떨어지지 않게 복을 내려 주시마고 약속하셨습니다. 하나님은 모든 면에서 인간에게 많은 배려를 하셨습니다. 열심히 벌어서 아홉은 너희가 쓰고 하나는 나에게 드리라는 법을 주셨고, 6일은 너희가 부지런히 일하고 하루는 나에게 경배하며 안식하라고 배려하셨습니다.

십일조는 구원받은 하나님의 백성들이 하늘나라 성업을 위하여 하나님의 것을 하나님께 드림으로 성업에 이바지하는 것입니다. 또한 하나님이 예비하신 복을 받는 통로가 되어지는 것입니다. 그러므로 십일조를 드리되 정확하게 드리고 물질보다 더 중요한 의(義)와 인(仁)과 신(信)을 버리지 말아야 할 것입니다.

하나님은 물질보다 물질을 드리는 사람을 더 중요시하셨습니다. 가인과 아벨이 농산물과 양의 새끼로 제사를 드렸을 때 그 결과를 다음과 같이 기록하고 있습니다. "아벨과 그 제물은 열납하셨으나 가인과 그 제물은 열납치 아니하신지라." '아벨과 그 제물'이란 말은 제물이 사람보다 더 중요하지 않는 말이 됩니다. 주님도 마태복음 23:23에서 십일조를 드리되 더 중요한 의와 인과 신을 버리지 말라고 말씀하셨습니다.

6. 성전을 건축함으로 복을 받습니다(학 2:19).

다윗이 성전을 지으려고 준비하고 복받기를 기다렸으며(삼하 7:29, 대상 17:27), 솔로몬은 성전을 건축하고 하나님께 봉헌하였습니다. 봉헌할 때 하나님이 얼마나 영광을 받으셨는가는 이미 말한 바 있습니다.

솔로몬이 지은 성전이 제1 성전이었고 제2 성전은 유다 총독 스룹바벨과 대제사장 여호수아의 영도하에 재건한(B.C. 520-516) 성전입니다. 제1 성전을 지을 때도 솔로몬의 부친 다윗이 준비한 것을 7년이란 많은 세월에 걸쳐서 지었고 제2 성전은 바벨론에게 포로잡혀간 이스라엘 민족을 파사제국이 지배하며 고레스칙령을 내려 무너진 이스라엘의 성전을 재건하게 함으로 세워진 성전입니다.

모두가 어렵게 성전을 지었습니다. 특히 제2 성전은 매우 어렵고 혼란한 시기에 지은 성전입니다. 어려운 여건 속에서 눈물로 지은 성전이기에 하나님께서는 "오늘부터는 내가 너희에게 복을 주리라" 약속하셨던 것입니다. 성전은 하나님의 이름을 두신 곳, 여호와의 눈동자가 거하시는 곳이기 때문에 성전을 짓는 일은 하나님이 매우 기뻐하시는 일입니다.

7. 제사장을 잘 섬김으로 복을 받습니다(겔 44:30).

다이나믹 설교뱅크

제사장을 잘 섬겨야 복을 받는다는 말을 듣고 알레르기 반응을 일으키는 성도들도 가끔 있습니다만 제사장을 잘 섬겨서 복을 받은 예는 얼마든지 있습니다. 그러므로 이것은 인간의 어떤 이해관계에서 논할 것이 아니라 성경으로 돌아가서 하나님께서 이루신 역사를 바라보며 그 뜻을 깨달을 수 있어야 하겠습니다.

각종 처음 익은 열매를 제사장에게 돌리고 각종 거제물을 제사장에게 돌리고 첫 밀가루도 제사장에게 돌려야 할 것을 하나님은 말씀하시면서 그렇게 하여 너의 집에 복이 임하도록 하라고 명령하셨습니다. 열왕기상, 하권을 보면 두 여인이 제사장을 잘 섬겨서 복을 받은 내용이 나옵니다. 열왕기상 17:9-17에 나오는 사르밧 과부는 가루 한 웅큼과 기름 조금밖에 없는 것으로 제사장을 공궤하여 가루독에 가루가 다하지 아니하였고 기름병에 기름이 마르지 아니하는 복을 받았습니다.

열왕기하 4:8-17에는 수넴여인이 주도면밀한 계획으로 집을 꾸며서 엘리사에게 제공하며 식사도 공궤하므로 아들을 얻는 복을 받았습니다. 신약성경에서도 복음을 위하여 일하는 자들을 영접함이 복을 받는 일임을(마 10:40, 요 13:20, 막 9:37, 눅 9:48) 언급하고 있습니다.

구약성경 속에 나타난 복의 사상은 목적론적 윤리에 해당합니다. 하나의 규범이 정해져 있으므로 그것을 따라야 하고 그것을 이행하여야만 복을 받는다는 사상은 확실히 목적론적 윤리임을 말해줍니다. "이렇게 하여라 그리하면 내가 너희에게 복을 주겠다." 이러므로 모든 사람들이 복받기 위하여서 그렇게 행동하여야만 하는 윤리의 사상을 낳고야 말았습니다.

그러나 받기 위해서 하는 조건적인 의무는 낮은 단계의 신앙이라고 하겠습니다.

목적론적 윤리는 아리스토텔레스의 철학을 배경으로 하여 인간 행위의 목적에 중점을 두는 것을 말합니다. 인간의 모든 행위는 목적이 있고 그 목적한 바를 실현하기 위한 수단이 된다는 입장입니다. 다시 말한다면 가설적 명제 위에 세워진 조건적 도덕이라 말할 수 있겠습니다. 받기 위해서 하는 조건적인 의무는 낮은 단계의 신앙이라 하겠습니다.

하늘나라 세우는 신령한 복
(마 5:1-12)

구약에 나타난 복의 사상과 신약에 나타난 복의 사상은 서로 다른 면이 있음을 볼 수 있습니다. 구약에 비한다면 신약에서 말하는 것은 매우 높은 차원의 신앙의 단계에서 이해할 수 있는 복의 개념입니다. 구약에서 말하는 복은 풍성한 외적인 복이라고 한다면 신약에서 말하는 복의 개념은 인간의 내면깊은 곳에서 일어나는 영적인 복이요 하나님의 거룩한 나라를 세우는 신령한 복인 것입니다.

잘되고 창대하고 번성하고 형통한다는 말은 일언반구(一言半句)도 없습니다. 다만 가난하고 배고프고, 목마르고 핍박을 받는다는 것 외에 다른 것은 없습니다. 주님의 나라를 세우기 위하여 헌신하는 것 자체가 복입니다. 마태복음 5장의 주님의 산상보훈을 필두로 하여 제자들이 말한 복과 마지막 때에 일어날 종말론적인 복에 대하여 말씀을 드리겠습니다.

1. 산상보훈에 나타난 지복(至福, Beatitudes)

예수님의 산상보훈은 너무나도 유명합니다. 산상보훈의 8복은 참으로 세상 어느 곳을 보아도 이와 같은 깊고 높은 교훈이 없고 높은 윤리도, 도덕도 없습니다. 그러나 특징은 나에게만 유익한 복이 아니라 내가 복 되므로 이웃이 함께 복을 누릴 수 있는 최고의 복입니다. 8복을 분류해서 살펴보겠습니다.

(1) 자신을 향한 복

심령이 가난한 자가 받을 복, 애통하는 자가 받을 복, 온유한 자가 받을 복, 마음이 청결한 자가 받을 복 등 이 네 가지는 자기 자신을 향한 복입니다. 자신을 위한 복일 뿐만 아니라 이러한 복을 받게 될 때 이웃도 함께 복을 누릴 수 있습니다.

(2) 이웃을 향하여 행동하는 복

긍휼히 여기는 자가 받을 복, 화평케 하는 자가 받을 복 등 이 두 가지의 복은 이웃과 함께 누리는 복입니다. 긍휼히 여길 자를 긍휼히 여길 때 나도 복이고 긍휼히 여김을 받는 자도 복이 되어집니다. 혼자만의 화평이 아니라 이웃과의 화평인데 화평이 있는 곳에는 언제나 기쁨이 충만하게 됩니다.

(3) 하나님 나라를 향한 복

의에 주리고 목마른 자가 받을 복과 의를 위하여 핍박을 받는 자가 받을 복은 둘 다 하나님 나라를 위하여 수고함으로써 받을 복입니다.

이상과 같이 분류하여 요약해서 말할 수 있는가 하면 복인은 어느 것이며 복과는 어느 것인지 말씀을 드리겠습니다.

■ ■ ■
다이나믹 설교뱅크

복 인 (福因)	복 과 (福果)
심령이 가난한 자	천국이 저희의 것
애통하는 자	위로를 받을 것
온유한 자	땅을 기업으로 받을 것
의에 주리고 목마른 자	배부를 것
긍휼히 여기는 자	긍휼히 여김을 받을 것
마음이 청결한 자	하나님을 볼 것
화평케 하는 자	하나님의 아들이라 일컬음을 받을 것
의를 위하여 핍박을 받은 자	천국이 저희의 것

산상보훈 속의 8복은 복과가 모두 영적이고 하늘나라에 속한 것입니다. 그리고 이웃 속에서 손해보면서 살아야 누릴 수 있는 복입니다. 그래서 8복은 현재에 살고 있는 성도에게가 아니라 미래의 천년왕국속에 있는 성도들에게 속한다고 주장하는 이도 있습니다. 그러나 마태복음 5:1-2에서 그리스도께서 그의 제자들을 가르치신 현실과 마태복음 7:28-29에서 분명히 큰 무리에게 현실적으로 말씀하신 것이 명백합니다.

8복은 현실을 초월하거나 부정하거나 도피하라는 말이 아니라 주어진 현실을 타가해 나가는 신앙적 행동이 강력하게 요청되어지는 명령입니다. 그래서 그리스도인들은 때때로 각박한 현실 속에서 애통하고, 목말라하고, 자비를 베풀어야 하며, 박해를 받아야 합니다.

산상보훈은 그리스도의 전 교훈의 요약이며(튜잇트) 하나님 나라의 대 헌장(토루크)입니다. 인도의 유명한 민족 지도자 마하트마 간디도 평생에 산상보훈을 즐겨 읽었으며 그리스도의 교훈에 그의 생활의 기본을 두었다고 할 만큼 위대한 교훈입니다. 8복을 지복이라고 말한 이유는 복

중의 복 최고의 복이라는 뜻이 있습니다.

2. 4복음서 속에 나타난 복

산상보훈 외 4복음서에 나타난 복에 대한 말씀도 몇 군데 나타나 있습니다. 역시 이들도 믿음에 대한 내용이며 충성된 종에 대한 말씀이고 하늘나라를 상속받는 자의 복에 대하여 말씀하고 있습니다.

(1) 말씀을 듣고 지켜 행하는 자가 복을 받습니다.

누가복음 11:28에 "하나님의 말씀을 듣고 지키는 자가 복이 있느니라"고 말씀하였습니다. 하나님의 말씀은 추상적인 생활과 무관한 것이 아닙니다. 말씀을 듣고 지켜 행할 때에 비로소 말씀의 위력이 나타나는 것입니다. 행하여지지 아니하는 말씀은 읽어도 외워도 소용이 없습니다. 온전히 행할 수 있는 말씀이 곧 능력의 말씀이며 살아있는 말씀입니다.

(2) 믿음이 있으므로 복을 받습니다.

마태복음 16:17에는 베드로가 바른 신앙고백을 하였을 때 복이 있다고 말씀하셨고, 요한복음 20:29에는 의심많은 도마를 향하여 보지 않고 믿는 자는 복이 있다고 말씀하셨습니다.

(3) 충성된 종이 복을 받습니다.

종이란 말 가운데는 몇 가지 의미가 있습니다. 첫째 집안 식구들의 종을 말하는 오이케데스(Oiketes), 둘째 법적인 권리없이 개인의 소유물로서 자기 주인에게 소속된 노예를 말하는 둘로스(Doulos)가 있습니다. 셋째로는 고린도전서 4:11에 나오는 후페레테스(Huperretes)가 있는

데 이 말은 원래 옛날 배 아래층에서 노를 졌던 노예를 뜻하는 말로서 심부름꾼 또는 종자를 말합니다. 다음엔 디아코노스(Diakonos)로서 일반적인 종의 의미를 가지고 있습니다.

마태복음 24장은 종말에 일어날 일들을 기록한 장으로서 장차 주님이 오실 때에 준비가 있는 종과 준비가 없는 종의 비유입니다. 의무를 맡은 사람은 누구를 막론하고 그 의무를 충실하게 이행하며 언제든지 보고를 제출할 수 있는 준비를 해야 합니다. 주인이 없는 동안에 집 사람들을 맡아서 때를 따라 양식을 나누어주는 충성스럽고 지혜로운 종은 분명히 복을 받게 됩니다. "주인이 올 때에 그 종이 이렇게 하는 것을 보면 그 종이 복이 있으리로다."

(4) 하나님 나라를 상속받을 자는 복이 있는 자입니다.

천국을 소유하는 자는 진정 복이 있는 자입니다. 8복 중에도 "천국이 저희 것임이요"가 2회나 나옵니다. 심령이 가난한 자에게, 의를 위하여 핍박을 받는 자에게 천국이 주어지는 것입니다.

신약성경 속에는 천국 소유의 복에 대한 말씀이 여러 번 나옵니다. 산상보훈에서 2회, 마태복음 24:34에서 1회, 누가복음 14:15에서 1회, 요한계시록에서 2회가 언급되어 있습니다.

3. 사도들 속에 나타난 복의 개념

예수님께서 선포하신 복의 내용은 하나님 나라에 관심이 있었기 때문에 육적인 차원을 벗어나서 영적인 차원에 진입하는 것이므로 최고의 지복입니다. 주님의 메시지는 평화와 자유, 정의와 생명에 대한 인류의 갈망과 추구라는 지평 안에서 이해되어져야 할 것입니다. 이와 함께 주님의 제자들의 사상도 마찬가지이므로 영적인 면과 이웃지향적인 면이 강조되어 있습니다. 성격별로 나누어서 말씀을 드리겠습니다.

(1) **고난, 시험, 인내를 통하여 얻는 복이 있습니다**(벧전 3:14, 4:14, 약 1:12, 5:10).

예수님의 생을 정확히 이해하고 구원의 역사를 바르게 이해하려면 예수님의 수난사를 바로 알지 아니하고는 불가능합니다. 어쩌면 예수님의 생은 수난의 연속이었다고 표현해야 정확한 표현이 될 것이며, 아울러 예수님의 제자들의 생애도 고난의 삶이었다고 표현해야 가장 적절할 것입니다. 고난과 시험을 이기며 욕을 받으며 인내하는 자들에게는 복이 있음을 사도들은 강조하였습니다.

그러나 의를 위하여 고난을 받으면 복이 있는 자니 저희의 두려워함을 두려워 말며 요동치 말라고 했습니다. "너희가 그리스도의 이름으로 욕을 받으면 복이 있는 자로다. 영광의 영 곧 하나님의 영이 너희 위에 계심이라"(벧전 4:14). 베드로가 말하는 고난이나 욕을 받는 것은 육신적인 고난, 자연적인 악이나 사건들, 또는 모든 인간을 둘러싸고 있는 일상적인 비극이 아닙니다. 그것은 자신이 기독교인이기 때문에 견디어야 하는 고난입니다.

그리스도인의 고난은 하나님의 뜻을 좇아 그리스도의 본을 따르는 것이기 때문에 그리스도인의 반응은 수동적인 것이 아니라 오히려 즐거워하는 것이어야 합니다.

(2) **용서함을 받고 택함을 받은 자는 복이 있습니다.**

"그 불법의 사하심을 받고 그 죄를 가리우심을 받는 자는 복이 있고 주께서 그 죄를 인정치 아니하실 사람은 복이 있도다"(롬 4:7-8). 사람의 행위가 의로워서 용서함을 받는 것이 아니라 믿는 자에게 값없이 주시는 의로 말미암아 용서함을 받을 수 있고 하나님의 은총의 자리에 나아가는 것입니다.

근본적으로 죄는 인간의 힘으로 용서함 받고 용서해 주는 것이 절대로 아닙니다. 다만 용서함 받을 수 있고, 없는 것을 선택할 수 있다는 것뿐입니다. 그러므로 하나님으로부터 인간의 불법이 사함을 받는 것이 얼마나 큰 복인가를 생각할 수 있습니다.

(3) 행하여 합당한 열매를 맺음으로 받는 복이 있습니다(약 1:25).

"자유하게 하는 온전한 율법을 들여다 보고 있는 자는 듣고 잊어버리는 자가 아니요 실행하는 자니 이 사람이 그 행하는 일에 복을 받으리라." 수많은 기독교인들이 하나님의 말씀을 듣고 그말씀을 이행하기도 전에 잊어버리는 경우가 허다합니다. 그러나 행함이 없이 듣기만 하는 자는 자신을 속이는 자입니다. 나무는 그 열매로 알 수 있다고 주님은 말씀하셨는데 좋은 나무가 좋은 열매를 맺습니다(善木善實). 열매를 맺지 아니하는 나무는 논할 여지가 없습니다. 땅만 버리는 나무도 있습니다. 이러한 나무는 주인의 노여움을 살 수밖에 없습니다. 주님의 말씀대로 행하는 자에게는 반드시 좋은 열매가 맺혀집니다.

(4) 믿음이 있는 자가 복을 받습니다(갈 3:8-9, 롬 14:22).

본문은 다르지만 4복음서에서 이미 언급한 바 있으므로 생략하도록 하겠습니다.

(5) 성업을 위하여 헌신하는 자가 복을 받습니다.

"너희 복이 지금 어디 있느냐 내가 너희에게 증거하노니 너희가 할 수만 있었더면 너희 눈이라도 빼어 나를 주었으리라"(갈 4:15). 여기에 나타나있는 복은 마카리스모스(Makarismos)인데 자기 또는 다른 사람의 받은 복을 축하하는 뜻으로 축복(祝福)의 의미가 있습니다. 복이 어디 있느냐? 주의 복음을 위하여 헌신의 삶을 살아가는 바울을 위하여 눈이라도 빼어줄 만큼 성업을 위하여 헌신하는 자를 사랑하고 최대의 희생까지 하겠다는 것입니다.

눈은 백체중에 적은 것이지만 몸의 등불이 되며 매우 요긴한 기관입니다. 성경에는 눈에 대한 비유가 많이 나옵니다. 눈을 빼어준다는 것은 최대의 희생도 아끼지 아니한다는 표시입니다. 이같은 사랑의 희생까지 각오한 성도의 신앙의 상태는 영적 풍요로움에 도달한 경지임을 알 수 있습니다.

"그러나 내 뜻에는 그냥 지내는 것이 더욱 복이 있으리로다. 나도 또한 하나님의 영을 받은 줄로 생각하노라"(고전 7:40). 여기에서 그냥 지낸다는 말의 뜻은 앞의 문맥을 통하여 볼 때 과부가 재혼하지 아니하고 그냥 지내는 것이 복되다는 뜻입니다. 바울 사도께서 독신주의를 강조한 것이 아니라 바울의 궁극적 관심은 주님의 영광을 위하여 그냥 지내는 것이 복이 있다는 말씀입니다.

(6) 주는 자가 복이 있습니다(행 20:35).

"범사에 너희에게 모본을 보였노니 곧 이같이 수고하여 약한 사람을 돕고 또 주 예수의 친히 말씀하신 바 주는 것이 받는 것보다 복이 있다 하심을 기억하여야 할지니라." 기독교는 자기 중심에서 신 중심으로 이기적에서 이타적으로 지향하는 수준높은 종교이지만, 주는 것이 받는 것보다 복이 있다는 내용은 참으로 귀중한 사상입니다. 하나님이 인류를 위하여 독생자를 주심으로 주는 자가 복이 있다는 사상의 효시의 역할을 하셨습니다. 받는 것보다 주는 것이 복이 되어짐을 모두가 고백할 수 있는 사회가 속히 이 땅위에 도래하여야 할 것입니다.

⑺ 복을 비는 자에게 복이 임합니다.

"악을 악으로, 욕을 욕으로 갚지 말고 도리어 복을 빌라 이를 위하여 너희가 부르심을 입었으니 이는 복을 유업으로 받게 하려 하심이라"(벧전 3:9). 성경에는 저주라는 말과 축복이란 말이 대조적으로 있습니다. 그런데 저주라는 말은 적게 언급되었고 축복이란 말은 많이 언급되어졌습니다. 축복은 많이 해야 하고 저주는 적게 해야 한다는 의미로 해석하면 옳을 것입니다.

기독교의 근본정신은 악을 악으로 갚는 것이 아닙니다. 구약시대에는 이는 이로, 눈은 눈으로 갚았지만 예수님이 가지고 오신 새 계명은 악을 선으로 갚는 정신이었습니다. 미움을 사랑으로 갚고 저주를 축복으로 갚는 삶이 예수님이 가르쳐주신 변화되어진 삶의 모습입니다. 복을 비는 사람, 곧 축복하는 사람이 주님의 사랑을 전하는 자입니다. 이러한 사람이 복을 유업으로 받을 수 있는 사람입니다.

산상보훈 속의 8복이나 4복음서에 나타난 복의 사상이나, 예수님의 가르침을 받은 제자들이 증거한 복의 사상 등이 모두가 하늘나라를 세우는 신령한 복임을 다시 한번 새롭게 느끼면서, 신약에 나타난 복의 사상을 오늘의 강단에서 많이 증거하여서 하나님이 우리에게 말씀하여주신 복의 내용을 어느 면에 편중되어지지 아니하게 골고루 전파할 수 있는 한국교회의 강단이 되어지기를 간곡히 부탁드립니다.

그리고 나만 잘 살고 나만 유익하면 된다는 이기적이고 안이한 생각들을 벗어버리고 기복일변도로 빠져버리는 기독교인들의 인습에 젖은 기복신앙에만 머무르지 말아야 합니다. 이제는 이웃 속에 살고 이웃과 화평을 누리며 살아야 할 공동체인 것을 인식해야 할 것입니다. 이때에 하나님의 의가 실현되어지는 아름다운 동산이 될 것입니다.

새 세계를 차지하는 영화로운 복
(계 14:13)

요한계시록에 나타난 복의 내용은 성경 어느 곳에서도 찾아볼 수 없는 특이한 종말사상으로 일관되어 있습니다. 이것은 너무나 당연한 일입니다. 하나님은 시대에 따라서 필요한 사람들을 사용하셔서 하나님이 말씀하고자 하시는 복의 내용을 모두 빠짐없이 전파하셨습니다. 요한계시록에서는 분명히 인간의 종말에 관한 복을 말씀하시는 것이 당연한 일입니다.

성경 66권 가운데 나타난 복은 이 땅에서부터 하늘나라에 이르기까지의 성도의 생활과 마음 속에서 누릴 복을 가르쳐 주셨고 계시록을 통하여는 이 땅에서 하늘나라에 도달함과 하늘나라에서 누릴 복까지 말씀하였습니다. 다시 말하면 성경에서 말씀하는 복은 하늘에서 땅으로, 땅에서 하늘로, 땅에서 땅으로 임을 알 수 있습니다. 요한계시록에 나타난 복의 사상을 말씀드리겠습니다.

1. 예언의 말씀을 읽는 자, 듣는 자, 지키는 자들이 복을 받습니다.

"이 예언의 말씀을 읽는 자와 듣는 자들과 그 가운데 기록한 것을 지키는 자들이 복이 있나니 때가 가까움이라"(계 1:3). 이 첫 번째 복은 현실 생활에 중점을 두고 있습니다. 죽음이나 죽음 이후에 오는 복을 누리기 위하여는 현실에서 살아가는 생활이 중요하기 때문에 예언의 말씀을 읽고 듣는 것, 그리고 그 가운데 기록한 것을 지키는 것이 복이 있다는 것입니다. 말씀을 많이 읽고 또한 교회에서 말씀을 많이 듣는다 하여도 말씀을 지켜 행하지 아니하면 유익이 없습니다. 말씀대로 살지 않는 현실의 교인들은 이론과 논리로서는 성취감을 느낄지 몰라도 믿음을 구체적으로 생활화하는 즐거움을 맛보지 못하는 것입니다.

믿음으로 말미암아 구원을 받는 단계에서 머무르지 않고 구원받는 백성이 어떻게 살아야 하는가의 성화의 단계를 가르쳐 준 요한 웨슬레의 신학과도 상통하는 말씀입니다. 모든 성도들이 성숙한 신앙의 단계에 이르러 성화의 과정으로 이르기까지는 기록된 예언의 말씀을 읽는 것과 듣는 것을 힘쓰며 거기서 머무르지 않고 그 말씀을 지켜 행하여야 합니다. 말씀을 지켜 행하는 자는 진정 복이 있는 자입니다.

2. 주 안에서 죽는 자들이 복이 있는 백성입니다.

"또 내가 들으니 하늘에서 음성이 나서 가로되 기록하라 자금 이후로 주 안에서 죽는 자들은 복이 있도다 하시매 성령이 가라사대 그러하다 저희 수고를 그치고 쉬리니 이는 저의 행한 일이 따름이라 하시더라"(계 14:13).

이것이 계시록에서 두 번째 복의 내용입니다. 주안에서 죽는 자들이란 말 가운데는 두 가지 의미가 있습니다. 첫째는 순교자들을 말합니다. 박해 때문에 순교한 이들은 주안에서 죽은 자들임에 틀림이 없습니다. 순교자라 칭함을 받으려면 세 가지 조건이 구비되어져야 합니다. 사도신경에 의한 신실한 신자, 신앙고백이 확실치 못한 자를 순교자라 할 수 없습니다. 생활에 오점이 없는 성도, 평소에 추잡한 일을 계속하였다든지 반역자는 순교자라 할 수 없습니다. 주를 믿는 교인임을 숨기지 아니하고 살해당한 신자, 죽음을 모면하기 위하여 비목사 비교인으로 가장하다가 죽은 자를 순교자라 할 수 없습니다(김인서, 한국교회 순교사와 그 설교집 참조).

두 번째로 주 안에서 죽은 자들이란 일반적으로 누구든지 주님을 믿다가 죽은 자들을 말합니다. 주님을 마음 속에 영접하고 주님을 믿는 신앙 속에서 살다가 죽는 자들이 복이 있다고 말하는 것입니다. 종말사상이 가장 두드러지게 나타나 있는 요한계시록에서는 죽음과 죽음 이후의 문제까지 다루며 그곳에서 복됨을 언급하고 있습니다. 죽는 것으로 끝나는 것이 아니라 영원한 삶으로 연결되어짐으로 오히려 눈물과 수고와 고통이 있는 이 세상에 사는 것보다는 수고를 쉬는 영원한 즐거움이 있는 안식의 세계가 훨씬 더 평안하고 아름다움을 말하여 주고 있습니다.

스데반 집사가 돌무더기 속에서 생명이 다하여 가면서도 하늘의 영광을 보았고 초대교회의 수많은 박해 속에 순교의 피를 흘리며 숨을 거두면서도 평화로웠습니다. 화형, 십자가형, 사자굴, 들소에 바쳐 죽음을 당하면서도 이지러지지 아니하는 장한 신앙을 소유한 하늘에 속한 백성들의 모습이 역사 가운데 찬연하게 빛나고 있습니다. 믿음 안에서 행한 선행은 없어지지 아니하고 죽음 저 편의 새 날에 행한 일이 따르게 됩니다.

3. 옷을 지켜 벌거벗지 않고 부끄러움을 보이지 아니하는 자가 복이 있습니다.

"보라 내가 도적같이 오리니 누구든지 깨어 자기의 옷을 지켜 벌거벗고 다니지 아니하며 자기의 부끄러움을 보이지 아니하는 자는 복이 있도다"(계 16:15).

계시록에 세 번째 나타난 복은 주님이 재림주로 오시는 날을 준비하고 있는 사람이 복이 있는 사람이라는 말입니다. 주의 날이 도적같이 온다는 말은 성경 여러 곳에서 찾아볼 수 있습니다. 이 말은 예비치 않았을 때 갑자기 임한다는 표현으로 도적같이 임한다는 말을 사용하였습니다. 그러나 어두움에 있지 아니한 자에겐 주의 날이 도적같이 임하지 못한다고 데살로니가전서 5:4에 말씀하고 있습니다. 빛의 아들이며 낮에 속한 자이기 때문에 밤 같은 세상에 살아도 어두움에 속하지 아니함으로 주의 날이 도적같이 임하지 아니합니다.

주님이 가르쳐주신 종말사상 가운데서도 예비하여야 한다는 교훈은 여러 곳에 있습니다. 예비하는 성도의 자세로서 성도가 입어야할 옷을 예비하여 부끄러움을 당하지 말아야 합니다. 진리로 허리띠를 띠고, 의의 흉배를 붙이고, 평안의 복음의 예비한 것으로 신을 신고, 믿음의 방패를 가지고, 악한 자의 화전을 소멸하며 구원의 투구와 성령의 검 곧 하나님의 말씀을 가지며, 성령 안에서 무시로 기도하고 깨어 구하기를 항상 힘쓰는 자들이 되어야 합니다.

4. 어린 양 혼인잔치에 청함을 받은 자가 복이 있습니다.

"천사가 내게 말하기를 기록하라 어린 양의 혼인잔치에 청함을 입은 자들이 복이 있도다 하고 또 내게 말하되 이것은 하나님의 참되신 말씀이라 하기로"(계 19:9).

네 번째 나타나는 복은 어린양 혼인잔치에 청함을 받은 자의 복입니다. 어린 양은 만주의 주시요 만왕의 왕이신 예수 그리스도이십니다. 그러면 어린양 혼인잔치에 청함을 받은 복있는 사람들은 누구일까요? 요한계시록 17:14에서 말한 것처럼 "곧 부르심을 입고 빼내심을 입은 진실한 자들"입니다. 주님을 믿는 성도 모두를 어린 양의 신부로 맞이하게 되는 것입니다. 단장한 신부로서 세마포 옷을 입고 어린 양의 혼인잔치에 참여하게 된 사람은 진실로 복이 있는 사람입니다.

성경 속에서는 하나님과 그의 백성과의 관계를 혼인 관계로 말하였습니다. 많은 예언자들이 이스라엘을 하나님의 택하신 신부로, 그리고 하나님은 신랑이 되심을 말하였습니다. "내가 네게 장가들어 영원히 살되 진실함으로 네게 장가들리라"(호 2:19-20) 하였고, "너를 지으신 자는 네 남편이시라"(사 54:5) 하였고, "패역한 자식들아 돌아오라 나는 너희 남편이라"(렘 3:14) 하였습니다. 호세아, 이사야, 예레미야, 에스겔 등 위대한 예언자들이 하나님과 이스라엘 사이를 신랑과 신부로 비유하였습니다.

이 관계는 신약에서도 마찬가지입니다. 결혼식 잔치날과 같은 메시야의 날에 깨끗한 세마포 옷으로 단장한 신부 되어진 기독교인들이 참여한 어린양 혼인잔치 자리는 이 세상과 하늘나라에서도 가장 즐거움의 절정이 될 것입니다. 이러한 귀한 자리에 신부로 청함을 받은 자들의 복이라 말하여 무엇하겠습니까? 참으로 복된 백성이 될 것입니다. 이 복은 지상에서는, 우리가 살고 있는 현실 속에서는 맛볼 수 없는 최대의 복입니다.

5. 첫째 부활에 참여하는 자가 복이 있습니다.

"첫째 부활에 참여하는 자들은 복이 있고 거룩하도다. 둘째 사망이 그들을 다스리는 권세가 없고 도리어 그들이 하나님과 그리스도의 제사장이 되어 천년 동안 그리스도와 더불어 왕노릇하리라"(계 20:6).

본문은 계시록의 7복 중 난해구입니다. 신비한 문제가 쌓여있는 말씀이기 때문입니다. 첫째 부활에 참여하는 자들은 누구입니까? 요한계시록 20:4-5에 보면 두 가지로 나타납니다. 하나는 순교자들입니다. 그리스도를 위하여 목베임을 당한 자들입니다. 다른 하나는 짐승에게 경배하지 않고 그 표를 손이나 이마에 받지 아니한 자들을 말합니다. 비록 순교자들은 아니라 해도 주님을 위하여 고난과 모욕과 핍박을 당하여 배척과 투옥을 당하고 가산을 빼앗기면서까지 짐승에게 절하지 아니하고 그 표를 받지 아니한 자들에게 첫째 부활에 참여하는 영광을 주신다는 말씀입니다. 일반인들은 첫째부활에 참여하지 못하고 지상의 천년 통치가 끝난 후에 부활하게 됩니다.

그러면 첫째 부활에 참여한 자들이 받는 특권은 무엇일까요? 먼저 천년 동안 그리스도와 더불어 왕노릇하게 됩니다. 이것은 지고의 영광입니다. 그리스도를 위하여 고난을 당하고 목베임을 당한 자가 받는 영광입니다. 다음에는 둘째 사망이 다스리지 못합니다. 둘째 사망이란 천년왕국이 지난 다음 무저갱 속에 갇혀있던 마귀들이 잠깐 놓여서 세상을 미혹하며 최후의 발악을 하며 미혹을 하게 됩니다. 그러나 이것은 잠깐이고 그후 심판이 이루어지는데 생명책에 이름이 기록되어지지 아니한 자들이 불못에 들어가게 됩니다. 이것이 둘째 사망입니다. 첫째 부활에 참여한 자들에게는 둘째 사망이 다스리지 못하며 심판을 받지 아니합니다.

6. 예언의 말씀을 지키는 자가 받는 복이 있습니다.

"보라 내가 속히 오리니 이 책의 예언의 말씀을 지키는 자가 복이 있으리라 하더라"(계 22:7).

이미 첫 번째 복(예언의 말씀을 읽는 자와 듣는 자와 지키는 자가 받는 복)에서 언급하였기 때문에 생략하도록 하겠습니다.

7. 두루마기를 빠는 자들이 복이 있습니다.

"그 두루마기를 빠는 자들은 복이 있으니 이는 저희가 생명나무에 나아가며 문들을 통하여 성에 들어갈 권세를 얻으려 함이로다"(계 22:14).

더러워진 생명은 흠이 없는 거룩한 성에 들어갈 수가 없습니다. 그러나 주님의 십자가 보혈로 씻김을 받아 청결함을 입은 자는 그 거리를 걸으며 날마다 새롭게 맺히는 과실을 먹을 것입니다. 더러워진 자기의 두루마기를 주님의 보혈에 씻어야 할 일에 게으르지 말고 성에 들어갈 권세를 얻는 두루마기를 깨끗하게 빨아야 할 것입니다.

허락받은 자들은 두루마기를 빠는 자들이고 성에 들어가지 못할 자들은 개들, 술객들, 행음자들, 살인자들, 우상숭배자들, 거짓말을 좋아하며 지어내는 자들입니다. 거룩한 성에 들어가려면 죄로 더러워진 자기의 두루마기를 예수님의 보혈에 씻어야 할 것입니다. 온갖 죄인들은 입성금지(入城禁止)입니다. 추하고 더러운 것의 상징인 개는 들어가지 못합니다. 오직 청결함을 받은 자만이·들어갈 수 있습니다. 자기의 두루마기를 빠는 자, 곧 하늘나라에 들어갈 때 입는 예복인 두루마기를 어린 양 보혈로 깨끗이 빠는 자는 참으로 복이 있는 자입니다.

제 **5** 장

저녁 설교강단

최정성 목사(인천동현장로교회)

1월

건강한 교회상

- 주 안에서 든든히 서가는 교회(행 9:28-31)
- 평안하여 든든히 서가는 교회(행 4:32-37)
- 은혜 위에 든든히 서가는 교회(딛 1:1-4)
- 사랑 위에 든든히 서가는 교회(요일 4:7-11)

주 안에서 든든히 서가는 교회
(행 9:28-31)

새해를 맞아 첫 주일을 지키면서 하나님의 은혜와 평강이 성도 여러분 위에 충만하시기를 축원합니다.

올해 목회 목표를 "주 안에서 든든히 서가는 교회"로 정했습니다. 우리 동현교회 가족들은 주 안에서 든든히 서가는 교회를 이루는 데 합심 단결하여 나아가야 하겠습니다.

노년에 이른 라이먼 비취 목사에게 어떤 사람이 "이 세상에서 가장 위대한 것이 무엇입니까?"라고 물었습니다.

그러자 불굴의 노병은 "그것은 돈도, 명예도, 진학도, 보수주의도 아닙니다. 바로 영혼을 구원하는 일입니다"라고 말했습니다. 그렇습니다. 이 세상에서 가장 위대한 것은 영혼을 구원하는 일입니다.

교회의 존재 이유가 무엇입니까? 바로 그것은 영혼을 구원하는 일을 위해 존재하는 것입니다.

본문 말씀의 배경을 살펴보면 다메섹 도상에서 주를 만난 이후 새로운 신앙을 갖게 된 사울은 예루살렘에 돌아와 복음사역에 동참하게 됩니다.

그러나 헬라파 유대인들이 사울을 죽이려고 적극적으로 덤벼들었습니다. 왜냐하면 사울이 교회를 핍박하던 자였기 때문입니다. 그러나 사울은 형제들의 도움을 얻어 그의 고향 다소로 들어갔습니다.

그후 예루살렘 교회는 모처럼 평안과 성장의 기쁨을 맛보는 '주 안에서 든든히 서 가는 교회'가 되었습니다.

주 안에서 든든히 서 가는 교회가 되는 비결이 무엇일까요?

1. 박해없는 평안한 교회는 든든히 서 가게 됩니다.

31절의 "교회가 평안하여 든든히 서가고"는 온 교회가 평안을 누림과 더불어 성장해 가는 모습을 그리는 말씀입니다.

예루살렘 교회의 평안과 성장의 원인이 어디에 있었는가?

사울이 교회를 박해하던 사람이었는데 다메섹 도상에서 주를 만나 회심하게 되었습니다. 그리하여 교회 핍박을 잠재울 수 있었고 복음전도에 동참할 수 있게 되었으며 교회가 평안히 든든히 서갈 수 있었습니다. 한 사람의 회심으로 예루살렘 교회가 평안케 되었습니다.

예루살렘 교회의 평안과 성장의 동기는 무엇이었습니까?

그것은 사울의 회심 사건에 있습니다. 얼마 전까지만 해도 성도들을 잡아 죽이려고 살기가 등등했던 사울이 다메섹으로 가는 도중 예수님을 만나 회심하였다는 사실을 통해 기독교가 참 종교임을 확인시켜 주었습니다. 하나님이 살아 계신 증거를 보여주었습니다. 이러한 확신 때문에 교회에는 평안이 깃들게 되고 결과적으로 성장을 가져오게 된 것입니다.

교회성장의 절대적인 요소는 평안입니다. 평안한 교회는 성장하게 되어 있습니다. 주 안에 있을 때 평안해질 수 있습니다. 주님 밖에 있을 때는 분쟁하게 됩니다.

주님은 "평안을 너희에게 끼치노니 곧 나의 평안을 너희에게 주노라. 내가 너희에게 주는 것은 세상이 주는 것 같지 아니하니라. 너희는 마음에 근심도 말고 두려워 하지도 말라"(요 14:27)고 했습니다. 주님이 주시는 평안 안에 거하는 교회는 든든히 서가는 교회가 될 수 있습니다.

2. 주를 경외하는 믿음이 충만한 교회는 든든히 서가게 됩니다.

주님을 경외하는 믿음이 충만한 교회는 특징이 있습니다.

첫째, 분쟁과 분열이 없이 주 안에서 마음과 같이 하여 전혀 기도에 힘쓰는 교회입니다.

마음을 같이 하여 전혀 기도하기에 힘쓰는 교회는 든든히 서갈 수 있습니다. 사도행전 1:12-14에서 보면 여자들과 예수의 모친 마리아와 예수의 아우들로 더불어 마음을 같이 하여 약속한 성령을 받기 위해서 기도하였습니다. 그들은 기도하는 데 모두 하나가 되었습니다. 하나님의 역사는 하나가 되는 곳에서 일어납니다. 한 목소리, 한 마음, 한 소망, 하나의 기도는 우리로 하여금 그의 약속하신 축복의 수여자가 될 수 있게 하는 절대 조건인 것입니다.

그들의 기도는 끝까지 인내하는 기도였습니다. "전혀 기도에 힘쓰니라."고 했습니다. 그들의 기도는 중단되지 않는 기도였습니다. 그들의 기도는 지치지 않는 기도였습니다. 주위의 어려운 여건에 의해 낙심하는 기도가 아니었습니다. 그들의 기도는 계속되는 기도였으며 모든 환경과 여건을 초월하는 기도였고, 하나님만을 바라보고 하나님과만 관계하는 기도였습니다.

주님을 경외하는 믿음이 충만한 교회는 마음을 같이 하여 전혀 기도에 힘쓰는 교회입니다. 마음을 같이 하여 전혀 기도하기에 힘쓰는 교회는 든든히 서가는 교회가 될 수 있습니다.

둘째, 하나님의 주권을 확실히 인식하는 교회입니다.

하나님의 주권을 확실히 인식했던 초대교회는 든든히 서갔습니다.

초대교회같이 성도들은 "사도의 가르침"을 전적으로 수용해야 합니다.
그래야 은혜 생활을 할 수 있는 것입니다.

셋째, 교회를 경외스럽게 여겼습니다.

"사람마다 두려워" 했습니다. 즉 모든 성도들이 주의 종과 그 가르침에
경외심을 갖게 되어 초대교회는 든든히 서가게 되었습니다.

3. 성령의 위로로 진행하는 교회가 든든히 서갑니다.

본문의 말씀을 보면 사도들의 활동이 점점 더 왕성하여지고 이들을 따
르는 무리들과 교회가 점점 더 성장하여 가는 모습을 보여 주고 있습니
다.

성령의 위로로 진행하는 교회는 사랑이 넘치는 교회입니다. 서로의 인
격을 귀히 여깁니다. 초대교회 성도들은 "서로" 교제하고 애찬의 친교를
나누며, 서로를 위해 귀하게 여기는 "형제애"의 분위기가 충만한 교회였
음을 우리는 알 수 있습니다.

이는 한 성령으로, 즉 그리스도의 영으로 함께 세례받은 기독교 사회
만의 특징입니다. 그리고 그와 같은 사회를 이루는 요소는 이웃에 대한
뜨거운 봉사심이 있음을 우리는 알 수 있습니다.

초대교회는 성도의 인격만을 귀히 여긴 것이 아니라, 성도된 삶에서
공통체적 운명을 같이 했습니다. 그것은 곧 "물질의 공유생활"입니다. 성
령의 위로로 진행하는 교회는 서로의 인격을 귀히 여기고, 서로의 운명
을 귀히 여기서 유무상통하며 살아가는 사랑의 공통체를 이루는 것입니

다.

주 안에서 든든히 서 가는 교회는 주 안에서 평안한 교회요, 주를 경외하는 믿음이 충만한 교회이며, 성령의 위로가 충만한 교회입니다. 우리는 금년에 주 안에서 든든히 서가는 교회가 되도록 힘써야 하겠습니다.

결론적으로 초대교회의 물질과 마음의 유무 상통의 생활 모습은 바로 교회가 미래의 영생 천주의 예표 사회임을 보여 주고 있습니다. 이런 아름다운 교회를 이루기 위해서 우리 교회의 가족은 하나될 수 있기를 바랍니다.

평안하여 든든히 서가는 교회
(행 4:32-37, 9:28-31)

교회를 "에클레시아"라고 말하는데 그 말에는 두 가지 개념이 있습니다. 하나는 "사람을 불러낸다"는 의미와 또 하나는 "사람들의 회합, 집회"라는 뜻이 있으나 궁극적 의미는 "주께 속한다"는 말입니다. 즉 교회는 하나님의 소유요, 주님의 몸이요, 우리는 그의 지체로서 그에게 속하여 있다는 의미입니다. 교회는 하나의 계약의 언약적 공동체 즉 하나님의 백성입니다.

요한계시록 21:3에 보면 "하나님이 저희와 함께 거하시리니 저희는 하나님의 백성이 되고 하나님은 친히 저희와 함께 계신다"고 하였습니다.

하나님과 함께 하는 언약의 공동체인 교회는 평안하여 든든히 서 가는 교회가 되어야 합니다. 그러면 교회의 본질이 무엇일까요?

1. 교회는 신앙고백과 중생의 역사가 있어야 합니다.

마태복음 16:16에서 보면 가이사랴 빌립보 지방에서 최초로 베드로의 신앙고백이 있었을 때에 예수님께서 기뻐하시면서 그 신앙고백 위에 교회를 세우겠다고 말씀하셨습니다. 그러므로 교회는 우선 역사적인 예수 그리스도에 대한 확실하고 분명한 신앙고백이 있어야 합니다.

즉 예수님께서 하나님의 아들되심과 성육신과 십자가의 고난과 부활과 재림에 대한 신앙을 분명히 고백해야 합니다. 신앙고백이 분명한 교회는 평안하여 든든히 서가는 교회가 될 수 있습니다. 예수 그리스도의 신앙고백 위에 세워진 교회는 든든히 서갈 수 있습니다. 주님이 교회의 머리 되시고, 교회는 그의 몸이 되기 때문에 잘 성장할 수 있습니다.

참된 교회는 반드시 중생의 역사가 나타납니다. 중생은 신비로운 역사입니다. 거듭나는 역사요 새로 나는 역사입니다.

바울은 예수님을 박해한 사람이었습니다. 그는 자기가 아는 율법적인 지식에 의하여 기독교를 이단시하고, 예수 믿는 사람들을 때려 죽였습니다. 또 잡아 옥에 가두기 위하여 대제사장의 공문을 가지고 다메섹으로 달려가던 사람이었습니다. 그런데 다메섹 도상에서 예수님을 만난 순간 그의 삶이 통째로 바뀌었습니다.

"사울아 사울아 네가 어찌하여 나를 핍박하느냐?" 이때 그는 "주여 뉘시옵니까?"라고 질문했습니다. "나는 네가 핍박하는 예수다"라고 말씀하실 때 여기에서 그의 생각과 마음은 완전히 바뀌었습니다.

이것이 중생입니다. 박해하던 사람이 주님을 만남으로 생각과 마음이 완전히 변하여, 살든지 죽든지 주를 위해 사는 사람으로 변화된 것이 중생입니다. 예수님을 만남으로써 이루어지는 신비로운 생명의 변화, 이것이 중생입니다. 율법적인 지식에 의한 신앙에서 복음적인 은혜의 신앙으로 변화되어야 합니다. 이것이 중생의 신앙입니다.

성도여러분! 예수를 믿는다는 것이 무엇입니까? 아무리 모태신앙이라도, 수십년 교회 다녔을지라도 분명한 것은 어느 때라도 중생의 체험이 없으면 참된 신앙생활을 할 수 없다는 것입니다.

중생의 체험은 각기 다를 수 있지만 중생한 사람은 반드시 지난 날의 죄악된 생활을 끊어버리고 새생활을 합니다.

고린도후서 5장 17절 말씀대로 "누구든지 그리스도 안에 있으면 새로운 피조물이라 보라 이전 것은 지나갔으니 보라 새것이 되었도다"라고 했습니다.

중생한 사람은 자기 중심의 생활이 변하여 예수 중심의 생활로 바뀌집니다. 세상 부귀 영화를 추구하던 생활이 이젠 하나님의 영광을 위해 살고 모든 사람을 위해 희생과 봉사의 생활을 힘써 하게 됩니다.

중생한 사람들로 예수 중심의 교회가 될 때 그 교회는 평안하여 든든히 서가는 교회가 될 수 있습니다. 중생하지 못하여 자기 중심으로 살아가면 교회는 시험들고 어려움에 빠지게 됩니다.

예수님 중심의 교회로 평안하여 든든히 서가고 주를 경외함과 성령의 위로로 진행하여 수가 더 많아지는 교회를 이루어 가기 위해 최선을 다하는 믿음 생활이 되시기를 바랍니다.

2. 교회는 성도 간에 서로 이해하고 사랑의 교제가 있어야 합니다.

바울은 지금까지 교회를 박해하다가 하루 아침에 변해서 복음을 전하자 그를 영접해 주는 사람이 없었습니다. 모두가 두려워서 만나지 않겠다고 피했습니다. 예루살렘에 올라가서 증거해도 위험인물로만 취급당했습니다.

이때에 바나바가 나타나서 바울을 영접하고 바울의 이야기를 다 들어주었습니다. 그리고 그의 변화된 모습을 인정해 주었습니다. 그래서 위대한 사도 바울이 되도록 견인차 역할을 해 준 사람이 바나바였습니다.
위대한 바울 뒤에 숨은 공로자요, 격려와 인정의 사람은 바나바였습니
다. 그리고 첫 번째 전도여행 때는 동행까지 했습니다. 이렇게 해서 바울
을 돕고 높여 주어 그로 하여금 큰 역사를 이루게 했습니다.

그리고 바나바 자신은 뒤에 숨어 있었습니다. 바나바가 바울을 도와
준 것은 믿음 때문이었습니다. 바나바는 바울의 과거를 보지 않고 현재
의 변화된 상태를 바라본 것입니다. 박해자를 변화시켜 전도자로 만드신
예수님의 능력을 믿은 것입니다.

바나바는 예수 안에서 자신이 중생하였으므로 타인을 이해할 줄 알았
습니다. 내가 중생하면 타인의 중생도 믿고 이해할 수 있으며 남의 장점
도 볼 수 있게 됩니다. 내가 변하지 못하면 남의 변화도 믿지 못하는 것
이고, 내 과거를 깨끗하게 잊지 못하기 때문에 남의 잘못도 용서하지 못
하고 비판하게 되는 것입니다.

오늘 본문에서 바나바가 사울이라고 하는 청년을 영접한 것은 예수님
때문이요, 그를 믿고 도와 준 것도 예수님 때문이었습니다. 중생한 사람
이 되면 성도 간에 서로 이해하고 사랑의 교제가 이루어집니다.

성도 간에 서로 이해하고, 사랑의 교제가 있는 교회는 평안하여 든든
히 서가는 교회가 될 수 있습니다.

3. 교회의 생명은 전도하는 데 있습니다.

사도 바울은 그가 예수를 만나자마자 바로 그 다음날부터 전도를 시작
했습니다. 사람들이 듣든지 안듣든지 바울은 목이 터지도록 외쳤습니다.
바울은 참을 수가 없었습니다. 남들이 알아주든 외면하든 내가 만난 예
수님을 몰래 간직하고만 있을 수는 없었습니다. 남이야 미쳤다고 하든

변절자라고 하든 상관없이 그저 누구든지 붙들고 전도했습니다. 담대하고 용기있게 전했습니다.

바로 여기에 참 그리스도인의 모습이 있습니다. 평생 예수를 믿는다고 하면서도 누구에게 예수 믿으라고 말 한마디도 전하지 못하는 사람이 있습니다. 이것은 그리스도인답지 못하며, 하나님이 기뻐하시는 성도가 될 수 없습니다.

사도행전 5:42에 보면 "저희가 날마다 성전에 있든지 집에 있든지 예수는 그리스도라 가르치기와 전도하기를 쉬지 아니하니라"고 했습니다.

초대교회 신자들은 예수를 믿으면 즉시 나가 전도했습니다. 그때는 전도하면 잡혀서 죽거나 옥에 갇혔습니다. 그래도 그들은 두려워하지 않고 전도에 열심이었으며 마침내 복음으로 세계를 정복하였습니다.

오늘날은 우리가 나가 전도해도 핍박하지 않습니다. 잡아죽이거나 옥에 가두지 않습니다. 오히려 고맙게 생각합니다. 열 사람만 전도하면 그 중 한 명은 얻을 수 있습니다. 그런데 1년에 한 명도 전도하지 못하는 교인이 많습니다.

우리는 금년에 열심히 전도하여 부흥하는 교회로 성장합시다. 전도를 열심히 하는 교회는 평안하여 든든히 서가는 교회를 이룰 수 있습니다. 우리는 금년에 평안하여 든든히 서가는 교회를 이루어야 합니다.

평안하여 든든히 서가는 교회는 신앙고백과 중생의 역사가 있어야 하며, 성도 간에 서로 이해하고 사랑의 교제가 두터워야 하고, 전도하는 일에 더욱 힘쓰는 교회가 될 때 이루어지는 것입니다.

은혜 위에 든든히 서가는 교회
(딛 1:1-4)

주님의 몸된 교회 안에는 여러 직분자들이 있습니다. 목사, 장로, 권사, 안수집사, 서리집사, 권찰, 성가대, 교사 등이 있습니다. 이 직분들은 주님의 몸된 교회를 '은혜 위에 든든히 서가는 교회'가 되게 하기 위해 주신 직분입니다.

청지기는 남의 것을 맡아 관리하는 사람을 말합니다. 즉 은혜 위에 든든히 서가는 교회가 되기 위해서는 모든 직분자들이 선한 청지기로 봉사해야 합니다.

성경은 하나님과 인간과의 깊은 관계를 주인과 청지기로 표현했습니다. 직분 맡은 청지기의 직무는 평신도의 신앙생활을 돕고 진리를 더 잘 알도록 도와주는 것입니다. 신자들 위에 군림하고 다스리며 권위를 내세우는 것이 결코 그들의 직위, 직분, 지위는 아닙니다.

본문에 나오는 디도는 선한 청지기로서 맡은 일에 충실하므로 '은혜 위에 든든히 서가는 교회'를 이루는 데 중추적인 인물이 되었습니다.

디도서 1:3에서 보면 디도를 가리켜서 "같은 마음을 따라 된 나의 참

아들 디도"란 표현을 씀으로써 사도 바울과 디도의 특별한 관계를 나타
내 주고 있습니다.

이제 디도가 바울에게 어떠한 존재였기에 은혜 위에 든든히 서 가는
교회를 이루는 데 주인공이 되었는가를 살펴보면서 은혜를 받고자 합니
다.

1. 디도는 바울이 곤란할 때 좋은 동반자가 되었습니다.

갈라디아서 2:1을 보면 사도 바울이 자기를 별로 달갑게 여기지 않는
예루살렘 유대인들에게 자신의 복음을 제출하기 위해 갔을 때 디도가 그
와 동행했다는 사실을 알 수 있습니다.

당시 사도 바울이 많은 유대 그리스도인들에게는 교회를 핍박하고 잔
해하던 자로 알려져 있었기 때문에 바울과 함께 다니다가는 자칫 교회의
박해자요, 변절자로 따돌림을 받을 수도 있었을 것입니다. 그러나 디도
는 바울의 그러한 난처한 처지를 변호해 주기 위해서 비록 웅변가는 아
니었으나 어려운 처지에서 함께 동행해 주었던 좋은 동반자가 되었습니
다.

여기서 우리는 성도들이 그들의 목회자에게 혹은 성도들간에 "같은 믿
음을 따라" 사는 사람들로서 어떠한 자세를 가져야 하는지를 볼 수 있습
니다. 어려울 때 옆에 있어 주는 성도야말로 어려움 당한 이에게는 참
아들이요 참 친구입니다.

우리는 성도간의 관계에서 뿐만 아니라 예수님과의 관계에서도 이러
한 관계를 유지해야 합니다. 모든 사람이 예수를 버릴 때에도 끝까지 그
의 곁에 남아 주는 성도야말로 주님이 원하시는 성도입니다. 주님은 그
러한 자들을 통해 당신이 목적하시는 일을 이루십니다. 훌륭한 사람들

뒤에는 좋은 동반자들이 있었습니다.

은혜 위에 든든히 서가는 교회는 어려운 일이 있을 때 "같은 믿음을 따라" 선한 뜻을 이루기 위해 좋은 동반자가 되어 일하는 교회입니다.

2. 디도는 어려운 일을 맡아 잘 수행한 사람이었습니다.

고린도후서 8:16-17에 보면 고린도 교회가 굉장한 어려움에 빠지고 교회 내에 많은 분열과 혼란이 있을 때 바울의 준엄한 편지를 가지고 간 것이 디도였던 것을 알 수 있습니다.

바울이 고린도 교회의 어려운 문제 해결을 위해 디도를 보냈다는 것은 그가 바로 그러한 복잡한 사건을 잘 처리할 능력이 있다고 확신했기 때문일 것입니다.

다시 말해서 디도는 강온이 잘 겸비되어 어려운 난관을 슬기롭게 극복할 줄 아는 사람이라는 것입니다. 만일 디도가 소심하거나 약해빠진 사람이라면 고린도 교회의 큰 혼란을 해결할 수 없었을 것입니다. 반대로 너무 강직하기만 했다면 오히려 문제를 더 크게 벌려놓았을 것입니다.

바울이 예루살렘 교회를 위한 구제금을 거둘 때도 디도가 그 일을 맡았던 것을 보면 그는 매사에 합리적으로, 그리고 모두가 순응할 수 있게 처리할 능력이 있었던 것입니다.

사실 이런 사람이 교회에는 얼마나 필요한지 모릅니다. 문제를 해결하기는커녕 문제만 만드는 사람들이 된다면 그 교회는 어려워지는 것입니다. 교회가 어려운 문제가 있을 때 그 일이 목회자의 발등에 떨어지기 전에, 그 일로 교회가 어려움을 겪기 전에 디도와 같이 잘 처리하는 사람이야말로 목회자와 교회의 참 아들이며 성도인 것입니다. 이런 사람이 많을 때 그 교회는 은혜 위에 든든히 서가는 교회가 될 것입니다.

빌립보 교회의 자주장사 루디아는 재정의 어려운 일을 잘 수행해주므로 빌립보 교회가 은혜 위에 든든히 서 가는 교회가 되었습니다.

우리는 사랑의 기도로, 격려와 위로의 말로 교제하므로 은혜 위에 든든히 서가는 교회를 이루어야 합니다.

3. 디도는 그레데 교회에 본을 보이는 사람이었습니다.

디도는 그레데 교회에 본을 보이는 사람이었습니다. 사도 바울이 디도를 그레데에 남겨 두고 온 것은 그로 하여금 모든 이에게 본을 보이기 위해서라고 디도서 2:7에서 말하고 있는 것을 보면 디도의 생활이 모든 성도에게 본이 될 만큼 경건했음을 알 수 있습니다. 그래서 바울은 디도를 신뢰했고 그를 그레데 교회의 감독자로 남겨두었던 것입니다.

교회에는 많은 성도들이 있으나 사실 생활의 본이 되는 성도들만큼 목회자에게 신뢰를 주는 이는 없습니다. 모든 생활에서 믿는 자의 향기가 흘러 넘치는 사람, 그의 생활을 보고 많은 이들이 감화를 받게 하는 사람이야말로 목회자에게는 가장 귀한 일꾼입니다.

이런 사람은 무슨 일을 맡겨도 요동없이 잘 감당할 뿐만 아니라 그를 본받고자 하는 많은 이들로 인해서 일들이 잘 처리되곤 하는 것입니다. 우리는 말과 행실과 믿음과 정절과 사랑의 본이 되어야 합니다. 은혜 위에 든든히 서가는 교회가 되려면 디도처럼 본이 되는 인물이 많아야 합니다.

교회에 본이 되는 인물은 어려울 때 동행해 주고 어려운 문제를 잘 처리해 주며, 모든 생활에 본이 되는 사람이야말로 "같은 믿음을 따라 된 참 아들 디도"라고 할 수 있습니다. 본이 되는 인물이 있을 때 그 교회는 은혜 위에 든든히 서가는 교회가 될 것입니다.

다이나믹 설교뱅크

사랑 위에 든든히 서가는 교회
(요일 4:7-11)

현재 우리가 살고 있는 이 세상은 점차적으로 사랑이 식어지고 메말라 가고 있습니다. 날마다 대하는 뉴스는 우리를 불안하게 하는 소식들이 줄을 잇고 있습니다.

하나님이 세상을 창조하실 때 피조물을 보시고 심히 기뻐하셨던 인간의 모습은 죄악이 관영한 이 세대에서 끝까지 하나님을 영화롭게 해드리지 못하고 그분의 가슴만 아프게 하고 있다는 사실입니다.

하나님께서 원하시는 빛과 소금의 역할을 온전히 감당하지 못하기 때문에 기독교의 의미는 제 빛을 발하지 못하고 마치 꺼져가는 심지처럼 되어가고 있다는 것입니다. 우리의 이같은 모습 때문에 세상이 어두워지고 흐려지며 거짓이 난무하며 위선이 승리하는 세상의 풍토가 조성되었던 것입니다.

이제 교회는 본래 제모습을 찾아야 하며 개혁되어야 하고 하나님이 원하시는 '사랑 위에 든든히 서가는 교회'를 이루어가야 합니다.

마태복음 5:47에 보면 "너희가 너희 형제에게만 문안하면 남보다 더

하는 것이 무엇이냐"고 말씀하고 있습니다.

이런 사랑은 본능적인 사랑이요 조건적인 사랑입니다.

사랑 위에 든든히 서 가는 교회는 주님처럼 조건이 아니라 무조건적 사랑이요, 이기적인 사랑이 아니라 희생적인 사랑입니다. 그리스도의 사람은 늘 자기의 심령이 주리거나 목마르지 않기 위하여 부지런히 기도하고 성경을 읽으며 예배 드리는 사람입니다. 하나님 앞에서 자신의 모습이 흠없이 맑고 깨끗한 심령을 갖고 거룩한 삶을 사는 자는 자기를 사랑하는 사람입니다.

1. 내 가족을 사랑하는 교회는 든든히 서 가는 교회입니다.

세상에서 자기 가정을 사랑하지 않는다고 하는 사람은 없을 것입니다. 모두 내 가정을 사랑한다고 할 것입니다.

가정은 인간생활에 중심이 되며, 가정은 정신적 만족을 주는 공원과 같으며, 가정은 좋은 국민을 양성하는 기관입니다. 그러므로 참으로 가정을 사랑해야 합니다.

가정을 사랑하는 사람은 신성한 기점을 만듭니다. 만일 가정에 주초 냄새가 나고 자식들 앞에서 음란한 비디오나 보고 사치하고 허비하는 가정 풍토라면 신성한 가정이라 할 수 있습니까?

찬송 소리와 기도 소리가 떠나지 않고 성경 말씀이 들려지는 가정이야 말로 신선한 가정일 것입니다. 그리고 화평한 가정을 만드는 가정이 복 있는 가정입니다. 평화가 있는 곳이 천국이라면 불화가 있는 곳을 지옥이라고 하겠습니다.

다시 말하면 화평한 가정은 곧 천국이요 불화한 가정은 지옥입니다. 따라서 우리는 돈이 없어도 의복이 없어도 먼저 화평해야 합니다. 가화

다이나믹 설교뱅크

만사성이라는 말도 있듯이 화평한 가정은 하나님의 복이 임하여 만사형통이 됩니다.

잠언 15:17에 "여간 채소를 먹으며 서로 사랑하는 것이 살진 소를 먹으며 서로 미워하는 것보다 나으니라"고 하였습니다. 내 가족을 사랑하여 신성한 가정을 만드는 것과 화평한 가정을 만들 때 그 교회는 든든히 서 가는 교회가 될 수 있습니다.

2. 내 교회를 사랑하는 교회는 든든히 서가는 교회입니다.

국가의 힘은 무력에 있지 않고 그 국민이 국가를 사랑함에 있습니다. 교회는 하나님이 계신 성전이요, 진리를 가르치는 학교요, 신앙의 결사대를 무장시키는 곳이요, 영적 안식의 평안한 방이요, 작은 천국입니다. 교회는 주님께서 사랑하심으로 피 흘리며 값주고 사신 것이요, 우리는 이 교회를 통하여 구원을 얻었으므로 진심으로 사랑해야 합니다.

교회를 진심으로 사랑하는 사람은 그 교회의 유지와 발전을 위하여 힘쓰는 사람입니다. 그 교회의 유지를 위하여는 힘이 자라는 대로 물질도 바치고 그 교회 발전을 위하여는 심혈을 다하는 사람입니다.

그리고 교회 부흥을 위하여 기도해야 합니다. 교회를 참으로 사랑하는 사람은 교회 부흥의 책임을 양편에 짊어지고 하나님 앞에 나가 기도하지 않을 수 없습니다. 교회를 위해서 기도하는 사람이 많을 때 하나님이 축복해 주실 것입니다. 철야기도, 새벽기도, 10시 공동기도 시간을 지켜서 교회와 기관과 목회자들을 위하여 기도할 때 그 교회는 든든히 서가는 교회가 될 수 있습니다.

사랑하는 성도 여러분! 우리 교회가 사랑 위에 든든히 서가는 교회 되기를 원하십니까? 자신의 영성을 위하여 힘쓰는 사람이 되고, 신성하고 화평한 가정을 이루시며, 교회의 유지와 발전을 위해 심혈을 기울여 교회 부흥을 위하여 기도하시기를 바랍니다. 그리할 때 그 교회는 사랑 위에 든든히 서 가는 교회가 될 것입니다.

3. 이웃을 내 몸같이 사랑하는 교회는 든든히 서가는 교회입니다.

성도라면 누구나 그리스도의 사랑을 잘 알고 있습니다. 다른 사람에게 사랑을 베푸는 것이 곧 그것을 증명해 주고 있습니다. "네 이웃을 네 몸과 같이 사랑하라"고 했습니다.

다른 사람을 향해 육체적인 사랑을 실천하는 일에는 다음과 같은 일을 할 수 있습니다. 배고픈 자들에게 먹을 것을 주기, 목말라 하는 자들에게 마실 것을 주기, 벗은 자들에게 입을 것을 주기, 옥에 갇혀 있는 자들을 방문하기, 집없는 자들에게 쉴곳을 마련해 주기, 병자를 방문하기, 죽은 자들을 장례 지내주기 등 이러한 사랑의 행동에는 반드시 '하나님께 대한 사랑'이 그 동기가 되어야 합니다. 이웃을 사랑하는 것은 주님의 계명을 실행하는 것입니다.

육체적인 방법보다 더 값지고 중요한 것은 영혼의 행복이 직결되어 있는 영적인 사랑의 실천입니다. 이는 죄 지은 사람 권면하기, 무지한 사람을 가르치기, 의심을 품은 사람 충고하기, 슬퍼하는 사람 위로하기, 남의 잘못을 참고 견디기, 모든 잘못을 용서하기, 다른 사람을 위하여 기도하기 등은 영적인 사랑을 실천하는 것입니다.

사랑 위에 든든히 서가는 교회는 자신을 사랑하며, 가족을 사랑하며, 교회를 사랑하며 다른 사람을 향한 육적, 영적인 사랑을 실천할 때 이루어지는 것입니다.

2월

건강한 신앙

건강한 신앙

(행 21:7-14)

우리는 때때로 자신이나 가족 중에 병원에 입원할 때가 있고 병원에 입원한 이웃들을 심방할 때가 있는데 그때마다 건강 주신 하나님께 감사하지 않을 수 없습니다.

부귀영화와 물질의 부요, 권세보다 더 큰 축복은 건강입니다. 우리의 육신의 삶에서 육체가 병들면 일하지도 못하고 자신뿐만 아니라 주변에 있는 사람들에게도 고통이 됩니다.

영적으로도 건강한 신앙일 때 하나님의 뜻을 따라 열심히 일할 수 있고 하나님을 기쁘시게 할 수 있습니다. 영적으로 병들게 된다면 시험에 빠지고 주의 역사하심을 막게 되며 고통과 괴로움 가운데 있게 됩니다. 그래서 주의 평화와 기쁨을 빼앗기게 됩니다. 그리하여 "건강한 육체에 건전한 정신이 깃든다"는 말이 나온 듯 합니다.

건강한 신앙일 때 건전하고 경건된 삶을 살 수 있습니다.

건강한 신앙의 모습을 본문을 통해 말씀드리고자 합니다.

1. 복음증거의 생활입니다(7-9).

예루살렘 교회의 일곱 집사 중에서 스데반 집사는 순교자였습니다. 그러나 빌립 집사는 순교자는 아니었지만 스데반과 견줄 만한 일꾼이었습니다. 그는 생업을 가진 집사이면서도 전도에 주력하였기에 전도자라는 이름이 붙은 사람입니다. 그는 사마리아 전도에 성공하였고, 동시에 이디오피아 내시에게 전도하여 역시 하나님께 영광을 돌렸습니다.

그리고 가이사라에 거주하면서 복음전도에 헌신하였습니다. 더 중요한 것은 가정 복음화였습니다. 그에게는 딸만 넷이 있었는데 모두 예언자였습니다. 그만큼 가정 복음화에 성공했다는 뜻입니다.

이처럼 복음증거 혹은 가정 복음화의 신앙생활이 신앙이 건강한 믿음입니다. 건강하게 신앙 생활하는 사람은 복음증거의 생활을 잘 하는 사람입니다.

전도란 좋은 소식을 전하는 것입니다. 이 세상에서 모든 불의와 죄를 이기고 화평과 기쁨으로 살며 영원한 생명을 얻게 해 주시는 분이 계시다는 사실은 얼마나 기쁘고 복된 소식입니까? 이 기쁜 소식을 하루 빨리 천하 만민에게 전해야 합니다.

전도하는 방법은 여러 가지가 있습니다.

첫째, 직접적인 방법이 있습니다. 전도 대상자를 선정하고 위하여 기도하며 직접 방문하여 성경말씀이나 신앙간증으로 전도하는 방법입니다.

둘째는, 간접적인 방법입니다. 전도 대상자를 전도 집회나 교회 예배에 참석시키거나 전도 책자같은 것을 읽게 하는 방법입니다.

셋째는, 행위전도입니다. 전도자의 행실을 보거나 친절히 대해 주는데 감동되어 예수를 믿도록 하는 방법입니다.

2. 일사각오의 생활입니다.

죽음을 각오한 믿음은 천하가 당하지 못합니다. 즉 목숨을 걸고 믿는 믿음이 세상을 이깁니다.

바울 일행이 가이사랴의 빌립 집사 가정에 유하는 중에 아가보라는 선지자가 유대로부터 내려왔습니다. 바울이 띠로 자기를 결박한 후에 띠 임자인 바울이 예루살렘에서 이처럼 결박을 당하고 이방인에게 넘겨진다는 것을 예언하였습니다.

이 예언을 들은 가이사랴의 성도들은 바울에게 예루살렘에 가지말 것을 애원하였습니다. 이때 바울은 결박뿐 아니라 죽음도 각오하였노라고 천명하였습니다. 즉 일사각오의 결의를 보여주었습니다. 이처럼 일사각오의 믿음이 복음으로 로마를 점령했습니다. 이런 믿음이 건강한 믿음입니다.

복음을 위한 바울의 각오는 다메섹 도상에서의 변화 이후 그의 전 삶을 통해서 여실히 드러나고 있습니다. 바울은 복음 증거의 목적이 아니면 자신의 생명조차 죽은 것으로 여겼고, 단지 복음에 합당한 도구로서만 살았던 것입니다.

바울은 성도들의 정성어린 권함을 받으면서도 "주 예수의 이름을 위해서"라면 육체의 결박뿐 아니라 죽음까지도 각오하였다고 강조하고 있습니다.

건강한 신앙은 복음증거의 삶, 믿음의 삶을 바로 살기 위해서는 죽음까지도 각오하는 담대한 믿음입니다.

3. 주의 뜻에 맡긴 생활입니다.

　성도 한 사람 한 사람을 향하신 하나님의 뜻이 있습니다. 즉 우리 각자를 위한 계획이 있습니다. 그 뜻을 거스르게 되는 일은 없습니다. 왜냐하면 하나님의 뜻이 언제나 이루어지기 때문입니다. 본문에서도 그런 내용을 말씀하고 있습니다.

　예루살렘에서 바울을 기다리고 있는 것은 환난과 결박이었습니다. 사람들은 환난만을 보고 바울을 만류하였으나 바울의 계획은 확고하였습니다. 이때 그의 일행은 "주의 뜻대로 이루어지이다" 하고 주님의 뜻에 맡겼습니다. 하나님은 악이라도 선용하시기 때문에 바울의 고난을 통해서 로마 선교의 성공을 이루셨습니다.

　자신을 주의 뜻에 맡기는 생활이 건강한 신앙입니다. 성도들은 바울에게 눈 앞의 안정을 위해 권면했지만 바울은 주의 뜻을 강조했습니다. 바울의 분명한 가르침과 거룩한 용기는 성도들로 하여금 주의 뜻에 순종하게 했습니다.

　결국 바울은 예루살렘에서 결박되었지만 성도들의 순종은 유대인의 핍박없이 2년 동안이나 바울과 영육 간에 교제할 수 있는 결과를 가져왔습니다.

　주의 뜻대로 순종하기 위해서는 현재 가지고 있는 소유와 경계와 자랑을 포기해야 할 경우도 생기게 됩니다. 그러나 그는 순종을 통하여 하나님의 뜻이 이루어지는 진정한 축복을 목도하게 될 것입니다.

■■■
다이나믹 설교뱅크

사랑이 충만한 믿음
(요일 3:9-13)

인생에서 사랑이 없는 삶은 무덤과 같은 생활입니다. 사랑은 기독교의 핵심입니다. 하나님의 본질이 바로 사랑이기 때문입니다. 사랑이 없는 교인은 하나님께 속한 자가 아니요 사랑 없는 교회는 진정한 교회가 아닙니다. 사랑이 있어야 참 성도요, 사랑이 충만한 믿음이 진정한 산 믿음이며, 사랑이 충만한 교회만이 참 교회입니다.

사랑이 충만한 믿음으로 사랑이 풍성한 교회를 이루는 복이 있어야 합니다.

1. 사랑이 무엇입니까?

고린도전서 13:4-7에서 보면 사랑의 성질에 대하여 자세히 말해 주고 있습니다.

"사랑은 오래 참고 사랑은 온유하며 투기하는 자가 되지 아니하며…

모든 것을 참으며 모든 것을 믿으며 모든 것을 바라며 모든 것을 견디느니라"고 했습니다.

첫째, 사랑은 친절입니다.

오늘의 교회와 성도들은 바로 이 친절을 남에게 나누어줄 수 있어야 합니다. 세상에서는 너와 나 사이에 무관심하고, 불친절하며, 거짓된 행위로 대한다 해도 교회만은 친절해야 합니다.

링컨 대통령에게 일어난 일입니다. 그는 남북전쟁 때에 그 바쁜 와중에도 병원에 가서 부상당한 군인들을 격려했습니다. 한 사람이 숨을 거두고 있었습니다. 무엇을 도와줄 일이 없느냐고 물으니 마지막으로 어머니에게 편지를 대필해 달라고 부탁을 하였습니다.

그래서 링컨은 병사의 편지를 대필해 주었습니다. 그리고 끝에 "당신의 아들을 위하여 아브라함 링컨이 대필해 주었습니다"라고 기록하였습니다. 그 편지를 읽어 본 병사는 깜짝 놀랐습니다. 그는 대필한 분이 대통령이라는 것을 전혀 몰랐던 것입니다. 병사는 힘없는 소리로 말했습니다.

"정말 당신이 링컨 대통령입니까?"

"예 그렇습니다."

그러자 병사는 자기가 숨을 거둘 수 있도록 손을 꼭 잡아달라고 부탁했습니다. 그 젊은 병사는 링컨 대통령의 손을 잡고 조용히 숨을 거두었습니다.

과연 사랑이란 바로 이 친절, 이 도움을 의미합니다.

우리 주변에는 이런 따뜻한 친절, 이런 도움이 필요한 사랑의 대상자들이 많이 있습니다. 작은 친절이 한 영혼을 살리고, 친절한 미소로 상대의 마음을 기쁘게 하고 사랑을 통해 역사할 때 큰 일을 할 수 있습니다.

둘째, 사랑은 고통을 함께 나누는 것입니다.

사람들은 세상에 사는 동안 고통받는 일들이 많이 있습니다. 심적인 고통, 육체적인 고통, 물질적인 고통, 영적인 고통이 있습니다.

고통받는 일을 위해 자신의 십자가를 지고, 괴로워하는 사람과 함께 고통을 나누는 것이 진정한 사랑입니다.

셋째, 사랑은 용서하는 것입니다.

사람의 말과 행동은 완전하지 못합니다. 실수할 때가 있고 범죄할 때도 있습니다. 주님은 용서의 도리를 가르쳐 주시기를 일흔 번씩 일곱 번이라도 용서하라고 했습니다. 허물과 죄도 용서하고, 대적하는 행위도 용서하며, 비난과 비방의 소리까지도 용서하는 것이 사랑입니다.

사랑은 상대방의 허물을 들추고 비난하고 불평하는 데 있지 않습니다. 상대방을 도리어 나보다 낫게 여기는 것입니다. 남의 잘못을 보는 사랑은 절대로 사랑이 아닙니다. 사랑이란 이해하는 것이고 사랑이란 주는 것입니다. 마음도 주고, 물질도 주고, 수고도 주는 것입니다. 그리고 허물과 죄까지도 용서하여 주는 것이 십자가의 진정한 사랑입니다.

2. 사랑의 사람이 되는 길은 무엇입니까?

사랑은 받은 사람만이, 받아본 경험이 있는 사람만이 줄 수 있습니다. 돈이 있다고 잘산다고 주는 것은 아닙니다. 사랑을 실천할 수 있는 자는 하나님의 사랑을 깨닫고 받아본 사람입니다.

주님께 헌신한 사람이나 사회를 위해 크게 공헌한 사람은 거의 예외없이 다 주님의 사랑에 감복해서 "늘 울어도 눈물로써 못갚을 줄 알아 몸밖에 드릴 것 없어 이 몸 바칩니다"라는 사랑에 대한 깨달음이 있는 사람입니다.

하나님의 사랑을 깨닫지 못한 사랑은 죽어도 사랑할 수 없습니다.

그리고 인간은 근본적으로 이기적인 동물입니다. 그러므로 나의 옛사람이 살아있는 한, 우리는 절대로 순수한 사랑을 줄 수 없습니다. 따라서 거듭나야 합니다. 즉 중생해야 남을 사랑할 수 있습니다. 자아가 죽을 때 사랑의 주님이 살아나는 것입니다.

내 힘으로는 도저히 남을 사랑할 수 없습니다. 하나님이 도와 주시고 함께 해 주셔야 남을 도와주고 사랑할 수가 있습니다.

3. 사랑으로 살 때의 축복은 무엇입니까?

사랑은 이론으로 아는 것이 아닙니다. 사랑은 머리로 아는 것도 아닙니다. 사랑은 가슴으로 아는 것입니다. 오직 사랑함으로써만 깨닫게 되고 알게 됩니다.

우리가 부모님의 사랑을 많이 받지만 자기 자신이 자식을 낳고, 기저귀를 갈아주고 해 보아야 비로소 우리 부모님들이 나를 이처럼 사랑했는데 하고 뒤늦게나마 깨달을 수 있습니다.

사랑으로 살면 하나님의 사랑을 깊이 깨닫게 됩니다. 그리고 사랑으로 살면 하나님의 사랑받는 자녀가 됩니다. 하나님을 믿는 사람들은 하나님을 닮습니다. 아니 하나님을 닮아야 하나님의 자녀라고 할 수 있습니다. 그러므로 우리가 사랑으로 살면 우리는 사랑이신 하나님의 자녀가 되는 것입니다.

사랑으로 살면 다른 사람들에게 사랑을 받습니다. 마태복음 7:12에 기록된 황금률, 즉 내가 받고 싶은 것을 남에게 주라는 말씀이 성경의 핵심입니다.

우리가 가장 받고 싶은 것이 무엇입니까? 사랑입니다. 그렇다면 남에게 우리가 먼저 사랑을 주어야 합니다. 그러면 사랑은 산의 메아리처럼 자연히 나에게로 돌아올 것입니다.

기쁨이 충만한 믿음
(요 17:13-17)

　기쁘다는 말은 히브리어로 '사마하' 동사이며 명사로는 기쁨을 '삼하'라고 합니다. 전형적인 기쁨의 분위기는 오랫동안 헤어져 있던 사람과의 재회, 고객에 대한 환영, 좋은 소식, 축제때 좋은 음식과 음료를 마시는 것 등으로 나타나고 있습니다.

　우리 기독교의 특징 중 하나는 십자가의 종교, 사랑의 종교입니다. 그런데 요한복음 17장에 보면 기독교의 표식을 여섯 가지로 분류하여 말하고 있습니다. 13절에서는 기쁨, 14-16절에서는 거룩, 17절에는 진리, 18절에는 선교, 21-23절에서는 연합, 26절에는 사랑이라고 했습니다.

　이런 여러 가지 표식 가운데 주님은 기쁨을 기독교의 첫 번째 표식으로 말씀해 주셨습니다. 그런데 참으로 불행한 것은 오늘날 많은 성도들이 기쁨을 잊고 살고 있습니다.

　참된 신앙은 초대교회적인 기쁨을 회복하는 데 있습니다. 초대교회적인 기쁨을 회복하지 않으면 교회가 성장할 수 없고 교인이 성숙하지 못합니다.

1. 교회는 기쁨이 충만할 때 은혜로워집니다.

교회생활에서 기쁨이 넘쳐야 그 교회는 은혜롭고 복스러운 교회입니다. 요한복음 17:13에 보면 "저희로 내 기쁨을 저희 안에 충만히 가지게 하려 함이니라"고 했습니다. 주님이 주시는 기쁨으로 충만하라고 하였습니다.

또 바울 사도는 데살로니가 교회에 보내는 편지에서 "항상 기뻐하라"고 했습니다. 사실 기쁨이 없는 교회와 기독교인의 삶은 의미가 없습니다. 그것은 죽은 삶이요, 죽은 교회와 같습니다.

바울은 감옥에 있으면서도 빌립보 교회에 보내는 편지에서 "주 안에서 항상 기뻐하라 내가 다시 말하노니 기뻐하라"고 하였습니다. 그러나 문제는 오늘날 우리의 교회가 기뻐해야 하는데 실제로는 그렇게 기뻐하지 못하고 있다는 점입니다. 하나님은 우리가 우울해 하며 사는 것을 원치 않으십니다. 슬퍼하고 있는 것도 원치 않으십니다.

최근 과학자들이 웃음의 효과를 연구하였는데 그 결과는 웃으면 긴장이 풀리고 스트레스가 해소되고, 온몸의 기관이 마치 기름 칠한 기계처럼 잘 움직인다는 것입니다. 그래서 "일소 일소"요 "일로 일로"라고 하였습니다. 한 번 웃으면 하나만큼 젊어지고, 한 번 노하면 하나만큼 늙어진다는 말입니다.

우리는 기쁨이 있는 믿음, 기쁨이 있는 교회를 만들어 가야 합니다.

그런데 교회와 성도가 기뻐하지 못하는 이유가 있습니다. 골로새서 3:1-2에 보면 "위엣 것을 찾지 않고, 위엣 것을 생각하지 않고, 땅엣 것을 찾고 땅엣 것을 생각하기 때문"이라고 했습니다.

태양은 비 오는 날에도 구름 저너머에서 빛나고 있듯이, 이 세상에서는 맑은 날도 있고, 비 오는 날도 있고, 바람 부는 날도 있습니다. 그렇지만 기억해야 할 것은 그 위에는 항상 태양이 빛나고 있다는 사실입니다.

우리는 이것을 깨달아야 합니다.

그러므로 오늘 우리 교회와 성도들은 저 위를 바라보아야 합니다. 참 기쁨은 언제나 안개와 구름 속에 감추어져 있기 때문입니다. 그냥 보면 안보입니다. 영의 눈을 가지고 보아야 보이는 그런 기쁨입니다.

신령한 영안이 활짝 열려 신령한 기쁨을 맛보는 성도들이 되고 기쁨이 충만한 교회를 이루시기를 바랍니다.

2. 성도는 영적인 기쁨으로 충만해야 합니다.

오늘 우리가 사는 이 세상에는 크게 세 가지 종류의 기쁨이 있습니다.

첫째, 육체적 물질적 기쁨이 있습니다.

기독교인도 육체를 가진 사람이기 때문에 이 물질적 기쁨을 무시할 수는 없습니다. 맛있는 음식을 먹을 때 오는 기쁨, 새옷이나 예쁜 옷을 입을 때 오는 기쁨, 좋은 주택을 사서 안락하게 살 때 오는 기쁨입니다.

그런데 이런 기쁨은 오래 가지 못하고 잠정적이고 때묻은 기쁨이라는데 문제가 있습니다.

가룻 유다는 물질적 기쁨을 누리려다 배신자가 되었고, 게하시는 문둥병자가 되었으며, 아나니아와 삽비라는 죽음을 당하였습니다.

둘째, 정신적 문화적 기쁨이 있습니다.

세상에는 문화를 창조해 가는 이 정신적 문화적 기쁨은 육체적 물질적 기쁨과 비교할 수 없이 크고 오래 갑니다. 작곡, 소설, 성악과 연주회, 미술, 조각 등에서 우리는 참 기쁨을 누리게 됩니다.

그래서 "인생은 짧고 예술은 길다"고 하였습니다. 그러나 이 정신적, 문화적 기쁨도 영원한 것은 아닙니다.

셋째, 영적인 기쁨입니다. 이것은 성도가 누릴 기쁨입니다.

이 기쁨의 특징은 환경에 영향을 받지 않는다는 것입니다. 그리고 잠정적인 것이 아니라 영원하다는 특징이 있습니다.

바울이 옥중에 있으면서 쓴 빌립보서에는 기쁘다는 말이 18번이나 나온 것은 바로 그런 이유 때문입니다.

그러면 영적 기쁨이란 어떤 기쁨입니까? 하나님이 계신다는 사실에서 오는 기쁨입니다. 영원하신 그 하나님이 바로 내 아버지가 된다는 사실에서 큰 기쁨을 얻을 수 있습니다.

또한 하나님의 은혜와 사랑을 깨닫게 될 때에 참 기쁨이 옵니다. 죄 용서함을 받고 하나님의 자녀가 될 때 오는 기쁨입니다. 영원한 천국이 기다리고 있다는 사실에서 우리는 큰 기쁨을 가질 수 있습니다.

따라서 성도가 항상 기뻐하는 생활을 하려면 영적 기쁨을 소유해야 합니다.

3. 성령충만할 때 기쁨이 충만한 믿음생활을 할 수 있습니다.

참된 기쁨의 비결은 "진리에 대한 바른 깨달음"을 통해서 얻을 수 있다. 그래서 시편 기자는 시편 19:8에서 "여호와의 교훈은 정직하여 마음을 기쁘게 하고" 라고 하였습니다. 다시 말해서 하나님의 계명을 깨닫는 데서 기쁨이 온다는 것입니다.

더욱이 성령충만해야 기쁨을 얻을 수 있습니다. 기쁨은 성령의 열매입니다. 성령의 열매는 사랑과 희락과 화평입니다. 이는 성령충만해야 참된 영적 기쁨을 가질 수 있다는 말입니다.

우리가 하나님과 깊은 관계를 가지면 우리의 환경에 구애됨이 없이 항상 입에서 찬송이 나오고, 감사가 나오고, 기쁨이 충만한 법입니다. 평안을 주시는 주님 안에서 모든 일에 평화와 기쁨을 누릴 수 있습니다.

잠언 17:22에 "마음의 즐거움은 양약이라도 심령의 근심은 뼈로 마르게 하느니라"고 했습니다. 누가복음 6:23에서는 "그 날에 기뻐하고 뛰놀라 하늘에서 너희 상이 큼이라"고 하였습니다.

바울은 빌립보 옥중에서 고생으로 얻은 교우를 향하여 빌립보서 4:1에 "나의 사랑하고 사모하는 형제들, 나의 기쁨이요 면류관인 사랑하는 자들이라"고 하였고, 또 고린도전서 15:58에 "그러므로 내 사랑하는 형제들아 견고하며 흔들리지 말며 항상 주의 일에 더욱 힘쓰는 자들이 되라. 이는 너희 수고가 주 안에서 헛되지 않은 줄을 앎이니라"고 하였습니다. 바울은 참 즐거움이 과연 무엇이며, 어디 있으며, 어떻게 오는 것인가를 말해주고 있습니다.

주 안에서 열심히 일할 때 영적 즐거움이 오고 그 수고가 헛되지 않도록 해주신다는 것입니다. 영적 즐거움은 십자가 후에, 수고와 희생이 있은 후에 있습니다.

은혜 받은 믿음
(행 4:13-22)

베드로와 요한이 예루살렘 성전의 미문에서 앉은뱅이를 일으키는 기적을 행한 후에 예루살렘은 그로 인하여 잠시 떠들썩하였습니다. 왜냐하면 그 자리에서 베드로의 즉석 설교가 약 오천 명이나 주를 믿는 또다른 기적을 일으켰기 때문입니다.

그 이튿날 평소부터 "예수의 도" 전함을 매우 불온하게 여기던 제사장의 무리들이 사도들을 붙잡아 협박하며 다시는 예수의 이름으로 말하지도 말고 가르치지도 말라고 경계하였습니다(행 4:16-18). 이에 베드로와 요한이 담대하게 나서서 그들의 의지를 결코 굽힐 수 없음을 말하고 있습니다. 즉 보고 들은 것을 전하지 않을 수 없다는 것입니다.

우리는 이러한 본문을 통해서 '은혜받은 믿음'을 가진 기독교의 특성을 발견할 수 있습니다.

1. 은혜받은 믿음은 전도의 역사가 일어납니다.

은혜받은 믿음은 반드시 역사합니다. 믿음이 우리를 가만히 내버려 두지 않기 때문입니다.

본문의 병 나은 자는 나면서부터 앉은뱅이로 성전 미문에서 구걸하다가 고침받은 사람입니다. 또 유명한 표적이라는 말씀은 그 병고침이 주님의 은혜로 되었다고 하는 뜻입니다. 그 기적은 베드로와 요한을 통해서 일어난 것을 명심해야 합니다.

몇 푼의 동정을 구하는 그에게 베드로와 요한이 예수님의 이름으로 일으켜 주었습니다. 즉 예수 자신을 주었습니다. 예수님이 그의 문제를 해결해 주는 역사가 일어났습니다. 그러므로 도움을 필요로 하는 자에게 예수님을 주는 것이 가장 큰 도움입니다. 은혜받은 믿음이 주는 것은 전도의 역사입니다. 그러므로 전도는 사명이요 사랑입니다.

예수님께서는 하늘로 승천하시기 직전에 제자들을 향하여 세상 끝까지 복음을 전하라고 명령하셨습니다. 그래서 초대 교회의 성도들은 죽음의 위협을 무릅쓰고 복음 증거에 힘썼습니다. 이러한 예수님의 지상명령은 오늘날에도 유효합니다.

따라서 하나님의 자녀된 우리의 모토는 무엇보다도 전도에 주력해야 합니다. 그것은 예수님의 명령도 명령이지만 "하나의 생명이 천하보다 귀한 것"이라는 사실 때문이기도 합니다.

더욱이 예수님의 십자가 고난과 보혈을 더욱 값지게 하기 위하여 우리는 더욱 많은 영혼들에게 복음을 전해야 합니다.

본문의 두 사도는 그러한 면에서 우리에게 좋은 모본이 되고 있습니다. "경계하여 도무지 예수의 이름으로 말하지도 말고"(18절)라는 전도를 막는 장벽이 있었습니다. 이렇게 전도하는 데는 고난이 따릅니다. 하나님의 일에는 쉬운 것이 없습니다. 늘 그에 따르는 어려움이 동반되게 마련입니다.

본문의 두 사도에게도 예외가 아니어서 그들에게도 고난이 닥쳐 왔습니다. 그러나 그들을 위시한 초대 교회의 성도들은 고난을 두려워 하지 않았습니다. 도리어 그 고난을 영광과 축복으로 여겼습니다. 은혜받은 믿음은 고난을 영광으로 알고 전도하는 일에 힘쓰게 됩니다.

2. 은혜받은 믿음은 변화의 역사가 일어납니다.

부활의 예수를 전하는 것이 화근이 되어 베드로는 투옥되고 공회 앞에 서게 되었습니다. 심문하는 그들에게 베드로는 담대하게 증거했습니다.

하나님 앞에서 전도하지 말라는 너희의 말을 들을 수 없고 또 친히 목도한 예수님의 부활을 증거하지 않을 수 없다고 단호하게 외쳤습니다. 이것이 놀라운 변화였습니다.

겟세마네 동산에서 칼부림을 했던 베드로, 또 계집종에게 예수님을 부인하고 저주하며 제 한 목숨만 살겠다고 하던 베드로가 이처럼 담대하진 것은 믿음이 그를 변화시킨 것입니다. 즉 성령충만의 은혜가 이렇게 역사한 것입니다.

은혜받으면 나약했던 마음이 강하고 담대해집니다. 자기 중심적인 삶에서 예수 중심적인 삶으로 변화되게 됩니다. 지식적인 신앙이 체험적인 신앙으로 달라집니다.

중세의 기독교가 쇠퇴하고 타락 일로에 있었던 이유는 이 체험을 무시하고 교리만을 중요시 하였기 때문입니다. 체험은 신앙의 삶에 진실을 낳습니다. 기독교가 체험의 종교라는 의미는 삶의 현장 속에서 하나님의 임재를 알고 느끼며 그 하나님과 나와 인격적 관계를 맺어가는 종교라는 의미입니다.

본문에서 베드로와 요한이 담대하게 말씀을 증거한 원동력도 역시 체험을 통한 진실을 획득했기 때문입니다. 은혜받은 믿음은 진실한 마음,

진실한 행동, 진실한 삶으로 변화되게 됩니다. 진실한 사람은 언제나 평안하고 담대합니다.

3. 은혜받은 믿음은 영광의 역사가 일어납니다.

하나님께 영광 돌리는 삶은 사람의 제일 되는 목적입니다. 하나님께 영광을 돌리지 않으면 목적을 저버렸기 때문에 존재할 이유가 없습니다. 그러므로 우리가 살아 있는 동안 하나님께 영광 돌리는 일은 해도 되고 안해도 되는 일이 아닙니다.

목숨을 내놓고 할 소리를 다하는 베드로를 공회에서도 어찌할 도리가 없어서 석방하였습니다. 목숨을 내놓고 예수 믿는 사람이 제일 무서운 사람입니다. 이것을 지켜 본 모든 사람들, 그리고 앉은뱅이에게 나타난 모든 일을 처음부터 끝까지 지켜 본 백성들이 하나님께 영광돌렸다고 하는 것이 본문입니다.

베드로도 다락방의 은혜를 받기 전에는 예수님께 부끄러운 존재였으나 은혜받은 후에는 영광을 많이 돌렸습니다. 즉 은혜받은 믿음이 영광의 역사를 하였습니다.

은혜받은 믿음은 하나님께 영광을 돌리고 모든 사람이 다함께 영광 돌릴 수 있는 역사를 위해 일하는 사람으로 변화됩니다. 하나님의 영광을 위해서는 자존심도, 부귀영화도 포기하고 오직 하나님의 영광만을 위해서 일하게 됩니다.

우리는 칼빈의 일생 모토였던 "하나님 앞에서"란 말은 정말 그리스도인은 모두 한번쯤 아니 자주 묵상해 가며 살아가야 할 것입니다. 그리하면 은혜받은 믿음의 사람으로 하나님의 영광의 역사를 위해 일하게 될 것입니다.

3월

보다 나은 복

예수님을 따라 삽시다
(막 1:35-39)

우리 인생은 소망의 항구를 향하여 항해하는 배와 같습니다. 성도들은 세상이라는 바다를 항해하면서 영원히 안식할 수 있는 천국 항구를 향하여 삶을 살고 있습니다. 그러므로 우리 생이 끝나는 순간까지 광풍 노도가 불어닥칠 위험은 항상 있어서 갈릴리 바다처럼 돌변적인 변화가 많습니다. 환난의 바람, 재난의 바람, 질병의 바람, 전쟁의 바람이 항상 일어 불안과 공포가 떠날 날이 없습니다.

예수님께서는 "세상에서는 너희가 환난을 당하나 담대하라 내가 세상을 이기었노라", "세상 끝날까지 너희와 함께 하리라"고 말씀하였습니다. 우리는 환난이 있고 재난이 있으며 불안과 공포가 떠나지 않는 세상 속에서 살지만 예수님처럼 그 뒤를 따라 살아야 합니다.

본문 말씀에서 보면 예수님께서는 전도를 하며 하나님의 나라를 선포하시고 특별히 시간을 내어 하나님께 기도하셨습니다. 이제 예수님은 전도여행을 떠나기에 앞서 크신 능력을 힘입으시기 위해 새벽 먼동이 트기 전에 한적한 곳으로 가서 기도하셨습니다.

우리는 본문을 통하여 예수님이 보여 주신 세 가지 모습을 보면서 은혜를 나누고자 합니다.

1. 예수님은 기도하셨습니다.

예수님께는 세 가지 습관이 있었습니다. 첫째는 안식일에 회당에 가는 것입니다(눅 4:16). 즉 주일에 교회에 나가는 습관입니다. 이때 믿음은 꽃 피고 열매를 맺습니다. 성수주일을 잘 하는 사람은 신실한 신앙의 인물입니다.

둘째는 성경을 읽는 것입니다(눅 4:16). 하나님의 말씀은 신앙과 생활의 유일한 법칙입니다. 우리도 성경 읽는 일에 부지런해야 합니다.

셋째는 기도하는 습관입니다(눅 22:39). 예수님은 겟세마네 동산에서 기도하는 것이 습관이었습니다.

이상의 말씀을 종합해 보면 주일에 교회에서 예수님을 만날 수 있고 성경에서 예수님을 만나고 기도하는 중에 예수님을 만난다는 의미입니다.

본문에서 새벽 미명에 예수님은 한적한 곳에서 기도하고 계셨습니다. 기도하시는 예수님의 뒤를 따라가서 예수님을 만나 보시기 바랍니다.

기도하지 않고는 기도하시는 예수님을 따를 수 없습니다. 우리도 기도하시는 예수님처럼 열심히 기도하는 성도들이 됩시다. 기도는 영적인 호흡입니다. 기도하지 않는 심령은 영적으로 죽은 것입니다. 초대교회 성도들은 성령받기 위해 온 성도가 "마음을 같이 하여 전혀 기도에 힘썼다"(행 1:14)고 했습니다.

베드로와 요한은 제구시 기도 시간에 성전에 올라가서 정기적으로 기도했습니다. 그리하여 신유의 능력을 행하기도 했습니다. 하나님은 하나님의 역사를 이루어 가실 때 기도하는 사람을 귀하게 쓰셨습니다.

2. 예수님은 전도하셨습니다.

예수님의 복음 선교의 중심지는 가버나움이었습니다. 30세에 가버나움으로 이사가셨기 때문입니다. 그러므로 성도는 자기가 살고 있는 가까운 곳에서 전도해야 합니다.

베드로의 집에서 그의 장모가 열병에 걸려 신음하는 것을 고쳐 주셨습니다. 이때 주님은 "우리가 다른 가까운 마을로 가자 거기서도 전도하리니 내가 이를 위하여 왔노라"고 선언하셨고 또 갈릴리 지방에 다니시며 여러 회당에서 전도하셨습니다.

다른 가까운 마을에도 하나님께서 택하신 백성들이 있기 때문입니다. 그 택한 백성을 부르는 것이 전도입니다. 하나님은 전도의 미련한 것으로 구원을 이루십니다. 전도하시는 예수님처럼 우리도 전도하는 일에 최선을 다해야 하겠습니다.

마태복음 28:19-20에서는 지상 명령으로 "너희는 가서 모든 족속으로 제자를 삼아 아버지와 아들과 성령의 이름으로 세례를 주고 내가 분부한 모든 것을 가르쳐 지키게 하라"고 했습니다.

우리의 지상 최대의 과제는 전도입니다. 전도하지 않고 구원할 수 없고, 전도하지 않고 교회가 부흥될 수 없습니다. 중직자들이 선두로 온 교회 성도들이 전도하는 일에 힘써 차고 넘치는 교회가 되어 하나님께 영광 돌립시다.

3. 예수님은 새롭게 하셨습니다.

가나안 여자 하나가 예수님께 나와서 흉악히 귀신들린 딸을 고쳐 주시기를 간구했습니다. 예수님께서 그 딸을 고쳐 주었습니다. 이 사건은 어

머니의 뜨거운 희생적 사랑도 문제를 해결할 수 없었고 오직 예수님에
의해서 문제를 해결할 수 있었다는 뜻입니다.

사람이 귀신들리게 되면 인격이 파괴되고 생활은 무질서하여 가정은
비참해 집니다. 이쯤되면 완전히 비인간화될 수밖에 없습니다. 본문을
보면 귀신들린 자들이 주께 나와서 새사람이 되어 돌아갔습니다.

예수님만이 사람을 새롭게 하고 온전케 하기 때문입니다. 예수님 중심
으로 사는 사람은 늘 인격이 새롭고 그 생활이 새로워집니다.

누가복음 19:1-10에서 보면 구원받은 삭개오의 모습을 보게 됩니다.
예수님을 영접하기 전에는 세리장으로 권력을 빙자하여 많은 사람들의
재산을 갈취하였고, 남의 재산과 생명의 존엄성에 대해 전연 생각지 않
은 비인격자였습니다. 그러나 예수님을 구주로 영접한 후에는 자신의 소
유의 절반을 가난한 자에게 주고, 토색한 것은 4배로 갚는 회개하는 사
람이 되었습니다. 새롭게 되었습니다. 변화되었습니다. 예수 믿는 사람
들은 날마다 새로워지고 달마다 달라지는 것이 있어야 합니다.

우리를 새롭게 하시는 예수님을 모시고 사는 성도들이 되시기를 주의
이름으로 축원합니다.

복이 되는 믿음
(요 9:24-38)

세상에서 가장 불행한 사람은 예기치 못한 재난을 당한 사람이 아니라 행복을 곁에 두고도 행복을 누리지 못하는 사람입니다. 행복의 요소를 소유하고 있으면서도 행복을 누리지 못하는 사람을 대할 때 그는 분명히 불행한 사람입니다.

그런데 문제는 대개 자신이 불행하다고 느끼는 사람들은 진실로 불행해서가 아니라 행복을 행복으로 느끼지 못하는 데 그 이유가 있다고 할 수 있습니다.

불행스러운 환경과 입장에 있는 사람도 예수님을 만나서 행복한 삶을 살게 되는 사람이 있는데 이는 복이 되는 믿음을 소유했기 때문입니다. 바로 그런 사람이 본문에 나옵니다. 바로 소경된 자가 주님 만남으로 눈을 뜨게 된 자입니다.

우리는 오늘 이 사건을 통하여 '복이 되는 믿음을 가지자'는 말씀으로 은혜를 나누고자 합니다.

1. 체험적인 믿음입니다.

본문은 날 때부터 소경 되었던 거지 청년에 대한 기사입니다. 예수님은 나면서부터 소경된 거지 청년을 불쌍히 보시고 침을 뱉어 진흙을 이겨 그의 눈에 바르시고 실로암 못에 가서 씻도록 했습니다.

그 말씀에 순종한 거지 소경은 눈을 뜨게 되었는데 마침 그날은 안식일이라 바리새인들이 그를 성전에서 쫓아내었다는 것입니다. 날 때부터 소경되어 빛을 보지 못하고 괴로워하던 이스라엘의 한 청년이 눈을 뜨고 보게 되었다면 본인은 말할 것도 없거니와 주위 사람들도 모두 즐거워해야 하겠거늘 당시의 바리새인들은 하나님의 사랑과 공의는 잃어버리고 그 그릇인 율법만 가지고 있었기에 비인간적인 태도를 취할 수밖에 없었던 것입니다.

그때 소경되었던 청년은 자신에게 심문하는 바리새인들에게 자기의 되어진 일을 말하였는데 "내가 소경으로 있다가 지금 보는 그것이니라"고 하였습니다.

우리의 믿음은 말씀의 기초 위에 세워져야 합니다. 그러나 거기서 끝나면 너의 믿음이요 나의 믿음은 아닙니다. 객관적인 믿음이기 때문입니다. 그래서 체험적인 믿음이 귀합니다.

본문의 나면서 소경된 사람은 불행을 안고 태어난 사람입니다. 그런 중에 예수님을 만났고 예수님에 의하여 깨끗이 고침을 받았습니다. 사랑이나 능력이나 축복은 배우는 것이 아닙니다. 체험해야 합니다. 생활 속에 나타나야만 합니다. 소경되었던 자의 믿음은 체험적인 복된 믿음이었습니다.

육체적 장애자는 그 장애를 극복하는 믿음과 용기로 마음의 평안을 얻을 수 있지만, 오히려 수많은 정신적 장애자는 자신이 장애자인지 자각하지 못한 채 살아간다는 사실입니다. 육체적 소경보다 영적 소경은 영원히 주님을 만날 수 없고 구원받을 수 없습니다.

눈뜬 소경은 참으로 복된 믿음의 사람입니다. 육적 소경되었던 청년은 예수님을 만남으로 육적, 영적으로 눈을 뜨게 되는 체험을 갖게 되었습니다. 육신의 눈뿐만 아니라 신령한 믿음의 눈을 뜨게 된 것은 위대한 기적이 아닐 수 없습니다.

우리는 예수 그리스도를 나의 구주로 진실히 영접할 때 영육간에 눈을 뜨게 되는 큰 체험을 갖게 됩니다.

2. 증거하는 믿음입니다.

사랑은 고백하는 성질을 갖고 있습니다. 즉 사랑은 반드시 표현하게 되어 있습니다. 그러므로 고백되지 않는 사랑은 의미가 없고 소용이 없습니다. 이처럼 믿음도 고백하는 성질을 갖고 있습니다. 예수님도 고백하지 않을 때에 기어이 찾아내어 고백을 받았습니다. 12년 동안 혈루증으로 앓던 여인의 경우가 바로 그것입니다.

고백하는 믿음이 참된 믿음입니다. 본문에 나오는 나면서 소경되었던 사람도 예수를 만나고 믿고 새사람이 된 후에 집요하게 반대하는 바리새인들에게 자기의 신앙을 고백하고 예수를 증거하였습니다.

즉 제몫을 탄탄히 한 믿음입니다. 이런 믿음이 세상을 이기는 복된 믿음입니다.

유대인들은 그들에게 있어 치명적인 형벌이라 할 수 있는 출교의 위협으로 치유함을 받은 자의 입을 막고자 했습니다. 그러나 일생 일대의 위대한 기적을 직접 체험한 그로서는 어떠한 협박과 고통을 감내하면서도 예수의 권능을 증거하지 않을 수 없었습니다.

실로 복음의 진리는 이세상 그 무엇에도 비길 수 없는 영원하고도 지고한 보화임에도 불구하고 성도들은 처음 눈뜬 때의 희열과 감격을 잃어 버리고 증인으로서의 사명에 소홀하지나 않은지 냉철하게 돌이켜 보아야 할 것입니다.

우리는 눈뜬 청년과 같이 받은 은혜와 사랑에 대해 증거하는 믿음을 가져야 합니다.

3. 경배하는 믿음입니다.

메시야를 만난 후에 그의 인격이 변하고, 그의 사상이 변하고 그의 인생관이 변하므로 "주여 내가 믿나이다" 하는 고백이 일어나지 않을 수 없었습니다.

이것은 그리스도의 말씀을 듣고 즉각적으로 응답한 신앙의 고백입니다. 이 청년은 이미 마음 속에 메시야를 믿고 있었으나 그가 누구인지를 확실히 몰랐기 때문에 그것을 확인하고자 했던 것입니다.

그러나 이 확인이 이루어지자 즉시 "주여 내가 믿나이다"라는 고백을 할 수 있었습니다. 이것은 체험있는 신앙의 고백이요 응답입니다.

그리고 예수님을 구주로 믿는 이 청년은 주님께 절하게 되었습니다. 이것은 경배하는 믿음을 의미하고 있습니다.

사람이 세상에서 사는 동안 자기가 잘못하여 당하는 고난이 있습니다. 이런 경우에는 반드시 회개해야 합니다. 그리고 믿음의 연단을 위해서 당하는 고난도 있습니다. 속히 믿음의 찌꺼기를 제거해야 합니다.

본문의 나면서부터 소경되었던 사람은 믿음을 고백하고 예수를 증거하다가 쫓겨나는 신세가 되었습니다. 즉 믿음 때문에, 예수 까닭에 쫓겨났습니다.

이때 예수님은 그를 다시 찾아 확인하면서 경배하게 하였습니다. 경배는 최고로 높이는 뜻입니다. 즉 예배하는 믿음을 가졌습니다. 신령한 마음과 진실한 마음으로 예배하는 자는 복이 있는 자입니다.

복이 되는 믿음은 소경으로 있다가 눈뜨게 되는 체험적인 믿음이 있어야 하고, 눈을 뜨게 된 사실을 증거하는 믿음이어야 하며, 눈을 뜨게 해 주신 분에게 그 사랑과 은혜가 감사하여 경배하는 믿음이 있어야 합니다.

우리는 영적 눈을 뜬 자로서 받은 사랑을 증거하고 베풀어 주신 은혜에 감사하여 더욱 큰 믿음으로 동방박사들처럼 경배하는 믿음을 갖는 성도들이 되시기를 바랍니다.

보다 나은 복
(잠 17:1-3)

세상에서 선한 행위로 칭찬을 받으며 사는 사람도 있고 옳지 못한 행위로 비난을 받는 사람도 있습니다. 선한 행위는 옳지 못한 행위보다 사회를 명랑하게 하고 자기에게도 보다 나은 복을 받는 일이 될 것입니다.

어느 사회나 어떤 공동체든지 분쟁을 일으키는 몇 사람으로 인하여 심각한 진통을 겪게됨을 목도하거나 직접 경험함으로써 우리는 그 해악에 대해 충분히 잘 알고 있습니다.

오늘날 우리의 가정에서도 교회 안에서도 사회 공동체 안에서도 이런 사람들이 있어서 거룩과 사랑이라는 화음이 깨어지고, 다툼과 싸움, 이익집단이라는 불협화음을 연주하게 되는 것을 볼 수 있습니다. 우리는 우리의 삶에서 보다 나은 복된 일이 무엇인가를 살펴보아야 하겠습니다.

1. 화목의 복을 누려야 합니다.

다윗은 "형제가 연합하여 동거함이 어찌 그리 선하고 아름다운고"라고
노래하면서 성전에 올라가곤 하였습니다(시 133:1). 즉 형제화목이 얼
마나 귀한 일인가를 생각게 하는 노래입니다. 그런 가정에는 직분의 복
과 재물의 복과 영생의 복이 덧붙여지는 것을 계속 설명하고 있습니다.
이처럼 화목은 재물보다 귀한 복입니다.

그래서 솔로몬은 본문에서 "마른 떡 한 조각만 있고도 화목하는 것이
육선의 집에 가득하고 다투는 것보다 낫다"고 하였습니다. 분명히 재산
보다 나은 것이 화목이라는 것을 가르쳐 줍니다. 주님도 "화평케 하는 자
는 복이 있나니 하나님의 아들이라 일컬음을 받는다"고 하셨습니다. 화
목이 보다 나은 복임을 아셔야 합니다.

사람들은 돈이면 다 되는 줄 알고 물질 중심적인 가치만을 가지고 사
는 때가 참으로 많이 있습니다. 돈이면 제일이고 돈 있는 사람은 우대
받고 돈 없는 사람은 천대받는 사회는 불공평한 것입니다. 돈 때문에 부
모 형제 간에 화목이 깨지고 사랑함이 없어지고 돈 때문에 이웃간에 아
름다운 관계가 깨지고 복잡하게 되는 경우가 참으로 많이 있습니다.

우리 믿는 성도들은 돈이나 물질보다 더 나은 복이 화목임을 아셔야
합니다. 화목이 깨질 원인들이 생활 주변에는 참으로 많이 있습니다. 그
러나 먼저 화목을 위해 힘쓰는 자가 되어야 합니다.

세인트루이스의 페레스트 동물원에서 있었던 일입니다. 이 동물원에
는 불굴의 백곰이 두 마리가 있었습니다. 그런데 도날드 카레이라는 13
세의 소년이 경고문도 아랑곳하지 않고 4피트나 되는 담을 뛰어 넘어 이
곰들이 있는 우리 속으로 들어가는 모험을 하였습니다. 여러 해 동안 이
동물원에서 자라온 곰이 소년을 움켜쥐고 굴 속으로 끌고 들어갔습니다.
그리고는 이빨로 물어뜯고 머리로 치받기 시작했습니다. 우리 밖에 서
있던 아이들의 아우성 소리에 달려온 관리인들이 서둘러 곰들을 달래며
소년을 구해 내왔습니다. 그래서 소년은 구사일생으로 목숨을 건졌습니

다. 후에 동물원의 수의사는 소년이 생명을 건질 수 있었던 유일한 원인은 15분 동안이나 거대한 동물에게 공격하지 않았기 때문이라고 했습니다.

위험한 위기 속에서도 먼저 화해적 태도를 가졌기에 무사했습니다.

2. 지혜의 복을 누려야 합니다.

여호와를 경외하는 것이 지혜의 근본입니다(잠 9:10). 그러므로 하나님을 경외하는 사람의 생활 속에 지혜가 나타나는 법입니다. 본문에 "슬기로운 종은 주인이 부끄러움을 끼치는 아들을 다스리겠고 또 그 아들들 중에서 유업을 나눠 얻으리라"고 하였습니다.

지혜가 얼마나 귀한 복인가 하는 것을 보여 주는 말씀입니다. 본래 종은 유업에 참여할 수 없지만 아들들과 함께 유업을 나눈다는 사실을 말씀해 주시기 때문입니다. 예수님께서 불의한 청지기가 장래를 준비하는 것을 보고 지혜롭다고 비유로 말씀하셨습니다. 즉 먼 장래를 바라보며 준비하는 것이 지혜롭다는 뜻입니다. 그러므로 지혜가 보다 나은 복입니다.

3. 연단의 복을 누려야 합니다.

베드로 사도는 연단의 귀함을 알고 가르쳐 주었습니다. 즉 "너희 믿음의 시련이 불로 연단하여도 없어질 금보다 더 귀하여 예수 그리스도의 나타나실 때에 칭찬과 영광과 존귀를 얻게 하려 함이라"고 하였습니다(벧전 1:7). 연단은 금보다 귀한 것이라는 교훈입니다.

욥도 "그가 나를 연단하신 후에는 내가 정금같이 나오리라"고 고백하였습니다(욥 23:10). 신앙생활에서 하나님의 연단의 귀중함을 보이는 말씀입니다.

본문에서도 "도가니는 은을, 풀무는 금을 연단하거니와 여호와는 마음을 연단하신다"는 것을 증거했습니다. 연단받은 사람이 쓸모 있듯이 연단받은 마음과 믿음이 제 구실을 합니다. 연단이 보다 나은 복이라 할 수 있습니다.

애굽에서 총리대신이 되었던 요셉도 많은 연단을 받은 후에 이루어진 것입니다. 연단받는 과정은 힘들고 어렵지만 하나님은 연단하신 후에 정금같이 나오도록 인도하여 주십니다.

우리 가운데 연단받는 성도가 있다면 소망을 가지고 인내합니다. 분명히 연단 후에 좋은 것으로 함께 하실 줄 믿습니다.

보다 나은 복은 화목의 복이요, 지혜의 복이요, 연단의 복입니다. 우리 온 성도들은 화목의 삶을 살고, 지혜롭게 살며 연단 후에 주실 은혜를 생각하여 고난의 삶을 잘 참고 견디시는 성도들이 되시길 바랍니다.

신자의 세 가지 덕
(롬 12:10-13)

덕이란 헬라어로 '아레테'로 그 의미는 우수성과 용기를 말하고 있습니다. 덕성은 최고의 정신적 아름다움이며 존재에 대한 사랑입니다.

덕은 의의 습관적인 감각이고, 의의 감각에 따라 행동하는 습관적인 용기이며, 친절한 동정과 악을 생각지 않는 사랑이 수반됩니다. 가장 높은 양심과 가장 높은 사랑의 결합을 의미합니다.

믿는 성도들은 신앙의 길을 걸어가면서 덕을 쌓아가야 합니다. 신앙만을 쌓으면 그것이 쉽게 무너질 수 있습니다. 그러므로 신앙이 무너지지 않고 튼튼하려면 덕을 함께 쌓아야 합니다.

사회생활에 있어서 가장 중요한 덕은 대인관계를 원만하게 하는 능력으로서의 덕이며, 대인관계에 있어서의 덕이란 인간적 갈등을 완화 내지 해소하는 것입니다. 그것의 근본은 구체적 상황에 알맞게 행동할 수 있는 분별력에 있습니다.

신자가 쌓아야 할 덕 중 세 가지 덕을 소개하면서 은혜를 나누고자 합니다.

1. 소망 중에 즐거워하며 살아야 합니다.

우리 성도들에게는 영광스럽고 빛나는 소망이 있으므로 항상 기뻐해야 할 것입니다.

십계명 중 제 2계명에 "나를 사랑하고 내 계명을 지키는 자에게는 아버지께서 은혜를 베풀어 천대까지 이르게 하리라"는 축복의 약속이 있고, 요한복음 14:14에 "내 이름으로 무엇이든지 내게 구하면 내가 시행하리라" 하신대로 하나님을 사랑하고 그 계명을 지키면 자손 대대로 복을 받는 소망이 있습니다.

세상 사람들은 죽으면 영결 종천하여 흙이 되고 물이 되고 썩어지면 그만으로 알고 절망합니다.

그러나 우리 믿는 사람은 세상을 마치는 시간, 천사들이 나사로를 받들어 아브라함 품으로 인도한 것과 같이(눅 16:22) 천사들이 하나님 나라로 인도할 것입니다. 거기서 주님이 누리는 천당의 무궁한 영생 복락을 누리며 주님 사업에 수고하고 충성한 공격을 따라 많은 상급과 면류관을 받게 될 것이므로 우리는 그 소망을 바라보고 항상 즐거워해야 할 것입니다.

2. 환난 중에 참으며 살아야 합니다.

옛날 석가모니는 생노병사의 4고가 있다고 하였지만 인간에게 우환질고, 시험환난이 없을 수가 없습니다. 그런데 본문 말씀은 "환난 중에 참으라"고 하였습니다.

물론 우리가 세상 우환과 재난 중에도 참고 견디어 나가야겠지만 여기서의 환난은 예수를 믿기 때문에 주님을 위하여 받는 시험, 핍박, 환난을 가리키는 것입니다.

바울 사도는 사도행전 14:22과 디모데후서 2:11, 야고보서 5:7-11
에서 모든 환난을 잘 참아서 많은 상급과 생명의 면류관을 받도록 하자
고 권면하고 있습니다.

3. 기도에 항상 힘쓰며 살아야 합니다.

누가복음 18:1에 예수님은 과부가 밤낮 간구하여 자기의 소원을 이루
었는데 "하물며 하나님께서 그 밤낮 부르짖는 택하신 자들의 원한을 풀
어주지 아니하시겠느냐"고 하셨습니다.

데살로니가전서 5:17에는 "쉬지 말고 기도하라"고 하였고, 사무엘은
"내가 기도 쉬는 죄를 범치 않겠다"(삼상 12:23)고 하였습니다. 기도는
영적 호흡이요 신앙의 생명입니다.

예수님은 사역을 시작하실 때 40일 간 금식기도 하셨고 새벽기도 하
시는 습관을 가지셨습니다(눅 22:39). 오병이어의 이적을 행하실 때나
보리떡 7개로 4천 명을 먹이는 이적을 행하실 때도 기도로 능력을 나타
내셨습니다.

이적을 행하신 후에도 산에 올라가 기도하시고(요 6:15), 12제자를
택하실 때와 변화산에서 형상이 변화할 때나 성전을 청결하게 하실 때도
철야기도 하셨습니다.

한나는 눈물의 간구로 사무엘을 얻었습니다. 솔로몬은 일천 번제를 드
리고 철야기도하여 전만고 후만고에 없는 큰 지혜를 얻었습니다.

히스기야왕은 통곡 기도로 15년의 생명은 연장받아 앗수르군사 18만
5천명을 멸살하여 나라를 구했으니 기도가 크면 은혜가 클 수밖에 없습
니다. 기도하며 살아가는 성도들이 되시기를 바랍니다.

4월

하나님께 합당한 삶

승리의 십자가
(마 27:45-54)

사람마다 패배하는 것은 싫어하고 승리하기를 좋아합니다. 패배는 수치요, 고난이요, 어려움이 따르기 때문이고 승리는 영광이요, 평안이며 축복이 되기 때문입니다.

우리는 해마다 그리스도의 고난을 생각하는 고난주간을 지키게 되며 그리스도의 십자가의 고난이 우리에게 생명을 주고 평안을 주며 구원을 주시는 은총임을 체험해야 할 것입니다.

예수님은 십자가 상에서 비참한 죽음을 당하셨습니다. 주님이 지신 십자가는 고난의 극치라고 할 수가 있을 것입니다. 그러나 이 십자가의 고난은 하나님의 뜻을 다 이룬 예수님의 생애의 최고 절정이요 승리의 표상이었습니다.

우리는 삶의 현장에서 십자가를 져야 할 경우들이 참으로 많이 있습니다. 그 십자가는 감당하기 힘들고 어렵습니다. 그러나 십자가의 고난 후에는 반드시 승리가 있고 영광이 있으며 여호와 하나님의 축복이 있습니다.

주님의 십자가는 영원한 승리의 깃발이 되었습니다. 왜냐하면 인류의 죄를 속량하여 주셨고, 구원의 길을 열어 놓으셨으며, 악당들마저도 예수님은 하나님의 아들이며 의인이라고 감탄하며 두려워하며 하나님께 영광을 돌렸기 때문입니다.

1. 주님의 십자가는 하나님의 뜻의 승리입니다.

하나님의 뜻은 하나님의 계시의 말씀인 성경에 명시되어 있습니다. 그것은 바로 인간을 죄에서 구원하여 영생을 얻게 하려는 것입니다.

인간은 범죄하며 타락하므로 하나님이 창조해 주신 하나님의 형상을 잃어버렸습니다. 그리하며 죄값으로 멸망할 수밖에 없는 그 자리에서 구원받게 된 것입니다. 아무리 해도 인간 스스로는 죄문제를 해결할 수 없기에 하나님께서 친히 인간 역사 속에 예수 그리스도를 보내셔서 십자가에 못박혀 죽으시게 함으로써 인간의 죄를 담당하여 주신 것입니다.

예수님은 신적 권능에 의해서 하나님의 뜻인 인간을 죄에서 구속하는 역사를 이루었으며 참사람으로 인간을 대신하여 모든 보장을, 그 십자가의 고난으로 다 담당하신 것입니다.

누가복음 22:42-43에서 보면 "아버지여 만일 아버지의 뜻이어든 이 잔을 내게서 옮기시옵소서. 그러나 내 원대로 마옵시고 아버지의 원대로 되기를 원하나이다 하시니 사자가 하늘로부터 예수께 나타나 그를 돕더라"고 하였습니다.

이 말씀에서 보면 예수님은 자신의 뜻을 버리시고 하나님이 원하는 뜻에 순종하여 그 아프고 고통스러운 십자가를 선택하게 된 것입니다. 그렇게 함으로써 우리 죄를 담당하셨습니다. 이 십자가는 하나님의 뜻의 승리요, 그 결과로 우리는 죄에서 구속함을 받아 구원을 얻는 하나님의 백성이 된 것입니다.

주님의 십자가는 하나님의 뜻의 승리입니다. 인간의 뜻이 아니고 마귀 권세의 뜻대로가 아니라 하나님의 뜻의 승리였습니다.

우리들도 실제의 삶 속에서 이것인가 아니면 저것인가를 선택해야 할 기로에 설 때가 있습니다. 그럴 때마다 겟세마네 동산에서 기도하신 예수님을 생각하며 비록 힘들고 어려워도 하나님의 뜻에 순종함으로 마침내 승리의 삶을 사시기를 바랍니다.

2. 주님의 십자가는 죄의 권세에서의 승리입니다.

본문 51절에서 보면 "이에 성소 휘장이 위로부터 아래까지 찢어져 둘이 되고 땅이 진동하며 바위가 터지고"라고 하였습니다. 예수님이 십자가 상에서 운명하시자 곧 지상에는 여러 가지 징조가 나타난 것입니다. 성소 휘장이 위로부터 아래까지 찢어진 것은 예수 그리스도의 속죄의 죽음으로 인하여 죄의 담이 헐어짐을 상징합니다.

그러므로 예수 그리스도의 십자가로 인해 죄인들이 하나님께 나아가는 새로운 길이 생기게 된 것입니다. 주님의 십자가 보혈의 능력은 죄 씻음 받은 후에 죄의 멍에에서 벗어나게 되며 새사람으로 살게 되는 것입니다. 주님의 십자가는 죄의 권세를 이기고 의의 역사를 이루는 능력이 되었습니다.

사랑하는 성도 여러분! 우리 모두 십자가로 가까이 나가서 주님의 보혈로 죄씻음 받을 뿐만 아니라 죄의 멍에를 벗어버리고, 죄의 권세에서 승리하는 새로운 삶을 이루시기 바랍니다.

3. 주님의 십자가는 사망에서의 승리입니다.

인간의 최대의 적은 죽음입니다. 그 죽음은 죄 때문에 왔으므로 누구도 죽음을 이기지 못합니다. 그러나 십자가는 죽음에서 끝이 난 것이 아닙니다. 그 죽음 너머에는 부활이 있었던 것입니다. 이는 모든 인간에게 사망에서의 승리를 보증하는 것입니다.

십자가에서 죽으신 예수 그리스도는 다시 승리와 영광의 주로 부활하였습니다. 이처럼 생명이 죽음을 이긴 것입니다. 사랑이 미움을 이긴 것입니다.

그러므로 우리는 십자가를 바라면서 죽음 너머에 영원한 생명이 있으며 승리가 있음을 확신하고 소망 중에, 주의 일에 더욱 힘쓰는 자들이 되어야 하겠습니다.

우리는 죄의 권세를 이기게 하시는 십자가의 능력을 따라 날마다 의와 거룩함에 매진하는 생활의 승리가 있기를 바랍니다. 예수 그리스도의 십자가의 승리는 믿음 안에서 바로 나의 승리요, 영광이요 축복이 되는 줄 믿습니다.

부활하신 주님을 만납시다
(요 20:1-18)

우리의 구주되시는 예수님께서 죽음과 죄악의 사슬을 끊고 부활하셨습니다. 이 기쁜 소식이 우리 성도들 마음에 전해지기를 바랍니다.

주님의 부활은 승리의 부활이었습니다. 죽음에 대한 생명의 승리요, 악에 대한 선의 승리이며, 갈등에 대한 화평의 승리였습니다. 우리 주님이 주시는 승리의 선물을 받으시는 성도들이 되시기를 바랍니다.

성지 예루살렘에서는 고난주간이 되면 각 나라에서 수천 명의 그리스도인들이 몰려와서 십자가를 지고 주님이 걸어가신 발자국을 따라 행진하는 행사를 다양하게 갖는다고 합니다.

미국에서는 부활절 예배 때 과거에 입은 옷을 모두 벗어버리고 새 옷을 입고 예배를 드린다고 합니다. 그러나 한국에서는 고난주간에 금식하고 철야기도하며 부활절 새벽에는 각 도시를 따라 전 교회가 연합으로 예배 드리고 낮예배에는 흰옷을 입고 교회에 나아가 예배 드리는 것이 특색입니다.

부활이란 말을 희랍어로 '아나스타시스'라고 해서 "일어나라"는 뜻을 가지고 있습니다. 부활절은 봄바람과 함께 만물이 소생해서 일어나는 것과 같이 모든 침체 상태에 있던 우리의 심령을 다시 한번 일으키는 계절입니다.

그러므로 사랑하는 성도 여러분, 이 부활예배를 통하여 절망에서 소망으로 일어나시기 바랍니다. 또한 슬픔에서 기쁨으로 일어나시며, 불안과 공포에서 평안함으로 일어나시고, 질병에서 건강으로 일어나시고, 죽음에서는 생명으로 일어나시는 은혜의 역사가 일어나시기를 축원합니다. 사망 권세를 이기시고 부활하신 주님을 만나시는 부활절이 되시기를 바랍니다.

1. 부활절은 슬픔을 기쁨으로 바꾸어 주는 명절입니다.

주님이 무덤 속에 장사되므로 주님을 따르던 모든 사람들은 슬픔에 빠져 있었습니다. 메시야 되신 주께서 십자가에 달려 죽으시고 무덤에 장사지낸 바 되었으니 어찌 슬프지 아니했겠습니까?

그러나 무덤 속에 장사지낸 바 된 예수님이 다시 살아나셨다는 것은 놀라운 사건이며 슬픔에 잠긴 자들에게 기쁨과 즐거움을 주는 사건이었습니다.

이 부활주일은 완전한 절망에서 영원한 소망을 일으킨 축복된 축제의 날입니다. 그러므로 그리스도인의 얼굴과 생활 속에는 언제나 부활의 주님이 주시는 기쁨의 희색이 만연해야 합니다.

스데반 집사는 성령충만, 믿음충만, 은혜충만하여 복음전파하다가 부활 승천하신 예수님이 하나님 우편에서 계심을 바라보았습니다. 그래서 박해를 받아 돌에 맞아 죽으면서도 그의 얼굴은 광채가 났고 천사와 같이 된 모습으로 기도하면서 주님의 부르심을 받았습니다.

성도 여러분, 부활의 주님을 만난 스데반처럼 천사의 얼굴로 기쁨과 즐거움이 충만하시기를 바랍니다.

여러분! 사람이 진정한 기쁨과 행복은 그의 얼굴과 태도에 잘 나타나고 있습니다. 우리도 이 부활의 주님을 만나 여러 가지 염려와 절망에서, 슬픔의 무덤에서 벌떡 일어나는 '아나스타시스'의 경험이 있어지기를 주의 이름으로 축원합니다.

2. 부활절은 공포의 무덤에서 일어나 평강을 선물로 받는 명절입니다.

현대를 한 마디로 표현하면 불안과 불신의 밤과 같은 시대라고 말할 수 있습니다. 하루 세 끼의 식사할 겨를도 없이 열심히 뛰면서 일하면서도 불안과 공포와 허무와 허탈감에서 벗어나지 못하고 있는 것이 특징입니다.

사람과 사람 사이에 나타나는 갈등문제로 불안해 하고 괴로워 하며 살고 있습니다. 사람과 사람이 서로 만나는 것이 부담스럽고 두려움을 갖게 되는 경우가 많습니다. 그러기에 현대인의 최고의 욕구는 평안입니다.

우리의 구세주가 되시는 예수님은 우리에게 이 평안함을 주시기 위해서 무덤을 헤치고 부활하셨습니다.

"평안을 너희에게 끼치노니 곧 나의 평안을 너희에게 주노라. 내가 너희에게 주는 것은 세상이 주는 것 같지 아니하니라. 너희는 마음에 근심도 말고 두려워 하지도 말라"(요 14:27)고 말씀하셨습니다.

그러므로 땅 위에 사는 모든 사람들은 죽음의 권세를 이기시고 부활하신 예수 그리스도를 내 마음에 모시는 것만이 마음의 불안과 공포를 몰아내고 갈망하는 평안을 소유하는 길입니다.

성도 여러분, 공포의 무덤에서 떨고 있는 사람이 있습니까? 부활의 주님을 마음에 모시기를 바랍니다. 주께서 참된 평안과 위로를 주실 것입니다.

3. 부활절은 적의 사망의 권세를 깨뜨리고 의와 생명으로 승리케 하는 영광의 명절입니다.

근래에 기독교인들의 신앙상태는 마치 에스겔 선지자의 환상 가운데 나타나는 마른 뼈가 가득한 골짜기와도 같은 느낌입니다.

좀더 솔직히 말해서 현대판 그리스도인들 중에는 그 본래의 권위도 상실해 버렸습니다. 그래서 이땅 위에 바른 성도의 이미지도 심어 주지 못하고 무능과 무기력함을 주는 마치 에스겔 골짜기에 해골 뼈와 같은 상태라고 할 수 있습니다.

이제부터라도 그리스도인들은 사망의 권세를 깨뜨리고 생명으로 승리케 하는 능력을 힘입고 일어나야 할 때입니다. 에스겔서의 환상과 같이 뼈가 서로 연결되고 뼈에 힘줄이 생기고 살이 오르고 가죽이 덮이고 생기가 그들에게 들어가 살아 일어나서 큰 군대를 이루는 역사가 이 부활절을 계기로 해서 일어나기를 축원합니다.

부활절은 절망에서 소망으로, 슬픔에서 기쁨으로, 죽음에서 생명으로, 불안과 공포에서 평안으로 부활하는 절기입니다. 우리는 부활절을 맞아 옛사람을 벗어버리고 새사람을 입어야 합니다.

고린도후서 5:17에서 "그런즉 누구든지 그리스도 안에 있으면 새로운 피조물이라. 이전 것은 지나갔으니 보라 새것이 되었도다"라고 했습니다. 부활의 주님을 만난 성도 여러분 되시기를 바랍니다.

하나님께 합당한 삶
(요삼 1:5-8)

사람이 살아가는 인생 여정에서 서로의 마음에 꼭 맞게 살아간다는 것은 굉장히 어려운 일이 아닐 수 없습니다. 더욱이 하나님께 합당한 삶을 살아간다는 것 또한 어려운 일이라고 생각합니다.

성도가 하나님께 합당하게 사는 삶이 무엇인가를 말씀드리며 은혜를 나누고자 합니다.

1. 사랑받는 삶입니다.

초대 예루살렘 교회의 일곱 집사 중에는 스데반과 빌립과 같이 사랑과 존경을 받는 경우도 있었지만 니골라처럼 미움을 받는 집사도 있었습니다. 스데반은 "면류관"이라는 뜻으로 일곱 집사 중의 우두머리였습니다. 그는 성령과 지혜가 충만하여 칭찬듣는 사람이었고 주를 위해 순교한 사람입니다.

빌립은 "말을 사랑하는 자"라는 뜻으로 일곱 집사의 제 2인자였습니다. 스데반이 순교한 후 사마리아의 에디오피아 사람을 전도한 주인공으로 전도에 열심인 사람이고 그의 네 딸도 모두 교회에 봉사하는 예언자들이었습니다. 그리하여 스데반과 빌립은 초대 예루살렘 교회에서 사랑과 존경을 받는 사람들이었습니다.

그러나 니골라는 유대교에서 개종한 안디옥 사람으로 그가 배교한 후 소아시아 지방의 이단 니골라당(계 2:6, 15)의 시조가 되었는데, 그는 모든 사람에게 미움을 받는 인물이었습니다.

본문에 나오는 가이오는 섬기고 있는 교회에서 사도 요한의 지극한 사랑을 받았지만 디오드레베는 미움을 받았습니다. 가이오는 교회 봉사에 헌신적이었고, 진리 안에 행하는 삶을 살았으며 나그네된 자들을 잘 돌보는 믿음의 사람이었습니다. 그리하여 사랑받는 삶을 살았습니다.

디오드레베는 자기가 봉사하지 않을 뿐만 아니라 봉사하는 성도에게 온갖 구박을 다하였습니다. 그는 으뜸이 되기를 좋아하고, 주의 종들을 영접하지 아니하고, 망령되이 평론하고 선한 일을 금하는 자였습니다. 그리하여 미움 받는 삶을 살았습니다.

가이오의 삶이 하나님께 합당하게 사는 삶이었습니다. 이 삶이 교회의 사랑과 주님의 사랑을 받는 삶입니다. 우리 성도들은 이처럼 사랑 받는 삶을 살아야 합니다.

2. 신실한 삶입니다.

본문에서 신실하다는 말씀은 믿음이라는 말과 뿌리를 같이 합니다. 그러므로 신실한 삶이란 믿음으로 산다는 뜻입니다. 사도 요한은 가이오의 삶에 대하여 "사랑하는 자여 네가 무엇이든지 형제 곧 나그네된 자들에게 행하는 것이 신실한 일이니"라고 기록하였습니다.

나그네된 자들이란 순회 전도자를 의미합니다. 그 순회 전도자들을 극진히 대접한 가이오의 행위는 믿음으로 한 일이었다는 뜻입니다.

그런데 디오드레는 으뜸 되기만을 좋아하였을 뿐 전혀 믿음의 향기조차 없는 사람이었고 자기 이름만 내려고 하였습니다. 다시 말하면 철저하게 불신앙적이었습니다. 그러나 가이오는 신실했습니다. 이것이 하나님께 합당한 삶입니다. 믿음으로 하지 아니하는 모든 것은 죄이기 때문입니다.

가고 오는 세월 속에서 하나님은 신실한 삶을 사는 자를 귀히 여기시고 그를 통해 위대한 역사를 이루어 가십니다.

요셉은 신실한 사람이었습니다. 보디발의 집으로 팔려가서도 신실한 삶을 살았고, 누명을 쓰고 옥중에 갇힌 뒤에도 신실하게 살았습니다. 그리하여 이후에 애굽의 총리 대신까지 되는 영광을 받았습니다. 신실한 삶을 사는 일은 하나님께 합당한 삶을 사는 것입니다.

3. 참여하는 삶입니다.

성도가 주의 일에 참여하는 경우 직접적으로 일할 때가 있고 후원하므로 간접적으로 일할 때가 있습니다. 가령 순회 전도자들은 누구의 후원도 없이 방방곡곡을 다니면서 전도하였습니다. 그러나 가이오는 교회생활과 봉사를 충실히 하면서 순회 전도자들을 적극적으로 도왔습니다.

"이러므로 우리가 이같은 자들을 영접하는 것이 마땅하니 이는 우리로 진리를 위하여 함께 수고하는 자가 되게 하려 함이니라"는 말씀이 곧 이런 뜻입니다(8절).

즉 가이오는 순회 전도자들에 대한 도움을 빚 갚는 일로 여겼습니다.

그래서 가이오는 주의 일에 직간접으로 참여하였습니다. 이것이 하나님께 합당한 삶입니다. 성도는 하나님께 합당한 삶을 살아야 합니다.

합당하게 사는 삶은 주의 일에 참여하는 삶을 사는 것입니다. 모이는 일에 열심히 참여하고, 전도하는 일에 성실히 참여하고, 헌금하는 일에 정성껏 참여하고, 봉사하는 일에 신실하게 참여해야 합니다.

참여하는 자들은 수고와 희생을 아끼지 않습니다. 또 참여하는 다른 자들의 수고를 이해하고 알아줍니다.

교만한 자들은 참여하는 일을 등한히 하고 아무것도 알지 못하므로 망령되이 평론하여 선한 일을 금합니다. 말을 퍼뜨리고 다니는 사람들입니다. 일하는 대신 일만 만드는 사람들, 악한 일을 도모하는 사람들입니다.

하나님께 합당한 삶을 사는 자들은 주의 이름을 위하여 직간접으로 물심양면으로 참여하므로 열심히 봉사하는 자들입니다.

누가복음 10:29-37에 나오는 선한 사마리아 사람은 물심양면으로 강도 만난 자의 선한 이웃으로 봉사하고 사랑을 실천하였습니다. 제사장 레위인은 강도 만난 사람을 구원하는 일에 그냥 지나쳐 버리고 말았습니다.

이는 자기만 아는 이기주의적인 삶을 살았기 때문입니다. 그러나 선한 사마리아 사람은 강도 만난 자를 구원하기 위해 참여하였습니다.

이것은 이타주의적인 삶을 살았기 때문에 자신의 위험이나 불편함을 생각지 않고 강도 만난 자만 생각했습니다. 선한 사마리아인은 강도 만난 사람을 보자 불쌍히 여기고 치료를 해준 뒤 자신의 돈으로 치료 비용까지 부담하였습니다. 그리고 돈이 더 들 경우 자신이 그것까지 부담하겠다고 하였습니다. 그는 실로 최선을 다하는 진정한 사랑을 실천하였습니다. 이러한 사랑의 실천자가 바로 참된 그리스도인이요 하나님께 합당한 삶을 사는 사람입니다.

여호와의 군대장관
(수 5:13-6:5)

이스라엘 백성들이 애굽을 떠나 가나안 땅으로 향하여 가던 중 첫 시련이 홍해를 건너가는 일이었고 최후에는 요단강을 건너가야 했습니다.

역사적인 요단강 도하작전이 성공리에 끝났습니다. 여호수아는 각 지파 대표들에게 요단 강물이 마른 제일 깊은 밑바닥에서 돌 열 둘을 취하게 하고 그것을 어깨에 메어 오게 하였습니다. 그리고 언약궤를 멘 제사장들이 섰던 곳에 돌 열둘을 세워 요단강 도하를 기념하게 했습니다.

저들은 처음으로 길갈에 진을 쳤습니다. 그리고 길갈에서 할례를 행했고 그리고 거기서 유월절을 지켰습니다. 40년 간 광야교회의 주식인 만나가 그치고, 그 땅에서 나는 소산물을 먹게 되었습니다. 실로 감격적인 순간이고, 역사적인 장면이었습니다.

이제 여호수아와 그 백성들은 가나안 입성에서 첫 도전을 받게 되는 여리고 성 앞에 서게 됩니다. 이미 여리고는 이스라엘 자손들로 인하여 굳게 닫혔습니다. 저들은 하나님을 믿지 않고 저들이 쌓은 견고한 성을 믿었습니다.

여리고 성과의 격전을 앞에 둔 여호수아는 여리고성의 정황을 보기 위하여 홀로 그 성 앞에 접근하고 있을 그때였습니다.

여호수아가 눈을 들어 본즉 한 사람이 칼을 빼어들고 여호수아의 길을 막고 마주 대하여 섰습니다. 놀란 여호수아는 "당신이 누구입니까? 우리 편입니까? 우리의 대적입니까?" 하는 화급한 질문을 하게 된 것입니다. 그때 그앞에 나타난 정체불명의 무장한 사람이 "나는 여호와의 군대장관으로 이제 왔다"고 대답했습니다.

이때 여호수아는 그 앞에 엎드려 경배하고 "주여 종에게 무슨 말씀을 하려 하십니까?"라고 했습니다. 여호와의 군대장관은 여호수아에게 "네 신을 벗으라 네가 선 곳은 거룩하니라"고 했습니다. 여호수아는 그 군대장관 앞에서 신을 벗고 엎드려 하명을 기다렸습니다.

여호와의 군대장관! 그는 바로 구원자 예수 그리스도 자신이었습니다. 그는 이스라엘을 애굽에서 구원하는 홍해 작전에서도 선봉장으로 나타나셨고(출 14:19), 여리고 성 전투에 직접 나타나서 대신 싸워 주신다는 사실은 모세를 통하여 벌써 예언되었습니다(출 23:20, 23).

1. 여호와의 군대장관은 여리고 함락작전을 계시하신 분입니다.

본문 6장 2절에 "여호와께서 여호수아에게 이르시되 보라 내가 여리고와 그 왕과 용사들을 네 손에 붙였다"고 하였습니다. 그리고 여리고 성 함락작전을 계시했습니다. 이스라엘 모든 군대는 여리고 성 주위를 매일 한 번씩 엿새 동안 돌았습니다(6:3).

제 칠일에는 성을 일곱 번 돌고, 제사장들은 나팔을 불면서 돌라고 했습니다(6:4). 법궤를 앞세우고 그것을 중심으로 질서 정연하고 규모있게 돌라고 하였습니다.

양각 나팔을 붙잡은 일곱 제사장들은 법궤 앞서 선행하고, 그 다음에 법궤가 행진하고 또 앞에 무장한 군인들이 행진하고, 법궤 뒤에 후군이 따를 것이라고 했습니다(6:4-9, 13).

마지막 일곱째날 일곱 번 또는 마지막 순간에 백성들은 크게 함성을 지를 것이라고 하였습니다(6:5). 그리하면 여리고 성이 무너질 것이라고 계시하였습니다.

이것은 "여호와의 군대장관"으로 나타내신 예수 그리스도 자신께서 그 앞에 무릎을 꿇고 있는 여호수아에게 내린 여리고성 함락의 작전 지시였습니다. 실로 쾌보요 승전의 복음이었습니다.

우리 중에 여리고성과 같은 어려운 문제가 있는 분이 있습니까? 여호와의 군대장관이신 예수 그리스도의 말씀대로 순종할 때 영적 여리고성은 무너지고 승리하게 될 것입니다.

2. 여호와의 군대장관은 백성들의 순종을 요구하신 분입니다.

이제 여호수아는 백성들 앞에 섰습니다. 그리고 그가 "여호와의 군대장관"으로부터 받은 여리고성 함락 작전지시를 정확하게 전달했습니다. 그리고 백성들은 정확하게 그 지시대로 준행했습니다.

저 백성들은 요단강 도하작전에서 이미 순종의 재미를 맛본 자들이었습니다. 아무런 이의나 불평없이 그대로 믿고 따랐습니다.

우리들은 여리고 성 함락작전에 나타난 계시와 백성들의 순종 행위에서 중대한 몇 가지 교훈을 받게 됩니다.

첫째, 질서와 규모있는 신앙훈련을 배우게 됩니다.

먼저 여호와의 말씀이 있었습니다(6:1-5). 여호수아의 정확한 메시지 전달이 있었습니다(6:6-7). 그리고 백성들의 순종이 따랐습니다

(6:8-20).

바로 오늘 교회운동의 원리를 보여주는 진리입니다. 교회는 절대 계시인 성경 중심이어야 합니다. 그 계시를 선포하는 지도자가 있어야 합니다. 그리고 순종하고 따르는 백성이 있어야 합니다. 그 때 축복의 기적이 쏟아집니다.

둘째, 절대 순종, 완전 순종을 보여줍니다.

일곱 날 동안 도는 것입니다. 엿새 동안은 매일 한 바퀴씩만 돌고 일곱째 날에는 일곱 번 도는 것입니다.

성경에 나타난 "일곱"은 하나님께 속한 완전을 나타내는 것입니다. 하나님의 완전한 전지, 완전한 전능을 나타내는 말입니다. 하나님께 대한 인간의 완전 순종, 절대 순종을 나타내는 말입니다. 처음부터 끝까지 날 때부터 죽을 때까지 절대순종, 완전 순종을 요구하는 뜻입니다.

셋째, 고요하게 돌고, 일곱째 날에는 나팔을 불고 돌았습니다.

이것은 신자가 주님의 일을 함에 있어서 고요히 기다리며, 침착하게 따라가는 행위를 가리킵니다. "침묵의 행진"이야말로 실로 무섭고 강한 행진입니다. 여리고 성 사람들이 장면을 보고 얼마나 긴장했겠습니까?

또 일곱째 날에는 나팔을 불고, 마지막에는 함성을 질렀습니다. 바로 이것은 하나님의 능력을 선포하는 행위를 나타냅니다.

넷째, 하나님께서 이스라엘을 연단하며 달아보는 기간입니다.

하나님은 "여리고 성이 무너짐"을 크게 보거나 어렵게 생각하신 것은 아닙니다. 오히려 이스라엘의 "마음의 성"이 하나님께 잘 열려지는가를 시험하고 연단하신 것입니다. 연단하며 달아보는 기간 동안 믿음으로 인내하며 나아갈 때에 하나님은 연단 후에 귀히 쓰십니다.

3. 여호와의 군대장관은 기적을 행하신 분입니다.

6장 20절에 "이에 백성은 외치고 제사장들은 나팔을 불매 백성이 나팔 소리를 듣는 동시에 크게 소리 질러 외치니 성벽이 무너져 내린지라"고 했습니다. 이것은 완전히 하나님 자신이 행하신 기적입니다. "여호와의 군대 장관"이 친히 그 백성보다 앞서 행하여 그의 전능하신 능력으로 성을 무너뜨린 것입니다.

사랑하는 성도 여러분! 히브리서 11장 30절에는 이 사실을 가리켜 믿음으로 칠일 동안 여리고를 두루 다니매 성이 무너졌다고 했습니다.

우리는 하나님을 믿는 자요, 예수 그리스도를 믿는 자들입니다. 하나님은 여러 시대, 여러 모양으로 자기를 계시하였습니다.

그 분은 출애굽 작전에 여호와의 사자로 나타나고, 여리고 성 함락 작전에 여호와의 군대장관으로 나타났습니다. 그리고 심판과 구원의 작전을 성공리에 진행시켰습니다. 그분이 나타난 역사의 현장마다 기적이 나타났습니다.

이 모든 날 마지막에 "하나님의 아들"은 우리에게 나타났습니다. 그리하여 여리고 성이 아닌 "죄와 사망의 성"을 자신의 십자가와 부활로 무너뜨렸습니다. 우리는 이 사실을 믿습니다. 이 믿음은 바로 그의 기적을 믿는 믿음입니다. 그가 행하신 일은 모두가 기적이요, 이적 뿐입니다.

이제 우리는 광야교회 운동의 마지막 시점에 이르고 있습니다. 그것은 마치 가나안 경내에 우뚝 솟아 도전하는 여리고 성처럼, 역사의 마지막 코스에 세상이라고 하는 큰 성이 우리 천국 입문의 마지막에 굳게 문을 닫고 도전하고 있습니다. 그러나 교회는 계속해서 여리고 성을 행진해야 합니다. 바로 전도운동과 선교운동의 행진입니다.

우리의 복음선포 행진이 끝나면 주님 자신이 친히 역사의 현장에 재림하실 것입니다.

성도의 교제
(살전 2:17-20)

마음을 다스리는 법 가운데 다음과 같은 말이 있습니다.

"복은 검소함에서 생기고, 덕은 겸양에서 생기며, 지혜는 고요히 생각하는 데서 생기느니라. 근심은 애욕에서 생기고, 물욕에서 생기며 허물은 경망에서 생기고, 죄는 참지 못하는 데서 생기느니라."

인간 세계 속에서 살면서 그리스도의 부르심을 받아 믿음 안에서 한 형제요 자매가 된 성도들끼리는 아름다운 교제가 이루어져야 천국의 삶을 누릴 수 있습니다. 천국의 삶을 사는 성도의 교제는 어떠해야 하는가를 말씀드리고자 합니다.

1. 사랑의 교제이어야 합니다.

사도신경을 통해서 성도가 서로 교통하는 것을 믿는다고 우리는 확신하며 고백합니다. 여기에서 교통은 교제를 의미합니다. 바울 사도가 제

2차 전도여행 때 마게도냐의 수도인 데살로니가에 이르렀습니다. 그리고 세 안식일에 걸쳐 예수가 그리스도이심을 성경으로 증거하였습니다.

경건한 헬라인의 큰 무리가 바울의 권함을 받고 예수를 믿었습니다. 경건한 헬라인이란 이미 유대교로 개종했던 헬라인을 가리킵니다. 그들이 다시 기독교로 개종하게 된 것입니다. 이때 바울은 유대인의 핍박으로 데살로니가를 떠납니다. 이런 상황이었기에 바울은 데살로니가 교인들이 너무너무 보고 싶었습니다.

사랑은 자꾸 보고 싶어 합니다. 헤어지면 또 보고 싶어합니다. 이것은 교회 사랑을 의미하기도 합니다. 성도 간의 교제는 사랑의 교제이어야 합니다.

바울은 데살로니가 교회를 잠시 떠나 있는 동안 그의 사랑의 열정은 "잠시 너희를 떠난 것은 얼굴이요 마음은 아니니 너희 얼굴 보기를 열정으로 더욱 힘썼노라"고 고백하고 있습니다. 얼굴은 헤어져 있었으나 마음은 아니었습니다.

사랑의 교제는 헤어져 있어도 또 보고 싶고 만나고 싶고 마음 속에 항상 간직된 마음입니다.

18절에 보면 보고 싶지만 만나지 못하는 장벽이 있었습니다. "사탄이 우리를 막았도다"라고 했습니다. 바울이 데살로니가에서 핍박이 심하여 더 유할 수 없었으므로 급히 떠나 베뢰아로 갔던 것입니다.

바울은 그후 데살로니가로 가고자 여러 번 계획을 세웠습니다. 그러나 그때마다 방해하는 요소들 때문에 가지 못했습니다. 사랑의 교제의 하나님의 사역에는 방해가 따르나 악을 선으로 바꾸시는 하나님의 능력으로 이겨내야 합니다.

사랑하는 성도 여러분, 사랑의 교제로써 아름다운 교회를 이루어가야 하겠습니다. 마음으로 뜨겁게 사랑하는 교제로 이루어진 사랑의 공동체가 되는 제단이 될 수 있기를 바랍니다.

2. 영적인 교제이어야 합니다.

믿지 않는 사람들의 세속적인 교제는 패거리만을 만들 뿐입니다. 교회라는 공동체 안에 패거리라는 사조직은 백해무익할 뿐입니다. 사탄은 이런 패거리를 만드는 세속적인 교제를 열심히 조장합니다.

고향 사람들이기 때문에 하나가 되고 내 고향이 아니면 거부반응이 나타납니다. 학맥, 인맥, 지맥에 따라 하나가 되어 세속적인 교제를 하며 교회 안에서 신령한 일을 방해하게 되는 경우들이 있습니다.

성도의 교제는 너와 나 사이에 신령한 영적인 교제를 이루어야 합니다. 신령한 영적 교제는 서로 기도해 주는 것입니다. 성도 간에 거룩한 입맞춤인 기도로 교통해야 합니다. 영적인 교제는 성도의 믿음을 풍성하게 하고 교회를 부흥시키고 하나님 나라를 확장시키는 열매를 맺기 때문입니다.

본문에서도 바울이 여러 차례 데살로니가 교회를 방문하고자 했으나 사탄이 그 길을 막았다고 밝힙니다. 바울이 가는 곳에 영적인 교제가 이루어지기 때문입니다. 사탄은 유대인들을 부추켜 이런 일을 자행하려 하였습니다. 그럼에도 불구하고 우리는 영적인 교제에 힘써야 합니다.

즉 사탄이 막을수록 신령한 모임에 힘써야 합니다. 서로 위하여 기도해 주는 영적인 교제가 넘치는 교회가 될 수 있기를 바랍니다.

3. 성도의 교제는 자랑의 교제이어야 합니다.

어떤 모임에서든지 제 자랑 하는 것은 듣는 이에게 역겨움을 줍니다. 자기 자랑은 절대로 금할 일입니다. 자화자찬은 결코 바람직하지 않기 때문입니다. 그러나 모임에서 너에 대한 자랑은 귀합니다. 너에 대한 자

■■■
다이나믹 설교뱅크

랑 혹은 칭찬이 너를 교만케 한다면 그 자랑은 오히려 화근이 됩니다.

그리고 너를 자랑하거나 혹은 칭찬해 주는 사람이 그 칭찬을 통해 자기 유익을 계산한다면 그것은 아부가 됩니다. 그것도 금할 일입니다. 칭찬하고 자랑할 만한 것은 사심없이 해야 합니다. 여기에서 좋은 교제가 이루어지기 때문입니다.

바울은 본문에서 데살로니가 교회를 한껏 자랑했습니다. "우리의 소망이나 기쁨이나 자랑의 면류관이 무엇이냐 그의 강림하실 때 우리 주 예수 앞에 너희가 아니냐"고 자랑했습니다.

교회자랑은 할수록 좋습니다. 교회 비방은 사탄의 공작일 뿐입니다. 그러므로 성도는 열심히 교회자랑을 해야 합니다. 목사님 자랑, 장로님 자랑, 권사님 자랑, 집사님 자랑으로 아름다운 성도의 교제가 이루어져야 합니다.

바울은 데살로니가 교인들을 향해 "너희는 우리의 영광이요 기쁨이니라"고 자랑했습니다. 자랑의 교제가 있는 교회는 아름다운 교회요, 부흥할 수 있는 교회이며, 하나님이 기뻐하시는 교회가 될 수 있습니다.

5월

어머니의 사랑

어린이를 선대하라
(막 10:13-16)

오월은 가정의 달입니다. 가정은 인류 역사의 시작이며 가정은 인류 역사의 완성입니다. 그러므로 가정은 역사의 핵입니다.

오늘은 어린이 주일입니다. 어린이는 가정의 꽃이요 겨레의 희망이며 나라의 장래 기둥들입니다. 이렇게 귀한 어린이들이 예수님이 오시기 전에는 구약시대를 보더라도 언제나 사람 대접을 못받고 자랐습니다. 수효를 셀 때도 여자와 아이 외에 몇 명이라고 하였고, 예루살렘 성전으로 예배 드리러 갈 때도 어린이는 제외를 당하였습니다. 그러므로 예수님도 12세에 처음으로 유월절 제사를 드리셨습니다.

그러나 예수님께서 오신 후 부터는 어린이들을 인정해 주시고 선대해 주시었습니다. 예수님은 "너희가 어린 아이와 같이 되지 아니하면 천국에 들어갈 수 없느니라. 어린 아이와 같이 자기를 낮추는 자가 천국에서 큰 자니라 어린 소자 하나를 실족케 하는 자는 차라리 연자 맷돌을 그 목에 매고 깊은 바다에 빠뜨리우는 것이 나으니라 어린 소자 중에 하나도 업신여기지 말라 저희 천사들이 하늘에 계신 내 아버지의 얼굴을 항상 뵈옵느니라"고 말씀하였습니다.

그러면 어떻게 선대할까 생각하며 은혜를 나누고자 합니다.

1. 어린이를 사랑으로 영접해야 합니다.

"또 누구든지 내 이름으로 이런 어린 아이 하나를 영접하면 곧 나를 영접함이니"(마 18:5)라고 했습니다. 세상에서 가장 귀하신 분이 예수님이신데 그 귀하신 예수님을 영접할 수 있는 길이 있습니다. 그것은 어린 심령을 잘 영접하는 것입니다.

어린이를 영접하는 것은 곧 주님을 영접하는 것입니다. 어린이를 사랑으로 영접하는 길은 어린이를 예수님께로 데리고 오는 것입니다.

마태복음 19:13-15에 보면 "때에 사람들이 예수의 안수하고 기도하심을 바라고 어린 아이들을 데리고 오매 제자들이 꾸짖거늘 예수께서 가라사대 어린 아이들을 용납하고 내게 오는 것을 금하지 말라. 천국이 이런 자의 것이니라 하시고 저희 위에 안수하시고 거기서 떠나시니라"고 했습니다.

제자들은 어린이를 배척하고 멸시하였으나 예수님은 용납하고 금하지 말라 하시고 데려오도록 하셨다. 그러므로 예수님께 데리고 오는 것이 어린 이를 영접하는 것입니다.

2. 어린이를 믿음으로 양육해야 합니다.

"이는 네 속에 거짓이 없는 믿음을 생각함이라. 네 외조모 로이스와 네 어머니 유니게 속에 있더니 네 속에도 있는 줄 확신하노라"(딤후 1:5)고

하였습니다.

이 말씀 중에 '속에'라는 말에 유의해야 합니다. 로이스 속에 있던 믿음이 유니게 속에 상속되었고, 그 믿음이 아들 디모데에게 상속되었던 것입니다. 사랑하는 자녀에게 믿음을 상속하는 신성한 의무를 다했던 것입니다.

그러면 그 믿음은 어떠한 믿음이었을까요?

신명기 6장 4-5절에 보면 "들으라 이스라엘아 우리 하나님 여호와는 오직 하나인 여호와시니 너는 마음을 다하고 성품을 다하고 힘을 다하여 네 하나님 여호와를 사랑하라"고 하였습니다.

이스라엘 사람들은 유일신 하나님, 창조주 하나님을 믿었습니다. 이 믿음이 속에 있으면 마음이 달라집니다. 얼굴이 달라집니다. 경건한 마음으로 성실한 인격으로 진실하게 살아갑니다. 하나님의 자녀로 행복하게 살아가게 됩니다.

이 귀한 믿음을 사랑하는 자녀들 속에 심어 주어야 합니다. "세살 버릇이 여든까지 간다"는 우리 속담처럼 어린 자녀들에게 하나님 말씀을 심어 주는 일이야말로 그들의 일생을 좌우하는 가치있는 일입니다.

그러므로 단순히 교회 교육에만 의존할 것이 아니라 유대인의 쉐마(신 6:4-5)처럼 가정에서 신앙 교육의 사명을 다해야 합니다.

3. 선한 행실로 본을 보여 주어야 합니다.

어른들이 잘못 본을 보여 범죄케 하지 말아야 합니다. 후배들은 선배들이 하는 것을 묵묵히 보면서 자연적으로 배우게 됩니다. 그러므로 저들에게 좋은 믿음의 본과 선한 행실로 본을 보여 주어야 합니다.

어른들이 주일을 범하면 아이들도 그렇게 알고 따라갈 것이고 철저하게 지키면 그들도 철저히 지킬 줄 압니다. 어른들이 십일조 신앙생활을 잘하면 그 자녀들도 잘 따라 합니다. 부모들이 목회자 대접과 손님 대접하기를 힘쓰는 가정에서 자라난 자녀들은 부모의 본을 받아 잘 대접하는 것을 알 수 있습니다.

어린이들이 소원 한 마디씩 하라고 하니까 어떤 어린이는 부모님들이 싸움을 안했으면 좋겠다고 합니다. 어떤 어린이는 과외공부를 안했으면, 실컷 놀아봤으면, 불량식품이 없으면, 하지 말라고만 말하지 말고 할 일을 가르쳐 주었으면 좋겠다는 등 여러 가지 요구를 하는 것을 들을 수 있었습니다.

우리의 삶이 어미 게가 새끼 게에게 나는 이렇게 옆으로 걸어 가지만 너는 옆으로 걸어 가지 말라는 식의 삶이 되어서는 안되겠습니다.

"그 아버지의 그 아들이 되고, 그 어머니의 그 딸이 되고 만다"는 말이 있습니다. 훌륭한 자녀를 바라기 전에 먼저 훌륭한 부모가 되어야 합니다. 진실하고 선하고 거룩하게 살아서 자녀들이 본받고 따라 오도록 해야 합니다.

어머니의 사랑
(룻 1:15-18)

신록이 우거진 계절이요, 계절의 여왕인 5월입니다. 5월은 가정의 달입니다. 또 오늘은 5월의 둘째주 어버지 주일입니다. 부모에 대한 사랑과 은혜를 기억하고 보답하며 그 은혜에 감사하는 주일입니다.

인간이 태어날 때부터 하나님의 부르심을 받을 때까지 가장 많이 부르고 또 언제나 부르고 싶은 이름은 "어머니"입니다. 인간이 제일 먼저 배우는 말도 어머니입니다. 아이들이 나가서 놀다가 집에 들어오면서 부르는 이름도 어머니이고, 넘어지거나 싸우고 울면서 돌아오는 아이들의 첫마디도 어머니이고, 먼 타향에서 창 밖으로 고향을 그리면서 생각하는 것도 어머니입니다.

이 세상에서 어머니 없이 태어난 사람은 하나도 없으며 어머니의 사랑을 원하지 않는 사람도 없을 것입니다. 오늘 우리는 어버이날을 맞이해서 어머니의 사랑을 상고해 보면서 어머니 사랑에 감사해야 하겠습니다.

1. 어머니의 사랑은 희생적인 사랑입니다.

어머니의 사랑은 하나님의 사랑처럼 희생적인 사랑입니다. 생명을 건 해산과 땀 흘리는 수고와 양육하는 데 많은 희생을 감당하는 사랑입니다.

어머니는 자녀가 병이 나면 밤잠을 자지 못하고 간호합니다. 옷을 제대로 입지 못하고, 가난하여 먹지도 못하면서 굶어도 자식을 가르치려고 하는 어머니의 사랑을 우리도 많이 받고 자랐습니다. 이렇게 큰 희생을 아끼지 않는 것이 어머니 사랑입니다.

요즘 아들과 딸을 잃어버린 어머니가 전국 각지에 방송하고 목메인 소리로 찾아다니는 것을 볼 수 있습니다. 참으로 어머니 사랑은 끝이 없는 사랑입니다.

친구의 사랑이나 부부의 사랑은 수시로 변하고 이기적이 될 수 있지만 어머니의 사랑은 이기적이지 않습니다.

어머니의 사랑은 이렇게 희생적인데, 때때로 그 어머니를 버렸다는 기사는 마음 아픈 사연의 일들입니다. 어머니, 그분들은 사랑의 열병 걸린 사람들입니다. 육신을 가지셨던 예수님도 부모에게 효도하셨고, 십자가에 달려 죽기 직전에도 그는 자기의 사랑하는 제자 요한에게 어머니 마리아를 부탁하셨습니다.

주님을 믿는 자녀들도 우리 주님처럼 부모님께 효도해야 하겠습니다. 그럴 때 하나님도 그를 돌보실 것입니다.

세익스피어가 말하기를 "여자는 약하다, 그러나 어머니는 강하다"라고 했습니다. 사랑하는 자녀를 위해서는 죽음까지도 마다하지 않는 어머니의 희생적 사랑에 우리는 감사하고 보답합시다.

2. 어머니의 사랑은 기도하는 사랑입니다.

찬송가 333장 2절에 "메마른 들과 험한 산 갈 바를 몰라 헤매며 영죽게 된 지경에서 어머니 기도 못잊어 나집에 돌아갑니다. 어머니 기도 못잊어 새 사람 되어 살려고 나 집에 돌아갑니다"라고 했습니다. 이 찬송가 가사는 어머니의 사랑은 기도하는 사랑임을 잘 말해 주고 있습니다.

어머니의 가장 높은 사랑은 자녀의 영혼을 위한 기도에서부터 표현됩니다. 어머니는 육적으로만 자녀들을 사랑하는 것이 아닙니다. 역사상 가장 위대한 어머니들은 자녀를 하나님의 뜻대로 기른 사람들입니다.

미국의 초대 대통령 워싱톤도 그 어머니가 성경을 읽게 하고, 기도하는 것을 가르쳐 주었습니다. 그는 평생토록 어머니의 사랑을 잊지 못했고 감사했던 것입니다.

우리가 잘 아는 성 어거스틴의 어머니 모니카는 그 걸음 자국마다 눈물을 흘리며 아들을 위해 기도했던 것입니다. 어머니의 사랑은 기도하는 사랑입니다.

기도하는 자녀는 망하지 않습니다. 기도하는 자녀는 잘못되었다가도 다시 돌아옵니다. 기도하는 어머니의 사랑은 위대합니다. 그 자녀들에게 놀라운 축복이 임하신 것입니다. 사무엘의 어머니 한나의 서원기도와 축복의 기도는 사무엘을 훌륭한 선지자, 제사장, 사사가 되게 하였습니다.

3. 주 안에서 어머니께 효도합시다.

십계명 가운데 다섯 번째에 "네 부모를 공경하라"고 했습니다. 사도 바울도 "자녀들아 주 안에서 부모에게 순종하라"고 권면하고 있습니다.

본문에 나오는 룻은 시어머니에게 지극한 효도를 한 내용이 나옵니다.

"나오미가 또 가로되 보라 네 동서는 그 백성과 그 신에게로 돌아가나 니 너도 동서를 따라 돌아가라. 룻이 가로되 나로 어머니를 떠나며 어머니를 따르지 말고 돌아가라 강권하지 마옵소서. 어머니께서 가시는 곳에 나도 가고 어머니께서 유숙하시는 곳에서 나도 유숙하겠나이다. 어머니의 백성이 나의 백성이 되고, 어머니의 하나님이 나의 하나님이 되시리니 어머니께서 죽으시는 곳에서 나도 죽어 거기 장사될 것이라. 만일 내가 죽는 일 외에 어머니와 떠나면 여호와께서 내게 벌을 내리시고 더 내리시기를 원하나이다. 나오미가 룻의 자기와 함께 가기로 굳게 결심함을 보고 그에게 말하기를 그치니라"(룻 1:15-18)고 했습니다.

룻은 참으로 효성스러운 자부였습니다. 어머니 곁을 떠나지 않고 효도하는 자부였습니다. 어머니께 효도하는 길은 부모님 말씀에 순종하는 것이요, 물질로 봉양하는 것이며, 마음을 편하게 해드리는 것이고, 영혼이 구원받도록 하는 것입니다.

시어머니께 지극 정성으로 효도한 룻의 결심(룻 1:16-18)은 다음과 같았습니다.

첫째, 어머니를 따르기로 결심하였습니다. 노인을 경시하지 않고 겸손히 따르기로 한 것은 본받을 일입니다. 겸손히 따르는 지혜를 배우시기 바랍니다.

둘째, 생사고락을 같이 하기로 결심하였습니다. 한 번 어머니는 끝까지 어머니이므로 죽으나 사나 부모님께 효도하며 효의 모범자가 되시기 바랍니다.

셋째, 어머니의 하나님을 섬기기로 결심하였습니다. 신앙의 선배로 어머니보다 더 좋은 분은 없습니다. 그러므로 열심히 배우고 따르며 섬겨야 할 것입니다.

어머니의 사랑을 깨닫고 룻의 결심과 같이 행하는 믿음의 자녀들이 되어 땅에서 잘되고 장수의 축복을 받는 성도들이 되시기를 바랍니다.

행복하게 삽시다
(고전 10:23-24)

괴테는 자기 생애를 돌아보고 "70여년의 생활을 통해 행복했던 때는 사 주간도 못된다"고 하였고, 로버트 루이스 스티븐슨은 "신이 닳지 않도록 식구들을 만들어 신고 행복을 찾아 보았으나 영영 붙잡지 못했다"고 했습니다. 그런데 만인이 모두 행복하게 살기를 원하고 있는 것도 사실입니다.

그렇다면 행복이란 무엇입니까? 행복하다는 것은 마음에 만족과 기쁨이 있는 상태를 의미합니다. 마음에 평화와 만족과 기쁨이 없으면 겉으로 아무리 많은 것을 소유하고 행복해 보여도 그 사람은 불행한 사람일 뿐입니다. 사람이 자기만을 위하여 살 때에는 자신의 삶이 항상 불안하고, 욕심은 마음에 평화를 주지 못하여 자연히 다른 사람을 욕하고 불행하게 합니다.

사람들은 흔히 다른 사람을 유익하게 하면 자신이 불행해진다고 생각하는 것 같습니다. 그러나 사람들의 마음 속에 오래 기억되는 사람, 역사에 긍정적인 면으로 기록되는 사람은 다른 사람에게 유익을 주고 하나님

제5장 저녁 설교강단

께 영광을 돌리며 산 사람들입니다. 이런 사람들에게는 마음에 만족과 기쁨이 있습니다.

1. 덕을 세우며 사는 삶이 행복합니다.

교육의 선지자 페스탈로찌의 비문에는 "그는 자기를 위하여 취한 일은 하나도 없고 모든 것을 남을 위하여"라는 구절이 있다고 합니다. 이는 남을 위해 덕을 세우며 살았다는 말입니다.

성도들은 교회에서나 사회생활에서 자신의 삶이 덕을 세워서 살아야 합니다. 개인적으로 아무리 많은 은사를 받았을지라도 그것을 통해서 하나님께 영광을 돌리고, 교회에 덕을 세우며, 다른 사람에게 유익을 주지 못하면 바람직하지 못한 것입니다.

고린도전서 14:4에 보면 "방언을 말하는 자가 교회의 덕을 세우고, 예언하는 자는 교회의 덕을 세우나니 방언을 말하는 자가 만일 교회의 덕을 세우기 위하여 통역하지 아니하면 예언하는 자만 못하니라"고 했습니다. 고린도전서 12:7에는 "각 사람에게 성령의 나타남을 주심은 유익하게 하려 하심이라"고 하셨습니다.

은사는 지체로서 교회를 섬기고 사람들을 사랑하며 봉사하라고 나에게 주신 것임을 깨닫는 것이 중요합니다. 그것이 물질이든 재주이든 학식이든지 신령한 어떤 은사든지 그 모든 것을 하나님의 영광을 위하여 사용할 때 만족과 기쁨을 얻게 되고, 은사를 주신 분의 뜻을 바로 순종하는 것이 되는 것입니다.

바울 사도가 "유대인에게나 헬라인에게나 하나님의 교회에나 거치는 자가 되지 않고 모든 일에 모든 사람을 기쁘게 하여 나의 유익을 구치 아니하고 많은 사람의 유익을 구하여 저희로 구원을 얻게 하라"고 했습

다이나믹 설교뱅크

니다.

　요즈음 같은 세상에서 사람들은 다른 사람은 물리치고 자기만을 위하여 살아야 된다고 생각하지만 그와는 정반대입니다. 많은 사람을 유익하게 하는 사람이 오히려 풍요해지고 행복해질 수 있다는 것을 알아야 합니다. 다른 사람을 유익하게 하려는 사람은 더욱 잘 되게 되고 풍성하게 됩니다. 남을 유익하게 하고 덕을 세우는 삶을 사는 사람은 행복하게 살아갈 수 있습니다.

　가정불화의 원인은 서로 자기만 섬겨달라고 하기 때문입니다. 자기의 유익을 위해서 살기 때문에 다투게 됩니다. 교회생활 하면서 섬김을 모르고 다른 생각만 하니까 은혜가 없고 기쁨이 없는 것입니다. 그런 사람은 하나님의 축복이 없어서 신앙이 성장하지 않습니다.

　다른 사람을 이용하려고 하지 말고 다른 사람을 도와 주고 덕을 끼치는 것이 성공이요 행복입니다.

2. 자기의 유익을 구치 않고 남의 유익을 위해 사는 삶이 행복합니다.

　인류에 유익을 주지 못하는, 눈엣가시처럼 해로운 것들이 이 세상에 있는 것도 사실입니다. 그러나 그런 것들은 사람들의 미움을 받고, 하나님의 저주를 받아 오래 가지 못하며 사는 동안도 떳떳하지 못하고 불안하게 살아가는 것입니다.

　남에게 유익을 주지 못하고 손해만 끼치고 자기 유익만을 위해 사는 사람은 불행한 삶을 살아가는 것입니다.

　예수님이 이땅에 오신 목적을 말씀하실 때 "내가 섬기려 하고 모든 사람의 대속물로 주려고 함이라"고 하셨습니다. 이는 자기의 유익을 구치 아니하고 남의 유익을 위해 사신 모습입니다. 남을 유익하게 하기 위해 섬기는 삶을 사셨고 희생의 삶을 사셨습니다.

봉사가 없는 생활은 기쁨이 없고 쉽게 늙고 삶이 지루하고 권태로워지는 것입니다. 원망을 많이 합니다.

어떤 경우 나는 참으로 열심히 교회를 섬기고, 교역자를 도와 주고, 용기를 주는 사람이 부족하다고 생각하고 있는 사람이 있는가 하면 아무런 봉사도 교회 부흥에 유익을 주지 못하는 이가 큰 소리를 치고 전혀 마음에 부끄러워 아니하는 것을 보고 어리둥절 할 때가 있습니다.

이 세상에서 사는 동안 좀 공부했거나 똑똑하다고 생각하는 사람은 모두 극도의 개인주의와 이기주의적인 생각을 갖고 사는 것을 흔히 볼 수 있습니다. 심한 경우 남을 위하여 희생이나 사랑을 하려고 하지 않으며 겨우 자기 가족만 아는 사람들도 많이 있습니다.

다른 사람에게 덕을 끼치지 못하는 사람, 사랑의 덕, 겸손의 덕이 없는 사람은 하나님이 주시는 축복이나 은혜를 경험할 수 없습니다.

지식은 교만케 하는 것입니다. 물론 지식이란 마땅히 알 바를 알지 못한다는 것을 아는 겸손한 마음이 없는 사람은 참 지식을 소유하지 못한 사람이지만 사랑은 덕을 끼친다고 합니다.

자신을 희생과 헌신 없이 죽음 없이 한 말 그대로 지키려 하는 사람, 다른 모든 사람이 나를 위하여 있다고 생각하는 사람은 내가 저들을 위해서 있다고 생각하는 사람으로 생각을 바꿀 때 마음에 항상 미안한 마음, 작은 호의나 친절에도 오히려 감사하는 마음이 생길 것입니다.

내가 하나님께 영광을 돌리고 다른 이들을 섬기기 위해 있다는 삶의 목표가 분명한 사람은 항상 행복할 수 있습니다.

우리는 믿음으로 감사하고, 나에게 주신 은사를 통해 다른 이를 유익하게 하려는 삶의 동기를 가지고 덕을 끼치며 사시는 성도들로 항상 기쁨과 은혜가 넘치는 행복한 삶을 사시기를 바랍니다.

■ ■ ■
다이나믹 설교뱅크

나와 내 집은
(수 24:14-15)

　민족의 영도자 모세의 후계자로 광야교회의 두 번째 지도자였던 여호수아는 나이 많아 늙었습니다(수 23:1). 그는 유서 깊은 세겜에서 이스라엘의 여러 장로들과 두령들과 재판장들과 유사들을 불러 모았습니다(수 24:1). 여호수아는 저들 앞에서 "보라 나는 오늘날 온 세상이 가는 길로 간다"고 하였습니다(수 23:14). 실로 여호수아의 한 평생은 너무 고무적인 진전이요 승리였습니다.

　그는 모세의 뒤를 이어 가나안 행군을 차질없이 계승하여 마침내 가나안 입성에 성공하였습니다. 그리고 가나안 여러 지역을 정복하는 데 성공하였습니다. 기업을 분배하는 것도 성공하였습니다.

　이제 그는 그의 고백대로 나이 많아 늙어 온 세상이 가는 길로 가게 되었다고 자기 인생을 독백하고 있습니다. 그는 가슴에 깊이 맺힌 고별 설교를 하게 됩니다.

　그의 고별사 가운데 "너희 섬길 자를 오늘날 택하라. 오직 나와 내 집은 여호와를 섬기겠노라"고 한 말은 너무나 유명합니다(수 24:15).

우리 함께 이 말씀 속에 숨어 있는 영적 음성이 무엇인가를 생각해 보고자 합니다.

1. 여호수아의 인생 고백입니다.

본문 24장 15절 중에 "'오직 나와 내 집은 여호와를 섬기겠노라"고 한 말은 여호수아의 한평생 신앙을 결산하고 고백하는 인생 고백이요 신앙의 고백입니다. 그는 "오직 여호와만" 섬기겠다고 하였습니다. 그 이유를 그는 확실하고 분명하게 제시하고 있습니다. 그것은 바로 이스라엘의 하나님만이 역사의 단독 구원자였기 때문이라고 밝힌 것입니다.

23장 3절에는 "너희 하나님 여호와 그가 너희 앞에서 그들을 쫓아 내었다"고 했습니다. 23장 5절 하반절에 "너희 하나님 여호와께서 너희에게 말씀하신 대로 너희에게 땅을 차지하게 했다"고 했습니다. 그리고 23장 9절에 "대저 여호와께서 강대한 나라들을 너희 앞에서 쫓아 내셨다"고 했습니다.

지금 여호수아는 오직 하나님께서만이 어려운 환경 속에서 구원 역사를 이루셨다는 인생 고백이요 신앙 고백으로서 "나와 내 집은 여호와를 섬기겠노라"고 말하였습니다.

그는 과거를 회상하면서 출애굽의 기적(24:5), 홍해의 기적(24:6-7), 아모리 사람들과 전쟁에서의 승리(24:8), 발람을 저주하고 이스라엘을 축복하신(24:9-10) 구원은 오직 하나님 자신의 주권적 단독 역사였다고 말하고 있습니다.

또 현실적 입장에서도 역사적인 요단강 도하(24:11), 가나안 점령(24:11-12), 가나안 기업지 분배(24:13)가 예외없이 하나님 자신의 주권적인 단독 역사였다고 말하고 있습니다.

여호수아는 과거와 현재에 이르기까지 자신은 오직 하나님의 구원의
은총만으로 살아왔기 때문이라는 것입니다. 그 어느 시간, 그 어느 장소,
그 어느 사건들 중에 하나님의 절대적인 간섭과 보호와 축복이 개입되지
않은 자기 삶이 없었기 때문입니다.

그리고 미래도 "나와 나의 집은 여호와를 섬기겠다"고 말하므로 그의
앞날이 하나님의 영광 세계에서 빛나고 있음을 보여 줍니다. 그는 자기
의 마지막 인생 길을 확신에 찬 소망으로 풍성한 성공의 삶, 축복의 삶임
을 고백하고 있습니다.

우리의 인생 고백도 여호수아처럼 "나와 내 집은 여호와를 섬기겠노
라"고 고백할 수 있어야 하겠습니다.

유일하신 하나님을 고백합시다. 세상의 종교는 모두가 우상숭배의 종
교입니다. 참 하나님은 우주만물을 창조하신 유일한 분이십니다.

성실과 진정의 하나님을 고백합시다. 하나님은 성실과 진정으로 인간
에게 한 모든 약속을 성실히 이행하십니다.

복의 근원이신 하나님을 고백합시다. 인간의 생사화복을 주장하십니
다.

2. 백성들의 갈 길을 확신시키는 결단의 촉구입니다.

본문 24장 15절에 "만일 여호와를 섬기는 것이 너희에게 좋지 않게
보이거든 너희 열조가 강 저편에서 섬기던 신이든지 너희 섬길 자를 택
하라. 오직 나와 내 집은 여호와를 섬기겠노라"고 했습니다.

이러한 말을 하는 여호수아의 가슴에는 다른 신을 섬기지 말고, 오직
여호와만 섬겨야 된다고 하는 새 각오와 결심을 촉구하고 있습니다. 우
리 조상들은 우상 섬기던 자리에서 여호와를 섬기기 위하여 강 저편에서

이편으로 나왔다고 했습니다.

우리는 지금 그들의 자손들이기 때문에 이 땅에서도 아모리 족속의 신을 섬기지 않고 있다고 하였습니다. 참으로 중대하고 위대한 축복을 유산하는 순간이 아닙니까? 참으로 찬란하고 영광스러운 축복을 유산하는 장면이 아닙니까? 혈통의 유산이 아닙니다. 영토의 유산이 아닙니다. 권력을 세습하는 유산이 아닙니다. 어떤 이데올로기의 유산도 아닙니다.

여호와 오직 여호와만을 유산하는 극적인 순간입니다. 적어도 이스라엘의 지도자들에게는 이러한 정신적인, 영적인 축복이 있었습니다.

여호수아는 "오직 너희 하나님 여호와를 친근히 하기를 오늘날까지 행한 것 같이 하라"(수 23:8)고 하였습니다. 이는 단단히 붙어 있음을 뜻합니다.

여호수아 23장 11절에 "그러므로 스스로 조심하여 너희 하나님 여호와를 사랑하라"고 하였습니다. 여호수아 24장 14절에 "그러므로 이제는 여호와를 경외하며 성실과 진정으로 그를 섬길 것이라 너희의 열조가 강 저편과 애굽에서 섬기던 신들을 제하여 버리고 여호와만 섬기라"고 하였습니다.

이 얼마나 확신에 찬 미래적 유산입니까? 이 얼마나 소망찬 장래의 기약입니까? 이 얼마나 밝은 미래의 전망입니까?

사랑하는 성도 여러분! 우리는 복스럽게도 여호와만 섬기는 은총을 입은 자들입니다. "나와 내 집은 오직 여호와만 섬기겠다" 하는 고백적 삶이 있는 한 우리 자신과 자자손손 대대로 하늘에 별처럼 영생의 삶이 빛날 것입니다. 분명한 자기 인생 고백, 자기 신앙 고백을 할 수 있는 사람! 그는 진실로 행복한 사람입니다.

다이나믹 설교뱅크

6월

상 받게 살자

주님의 칭찬을 받을 자
(고후 10:17-11:2)

사람은 누구나 칭찬받기를 좋아합니다. 칭찬받음으로 기분이 좋고 모든 사람 앞에서 인정을 받으며 칭찬 받음으로 그만큼 잘한 결과의 표적이 되기 때문입니다.

본문에서 보면 바울의 적대자들은 바울의 사도권을 인정하지 아니하고 무시하나 바울은 주께서 주신 권세임을 변증하며 주님이 친히 사도권을 인정해 주심을 말하고 있습니다.

사람이 인정하지 않고 무시하고 인신공격을 해도 주님의 칭찬을 받는 자가 되는 것은 참으로 훌륭한 일입니다.

그러면 주님의 칭찬을 받는 자는 누구입니까?

1. 자랑하는 자입니다.

사탄은 항상 외모를 자랑하도록 유혹합니다. 즉 자기의 배운 것과 자기의 가진 것과 자기의 차지한 자리를 자랑하게 합니다. 이런 사람은 벌써 마귀의 유혹에 빠진 사람입니다.

교회도 마찬가지입니다. 웅장한 건물이나 화려한 장식, 그리고 물질적인 부요나 사람의 숫자에 너무 집착하면 역시 마귀를 왕으로 섬기는 교회일 뿐입니다. 그러므로 세속적인 자랑은 아무런 의미가 없습니다. 오직 예수님만 높이고 예수님만 자랑해야 합니다.

자랑하는 자는 주 안에서 자랑하라는 본문이 바로 그런 뜻입니다. 예수님을 자랑하는 자가 옳다 인정을 받고 주께 칭찬을 받게 됩니다. 그래서 바울은 예수님과 십자가 외에는 자랑치 않기로 하였습니다.

바울은 고린도 교인들이 자기를 비겁하고 약하다는 인신 공격으로 사도권을 비판할 때 모든 조건으로 보아 자랑할 것이 많았지만 그리스도만을 자랑하며 오히려 자신의 약한 것을 자랑하였습니다.

우리는 때때로 나의 강함과 잘난 점이 무엇인가를 자랑하려고 할 때가 많습니다. 그러나 우리의 자랑의 근거는 주 예수의 십자가의 도밖에 없음을 알고 생활 속에서 분명히 나타내야 합니다.

주님의 십자가를 자랑하는 사람은 주님의 칭찬을 받는 자입니다. 믿음 안에서 형제와 자매를 자랑해야 합니다. 바쁘게 활동하며 일하시는 목사님을 자랑하고, 수고와 덕을 세우는 일에 힘쓰는 장로님들을 자랑하고, 열심히 심방하고 기도하시는 권사님을 자랑하며, 열성과 성의를 갖고 교회와 교역자들을 위해 기도하는 성도들을 자랑해야 합니다.

2. 용납하는 자입니다.

사람은 누구나 자기 자신에 대해서는 무척 너그럽습니다. 즉 자신이 자신을 잘 용납합니다. 그러나 남에게 대해서는 무척 가혹합니다. 용납을 잘하려고 하지 않습니다. 그러나 큰 사람일수록 남을 용납할 줄을 알지만 작은 사람일수록 절대 남을 용납하지 않습니다.

예수님은 자기를 십자가에 못박는 자들을 용납하셨습니다. 과연 큰 분이셨습니다. 예수님은 이런 사람을 옳다 인정하시고 칭찬하십니다. 그래서 바울 사도는 고린도 교인들에게 자기의 어리석음을 용납하라고 요청합니다. 즉 복음을 위해서 용납하라는 것입니다.

주께서 칭찬하시기 때문입니다. 우리는 남을 용납하는 너그러운 마음을 가져야 합니다. 그리하여 주님께서는 용서에 대한 교훈을 일흔번 씩 일곱 번이라도 용서하라고 가르쳐 주셨습니다.

3. 열심내는 자입니다.

사도 요한은 성전을 청결하시는 예수님의 모습을 보고 열심에 삼킨 바 되었다고 하였습니다. 예수님은 기도를 해도 땀이 땅에 떨어지는 피방울 같이 되도록 열심히 하였습니다. 그런가 하면 공생애에 나서기 전에는 목수 일에도 열심이었습니다. 열심히 하나님의 뜻을 순종하셨습니다.

바울 사도 역시 하나님의 열심히 교회를 위하여 열심을 내었습니다. 다시 말하면 중매하는 일, 즉 전도하는 일에 열심을 다했다는 것입니다.

동시에 전도뿐만 아니라 인생을 열심히 살아야 합니다. 열심히 사는 사람은 주님은 옳다 인정하시고 칭찬하시기 때문입니다. 이런 뜻에서 열심은 믿음의 생명이라 할 수 있습니다. 열심 내는 자는 주님의 칭찬을 받습니다.

사랑하는 성도 여러분, 십자가를 자랑하고 남을 용납하므로 너그러운 마음을 갖고 복음 전하는 일과 인생을 열심히 사시기를 바랍니다.

주여 무엇을 하리이까
(행 22:1-15)

하나님께서는 사람에게 다음의 네 가지 질문을 던지셨습니다.

첫째 질문은 "네가 어디에 있느냐?"입니다. 이것은 인류의 시조 아담과 하와가 하나님의 에덴동산에서 금단의 열매를 따먹고 두려움에 싸여 숨어 있을 때 하나님께서 물으신 것입니다.

둘째 질문은 "네가 어찌하여 이렇게 했느냐?"입니다. 이것은 하와에게 던지신 질문입니다.

셋째 질문은 "네 아우가 어디 있느냐?"입니다. 실낙원 이후의 첫 비극은 가인이 동생 아벨을 죽인 일입니다.

넷째 질문은 "네가 어찌하여 여기 있느냐?"입니다(왕상 19:9).

이것은 불의 선지자라 불리는 엘리야가 이세벨의 말이 무서워 광야의 로뎀나무 아래서 죽기를 청할 정도로 비겁해졌을 때 하나님께서 물으신 질문입니다.

1. 종용히 해야 합니다.

바울 사도가 전도여행을 마치고 예루살렘에 도착했을 때 예수를 그리스도라고 증거하는 바울에 대한 소문을 듣고 있던 유대교인들이 사정없이 그에게 폭행을 가했습니다. 천부장의 도움을 받은 바울이 허락을 얻어 변명하기를 시작하였습니다.

이때 유대인들이 조용했습니다. 바울은 간증을 시작했습니다.

즉 주의 종이 하나님의 말씀을 증거할 때에는 조용히 해야 한다는 뜻입니다. 주의 종이 전하는 말씀을 잘 들어야 한다는 것입니다.

잠언 22장 7절에 보면 "너는 귀를 기울여 지혜 있는 자의 말씀을 들으며 내 지식에 마음을 둘지어다"라고 했습니다. 말씀을 잘 듣는다는 것은 자신을 낮추는 것이요, 자신을 버리고 마음을 비운다는 뜻입니다.

우리는 진리의 말씀을 잘 들어야 합니다. 지식의 말씀에 마음을 쏟아야 합니다. 충고와 비판의 말을 잘 들어야 합니다.

2. 열심을 내야 합니다.

사람의 몸에 있는 열은 생명과 깊은 관계를 갖고 있습니다. 즉 생명이 있는 사람은 반드시 열이 있습니다. 죽은 송장은 열이 없습니다.

이처럼 우리의 믿음 생활에는 열심이 있어야 합니다. 열심이 없다면 그 믿음은 이미 송장이 되었다는 뜻입니다.

바울은 길리기아 다소 출신으로 예루살렘에서 유학하여 가말리엘 문하에서 배울 것은 다 배웠습니다. 여기에 더하여 하나님께 대한 열심이 특심했습니다. 그는 최초의 선교사가 되었습니다. 열심있는 사람을 들어 쓴다는 뜻입니다.

성도의 신앙 생활 중 살아있는 믿음의 증거는 열심을 통하여 알 수 있습니다.

우선 먼저 모이기에 열심을 내야 합니다. 말세가 되면 모이기를 폐하는 사람들이 있습니다. 초대교회는 열심히 모여서 서로 떡을 떼며, 교제하고, 기도하는 일에 전혀 힘썼다고 했습니다.

기도하는 일, 성경 읽는 일, 전도하는 일, 헌금하는 일 등을 열심히 해야 합니다.

"소망 중에 즐거워하며 환난 중에 참으며 기도하기를 항상 힘쓰라"고 하였습니다. 천국도 침노하는 자의 것이라고 하였습니다.

3. 증인이 되어야 합니다.

바울은 가말리엘 문하생이었음을 굉장히 자랑하고 다녔습니다. 그리고 대제사장의 권세를 위임받아 거드름을 피우며 꼴사납게 놀았습니다. 그러다가 다메섹으로 가는 길에서 빛 가운데 나타나신 예수님을 만났습니다. 여기에서 그는 거꾸러졌습니다. 즉 녹아지고 깨지고 엎드러져 주님의 말씀을 들었습니다.

그러므로 신앙생활을 제대로 하려면 먼저 주님 앞에 엎드러져야 합니다. 엎드려져야만 주님의 말씀이 생명의 말씀으로 들려지기 때문입니다. 그후 바울이 "주여 내가 무엇을 하리이까?"라고 물었습니다.

바울의 물음에 모든 사람 앞에서 너의 보고 들은 것에 대해 증인이 되라고 주님은 대답하셨습니다. 그가 본 것은 살아계신 예수님이었습니다.

즉 예수님은 분명히 십자가에 못박혀 죽었으나 살아 계신다는 부활의 증인이 되라는 뜻입니다. 그리고 그가 들은 것은 "네가 왜 나를 핍박하느냐?"는 음성이었습니다. 즉 그같이 핍박이 예수 핍박이라는 뜻입니다.

예수님은 교회의 머리라고 증인으로 서라는 뜻입니다.

첫째, 무엇을 증거해야 할까요?

구원의 길이 무엇인지 증거해야 합니다. 그것은 곧 예수 그리스도이십니다. 올바로 사는 길이 무엇인지를 증거해야 합니다. 그것은 곧 성경말씀대로 순종하는 것입니다.

둘째, 언제 증거해야 할까요?

때를 얻든지 못얻든지 항상 증거해야 합니다(행 8:25). 순탄할 때나 불리할 때나 언제나 증거하라고 하였습니다.

셋째, 어떻게 증거해야 할까요?

주저하지 말고 증거해야 합니다. 성령을 의지하는 마음으로 증거해야 합니다. 부끄러워 하지 말고 기탄없이 담대히 증거해야 합니다.

상 받게 살자
(고전 9:24-27)

사람들은 세상을 살아가는 동안 상 받는 일이 때때로 있습니다. 배움의 과정에서 남보다 공부를 잘하여 우수한 성적일 때 상을 받고, 운동경기를 해서 1등을 하면 상을 받고, 경진대회에서 우수한 작품을 만들면 상을 받고, 노래를 잘하고 춤을 잘 추어도 상을 받습니다.

상을 받는 것은 기분이 좋고 마음이 즐겁습니다. 다른 이보다 인정받는 일이므로 더욱 좋은 일입니다.

오늘 본문말씀은 사람의 삶을 경주에 비유하면서 경주에서 상을 받도록 경주하라고 하셨습니다. 상 받는 사람은 목표를 세우고 앞으로 쉼없이 전진합니다.

오늘 우리 모든 성도와 교회가 반성해야 될 일은 개척정신이 쇠퇴했으며 안일에 빠져 있다는 것입니다. 신앙은 모험인데 합리성만 추구하는 경향이 있다는 것입니다.

기독교 정신은 개척정신입니다. 아브라함이 정든 아비집 갈대아 우르를 떠나 타향살이를 시작함으로 온갖 고생과 시련 후에 믿음의 조상이

"

되고 야곱이 아비집을 떠나고 요셉이 강제로 이방 땅에 팔려가 숱한 고난을 받은 것처럼 사람은 고난과 역경을 극복하고 자기 삶을 개척해 나가야 하는 것입니다. 항상 창조적으로 일하는 사람만이 자신도 항상 신선하고 창조와 성취의 기쁨을 누릴 수 있게 되는 것입니다.

예수님은 마태복음 11:12에서 "세례 요한 때부터 지금가지 천국은 침노를 당하나니 침노하는 자가 빼앗느니라"고 하셨고, 히브리서 11:38에 "또한 뒤로 물러가면 내 마음이 저를 기뻐하지 아니하리라. 우리는 뒤로 물러가 침륜에 빠질 자가 아니요 오직 영혼을 구원함에 이르는 믿음을 가진 자니라"고 했습니다.

우리는 뒤로 물러가서는 안됩니다. 영혼을 구원하는 일에 전진해야 하며, 천국은 침노하는 자가 빼앗는다는 말과 같이 개척정신을 갖고 일해야 합니다.

홍해 앞에서 낙심되고 원망하는 백성들을 향해서 모세를 통해 하신 말씀은 "앞으로 나아가라"는 것이었습니다. 이스라엘 백성들이 가나안 입성을 앞두고 정탐꾼을 보낸 이야기는 우리에게 많은 교훈을 주고 있습니다.

12지파의 대표가 가서 보고 10지파의 사람들은 가나안 본토 사람들이 장대하고 무장이 잘 갖추어져 있어서 도저히 들어갈 수 없다고 했습니다. 그들에 비하면 자기들은 메뚜기에 불과하다는 것입니다. 이런 부정적인 이야기를 들은 사람들은 홍분하고 낙심하여 울부짖고 지도자들을 향해 원망하고 시비하는 돌을 던지려고 했습니다. 이와 같이 부정적인 말은 사람을 낙심케 하고 불안하게 합니다.

그러나 반대로 같은 상황에도 불구하고 여호수아와 갈렙은 우리들은 능히 이길 수 있다고 했습니다. 그들은 "우리의 밥이다"라고 했습니다. 그들의 보호자는 떠났고, 하나님은 우리와 함께 하시기 때문에 이길 수 있다고 했습니다.

그렇습니다. 하나님이 우리와 함께 계심을 믿는 믿음이 있으면 항상 승리할 수 있는 것입니다. 오늘 교회는 이런 믿음의 사람을 부르고 있습니다.

사도 바울은 빌립보서에서 상 받는 사람의 경주 방법을 가르쳐 주고 있습니다. 어디까지 이르렀든지 달리 생각 말고 뒤에 있는 성공과 실패는 잊어버리고 부르심의 상을 좇아가라는 것입니다. 기왕에 세상에서 살면서 상 받도록 살아갑시다.

그런데 상은 법대로 경기해야 받는 것입니다. 세상에는 법도 없고 오직 자기 멋대로 자기 욕심과 고집대로 하는 사람이 많습니다. 자기 권위만 찾고 타인의 인권이 상실되고 짓밟혀도 자신만이 잘 살려는 욕심에서 하려는 것은 상 받을 사람이 아닙니다.

그리고 인생을 사는 동안 무턱대고 행운을 기다리는 사람은 실패하지만 꾸준히 일하고 꾸준히 노력하고 행동하는 사람들은 성공할 수 있습니다. 상 받을 수 있습니다.

지글라는 "제정신을 가진 사람들과 교제하라. 사람은 끼리끼리 모인다는 사실을 알라. 나쁜 사람은 나쁜 사람끼리 좋은 사람은 좋은 사람끼리 모인다는 말이다. 인격자와 사귀지 않는 한 비인격자와 사귀게 된다는 것을 알라"고 가르쳐 주고 있습니다.

상 받는 사람이 되려면 친구는 절대적으로 영향을 받습니다. 긍정적인 사람, 낙관적인 사람, 적극적인 사람, 믿음의 사람, 사랑과 평화가 있는 사람, 할 수 있다는 기도의 사람과 사귀고 만나면 그 사람도 모르는 사이에 성공적인 삶, 사랑받고 승리하는 사람이 될 수 있습니다.

세상에서 가장 중요한 것은 믿음의 사람을 만나는 일입니다. 원망, 불평, 부정적인 사람을 만나면 망합니다.

예수님을 바로 만나면 사랑과 믿음의 사람이 되고, 쇼펜하우어 같은 염세주의자를 만나면 자살하고 맙니다.

■ ■ ■
다이나믹 설교뱅크

　예수님께서 제자들을 파송하시면서 "너희를 영접하는 자는 나를 영접하는 것이요 나를 영접하는 자는 나 보내신 이를 영접하는 것이니라. 선지자의 이름으로 영접하는 자는 선지자의 상을 받을 것이요 의인의 이름으로 영접하는 자는 의인의 상을 받을 것임이요 또 누구든지 제자의 이름으로 이 소자 중 하나에게 냉수 한 그릇이라도 주는 자는 내가 진실로 이르노니 그 사람이 결단코 상을 잃지 않으리라"(마 10:40-42)고 하셨습니다.

　믿음이 바로 된 사람은 상 받을 일을 하게 됩니다. 성도가 하늘 나라에서 상을 받는 것만큼 영광스러운 소망은 다시 없을 것입니다. 성도가 예수께서 재림하실 때에 영광스러운 상을 받으려면 자기를 낮추고 종된 생활을 힘써야 합니다.

힘대로 감사하라
(신 16:10-12)

노래는 부를 때까지 노래가 아니며 종은 울릴 때까지 종이 아니고 사랑은 표현할 때까지 사랑이 아니며 축복은 감사할 때까지 축복이 아니라고 합니다. 우리는 하나님께 "감사합니다" 하고 표현해야 합니다. 인간은 시간과 공간 속에서 언어를 가지고 살고 있기 때문에 하나님께 "감사합니다. 감사합니다" 하고 표현하는 것이 좋습니다.

독일에서 혀암에 걸려 혀를 잘라야만 하는 환자가 있었습니다. 의사가 혀가 잘리기 전에 마지막으로 한 마디를 하라고 했습니다. 한참 동안 말을 하지 않고 그는 생각에 잠겨 있었습니다. 주위에 둘러 있던 사람들도 과연 마지막 한 마디는 무엇일까 생각하며 누구의 이름을 부를 것인지를 주목하고 있었습니다.

그의 눈에는 눈물이 흘렀습니다. 그는 입술로 "주님! 감사합니다! 이 생명 거두지 않고 혀만 잘리게 되어 감사합니다."라고 고백했습니다.

얼마나 감격스러운 감사의 말입니까? 이것은 진실한 그리스도인의 마음에서만 우러나오는 감사입니다. 과연 우리는 이런 환경과 형편 속에서 감사할 수 있을까요?

　요즘에 와서는 보릿고개라는 말이 사라지고 생활이 많이 윤택해졌지만 얼마 전까지만 해도 우리는 가난하여 끼니를 잘 잇지 못할 때가 많았습니다. 특히 가을에 추수한 양식이 떨어지고 나면 보리가 나기 전까지 칡뿌리와 나무껍질로 연명해야 할 정도의 비참한 경우를 당하기도 하였습니다.

　그러던 중에 보리를 수확하면 그 감사함이란 이루 말할 수 없었던 것입니다. 지금은 생활이 나아져 옛이야기가 되었지만 지금 그런 걱정을 안하고 살게 하신 하나님께 감사해야 합니다. 우리는 지금까지 일용할 양식을 주신 하나님께 감사해야 합니다.

　구약에 있어서 맥추절은 히브리인의 3대 절기 중의 하나로 지켜졌습니다. 6월 소맥의 수확을 마치고 난 후 곡물 수확에 대한 감사제로써 그 명칭이 칠칠절, 초실절, 오순절 등으로 불려졌습니다.

　이스라엘 백성들이 가나안에 들어가기 전 광야생활을 하는 동안에는 하나님이 주시는 신령한 양식인 만나로써 생활할 수 있었기에 그들은 농사의 수고가 필요없었습니다. 그러나 가나안 땅에 정착한 이후에는 그들 스스로 씨앗을 뿌려 그 곡식으로 살아가게 되었습니다. 그때 하나님께서는 추수가 끝나면 첫 단의 첫 열매를 바치라고 하셨습니다.

　그러한 요구 뒤에는 하나님의 깊은 뜻이 숨어 있었습니다. 모세가 하나님의 명령을 받들어 이스라엘 백성들을 이끌고 애굽으로부터 탈출하기까지는 많은 어려움이 있었습니다.

　출애굽 전에 하나님께서는 열 번째의 재앙으로 애굽의 장자들과 모든 생축의 처음 난 것까지 모두 거두어 가시는 재앙을 내리셨습니다. 그러나 이스라엘 민족들에게는 문설주에 양의 피를 바르게 하사 장자들의 생명을 보호해 주셨습니다. 그제서야 바로는 이스라엘 백성들을 풀어 주었습니다.

제5장 저녁 설교강단

이렇게 장자를 보호해 주신 여호와께 감사하여 이스라엘 백성들은 유월절 절기를 지키기 시작하였습니다. 오늘까지 우리의 생명을 보호해 주신 하나님께 감사해야 합니다.

하나님께서는 첫 열매를 요구하셨습니다. 하나님께 감사예물을 드릴 때에는 자신의 힘대로 드리라고 했습니다. 맥추절의 제물은 특히 첫 소산에 대한 감사 예물이기에 하나님께서 주신 은혜에 감사드리며 기쁜 마음으로 정성을 다하여 힘 자라는 만큼 예물을 드려야 하는 것입니다.

그 힘대로라는 말은 '자원하는 심정'이라 할 수 있으며 그 자원하는 심정이란 마음과 뜻과 정성을 다함을 의미합니다.

이와 같이 자원하는 심령으로 봉사한 신앙의 위인 중에는 가난한 시어머니 나오미를 모신 룻에게 하나님께서 축복을 내리사 부자인 보아스와 맺어지게 하심으로 다윗 왕과 예수 그리스도의 족보에 함께 하는 영광을 베풀어 주셨습니다.

또한 예수 그리스도께서도 가난한 과부가 자원하여 드린 두 렙돈의 헌금을 칭찬하셨는데, 그것은 그녀가 돈의 양보다 그 간절한 심령을 드렸기 때문입니다.

그러나 아나니아와 삽비라는 예물을 드렸음에도 불구하고 그 행위가 거짓이었기 때문에 하나님께서는 그들의 생명을 거두어 버리신 것입니다(행 5:1-11).

그러므로 우리는 감사의 예물을 드릴 때 마음과 뜻과 정성을 다하여 자원하는 마음으로 해야 하며 행여 욕심과 인색함으로 예물을 드리는 어리석음은 범하지 말아야 하겠습니다.

이스라엘 백성들은 유월절 절기를 어떻게 지켰습니까?

1. 그들은 하나님께 예물을 가지고 왔습니다.

여기서는 "자원하는 예물"이라 일컬어지고 있다. 그들에게는 그분으로 인하여 모든 것을 소유하게 된 주권자요 소유자이신 여호와께 대한 예물을 드리라는 것이 요구되어 있었습니다. 무엇을 드리든지 전적으로 그 개인들의 진심에 맡겨져 있었습니다.

2. 그들은 하나님 앞에서 즐거워 했습니다.

거룩한 즐거움은 마음과 영혼의 감사하는 찬송이고, 그것은 거룩한 기쁨의 말과 표현과 같은 것입니다. 그들은 하나님으로부터 받은 것을 즐거워 하고 예배와 제물을 하나님께 드림으로 즐거워했습니다.

하나님께서 율법을 우리에게 주신 그 은혜에 대한 감사를 표현하는 최선의 방법은 그 율법의 "규례를 지켜 행하는" 것이었습니다.

7월

섬김으로 사는 사람

섬김으로 사는 사람

(요 13:12-20)

사람이 쓰임받는 인생을 살 때 가치가 있고 보람이 있으며 행복이 있습니다.

성경에서 보면 포도원 주인이 포도원에서 일할 일꾼을 찾으러 가서 오후에 만난 사람들이 "우리를 품꾼으로 쓰는 이가 없음이니이다"라고 말했습니다. 이 말은 비참하고 절망적이고 부정적인 외침입니다. 왜냐하면 그것은 일할 기회를 놓친 자의 부끄러움이며, 사람을 잘못 만난 자의 어리석음이며, 능력을 인정받지 못한 자의 안타까운 심정에서 비롯된 것이기 때문입니다.

주님은 이 시대에 일꾼을 찾고 계십니다. 사명에 충성된 자를 목메이게 부르고 계십니다. 죽도록 충성할 신실한 청지기를 요구하고 계시고 이 시대를 감당할 믿음의 사람, 섬김으로 사는 사람들을 찾고 계십니다.

이사야 6:8에 "내가 또 주의 목소리를 들은즉 이르시되 내가 누구를 보내며 누가 우리를 위하여 갈꼬. 그때에 내가 가로되 내가 여기 있나이다. 나를 보내소서"라고 하였습니다.

우리도 "주께 쓰임받는 인생으로 살겠습니다. 나를 보내소서"라고 소명에 응답한 줄 믿습니다.

예수님은 섬김을 받으러 오신 것이 아니라 섬기러 오셨습니다. 그는 몸소 제자들의 발을 씻겨 주셨습니다. 우리도 남을 섬기신 예수님을 닮아야 합니다.

1. 주님을 향한 섬김의 삶을 삽시다.

하나님은 죄 가운데 사는 인생들을 구원하시기 위해서 외아들을 이땅에 보내셨습니다. 주님께서는 그 일을 이루시기 위하여 몸소 십자가를 지시며 십자가의 중한 고통을 겪으셨습니다. 하나님과 동등하심에도 불구하고 동등됨을 취하지 아니하시고 십자가에서 죽기까지 복종하셨습니다(빌 2:6). 이것이 하나님의 뜻이었기에 주님은 하나님의 아들로서 이 죽음까지도 복종하셨던 것입니다.

그러므로 성도는 주님이 우리를 위해 행하신 일을 아는 이상 하나님을 섬기는 삶을 살아야 합니다. 그것은 하나님이 나의 아버지이심을 자랑하고 그것을 즐거워하는 것입니다. 더 나아가 그 뜻을 절대 순종하며, 하나님께 영광이 된다면 순교의 자리까지도 순종함으로 섬기며 행하면 복이 있습니다.

2. 서로를 향한 섬김의 삶을 삽시다.

성도의 섬김이란 윤리적인 생활의 차원이 아닙니다. 섬기는 생활이란 하나님 나라의 일이기에 인간 윤리의 차원을 뛰어 넘는 것입니다.

주님은 본문에서 "내가 너희 발을 씻겼으니 너희도 그리하는 것이 옳다"고 말씀하십니다. 서로를 향한 섬김은 같은 하나님의 자녀요 지체로서 행해야 하는 것입니다. 하나님이 우리를 용서하심같이 서로 용서하며 주님이 나를 사랑하심같이 서로 사랑하는 것입니다.

여기에는 아무런 조건도, 아무런 제한도 없어야 합니다. 다만 서로 용서하고 사랑하면서 섬김이 이루어질 때 주님의 십자가가 빛을 발하게 될 것입니다.

이 섬김을 구호가 아닌 실제 실천운동으로 만들고 성도들 서로가 사랑으로 순종합시다.

3. 세상을 향한 섬김의 삶을 삽시다.

성도는 세상 속에 살고 있습니다. 하지만 성도가 세상을 정죄하고 비난하는 것은 잘못된 일입니다. 오히려 세상을 섬기는 자가 되어야 합니다. 세상을 섬긴다는 것은 거기에 빠진다는 뜻이 아닙니다.

예수님께서 그러하셨듯이 하나님을 불신하고, 불의를 즐기며 제멋대로 사는 인생들을 불쌍히 여기고 거기에 빠져 있는 사람들을 위하여 기도해야 합니다.

그리고 어두운 세상에 빛이 되어 갈 바를 알지 못해 방향을 잃고 목표를 상실한 채 허우적거리는 사람들에게 복음을 전해주며, 그들로 하여금 주님을 만나 생수를 마셨던 수가성 여인처럼 그리스도 안에서 구원의 기쁨과 새 삶의 은총을 맛보게 해야 합니다. 이것이 세상을 향한 섬김이며 이 일을 행하는 사람은 복이 있습니다.

섬김으로 사는 사람은 축복받은 사람입니다. 예수님처럼 제자의 발을 씻기는 섬김의 사람은 위대한 그리스도인이요 훌륭한 삶입니다.

진리를 위해 사는 삶
(고후 13:8-13)

사도 바울은 "우리는 진리를 거스려 아무것도 할 수 없고 오직 진리를 위할 뿐이니라"(고후 13:8)고 말했습니다.

요한복음 14장 6절에 "내가 곧 길이요 진리요 생명이니 나로 말미암지 않고는 아버지께로 올 자가 없느니라"고 했습니다.

예수님은 진리이십니다. 진리만을 위해서 산다는 것은 어렵고 힘든 일입니다. 그러나 우리는 진리를 위해서 살고, 진리를 사랑하며, 진리를 지키고 땅 끝까지 진리를 전파하면서 하나님 나라를 확장하는 데 헌신해야할 것입니다.

또한 하나님께 영광을 돌리고, 교회에 덕을 세우며 피차에 위로를 나누면서 소금과 빛된 삶을 살아야 합니다.

세상에는 많은 사람들이 살고 있지만 그들은 제나름대로 목적이 있고 가치관이 있습니다. 그러나 대부분의 사람들은 뚜렷한 목적이 없이 살아가고 있습니다. 어떤 이는 기분에 따라 삽니다. 세상을 살아가는 동안 기분 따라 사는 사람들이 많이 있습니다.

　남녀 노소를 막론하고 특별한 목표도 없이 이래도 한 세상, 저래도 한 세상 하면서 그날 그날 기분 내키는 대로 살아갑니다. 기분 내키는 대로 살면 오늘 현재는 편할지 모르지만 내일은 한숨을 쉬는 슬픈 인생으로 전락하게 됩니다.

　오직 절제하면서 진리를 위해 살도록 노력해야 합니다. 진리를 위해 살 때 까닭없는 핍박이나 남으로부터 무시를 받거나 인정받지 못하는 괴로움을 겪게 될지도 모릅니다. 그러나 그런 삶이야말로 하나님 앞에서 가장 귀한 삶인 것입니다.

　혹자는 욕심을 따라서 살기도 합니다. 나이가 많거나 적거나 누구든지 욕심 없는 사람은 없습니다. 그런데 그 욕심이 지나치면 하나님도 두려워할 줄 모르고 욕심에 눈이 어두워져서 결국 인생을 망치고 맙니다. 그런 자들은 가시나무를 심어놓고 사과를 기다리는 어리석은 자입니다.

　욕심에 끌리면 사람의 존엄성과 인격을 무시하게 되고 마치 동물 대하듯이 남을 천대하게 되며 더 나아가서는 자신도 동물이 되어 버립니다.

　욕심이 잉태하면 죄를 낳고 죄가 장성하면 사망을 낳는다고 했습니다. 아무리 큰 부자이고 권세가 높고 기술과 지식이 뛰어날지라도 지나친 욕심을 부리면 죄를 짓게 되고 하나님과 단절된 관계 속에서 올바른 삶을 영위할 수가 없습니다.

　하나님께 욕되는 일은 사람에게도 덕이 되지 못합니다. 그들은 욕심에 가리워진 양심의 소리를 듣지 못하지만 점점 더 그 괴로움의 소리는 커져서 목을 졸라매는 듯한 고통을 맛보게 됩니다. 불의한 성공보다는 의로운 실패가 하나님과 사람 앞에서 더 떳떳합니다.

　실패했을 당시에는 괴로울지 모르나 마음은 평안할 수 있습니다. 그리스도를 위해 핍박받는 사람은 당시에는 괴롭지만 하나님께서는 축복을 내려 주셔서 그 괴로움을 잊게 하시고 평강을 허락해 주십니다.

　성도들은 욕심대로 살지 말고 비록 의로운 실패를 할지언정 불의를 따르지 말고, 하나님께 영광을 돌리며 진리 안에서 살아야 하겠습니다.

본문 말씀에 나오는 바울 사도는 원래 예수를 위해서 살던 사람이 아니었습니다. 그는 명문가의 사람으로 학식이 뛰어나고 권세도 높은 사람이라 은근히 그 사실을 자랑하며 살았습니다. 그리고 예수님을 핍박하는 사람이 되었습니다. 그러나 다메섹 도상에서 주님을 만난 후 진리를 위해 사는 사람으로 변화되었습니다. 우리는 진리를 위해 살아야 합니다.

오늘 우리들은 재물이 있고 명예가 있고 건강도 있습니다. 이 모든 것은 썩어질 것들에 불과합니다. 우리는 진리를 거스려 욕심에 미혹되지 말고, 남보다 더 잘 살고 더 편하게 지내려고 하기 보다는 우리가 현재 갖고 있는 건강이나 재물이나 재능들을 진리를 위해서, 하나님과 이웃을 위해서 사용해야 할 것입니다.

사도 바울은 먹든지 마시든지 무엇을 하든지 예수를 위해 한다고 하였습니다. 우리도 무엇을 하든지 진리를 위해서 살아가는 믿음을 가져야 합니다.

프랜시스는 이탈리아의 부호의 가정에서 태어나 영화를 누렸습니다. 그러나 프랜시스는 풍요한 가정에서는 주님의 뜻대로 살 수가 없다는 생각을 하고 많은 재산을 가난한 사람들에게 나누어 주었습니다.

프랜시스는 거지가 되었습니다. 그는 청빈하게 살면서 예수님의 뜻을 실현해 가기 위해 신앙 운동을 일으켰습니다. 많은 추종자가 생겼습니다. 공중의 새와 더불어 이야기하기도 했습니다. 그가 모든 것을 포기하고 나중에 예수님을 닮기 위해 기도한 나머지 이상하게도 예수님의 손에 박혔던 못자국이 프랜시스의 손에 나타났습니다.

그리하여 그의 청빈한 생활과 신앙과 사상은 오늘날 우리들에게까지 전해져 온 것입니다. 그가 바로 성 프랜시스입니다.

우리는 진리되시는 예수 그리스도를 나의 구주로 믿고 진리되신 예수님을 전파하고 진리를 위해 사는 성도들이 다 되시기를 바랍니다.

경건한 삶
(딤전 4:6-9)

경건이란 말은 하나님을 향한 존경이며 하나님을 향한 올바른 자세입니다. 경건은 두 가지 의미가 있는데 하나는 인간과 인간의 관계에 있어서 바른관계를 유지하는 것을 말합니다. 남편이 남편으로서 아내를 사랑하고 위해 주고, 아내가 아내의 본분을 잘 지켜 나가며 남편을 사랑하고 위해 주는 것이 경건입니다.

또 하나의 의미는 하나님과의 관계에서 올바른 삶의 자세를 말합니다. 즉 "하나님 앞에서 산다"는 뜻입니다. 하나님께 대한 계명을 잘 지켜 살므로 의롭고 성결한 삶을 살아가는 것입니다.

오늘 본문의 말씀 중에 7절에서 보면 "망령되고 허탄한 신화를 버리고 오직 경건에 이르기를 연습하라"고 했습니다. 경건에 이르기를 연습하라는 말은 훈련하라는 말입니다.

하나님 앞에 바른 신앙의 자세는 성수주일을 잘 해야 합니다. 안식일을 기억하여 거룩하게 지키라고 하셨습니다. 경건한 신앙자는 성수주일을 합니다. 어떤 이는 주일 성수보다 빠지는 날이 많고 예배 시간에

5-10분 단골로 지각하는 분들이 20-30%가 있습니다. 경건의 훈련이 잘 안되어서 그렇습니다.

또 공식 예배에 기도 순서를 담당했는데도 지키지 않는 분이 있습니다. 경건한 신앙적 훈련이 안되어서 그렇습니다.

우리가 교회에 나올 때 옷차림과 신발도 그렇습니다. 소매없는 옷, 초미니스커트, 슬리퍼 등은 삼가시기 바랍니다. 만일에 여러분들이 대통령께서 같이 식사하자고 초청했다고 합시다. 그렇게 할 수 있습니까? 아마 제일 좋은 옷과 신발을 신고 아름답고 멋있게 꾸미고 갈 것입니다.

하나님 앞에 나올 때에 성도 여러분들의 몸차림과 자세를 단정히 하고 깨끗이 하며 경건하게 해야 할 것입니다.

사도행전 10:1-8에서 보면 군대 장교 고넬료는 경건한 삶을 살았습니다. 그는 하나님을 두렵고 떨림으로 섬기는 하나님을 경외하는 사람이었습니다. 죄를 범하여 하나님의 노여움을 사는 것을 두려워 하였습니다. 그는 그의 가족과 더불어 신앙을 지켰습니다.

자기집 사람 중 아무도 우상을 숭배하지 못하게 하였습니다. 경건하게 사는 고넬료는 기도를 많이 하였고 구제하는 일에 힘썼습니다. 그의 생활 속에서 경건한 삶의 본을 보였습니다.

모범적인 삶을 살지 못하고 생활이 흐트러진 사람이 다른 사람에게 예수 믿자고 말 못합니다. 내가 경건할 때 남에게 복음을 전함으로써 구원의 자리로 인도할 수 있게 됩니다.

경건의 삶의 방법은 7절에 나타나 있습니다. 즉 버릴 것은 버리고 취할 것은 취할 때 이루어진다고 했습니다. 망령되고 허탄한 신화를 버려야 합니다.

우리 입에서 나오는 말은 긍정적인 말과 부정적인 말로 구분할 수 있습니다.

목회를 오래 하다가 보면 그런 분들을 더러 보게 됩니다. 그 사람 입에서 나오는 말은 전부 다 남의 흠을 꼬집는 것입니다. 앉으면 남의 말하는 사람이 있습니다. 그것은 부정적인 말입니다. 그러나 앉으면 남을 칭찬하고 격려하며 위로하는 말을 하는 사람이 있습니다. 이는 긍정적인 말입니다.

부정적인 분은 이렇게 기도합니다. "이 자리가 많이 비어 있습니다. 채워주십시오." 긍정적인 분은 "성도들이 구름같이 벌떼같이 모여들게 하여 주시옵소서"라고 기도합니다.

우리는 긍정적인 말을 하고 부정적인 말은 피해야 합니다. 또한 망령되고 허탄한 신화같은 말은 버려야 합니다. 망령된 것을 버리라고 했는데 이는 육체적인 것을 버리라는 말입니다.

갈라디아서 5:19에 보면 "육체의 일은 현저하니 곧 음행과 더러운 것과 호색과 우상숭배와 술수와 원수를 맺는 것과 분쟁과 시기와 분냄과 당 짓는 것과 분리함과 이단과 투기와 술취함과 방탕함과 또 그와 같은 것들이라"고 했습니다. 이런 것들을 버리는 것이 경건한 삶을 사는 것입니다.

경건한 삶의 비결은 고넬료 장교처럼 하나님을 두려워하는 신앙과 기도하는 믿음과 구제하는 삶에 있습니다. 경건한 다니엘은 사자굴에 들어가도 하나님이 그 생명을 책임저 주셨습니다.

경건한 사드락, 메삭, 아벳느고가 풀무불에 들어갔어도 하나님이 그들을 타지 않도록 보호하여 주셨습니다. 경건한 요셉은 어려움을 당했어도 승리했고 나중에 애굽의 국무총리가 되는 복을 받았습니다.

사랑하는 성도 여러분, 경건한 삶으로 하나님의 복과 영광의 보좌 앞에 나가는 성도들이 다 되시기를 바랍니다.

실수도 아름다움으로
(눅 2:41-51)

사람은 누구나 실수할 수 있습니다. 실수하지 않는 사람은 하나도 없습니다. 실수가 없다면 신과 같은 사람일 것입니다. 누구나 실수할 수 있지만 실수를 잘 처리하지 못하는 것이 정말 실수입니다. 실수를 했다 하더라도 잘 처리하면 실수도 아름다워질 수 있습니다.

성경에서 보면 위대한 지도자가 된 사람들 가운데 모세도 사람을 죽이는 실수를 하였습니다. 그러나 후에 가시떨기에서 하나님을 만나 인생을 새롭게 출발하였습니다. 실수하여 도망갔던 것이 오히려 큰 사람이 되는데 큰 유익이 되었습니다. 만일 모세가 실수를 안했고 도망가지 않았다면 광야를 몰랐으며 이스라엘 백성들을 40년 간 인도하지 못하였을 것입니다. 모세는 실수했지만 도리어 아름답게 되었습니다.

요나도 하나님의 명령을 거스리는 실수를 하였습니다. 니느웨로 가라고 하였는데 다시스로 갔습니다. 그러다가 풍랑을 만났습니다. 큰 고기 뱃 속에 들어가게 되었습니다. 그 속에서 생사를 건 기도를 하였습니다. 니느웨에 도착한 요나의 영력은 하늘을 찌를 듯 하였습니다. 회개하라고 외치는 외침은 왕부터 서민까지, 심지어 짐승들까지 파고 들어가 온 나라가 다 회개하였습니다. 요나의 실수는 아름다웠습니다.

베드로도 예수님이 로마 병정들에게 잡혀 가시던 날 밤에 실수하였습니다. 예수님이 죽는 데까지 가겠다고 큰 소리치던 베드로였으나 나약한 계집종 앞에서 세 번씩이나 주님을 모른다고 부인하였습니다.

주님은 이것을 미리 아시고 "네가 닭이 두 번 울기 전 세 번 나를 모른다고 하리라"고 예언하셨습니다. 세 번 모른다고 부인하는 순간 닭이 두 번 울었습니다. 닭은 울었지만 베드로는 통곡을 하였습니다. 이 실수로 베드로는 자신의 결단의 약함을 알게 되었고 통곡하며 주님의 말씀을 뼈저리게 느끼게 되는 계기가 되었습니다. 베드로의 실수도 아름답게 되었습니다. 실수가 실수가 아니라 실수를 잘 처리하지 못하는 것이 정말 실수입니다.

본문의 예수님의 부모도 실수를 하였습니다. 주님이 12살 되던 해였습니다. 이스라엘 백성들은 해마다 모세의 율법에 따라 유월절 행사를 했습니다. 12살 이상 된 사람들은 다 모여야 했습니다. 그래서 주님도 부모님과 함께 예루살렘에 올라갔습니다. 그러나 부모는 예수님을 잃어버렸습니다. 예수님은 예루살렘에 머물러 있었습니다. 그러나 부모는 몰랐습니다.

사람들은 물질을 잃어버릴 수도 있습니다. 건강을 잃어버릴 수도 있습니다. 사랑을 잃어버릴 수도 있고 명예를 잃어버릴 수도 있습니다. 그러나 예수님을 잃어버리는 것은 가장 큰 실수입니다. 왜냐하면 건강을 잃어버리는 것은 이 세상 생명을 잃어버리는 것이지만, 예수님을 잃어버리는 것은 영원한 생명을 잃어버리는 것이기 때문입니다.

오늘 예수님을 믿는다고 하는 우리는 예수님을 잃어버리고 사는 실수를 하고 있지는 않습니까?

예수님의 부모는 예수님을 잃어버린 실수를 하였지만 실수로 인해 다음과 같은 아름다운 것을 발견하였습니다. 예수님을 놀라운 분으로 발견하였습니다.

주님의 부모가 예수님을 예루살렘 성전에서 발견하였습니다. 예수님은 선생님과 성경 토론을 하고 있었습니다. 그 모습을 보니 전문가인 선생들이 12살된 예수님의 질문과 대답이 너무나 지혜로워서 기이히 여기고 있었습니다. 그 모습을 보며 부모는 놀랐습니다. 실수하였지만 그 실수로 인하여 예수님이 놀라운 분임을 발견하였습니다.

주님을 사람이 아니라 하나님의 아들로 고백함으로 믿음은 시작되는 것입니다. 예수님을 성전에 계신 분으로 발견하였습니다. 주님의 부모는 하루 동안 왔다가 사흘간 찾은 것을 보면 대단히 방황하였던 것 같습니다. 예수를 잃어버린 실수로 얻은 값진 소득은 예수님이 성전에 계신 분으로 발견한 것입니다.

지난 걸프전쟁에서 실수로 제일 먼저 포로가 된 이는 여자 군인인 메리사레스본 닐리였습니다. 누가 적군의 포로가 되기를 원하겠습니까? 그녀의 실수는 그를 파경으로 이끌어 죽는 줄 알았습니다. 그러나 그 실수는 그의 생애를 너무나 아름답게 만들었습니다. 걸프전쟁으로 가장 유명해진 이는 바로 닐리였습니다. 여기 저기서 광고 모델로 와 달라는 요청이 쇄도하고 있어서 즐거운 비명을 하고 있답니다.

실수가 아름다워졌습니다. 그렇습니다. 일부러 실수할 필요는 없습니다. 그러나 실수를 잘 처리하면 아름다운 결과가 주어집니다.

최근 미국에서 실패한 사람들을 조사한 결과 지시에 따르지 않았기 때문에 실패한 사람이 12%, 지식 부족이 12%, 게으름이 37%, 실수를 잘 처리하지 못한 것이 37%라는 결론이 나왔답니다.

실수가 문제가 아니라 실수를 잘 처리하지 못하는 것이 문제입니다. 실수 후에 더 아름다운 생애가 이어지기를 주 예수의 이름으로 기원합니다.

8월

애국자 느헤미야

후회없는 삶을 삽시다
(롬 14:7-12)

톨스토이의 작품 중에서 '인간에게는 얼마만큼의 땅이 필요한가?'라는 소설의 이야기가 있습니다.

바홈이라는 농부는 땅을 많이 소유하고 싶은 강한 욕심을 갖고 있던 사람이었습니다. 하루는 그에게 하늘이 준 좋은 기회가 찾아왔습니다. 빠시키로 족속의 추장이 땅을 팔기 위하여 내놓았는데 계약 조건이 너무나 좋은 것이었습니다.

1,000 루불만 내면 하루 동안 걸어다닌 땅을 모두 준다는 것이었습니다. 그러나 해가 지기 전에 원점으로 돌아와야 한다는 단서가 붙어 있었습니다. 바홈은 신이 났습니다.

그는 아침 일찍 일어나 추장에게로 가서 1,000 루불을 주고 먼 지평선을 바라보며 걸어가기 시작했습니다. 그는 조금도 쉬지 않고 땅을 소유한다는 기쁨에 들떠 걸어갔습니다.

태양이 머리 위에 떠올랐습니다. 뒤를 돌아보니 자신이 출발한 곳은 이미 보이지 않을 만큼 빨리 와 있었습니다. 그는 기쁨에 환성을 질렀습니다. "이 땅이 전부 내것이구나"

그는 신이 나서 더욱 앞을 향해 나아갔습니다. 그가 정신없이 앞으로 걸어가는 동안 어느덧 태양은 서산으로 넘어가려 합니다.

그는 순간 정신이 번쩍 났습니다.

"큰일났구나. 해가 지기 전에 돌아가지 못하면 땅을 한 평도 얻지 못하는데!"

그는 정신없이 뒤돌아 달리기 시작했습니다. 죽을 힘을 다해 원점을 향해 달렸습니다. 다행히도 그는 해가 지는 순간 원점으로 돌아올 수 있었습니다. 그러나 그는 너무나 지쳐 피를 토하고 쓰러져 죽고 말았습니다.

하인은 땅을 파고 그를 묻었습니다. 결국 그가 차지한 땅은 그의 시체가 누운 좁은 한 평의 땅 뿐이었습니다. 이 농부의 삶은 "허무한 욕망"에 이끌려 사는 삶이었습니다. 즉 후회가 있는 삶이었습니다.

사람들에게는 어떻게 살아야 하느냐도 중요하지만 무엇을 위해서 사느냐는 것이 더 중요합니다.

본문에서는 기독교인들이 후회없는 삶을 사는 길은 주님을 위해 살다가 주님을 위해 죽는 길이라고(롬 14:7-8) 했습니다. 주님이 주신 직책과 사명을 위해 목숨 바쳐 살다가 하늘나라로 가는 삶은 후회없는 삶입니다.

주님을 위해서라면 잘 못먹고 못입더라도 부끄러운 것이 될 수 없습니다. 일을 하느라 좌로 뛰고 우로 뛰다 보면 때로는 실망과 낙심이 찾아오기도 하고 허망한 생각이 들 때도 없지 않으나 주님을 위해 일하다 보면 힘이 생기고 용기가 납니다.

그러므로 맡겨주신 사명을 온전히 감당하시기 바랍니다. 주님께 전적으로 헌신하여 충성하시기 바랍니다. 주님을 위해서 사는 삶은 절대로 후회하지 않습니다. 사나 죽으나 주의 것이기 때문입니다.

성 크리소스톰의 일화 중에 이런 이야기가 있습니다.

그가 법으로 금한 기독교 복음을 증거한다고 체포당하여 감옥에 갔을 때입니다. 그는 이렇게 기도했답니다. "주님 감옥에 갇힌 죄수들을 복음화하라고 이곳에 저를 파송해 주셨군요 감사합니다."

그는 감옥 속에서도 쉬지 않고 복음을 전했습니다. 결국 그는 사형을 당하게 되었습니다. 그때의 기도가 무엇이겠습니까?

"주님, 감사합니다. 성도의 가장 아름다운 죽음이 순교라고 했는데 저 같은 사람을 순교의 반열에 동참케 하시니 감사합니다."

크리소스톰은 사형장으로 끌려갑니다. 성 크리소스톰에게 교수형이 집행되려고 할 때 갑자기 사형 중지령이 내렸습니다. 그때도 크리소스톰은 눈물로 감사했답니다.

"하나님 감사합니다. 아직도 종에게 할 일이 더 남았다는 것입니까? 감사합니다. 죽도록 충성할 수 있도록 도와 주소서."

이것이 성도가 감사할 이유입니다. 살아도, 옥에 갇혀도, 죽게 되어도 감사하는 마음은 후회없는 삶을 산 것입니다.

사랑하는 성도 여러분, 주님을 위해 살다 보면 환난도 닥쳐오고, 까닭 모를 원망이 들 때도 있으며, 핍박도 오고 너무 낙심될 때도 있습니다. 그러나 이 한 몸 주님을 위해서 바치기로 작정했다면 충성을 다하시기 바랍니다.

후회없는 삶은 사명을 감당하는 삶입니다. 창조주를 기쁘게 하는 삶입니다. 주님이 심판하실 때 칭찬받을 수 있는 삶이어야 합니다.

요한 웨슬레는 죽기 직전 마지막으로 유언하기를 "내가 무엇보다도 감사한 것은 하나님께서 나와 함께 하신 것이다"라고 말하였습니다.

주님을 위해 살다 가므로 후회없는 삶을 살았다고 기쁨으로 감사를 드리면서 세상을 떠났던 것입니다. 주님을 위해 온전한 헌신의 삶을 살므로 후회없는 삶이 되시기를 바랍니다.

경건한 신앙인의 삶
(엡 4:25-32)

사람이 살아가는 형태는 여러 가지입니다. 삶을 거짓되게 살고 불의를 일삼고 불평과 불만 속에서 사는 사람이 있고, 어떤 상황에서도 진실하게 살고 성실하게 일하며 감사와 소망 속에서 사는 사람이 있습니다. 어떤 이는 형편되는 대로 이래도 좋고 저래도 좋고 주체성 없이 물결치는 대로 바람부는 대로 살아가는 사람도 있습니다.

우리는 믿음으로 사는 성도들입니다. 믿음으로 사는 성도는 경건한 신앙의 삶을 살아야 합니다.

바울은 그리스도인이 지녀야 될 삶이란 거짓을 버리고 진실한 삶을 살 것, 철저하게 자신을 통제할 것, 그리고 정직한 삶을 사는 것이라고 말하고 있습니다. 29절 이하에 보면 바울은 경건한 신앙인의 삶이 어떠해야 함을 말해 주고 있습니다.

1. 덕스러운 언어 생활을 해야 합니다.

다이나믹 설교뱅크

모든 생물은 자신의 존재나 의사나 감정을 표현하는 독특한 방법들을 가지고 있습니다. 소리를 지른다든지, 낑낑 거린다든지, 몸짓을 하고 꼬리를 흔든다든지, 꿈틀거린다든지, 하여튼 각기 나름대로의 표현 방법을 가지고 있습니다.

언어표현 방법은 인간만이 지니는 고유한 축복입니다. 초목이나 짐승이나 곤충에게는 정돈되고 조작화된 언어가 없습니다. 사람만 말을 하고 삽니다. 그러나 그 말이라는 것 때문에 사람만 상처받고 감정이 상하고 고통을 겪게 됩니다.

경건한 신앙인은 더러운 말을 입 밖에도 내지 말아야 합니다. 더럽다는 것은 부패했다, 쓸모없다, 유익하지 않다는 뜻입니다. 아름다운 것은 다른 사람에게 덕이 되고 유익하지만 더러운 것은 다른 사람에게 해가 되고 덕이 되질 않습니다.

그 사람의 얼굴은 그 사람의 인품을 드러내고 그 사람의 언어는 그 사람의 성품을 드러냅니다. 그 사람의 마음이 썩어 있으면 더러운 말이 나올 수밖에 없습니다.

야고보서 1장 19절을 보면 "내 사랑하는 형제들아 너희가 알거니와 사람마다 듣기는 속히 하고 말하기는 더디 하며 성내기도 더디 하라"고 했습니다.

우리 사회는 언어의 순화운동이 일어나야 합니다. 사회의 불신과 불안이 고조될수록 은어나 비어, 혹은 속어가 유행하는 법입니다. 우리 그리스도인들부터 말 아닌 말, 덕스럽지 않은 말, 유익하지 않은 말은 하지 맙시다. 그리고 그리스도인으로서의 품위를 손상시키는 용어는 사용하지 맙시다. 선한 말을 하여 듣는 자들에게 은혜를 끼치게 해야 합니다.

바클레이는 "은혜란 언제나 사랑스러운 것이다"라고 했습니다.

헬라말로 은혜를 '카리스'라고 합니다. 영어로는 매력이라는 뜻이 됩니다. 그러니까 은혜스러운 말이라는 것은 언제나 사랑스럽고 매력이 넘치는 말이 됩니다. 다시 말하면 내가 사랑하는 마음으로 그 말을 할 때 그 말은 은혜스러운 말이 되는 것이고 매력 넘치는 말이 되는 것입니다.

내가 던진 말 한마디 때문에 다른 사람이 상처를 받거나 깊은 고뇌에 빠진다면 그 말은 은혜도 아니고 매력도 아닙니다.

우리는 말로 가정과 교회를 은혜롭게 합시다. 그리고 우리 사회를 은혜롭게 만듭시다.

31절을 보면 "너희는 모든 악독과 노함과 분냄과 떠드는 것과 훼방하는 것을 모든 악의와 함께 버리고"라고 했습니다. 여기서 말하는 악독이란 독기를 품고 있는 마음의 상태를 말합니다.

마음 속에 독기를 품고 있으면 자신의 육체적인 건강과 영적인 건강은 물론 다른 사람에게도 독을 주게 됩니다.

노함과 분냄이란 순간 순간 터뜨리는 격분과 마음 속에 오랫동안 간직하고 있는 노여움을 말합니다.

떠드는 것은 다른 사람을 비난하고 혹평하기 위해 입을 벌리고 소리내는 것을 말합니다.

칭찬하는 사람은 칭찬을 받고 비난하는 사람은 결국 비난을 받기 마련입니다.

훼방하는 것은 고의로 남의 일을 방해하는 것을 말합니다. 바울은 이런 것들을 자신이 품고 있는 악한 생각과 함께 버리라고 했습니다.

2. 사랑을 회복해야 합니다.

32절을 보면 "서로 인자하게 하며 불쌍히 여기며 서로 용서하기를 하나님이 그리스도 안에서 너희를 용서하심과 같이 하라"고 했습니다.

기독교는 인자와 용서와 사랑의 종교입니다. 그리스도인의 진정한 삶은 사랑을 회복하는 데 있습니다. 우리 사회에 필요한 것은 엄벌주의나 법의 제정이 아닙니다. 모든 사람들의 마음을 포근하게 해 주는 사랑운동이 일어나야 합니다. 용서와 화해, 사랑과 이해의 실천은 교회 안에서부터 일어나야 합니다.

사랑의 공동체를 만듭시다. 서로 사랑합시다. 사랑의 본을 보입시다. 사랑이 회복되는 가정은 천국 가정이요, 사랑이 회복되어 용서와 화해가 이루어진 교회는 천국의 모형이요 축복받은 삶입니다.

우리 모두 하나님의 사랑을 회복하는 성도들이 되시기를 바랍니다.

애국자 느헤미야
(느 1:1-11)

에스라와 동시대인이었던 느헤미야는 성벽 건축과 남은 자들의 영적 부흥운동을 주도했던 인물이었습니다.

느헤미야 시대의 위정자들은 위정자들대로 타락했고, 종교 지도자들은 종교 지도자들대로 이름은 제사장이고 서기관인데 이 하나님의 집의 일꾼들마저 돈과 물질에 눈이 어두워져서 불의한 세력의 앞잡이 노릇을 하고, 자기의 책임에 충성하지 않았습니다.

그리하여 하나님을 앗수르와 바벨론 나라들을 통해 유대 나라와 이스라엘을 멸망시키고 말았습니다. 이때 구국을 위해 일한 사람이 느헤미야 선지자였습니다.

그러면 느헤미야는 어떤 애국자입니까?

1. 느헤미야는 나라를 위하여 기도한 애국자입니다.

느헤미야는 나라가 망하는 환난 가운데 포로로 잡혀 온 사람이었습니다.

그러나 느헤미야는 인격이 훌륭하고 분별력이 뛰어난 명철과 지혜가 있으며 행동이 어질고 양심과 생활이 청렴 결백하고 충성된 사람이었습니다. 그래서 하나님의 축복을 받고 그 나라의 임금인 아닥사스다 왕에게 알려져 마침내 아닥사스다 왕의 가장 신임을 받는 장관인 술관원이 되었습니다.

그러나 민족이 어려움에 처하게 되었을 때 "…수일 동안 슬퍼하며 하늘의 하나님 앞에 금식하며 기도하였습니다"(느 1:4).

금식기도는 기름을 짜면서 하는 기도입니다. 땀흘리기 보다는 눈물 흘리기가 더 어렵고, 눈물 흘리기 보다는 기름을 짜기가 더 어렵습니다. 물 한방울도 안먹고 사나흘만 금식해 보면 기름이 쭉쭉 빠져 나갑니다. 가슴히 바싹 탑니다. 체중이 줄어들고 기름이 빠져 나갑니다. 느헤미야의 금식은 기름을 짜는 금식입니다.

이렇게 하나님의 사람 느헤미야는 낙심하지 않고 원망하지 않고 저주하지도 않으면서 내 백성을 살려달라고 하나님 앞에 울부짖어 밤낮으로 기도하였습니다. 이것이 애국자입니다.

오늘 우리는 광복 49주년째를 맞아 이 민족의 남북 통일을 위해 느헤미야처럼 기도하는 성도들이 되십시다.

2. 느헤미야는 나라를 다스리는 책임에 깨끗이 충성한 사람입니다.

느헤미야는 나라를 다스리는 책임을 가진 사람이었습니다. 그는 자기 책임을 다하는 일에 깨끗이 충성한 사람입니다.

또한 느헤미야는 물질에 깨끗했습니다.

보통 사람 같으면 장관으로 있다가 이제는 총독으로 와 있으니 나라의 임금과 똑같은 위치에서 얼마든지 부자가 될만 합니다. 그는 12년 간 (5:14) 총독으로 있었는데 부자가 되었다는 말이 없고 물질에 깨끗하여 때묻지 않았다는 말뿐입니다. 한국의 정치 지도자들이여 물질에 깨끗한 애국자들이 되기를 바랍니다.

느헤미야는 법을 지키는 사람입니다. 부모님의 말씀을 잘 지키는 자식은 효자가 되어 부모님의 사랑을 받고 하나님의 법을 잘 지키는 신자는 하나님의 사랑을 받습니다. 하나님의 계명을 잘 지키니 하나님의 보호를 받아 손댈 자가 없고 하나님의 공급을 받아 모자라는 것이 없습니다.

그리하여 느헤미야는 12년 동안 총독으로서 예루살렘성을 다 쌓고 예루살렘의 백성이 하나님을 바로 섬기도록 믿음을 지도받고 경제생활을 잘 지도하여 마침내 예루살렘은 튼튼한 성곽에 둘러싸인 피난처가 되어 행복한 땅이 되었습니다.

느헤미야는 나라와 민족을 위하여 앉아서 울고 수일을 먹지 아니하고 금식하며 조상의 죄를 용서해 달라고, 내 민족의 죄를 용서해 달라고 회개하면서 기름을 짜 바치는 기도를 드렸습니다.

하나님은 의인의 기도를 들으시고 느헤미야의 기도에 응답을 하셨습니다. 우리 천 이백만의 성도들이 느헤미야와 같이 기도하면 하나님께서 들어 주십니다.

휴전선 너머에 있는 내 백성에게 자유를 달라고, 북녘 땅에 있는 형제들을 복음으로 찾는 날을 달라고 하루도 빠짐없이 기도하는 여러분이 다 되기를 바랍니다.

한 걸음 더 나아가 느헤미야처럼 때가 오면 생명과 재산을 바쳐 일할 줄 아는 일꾼이 되어야 합니다.

3. 느헤미야는 하나님의 긍휼을 구한 사람이었습니다.

느헤미야는 자신이나 자기 백성의 힘으로 나라가 회복되거나 평안을 얻을 수 없음을 깨닫고 있었습니다. 오직 하나님의 긍휼하심과 도우심으로만 그 나라가 회복될 수 있음을 하나님께 고백합니다.

그는 일찍이 하나님의 긍휼을 체험하였고 주의 능력과 권능이 크심을 알고 있었서 하나님께 전적으로 매달려 구했습니다. 성도는 느헤미야를 본받아 자신의 죄악을 자복하며 마음을 다하고 긍휼을 구하는 기도를 드려야겠습니다.

누가 애국자입니까? 느헤미야처럼 국가와 민족을 위해 금식하며 기도하는 사람이요, 자기 책임에 깨끗한 마음으로 충성하는 사람입니다. 그리고 나라의 법을 잘 지키는 사람으로 민족구원과 통일을 위해 하나님의 긍휼하신 사랑을 구하는 사람입니다.

이삭의 실수
(창 27:1-45)

사람이 살다보면 실수할 때가 많이 있습니다. 그 실수가 험난한 인생 길의 시작이 될 수도 있고 비극적인 종말을 맞게 될 수도 있습니다. 때로 사람은 실수했으나 하나님은 섭리하셔서 실수를 도리어 복되게 하는 경우들이 있습니다.

실수에는 말에 대한 실수, 행동에 대한 실수, 선택에 대한 실수, 판단에 대한 실수 등이 있습니다.

오늘 본문에 나오는 가정은 이삭의 가정입니다. 이삭과 리브가 사이에 야곱과 에서 두 쌍둥이가 있었습니다. 이삭은 에서를 사랑하였고 리브가는 야곱을 사랑하였습니다.

이삭의 나이는 137살, 에서와 야곱은 77살 때에 일어난 사건입니다. 내용은 이삭이 에서에게 별미를 먹고 난 후에 축복하겠다고 했는데 리브가의 지혜로 야곱에게 그 축복권이 돌아갔다는 내용입니다. 믿음의 모범생이었던 이삭의 실수는 무엇인지 함께 생각해 보겠습니다.

1. 비밀 축복의 실수를 했습니다.

이삭은 에서에게 축복을 주려고 할 때 아내 리브가에게는 비밀로 하고 몰래 축복을 하려고 하였습니다.

축복은 모두 앞에서 공개적으로 해야 합니다. 아마도 아내가 반대할 것이 틀림없기 때문입니다. 리브가는 쌍둥이를 배었을 때 하나님께서 큰 자가 어린 자를 섬기리라는 하나님의 예언을 받아 분명히 알고 있었습니다(창 25:23).

그리고 리브가는 야곱을 너무나 사랑하고 있었습니다. 이를 알고 있는 이삭이 몰래 축복하려고 한 것은 당연하였습니다.

가정이 하나가 되지 못하고 아내와 남편 사이에 몰래 하려는 일이 있을 때 문제입니다. 이삭이 아내 몰래 에서를 축복하고자 한 것은 가정에서 자녀 때문에 이견이 있었고 두 사람 모두 편애하는 모습이 있었습니다.

부모가 한 마음이 되지 못하고 편애하는 것은 형제 사이에도 틈이 생기고 그 틈으로 인하여 오해가 생기고 원수처럼 변하게 되었습니다. 축복하고자 하는 의미는 좋았지만 그 방법은 선하지 못했습니다.

2. 인본주의적 실수를 했습니다.

에서는 장자의 축복을 받을 수 없는 사람이었습니다. 왜냐하면 장자권을 팥죽 한 그릇에 팔 정도로 장자권을 중히 여기지 않는 사람이었습니다. 아예 장자권을 경홀히 여겼다고 성경은 분명히 말하고 있습니다(창 25:34).

에서는 인본주의적인 삶을 산 사람이었습니다. 무엇으로 보아도 에서는 장자 축복의 자격을 상실한 자였습니다. 그럼에도 불구하고 이삭이 축복하려고 하였던 것은 이삭의 실수였습니다.

장자의 축복은 장자에게 주는 것이라는 상식을 따르려고 하는데 인본주의적 실수를 했습니다. 믿음은 상식이 아니라 말씀입니다. 우리는 관례적인 것에 얽매이고 상식적으로 주의 일에 임하는 인본주의적 실수를 하고 있지는 않습니까?

베드로가 밤새 고기를 못 잡았습니다. 이제 고기를 못 잡을 낮이 되었습니다. 고기가 없는 깊은 곳입니다. 그러나 주님의 말씀에 의지하여 그물을 내렸습니다. 그물이 찢어지게 고기를 많이 잡았습니다.

어부의 상식으로는 맞지 않는 말입니다. 그러나 말씀에 의지하여 그물을 달아 내렸더니 풍어를 낚은 것입니다. 상식을 따르는 것은 인본주의요 말씀에 따르는 것은 신본주의입니다. 아마도 이삭은 나이가 많아지면서 영적 혼미함이 있었던 것 같습니다. 그리하여 인본주의적인 모습이 나타났습니다.

3. 먹고 축복하려는 실수였습니다.

이삭은 먹는 것을 너무 좋아했던 것 같습니다. 축복과 별미는 별개입니다. 축복을 하려면 그냥 해야 했습니다. 자기도 아버지 아브라함으로부터 공짜로 받은 것입니다.

별미를 먹고 축복하려고 에서가 별미를 잡으러 나간 사이에 문제가 생겼습니다.

에서가 팥죽 한 그릇에 장자권을 야곱에게 판 것이나 사냥한 고기에 장자권을 넘기려 한 것이나 다를 바가 없습니다. 이는 먹고 축복하려는 실수였습니다.

사도들이 안수할 때마다 하나님의 역사가 강하게 일어나는 것을 보고 시몬이 돈을 가지고 와서 "이 권능을 내게도 주어 누구든지 내가 안수하는 사람은 성령을 받게 하여 주소서"라고 말했습니다. 이때 베드로가 "네가 하나님의 선물을 돈 주고 살 줄로 생각하였으니 네 은과 네가 함께 망할지어다. 하나님 앞에서 네 마음이 바르지 못하니 이 도에도 네가 관계도 없고 분깃될 것도 없느니라"(행 8:20)고 말했습니다.

영적 축복은 은혜로 주시는 것이지 먹음으로 되는 것은 아닙니다. 먹고 축복하려는 것은 물질중심주의 신앙입니다. 이삭의 이같은 실수로 인하여 그는 말년에 야곱을 멀리 보내고 외롭게 살아야 했습니다.

리브가는 잠깐 동안 야곱을 에서의 눈을 피하여 외삼촌댁에 보낸다는 것이 그만 마지막이 될 줄 몰랐습니다. 리브가는 야곱을 다시 보지 못하고 죽었습니다.

에서는 20년 간 이를 갈며 살았습니다. 순화된 정서 속에 살지 못하고 황금기의 20년을 원수적 감정을 가지고 살았습니다.

야곱은 20년간 종살이를 하였습니다. 라반에게 수없이 속았습니다. 심는 대로 거두었습니다. 나중에 바로에게 가서 자기의 일생을 말할 때 험악한 세월을 살아왔다고 고백하였습니다.

하나님의 뜻을 그대로 믿지 못하고 인간적 수단과 방법으로 살아 온 이들은 하나님으로부터 철저한 고난을 받아야 했습니다. 그러나 사람은 실수해도 하나님은 야곱을 통한 이스라엘 민족을 이룰 섭리가 있었습니다.

사람은 때로는 실수할 때가 있습니다. 실수의 대가는 있으나 하나님의 섭리는 실수를 축복으로 바꿔주시는 은혜도 있습니다.

9월

관용의 삶

휴식을 통해 주시는 은혜

(막 6:30-34)

성경에서 보면 노동을 신성시하고 있습니다. 이것은 하나님이 인간 창조와 더불어 제정하신 인간의 의무였습니다.

범죄하기 이전에도 하나님은 인간을 그냥 무위도식하라고 동산 안에 두신 것이 아닙니다. "모든 생물을 다스리라"고 하셨고, 범죄한 후에는 더욱 힘든 노동을 하도록 명하셨던 것입니다. 하나님은 인간이 범죄한 후에 종신토록 수고해야 그 소산을 먹을 것이며 얼굴에 땀을 흘려야 식물을 먹게 된다고 말씀하셨습니다.

성경에서 게으른 사람을 가장 많이 책망하고 있는 곳은 잠언입니다. "게으름이 사람으로 깊이 잠들게 하나니 해태한 사람은 주릴 것이니라"(잠 19:15). "손을 게으르게 놀리는 자는 가난하게 되고"(잠 10:4)라고 말하면서 "게으른 자여 개미에게 가서 그 하는 것을 보고 지혜를 얻으라"(잠 6:6)고 하였습니다. 이렇게 하나님은 사람들에게 부지런히 일할 것을 명령하셨습니다.

본문에서 보면 제자들이 복음전도와 병자 치료 등 바쁜 일과를 마치고 돌아와 예수님께 자세히 그 성과를 보고했습니다.

그때 예수님께서는 "일을 잘 했으니 그 정신을 살려 계속 더욱 힘써 일하거라 일할 것은 많고 일꾼은 적지 않느냐? 그러니 분골쇄신 죽을 때까지 일해야 한다"라고 하신 것이 아니라 "한적한 곳에 가서 잠시 쉬어라"고 하시며 휴식을 권고하고 있습니다.

주님께서 말씀하신 "잠깐 쉬어라"는 말은 육적인 분주한 스케줄 가운데서 영적인 안식, 곧 하나님과 영적으로 교제하는 시간을 말하기도 합니다. 너무나 분주한 나머지 멀어졌던 하나님과의 관계를 다시 회복함으로 하나님께서 말씀하실 수 있는 기회를 드리고 또 그 말씀을 경청하는 것을 의미합니다. 이런 신비로운 영적 휴식을 통해서 우리는 놀라운 축복을 받게 됩니다.

1. 영과 육을 건강하게 합니다.

예수님은 갈릴리에서 복음을 전하는 일에 열중하셨습니다. 제자들은 예수님과 같이 열심히 일했습니다. 그들을 향해 "너희는 따로 한적한 곳에 와서 잠깐 쉬어라"고 권고하셨습니다.

휴식을 영어로 'Recreation'(레크리에이션)이라고도 합니다. 이는 재생을 의미합니다. 재정비를 말합니다. 진정한 휴식은 열심히 수고하고 노력하던 지난 날을 되돌아 보며 새롭게 일할 수 있는 힘을 얻기 위해 "재생", "재정비" 하는 시간입니다.

의사들의 의견에 의하면 하루에 한 끼를 굶거나 일주일에 하루를 금식하는 것이 우리 몸에 퍽 좋다고 합니다. 평생 동안 쉬지 않고 일만 하던 위가 쉴 수 있을 뿐만 아니라 몸 속에 있는 노폐물들을 없애는 좋은 기회가 된다는 것입니다.

이처럼 영적인 휴식도 사회에서 병들고 약해진 우리의 속사람이 하나님과의 대화를 통해 다시 재정비되고 재생되는 좋은 기회가 됩니다.

휴식은 다음 일을 위한 힘을 제공해 줍니다. 본문 중에 나타난 휴식은 단지 그들이 잠시 쉬고 또다시 일하기 위하여 준비하는 것이었습니다.

그것은 엄밀한 의미에서 종교적인 사역이든 아니면 일상 생활이든 하나님을 위하여 일하는 사람이라면 누구에게나 필요한 것입니다. 우리 앞에는 언제나 우리가 통과해야만 할 육체의 문과 극복해야 할 육적인 문제들이 있습니다.

그리스도께서 호수 건너편에서 우리를 부르고 계십니다. 그리고 산 위에서 그와 더불어 쉬라고 부르십니다. 그러나 그것은 우리가 그 호숫가로 되돌아가고 먼지 나는 평지로 다시 내려가 거기서 더욱 큰 용기가 필요한 일을 하기 위한 것이었습니다.

주님께서 "잠시 쉬어라" 하신 휴식은 영과 육을 건강하게 하셔서 다음 일을 위한 힘을 제공받으라고 하신 것입니다.

2. 영적인 귀와 눈이 밝아집니다.

조용한 영적 휴식을 통해서 우리는 하나님의 역사하심을 눈으로 볼 수 있고 또 그가 우리의 귀에 속삭이는 부드러운 음성으로 들을 수 있습니다.

옛날 유대 나라가 암몬파 아모리 족속에 의해 완전히 포위되어 존폐위기에 처하게 된 일이 있었습니다. 왕이었던 여호사밧은 무척 불안하였습니다. 그때 레위 족속 가운데 야하시엘이라는 사람이 조용한 기도를 통해서 하나님의 음성을 듣게 되었습니다.

"이 큰 무리로 인하여 두려워하거나 놀라지 말라. 이 전쟁이 너희에게 속한 것이 아니요 하나님께 속한 것이니라"(대하 20:15).

즉 하나님이 책임지고 싸워 주시겠다는 약속의 음성이었습니다. 이 놀라운 소식을 전해 들은 왕은 새 용기를 얻어 승리하게 되었습니다. 우리는 주님께서 치르실 전쟁을 내 전쟁으로 알고 고심할 때가 많습니다. 의식주의 문제, 내일의 문제, 장래의 문제 등은 모두 하나님의 소관으로 성경이 규정해 놓고 염려하지 말라고 분명히 말씀하셨지만(마 6:25-34) 우리는 그것들이 여전히 우리의 일인 것처럼 착각하고 고심하고 있습니다.

조용한 영적 휴식을 통하여 하나님의 약속의 음성을 확인하게 될 때 영적인 귀와 눈이 밝아지게 됩니다. 우리는 이런 전능자의 음성을 듣기를 원하고 있습니다.

세상의 풍랑, 가정의 풍랑, 직장의 풍랑, 사업의 풍랑, 마음 속의 의심과 불안의 풍랑으로 두려움 갖게 될 때 조용한 영적 휴식을 통해서 우리는 용기를 주시는 하나님의 음성을 들어야 합니다.

3. 주님과 같이 있는 곳에 참된 안식이 있습니다.

그리스도께서는 제자들을 자기와 더불어 같이 있게 하셨습니다.

그의 말씀은 "가라"는 것이 아니라 "따로 한적한 곳에 와서 잠깐 쉬라"(31)는 것이었습니다.

일할 때나 걱정 근심할 때나 죽음이 임박했을 때도 하나님과 함께 하십시오. 그리고 즐거울 때에도 하나님과 함께 하십시오. 그래야 우리가 우리의 즐거움에 대해서 "당신이 계시는 곳에 기쁨이 있네 당신의 오른손에는 영원한 기쁨이 있네"라고 말할 수 있지 않겠습니까? 예수 그리스도께서는 일할 때나 쉴 때나 항상 우리와 함께 계실 것입니다.

■■■
다이나믹 설교뱅크

우리는 "한적한 곳에 가서 잠깐 쉬라"고 하시는 주님의 음성을 늘 기억하며 분주한 손길을 멈추는 지혜를 배워야 할 것입니다. 우리의 몸, 마음 그리고 신앙을 위해서 말입니다.

휴식을 통해 주시는 은혜는 영과 육을 강건하게 하고, 영적인 귀와 눈이 밝아지는 은혜를 주시며, 주님과 함께 하는 휴식이 있는 곳에 참된 안식과 평화가 있습니다.

"휴가 안가세요?", "휴가는 다녀 오셨어요?", "휴가 어디로 가십니까?" 이것은 휴가철이 되면 만나는 사람마다 상투적이면서 보편화 되버린 인사법이 되버렸습니다.

휴가 다녀오지 못한 사람은 문화인이 못되고 시대에 뒤떨어진 것처럼 느껴지게 만들곤 합니다. 외국에 다녀온 사람은 자랑스럽게 여기고 국내로 다녀온 사람들은 그런 대로 자위하게 됩니다. 그러나 휴가를 못 다녀왔다고 실망하거나 낙심할 것은 없습니다.

저는 이번 휴가 기간에 상반된 감정이 교차되었습니다. 전국 성서신학원장 해외 수련회를 주선하면서 교회 형편이 좋아서 해외연수 및 수련회에 떠나는 분들이 있는가 하면 교회 형편이 지원할 수 없어서 못 가는 분들을 중심으로 수련회를 준비하여 무주 구천동에서 하게 되었습니다. 그래도 해외에는 나가지 못했지만 부부가 함께 모여서 시간을 가질 때 사모님들이 그렇게 좋아하는 것을 볼 수 있었습니다.

휴가의 필요성을 절감했습니다.

관용의 삶
(눅 6:27-36)

우리말 사전에서는 "관용"을 "너그럽게 받아들이고 용서하는 것"이라고 정의하고 있습니다. 이는 대범한 마음, 너그러운 마음을 의미하고 있습니다.

바울은 빌립보 교인들에게 "관용을 모든 사람들 앞에 보이라"고 강조하고 있습니다. 관용은 기독교의 상징이요 특징이며, 기독교 윤리의 최고봉입니다. 우리 그리스도인들은 관용하는 마음, 관용의 삶을 살아야 합니다.

1. 관용은 용서하는 마음입니다.

관용이란 남의 잘못에 대하여 너그럽게 이해해 주고 그 어떤 실수도 크게 부각시켜 문제화 시키지 않고 은혜롭게 수용해 주는 것을 말합니다.

인간은 누구나 실수할 수 있습니다. 잘못을 저지르지 않는 사람은 하나도 없습니다.

누구나 자기의 실수나 잘못에 대해서는 관대하지만 다른 사람의 실수에 대해서는 너그럽지 못한 것이 우리 인간들의 본성입니다.

주님은 자기에게 침을 뱉고 조소하고 조롱하며 십자가에 못을 박는 무리들을 내려다 보시면서 "하나님, 저들을 용서해 주십시오. 저들은 저들이 하는 일을 모르고 있습니다" 하시며 참으로 넓은 관용을 보이셨습니다.

우리는 넓은 관용을 보이신 예수님을 구세주요 인도자로 모시고 사는 그리스도인들입니다. 그 주님을 본받아 우리를 해하는 원수들까지 이해하고 용서하는 관용을 보일 수 있어야 합니다.

관용이란 이처럼 용서하는 마음을 말합니다. 용서하는 마음을 가진 자는 평안합니다. 기쁨으로 살 수 있고 덕성이 함양된 인격자로서 살아갈 수 있습니다.

2. 관용은 다른 사람과 입장을 바꾸어 이해할 때 가능합니다.

다른 사람의 입장을 이해할 때 우리는 관용의 미덕을 행사할 수 있습니다. 이해를 영어로는 'understand'라고 말합니다. 이는 "밑에 선다"라는 뜻입니다. 상대방의 입장에 자기가 서 보았을 때 비로소 바른 이해가 가능합니다.

높은 자리에서는 다른 사람의 사정을 바로 이해할 수 없습니다. 통치자의 자리, 재판장의 자리, 권력자의 자리가 아닌 낮은 자리에 설 때 이해가 가능하다는 것입니다.

바울이 예수님의 마음을 묘사한 것처럼 "자기를 비어 근본 하나님의 본체이시나 낮은 종의 모양으로 내려 오셨다"라는 태도입니다. 그는 지상에 오셔서 인간 가운데서도 제일 낮고 천한 자리에서 살았기 때문에 모든 인간을 잘 이해할 수 있었습니다.

간음하다 붙들려 돌에 맞아 죽게 된 탕녀를, 돌을 쥔 바리새인의 입장에서가 아니라 그 여인의 입장에서 보았기 때문에 능히 이해하고 용서할 수 있었던 것입니다.

진정으로 바른 이해는 한 걸음 더 나아가서 그의 입장에 설 뿐만 아니라 그 사람의 생각이나 감정을 내가 갖게 될 때 비로소 가능합니다.

우리는 가장 가깝게 사는 우리 식구들까지도 이해하지 못할 때가 많습니다. 내 입장에서 생각하고 판단을 할 때가 너무나 많습니다. 상대방의 형편과 처지를 깊이 이해하고 또 그가 갖고 있는 깊은 감정의 흐름 속에 함께 뭉칠 수 있을 때 관용이 가능합니다.

관용은 참으로 중요한 것입니다. 이런 관용은 가정에서뿐만 아니라 사회의 구석 구석에서 아름다운 역할을 하게 될 것입니다.

인류 역사상 예수님처럼 큰 관용의 미덕을 보여 주신 분은 없었습니다. 우리는 그리스도를 통해서 관용을 배울 수 있습니다.

3. 관용은 중생과 성화의 결정체입니다.

사도 바울은 믿는 사람의 중생하고 성화된 성품을 로마서 12장에서 말하고 있습니다. "하늘에 계신 너희 아버지의 온전하신 것처럼 너희도 온전하라"고 예수님은 말씀하셨습니다. 주님은 "원수를 사랑하며 미워하는 자를 선대하며, 저주하는 자를 위하여 축복하고, 모독하는 자를 위하여 기도하라"고 권면하시면서 "너희가 만일 너희를 좋아하는 사람만 좋아하고 사랑하는 자만 사랑하면 세리나 죄인들, 혹은 믿지 않는 세상 사람들보다 나은 것이 무엇인가? 그것은 누구나 다 할 수 있는 일이다. 그러므로 너희가 원수까지 사랑할 수 있을 때 너희는 비로소 하나님의 자녀가 될 수 있는 것이다"라고 말씀하셨습니다.

이런 아량과 관용의 정신이야말로 하나님의 자녀된 증거입니다. 예수님은 이런 관용의 본을 보이시면서 일생을 사셨습니다. 그는 쉽게 남을 비판하거나 저주하거나 책망하는 일이 없었습니다. 그 누구를 만나도 관용을 베풀었습니다. 자기를 팔려는 제자 유다에게도 떡을 떼어 주었습니다. 그리고 그가 좋은 사람이 될 수 있는 기회를 많이 주셨습니다.

자기를 살아계신 하나님의 아들이라고 고백하던 베드로가 자기를 모른다고 부인하고 저주하는 모습까지도 사랑과 관용의 눈길로 보셨습니다.

그는 자기를 버리고 도망간 제자들을 찾아가 아침 식사를 준비해 놓고 다시 용기를 주신 분입니다. 우리가 참 거룩자냐 아니냐 하는 것은 이 관용의 미덕 하나만으로 판단해도 충분합니다.

관용의 미덕은 하나님의 은혜를 통해서 예수님의 성품을 그대로 본받고 이어받을 때 가능합니다. 그것은 곧 예수님처럼 내 자신이 죽는 아픔, 고난의 잔을 매일 마실 수 있을 때 가능합니다.

관용은 쓰라린 십자가의 아픔을 요구하고 있습니다. 그런 고통의 쓴잔을 쉽게 마실 수 있을 때 우리는 그리스도가 보여 준 큰 산과 같은 넓은 관용의 사람이 될 수 있습니다. 우리의 가정과 교회와 교계에 그 무엇보다도 관용이 가장 필요하다고 생각합니다.

관용은 우리의 삶을 훨씬 값지게 하며 아름답게 하는 요소입니다. 그래서 관용은 멋진 것이며 아름다운 것입니다. 관용의 마음, 관용의 삶을 사는 멋진 성도들이 되시기를 바랍니다.

영에 매임을 받은 자
(행 20:17-22)

사람은 무엇인가에 매여 살게 되어 있습니다. 물질에 매여 사는 사람, 학문에 매여 사는 사람, 예술에 매여 사는 사람, 욕심에 매여 사는 사람 등등이 있습니다.

본문에서 보면 바울은 "보라 이제 나는 심령에 매임을 받아 예루살렘으로 가는데 거기서 무슨 일을 만날지 알지 못하노라"(20:22)고 했습니다. 심령에 매임을 받았다고 했습니다.

즉 영에 매임을 받아 살고 있다는 말입니다. 영에 매임을 받은 사람의 삶은 어떠합니까?

1. 시종여일하게 삽니다.

본문 22절에 심령이라는 말씀은 영이라는 말인데 사람의 영이라고 할 수 있고 하나님의 영이라고 할 수 있습니다.

사람의 영으로 생각할 때는 육신이 심령에 매였다는 뜻입니다. 그리고 하나님의 영으로 볼 때 사람이 성령에 붙잡혔다는 의미입니다.

아무튼 영에 매임 받은 사람은 시종여일하게 살아간다는 것이 본문의 가르침입니다. 즉 바울 사도가 아시아에 들어온 첫날부터 지금까지 겸손하게 눈물로 시험을 참고 주를 섬겼습니다.

다시 말하면 시종여일하게 주를 섬겼다는 말입니다. 인생이란 시종여일하지 않습니다. 즐거울 때 있고 괴로울 때도 있으며 고통당할 때도 있습니다.

사도 바울은 복음 전하는 일을 감당해 갈 때 순탄할 때도 있었고 시험을 당할 때도 있었지만 시종여일하게 일했습니다. 왜냐하면 영에 매임 받은 사람이었기 때문입니다.

영에 매임 받은 사람은 환경에 매이지 않고 고통받는 일이나 시험받는 일에 좌우되지 않습니다. 하는 일과 생활의 모습이 시종여일하여 변함없이 충성하고 목적을 향해서 달려갑니다.

시험당하는 성도가 있습니까? 고난받는 성도가 있습니까? 바울 사도처럼 겸손하게 눈물로 시험을 참고 시종여일하게 주를 섬기시기를 바랍니다. 하나님의 영은 시종이 여일하시오니 하나님의 영에 매인 바 된 성도는 어떤 환경에서도 시종여일하게 살아야 합니다.

욥의 신앙생활은 어떤 환경에서도 굴하지 않고 시종여일하게 살았습니다. 누가 뭐라고 해도 하나님 중심으로 사는 사람은 시종여일하게 살아갑니다.

2. 공사 유익하게 삽니다.

세상에 태어나서 남에게 유익을 주면서 일평생을 사는 사람이 있습니다. 그러나 평생을 남에게 손해만 끼치는 사람도 있습니다. 여리고 길에서 강도 만난 자의 비유 중에 잘 묘사되어 있습니다.

바울 사도는 "유익한 것은 무엇이든지 공중 앞에서나 각 집에서나 꺼림이 없이 너희에게 전하여 가르쳤다"고 에베소교회 장로들에게 밝히 말하고 있습니다. 즉 공사간에 유익한 것은 무엇이든지 공중 앞에 전했고 가르쳤다는 말입니다. 다시 말하면 바울 사도는 평생 동안 유익을 주는 삶을 살았다는 뜻입니다.

그 이유는 육신의 정욕이 심령에 철저하게 매임을 받았기 때문입니다. 또 성령에 매임 받았기 때문입니다.

우리 인생의 삶은 남에게 손해를 준다든지 마음의 상처를 주는 일과 말은 하지 말아야 해야 합니다. 남에게 유익을 주고, 덕을 세워 가며 생산적이고 은혜로운 삶의 길을 걸어간다면 얼마나 보기 좋은 일입니까? 하나님의 영에 매여 사는 사람은 공사 유익하게 살게 됩니다.

3. 공평무사하게 삽니다.

야고보 감독은 교인들 사이에 사람 차별하는 것을 보고 사람을 외모로 취하는 것은 죄라고 밝혔습니다(약 2:1-9). 이처럼 사람을 차별하는 것은 하나님께서 용납지 않는 일입니다.

그래서 바울 사도는 절대로 사람 차별을 하지 않았습니다. 즉 유대인과 헬라인들에게 하나님께 대한 회개와 우리 주 예수 그리스도께 대한 믿음을 증거한 것이라고 바울은 말하고 있습니다. 다시 말하면 바울 사도는 유대인과 헬라인을 차별하지 않았습니다.

회개와 믿음을 똑같이 가르쳤습니다. 영에 매임을 받았기 때문입니다. 그러므로 우리도 영에 매임을 받아 공평 무사에게 살아야 합니다. 사람이 제일 못나 보이고 작아 보이는 것은 사람을 차별하고 패가름을 하고 외모로 사람을 취하는 사람입니다.

　하나님의 영에 매인 사람은 그 인생의 삶을 공평 무사하게 삽니다. 그리스도를 구주로 믿는 사람은 그리스도의 영에 매임을 받아 살아야 합니다. 영에 매임을 받은 자의 삶은 시종여일하게 살고, 공사 유익하게 살며 공평 무사하게 살아갑니다.

가을의 풍요를 감사하자
(갈 6:6-10)

가을은 결실의 계절이요 풍요의 계절입니다. 넓은 들에 오곡백과가 무르익어 황금물결을 치는 계절이요, 산과 들에 모든 초목은 아름다운 열매를 주렁주렁 맺어 자랑스럽게 버티고 있습니다.

그리하여 가을은 보기만 해도 절로 배부르는 천고마비의 계절이요 등화가친의 계절입니다. 이 가을에 우리의 영혼과 속사람이 강건하여 더욱 풍성한 계절을 맞이하시기 바랍니다.

하늘은 더 높고 물도 더 맑은 아름다운 낭만의 계절 가을입니다. 이 얼마나 풍요합니까? 하나님은 이렇게 인생들에게 풍성한 가을을 주셨습니다. 이것은 하나님이 인간에게 베풀어 주신 가장 아름답고 풍성한 축복입니다. 풍요한 가을을 주신 하나님께 감사해야 하겠습니다.

1. 가을은 풍요의 계절입니다.

자연을 창조하신 하나님께서 봄, 여름, 가을, 겨울을 만드시고, 심고 자라고 열매 맺어 거두어 들이게 하셨으니 그 섭리가 얼마나 오묘합니까? 그러나 사계절 중에 가을이 가장 풍요합니다.

이 자연의 가을은 천문학상으로 북반구의 경우 추분, 즉 9월 22일경에서 동지 즉 12월 22일경을 말하며, 절기로서는 입추 즉 8월 7일경에서 입동 즉 11월 7일까지를 말하는데 한국에서는 대개 9월부터 11월까지를 가을이라 합니다.

이러한 가을은 결실과 거둠의 계절입니다. 봄에 심은 모든 곡식이 가을에는 무르익어 그것을 거두어 들이어 기나긴 겨울 동안 잠을 자게 합니다. 그러므로 확실히 가을은 결실과 추수의 계절입니다. 이러한 자연의 법칙은 우리 사람들을 생존케 하는 하나님의 무한하신 축복입니다.

하나님께서는 우주를 자전과 공전을 하게 하셨습니다. 그 자전은 낮과 밤을 이루어 자고 깨우게 하시며 일하고 쉬게 하시며 봄, 여름, 가을, 겨울을 이루게 하셨습니다.

계절의 수레바퀴 속에서 가고 오는 일이 반복되는 세상에서, 참으로 어렵고 힘든 일이 많은 세상에서 오늘까지 생존케 하시는 하나님의 무한하신 축복을 깨닫고 감사해야 하겠습니다.

창세기 8:22에 "땅이 있을 동안에는 심음과 거둠과 추위와 더위와 여름과 겨울과 낮과 밤이 쉬지 아니하리라"고 하였습니다.

이 말씀은 지금도 계속되고 있습니다. 이런 일은 하나님의 신실하심을 나타내시는 일들입니다.

풍요의 가을을 주신 하나님께 감사하며 오늘까지 살아 있게 하시며 신실하심으로 대해 주시는 하나님께 감사하는 신앙이 되시기를 바랍니다.

2. 가을은 열매맺는 계절입니다.

창세기 8:22에 "'거둠이 계속되게 하였으매', 시편 12:6에는 "기쁨으로 단을 가져오게 하시는 하나님"이라고 했습니다.

하나님은 만물에게 열매를 맺게 하셨습니다. 하나님은 자연의 열매만을 이루게 하시는 것이 아니라 우리 성도에게 또다른 신령한 열매도 주시는 것입니다.

열매 맺는 계절에 우리 성도들도 다음과 같은 열매들을 맺어야 하겠습니다. 회개의 열매(마 3:6), 생명의 열매(요 4:11), 찬송의 열매(히 13:15), 성령의 열매(갈 5:22-23), 선행의 열매 등을 맺어야 합니다.

선행의 열매는 기도와 찬송과 충성과 봉사와 복음 전도의 선한 열매입니다. 우리 영혼도 이런 열매를 많이 맺어 풍요의 가을이 되시기를 바랍니다.

3. 가을은 추수의 계절입니다.

가을은 결실의 계절인 동시에 추수의 계절입니다. 엄동설한이 오기 전에 추수를 하므로 농부의 수고의 결실을 보게 되고 풍요의 날을 누리게 됩니다. 그래서 가을은 확실히 바쁜 계절입니다. 봄에 뿌린 곡식의 아름다운 열매를 가을에는 몽땅 거두어 들이는 풍요입니다.

온 집안은 곡식단이요 곡식 자루입니다. 이 가을에는 농부들의 얼굴에 기쁨이 가득하고, 입가에 웃음꽃이 피는 계절입니다.

씨를 뿌릴 때 나지 아니할까 걱정하며 심히 애탈지라도 열매 차차 익어 곡식 거둘 때에 기쁨으로 단을 거두는 것입니다. 거둠, 그것은 바로 기쁨입니다. 가을은 곡식을 거두어 들이는 기쁨의 계절입니다.

이 가을에 영적으로 거두어 들인 것이 무엇이 있습니까? 반면 이 추수의 계절은 심판의 계절입니다. 가을 타작 마당은 알곡과 쭉정이를 가려내는 정도입니다.

사람이 무엇이든 심는 대로 거두어 들입니다. 충성과 믿음, 봉사, 열심 생명을 심으면 영생과 상급과 기업을 거둘 것이고, 죄와 불충과 나태와 거짓을 심으면 멸망과 형벌을 거둘 것입니다.

우리는 썩어질 육체와 세상 것을 심지 말고 신령한 것을 심어 정한 알곡 되시기를 바랍니다. 가을은 바쁜 계절입니다. 일꾼을 필요로 합니다. 열심있는 일꾼이 되어 추수꾼으로서 거둠의 기쁨, 풍요의 가을 행복이 넘치는 계절이 되시기를 축원합니다.

예수님의 관심사
(눅 5:17-26)

사람마다 자기가 하는 일에 최대의 관심사가 있습니다. 장사하는 사람은 돈 잘 버는 일에, 공장을 경영하는 사람은 생산품이 잘 팔리는 일에, 정치인은 훌륭한 정치인이 되기 위해 큰 관심을 가지고 있습니다.

예수님께서 활동하던 시대에 가장 인기있는 사람은 성육신하여 이세상에 오신 예수 그리스도이셨습니다. 그분이 가는 곳마다 머무는 곳마다 들을 만한 일, 볼 만한 사건들이 곧잘 속출했기 때문입니다.

이러한 가운데 당대의 모든 인간들은 예수님의 추종자들이든 반대파이든 예수님이 있는 장소에는 각기 어떤 목적이든지 사람들이 모이고 또 인산인해를 이루었습니다. 오늘 본문에서는 각종 병자들을 치유하는 가운데 갑자기 등장한 중풍병자를 놓고 서기관들과 바리새인들과 예수님 사이에 약간의 논쟁이 벌어지는 장면을 목격하게 됩니다.

이런 논쟁의 가장 근본이 되는 것은 각기 다른 목적하에 그 한 자리에 모였기 때문에 일어난 것입니다.

이제 이 본문에서 나뉘어진 두 관심사를 살펴보겠습니다.

1. 인간의 관심사

첫째, 병고침의 관심이었습니다(눅 5:17).

"병을 고치는 주의 능력이 예수와 함께 하려나"라는 말씀은 지금 예수님 앞에서 수많은 병자들이 기적적으로 치료받고 있는 역사가 계속 일어나고 있다는 것입니다. 그렇기에 많은 병자들이 지금 예수님을 통해 기적의 치료를 받기 위해 차례를 기다리고 있는 사람들도 있다는 말입니다.

이런 부류 가운데 한 사람 역시 누워 거동치 못하는 중풍병자였습니다. 그도 예수님을 통하여 중풍병이 낫고자 하는 소망이 있었습니다. 그래서 이 중풍병자는 친구들의 도움으로 들것에 실려 왔고 친구들의 도움으로 예수님 앞에 인도되었을 때 "저희의 믿음을 보시고" 예수님이 고쳐 주셨습니다.

여기 중풍병자를 매달아 내린 친구들이나 또 예수님 앞에 차례를 기다리고 있는 병자들의 주요 관심사는 자기가 당장 고통을 당하고 있는 문제인 "병 낫는 것" 뿐입니다.

병이 나아야겠다는 그 목적, 그 관심뿐 자신을 낫게 해주는 예수님이 누구인지는 관심 밖의 일인 것입니다.

우리들의 주요 관심사는 무엇입니까?

"병 낫는 것"입니까? "사업의 성공을 위한" 것입니까?

육신의 목적에 관심사를 두고 그것만을 위해 기도하고 예배드리고 신앙생활을 하는 사람들이 있습니다. 이런 사람들은 자기의 목적한 바가 달성되면 문제가 해결되면 예수님 곁을 말없이 떠나가 버립니다. 우리는 영적인 일에 관심을 가져야 합니다. 신령한 일에 관심을 가지시기를 바랍니다.

둘째, 논쟁의 관심이었습니다(눅 5:17).

"하루는 가르치실 때에 갈릴리 각 촌과 유대와 예루살렘에서 나온 바리새인과 교법자들이 앉았는데"라고 했습니다. 이들의 참여는 남다른 목적이 있습니다. 예수님의 허물을 찾기 위함이었습니다.

예수님께서 천장으로부터 매달려 내려진 병자에게 첫마디가 "이 사람아 네 죄 사함을 받았느니라"고 하는 말씀이었습니다. 그러자 그 즉시 서기관들과 바리새인들 사이에서 반응이 일어났습니다. 그 반응은 "…이 참람한 말을 하는 자가 누구뇨 오직 하나님 외에 누가 능히 죄를 사하겠느냐"는 것입니다.

이는 예수님께 문제를 일으키려는 말이었습니다. 서기관들과 바리새인들은 신앙이 없는 사람들이었습니다. 그들은 예수님에게서 허물을 찾을 목적으로 따라다니는 무리들이었습니다. 이들은 예수님의 구원역사에 협력자들이 아니었습니다. 방해꾼들이었으며 도리어 필요없는 존재들이었습니다.

우리는 어떤 존재들입니까? 주님의 구원사역에 좋은 협력자로서 희생과 헌신과 충성을 다하고 있습니까? 아니면 서기관들이나 바리새인들처럼 남의 허물과 실수를 놓고 논쟁이나 하고 있습니까? 이는 아무런 의미도 가치도 없습니다. 이런 사람들은 천국의 거침돌이 되고 맙니다.

우리는 주의 일에 좋은 협력자로 희생과 헌신적인 일에 관심을 갖고 일하는 성도들이 되시기를 바랍니다.

2. 예수님의 관심사

예수님의 관심사는 병자가 되었든지 귀신들린 자가 되었든지 어떤 사람들이든지 주께 나오는 자들이 죄사함을 받고 구원을 얻게 하는 것이 주요 관심사였습니다.

우리가 예수님 믿고 교회에 나오는 주요 관심사는 바로 여기에 있습니다. 죄사함 받고 구원받는 일입니다. 나만 아니라 다른 사람들에게 구원 얻게 하는 일들입니다.

오늘 우리의 관심사는 무엇입니까? 우리의 삶의 제일되는 관심사는 무엇입니까? 무엇 때문에 교회에 나오고 계십니까?

이 문제의 해답은 예수님의 관심처럼 죄사함 받고 구원 얻는 일입니다. 죄사함 받고 구원 얻은 자는 참된 평안과 자유가 있으며 기쁨과 즐거움과 감사와 소망 가운데 살게 됩니다.

10월
복음의 능력

- 참된 믿음의 삶(신 6:4-9)
- 사랑의 새 계약(마 26:26-28)
- 복음의 능력(롬 1:16-17)
- 고넬료의 은혜로운 삶(행 10:1-8)

참된 믿음의 삶
(신 6:4-9)

이 세상에는 참된 것과 거짓된 것들이 있습니다. 참된 것은 자신과 사회에 유익을 주지만 거짓된 것은 자신과 타인에게 손해를 주고 사회를 파괴하는 원인이 됩니다.

사람이 무엇을 보느냐 하는 것은 매우 중요한 의미를 가지고 있습니다. 무엇을 바라보느냐에 따라 그 삶의 가치와 태도가 달라지기 때문입니다.

아브라함은 눈을 들어 하늘의 별을 바라보았고 그의 믿음으로 하나님의 친구가 되었습니다. 반면에 롯은 눈을 들어 소돔성을 바라보았고 이 세상의 친구가 되었습니다.

아브라함은 그가 사모하고 추구해 온 것을 그대로 받았습니다. 하나님은 그를 위하여 한 성을 예비하셨습니다. 그러나 롯은 소돔에 유황불이 비처럼 내려 모든 것을 잃고 말았습니다.

본문은 우리에게 참된 믿음의 삶을 살기 위해서는 말씀을 마음에 새겨야 한다고(6) 했습니다.

우리의 마음은 삶의 최고 사령부라고 말할 수 있습니다. 그래서 잠언 4:23에는 "무릇 지킬 만한 것보다 더욱 네 마음을 지키라. 생명의 근원이 이에서 남이니라"고 했습니다.

마음은 우리 믿는 사람의 삶의 중심입니다. 실로 우리의 모든 지식과 감정과 의지 속에 그 분의 뜻이 드러나는 삶을 살아야 할 것입니다. 참된 믿음의 삶이 무엇인가를 3가지로 구분하여 말씀을 드리겠습니다.

1. 참된 믿음의 삶은 생활 신앙입니다(3).

살아있는 사람에게는 가정생활, 직장생활, 취미생활, 사교생활 등 여러 가지 생활이 있습니다.

그런데 신앙생활이 여러 가지 생활 중의 하나가 되어서는 안됩니다. 그렇게 되면 신앙과 생활은 별개의 것이 되고 맙니다. 그러므로 신앙과 생활은 철저하게 하나이어야 합니다. 그래야 비로소 생활 신앙이라고 할 수 있습니다.

야고보는 이런 믿음을 산 믿음이라고 하였고 생활이 없는 믿음을 죽은 믿음이라고 하였습니다.

본문에서는 "이스라엘아 듣고 삼가 그것을 행하라"는 말로 생활신앙을 가르쳐 주고 있습니다. 생활신앙에는 온갖 축복이 약속되어 있습니다.

그 축복의 내용이 무엇입니까?

첫째, 젖과 꿀이 흐르는 땅을 주신다고 했습니다.

젖과 꿀이 흐르는 땅은 비옥한 땅이요 복된 땅이며 삶의 복된 보금자리였습니다. 말씀을 지켜 생활 신앙의 길을 걷는 사람에게는 영적 가나안의 축복을 주십니다.

둘째, 너희 수효가 심히 번성케 하신다고 했습니다.

수효의 번성은 많게 하신다는 말이요, 풍성하게 하신다는 말이며 크게 잘 되게 하신다는 말입니다. 자녀의 번성, 사업의 번성, 믿음의 번성이 있게 하시는 복을 주십니다. 우리는 생활 신앙의 길을 걸어야 합니다.

2. 참된 믿음의 삶은 전인신앙입니다.

"너는 마음을 다하고 성품을 다하고 힘을 다하여 네 하나님 여호와를 사랑하라"고 했습니다. 사람에게는 마음이 중요합니다. 마음 먹기에 따라서 행동의 방향이 달라지기 때문입니다. 그리고 성품이 중요합니다. 사람은 성품에 따라 생활하고 성품대로 믿기 때문입니다. 그 다음에는 힘이 중요합니다. 힘이 없으면 아무 것도 못하고 힘이 있으면 무슨 일이든지 감당할 수 있기 때문입니다.

그래서 본문에서는 "마음을 다하고 성품을 다하고 힘을 다하여 네 하나님 여호와를 사랑하라"고 하였습니다.

그런데 예수님은 여기에 한 가지를 더하여 목숨을 다하라고 하셨습니다. 이 모든 것을 합하여 한 마디로 표현하면 "전인적으로 하나님을 사랑하라"고 하는 말입니다(마 22:34).

즉 '전인적인 신앙'을 가리킵니다. 전인적인 신앙을 가져야 하기에 착하게 삽시다. 하나님을 사랑하기에 의롭게 살고 자신을 사랑하기에 행복하게 살고 이웃을 사랑합니다. 전인신앙의 길을 걷기 위해서는 말씀을 마음에 새겨야 합니다.

고대 사회에서는 노예의 몸에 불도장을 찍음으로써 주인에 대한 전적인 순종과 소유권을 표시하기도 했습니다. 이처럼 우리의 마음에는 하나님의 말씀으로 도장을 찍음으로써 우리가 영원히 그분의 백성이라는 것을 증거해야 합니다. 실로 우리의 모든 지식과 감정과 의지 속에 그 분의 뜻이 드러나는 삶을 살아야 할것입니다.

전인신앙은 인격적인 삶을 삽니다. 야비한 성격과 왜곡된 생각과 그릇된 마음으로 살지 않습니다. 남을 해하고 관용하며 도와주고 사랑하는 마음으로 살아갑니다.

마음과 성품과 힘을 다해 주님을 사랑하라는 말씀은 우리의 신앙이 어느 한쪽으로 치우치지 말고 서로 조화를 이루어야 할 것을 가르쳐 줍니다. 지나치게 광적인 것(마음)이나 지나치게 지적인 것(성품), 맹목적인 열심(힘) 등은 모두 지양되고 이 세 가지가 균형있게 역사하는 신앙이 올바른 전인신앙입니다.

3. 참된 믿음의 삶은 가정신앙입니다.

가정은 사회생활의 기본 단위입니다. 가정이 병들면 사회도 병들고 가정이 건강하면 사회도 건강합니다. 이처럼 가정은 소중합니다. 세상의 그 무엇과도 바꿀 수 없습니다. 그만큼 귀중하기 때문입니다.

그러므로 원만한 교회생활을 위해서는 가정의 신앙화가 절실합니다. 즉 인가귀도 되어야 합니다. 이런 경우의 믿음을 가정신앙이라고 해도 좋겠습니다.

본문의 가르침을 자세히 살펴보면 먼저 호주 자신이 철저히 믿음으로 무장을 하고 자녀들에게 성경을 부지런히 가르치라는 내용입니다. 다시 말하면 철저한 말씀교육을 의미합니다.

결국 건강한 믿음의 가정을 이루어야 한다는 말입니다. 가정신앙이 가장 이상적이며 복된 것입니다. 가정신앙이 이루어지기 위해서는 하나님의 말씀을 자녀들에게 부지런히 가르쳐야 합니다.

하나님의 말씀이 생명과 번영을 가져다 주는 진리인 이상 그것을 자녀들에게 최우선적으로 교육시켜야 합니다. 또한 가정에서 뿐만 아니라 자신이 속한 사회의 영역 어디에서든지 하나님의 말씀이 우리의 말과 행동의 근간이 되어야 합니다.

가르친다는 것은 행동하는 것입니다. 행하지 않으면서 가르치는 것은 생명이 없습니다.

참된 믿음의 삶은 생활신앙, 전인신앙, 가정 신앙입니다. 행함이 있는 믿음과 인격적 삶의 변화를 누리시는 성도 여러분 되시기를 바랍니다.

사랑의 새 계약
(마 26:26-28)

"저희가 먹을 때에 예수께서 떡을 가지사 축복하시고… 또 잔을 가지사 사례하시고 저희에게 주시며… 이것은 죄사함을 얻게 하려고 많은 사람을 위하여 흘리는 바 나의 피 곧 언약의 피니라"(마 26:26-28)고 하였습니다.

예수님께서 대속의 십자가를 지시기 전날 밤, 제자들과 유월절 음식을 나누는 자리에서 이같은 '성만찬' 예식이 제정되었습니다.

예수님께서는 성만찬을 제정하시면서 구약교회에서 거행되던 '유월절'이 예수님의 성만찬 제정으로 마감되었음을 선언하셨습니다(마 26:29). 유월절과 성만찬의 의미를 살펴볼 때에 '할례'가 그리스도의 '세례'(골 2:11)로 익어가는 여정으로 볼 수 있고, 성만찬은 유월절의 완성 모형으로 의미를 부여할 수 있습니다.

1. 성만찬의 기원

성만찬은 예수님께서 십자가를 지시기 전날 밤에 제자들에게 직접 제
정하셨으며(마 26:26-29), 그들에게 "너희가 이를 행하여 나를 기념하
라"(눅 22:19)고 말하셨고 또한 초대교회는 이를 성실히 준행하였습니
다.

이에 따라 초대교회는 교회의 성례로써 성만찬의 의무를 성실히 행했
으며 또한 신약의 교회도 이를 거룩히 준수했습니다. 지금도 교회는 성
만찬 예식을 성실히 거행하고 있습니다.

2. 성만찬의 영적 의미

예수님의 살과 피를 상징하는 현재물인 떡과 포도주를 먹고 마심으로
써 현재화된 그리스도의 임재를 은혜 속에서 느낄 수 있습니다. 이러한
성례의 의미를 성경에서는 "우리가 축복하는 바 축복의 잔을 그리스도의
피에 참예함이 아니며 우리가 떼는 떡은 그리스도의 몸에 참예함이 아니
냐 떡이 하나요 많은 우리가 한 몸이니 이는 우리가 한 떡에 참예함이라"
고 말씀하셨습니다. 이러한 성만찬의 의미를 알아보겠습니다.

첫째, 죽음과 속죄로서의 의미가 있습니다.

떡과 포도주를 먹음으로써 예수 그리스도의 대속적 죽음(떡)과 그 속
죄(피)의 은혜를 기념하는 것이며, 우리 자신들도 십자가 밑에서 혈기와
감정을 죽이고 주의 뜻에 복종하여 살기로 결심해야 합니다.

정욕에 따라 살고, 감정에 따라 움직이고, 인간적인 방법으로 살던 모
든 것을 십자가에 못 박아야 합니다. 속죄의 피를 흘려 주신 주님께 감격
하며 감사한 마음으로 살아야 합니다.

둘째, 동참과 연합의 의미가 있습니다.

떡을 먹음으로써 나를 위하여 살을 찢으신 그리스도의 몸에 동참하는

것이고, 포도주를 마심으로써 나의 죄를 씻어 주신 그리스도의 피에 동참하는 것을 의미합니다.

그리스도의 현대적 임재와 그 안에서의 고통과 성장, 성도 상호간의 연합과 일치, 그리고 그리스도의 몸으로써 순종과 봉사의 신앙을 확증하는 행위인 것입니다.

또한 성만찬의 특색으로는 성도들간의 친교적 수단을 들 수 있습니다.

영적인 연합과 그리스도의 뜻에 순종과 참된 봉사적 사명을 재다짐하며 헌신적인 삶을 살아야 합니다.

셋째, 사랑의 새 계약의 의미가 있습니다.

성만찬의 떡과 잔은 예수님의 살과 피를 상징하고 있으며 살과 피를 먹고 마심은 예수님과의 사랑의 새 계약을 맺는 의미가 있습니다.

주님이 우리 위해 몸 버려 사랑하여 주셨으므로 우리도 주님을 사랑한다는 사랑의 새 계약이 성만찬을 통해서 이루어지는 것입니다.

성만찬의 실천은 사랑의 실천을 약속하는 것입니다. 짐을 서로 짊어지는 것과(갈 6:2) 같은 사랑을 가지는 것(빌 2:2), 하나가 되게 하는 일(엡 4:3)입니다. 복음의 신앙을 위해 협력하라는 깊은 뜻이 있습니다(빌 1:27).

성찬예식은 예수 그리스도가 십자가 위에서 우리의 죄를 대속해 죽으심을 현재의 우리 자신의 삶과 생명 안에서 수용하고 그의 은혜 속에서 교통하고 성장해 나가는 상징적 성례로써 예수님의 이 땅 위에 다시 오실 그날까지 의무적으로 성실히 실행해야 하는 예식입니다.

우리는 자아의 혈기, 고집, 불평, 태만을 모두 버리고 구속해 주신 주님께 감격하며 감사한 마음으로 살아가고, 그리스도의 사역에 동참하고, 연합하여 열심히 사명 감당하여 주님과 이웃을 사랑하는 삶을 살아야 하겠습니다.

복음의 능력
(롬 1:16-17)

복음의 핵심은 예수 그리스도를 구세주로 믿음으로 구원을 얻는다는 것이 기본 진리입니다(요 3:16, 마 16:16). 구원은 원래 육체적인 고통에서 해방되는 것을 가리킵니다(삿 15:8). 그러나 이 의미는 점점 국가가 형성되면서 외부의 적 즉 이방국가로 부터의 해방을 의미했으며, 신약시대에 와서는 완전히 미래적인 구원, 즉 영적인 구원이 구원의 의미가 되었습니다. 복음을 믿음으로 구원을 얻는 능력이 있습니다.

사도 바울은 "내가 복음을 부끄러워 하지 아니하노니… 첫째는 유대인에게요 또한 헬라인에게로다"(16절)라고 했습니다.

로마는 정치, 경제, 문화적으로 세계 최고의 수준에 도달해 있었던 황금 도성이었습니다. 바울은 그 황금 도성에 복음의 선전 포고를 하고 있는 것입니다. 식민지 유대 민족, 거기에 나사렛 시골 출신의 목수인 예수, 그나마 동족에게 박해와 굴욕을 받아 민족의 반역자로 십자가에서 죽임 당한 예수, 이렇듯 로마인들이 보기에 가장 한심스러운 예수를 바울은 인류의 유일한 구원자요, 메시야로 강하게 선포하고 있는 것입니다.

유대인에게는 거리끼는 것이요 헬라인에게는 미련한 복음을 그는 결코 부끄러워하지 않은 것입니다. 바울이 부끄러워하지 않은 복음의 능력은 무엇일까요?

1. 복음의 능력은 모든 믿는 자에게 구원을 주시는 능력이 있습니다.

구원은 '건져낸다, 구하여 낸다, 죄에서 건지신다'는 뜻이 있습니다. 구원에는 세 가지 측면이 있습니다.

죄의 형벌로부터 벗어난 과거적 구원(눅 7:50), 매일의 삶 속에서 죄의 세력을 이기는 현재적 구원(롬 5:10), 하늘나라에서 누릴 죄의 실재 존재로부터 벗어나는 미래적 구원(고전 3:15, 5:5)이 있습니다.

복음의 능력은 모든 죄악에서 건져 모든 믿는 자에게 구원을 주시는 능력이 있습니다. 로마인들은 능력에 대한 열망이 있었습니다. 세계를 지배했던 힘의 능력을 그들은 소유하기를 원했던 것입니다.

능력에는 물리적인 힘으로써 자연의 능력이 있고, 근육의 힘으로써 사람과 짐승에게 있는 생명과 의지가 포함된 능력이 있고, 정신적 힘으로 사상의 힘, 이성의 능력이 있습니다. 그리고 영적인 힘으로 신적 능력, 즉 복음의 능력이 있습니다.

이 능력은 양심을 깨우쳐 영혼을 소생케 하며, 의지로 활동하게 하고 그 의지에 방향을 정해 줍니다. 또한 헌신과 경배를 고무하고 사랑을 불러 일으키는 능력으로 최상의 합리성을 가진 것입니다. 바울은 이렇듯 가장 근원적이고 영원하며 강력한 능력인 복음을 힘있게 전한 것입니다.

예수 그리스도의 복음의 능력을 믿는 자들에게는 구원을 주시는 능력이 있습니다.

2. 복음의 능력에는 하나님의 의지가 타나났습니다.

하나님의 의는 하나님과 사람 사이의 올바른 관계의 회복을 의미하는데 이것은 그의 아들을 통해 주어지는 하나님의 선물입니다(롬 3:21).

하나님의 의에는 두 가지의 의미가 있습니다.

첫째는, 하나님의 인정하심으로서의 의입니다.

하나님의 의 개념은 하나님이 죄인을 선한 사람으로 만드신다는 의미가 아닙니다. 이 말이 의미하는 것은 하나님께서 죄인은 죄인이 아니라 의인으로 취급하시고 인정하신다는 의미입니다.

죄인을 멸망받을 죄수로 취급하는 대신에 사랑받는 자신의 아들로 여기시는 것, 이것이 바로 복음에 의한 하나님의 의 개념입니다. 하나님께서 우리를 원수가 아닌 친구로, 죄인이 아닌 의로운 선한 사람으로 간주하는 것, 이것이 본문이 말하려는 하나님의 의 개념이요 복음의 본질인 것입니다.

둘째는, 올바른 관계 정립으로서의 의입니다.

하나님께서 의롭다 하심을 얻은 자는 이제 하나님과 원수된 관계에서 사랑과 신뢰의 관계, 화목과 기쁨의 새로운 관계로 들어섭니다.

때문에 의롭다 함을 입은 자는 이제 심판을 행하시는 하나님에게로 나아가는 것입니다.

죄악으로 말미암아 상실하였던 본래의 관계를 회복에서 심판주와 피고인의 저주스런 관계에서 아버지와 사랑하는 아들의 축복된 관계로 되돌아가는 것입니다.

3. 복음의 능력은 믿음으로 살게 하는 능력이 있습니다.

믿음은 자신을 깨닫고 깨뜨리는 것으로부터 시작됩니다.

자신의 불완전한 이성과 지식, 완악한 고집과 교만, 과학만을 제일 되는 진리로 여기고 하나님의 말씀은 성화와 신화로 여기는 불신앙을 버려야만 합니다.

믿음의 핵심은 영접과 고백입니다. 예수를 자신의 구주로 믿고 그를 받아들이는 것, 이것이 믿음의 핵심입니다. 자신을 그에게 전적으로 맡기며 절대적으로 그를 신뢰하고 무조건적으로 그의 말씀에 복종하는 것, 이것이 바울이 말하는 믿음의 개념이요 복음입니다. 자신의 주인이 자신이 아니요 주님이 자신의 주인이 되기를 바라며 그가 자신의 구주됨을 만인 앞에 고백하는 것이 바로 믿음인 것입니다.

참된 믿음은 영원합니다. 그것은 순간적인 감정이나 열정이 아닙니다. 온전한 믿음은 여호와의 약속과 구원만을 바라보고 결코 주위 환경에 의해 좌절하지 않으며 끝까지 인내하며 지켜나가는 믿음입니다.

하나님만이 참 신이요 그만이 나의 구주이심을 결코 의심하지 않는 것입니다.

고넬료의 은혜로운 삶

(행 10:1-8)

세상이 왜 이렇게 어수선한가 하고 개탄하는 소리가 높습니다. 폭력과 불의가 난무하고 성적인 타락으로 한시도 마음 편하게 지낼 수가 없습니다. 도대체 우리 사회가 언제부터 이렇게까지 썩어들었는지 그리고 도덕적 타락이 이 지경에 이르렀는지 생각할수록 기가막힐 따름입니다.

우리는 지난 30여년 동안 권위주의적 정치체제를 유지해 오면서 경제 발전에 몰두해 왔습니다. 그러다 보니 물질위주의 가치관과 황금만능 사상이 삶의 목표인 양 착각되고 도덕이나 양심과 같은 인간 본연의 가치는 오히려 뒷전으로 밀리는 역리 현상을 불러왔습니다.

또 교회들도 참된 신앙 교육과 인간 교육보다는 교인 수 늘리기에 급급한 교회, 큰 교회짓는 물량주의 과시형 신앙체제 등의 병리현상이 나타났습니다. 이제 우리는 한국 교회가 바로 서고 사회가 밝아질 수 있는 계기를 마련해야 할 사명이 있습니다.

오늘은 타락한 시대 속에 경건하게 산 한 가정을 소개하며 은혜를 나누고자 합니다.

1. 고넬료는 경건한 삶을 살았습니다.

우리는 여기서 경건이란 올바른 관계라는 것을 발견하게 됩니다.

그는 가족간의 신앙관계가 좋았고 이웃따라 관계가 좋았습니다. 그리고 부단한 기도생활을 통하여 하나님과의 관계가 원만했고 밀접했습니다.

자칫 잘못하면 경건생활이라는 것이 가족관계나 이웃과의 관계는 다 망가져도 하나님과의 관계만 좋으면 되는 것으로 생각하기가 쉽습니다. 그러나 진정한 의미의 올바른 경건은 하나님과의 관계 못지않게 사람과의 관계도 올바로 정립될 때 성립된다는 사실을 주목해야 합니다.

좀더 쉽게 말씀드리면 하나님과의 사이는 무척 좋은 것처럼 행세하는 사람이지만 이웃과의 관계가 늘 좋지 못해서 비난받고 따돌림받는 사람이 있다면 그것은 믿음이 좋은 사람이 못되는 것입니다.

고넬료의 경우는 자신도 신앙생활을 잘 했지만 가족과 함께하는 신앙을 중요시 했습니다. 가족이란 무엇입니까? 동고동락하는 혈연 공동체를 가족이라고 합니다. 우리는 가족 공동체 안에 참사랑으로 하나가 되어 좋은 관계 속에서 살아야 합니다.

신앙생활 속에서 전 가족이 함께 구제하고, 함께 기도하고, 함께 봉사하면 그만큼 더 큰 은혜를 받습니다. 다시 말해 온가족이 함께 은혜를 사모하고 갈망하면 그만큼 큰 은혜를 받게 되는 것입니다.

전가족이 구원받고 전가족이 함께 은혜로운 삶을 살기 위해 올바른 관계 속에서 살면서 경건한 신앙생활을 하는 성도 여러분들이 되시기를 바랍니다.

2. 고넬료는 순종의 삶을 살았습니다.

고넬료가 어느 날 기도하다가 환상을 보게 되었습니다. 그것은 욥바에 있는 시몬 베드로에게 사람을 보내 그를 청하라는 것이었습니다. 고넬료는 그 환상을 본 즉시 사람을 욥바로 보냈습니다.

대부분의 로마인들은 이성적이고 합리적인 사고의 사람들이었습니다. 그래서 그들은 환상이라든지 계시같은 것은 신뢰하지 않았습니다. 게다가 고넬료는 군계급이 높은 장교였습니다.

그러한 그가 잠깐 나타난 환상 때문에 즉시 욥바로 사람을 보냈다는 것은 그의 겸손과 순종하는 믿음이 아니고서는 어려운 결단이었습니다. 자신이 지닌 모든 좋은 조건을 유보하고 땅에 엎드릴 줄 아는 사람이 은혜받을 사람입니다. 자신의 지위나 소유와 입장을 내세워 엎드리지 못하는 사람들이 있습니다. 그래서 은혜를 받지 못하며 축복을 받지 못합니다.

하나님의 뜻과 계시와 환상에 순종할 줄 아는 사람만이 은혜받을 수 있습니다.

3. 고넬료는 말씀을 경청했습니다.

본문 10:28-43을 보면 베드로의 이야기가 기록되어 있습니다. 자신이 여기에 오기 전에 환상을 본 이야기, 예수가 누구신가 등을 담담하게 말했습니다. 고넬료는 그 말씀에 귀를 기울였습니다.

베드로의 이야기는 누구나 할 수 있는 예수님 이야기였습니다. 그 이야기 속에는 철학도 없었고, 논리도 없었고, 과학도 없었습니다. 문학적인 수식이나 구성은 더욱 없었습니다. 그런데도 고넬료는 친지, 친구, 가족과 함께 베드로의 말씀을 경청했습니다.

그 순간 고넬료의 말씀 듣는 자세는 주님께서 내 집에 오셔서 말씀하고 계시다는 믿음으로 경청했습니다. 고넬료의 경우 베드로의 소박하고 꾸밈없는 예수 이야기를 경청했다는 것은 말씀에 대한 갈망과 그리움에 얼마나 컸던가를 설명해 주고 있습니다.

말씀이 들려오는 창문을 닫으면 은혜 받지 못합니다. 말씀은 눈으로 보고, 귀로 듣고, 가슴으로 느끼고 영혼의 창문으로 보는 것입니다.

그날 고넬료와 그의 일가는 말씀을 듣다가 성령을 충만히 받았습니다. 본문 44절은 그 날 "말씀 듣는 모든 사람에게 성령이 내려오셨다"고 했습니다. 말씀 듣다가 받는 은혜야말로 값진 은혜가 아닐 수 없습니다.

경건한 삶과 순종의 삶, 말씀 경청의 삶이 이루어질 때 은혜로운 삶, 축복된 삶이 되는 것입니다.

11월

사랑하며 삽시다

은혜가 넘치는 드로아교회

(행 20:7-12)

본문의 내용을 살펴보면 바울이 마게도냐, 헬라, 아시아를 왕복 여행하고 마침내 드로아에 도착합니다. 바울이 드로아에서 주일을 지킨 사실이 특별히 설명되고 있으며 그가 그곳에서 유두고의 생명을 부활시킨 사실이 설명되고 있습니다.

바울은 그의 친구들과 합류하여 예루살렘에 가기 위해서 드로아에 왔습니다. 그곳에서는 경건하고 신앙적인 그리스도인들의 모임이 있었습니다. 7절에 보면 "제자들이 함께 모였다"고 했습니다. 그들은 모여서 성경을 읽고 명상하고 기도하고 찬송을 부름으로써 하나님을 통하여 그들의 교제를 유지하였습니다.

그들은 함께 모여서 일치하여 하나님께 예배했으며 또한 상호간의 유대와 도움에 의해서 서로의 친교를 유지했습니다. 이것은 모든 훌륭한 그리스도인들과의 영적인 친교를 그들이 나누고 있음을 인증해 주고 있습니다.

은혜가 넘친 드로아교회는 어떤 모습이었을까요?

1. 말씀의 은혜가 있는 교회였습니다.

드로아는 바울이 유럽으로 전도하러 가기 전에 잠깐 머물렀던 곳입니다. 거기서 환상을 보고 유럽 전도에 소명을 받게 되었습니다.

바울이 돌아오는 길에 드로아에 7일 간을 유하여 집회를 열었습니다. 마지막날인 안식 후 첫날의 성회는 절정에 이르게 되었습니다. 밤중까지 말씀의 강론이 계속되었지만 한 사람도 돌아가는 사람이 없었습니다. 9절에는 강론하기를 더 오래 하였다고 밝히고 있습니다. 11절에는 날이 새기까지 강론하였음을 기록하고 있습니다. 즉 밤을 새워가면서 계속된 말씀의 집회였다는 말입니다.

그만큼 말씀의 은혜가 충만한 드로아교회였습니다. 말씀의 은혜로 믿음은 살찌고 부요해집니다. 말씀의 은혜가 있는 교회의 특징은 무엇입니까?

첫째, 제자들이 함께 모였습니다(7절). 부름받은 성도들이 모이는 일에 힘썼습니다. 모여서 하나님께 예배했으며, 서로 사랑의 친교를 유지했고, 훌륭한 그리스도인들과의 영적인 교제를 나누었습니다.

둘째, 말씀을 뜨겁게 사모하였습니다(9, 11절). "날이 새기까지" 강론하고 듣는 일은 참으로 말씀을 뜨겁게 사모하는 신앙이었습니다.

2. 해결의 은혜가 있는 교회였습니다.

은혜가 넘친 곳에 큰 시험이 있을 수 있습니다. 유두고라는 청년이 창에 걸터 앉았다가 졸음을 이기지 못하여 3층에서 떨어져 죽었습니다. 사도행전을 기록한 전직 의사인 누가가 확인한 사실입니다. 한창 진행되던 집회는 중단이 되었습니다.

실로 엄청난 일이 벌어진 것입니다. 온 교회가 큰 시험에 들었습니다. 이때 바울 사도가 문제의 현장으로 달려갔습니다. 문제를 피하지 않고 문제에 부딪혔습니다. 그는 그 위에 엎드렸고 그 몸을 끓어 앉았습니다. 바울의 그 자세가 주는 교훈이 있습니다. 문제를 끌어 안고 엎드려 기도 했다는 뜻입니다. 즉시 청년이 살아났습니다. 문제가 깨끗이 해결되었습니다. 해결의 은혜를 받았습니다. 오히려 전화위복이 되었습니다.

사랑하는 성도 여러분, 은혜가 있는 곳에 또한 문제도 발생합니다. 문제가 있는 곳에 해결의 길도 있습니다.

문제가 있는 성도가 있습니까? 영적인 문제, 사업의 문제, 인간관계의 문제, 누구에게나 문제는 있습니다. 바울처럼 문제를 끌어안고 엎드려 기도할 때 해결의 은혜를 주실 줄 믿습니다.

예수님께서 나사로를 죽음에서 일으켜 살리신 것처럼 바울도 유두고를 위해 "아버지, 나의 간구를 아버지께서 들어주실 줄 믿고 감사합니다" 라고 기도하였습니다. 기도는 모든 문제의 해결의 열쇠입니다.

3. 위로의 은혜가 있는 교회였습니다.

청년 유두교가 살아난 후에 모임은 계속 되었습니다. 올라가 떡을 떼어 먹고 오랫동안 곧 날이 새기까지 이야기했다는 본문은 성찬식을 거행했다는 말입니다. 교인 한 사람의 잘못은 교회에 엄청난 문제를 일으켰으나 하나님은 악을 선용하며 오히려 은혜가 되게 하셨습니다. 즉 살아나 청년 유두고가 참석한 가운데 진행된 성찬식에서 많은 사람들이 적지 않게 위로를 받았습니다.

유두고가 자기의 실수로 엄청난 불행을 당했으나 하나님은 끝까지 자기의 백성을 돌봐 주신다는 사실을 성도들은 확인했습니다.

그들은 유두고를 통해서 하나님의 많은 위로를 받았습니다. 세월이 흘러서 자신들이 어려운 일을 당해도 유두고를 보면서 위로를 받았습니다. 위로의 은혜가 넘치는 교회였습니다.

국가적으로 혼란기를 겪었으며 정권도 여러 차례 바뀌었으며 교계의 변화도 많았습니다. 또 교회적으로 여러 가지 어려운 문제로 고비를 넘기기도 했습니다. 그러면서도 본 교회는 성도 여러분의 뜨거운 눈물의 기도와 땀 흘려 봉사한 수고와 헌신으로 오늘에 이른 교회가 되었습니다.

이제 우리는 한층 더 도약해야 할 시기가 되었고 보다 성숙한 교회가 되어야 하겠습니다. 은혜가 넘친 드로아 교회처럼 든든히 서가는 교회를 이루어 갑시다.

꼭 필요한 사람이 됩시다

(눅 10:30-37)

세상에 사는 사람들의 생활의 모습은 천태만상입니다.

그 사람들의 종류를 세 가지로 분류하는 경우들이 있습니다. 전혀 필요 없는 사람, 있으나마나한 사람, 그리고 꼭 필요한 사람입니다.

예수님께서는 가룟 유다를 향하여 "너는 차라리 세상에 태어나지 않았더면 좋을 뻔 했구나" 하시면서 탄식하신 일이 있습니다. 이는 없었으면 좋을 뻔한 사람이라는 뜻이 담겨져 있습니다.

가정적으로 볼 때 패륜아들은 없었으면 좋을 뻔한 사람들의 부류에 속한다고 볼 수 있습니다. 예전에 영광에서 발생한 "지존파"사건이 있습니다. 그들은 가진 자에 대한 증오와 돈 때문에 앙심을 품고 참극을 저질렀습니다. 이런 패륜아들은 없었어야 할 사람이었습니다.

국가적으로 볼 때는 매국노와 부정 부패한 민족 번역자가 이런 불필요한 무리에 속한다고 말할 수 있습니다.

교회에서는 꼭 없어야 할 사람들의 부류에 속한 자들은 없습니까?

이들은 사단의 앞잡이 노릇을 하는 무리들입니다.

사도 바울이 지적한 것처럼 수군수군하며, 불평만 늘어놓거나, 분열을 조장하면서 주의 몸된 교회를 어지럽히고 손해만 끼치는 사람들입니다. 본문에서 강도는 꼭 없어야 할 사람으로 지적받고 있습니다.

두 번째 부류는 있으나마나한 사람들입니다. 자기 밥 자기가 벌어먹고 살면서 남에게 이렇다 할 손해도 유익도 주지 않는 무리들입니다. 이 부류의 사람들은 극단적 이기주의적인 사람들로 없었어야 할 사람들과 별 차이가 없습니다. 본문에서는 레위인과 제사장은 있으나마나한 사람들에 속한다고 볼 수 있습니다.

세 번째 부류는 꼭 필요한 사람들입니다. 당시 천민이라고 천대받던 사마리아인은 최선을 다해 강도 만난 자의 상처를 싸매 주고, 자기의 말에 태워 주막집까지 데려다주었을 뿐만 아니라 주막 주인에게 잘 보살펴 줄 것을 신신당부하여 사례까지 한 아름다운 선행을 행하였습니다. 이 선한 사마리아인은 꼭 필요한 사람이었습니다.

우리는 이 시간 사회와 교회에서 꼭 필요로 하는 사람들의 자질이 어떠한 것인지를 말씀으로 나누고자 합니다.

1. 두려운 것이 없어야 합니다.

선한 사마리아인이 되기 위해서는 용기가 필요했습니다. 제사장이나 레위인들은 하나님 말씀을 잘 알고 믿는다고 자처하는 무리들이었습니다. 다른 사람들의 인정과 존경을 받는 경건파들이었습니다. 그들은 매 맞고 쓰러진 행인을 보았을 때 당연히 도와 주어야 할 것을 잘 알고 있었지만 어두컴컴한 계곡 속에 숨어 있을 도둑떼들이 너무나 무서웠기 때문에 선을 행할 용기가 없었습니다.

아무리 신앙이 좋다해도 두려움 없는 참된 용기를 동반하지 못하는 신앙은 참 신앙이라고 할 수 없습니다. 전능하시고 창조주 되시는 하나님을 믿는 신앙을 우리는 "두려움 없는 용기"에서 볼 수 있습니다. 다윗은 "여호와는 나의 빛이요 나의 구원이시니 내가 누구를 두려워 하리요 여호와는 내 생명의 능력이시니 내가 누구를 무서워 하리요"(시 3:1)라고 하면서 많은 "군대가 나를 대적하여 진칠지라도 내 마음이 두렵지 아니하며 전쟁이 일어나 나를 치려 할지라도 내가 오히려 안연하리로다"(시 23:3)라고 부언하고 있습니다.

다윗의 신앙고백은 "두려움을 모르는 용기"야말로 산 신앙의 참된 증거라고 말하고 있습니다. 하나님께서 꼭 필요한 사람은 두려움을 모르는 용기를 가진 사람입니다.

2. 아까운 것이 없어야 합니다.

선한 사마리아 사람은 상업으로 생계를 이어가는 행상이었을 것입니다. 그렇다면 그는 상인에게 가장 귀중한 시간과 돈을 많이 소비한 셈입니다.

그는 가던 길을 멈추고 하루의 시간을 다 보내면서 알지도 못하는 사람을 위해 그처럼 많은 희생을 한 것입니다. 그는 시간과 재물과 생명의 위협까지도 개의치 않았으며 개인의 안정이나 평안만을 위하는 사람이라면 상상도 못할 일들을 했습니다. 아까운 것이 있거나 많게 되면 남을 돌볼 생각이란 없어지게 마련입니다.

이 세상에서 모성애처럼 희생적인 사랑은 없을 것입니다. 자식을 위해서라면 아까운 것이 전혀 없는 것이 어머니의 마음입니다. 간장이 다 녹아 없어질 때까지 모조리 바치고 희생하는 것이 모성애입니다. 이 모성애의 특성을 우리는 이 사마리아인의 행동에서 볼 수 있습니다.

마음은 원이로되 선행을 못하는 이유는 아까운 것이 너무나 많기 때문입니다. 우리는 자기 것에 대한 욕심과 애착 때문에 남을 위하는 일에 스스로 눈을 감을 때가 얼마나 많은지 모릅니다. 우리에게 아까운 것이 없어야 합니다. 그때 비로소 불쌍한 이웃이 우리의 눈에 띄게 됩니다.

그리하여 선행을 베풀 수 있는 꼭 필요한 사람이 될 수 있습니다.

3. 미워하는 마음이 없어야 합니다.

본문에 나오는 상처 받고 길가에 버려진 행인은 돈 많은 유대인이었을 가능성이 많다고 합니다. 유대인들은 사마리아인들을 개처럼 취급하고 사람 대접을 해주지 않았습니다. 멸시와 천대를 받고 학대를 받았던 원수들입니다.

기원전 722년경 앗시리아의 대군이 북극 이스라엘을 점령하자 앗시리아의 침략군이 이스라엘의 수도였던 사마리아에 진주하면서 강제 결혼을 강요했습니다. 그리하여 그들이 순수한 민족성을 상실하게 되자 유대 백성들은 북쪽 이스라엘 사람들을 잡종으로 취급하고 부정한 인간이라고 멸시하고 원수처럼 여겼던 것입니다.

그처럼 압제와 천대를 받던 사마리아 사람이 곤경에 빠져 있는 원수를 도와 준다는 것은 보통사람이 상상하기 어려운 일입니다. 그런데 이 사람에게는 미워하는 마음이 없고 사랑하는 마음이 있었기에 선행을 행할 수 있었습니다. 인도의 성자 테레사 수녀는 오늘날 가장 심각한 병은 다른 사람에 대한 무관심과 이기주의라고 했습니다.

그리스도를 믿는 우리는 선한 사마리아인이 되어야 합니다.

어떤 마음으로 살아야 하나
(대상 29:10-22)

우리 인생의 삶은 마음 먹기에 따라 달라집니다. 사랑하는 마음을 가지면 모든 것이 좋게 보이고 이해가 되고 용서가 되지만 미워하는 마음을 가지면 아무것도 아닌데 이유가 되고 문제가 되며 사건화 합니다. 감사한 마음으로 살면 모든 것이 만족하고 즐겁고 행복하지만 불평하는 마음으로 살면 모든 것이 싫고 만족이 없고 즐거움과 기쁨이 없습니다.

본문은 다윗 왕의 최후의 모습을 말해 주고 있는 내용입니다. 다윗은 최후를 감사 기도로 마칠 수 있었고 솔로몬을 후계자로 세우고 하늘나라로 갔습니다.

본문에는 성전 건축을 위한 재료들을 하나님께 드리는 마음이 나타나 있습니다. 우리는 오늘 이 본문의 말씀을 통해 주시는 교훈을 따라 추수 감사를 어떤 마음으로 하며, 어떤 마음으로 일생을 살아야 할까에 대하여 말씀드리고자 합니다.

1. 즐거운 마음으로 감사하며 살아야 합니다.

"나와 나의 백성이 무엇이관대 이처럼 즐거운 마음으로 드릴 힘이 있었나이까. 모든 것이 주께로 말미암았사오니 우리가 주의 손에서 받은 것으로 주께 드렸을 뿐이니이다. 주 앞에서는 우리가 우리 열조와 다름이 없이 나그네와 우거한 자라 세상에 있는 날이 그림자 같아서 머무름이 없나이다."

다윗은 이렇게 감사의 마음으로 드릴 수 있었습니다. 모든 것이 주께로부터 온 것을 깨닫게 되었습니다.

"우리가 주의 손에서 받은 것으로 주께 드렸을 뿐이다"라고 했습니다. 나그네 인생길에 함께 하신 하나님의 은혜를 깨닫고 감사했습니다. 그러기에 즐거운 마음으로 드렸습니다.

사람은 마음이 참 중요합니다. 마음에서 우러나오는 사랑을 할 경우에는 내가 온갖 것을 주면서도 좋습니다. 그러나 마음이 없으면 받으면서도 싫습니다.

사람에게 마음이 그만큼 중요한 것입니다. 옆에 같이 살면서도 마음이 없으면 남이 되고, 천리 만리 떨어져 있어도 마음만 있으면 통하지 않습니까? 그렇기 때문에 사람은 마음이 중요합니다. 우리 믿는 사람들은 즐거운 마음을 가지고 살고 평생을 즐겁게 살아야 합니다.

추수감사헌금을 드리는 것도 다윗 왕이 평생을 하나님의 절대 주권을 의지하고 겸손히 기도로 마치면서 일생을 지켜 주신 하나님께 감사하며 드린 것처럼 감사해야 합니다. 1년 동안 지켜 주신 하나님께 감사하므로 '즐거운 마음'으로 드릴 수 있어야 합니다.

이 세상에는 긍정주의자와 부정주의자, 낙관주의자와 비관주의자, 인생을 즐겁게 살아가는 사람과 항상 슬프게 살아가는 사람 등 두 가지 종류의 사람이 있습니다.

영국의 극작가 버나드쇼가 자기 응접실 책장 위에다 포도주 반병 짜리를 갖다 놓았습니다. 한 친구가 그를 찾아와서 포도주 반 병을 보고 좋아합니다. 처음 친구는 먹을 것이 있다고 그렇게 좋아합니다. 두 번째 온 친구는 "반병 밖에 없잖아."하며 시무룩해지더랍니다. 그때 버나드쇼가 깨닫고 '아! 바로 이거구나. 똑같은 것을 갖다 놓고 보는 데도 왜 이렇게 말이 다르냐, 왜 태도가 이렇게 다르냐? 그것을 보는 마음의 태도에 따라 그렇게 되는 것이구나!' 하고 깨달았습니다.

반병이니까 절반은 포도주가 있고 절반은 비어 있지 않습니까? 그러니까 처음에 들어온 친구는 포도주 반 병 있는 부분을 보고서 좋다고 그러는 것입니다. 그러니까 있는 부분을 보는 사람은 항상 즐겁게 산다는 것입니다.

그러나 없는 부분, 비어 있는 부분만 보니까 "없잖아, 없잖아" 하면서 자꾸 불평하고 시무룩해서 비관하면서 산다는 것입니다.

사실 우리가 사람을 보는 관점도 좋은 면만 보면 한없이 좋고 훌륭하지만, 나쁜 면만 보면 한없이 싫고 말이 됩니다.

감사하는 것도 마찬가지입니다. 있는 것으로 감사하고 지금까지 지켜 주신 것을 생각하면 즐거운 마음으로 감사할 수 있습니다. 없다고 생각하고 아까워하는 마음 있으면 감사할 수 없습니다.

성도는 즐거운 믿음을 가지고 인생을 즐겁게 살고 즐거운 마음으로 감사하며 살기를 바랍니다.

2. 정직한 마음으로 감사하며 살아야 합니다.

"나의 하나님이여 주께서 마음을 감찰하시고 정직을 기뻐하시는 줄 내가 아나이다. 내가 정직한 마음으로"라고 했습니다.

이 정직한 마음이라는 말은 히브리어로 '야샬'인데 이는 우리 한국 사람들이 말하는 정직의 뜻은 아닙니다. 우리 한국 사람들은 거짓말좀 안 하면 "저사람 정직하다" 그러는데 성경에는 그것으로 정직하다 하지 않습니다.

'야샬'은 하나님과의 관계가 바로 됐다는 말입니다. 그런 사람을 정직하다고 합니다. 하나님과의 관계는 제쳐놓고 나가서 거짓말 안한다고 정직하다고 하지 않습니다. 성경이 정직하다고 하는 것은 하나님과의 관계가 바로 된 것, 하나님을 하나님으로 알고 모시고 섬기고 영화롭게 하는 것입니다.

이런 사람은 거짓말 하지 못합니다. 그렇기 때문에 하나님을 바로 알고 하나님과의 관계를 바로 가진 사람이 성경이 말하는 정직한 마음을 가진 성도입니다. 우리는 감사할 때 하나님 앞에 정직한 마음으로 드리시기를 바랍니다. 형식이나 마음에 없는데 체면에 의해 드리는 감사예물이 되지 않기를 바랍니다.

3. 정성된 마음으로 감사하며 드려야 합니다.

여기 이 정성된 마음이라 하는 말은 갈라지지 않는 마음입니다. 마음이 갈라지면 안됩니다. 갈라지지 않는 마음이라야 하나가 된 마음으로 방황하지 않게 됩니다. 이리 저리 마음이 방황하면 안됩니다. 마음이 한 곳에 정착이 되어 정성을 쏟아 붓는 마음을 가질 수 있어야 합니다.

물질과 마음을 완전히 하나로 묶어 쏟아 부을 때 그게 바로 정성된 마음입니다. 그래서 모든 일이 정성스럽게 되는 것입니다. 정성된 마음은 우리 성도들이 가져야 할 마음입니다. 우리는 정성된 마음으로 감사해야 합니다.

사건 속에 역사하시는 하나님
(삿 6:11-19)

인류의 삶 자체가 사건이요, 삶의 현장 속에서 사건은 계속 되는 것입니다. 사건이 있다는 것은 살아있다는 증거요 무엇인가 역사하고 있다는 실증입니다. 인류의 삶을 유익하게 하는 사건이 있는가 하면 불행하게 하는 사건도 있습니다.

본문은 이스라엘 자손이 여호와의 목전에서 악을 행하였으므로 여호와께서 칠 년 동안 미디안의 손에 붙여 고난 중에 두신 사건이었습니다.

그때 이스라엘 자손이 미디안을 인하여 여호와께 부르짖은 고로 기드온을 보내어 고난 속에 있는 이스라엘 자손을 구원하십니다. 하나님께서는 사건 속에서 역사하시는 살아계신 분이십니다.

사건 속에 역사하시는 하나님의 모습은 어떠한가를 살펴보고자 합니다.

1. 찾아와 주시는 하나님이십니다.

타락한 인간에게 하나님은 숨겨진 바 되었습니다. 그래서 하나님이 사람에게 자신을 보여 주시는 만큼 알게 됩니다. 이것을 계시라고 말합니다. 계시를 위해서는 하나님이 인간을 찾아 오셔야만 합니다. 그래서 예수님은 본래 하나님이시지만 사람이 되셔서 오셨습니다. 이것을 복음이라고도 합니다.

본문에서도 하나님은 기드온에게 찾아와 주셨습니다. 이스라엘이 미디안의 통치를 받으면서 수없이 노략을 당하고 있을 때입니다. 이 사건이 우리에게 가르쳐 주는 교훈이 있습니다. 하나님은 자기의 백성이 곤경에 빠졌을 때 반드시 찾아와 주신다는 사실을 가르쳐 주십니다.

12절에서 "여호와의 사자가 기드온에 나타나 이르되 큰 용사여 여호와께서 너와 함께 계시도다"라고 했습니다.

하나님의 사자가 기드온에게 나타나 소명하였을 때 기드온은 포도주틀에서 밀타작을 하고 있었습니다. 그는 블레셋 사람이 무서워 넓은 마당을 두고 좁은 포도주 틀에 숨어 두려움 속에서 은밀히 밀타작이나 하는 소심한 보통 사람에 불과했습니다.

그때 "여호와의 사자가 나타나… 여호와께서 너와 함께 계시도다"라고 했습니다. 우리가 세상에 사는 동안 가장 무력하다고 느껴질 때 두려움에 떨고 있을 때 여호와의 사자가 나타나셔서 함께 하십니다.

성도 여러분, 곤경에 처한 분이 계십니까? 모든 일이 뜻대로 되지 않고 무력함에 빠져 포기하는 상태에 있는 성도 있습니까? 낙심하지 마십시오. 곤경에 처할 때 가장 무력하다고 느낄 때 여호와 하나님이 가장 가까이에 계십니다.

하나님의 사자가 기드온에게 "내 힘을 의지하고 가서 이스라엘을 미디안의 손에서 구원하라"고 말씀하셨다. 그러자 기드온은 "주여 내가 무엇으로 이스라엘을 구원하리이까"라고 대답했습니다. 이 말은 자신은 이스라엘을 구원할 수 없다는 것입니다.

진실한, 겸손한 고백인 것입니다. 하나님께서 무능을 자인하는 기드온에게 나타나셔서 함께 하여 주셨습니다. 무능하다고 느껴지고 무력하다고 고백할 때 여호와 하나님은 우리와 함께 하십니다.

2. 구원해 주시는 하나님이십니다.

하나님께서 기드온에게 찾아 오신 것은 분명한 목적이 있었기 때문입니다. 즉 보리떡같은(삿 7:13) 기드온을 통해서 이스라엘을 구원하려 하심이었습니다.

여호와는 입술의 열매를 찾는 하나님이십니다. 미디안의 손에 붙여 고난을 받고 있던 이스라엘 자손들이 여호와께 부르짖는 기도의 열매가 있었습니다. 그러므로 하나님의 약속을 믿고 순종하면 그 모든 약속이 생활 속에서 열매를 맺습니다.

아니나 다를까? 메뚜기떼의 중대함같은 적군 미디안을 단지 300명 군사로 깨끗이 승리했습니다. 이 사실은 본문에 한 사람을 치듯 하리라(16절)는 약속의 성취입니다. 그것도 무장은 나팔과 횃불뿐이었습니다. 분명히 하나님의 권세와 방법으로 승리하였습니다. 나팔은 복음을 의미하고 횃불은 성령을 가리킵니다.

기드온은 하나님의 사자가 내 힘을 의지하여 이스라엘을 구원하라는 소리를 들을 만한 사람이었습니다. 그는 종을 열이나 데리고 우상을 부술 만큼의 재산도 있는 사람이었습니다. 그럼에도 그는 자신을 낮출 줄 아는 사람이었습니다.

기드온은 하나님 앞에서 겸손했습니다. 그리할 때 여호와께서 "내가 반드시 너와 함께 하리라"고 하시며 "네가 미디안 사람 치기를 한 사람을 치듯 하리라"고 하셨습니다.

하나님은 가장 작고 연약한 자를 사용하셔서 가장 놀라운 역사를 이루시며 겸손한 자를 사용하십니다. 겸손한 자에게 복음의 나팔과 성령의 횃불을 손에 들어 주시는 분이십니다.

3. 기다려 주시는 하나님이십니다.

예수님은 탕자의 비유 중에서 둘째 아들이 돌아오기를 기다려 주시는 아버지를 잘 설명하셨습니다. 그 아버지는 하나님을 가리킵니다. 물론 본문에서 하나님의 기다리심은 내용이 다릅니다. 그러나 참고 기다려 주신다는 뜻은 같습니다. 즉 하나님께서 확실하게 약속하신 것을 표징으로 보여 주기 전에는 믿을 수 없다는 것이 기드온의 태도였습니다. 그 모습을 보신 하나님은 무척 괘씸하셨겠지만 참고 기다려 주셨습니다.

하나님은 우리에게도 마찬가지이십니다. 그리고 하나님은 기드온이 예물을 드리기까지 참고 기다리셨다가 불로 열납하여 주셨습니다.

하나님께서 우리에게 바라시는 것이 무엇일까요?

예물을 드리시기를 원하셨습니다. 이는 온전한 헌신, 자신을 온전히 드림의 예표가 되기 때문입니다.

하나님은 사건 속에서 우리 자신들의 몸과 마음과 시간과 물질을 온전히 드리기까지 기다려주시는 하나님이십니다. 이는 우리들이 드리는 예배도 신령과 진정으로 드릴 때에 열납해 주신다는 교훈입니다.

인생의 삶 자체가 사건의 연속 속에 살고 있습니다. 사건 속에 살아계신 하나님은 역사하십니다. 오늘도 섭리하시는 하나님 사랑 안에 거하시기 바랍니다.

사랑하며 삽시다
(마 22:34-40, 고전 13:13)

오늘의 세상을 보면 하나님의 형상대로 지음 받은 하나님의 자녀들이 이 땅을 더럽히고 있습니다.

"내 이름으로 일컫는 내 백성이 그 악한 길에서 떠나 스스로 겸비하고 기도하여 내 얼굴을 구하면 내가 하늘에서 듣고 그 죄를 사하고 그 땅을 고칠지라"(대하 7:14)고 했습니다.

오늘의 세상은 생명 경시, 인간성 상실, 가치관 혼란, 윤리의식 불감증 등으로 표출된 극단적인 사회 문제로 치닫고 있는 작금의 행태는 누구의 책임입니까? 우리 먼저 믿는 그리스도인들의 책임인 줄 믿습니다.

그리하여 우리는 심령을 새롭게 변화를 받아 새 사람이 되어야 합니다. 새 사람이 될 때 가정과 교회, 세상을 새롭게 할 수 있습니다.

새사람된 증거는 "너희가 서로 사랑하라"는 말씀대로 사랑하며 사는 삶을 사는 것입니다. 본문 말씀은 한 율법사가 예수님을 시험하려고 "율법 중에 어느 계명이 크니이까?"하고 질문할 때 예수님께서는 두 가지로 요약해 대답하셨습니다.

"네 마음을 다하고 목숨을 다하고 뜻을 다하여 주 너의 하나님을 사랑하라 하셨으니 이것이 크고 첫째 되는 계명이요 둘째는 그와 같으니 네 이웃을 네 몸과 같이 사랑하라 하셨으니 이 두 계명이 온 율법과 선지자의 강령이니라"(마 22:37-40)고 했습니다.

즉 예수님은 하나님과 사람을 사랑하라는 두 가지로 모든 율법을 요약해서 말씀하셨습니다.

1. 하나님을 사랑하며 삽시다.

인본주의자들이나 불신앙의 사람들은 흔히 사람을 사랑하는 것이 먼저라고 말하거나 사람을 사랑하면 그것이 하나님을 사랑하는 것이라고 하면서 하나님을 사랑해야 된다는 것을 무시합니다. 대개 인본주의, 자유주의적인 사람들이 성령이나 영혼 구원을 무시하고 인권운동이나 인간사랑을 내세우는 경향이 많습니다.

그러나 예수님께서 분명히 하나님을 사랑하는 것과 사람을 사랑하는 것을 구분해서 말씀하셨고 "네 마음을 다하고 목숨을 다하고 뜻을 다하여 주 너의 하나님을 사랑하라 하셨으니 이것이 크고 첫째 되는 계명이라"고 말씀했습니다.

하나님 사랑은 수직적인 관계이고 사람 사랑은 수평적인 관계입니다.

마태복음 6:33에서도 "너희는 그의 나라와 그의 의를 구하라"하시고 그리하면 그 외의 모든 것을 더해 주시겠다고 했습니다.

불란서의 유명한 루이 9세가 마이거릿 공주와 결혼할 때 결혼반지에 "하나님, 불란서, 마아거릿"이라고 새겨 끼워 주면서 그 외에 더 사랑할 것이 없다고 했습니다. 루이 9세는 제일 먼저 "하나님" 사랑을 말했습니다. 그런 돈독한 신앙 때문에 그는 성 루이스(Saint Louis)로 불려지게

다이나믹 설교뱅크

된 것입니다.

그렇다면 우리는 어떻게 하나님을 사랑해야 할까요?

첫째, 최고를 사랑하고 강렬하게 해야 합니다. "마음을 다하고 목숨을 다하고 뜻을 다하여"라는 말씀은 "지성, 감정, 의지를 다해서"라는 뜻도 있고 "영혼과 정신과 육체 전 존재를 기울여서"라는 뜻도 됩니다. 이는 최고로 사랑하고 강렬하게 사랑하라는 말인 줄 압니다.

둘째, 하나님의 계명을 지킴으로 사랑해야 합니다. 요한일서 5:3에서 "하나님을 사랑하는 것은 이것이니 우리가 그의 계명을 지키는 것이라 그의 계명들은 무거운 것이 아니로다"라고 말씀하셨습니다.

2. 교회를 사랑하며 삽시다.

교회는 이 세상에 하나님이 직접 세우신 하나님의 집입니다. 하나님의 독생자 예수님의 피로 값주고 세우신 교회입니다. 교회는 하나님이 아끼시고 사랑하는 그분의 처소로서 귀한 곳입니다.

교회가 오늘날 많은 비판을 받기도 하지만 그래도 교회는 축복의 전당이요, 영혼을 구원하는 구원의 방주이기 때문에 교회를 사랑하는 것은 중요한 하나님 사랑의 방법이 되는 것입니다.

교회를 비난하고 교회를 헐뜯고 분열시키는 것은 하나님을 대적하는 사단의 짓이요, 사단이 좋아하는 일입니다.

교회를 사랑하는 사람은 교회를 위해 기도합니다. 그리고 전도하는 일에 열심을 내고, 조화와 협력을 잘 하는 사람입니다.

3. 이웃을 사랑하며 삽시다.

크고 첫째 되는 계명은 마음을 다하고 목숨을 다하고 뜻을 다하여 하나님을 사랑하라는 것이지만 둘째로 큰 계명은 "네 이웃을 내 몸과 같이 사랑하라"는 것입니다. 그러므로 우리는 진정으로 이웃을 사랑해야 합니다. 한 사람 한 사람의 영혼을 사랑해야 합니다.

헨리는 "세계 최대의 것은 사랑이다"라고 했으며, 골로새서 3:14에는 "사랑은 온전케 매는 띠니라"고 했습니다.

성도들이 이웃들을 향해 사랑을 실천하려면 어떻게 해야 합니까?

첫째, 겸손해야 합니다(고전 13:4). "사랑은 교만하지 아니하며"라고 하신 말씀과 같이 겸손하면 온유하게 되고 질투하지 않고 자랑하지 않고 무례히 행치 않음으로써 사랑을 이루게 됩니다. 그러나 교만하면 다른 사람을 이해하거나 위하는 마음 없이 자기만 고집하고 내세움으로 참된 사랑을 실천할 수가 없습니다. 그러므로 우리는 교만으로 남에게 상처 주는 일이나 헐뜯는 일이나 부당한 대우를 하지 않도록 조심하고 오직 겸손함으로 이웃에게 진정한 사랑을 드러내는 사람들이 되어야 합니다.

둘째, 이기심을 버려야 합니다(고전 13:5). "자기의 유익을 구치 아니하며"라고 하신 말씀대로 자기 이익만 생각하고 자기 욕심만 앞세우는 사람은 이웃에게 사랑을 베풀 수가 없습니다.

한 마디로 사랑은 주는 것입니다. 하나님이 세상을 이처럼 사랑하사 독생자를 주셨다고 했습니다. 불한당을 만난 사람에게 사마리아 사람은 찾아가 싸매주고 짐승에 태워주고 주막에 데려다 주고 여관비를 내주었습니다. 진정 사랑하는 대상에게는 모든 것을 아낌없이 주게 됩니다.

셋째, 공의와 진실이 바탕이 되어야 합니다(고전 13:6). "사랑은 불의를 기뻐하지 아니하며 진리와 함께 기뻐한다"고 했습니다. 이웃사랑은 먼저 진실하고 공의로운 자세를 가지고 실천해야 합니다.

12월

시므온의 성탄축하

성경을 즐겨 읽자

(딤후 3:15-16)

성경은 하나님의 말씀으로 생명의 말씀입니다. 우리 영혼의 양식이며 성도의 보배입니다. 성경을 읽어야 우리의 신앙이 자라고, 예수님을 알게 되고, 구원을 알고, 죄를 알고, 하나님을 알게 되며 주님을 만나게 됩니다.

그러므로 매일 규칙적으로 성경 읽는 습관을 갖고 그날 읽은 성경은 그날의 생활의 좌우명으로 삼고 살아간다면 사랑과 봉사와 기도로 연결된 즐거운 신앙 생활의 결실을 기대할 수 있을 것입니다.

디모데는 어려서부터 성경을 알았고 그의 자본이 되었습니다. 성경을 사랑하면 그 믿음이 깊어집니다. 귀한 보화들을 얻게 됩니다. 강인한 민족애를 가지게 되며 우수한 두뇌를 개발하게 됩니다.

1. 성경말씀은 영의 양식이 됩니다.

어린 아이에게 젖이 필요하듯이 영적으로 거듭난 사람들이 자라고 개발되기 위해서 영의 양식이 필요합니다.

주님께서도 이 사실을 "사람이 떡으로만 살 것이 아니요 하나님의 입으로 나오는 모든 말씀으로 살 것이라"(마 4:4)고 하셨고, 베드로는 "갓난 아이들같이 순진하고 신령한 젖을 사모하라"(벧전 2:2)고 했습니다.

말씀을 스스로 읽고 삶에 적용시킬 때 진정으로 신앙이 자라기 시작합니다. 이 일을 시작하지 않고서는 우리가 아무리 신앙 생활한 지 오래되었어도 성장했다고 말할 수 없습니다.

성경말씀은 우리의 믿음을 자라게 해 줍니다. 로마서 10:17을 보면 "믿음은 들음에서 나며 들음은 그리스도의 말씀으로 말미암았느니라"고 했습니다. 믿음은 그리스도의 말씀을 들음으로 말미암아 자라게 됩니다.

성경말씀은 우리 영혼을 든든히 세워 줍니다.

사도행전 20:30을 보면 "지금 내가 너희를 주와 및 그 은혜의 말씀에 부탁하노니 그 말씀이 너희를 능히 든든히 세우사 거룩케 하심을 입은 모든 자 가운데 기업이 있게 하시리라"고 했습니다.

성경말씀은 우리 영혼을 든든히 세워 주시고 거룩케 하시며 하나님의 기업을 있게 할 자들을 경건하게 하십니다. 성경말씀은 우리 영혼의 갈 길을 인도해 줍니다. "주의 말씀은 내 발의 등이요, 내 길의 빛이니이라"(시 119:105)고 했습니다. 성경말씀은 우리에게 죄와 유혹을 이길 수 있는 능력을 줍니다.

우리가 말씀을 우리 영혼 속에 두고 그 말씀을 의지할 때 우리는 시험도 이기게 됩니다. 시편 119:9-11에는 "내가 주께 범죄치 아니하려 하여 주의 말씀을 내가 마음에 두었나이다"라고 했습니다.

다이나믹 설교뱅크

2. 성경을 즐겨 읽으면 구원에 이르는 지혜를 얻습니다.

세상에는 여러 가지 지혜가 있습니다. 사람을 잘 사귀는 지혜, 가르치기를 잘하는 지혜, 사건을 잘 해결하는 지혜, 돈을 잘 버는 지혜, 전투를 잘하는 지혜, 짐승을 잘 다루는 지혜 등 실로 여러 가지의 지혜가 있습니다. 그러나 이러한 모든 지혜는 이 세상을 어떻게 하면 보다 더 편리하게 사느냐에 관심을 둔 지혜입니다. 이러한 지혜를 가지고는 사람의 영혼을 구원할 수 없습니다.

다른 여러 가지의 지혜를 소유했을지라도 구원에 이르는 지혜를 갖지 못했다면 참된 지혜자는 될 수 없습니다. 다른 지혜는 부족할지라도 구원에 이르는 지혜를 가졌다면 그는 참 지혜를 가진 사람입니다.

성경은 구원에 이르는 지혜를 얻게 합니다. 성경을 읽을 때 구원에 이르는 지혜를 발견하는 것입니다.

디모데는 어린 시절부터 성경을 알았고 그 지식은 그리스도 예수를 믿는 믿음을 통해 구원에 이르게 할 만큼 그를 지혜롭게 만들었습니다. 또 "모든 성경은 하나님의 감동으로 된 것"이므로 그는 하나님을 영화롭게 해야 할 큰 이유가 있다고 말했습니다. 성경은 감동을 불러일으키는 책입니다.

감동을 받으니 얼음 같은 마음이 녹아지고, 굳은 마음이 부드럽게 됩니다. 더러운 마음이 감동을 받아 새 마음이 되고, 어두운 마음이 감동을 받아 대낮처럼 밝아집니다. 세상 것만 아는 무지에서 영원한 삶을 아는 구원에 이르는 지혜를 얻습니다.

3. 성경을 즐겨 읽으면 주위 사람을 온전케 합니다.

성경을 즐겨 읽을 때 선한 일을 행하는 사람이 됩니다. 성숙한 사람이 됩니다. 처음 믿을 때에 하나님의 생명을 받고 성경을 계속 읽어서 성장하여 계속 묵상하여 열매를 맺는 사람이 되는 것입니다.

사람의 육체가 음식을 먹을 때에 잘 자라듯이 영혼도 성경말씀을 잘 묵상하므로 성장합니다. 그래서 인류문화에 기여하는 일을 하게 됩니다.

성도는 성경을 즐겨 읽어야 합니다. 즐겨 읽는다는 것은 재미를 붙여 읽는 것을 말합니다. 날마다 읽는 것이 좋습니다. 그러면 일생을 바로 살게 될 것입니다. 위대한 하나님의 일꾼이 될 것입니다.

은혜생활의 이력서
(대하 1:1-15)

이력서라면 많이 써 보았고 또 내본 일도 많을 것입니다. 이력서에는 내가 언제 어디서 태어났고, 지금은 어디서 살고 있는가가 기록됩니다.

그리고 내가 어느 학교에 다녀서 공부를 어느만큼 했다는 학력이 나타나며 그 다음에는 공적인 활동, 즉 경력도 드러납니다.

본문은 솔로몬의 성공적 이력서가 나타나고 있습니다. 우리도 솔로몬의 성공적인 이력서가 오직 하나님의 은혜로 된 것임을 깨달아야 하겠습니다.

1. 직책의 은혜를 주셨습니다.

솔로몬의 이력서 내용은 은혜뿐입니다. 그는 자기 이력을 온전히 하나님의 은혜로 채운 훌륭한 왕입니다.

다윗의 아들 솔로몬의 왕위가 시간이 갈수록 견고해진 것은 하나님께로부터 받은 큰 은혜때문이었습니다. 바울 사도는 나의 나된 것은 "하나님의 은혜"라고 기록하고 있습니다. 바울 사도는 얼마나 훌륭한 사람입니까?

바울은 기독교 2000년 역사상 베드로와 함께 둘째가라면 서러워 할 만큼 유명하고 뛰어난 사도입니다. 큰 일꾼입니다. 그런 그가 "나의 나된 것은 하나님의 은혜다. 내가 잘나서 나된 것도 아니고, 훈련 받아서 된 것도 아니고, 누구에게 배워서 된 것도 아니고 순전히 하나님의 은혜로 되었다. 하나님의 은혜가 아니라면 지금 나는 어떤 악당이 되었을지 모른다"는 고백을 하였습니다. 내가 나된 것을 하나님의 은혜로 여기는 사람은 자기를 자랑할 것이 아무 것도 없다고 합니다. 오직 있다면 그것은 예수 자랑뿐이라는 것입니다. 겸손해지지 않을 수가 없습니다.

하나님의 은혜를 체험하고 내가 하나님의 은혜로 나 되었다고 생각하는 사람은 모든 영광을 하나님께 돌리고, 모든 높임을 예수님께 드리게 됩니다. 이런 내용을 이력서에 쓸 수 있는 사람은 분명히 훌륭한 신앙의 사람입니다.

솔로몬은 자기 왕위가 점점 견고해진 것이 모두 하나님께서 주신 은혜라고 기록하고 있습니다. 자기가 잘나서 왕위에 오른 것도 아니고, 왕위를 굳게 다져 나간 것도 자기가 영특해서가 아니며 오로지 하나님께서 왕위도 주시고 견고한 나라로 만들 수 있게도 해 주셨다고 고백하는 내용입니다.

우리가 주의 몸된 교회에서 '직책의 은혜'를 주신 것은 하나님의 은혜로 주셨다는 마음을 가져야 합니다.

하나님 앞에 겸손해야 하고, 하나님만을 높이고 자랑해야 합니다. 우리는 주를 위해 봉사하도록 각양의 직책을 주셨고 또 앞으로 직분을 받을 분들도 있을 것입니다. 이 모든 것이 '하나님의 은혜'로 주신 줄 믿고 충성해야 합니다.

2. 함께 하시는 은혜를 주셨습니다.

이스라엘 백성들은 하나님 여호와께서 저들과 함께 하심을 절실히 느낀 사람들입니다.

애굽에서 나와 가나안 땅으로 가는 동안에 견딜 수 없는 불볕 더위, 불어오는 열풍에 끝없이 시달리게 되었습니다. 그 때 구름 기둥이 더위를 막아 주고, 밤에는 불기둥으로 모진 추위를 막아 주었습니다.

그리고 행군을 계속해야 할 때는 구름기둥이 떠올라서 그들을 인도했습니다. 그리하여 이스라엘 백성들은 낮에는 구름 기둥을 보고 밤에는 불기둥을 보면서 하나님이 우리와 함께 계심을 알 수 있었습니다. 밤낮으로 함께 하셨습니다. 언제나 우리를 인도해 주신다고 눈으로 보고 피부로 느낄 수 있었습니다.

이스라엘 백성들은 구름기둥, 불기둥을 보면서 얼마나 마음이 든든하고 은혜를 받았는지 얼마나 힘을 얻었는지 모릅니다. 솔로몬은 여호와 하나님께서 저와 함께 하심을 실감하고 감사했습니다.

지금도 하나님은 우리와 함께 하십니다. 보이지 않는 영으로 우리 가정 가운데 계셔서, 밤낮으로 여러분을 지켜 주시고, 여러분의 가는 길을 구름기둥으로 인도하시며 언제나 함께 하시는 하나님이십니다. 이런 하나님이 분명히 나와 함께 했다고 하는 체험적인 은혜의 이력서가 기록될 수 있기를 바랍니다.

3. 창대하게 하는 은혜를 주셨습니다.

하나님이 솔로몬으로 하여금 창대하게 해 주셨다는 것은 위대하게 만들어 주셨다는 뜻입니다.

솔로몬은 출신 성분이 정상적이지 않았습니다. 다윗이 우리아의 아내 밧세바를 취하여 낳은 아들이었습니다. 그러나 하나님의 은혜로 그를 창대케 해 주셨습니다.

아브라함 링컨 대통령은 초등학교 아이들까지도 다 아는 사람입니다. 미국 국민은 물론 전세계의 남녀노소 모두가 그를 위대한 인물로 기억하고 있습니다. 그러나 그는 초등학교도 제대로 못 다닌 사람이었습니다. 그의 어머니는 유산으로 성경 하나만을 남겨 주었습니다. 성경에서 하나님을 만나고 기도하며 하나님 뜻대로 살 때에 하나님의 은혜로 링컨 창대케 하셨습니다.

성도 여러분, 가문이 좋지 않아도 괜찮습니다. 학벌이 훌륭해도 좋고 그렇지 않아도 좋습니다. 하나님이 창대하게 하시면 역사에 남을 만한 인물이 됩니다.

여러분과 여러분의 자손들이 하나님의 은혜로 창대케 되기를 주의 이름으로 축원합니다.

■■■
다이나믹 설교뱅크

복된 일꾼

(스 7:1-10)

사람의 종류를 말할 때 세 가지 종류를 말합니다. 없어야 할 사람, 있으나마나한 사람, 꼭 있어야 할 사람입니다. 일꾼에도 핵심적인 일꾼, 보통으로 협력하는 일꾼, 있어도 되고 없어도 되는 별로 이쉽지 않은 일꾼입니다. 핵심적인 일꾼은 복된 일꾼입니다. 지도자는 위대한 사람이 아니라 좋은 영향력을 끼치는 자입니다.

본문에 나오는 에스라는 대제사장 아론의 16대손이며, 모세의 율법에 익숙한 학사이고 당시 아시아 근동의 지배적 위치에 있던 바사의 왕에게 신임을 받던 인물입니다. 그는 바벨론 70년의 포로생활을 청산하고 나라를 재건하며 민족의 신앙부흥운동을 꾀하던 당시의 위대한 지도자 중의 한 사람이었습니다. 스룹바벨의 지도하에 성전은 재건되었습니다.

예배도 부활되었습니다. 그러나 문제는 이스라엘 백성의 정신적인 개혁입니다. 내적인 개혁, 영적인 개혁의 문제 앞에 직면한 에스라는 호세아 선지자가 일찍이 "내 백성이 지식이 없으므로 망하는도다"(호 4:6)라고 안타까와 했던 것처럼 하나님의 율법에 대해 무지하고 소홀히 하였던 과거를 돌이켜보며 새로운 결심을 합니다. 이스라엘을 위하여 그는 율법 학사로서 헌신할 큰 결심을 내린 복된 일꾼이었습니다.

1. 에스라는 대를 잇는 일꾼이었습니다.

사람들이 세상을 살면서 조상들의 기업을 이어 꽃을 피우는 경우를 종종 보게 됩니다. 대기업의 창업자 2-3세들의 경우를 보면 그렇습니다. 그 분야에서 어느 누구의 추종을 불허하는 전문가들이 됩니다. 이처럼 믿음도 대를 이어 갈수록 아름답습니다. 물론 명맥만 이어가는 것을 말하는 것은 아닙니다. 오늘의 본문에 등장하는 에스라처럼 대를 이어 이스라엘 민족 역사 속에서 복된 일꾼으로 일하는 자를 의미합니다.

에스라는 제사장이요 율법학자로서 대제사장 아론의 제16대 손이었습니다. 그는 바벨론 포로생활의 고달픔 속에서도 굳게 신앙을 지켰을 뿐만 아니라 제사장 가문의 품위도 지켜 한 치의 흐트러짐이 없이 살았습니다.

그는 조상 대대로 내려오면서 하나님 섬기는 것을 친히 보았고 또 섬기는 법을 배웠기 때문입니다. 그러므로 에스라는 대를 잇는 신자요, 대를 잇는 일꾼이었습니다. 이런 일꾼은 복있는 일꾼입니다.

에스라는 율법에 조예가 깊은 학자였으며 바벨론에서 이미 많은 학문을 닦은 사람입니다. 왕의 신임을 얻을 만큼 훌륭한 경력을 소유한 사람입니다. 율법 분야에 있어서도 대단한 수준의 학자입니다. 그리하여 여호와의 도움을 입은 사람이었습니다.

주의 직분을 맡은 사람들은 자기가 맡은 분야의 전문가가 되어야 합니다. 특별히 에스라처럼 성경에 익숙한 사람들이 되어야만 자기 직무에 충실할 수 있는 것입니다.

■ ■ ■
다이나믹 설교뱅크

오늘 시대에 필요한 일꾼은 아름다운 믿음으로 대를 잇는 일꾼입니다. 헌신과 충성으로 일하는 대를 잇는 일꾼이 필요합니다.

2. 에스라는 권위있는 일꾼이었습니다.

어떤 학문이나 기술이나 그 분야에서 가장 높은 경지에 이르게 되면 그 분야에서 권위를 갖게 됩니다. 즉 뛰어난 전문가가 됩니다. 그러므로 어느 분야에 종사하든지 권위를 갖게 되면 성공한 것이라고 할 수 있습니다. 권위가 있는 사람 혹은 일꾼이 되기 때문입니다.

권위있는 일꾼은 복된 일꾼입니다. 에스라는 얼마만큼 권위가 있었는 가 하면 여호와께서 주신 바 모세의 율법에 익숙한 학사로서 그 하나님 여호와의 도우심을 입은 자로서 왕에게 구하는 것은 다 받은 자가 되는 권위가 있는 사람이었습니다.

그는 바벨론에서 귀환할 때에 군대의 힘을 의지하는 대신 하나님의 손을 의뢰했으며 그분의 도우심으로 무사히 예루살렘에 돌아올 수 있었습니다.

우리가 인생에서 실수하는 것들 중에 하나는 문제를 인간의 눈으로 바라본다는 것입니다. 주의 종들은(예수 믿는 성도들은) 사람의 도움이 아니라 하나님의 손을 의지하고 그분께 도움을 청해야 합니다.

한나는 무지하여 고통과 괴로움 속에 빠져 살아갈 때 하나님께 서원기도를 통해 하나님의 도우심을 받아 아들 사무엘을 선물로 받았습니다. 권위있는 일꾼은 하나님의 도우심을 입어 왕에게 구한 것까지 다 받게 되는 축복이 있게 됩니다.

3. 에스라는 모범적인 일꾼이었습니다.

제아무리 자기 분야에서 권위가 있다고 할지라도 모범을 보이지 못하면 복된 일꾼은 아닙니다. 예를 들면 예수님 당시 율법사들은 모세 율법에 통달한 권위를 가지고 있어서 백성들에게는 존경을 받는 사람이었으나 전혀 모범을 보이지 못해서 화가 있다는 경고를 받았습니다.

즉 "너희 율법사여 지기 어려운 짐을 사람에게 지우고 너희는 한 손가락도 이 짐에 대지 않는도다"(눅 11:46)라고 책망을 받았습니다. 결국 신앙의 모범을 보여야 할 율법자가 전혀 보이지 못했다는 뜻입니다.

본문의 에스라는 율법을 연구하여 통달했고 또 자기가 솔선수범하여 율법을 준행하며 가르쳤습니다. 다시 말하면 그는 모범적인 율법학자였습니다. 이렇게 모범적인 일꾼이 복있는 일꾼입니다.

우리 성도는 아브라함처럼 믿음의 모범이 되고, 마르다와 마리아처럼 봉사의 모범이 되며, 바울처럼 헌신의 모범이 되고, 예수님처럼 사랑의 모범을 따라야 합니다.

시므온의 성탄축하
(눅 2:25-35)

우리 구주 예수 그리스도의 탄생을 통하여 온 성도들의 마음과 가정 위에 평화와 축복이 충만하시기를 기원합니다.

크리스마스 아침 천사는 "보라 내가 온 백성에게 미칠 큰 기쁨의 좋은 소식을 너희에게 전하노라 오늘날 다윗의 동네에 너희를 위하여 구주가 나셨으니 곧 그리스도 주시니라"고 선포했습니다.

이 세상에서 가장 좋은 소식은 온 백성에게 미치는 좋은 소식이어야 합니다. 예수님 탄생은 온백성에게 미치는 좋은 소식입니다.

본문은 시므온이 어떤 사람이며 그가 예루살렘 성전에서 만난 아기 예수를 찬양한 내용을 설명하고 있습니다. 유대인은 아들을 낳게 되면 두 가지 행사를 거쳐야 했습니다. 그것은 8일 만에 할례를 행하는 것과 헌아식이었습니다. 할례는 구별된 백성이라는 표시이며, 헌아식은 첫아들을 낳게 되면 성전으로 데리고 가서 행하는 주께 바치는 예식입니다.

예수님도 8일 되던 날, 예루살렘 성전으로 그 부모가 데리고 올라가 헌아식에 참석하게 되었습니다. 거기서 시므온을 만난 것입니다.

1. 시므온은 의롭고 경건한 사람이었습니다.

시므온은 예루살렘에서 사는 자(눅 2:25)였습니다. 예루살렘은 유대 나라의 서울이요, 예루살렘은 유대인들의 성전이 있는 곳이었습니다. 그곳에서 시므온은 의롭고 경건한 삶을 살았습니다. 의롭고 경건하다는 것은 그리스도인의 모범적 품성입니다. 의롭다는 것은 죄가 없거나 죄가 있더라도 사함받았다는 것이며, 경건하다는 것은 하나님을 섬기는 마음과 태도가 올바르다는 것을 의미합니다.

창세기 6:9을 보면 "노아는 의인이요 당세에 완전한 자라. 그가 하나님과 동행하였다"고 했습니다. 의롭고 경건한 자는 하나님과 동행하는 삶을 사는 사람입니다.

죄사함 받고 의로워지는 것은 하나님의 은혜로 되는 것입니다. 그러나 경건한 신앙은 내가 노력하고 힘써야 하는 것입니다. 25절을 보면 그는 "이스라엘의 위로를 기다리는 자"라고 했고, 26절을 보면 "주의 그리스도를 보기 전에는 죽지 아니하리라"는 성령의 지시를 받았다고 했습니다. 얼마나 오랜 세월을 기다렸는가는 기록되어 있지 않지만 그는 평생 동안 오실 메시아를 기다렸습니다.

그것은 그가 얼마나 인내의 사람이며, 메시아 대망 신앙의 소유자인가를 설명해 주고 있습니다. 지금도 의롭고 경건한 사람이 주를 맞이할 수 있고 참고 기다리는 사람이 주님을 영접하게 될 것입니다.

2. 시므온은 탄생하신 예수님을 본 사람입니다.

시므온이 성령의 감동으로 성전에 들어가매 마침 요셉과 마리아가 율법의 전례대로 행하고자 하여 그 아기 예수를 데리고 들어왔던 것입니다.

동방박사는 유대인의 왕, 인류의 메시야 탄생을 학수고대하고 별을 연구 중에 별이 나타나자 사전에 준비한 황금과 유향과 몰약을 가지고 불원천리 불고가사하고 별을 따라 유대나라 베들레헴에 가서 아기 예수를 보고 경배한 자입니다.

시므온도 예수 그리스도를 보기 전에는 죽지 않는다고 그를 사모하고 기다리다가 예수를 본 사람입니다.

첫 번 탄생하신 예수님도 이렇게 기다리고 사모하는 자들이 만났습니다. 그러나 재림하실 예수님도 기다리는 사람만이 만날 수 있습니다. "이와 같이 그리스도도 많은 사람의 죄를 담당하시려고 단번에 드리신 바 되셨고 구원에 이르게 하기 위하여 죄와 상관없이 자기를 바라는 자들에게 두 번째 나타나시리라"(히 9:28)고 했습니다.

지금도 동방박사와 시므온같은 신앙을 가진 사람만이 아기 예수로 탄생하신 주님을 만나게 될 것입니다.

3. 시므온은 아기 예수를 안고 하나님을 찬송했습니다.

8일 만에 그 부모가 품에 안고 온 아기 예수를 만난 시므온의 감격은 어떠했겠습니까? 예수를 만나기 전에는 죽을 수도 없었던 사람, 그가 길고 긴 세월 동안 기다리다 예수님을 만났습니다. 우리는 여기서 시므온이 예수님을 만났던 장소를 주목해야 합니다. 그곳은 '성전'이었습니다.

만일 그가 자기집 안방이나 거리나 골목에 있었다면 그토록 기다리던 예수님을 만나지 못했을 것입니다.

누가복음 2:36 이하를 보면 '안나'라는 여선지자가 있었습니다. 그 역시 예수님이 오시기를 기다리는 사람이었는데 성전을 떠나지 않고 금식하며 기도하다가 성전에서 예수를 만났습니다.

성전은 주님을 만나기에 가장 좋은 장소입니다. 성전에 나오는 횟수가 적으면 그만큼 주님 만나는 횟수가 적은 것입니다. 성전에 나오기를 힘쓰는 사람은 그만큼 주님을 사모하고 만나기를 열망하는 사람입니다. 성전에 나오기를 힘쓰고 모이기를 힘써야 합니다.

시므온의 축하 메시지는 누가복음 2:29에 "주재여 이제는 말씀하신대로 종을 평안히 놓아주시는도다"라고 찬양했고, 누가복음 2:30은 "내 눈이 주의 구원을 보았사오니"라고 찬양했으며, 누가복음 2:31에서는 "이는 만민 앞에 비추는 빛이요 주의 백성 이스라엘의 영광이니이다"라고 찬양했습니다.

8일된 목수의 아들 예수님을 품에 안고 시므온은 이 아기는 "이스라엘의 영광"이라고 노래했습니다.

누가복음 2:14을 보면 아기 예수의 탄생 사건을 천사들은 "지극히 높은 곳에서는 하나님께 영광이요 땅에서는 기뻐하심을 입은 사람들 중에는 평화"라고 노래했습니다. 주님은 우리에게 자유와 평안을 주셨습니다. 주님은 이 말을 비추는 빛으로 오셨습니다.

주님은 이스라엘과 전 인류의 영광입니다. 오늘 성탄을 축하하는 성도 여러분, 우리도 시므온처럼 성탄을 축하하고 다시 오실 주님을 믿음으로 기다리는 성도들이 되기를 주님의 이름으로 축원합니다.

하나님이 아시는 바 된 사람

(고전 8:1-6)

인간 사회 속에서 너와 내가 더불어 살아가면서 서로 아는 바 된 삶 속에서 살아간다는 것이 얼마나 아름답고 귀한 일인지 모릅니다. 귀한 지위와 고매한 인격을 가진 분들과 알고 지내면 그만큼 좋은 영향과 도움을 받을 수 있기 때문이며 인생 여정에 큰 유익을 주기 때문입니다.

사람이 타인에게 아는 바 되고 인정받는 사람이 된다는 것은 행복한 일이요 즐거운 일이 아닐 수 없습니다. 그런데 무엇보다도 하나님이 아시는 바 된 사람이 된다면 그는 가장 복되고 귀한 일이 아닐 수 없습니다.

믿음의 조상 아브라함은 순종하는 믿음 때문에 하나님께 아신 바 되었고, 요셉은 어떤 상황에서도 변치 않는 믿음과 소망 때문에 하나님께 아신 바 되어 애굽의 총리대신이 되었습니다. 그리고 욥은 곤경 속에서도 하나님을 배반하지 아니한고로 하나님의 아신 바 된 사람이 되어 시험중에서도 갑절의 축복을 받았습니다.

그렇다면 본문에서는 하나님이 아시는 바 된 사람은 어떤 사람인가를 말씀드리고자 합니다.

1. 건덕의 사람입니다.

부자가 구제사업을 많이 한다면 존경을 받을 만 합니다. 그러나 구제사업을 해도 덕을 세우지 못하는 경우도 있습니다. 자기의 이름을 앞세우기 때문입니다.

그리고 지식은 많을수록 좋습니다. 그러나 사랑이 결여된 지식은 못배운 사람을 깔보는 교만에 빠지기 쉽습니다. 이런 경우 그는 전혀 교회에 덕을 세우지 못합니다.

본문에 보면 고린도 교인들 중에는 지식이 많은 사람들이 제법 많았습니다. 우상의 제물에 대한 지식이 많아서 우상의 제물에 대하여 구애를 받지 않았습니다. 그러나 아직도 믿음이 약한 자들을 은근히 깔보고 사람차별을 하며 덕을 세우지 못했습니다.

오직 사랑만이 덕을 세우고 덕을 세우는 사람이 하나님의 인정을 받습니다. 건덕의 사람은 겸손합니다. 지식이 있다고 교만하지 않고 겸손합니다. 돈이 있다고 자만하지 않고 겸손합니다.

모든 불행한 일은 불화에서 비롯되고 불화는 다툼과 허영 때문에 일어납니다. 그리고 모든 문제의 해결은 겸손한 마음입니다. 겸손한 사람은 자기를 돌아보고 다른 사람의 일도 살피기 때문에 화목과 기쁨을 만듭니다.

겸손함은 인간생활에 있어서 가장 필요한 덕성입니다. 바울은 그리스도의 마음을 품으라고 하면서 주님의 마음은 겸손이라고 했습니다.

예수님은 "너희중에 큰 자는 너희를 섬기는 자가 되어야 하리라. 누구든지 자기를 높이는 자는 낮아지고 누구든지 자기를 낮추는 자는 높아지리라"(마 23:11-12)고 하셨습니다.

하나님은 겸손한 자를 사랑하시어 높이 들어쓰시며 겸손한 삶이 있는 곳에 평화와 기쁨이 있습니다.

2. 사랑의 사람입니다.

"또 누구든지 하나님을 사랑하면 이 사람은 하나님의 아시는 바 되었느니라"고 했습니다.

베드로가 자기 평생에 세 마디를 주님께 신앙으로 고백하였습니다.

첫째, 나는 죄인입니다(눅 5:8). 두 번째로는 주는 그리스도시요 살아계신 하나님의 아들입니다(마 16:16). 세 번째로 내가 주를 사랑하나이다(요 21:15). 주님은 베드로의 사랑의 고백을 받은 후에 비로소 내 양을 먹이라는 사명을 주셨습니다.

그만큼 주를 사랑하는 사람이 귀하다는 것을 가르쳐 주는 말씀입니다. 그리고 다윗왕도 사울의 손에서 구원해 주실 하나님께 "나의 힘이 되신 여호와여 내가 주를 사랑하나이다"라고 고백했습니다.

본문에서도 하나님을 사랑하면 하나님의 인정을 받는다고 밝혔습니다. "누구든지 하나님을 사랑하면 이 사람은 하나님의 아시는 바 된다"고 했습니다.

하나님 사랑은 마음과 성품과 힘을 다하여 하라고 했습니다. 이는 목숨 바쳐 사랑하라는 의미입니다. 왜냐하면 주님도 우리 위해 목숨을 바치셨기 때문입니다.

하나님을 사랑하기 때문에 의롭게 사는 것입니다. 의롭게 산다는 것은 진실한 믿음으로 사는 것을 말합니다. 믿음의 선진들은 믿음으로 살면서 하나님을 사랑하셨기에 하나님의 아시는 바 된 인물들이었습니다.

3. 조화의 사람입니다.

"우리에게는 한 하나님 곧 아버지가 계시니 만물이 그에게서 났고 우리도 그를 위하여"라고 했습니다.

다윗은 왕의 자리에 앉았으나 여러 여자에게서 낳은 배다른 자녀들 사이의 불화 때문에 가정이 평안치 못하였습니다. 그래서 "형제가 연합하여 동거함이 어찌 그리 선하고 아름다운고"라는 말로써(시 133:1) 화목한 가정을 부러워 하였습니다.

이것은 조화를 이루고 사는 가정이 얼마나 복된가를 보여주는 산 교훈입니다.

사람들 사이에서 원수를 맺지 않고 조화를 이루어 사는 것이 복되다고 하면 사람이 하나님과 조화를 이루고 살면 복중에서도 최고의 복입니다.

본문에서 바울 사도는 "우리에게는 한 하나님 곧 아버지가 계시니"라고 하여 하나님과 우리와의 관계를 부자관계로 설명하고 있습니다. 이 말을 달리 표현하면 하나님과의 조화를 의미합니다. 이렇게 조화의 생활을 하는 자를 하나님은 인정하십니다.

하나님과 사람 사이의 조화는 진실한 믿음으로 살 때 이루어지고, 사람과 사람 사이의 조화는 이해와 관용과 용서가 따른 사랑이 있을 때 가능합니다.

우리는 일생을 믿음으로 살다가 언제인가 하나님 앞에 가게 될 것입니다. 그때 하나님께 아시는 바 된 사람이 되어야 하겠습니다. 이는 겸손한 사람, 사랑의 사람, 조화의 사람이 될 때 하나님이 아시는 바 된 사람이 될 수 있습니다.

4. 기도하며 살아가는 사람입니다.

주님께서는 자신의 대사들을 보내시며 모든 일들보다 먼저 기도를 하라고 강조하십니다. 기도는 복음사역에 있어 가장 중요한 수단입니다.

우리가 전도의 사명을 감당키 위해서는 물질이나 재능 등 많은 것이 필요할 것입니다. 그러나 그것은 모든 성도가 소유하거나 활용할 수는 없는 것들입니다. 그러나 기도로 돕는 일은 성도들이 능히 할 수 있을 것입니다. 성도의 진실한 기도와 간구는 그리스도의 사역을 이루는 원동력입니다.

사회에 필요한 사람이 되기 위해서는 기도하는 사람이 되어야 합니다. 하나님이 귀히 쓰는 사람들도 다 기도의 사람들이었습니다.

구약 역사에 나타난 인물중에 가장 두드러지게 하나님의 축복을 많이 받은 인물은 아브라함입니다. 그는 신앙의 사람이요, 순종의 사람이며 기도의 사람(창 18:22-23)이었습니다.

야곱은 아브라함의 손자요 이삭의 아들이었습니다. 그는 이스라엘의 조상이 되었습니다. 야곱은 새벽에 날이 밝기 전에 씨름하는 기도를 했으므로 야곱이 변하여 이스라엘이 되는 변화의 축복을 받은 것입니다. 기도는 변화의 역사를 일으킵니다. 이스라엘의 영도자 모세도 기도의 사람이었습니다. 하나님이 쓰시고 사회가 필요로 하는 사람은 기도하며 살아가는 사람입니다.

제 **6** 장

특별설교

1. 헌신예배 설교
2. 절기 설교
3. 예식 설교

1
헌신예배 설교

어떻게 나를 믿을 수 있겠느냐?

(요 5:37-44)

이박도 목사(벧엘감리교회)

1960년 칸느영화제 그랑프리를 수상한 페데리코 펠리니 감독의 '달콤한 인생'(La Dolce Vita)이라는 영화가 있습니다. 이 영화는 당시 로마 상류층의 퇴폐적이고 향락적인 삶을 묘사하고 있는데 영화 내내 상류층의 퇴폐적이고 지저분한 삶의 모습들이 적나라하게 그려지고 있습니다.

이 영화의 첫 장면은 아주 유명한 장면입니다. 이 영화는 하늘을 날아가는 예수님의 모습으로 시작됩니다. 로마의 시가지 위로 예수님의 커다란 석상이 날아가고 있습니다. 그리고 지상의 사람들은 그 모습을 올려다보고 있습니다. 그러나 예수님의 석상은 날아가고 있는 것이 아닌 것을 알게 됩니다.

예수님의 석상이 줄에 묶여서 헬기에 의해 운송되고 있는 것입니다. 온 몸이 묶인 채 허공에서 끌려가고 있는 예수님의 모습은 현대사회에서 종교의 무능력함, 초월성의 실종을 상징적으로 보여 주고 있는 것입니다. 과학과 기술의 진보, 지식과 정보의 발달, 생활수준의 향상, 그리고 동시에 전쟁의 경험이 가져다준 정신적 공황과 황금 만능주의로 인한 인간성의 황폐로 인해 우리에겐 더 이상 예수님이 존재하지 않는다고 선언을 하고 있는 듯합니다. 하루 하루의 향락과 쾌락을 즐길 수 있는데, 무슨 종교가 필요하며 예수님이 뭐가 필요하냐는 것입니다. 이 영화는 예수님이 사라진 로마의 퇴폐적이고 정신병적인 일상을 묘사하기 위해, 힘없이 온몸이 묶인 채 헬기에 끌려가는 예수님의 모습을 상징적으로 보여주고 있는 것입니다.

우리가 살고 있는 곳의 모습도 이렇지 않을까요? 바로 이 영화의 첫 장면처럼 오늘날 한국의 하늘 위로 거대한 예수님의 석상이 온몸이 묶인 채 끌려가고 있는 것은 아닐까요? 우리의 인생 공간에서 예수님의 온몸이 묶인 채로 끌려가고 무언가에 의해 끌려나간 것은 아닐까요?

오늘날 현대인들에게 예수님은 끌려나간 석상처럼 아무런 가치도, 의미도, 필요도 없는 존재일까요? 실제로 오늘날 많은 사람들이 마치 그렇다는 듯이 살아가고 있습니다. 예수님의 존재에 관심이 없습니다. 예수님을 믿어야 할 필요성이 없는 것처럼 살아갑니다.

또한 모든 것을 대형할인점에서 물건 사듯 하는 데 익숙한 현대인들은 심지어 예수님을 믿어도 그런 방식으로 믿으려고 합니다. 쇼핑하는 기분으로, 쇼핑하는 여유를 가지고 예수님 믿으려고 하는 것입니다. 쇼핑이란 사도 그만이요, 이것 말고도 다른 것을 살 수도 있고, 반품할 수도 있는 그런 것입니다. 이런 신앙생활에 구태여 이름을 붙이자면 '액세서리 신앙'이라고 할 수 있을 듯 합니다.

결국은 많은 현대인들이 예수님을 믿지 않고, 또 많은 믿는 사람들이 액세서리 신앙을 가지고 있는 현상을 볼 때, 본문 44절의 "어떻게 나를 믿을 수 있겠느냐?"(표준새번역)는 예수님의 말씀이 지금도 들려오는 듯 합니다. 사람들이 예수님을 진정으로 믿지 못하는 이유는 무엇일까요?

첫째, 사람들이 눈에 보이고 손에 잡히는 것에만 집중하기 때문이라고 할 수 있습니다.

■ ■ ■
다이나믹 설교뱅크

현대 과학과 학문의 특징은 그 방법론에 있어서 실증주의적 방법론에 있다고 할 수 있습니다. 실증주의란 실험을 해서 증명되면 인정하고 믿는다는 것입니다. 그래서 과학자들은 실험실에서 실험하는 데 몰두합니다. 사회학자들도 실증주의에 의지합니다. 사회조사나 여론조사를 실제로 해봐야 합니다. 심지어 심리학에서조차 실증주의를 주장합니다. 인간의 의식구조를 연구하고 일련의 자극과 반응을 실험합니다. 그것을 통해 이론을 세우고, 문제를 해결하는 것입니다. 이같은 학문에서의 실증주의적 태도는 사람들의 일상생활에 속에도 깊이 파고 들어와 있습니다. 아니 그 역으로 사람들의 일상적 삶의 태도가 학문의 실증주의적 방법을 낳게 되었다고 하는 것이 옳은 말일 것입니다.

하여튼 보이지 않고 만져지지 않으면 믿지 않는 것입니다. 예수님이 죽으셨다가 부활하셨다는 이야기를 들었을 때, 믿지 못하던 제자가 한 명 있었는데, 그가 도마였습니다. 내가 예수님을 만져보지 않고는 믿지 못하겠다던 도마는 어떻게 보면 우리 현대인들과 너무도 닮은 실증주의자였다고 할 수 있습니다.

본문 37-38절을 보면, "또한 나를 보내신 아버지께서 친히 나를 위하여 증거하셨느니라. 너희는 아무 때에도 그 음성을 듣지 못하였고 그 형용을 보지 못하였으며 그 말씀이 너희 속에 거하지 아니하니 이는 그의 보내신 자를 믿지 아니함이니라"고 말씀하십니다. 사람들은 그저 눈으로 보는 것, 귀로 들을 수 있는 것, 손으로 만질 수 있는 것에만 몰두하고 관심이 쏠려 있어서 예수님을 믿지 못하는 것입니다. 대신 사람의 오감으로 감각할 수 있고, 오감을 만족시켜 주는 세상의 돈과 명예와 쾌락을 좇는 것입니다.

둘째, 사람들이 자기의 편견 때문에 믿음에 실패합니다. 편견을 가지고 복음을 듣고, 편견을 가지고 예수님을 믿으려고 하는 것이 문제입니다.

예수님 당시에 유대인들이 그랬습니다. 당시 유대인들은 하나님이 보내줄 메시야를 기다리고 있었습니다. 그런데 그들 대부분 기다리던 구세주는 로마의 압제로부터 해방시켜 주고, 정치적으로 독립되고 강력한 국가를 세워 줄 사람이었습니다.

그런 메시야를 기다리던 대부분의 유대인들이 예수님을 메시야로 믿지 않았습니다. 그들의 편견 때문에 예수님을 믿을 수 없었던 것입니다. 본문 39-40절을 보면 "너희가 성경에서 영생을 얻는 줄 생각하고 성경을 상고하거니와 이 성경이 곧 내게 대하여 증거하는 것이로다. 그러나 너희가 영생을 얻기 위하여 내게 오기를 원하지 아니하는도다"라고 예수님께서 말씀하셨습니다.

유대인들은 성경을 통해 하나님께서 메시야를 보내 주실 것을 믿고, 절실하게 기다렸습니다. 그러나 정작 하나님께서 메시야를 보내 주셨을 때, 그들은 믿지 못했던 것입니다. 본문 말씀 그대로 그들은 성경에서 영생을 얻는 줄 생각하고 연구했으나 정작 성경이 증거한 예수님을 믿지는 못했다는 것입니다.

오늘날 이단들도 이렇습니다. 그들은 정통 신앙인들보다도 오히려 성경을 열심히 읽고 그 속에서 영생의 길을 찾는다고 난리입니다. 그런데 정작 그 성경이 영생의 길이라고 제시하고 있는 예수님은 부인하거나, 자기들의 교주가 예수라고 허황된 이야기를 하고 있는 것입니다.

기독교인들도 자기의 편견대로 예수님을 믿다가 실족하거나 절망하는 경우가 많이 있습니다. 자기가 기대하던 예수님이 아니라는 것입니다. 자기에게 돈을 많이 벌게 해주고, 명예를 얻게 해주고, 남들보다 성공하게 해줄 예수님으로 알았었는데, 그렇게 되지 않았다는 것입니다. 예수님을 통해 자기의 이익과 성공, 출세를 도모해 보려는 사람들은 사실 교회를 다니더라도 진정한 그리스도인은 아니라고 할 수 있습니다. 그들은 자기의 욕심을 예수님께 투영한 것에 불과한 것입니다.

결국 사람들이 예수님을 믿지 못하는 이유는 자기들의 영광을 구하기 때문입니다. 44절 말씀에 보면 예수님께서 "너희가 서로 영광을 취하고 유일하신 하나님께로부터 오는 영광은 구하지 아니하니 어찌 나를 믿을 수 있느냐"고 말씀하셨습니다. 사람들이 자기의 영광을 위해 살기 때문에 예수님을 믿지 못한다는 것입니다.

사람이 사는 목적이 무엇입니까? 하나님의 영광을 위해서입니다. 하나님께 영광을 돌리기 위해서입니다. 그런데 믿음에 실패하는 사람들, 예수님을 믿지 못하는 사람들의 대부분이 자기 자신의 영광을 추구하기 때문에 그렇습니다.

사람들은 돈을 많이 벌어서 자기의 영광을 누리려고 합니다. 높은 지위를 얻어서 영광을 누리려고 합니다. 권세를 휘두르면서 영광을 누리려고 합니다. 온통 자기 자신의 영광을 위해서 사는 것입니다. 남들로부터 칭찬받고, 부러움을 사고, 존경받으려고 안간힘을 씁니다. 그러면서 결국 자기 자신만의 삶에 매몰되고, 그 결박 속에서 헤어나오지 못하고 자유함을 누리지 못하는 것입니다.

사람이 자기의 영광을 위하여 사는 한, 그는 참으로 예수님을 믿을 수가 없습니다. 잠시 예수님을 믿는 척 할 수는 있을 것입니다. 그러나 그것은 참으로 믿는 것이 아닙니다.

신앙인은 예수님을 나의 주님으로 고백합니다. 주님이라는 고백은, 예수님이 나의 주인이고, 나는 그 분의 종이라는 뜻입니다. 따라서 나의 삶은 주인의 명령과 인도하심을 따른다는 뜻입니다. 나의 삶은 주인의 영광을 위하여 사는 것이라는 고백이기도 합니다.

우리가 입으로는 예수님을 나의 주님이라고 고백하면서, 실제로는 나 자신의 영광을 위하여 산다면, 우리는 거짓말하며 사는 것입니다. 진짜 그리스도인은 하나님의 영광을 추구해야 합니다. 하나님의 영광을 버리고 내 자신의 영광을 구하는 사람은 본문 말씀처럼 믿음에 실패할 수밖에 없습니다.

예수님을 믿는다는 것은, 현대의 과학문명 시대에서는 더 이상 필요치도 않은 석상과도 같은 것이 아닙니다. 또 예수님을 믿는다는 것은, 쇼핑하듯 사도 그만 안 사도 그만, 다른 것으로 바꿀 수도 있고, 환불받을 수도 있는 취사선택의 문제도 아닙니다. 그런데 많은 사람들이 이렇게 살아가고 있습니다. 마치 예수님을 더 이상 필요없는 석상처럼 여기면서, 혹은 예수님을 대형할인점에 진열되어 있는 상품처럼 여기면서 살아가고 있는 것입니다.

이는 예수님의 말씀처럼, 사람들이 보이는 것만을 추구하고, 자기의 편견과 욕심대로 믿으려고 하고, 결국은 자기의 영광을 목적으로 하기 때문에 예수님을 믿지 못하고 있는 것이라 할 수 있습니다.

그러나 예수님을 믿는다는 것은 취사선택의 문제가 아니라 생존의 문제라고 할 수 있겠습니다. 우리는 잘난 척 하면서 복음을 거부하거나 여유를 부리며 쇼핑하듯 믿음생활을 할 수 있는 존재들이 아님을 먼저 인식해야 합니다. 우리의 상황을 제대로 알아야 합니다.

불교의 '법화경'에 보면 인간의 상황을 아주 잘 묘사하고 있는 비유가 있습니다. 코끼리에 밟혀 죽임을 당해야 하는 한 사형수가 간신히 도망을 치고 있는데, 뒤에는 코끼리가 쫓아옵니다. 점점 가까워 집니다. 그런데 앞에 우물이 보입니다. 우물곁에 큰 나무가 있었는데 그 나무의 가지 하나가 우물 속으로 내려져 있었습니다. 급한 나머지 이 사형수는 코끼리를 피해 그 나뭇가지를 타고 우물 안으로 들어갑니다. 그런데 웬일입니까? 우물 바닥에는 악어들아 입을 벌리고 먹이를 기다리고 있는 것입니다. 게다가 우물 벽에서는 뱀들이 혀를 날름거리고 있습니다. 나뭇가지에 매달려 더 이상 올라가지도, 내려가지도 못하고 있을 때, 설상가상으로 나뭇가지 위에서 쥐 한 마리가 나뭇가지를 갉아먹는 것이었습니다.

그야말로 절대절명의 위기 순간입니다. 모든 인간은 본질적으로 이같은 죽음의 위기상황에 처해 있다는 것을 보여 주는 이야기입니다. 이야기는 계속됩니다. 그런데 마침 그 나무에는 벌통이 하나 있어서 꿀이 한 방울씩 떨어지고 있었습니다. 그러자 이 사형수는 그 꿀을 받아 먹었습니다. 그리고는 그 달콤한 꿀에 마음을 빼앗겨 만족하며 미소를 짓습니다.

자기가 지금 어떤 상황에 처해 있는지 까맣게 잊어버린 채 꿀 한 방울에 미소짓는 사형수, 그것이 현대를 살아가는 사람들의 모습을 보여 주고 있습니다. 우리의 본질적인 상황이라는 것은 삶과 죽음의 기로에 선 절대절명의 상황인데, 겨우 세상이 주는 꿀 한 방울에 현혹되어 상황을 철저히 망각하고 있다는 것입니다.

사람들이 예수님을 진정으로 믿지 못하는 이유는 무엇입니까?

첫째로 사람들이 눈에 보이고 손에 잡히는 세계에만 집착하기 때문입니다. 또한 자기의 욕심대로 자기의 편견대로 예수님을 판단하고 예수님을 믿으려고 하기 때문에 진실된 믿음을 갖지 못하는 것입니다. 그리고 사람들이 자기의 영광만을 추구하기 때문에 예수님을 믿지 못하는 것입니다.

우리는 예수님을 믿어야 합니다. 진실되게 믿어야 합니다. 그렇게 되기 위해서는 눈에 보이는 세상에 현혹되어서는 안됩니다. 보이지 않는 세계, 하늘의 신령한 것을 사모해야 합니다. 또한 우리의 욕심과 편견을 버려야 합니다. 욕심과 편견은 예수님을 진실되게 볼 수 없도록 만듭니다. 우리는 말씀대로, 복음대로 예수님을 믿고 바라볼 수 있어야 합니다.

그리고 우리는 하나님의 영광을 구해야 합니다. 세상의 영광, 나의 영광은 영원하지도 않고, 그 끝은 죽음과 허무밖에는 없습니다. 우리는 하나님의 영광을 위하여 창조되었습니다. 예수님의 사역도 하나님께 영광을 돌리려는 목적이 있었습니다(요 17:1). 우리의 삶도 하나님의 영광을 위해 바쳐져야 할 것입니다.

참된 헌신자
(시 110:1-7)

이효겸 목사(제삼장로교회)

헌신이란 말은 히브리어 "네다바"로 지원함, 기꺼이 드림, 즐거운 마음으로 드리는 예물이란 의미입니다. 참된 헌신이란 자신을 기꺼이 내어줌, 혹은 자신을 다른 사람을 위해 즐거운 마음으로 기꺼이 제공함, 바침이란 뜻을 가지고 있습니다(시 110:3).

또 히브리어 "아바드"란 말로 섬기다, 일하다, 수고하다, 헌신하다는 의미를 갖고 있는데 아바다의 헌신은 대개 육체 노동을 통해 일하는 것을 의미하며 동시에 종의 위치에서 섬기는 헌신을 의미합니다. 그리고 여호와 하나님을 섬기는 헌신을 의미합니다. 그리고 여호와 하나님을 섬기다라는 뜻에서 "아바드" 동사는 여호와께 예배하다는 의미로 해석됩니다(출 3:12). 따라서 여호와를 섬기고 그에게 헌신하는 것은 그에게 예배드리는 것과 일치하며 더 나아가서는 제사 예물을 항상 여호와께 드려 섬기는 제사장의 위치를 연상케 하고 있습니다.

그러므로 여호와께 헌신된 자는 여호와께 자신을 드린 자, 혹은 때에 따라 예배와 관련된 자를 칭할 수 있습니다. 그리고 무엇보다는 자신을 하나님의 종으로 바치는 자들을 가리킵니다.

참된 헌신이란 하나님이나 다른 사람들을 위해 기꺼이 즐거운 마음으로 자신을 내어주는 것이요, 종의 위치에 있는 것과 같이 섬기며 봉사하는 것이며, 자신이 할 수 있는 온 힘을 기울여 수고하는 것입니다.

성경에 나타난 참된 헌신자 세 사람의 모습을 소개하고자 합니다.

1. 갈렙과 여호수아의 헌신의 모습입니다(민 32:12).

민수기 32장에서 보면 이스라엘 백성들이 약속의 땅을 얻기 위한 준비와 땅을 분배받는 중 요단 동편에서 기업을 요구한 사람들에 대하여 말씀하고 있습니다.

요단 동편은 약속에 땅에 포함되지도 않은 곳인데 그들이 모압 평지에서 쉬고 있는 동안 목축하기에 적합하고 비옥한 목초지가 가축이 많은 그들의 마음을 끌었던 것입니다.

안목의 정욕과 이생의 자랑을 적용하여 그들로 그릇된 선택을 하게 만들었습니다. 그들은 모두 이기적이며 세속적인 요구에 이끌려 요단 동편 땅을 선택하였습니다.

그러나 갈렙과 여호수아는 안목의 정욕과 이생의 자랑에 이끌려 살지 않고 "여호와를 온전히 순종하였다"(민 32:12)고 하였습니다.

갈렙과 여호수아의 헌신은 오직 하나님이 원하시는 뜻대로 순종하였고 자신의 몸과 마음과 뜻을 온전히 하나님의 뜻에 맞추며 살았습니다. 눈이 보이는 대로 행하지 아니하였고, 귀에 듣는 대로 말하지 않았으며, 오직 하나님의 뜻에만 맞게 그 인생 전부를 헌신하였습니다. 그랬기에 애굽을 첫 출발한 사람들 중에 최종적으로 가나안에 입국하는 영광스럽고 복된 인물들이 되었습니다.

2. 아사왕 치하의 유다의 헌신의 모습입니다(대하 15:15, 시 119:69).

이스라엘 민족이 남북으로 나뉘어 있는 유다의 아사왕 때에, 하나님을 버리고 자신의 뜻대로 행하며 하나님의 뜻에 역행하여 갈 때에 아사왕의 신앙의 결단에 의하여 유다 백성들이 새로워지고, 모두 하나님께 헌신하게 되었습니다. 아사왕의 결단을 통해 나타난 유다의 헌신의 모습을 살펴보기로 하겠습니다.

(1) 신앙의 개혁을 일으킨 결단(대하 15:8, 11).

아사왕이 선지자의 예언을 듣고 마음을 강하게 하고 유다와 베냐민 땅에서 가증한 것을 다 제하고 여호와의 단을 재건했습니다. 이것은 생명을 건 행동이었습니다. 그러나 그가 하나님의 말씀을 확신하고 모두 멸절한 후 오히려 수천 마리의 노략물로 여호와께 제사를 드렸습니다.

(2) 하나님께 영광이 되는 결단(대하 15:9).

유다와 에브라임과 므낫세와 시므온 족속에서 사는 자들이 하나님이 아사왕에게 함께 하시는 것을 보고 아사에게 돌아오는 자가 많은 영광이 되어 하나님을 더 잘 섬기기로 언약(12)하였습니다. 이것을 볼 때 한 사람의 신앙 결단이 하나님께 영광이 되고 수많은 사람들이 여호와께 돌아오는 역사가 일어나는 것이었습니다.

(3) 하나님께 헌신된 결단의 결과(12-15)

본문에서 아사왕의 신앙적인 개혁운동과 하나님의 함께 하심을 보고 온 유다 백성들이 여호와 찾기에 맹세하고 마음과 뜻을 다해 여호와를 찾으므로 여호와께서 만나 주시고 그들에게 평안을 주셨습니다.

■ ■ ■
다이나믹 설교뱅크

우리는 아사왕이 먼저 하나님께 기도하며 제사를 드리고 마음과 성품을 다해 하나님께 언약한 것을 주의 깊게 살펴보아야 합니다.

3. 요시야와 그의 수하들의 헌신의 모습입니다(왕하 23:3, 25).

유다 나라의 요시야왕이 타락한 백성들 앞에서 개혁정책을 실시했습니다. 그때 이루어진 유다의 왕 요시야와 그의 수하들의 하나님께 대한 헌신적 신앙의 모습을 볼 수 있습니다.

(1) 우상숭배의 근원을 없애버렸습니다.

요시야는 단순히 우상을 제거하는 일만 하지 않고 그 근원을 근절하는 데 힘썼습니다.

그리하여 태양을 숭배하는 데 쓰이는 말과 태양 수레를 불살랐으며 성전 마당에 세운 단들을 제거했고 아스다롯, 그모스, 밀콤 등을 제거하였습니다.

(2) 이방의 악한 풍습을 금했습니다.

암몬인이 섬기는 몰록 숭배 종교는 인신 희생제사를 드리는 것으로 유명합니다. 그것은 사람을 희생제물로 삼아 몰록에게 번제로 드리는 것입니다. 이것은 이방 종교 가운데도 가장 악한 것이었는데 유다 사람 가운데도 이런 악습을 따르는 사람이 있었던 것입니다.

이것을 요시야가 금하여 백성들이 정상적인 신앙을 갖도록 했습니다.

요시야의 개혁 정책은 계속적이고도 치밀하였습니다. 악의 뿌리를 제거하는 데 최선을 다한 개혁이었습니다.

나와 함께 수고한 사람들

(빌 2:19-20)

김정기 목사(효성북부장로교회)

철학자 소크라테스의 아내는 악처로 유명했습니다. 하루는 친구가 찾아와서 "자네같은 식견을 가진 사람이 어째서 아내를 그렇게 골랐나?" 하고 물었더니 그는 "훌륭한 기수는 제일 가는 명마를 골라 타는 것이니 그 놈만 잘 다룰 줄 알면 그 후는 아무 말이나 문제가 되지 않거든… 나도 그런 처를 잘 다루기만 하면 아무리 괴벽한 사람이라도 다루기가 쉬울 것 같아서 그런 여자를 골랐네"라고 대답하였습니다.

훌륭한 복음 전도자가 되는 것이 결코 쉬운 일이 아닙니다. 주를 증거하는 복음사역을 위해 노력과 힘과 시간과 재물 등을 기꺼이 바칠 수 있어야 합니다.

오늘 본문에 나오는 사도 바울은 기독교 선교사상 놀라운 업적과 훌륭한 일을 한 사람으로 참으로 놀라운 수고를 아끼지 않은 사람입니다.

바울은 예수 그리스도께서 특별히 선택한 이방인을 위한 사도였습니다(행 9:15). 그는 오직 그리스도의 종으로서 평생을 독신으로 지내며 세 차례의 전도여행을 통하여 기독교의 세계 복음화에 공헌했으며 기독교 역사상 최고봉의 위치를 차지한 인물입니다. 그리고 그를 도와 수고한 사람들이 많이 있었습니다.

이제부터 바울과 함께 수고한 사람들의 신앙생활을 소개하면서 함께
은혜를 나누고자 합니다.

1. 바울은 순교자적 신앙으로 복음을 전하였습니다.

사도행전 9:19-22에 보면 바울이 다메섹 회심 후 그곳의 각 회당에서
예수가 하나님의 아들이심을 전파하여 듣는 사람들을 다 놀라게 하였습
니다.

그는 "주 예수께 받은 사명 곧 하나님의 은혜의 복음 증거하는 일을 마
치려 함에는 나의 생명을 조금도 귀한 것으로 여기지 아니하노라"(행
20:24)고 했습니다. 바울은 회심 후에 생사를 걸고 주의 복음사업을 위
해 일했습니다.

그는 더 많은 사람들을 얻고자 자신을 모든 사람에게 종된 자처럼 여
겼고(고전 9:19-22), 3차에 걸친 전도여행 때 손수 장막을 쳐서 팔아
자비량으로 일했습니다. 교통수단이 발달되지 않았던 시대에 수륙만리
육천리를 여행하며 전도하였던 사도 바울의 여행 행로는 그의 전도열이
얼마나 대단한 것인가를 보여 주고 있습니다.

그리고 바울은 오로지 복음을 위해서 죽음까지 각오한 자였습니다.
'살든지 죽든지', '먹든지 마시든지', '자든지 깨든지' 주의 영광을 위해
일하고 몸바쳐 충성한 것을 결심한 자였습니다.

그는 예루살렘에 올라가서 유대인들로부터 많은 박해를 받고 생명에
위협을 느낄 정도까지 폭행을 당하였고, 유대인의 소송으로 재판 받을
때 로마 시민권을 소유하고 있었으므로 로마 황제 가이사에게 가게 되었
습니다.

B.C. 63년경에 로마에 도착한 바울은 로마 옥중에서도 복음을 전하였고 몇 년 후인 B.C. 67년경 네로의 박해시 칼로 목베임을 당해 순교하였습니다.

바울은 그리스도를 알기 전 주를 비난하며 핍박했던 사람이지만 개종 후 순교자적인 신앙으로 복음 증거자의 사명을 다하였습니다.

순교자는 자신의 사명을 위해 또는 하나님을 위해 기꺼이 목숨을 내어 놓는 신앙인입니다. 그리스도교의 역사는 칼에 죽고, 맹수에 찢겨 죽고, 불에 타죽고, 매맞아 죽고, 십자가에 달려 죽은 수많은 순교자들이 있습니다. 그들은 한결같이 그리스도를 믿는 믿음을 지키다가 목숨을 잃었습니다.

오늘의 시대에도 바울과 같이 순교자적 신앙으로 일하는 용장들이 필요한 때입니다. 지교회나 연합회에서도 생명을 건 순교자적 봉사자들이 있을 때 복음의 큰 결실을 맺을 수 있습니다.

2. 신실한 종 디모데의 헌신적인 협력이 있었습니다.

그리스도의 복음으로 갇힌 자 된 바울은 빌립보 교회를 방문하고자 하는 강력한 소원이 있었지만, 그것이 불가한 것이 그가 처한 현실이므로 대신 그가 아끼고 신뢰하는 주의 종 디모데를 보내어 그들의 영적인 필요를 채워 주도록 계획하였습니다.

디모데는 이때에 바울과 함께 하면서 수고하는 동역자였으므로 바울의 형편과 소원을 어느 누구보다도 더 잘 알고 있었고, 또 빌립보 성도들의 영적 필요를 충분히 채워 줄 수 있는 사람이었습니다.

디모데의 부친은 헬라인이며 어머니는 기독교로 개종한 유니게라는 유대인입니다. 그는 신앙이 돈독한 외조모 로이스와 어머니 유니게 밑에서 자랐습니다.

그는 바울의 2차 전도여행에 함께 동행했습니다. 그후 디모데는 사도 바울의 믿음의 아들로서 "자식이 아비에게 함과 같이" 사도 바울을 위해 신실한 종으로 헌신적인 협력자로 일하였습니다.

사도 바울은 복음을 전하다가 옥중에 갇혀 있었습니다. 그때 디모데는 옥중에 갇혀 있는 바울을 면회하고 돌보아 주는 일에 자식이 아비에게 함과 같이 하였습니다. 남이 어려운 일을 당할 때 도와 주는 일은 잘하는 일입니다.

보통 사람들은 기꺼이 하다가 유익하다 할 때는 많이 찾아오고 불의할 때는 멀리 하는 것이 일반적인데 디모데는 어려울 때 더 가까이 하고 위로하며 격려했습니다.

디모데는 바울을 위해 신실하고 헌신적인 일꾼으로 일한 사람입니다. 디모데는 바울에게 수년간 배우면서 그의 영적 아들이요, 제자요, 또 동역자가 된 사람입니다.

디모데처럼 신실한 성도, 헌신적으로 일하는 주의 종들이 되시기를 바랍니다.

3. 충성된 일꾼 에바브로디도가 있었습니다.

에바브로디도는 바울을 돕기 위해 빌립보 교회의 파송을 받고 로마에 와 있었습니다. 그런 가운데 에바브로디도가 빌립보 교회를 그리워하고, 교인들을 사모하며, 빌립보 교회 역시 그를 그리워하고 염려한다는 이유로 바울은 에바브로디도를 빌립보에 다시 돌려보냈습니다.

에바브로디도는 교회와 교역자를 위하여 얼마나 충성되이 일한 일꾼인지 모릅니다.

에바브로디도의 이름의 뜻은 '사랑스러움을 입은 자'라는 말입니다.

(1) 교역자를 잘 돕는 진실한 자였습니다.

25절에 보면 "그는 나의 형제요 함께 수고하고 함께 군사된 자요 너희 사자로 나의 쓸 것을 돕는 자라"고 하였습니다.

에바브로디도는 모범이 되는 일꾼이었음에 틀림없습니다.

"나의 형제요"라고 한 것은 그리스도의 피로 말미암아 한 형제가 된 자라는 뜻으로 이는 우정이 더욱 두텁고 깊다는 것을 말해 줍니다.

"함께 수고하고"라고 한 것은 생사를 같이 하며 신령한 싸움에 동참했다는 뜻으로 그야말로 끊을 수 없는 관계임을 표현한 것입니다.

이는 곧 신앙적으로 같은 피를 받은 형제요 사명으로 동고동락하는 자요, 영적 전선에서 같이 전우된 자라는 것을 의미합니다.

에바브로디도는 그처럼 바울을 위하여 형제와 같이 헌신적으로 봉사했습니다. 여기에서 '교역자를 잘 돕는 진실한 에바브로디도의 모습'을 발견할 수 있습니다.

부흥이 잘되는 교회의 배후를 살펴보면 꼭 교역자를 잘 보필하고 돕는 충성된 일꾼들이 있습니다.

(2) 교회 일을 염려하여 수고하는 자였습니다.

26절을 보면 "그가 너희 무리를 간절히 사모하고 자기 병든 것을 너희가 들은 줄을 알고 심히 근심한지라"고 했습니다.

에바브로디도는 떠나온 빌립보 교회를 간절히 사모하였던 것입니다. 몸은 비록 멀리 로마에 와 있으나 빌립보 교회를 사랑하는 마음은 여전했던 것입니다.

그는 자신에 대한 염려보다 교회에 대한 염려를 더하였고 자기의 육체적인 안전보다는 교회의 형편에 더 마음을 썼습니다. 그는 항상 교회를 생각하고 교회 일을 염려하였습니다.

(3) 그리스도를 위하여 충성된 일꾼이었습니다.

30절에 보면 "저가 그리스도의 일을 위하여 죽기에 이르러도 자기 목숨을 돌아보지 아니한 것"이라고 기록하였습니다. 에바브로디도는 그처럼 그리스도를 위하여 죽기에 이르기까지 자기를 돌보지 아니하고 열심히 충성한 일꾼이었습니다. 충성의 한도는 '죽기까지'입니다.

성도들은 에바브로디도의 충성을 본받아야 합니다.

바울처럼 순교자적인 목회자, 디모데처럼 신실하고 헌신적인 동역자 에바브로디도처럼 충성된 성도가 되시기 바랍니다.

리브가의 모습
(창 24:58-59, 27:5-13)

김길수 목사(주예수사랑장로교회)

"리브가"란 히브리어로 "리베카"인데 '어린 짐승을 묶기 위한 고리로 된 끈'이라는 뜻이며, 이 말은 '묶는다'는 뜻을 가지고 있습니다. 묶되 느슨하게 묶는 것이 아니라 완전하게, 완벽하게, 철저하게 묶는 것을 가리키는 말입니다.

리브가는 야곱을 하나님께 묶어주기 위해 최선을 다했던 어머니입니다. 리브가의 "묶어줌의 사명"이 여전도회의 사명이 되어야 할 것입니다.

예수 그리스도는 우리 인자들을 하나님과 묶어주기 위해서 하늘 영광까지 버리신 분입니다. 뿐만 아니라 십자가에서 목숨을 버리시기까지 하시면서 묶어줌의 거룩한 사명을 감당하셨던 분이십니다.

1. 리브가는 열심히 일하는 여성이었습니다(창 24:59).

"그들이 그 누이 리브가와 그의 유모와 아브라함의 종과 종자들을 보내며".

이삭과 리브가의 결혼을 위해 아브라함의 종을 보내어 리브가를 만나게 하였습니다.

창세기 24:15에 보면 "리브가가 물항아리를 어깨에 메고 나오니"라고 했습니다. 이 말씀 속에는 리브가의 부지런한 모습이 담겨 있습니다. 그녀는 물항아리를 어깨에 메고 물길러 나왔습니다.

창세기 25:59에 의하면 리브가의 가정에는 많은 종들이 있었기 때문에 리브가는 편안히 지낼 수도 있었습니다. 그러나 리브가는 스스로 물항아리를 어깨에 메고 우물가로 나오는 일하는 여성이었습니다.

가정을 위하여 열심히 헌신하는 리브가는 하나님의 복을 받을 수밖에 없는 여성입니다. 가정을 위해서 헌신하는 여자만이 하나님을 위해서도 헌신할 수 있는 것은 오늘날도 마찬가지입니다.

"일하기 싫거든 먹지도 말라"(살후 3:10)는 말씀은 하나님은 부지런한 자들을 사랑하신다는 말씀입니다. 부지런한 자들이 아름다운 자들입니다.

하나님은 부지런히 일하는 자들 속에 역사하십니다.

왜 리브가가 하나님의 마음에 들었을까요? 그것은 두말할 것도 없이 부지런하게 일하는 성실한 여성이었기 때문입니다.

여전도회 여러분! 리브가처럼 열심히 일하는 여성들이 되시기를 바랍니다.

2. 리브가는 선행을 잘하는 여성이었습니다(24:18-20).

"그가 가로되 주여 마시소서 급히 그 물항아리를 손에 내려 마시게 하고 마시우기를 다하고 가로되 당신의 약대를 위하여 물을 길러 그것도 배불리 마시게 하리이다 하고.”

아브라함의 종이 물을 달라할 때 급히 그 물항아리를 손에 내려 마시게 하였고 추가로 약대까지도 물을 배불리 마시도록 권하였습니다.

리브가는 참으로 선행을 행하는 아리따운 여성이었습니다. “급히” 마시게 했다는 것은 부지런한 리브가의 모습을 말해 주고 있습니다.

천만인의 어머니가 될 만한 부지런한 체질을 가지고 있는 리브가였습니다. 특히 그는 요청 이상으로 자발적 선행을 통해 주님의 말씀에 본을 보였습니다. 즉 “오리를 가게 하거든 십리를 동행하라”(마 5:41)는 말씀입니다.

하나님의 여성들은 자발적으로 열심히 일하는 여성입니다. 예수님의 제자들도 열심히 일하고 있을 때 부름을 받았습니다. 리브가도 열심히 일하는 중에 하나님이 주시는 복의 티켓을 받았습니다.

리브가는 선행을 행하는 여성이었습니다.

여전도회는 리브가처럼 선행을 잘하는 기관이 되시기를 바랍니다.

3. 리브가는 아름다운 사랑의 소유자이며 믿음의 여성이었습니다(창 24:58).

사랑은 아름다운 것입니다. 이세상에서 가장 아름다운 것은 사랑입니다. 그러므로 아름다운 사람은 사랑이 있는 사람입니다.

리브가는 외모와 믿음과 심성과 그 행위가 아름다웠습니다. 리브가는 나그네의 짐승에게까지 사랑의 새로운 수고를 아끼지 않고 있으니 얼마나 아름다운 여성입니까? 아름다운 여성 리브가는 과연 하나님의 복을 받을 만한 여성이었습니다.

창세기 24:58에서 보면 “리브가를 불러 그에게 이르되 네가 이 사람과 함께 가려느냐, 그가 대답하되 가겠나이다"라고 즉각적인 리브가의 결정을 통해서 리브가의 충만한 믿음을 바라볼 수 있습니다.

일평생을 살아가야 할 남편의 얼굴도 모르고, 성품도 모르고 아무것도 아는 것이 없는데 그것이 다만 하나님의 뜻인 줄 믿고 과감하게 결정하고 순종하는 리브가의 믿음의 모습입니다.

리브가는 하나님의 섭리로 된 것이라면 자신이 직접 보고 결정하는 것보다 더 확실하고 정확하다는 사실을 인정하고 있습니다.

그가 "가겠나이다" 했을 때 그녀는 사랑을 따라 가겠다는 것 이상의 의미, 곧 하나님을 따라 가겠다는 신앙의 의미가 있는 것입니다.

4. 리브가는 야곱을 하나님께 묶어주기 위해 최선을 다한 어머니였습니다.

자녀를 하나님께 잘 묶어주어 신앙으로 살게 하고 이스라엘이 되게 하는 축복을 받게 한 훌륭한 어머니입니다.

여전도회 회원들은 자녀들과 믿음의 권속으로 하나님의 축복받는 인물로 세우기 위해 신앙으로 묶어주는 어머니가 되시길 바랍니다.

나인성 과부의 눈물
(눅 7:11-17)

김명기 목사(신기촌장로교회)

사람의 몸 안에는 3가지 액체가 있습니다. 그것은 땀, 눈물, 피입니다.

사람의 눈물은 많은 말보다 더 많은 사연을 낳게 합니다. 사업에 실패하여 실의에 빠져서 우는 눈물도 있고, 친구의 배신 때문에 분을 참지 못해 우는 눈물도 있고 억울해서 우는 눈물도 있습니다. 세상에는 사랑의 눈물도 있고, 의분에 넘쳐 감격에 흐르는 눈물도 있습니다.

성경에는 울다가 기적을 일으킨 수많은 위인들이 있습니다.

히스기야왕은 25세에 왕위에 올라 29년 간 치리한 훌륭한 임금이었습니다. 그가 병들어 죽게 되었을 때 저가 침상에 들어가 얼굴을 벽으로 향하고 통곡하며 침상이 눈물로 적시울 때까지 기도하였더니 하나님은 그의 연한을 15년 더 연장하여 주었습니다.

성도 여러분, 진실과 진심으로 회개하는 눈물은 수억만금을 얻는 것보다 더 큰 보화를 얻게 됩니다.

회개는 성령을 선물로 받는 열쇠이고 그 눈물은 열매의 밑거름이 되기 때문에 성도의 눈물 있는 기도는 주님을 만나는 비결입니다.

에스더에서 보면 모르드개의 눈물을 볼 수 있습니다. 까닭없이 유대 민족을 죽이려는 하만은 교만하기가 짝이없는 사람이요, 어찌보면 자기 분수를 모르는 사람입니다. 자기에게 절하지 않는다고 하나님의 백성을 모함하려는 잔꾀 때문에 결국 집안이 망하게 되었습니다.

모르드개는 유대 민족을 죽이려는 국서를 보고 굵은 베옷을 입고 대막대기를 집고 방성대곡하며 수산성 궁을 두루 돌아다니며 울었습니다.

이 소식이 궁 안의 왕비 에스더에게까지 들리게 되었으며 이때 에스더는 3일 동안 자기도 먹지 아니하고 금식한 후에 왕에게 나가면서 죽으면 죽으리라고 결심하였습니다. 그때 왕의 마음을 하나님께서 미리 감화, 감동시키셔서 이로 말미암아 유대 민족은 살아나고 모함을 일삼던 하만이 도리어 죽었던 사실을 너무 잘 알지 않습니까!

오늘은 사는 성도 여러분, 우리도 어떤 일을 만나게 되면 먼저 꿇어앉아 기도하십시다. 세상에 어떤 권세자를 찾아가는 어리석음을 보이지 말고 하나님께 기도하십시오. 우리 하나님은 눈물을 흘리면서 겸손히 두 손을 모은 자녀들을 더욱 사랑하신다는 것을 배워야 합니다.

본문에 나오는 나인성 과부의 모습을 보겠습니다.

나인은 작은 성입니다. 우리 주님께서 지나가시다가 상여에 매달려 방성대곡하여 상여 뒤를 따라 가는 여인의 울음소리를 듣고 발걸음을 멈추게 되었습니다. 상여 뒤에 매달려 우는 여인은 젊어서 남편을 잃고 남은 자식을 고이 길러 장차 의지하며 살려 했는데 갑자기 죽었으니 어찌 울지 않겠습니까?

"이놈아 차라리 박복한 나는 죽고 네가 살았으면 좋겠구나! 차라리 내가 죽고 네가 살았으면 좋을뻔 하였는데 어찌하여 내가 살고 네가 죽었느냐"고 상여 뒤에 매달려 우는 여인을 보고 그냥 지나칠 수가 없었던 주님은 그 메고 가는 관에다 손을 대시며 위로하십니다. "여인아 울지 말라" 정이 많으신 주님은 과부의 죽었던 외아들을 살려 주셨습니다.

방성대곡하는 여인을 보시고 그냥 지나가지 못하신 주님을 오늘 우리들 안에 머물러 계시도록 기도해야겠습니다.

남을 미워했던 원한의 눈물에는 주님이 머물러 계시지 않습니다. 자기 자신을 돌아보며 통회하는 회개의 눈물을 보시고 주님이 함께 해주신다는 사실을 믿어야 합니다.

십자가를 지시고 골고다를 향해 가시는 주님의 뒤를 따라가면서 울던 여인들에게 주님께서는 "나를 위하여 울지 말고 너와 네 자녀들을 위하여 울라"고 위로하셨습니다.

기왕에 믿었으니 주의 종들을 위하여 새벽마다 눈물 있는 기도를 드려 주고, 교회와 자녀와 자신을 위하여 울고, 국가와 민족을 위하여 울다가 우리 주님을 만나시기를 축원합니다.

예수님께서 나사로의 죽음을 인하여 마음에 통분히 여기시고 마르다와 마리아의 우는 소리에 같이 우시면서 하시는 말씀이 "네 오라비를 어디에다 두었느냐"고 하시고 썩어 냄새나는 나사로의 무덤에 가서 기도하신 후에 "풀어 놓아 다니게 하라"(요 11:44)하고 살려서 그 누이들의 눈물을 씻어주시지 않으셨습니까? 주님은 간절한 마음으로 기도할 때는 반드시 들어주신다는 것을 알 수 있습니다.

소경 바디매오(막 10:46-52)를 보십시오. 앞 못보는 소경으로 얼마나 답답했겠습니까? 하루는 그가 예수께서 여리고를 지나가신다는 말을 듣고 기다리다가 지나가시는 예수님을 놓칠 세라 "다윗의 자손 예수여! 나를 불쌍히 여기소서" 하고 울며 소리칠 때 우리 주님의 발걸음이 그 자리에 멎으시면서 "저를 내게로 데려 오라"고 하심으로써 그 소경의 눈을 뜨게 하셨습니다.

성도 여러분, 내 자신과 가족, 교역자와 교회, 나라와 민족을 위해 울며 기도합시다. 주님께서 우리의 간절한 기도를 들어주실 줄로 믿습니다.

하나님이 쓰시는 사람
(삼상 16:6-13)

유병선 목사(용현중앙장로교회)

룻소는 말하기를 "이 세상에 사람은 두 번 태어난다. 한 번은 존재하기 위해 태어나고 또 한번은 일하기 위해 태어난다. 자기 할 일을 발견하기까지는 사는 것이 아니다"라고 했습니다.

이 세상에 태어나서 할 일이 있다는 것은 삶의 존재 가치를 부여하는 것이며, 쓰임 받고 사는 것처럼 행복한 일은 없을 것입니다. 인간은 누구나 쓰임 받고 싶은 욕구가 있습니다.

우리가 쓰임을 받고 있다면 하나님의 특별한 은총이 아닐 수 없습니다.

바울은 이렇게 말합니다. "우리 주께 내가 감사함은 나를 충성 되이 여겨 내게 직분을 맡기심이니…"(딤전 1:12). 우리가 일할 수 있는 일터가 있고 직분이 있다면 참 감사한 일입니다.

그러나 한 가지 사실을 알아야 합니다. 직분을 맡았다고 다 쓰임을 받는 것이 아닙니다. 교회에서의 직분은 받으려고 하면 맡겨 줍니다. 그러나 쓰임 받는 것은 자기 힘으로 되는 것이 아니고 하나님의 마음에 맞아야 쓰임을 받을 수 있습니다.

교회에는 여러 직분이 있습니다. 교회 안에 직분 받은 자가 얼마나 많습니까? 그러나 그 가운데 쓰임받는 사람은 극히 소수입니다. 똑같은 그릇이 있는데 그 가운데 쓰임받는 그릇이 있고 쓰이지 못하는 그릇이 있습니다.

영국 속담에 "왕의 밥그릇도 깨어진다면 강아지 밥그릇이 된다"고 했습니다.

성경에 보면 잘난 사람인데도 버림 당하는 사람이 있고, 약한 자 같은데도 크게 들어 쓰임받는 사람이 있습니다. 대표적으로 사울과 다윗에게서 그 예를 봅니다.

사울은 용모가 뛰어난 지도자 상입니다. 그런데 결국 버림을 받습니다. 그러나 다윗은 들에서 양치는 목동이요 막내 아들입니다. 그런데 그가 이스라엘 민족 역사에 위대한 왕이 되었고 성경에서 위대한 인물로 우리에게 큰 교훈을 주고 있습니다.

오늘 다윗을 통해 하나님의 말씀을 상고해 보겠습니다.

하나님은 사람의 중심을 보십니다. "사무엘아 용모와 신장을 보지 말라. 내가 이미 그를 버렸노라. 나의 보는 것은 사람과 같지 아니하니 사람은 외모를 보거니와 나 여호와는 중심을 보느니라"

하나님은 사람의 중심을 보십니다. 그러기에 하나님이십니다. 사람은 외모를 보고 결국 실패하고 후회하게 됩니다. 하나님은 다윗의 중심을 보실 때, 하나님 마음에 합한 자였습니다. 하나님은 우리 마음의 깊은 곳을 통찰하십니다.

역대하 16:9에 "여호와의 눈은 온 땅을 두루 감찰하사, 전심으로 자기에게 향하는 자를 위하여 능력을 베푸시나니"라고 기록되어 있습니다. 속 마음이 진심으로 여호와 하나님을 향하여 기울어지는 사람을 하나님은 귀히 쓰십니다.

1. 하나님은 그 중심에 믿음이 있는 사람을 쓰십니다.

다윗은 어렸을 적부터 믿음이 있는 소년이었습니다. 비록 몸은 왜소하지만 믿음은 담대하여 양을 치면서 사자를 찢어 죽였던 사건이 있었습니다. 또 다윗은 아무도 상대할 수 없는 골리앗 대장을 물맷돌 한 개로 완전히 처치해 버렸습니다.

많은 사람들이 골리앗의 덩치 큰 모습에 위압당하고 있었으나 다윗은 골리앗을 물맷돌로 맞추기가 참 좋겠다는 긍정적인 믿음을 가지고 있었습니다.

너는 칼과 단창으로 내게 오거니와 나는 만군의 여호와의 이름으로 네게 가노라! 다윗의 외모는 작았으나, 그 중심에 믿음이 컸습니다. 그는 참으로 하나님을 사랑하였습니다.

하나님의 법궤를 매고 다윗성으로 들어올 때에 그는 너무너무 기뻐서 하나님 법궤 앞에서 춤을 추는데 어쩌나 흥겹게 추는지 사울의 딸이자 다윗의 아내인 미갈이 왕으로서 체통없이 모든 신복들 앞에서 몸을 드러냈다고 비웃었습니다.

그때 다윗이 섭섭해 하면서 "내가 하나님 앞에서 진실로 기뻐 춤을 춘 것이라. 그가 나를 택하사 왕으로 삼으셨으니 내가 여호와 앞에서 뛰어 놀리라. 내가 이보다 더 낮아져서 스스로 천하게 보일지라도 기뻐하리라."고 했습니다. 미갈은 다윗을 외모로 보았습니다. 그러나 하나님은 다윗의 중심에서 하나님을 사랑하는 것을 보았습니다.

그는 백향목으로 건축한 궁전을 거닐면서 하나님 법궤가 휘장 안에 있음을 염려하여 마침내 성전 지을 것을 결심합니다.

사람들은 가난하고 어려울 때 하나님을 열심히 찾다가 영광과 행복을 누릴 때 하나님을 잊기가 쉽습니다. 그러나 다윗은 영광 중에 하나님을 생각했고, 극히 평화스러운 가운데 하나님 성전 건축을 결심하였습니다.

그는 주의 궁전을 사모하여 마음과 육체가 쇠약하여진다고 하였습니다. 이 중심을 하나님은 아셨습니다. 참으로 다윗은 중심에 믿음이 있었고, 하나님을 사랑하는 마음이 있었습니다.

예수님께 베드로가 배신하였어도 다시 그에게 사명을 맡기신 것은 그의 중심이 주님을 사랑하는 것을 아셨기 때문입니다.

2. 하나님은 약한 자를 들어 쓰십니다.

사무엘이 이새의 아들들을 다 지나가게 하나 "내가 택하지 않았다"는 응답뿐이었습니다. 사무엘은 묻기를 "네 아들들이 다 여기 있느냐" 할 때 이새가 "아직 말째가 남았나이다"(11절)라고 대답했습니다. 하나님은 말째를 쓰셨습니다. 사도 바울은 하나님께서 사람 쓰는 원리를 알았습니다.

"형제들아 너희를 부르심을 보라 육체를 따라 지혜 있는 자가 많지 아니하며 능한 자가 많지 아니하며 문벌 좋은 자가 많지 아니하도다. 그러나 하나님께서 세상의 미련한 것들을 택하사 지혜있는 자들을 부끄럽게 하려 하시고 세상의 약한 것들을 택하사 강한 것들을 부끄럽게 하려 하시며 하나님께서 세상의 천한 것들과 멸시 받는 것들과 없는 것들을 택하사 있는 것들을 폐하려 하시나니 이는 아무 육체라도 하나님 앞에서 자랑치 못하게 하려 하심이라"(고전 1:26-29)고 했습니다.

하나님 앞에서 쓰임받기 위해서는 자기 자신이 말째임을 바로 알아야 합니다. 하나님은 겸손한 자를 쓰십니다.

사도 바울의 본명은 사울이었습니다. 그가 어렸을 때 별명은 큰 자였습니다. 그러나 예수님을 구주로 영접한 후에는 스스로 사울이라는 이름을 버리고 바울이라는 이름을 택하였습니다. 키가 작아서가 아니라, 하나님 앞에서 지극히 작은 자라는 겸손 때문이었습니다.

믿기 전에 사도 바울은 자기 자신이 가장 의로움으로 큰 자요, 학문과 문벌과 신앙이 큰 자로 알았습니다. 그러나 예수님을 만난 이후에 회개하고 "사도 중에 지극히 작은 자요, 만삭되지 못하여 난 자 같다"고 하였습니다. 성도 중에 작은 자요, 죄인 중에 괴수요, 모든 것이 다 하나님의 은혜"라고 고백했습니다.

사무엘상 15:17에는 하나님이 사무엘을 통하여 사울왕에게 하신 말씀이 있습니다. "왕이 스스로 왕을 작게 여길 때 그때에 이스라엘 지파의 머리가 되게 하셨습니다." 이 말을 상고할 때에 스스로 작게 여겨 겸손할 때에 하나님이 귀히 쓰셨다는 말씀입니다.

하나님은 겸손한 자를 쓰십니다. 겸손한 자에게 은혜를 베푸십니다. 스스로 작게 여기는 사람을 하나님은 크게 여기십니다. 다윗은 하나님의 사랑을 많이 받은 사람이었습니다. 그리고 신구약 성서에서 가장 위대한 시인이요, 왕이요, 장군이요, 성자로 존경을 받습니다. 그러나 사실 다윗은 죄인 중 죄인입니다. 그런데도 그가 쓰임을 받은 것은 그의 겸손 때문이었습니다. 하나님은 중심을 보십니다. 스스로 약하다고 느낄지라도 하나님은 중심을 보시고 일하십니다.

3. 자기 일에 충실한 자를 쓰십니다.

"아직 말째가 남았는데 양을 지키나이다"(11절). 다윗은 양치는 일에 성실했습니다. 성경에서 하나님이 인간을 불러 쓰실 때에는 언제나 자기 일에 성실한 자였습니다. 모세가 양무리를 이끌고 호렙산에 있을 때 부름을 받았습니다. 요셉은 가장 어려운 옥중에서 모범적인 죄수로 있을 때 부름받았습니다. 사무엘도 밤에 잠을 자지 아니하고 기도하고 자기 일을 다할 때 하늘의 음성이 들렸습니다.

세상에서 가장 든든한 사람은 책임감이 강한 사람입니다. 약속을 지키지 않고 맡겨진 일을 소홀히 한 사람은 크게 쓰임을 받지 못합니다.

하나님은 무식하고 무능하고 죄가 많은 사람을 불러서 쓰시는 한이 있어도 책임감이 없는 자를 들어 쓰는 일은 한 번도 없으십니다.

옛날부터 크게 일한 사람은 사명에 살고 사명에 죽은 사람입니다. 우리는 결과와 업적으로 사람을 평가하려고 합니다. 이것은 사람을 외모로 보는 잘못입니다. 하나님은 그 동기를 보십니다. 그리고 얼마나 최선을 다했는가를 보십니다.

4. 하나님은 성령에 감동된 사람을 쓰십니다.

하나님은 영이십니다. 그러므로 영적인 사람을 쓰십니다. 하나님은 외모를 보시지 않습니다. 아무리 헌신하려고 해도 성령이 감동하지 않고는 주의 일을 할 수가 없습니다. 다윗이 성령의 감동을 받은 이후에 그의 생애는 헌신적이요, 기적적인 승리가 뒤따르게 된 것입니다(삼상 16:13). 사울도 여호와의 신이 떠나므로 그는 그때부터 완전히 악한 자가 되었습니다. 성도는 언제나 성령의 감동을 받도록 기도해야 합니다.

성령의 감동을 끊임없이 받을 수 있는 사람은 하나님의 앞에 앉기를 힘쓰는 사람입니다. 성도에게 가장 기본적인 신앙은 하나님의 앞에 앉아 말씀을 듣는 것입니다. 말씀을 들음으로 성령의 감동을 받아야 합니다.

저는 지금까지 많은 사람을 보아왔습니다. 한때 열심내는 사람도 보았고 헌금도 아낌없이 하는 분도 보았습니다. 또 열심히 전도하는 사람도 보았습니다. 그러나 끝까지 충성하는 사람의 마음 자세는 시간 시간 말씀을 듣는 성도들임을 알았습니다. 우리가 하나님의 성전에 나와서 말씀을 듣는 일, 이것은 최고의 헌신이요, 여기에 성령의 감동이 있을 뿐입니다.

다윗은 일생 동안 그에게 가장 큰 소원이 있었다면 여호와의 집에 영원히 거하고 싶은 것이었습니다(시 23:6). 호화로운 궁전이 있고 안락한 침상이 있어도 여호와의 궁정에 있는 것만 같지 못했습니다. 그는 "만군의 여호와여 주의 장막이 어찌 그리 사랑스러운지요"(시 84:1). "주의 궁정에서 한 날이 다른 곳에서 천날보다 나은즉, 악인의 장막에 거함보다 내 하나님 문지기로 있는 것이 좋사오니"(시 84:10)라고 하였습니다. 이 얼마나 아름다운 신앙입니까? 그가 주의 전을 사모한 이유는 하나님의 음성을 듣고, 성령의 감동을 받기 위한 것이었습니다.

다윗은 위대한 사람입니다. 그의 눈물 겨운 간구가 있습니다. "나를 주 앞에서 쫓아내지 마시며 주의 성신을 내게서 거두지 마소서"(시 51:11). 다윗은 궁궐에서 쫓겨나는 것보다 주 앞에서 쫓겨나는 것을 두려워했습니다. 다윗은 왕관을 거두는 것보다 성신 거두는 것을 더 두려워했습니다. 그런 성령의 감동없이는 아무것도 할 수 없는 연약한 존재임을 알았기 때문입니다.

하나님은 이러한 다윗을 불러서 어떻게 쓰셨단 말입니까? 이스라엘 왕이 되어 국가를 안정시키고 태평성대를 이루고 살았다는 것입니까? 그런 것이 아닙니다. 하나님께서 다윗을 들어 쓰신 큰 경륜과 신비가 있습니다. 그것은 예수 그리스도를 계시하는 왕이라는 것입니다.

성경에서 이스라엘 민족이 오랜 역사에 기다리던 메시야로 오실 예수 그리스도를 계시해 주는 사람으로 세우시는 것에 최고의 쓰임을 받은 인물입니다. 세계사적으로 보면 모세가 이스라엘 민족을 애굽에서 인도하여 낸 정치적 최고 민족 지도자입니다. 그러나 하나님의 역사에서 모세는 예수 그리스도를 계시해 주는 제사장이었습니다. 그의 하나 하나의 모든 사건은 장차 구속자로 오실 예수 그리스도를 계시하도록 쓰임받은

제6장 특별 설교

것입니다.

또한 다윗이 그러했습니다. 다윗은 이스라엘 민족 역사에서 모세를 이은 정치적 최고의 통치자였습니다. 모든 왕중에서 성군이요, 그를 능가할 인물이 없습니다. 다윗은 위대한 음악가요, 시인이요 장군이며 탁월한 지도자요 왕이었습니다. 그러나 하나님은 그를 통하여 큰 뜻을 이루고 있었으니 예수 그리스도가 만왕의 왕으로 오실 것을 계시하는 예언적 인물로 쓰임받은 것이었습니다.

오늘 이 시간 우리는 그리스도인으로 쓰임받기를 원한다면 분명한 인생관이 있어야 합니다. 세상 사람들이 보는 시각에서 보지 말아야 합니다. 무엇을 소유하고 사업에 성공하고 화려한 명성을 얻는 것으로 생각하지 말고 나의 생애를 통하여 얼마나 예수 그리스도를 계시하는 존재적 삶이 되느냐 하는 것입니다. 재능이 있고 소질이 있고, 시간이 있고 직업이 있습니다. 그 자리에서 예수님을 나타내면 쓰임받고 있는 그리스도인이 된 것입니다.

위대한 인물은 예수 그리스도를 많이 계시한 사람이요, 그리스도인의 성공은 바로 여기에 있습니다. 우리는 나의 생애를 통하여 예수 그리스도를 계시하고 증거하는 존재로 하나님께 쓰임받는 사람이 되어야 하겠습니다.

기독교 교육의 사명
(딤전 4:11-16)

성중경 목사(만수감리교회)

우리 교단에서는 9월을 〈기독교 교육 진흥의 달〉로 지키고 있습니다. 기독교 신앙의 입장에서 볼 때 교회의 교육은 교회의 한 기능으로 보기보다는 교회를 존속시키는 생명체로 보아야 합니다.

우리 몸이 신진대사 없이 살 수 없는 것 같이 교육 없이 교회가 존재할 수 없습니다. 교회는 말씀을 선포해야 하는데 "가르친다"고 하는 것은 교회의 본질에 속한 것입니다. 교육을 등한시 하면 불가결한 요소를 상실하게 됩니다.

주님께서는 마태복음 11:29에서 "나는 온유하고 겸손하니 나의 멍에를 메고 내게 배우라"고 친히 말씀하셨고, 예수님이 가르치실 때에 백성들이 다 놀라 서로 물어 가로되 '권세있는 교훈'이라고 하였습니다. 마태복음 7:28, 29에서도 "그 가르치시는 것이 권세있는 자와 같고 저희 서기관들과 같지 아니함일러라"고 했습니다. 신약에서만도 예수님을 선생님으로 칭한 것이 48번이나 기록되었습니다.

사도 시대에는 다섯 가지를 가르쳤습니다. 그것은 구약의 기독교적 해

석, 복음에 대한 교훈, 기독교 신앙고백, 예수님의 생애와 말씀, 그리스
도인의 생활입니다. 그러면 오늘날 교회 교육의 사명은 무엇인가 살펴보
면서 은혜받고자 합니다.

1. 교회 본질을 유지하기 위해서 교육이 필요합니다.

교회는 예수님의 말씀에 근거하여 수립된 믿음의 공동체로 그 본질을
유지하기 위하여 부단히 노력해야 합니다. 교회가 예수 그리스도의 말씀
에 근거하여 모였다 하더라도 문제성이 많은 인간들의 모임이기 때문에
그 본질을 상실하기가 쉽고 임의적인 인간단체로 전락하기가 쉬운 것을
기억해야 합니다.

요한계시록 2:5에 나타난 에베소 교회는 첫 사랑과 첫 믿음을 버렸다
고 책망받았습니다. 교회를 아름답게 하는 것은 하나님의 계시인 성경
말씀과 성령의 인도를 따라 살 때에 가능해지는 것입니다. 그러므로 성
경을 공부하지 않고는 교회의 본질을 이해할 수 없습니다.

하나님께서는 신·구약 성경을 통해서 하나님의 뜻을 계시해 주셨고,
지금도 하나님께서는 성경을 통해서 말씀해 주십니다. 성경은 죽은 계시
의 말씀이 아니라, 지금도 살아 있는 계시의 말씀이라는 것을 바로 인식
하기 위해서 교육이 필요합니다.

2. 교인들의 제자화 훈련을 위해서 교육이 필요합니다.

하나님의 말씀을 배우고 그 배운 대로 사는 것이 교육의 본질이라면,
교회 교육은 아는 지식으로 끝나는 것이 아니라 생활이 변화되는 것을

의미합니다. 비윤리적인 사람이 윤리적인 사람으로, 비도덕적인 사람이 도덕적인 사람으로 변화됨은 물론이요, 말씀을 구체적인 상황에서 적용할 수 있는 능력까지 길러 주는 것입니다.

초대교회 그리스도인들은 사랑과 기쁨이 충만한 삶을 살았습니다. 이와 같이 그들로 하여금 은혜가 충만한 삶을 살게 한 것은 먼저는 하나님이 주신 능력이며 더불어 그리스도인의 훈련과 교육의 역할이 중요했다는 것을 알려주는 사실입니다. 예수님은 세계를 복음화 하기 위해서 12 제자와 70문도를 훈련시켜서 제자를 삼았습니다.

마태복음 28:19-20에서 "그러므로 너희는 가서 모든 족속으로 제자를 삼아 아버지와 아들과 성령의 이름으로 세례를 주고 내가 너희에게 분부한 모든 것을 가르쳐 지키게 하라"고 말씀하셨습니다. 이제 앞으로 교회는 제자훈련이 필요하고 제자를 만드는 교육이 필요합니다.

3. 그리스도인의 사랑과 봉사를 위해서 교육이 필요합니다.

교회가 사회에 기여할 수 있는 봉사로 병을 고치는 의료사업과 불쌍한 자를 돌아보고 가난한 사람을 돌아보는 구제사업도 중요하지만 무엇보다 중요한 것은 기독교적인 가치관을 심어 주는 것입니다. 진정한 사회 변혁은 개인의 변혁이 없이는 불가능하기 때문입니다.

현대 교육 구조와 교육 방법은 비인간화를 조장하는 요소들이 많습니다. 입시 위주 교육이나 지식 전달의 교육에서 탈피해서 사회를 위해서 봉사하는 인간을 만드는 교육을 해야 합니다. 주님께서도 "인자의 온 것은 섬김을 받으려 함이 아니라 도리어 섬기려 하고 자기 목숨을 많은 사람의 대속물로 주려 함이니라"고 마가복음 10:45에서 말씀하셨습니다.

행함이 없는 신앙이 죽은 것같이 봉사가 없는 신앙생활은 하나님 나라에서 인정받지 못합니다(마 25:31-46).

4. 전도의 사명을 감당하기 위해서 교육이 필요합니다.

교회 설립 목적이나 존재 가치는 선교에 있습니다. 그러므로 교회 교육의 최고 목적은 전도요, 전도하는 교인을 양성하는 것입니다. 그런데 교육과 훈련이 없이 어떻게 전도하는 교인을 양성할 수 있으며, 전도하는 제자를 삼을 수 있습니까?

누가복음 10:1-16에서 예수님께서는 70인을 세워서 훈련을 받게 하시고 각동 각서로 둘씩 둘씩 파송하였습니다.

이와 마찬가지로 오늘날 성도들에게도 언제 어디서 누구를 만나든지 전도할 수 있는 개인전도 방법과 예수 그리스도만이 우리의 구주이심을 증거할 수 있는 능력을 길러 주어야만 합니다. 로마서 3:23에서는 "모든 사람이 죄를 범하였으매 하나님의 영광에 이르지 못하더니"라고 말씀하셨습니다. 따라서 예수 그리스도의 구속의 은총으로 구원받게 된 것을 확실하게 증거할 수 있도록 철저한 성서교육이 필요합니다.

교회의 궁극적인 목표는 선교입니다. 교육 사업이나 의료 사업이나 사회 사업도, 영혼을 구원하기 위한 방법에 불과합니다. 그러므로 전도사명을 일깨워 주는 교육이 필요합니다.

기독교 교육은 교육을 위한 교육이 아니요, 교회를 교회답게 하며, 그리스도인으로 하여금 예수 그리스도를 닮고 제자가 되게 하는 것이요, 사회를 위해 봉사하고 섬기는, 다시 말해 모든 사람에게 유익한 사람을 만들고 참된 인간을 만드는 데 목적이 있습니다.

매 주일마다 뜨겁게 지도하고 전도하는 일에 온 성도가 참여하기를 주님의 이름으로 부탁드립니다.

성경이 증거하는 찬양대원
(대상 16:1-6)

이건영 목사(제2장로교회)

사랑하는 여러분들, 찬송이란 무엇일까요? 혹자들은 '곡조 있는 기도', '곡조 있는 신앙고백', '예배 또는 설교자의 조력자'라고 말하기도 합니다. 물론 틀린다 말할 수 없지만 찬송의 정의로는 설명이 부족합니다.

그렇다면 도대체 찬송이라는 것이 무엇일까요?

찬송을 한자어로 파자해 보면 기릴 찬(讚)에, 기릴 송(頌)으로 되어 있습니다. 풀이해 보면 칭찬, 공덕을 칭송, 성덕을 칭송하여 고함을 친다는 뜻인 것입니다. 아울러 우리 나라와 중국 고전에 보면 "송찬(頌讚)"이라는 말이 자주 나오는 것을 볼 때에 찬송의 의미를 가진 이 단어가 옛날에는 고관대작들을 경배하는 수단으로 사용되었음을 알 수 있습니다. 그러므로 찬송이라는 것은 높으신 분들을 칭송하는 것입니다.

또 유교문화권에서는 높은 분의 아름다운 인품을 대표적으로 표현할 때에 흔히 "덕"으로 표현합니다. 성경에서는 "이는 너희를 어두운 데서 불러내어 그의 기이한 빛에 들어가게 하신 자의 아름다운 덕을 선전하게 하려 하심이라"(벧전 2:9)고 말합니다.

그렇다면 찬송의 문자적 해석 중 제일 옳은 것은 "높으신 하나님의 덕을 칭송하는 노래"라는 표현이 가장 적절한 것입니다. 원래 "찬송, 찬양, 찬미"라는 단어는 다 같은 의미인데 이는 한 마디로 "하나님의 덕을 칭송하는 노래"입니다. 그러므로 찬양대원이나 교인들이 찬송을 부를 때에 우리들을 향하여 과거, 현재, 미래에 임했고, 임하고 있으며, 임할 하나님의 덕을 칭송하는 마음 자세가 필요할 것입니다.

이런 의미에서 찬양대원은 찬송을 교인들의 대표자격으로 부르는 분들이요, 결코 찬송의 청취자가 아닌 것입니다. 찬송의 청취자, 그리고 시청자는 오직 우리들에게 덕으로 인도, 관리, 보호하시는 하나님뿐이십니다. 때문에 찬양대원, 교인들 모두가 입으로 혹은 마음으로 오직 그분께만 찬송을 드려야 할 것입니다.

그때에 하나님만 영광과 기쁨을 느끼게 되실 것이요, 하나님께서 우리들의 찬양을 통하여 진노의 하나님이 아니요, 덕과 자비 그리고 사랑과 오래참음으로 다가오시는 하나님을 체험하게 될 것입니다.

그렇다면 성경이 증거하는 찬양대원은 어떤 모습일까요?

1. 예배자로서의 찬양대원을 증거합니다(대상 16:1-3).

본문 1-3절에서는 하나님의 궤가 예루살렘에 입성하는 것을 축하 및 감사하기 위해 먼저 하나님께 제사드리는 다윗왕의 모습이 기록되어 있습니다. 또 4-6절에서는 제사를 드린 후에야 하나님의 궤 앞에서 영원히 찬양을 드리기 위해 찬양대를 조직하며 찬양대원을 임명하는 모습이 기록되어 있습니다. 본문을 가만히 들여다 보면 하나님께서 원하시는 참된 찬양대원의 모습은 참된 예배자의 모습입니다.

예배를 통하여 죄 용서받음과 구원의 기쁨이 회복되는 성도, 영육간에 임하는 그분의 덕에 대해 감사하고 감격하는 흔적이 있는 찬양대원들이 먼저 되어야 하는 것입니다. 그후에 자신을 하나님께 드림의 표현으로 찬양하며 봉사해야 할 것입니다.

예배에 감격이 없는 찬양대 봉사는 결국 메마른 심령이 점점 말라가는 자신을 잊은 채 타인에게 물을 퍼주다가 목말라 죽게 되는 것과 다름이 없을 것입니다.

성도님은 성가대원으로서 예배에 감격이 있습니까? 은혜받은 흔적이 있습니까? 받은 은혜를 무엇으로 보답할까 고민하다가 찬양대원이 되었습니까? 혹시 예배시간이 지루한 3류 영화나 내용없는 연극처럼 재미가 없어 이내 잠을 자게 되는 것 같은 시간입니까? 예배순서 중에 정신을 말짱하게 차리고 딴 생각하지 않으며, 졸지 않는 유일한 시간은 오직 찬양 부를 때 뿐인가요? 자신이 찬양대원이라면 먼저 이 질문에 해답을 얻어야 할 것입니다.

역대상 23:1-6을 자세히 봅시다. 그곳에는 하나님의 성전에서 봉사해야 할 레위인의 직분을 배정하는 내용이 기록되어 있습니다. 5절에 "사천은 문지기요 사천은 다윗의 찬송하기 위하여"라는 내용 중 기록된 숫자를 유심히 보아야 합니다. 왜냐하면 구약시대에는 숫자가 크고 중요한 의미들을 지니고 있기 때문입니다.

수치상으로 "문지기"와 "찬양대원"의 숫자가 똑같습니다. 이것은 문지기와 찬양대의 역할 및 비중이 같다는 진리인 것입니다. 그러므로 찬양 사역자는 "일" 즉 "문지기"와 "예배"(찬양대)를 동시에 중요하게 생각해야 합니다. 성가대원으로서의 봉사와 예배자로서의 성가대원의 중요성이 같이 강조되고 있는 것입니다. 지금까지 그러하셨듯이, 이제 더욱더 "성가대 봉사와 예배드림"에 조금도 소홀함이 없이 여러분의 찬양이 하나님께 드려지는 "산제물"이 되어지기를 진심으로 축원합니다.

예배는 잘 드러내는데 성가대원으로서의 문제점이 있는 대원, 성가대 봉사는 죽도록 충성하는데 예배 시간에는 "성가대석에 앉아 불경건의 모형"을 보여 드리는 자들이 되지 마시기 바랍니다!

2. 전문사역자로서의 찬양대원을 증거합니다(대상 16:4-6).

본문 중, 특히 4-6절에서 다윗이 찬양대와 연주팀을 조직한 것은 성스러운 성전 제사의 경건성을 고취함은 물론, 레위인들 즉 성전에서 봉사와 수종드는 자들의 사역 범위 및 내용을 점차적으로 전문화 및 세분화시키는 데 중점을 두는 배치입니다.

다윗만큼 사람을 많이 죽인 자가 있을까요? 전쟁에서 수없는 사람을 전장이라는 명목으로 죽인 자입니다. 동시에 간음죄를 범한 것뿐만 아니라 결국 간음한 여인을 후처로 맞아들이며 그녀의 몸에서 자식을 받기까지 회개치 않았던 자입니다. 어쩌면 하나님의 사랑을 받기는 커녕 받은 것까지도 쏟아부어 버릴 것 같은 행위의 사람이었습니다. 그러나 어떻게 그가 하나님의 큰 사랑을 끊임없이 계속해서 받을 수가 있었을까요?

첫째는, 하나님께 죄가 지적되면 왕의 위치에 있었으나 침상을 적시기면서 회개하기를 주저하지 않는 회개의 사람이었기 때문입니다.

둘째로는, 회개에 민감할 뿐 아니라 회개한 후 행동의 새로운 결심을 보이며 하나님을 이렇게 고백할 줄 아는 자였습니다.

"나의 왕 나의 하나님, 만군의 여호와여!"

비록 다윗은 절대권력의 왕의 위치에 있었지만 이스라엘의 왕인 자신까지 다스리는 왕중의 왕이신 하나님을 영접하고 모시며 의지하기를 전혀 주저하지 않았습니다. 그런 모습이 자신의 자존심 상하는 것으로 여기지 않았습니다. 여기에 그가 회복되어지는 은혜를 반복적으로 받게 되는 영적 비결이 있었던 것입니다.

■ ■ ■
다이나믹 설교뱅크

성가대원 및 교인 여러분! "나는 나야! 나는 나일 뿐이야!" 하는 세상 조류 속에서 여러분의 삶 속에 예수님을 왕으로 모시는 일에 주저하지 마시기 바랍니다. 범사에 그의 말씀과 뜻에 순종하기를 좋아하시기를 소원합니다. 그러면 주님께서 굉장히 기뻐하시고 다윗의 회복의 은총을 여러분들의 영육간에 부어 주실 것입니다.

셋째로는, 만왕의 왕이신 하나님께 성전 제사를 드릴 때 일반 이스라엘인들과 구별하여 성가대를 조직하여 전문 사역자로 훈련시키며 양육하는데 많은 관심 및 희생을 아끼지 않았기 때문입니다.

아무나 성가대원이 된 것은 아니었습니다. 특히 역대상 25:1-7을 읽어보면 다윗왕의 하나님을 찬양하기 위한 찬양대를 "24반차"로 전문 조직하는 내용이 기록되어 있습니다. 성경에서 광야시대 및 성막시대, 그리고 다윗왕 이전까지는 찬양대가 조직되었다는 이야기를 찾아볼 수가 없습니다. 다윗이 이 일을 하나님께 행하여 바쳤고, 하나님은 전문적 사역 은사를 자신에게 바치는 다윗과 찬양대원들을 보며 통일왕국의 번영을 유지 및 확대시켜 주셨음을 분명히 깨달을 수 있습니다.

우리는 본문에서 찬양대원 모두가 레위인들이었다는 것을 쉽게 발견할 수가 있습니다. 그저 레위 지파 중에서도 지도자격인 인물들은 "아삽, 여두둔, 헤만"의 가문에 속한 자 "게르손, 므라, 그핫 족속"에 속한 인물들인 것을 알 수 있습니다. 이것만 보아도 그들은 철저하게 레위인들 가운데서도 전문 사역자들로서 선발된 특별한 사람들이었던 것입니다.

그러므로 찬양대원들에게도 전문사역인으로서의 자격을 논하지 않을 수 없는 것입니다. 그 자격을 따지자면 먼저 "본교회 등록 교인으로 최소한 세례 받은 자"가 지휘, 반주 및 대원이 되어야 할 것입니다.

물론 불신자가 또는 타교회 요원이 얼마의 사례를 받고 이 일을 감당할 수 있으나 그 적응과정에서 생길 수 있는 문제점을 고려해 볼 때에 우선순위는 상기와 같아야 할 것입니다. 만일 기악 반주팀의 요원이 예배대기 중 화장실 근처에서 담배를 피우고 있으면 무슨 덕이 되겠습니까? 물론 과정이 지나면 믿음의 자녀가 되겠지만 찬양 반주만 하고 설교 시간에 자기 공부하겠다고 다른 책을 펴서 공부하고 있다면 무슨 "전문가"로서 교인들에게 본이 되겠습니까?

그리고 "찬양에 대한 은사 또는 열심히 있는 자"가 대원이 되어야 할 것입니다. 그런 사람은 어떤 사람일까요? 어떤 기준으로 알 수 있을까요? 교회 다른 봉사직이 많이 있지만 특히 찬양대원으로 봉사하고 싶은 마음이 있어 사모하다가 때가 되니 기쁨으로 단원이 된 교인입니다. 왜냐하면 절대적은 아니지만 그리스도께서는 "땅에서 풀면 하늘에서도 풀 것이라"고 언약하셨기 때문입니다.

둘째로는 전문적인 전공여부가 그렇게 많이 중요하지 않습니다. 다만 연습 시간 및 기타 모임에 적극적으로 참석하느냐가 문제입니다. 물질이 있는 곳에 마음이 있듯이 성가대원으로서의 은사와 봉사의 열심이 있는 자에게는 연습자 모임을 경히 여길 수가 없습니다. 무시해도 마음이 편하지 않아 급히 뛰어올 수밖에 없을 것입니다. 사랑과 기침은 속일 수 없듯이 찬양에 대한 은사와 열심이 있는 자들은 무엇인가를 더 봉사하지 못해 안달하게 되는 자들이여! 하나님께 감사합니다.

우리를 찬양에 대한 전문 사역자로 선정해 주심을 감격합시다. 그리고 어떤 것보다 더 큰 것으로 보상해 주시고, 주실 하나님께 변함없는 충성을 바치시기를 진심으로 기원합니다.

마지막으로 찬양대원 피차간에 유기적 관계에 우선을 두는 대원이 되어야 합니다. 역대상 25:1-7을 보니 찬양대를 24반차로 나누되 레위의 아들 중 한 족속에 한 자손씩만 중심으로 해서 그 반차를 나누고 있습니다. 다시말해 "게르손=아삽, 그핫=헤만, 므라리=여두둔"을 핵심으로 해서 반차를 특징을 지어 나누고 있습니다. 이는 참으로 아름다운 모습이었습니다. 왜냐하면 레위지파 중 어느 한 족속에게 특별히 특혜와 애정을 보이지 않는 공평한 행정이었던 것입니다.

이는 우리 교회 성가대 행정에 있어서 어느 한 성가대나 대원들에게 "대우나 직무 분담"이 치우친다면 이는 비성경적입니다. 이 점을 교회 지도자나 대원들이 피차 유념해야 할 것입니다. 만일 우리 몸이 모두 머리이고 몸통은 "치와와" 애완견과 같다면 그 얼마나 우스운 자태일까요? 또한 만일 손, 발, 눈, 귀가 우리들을 "입"만 즐겁게 해주는 역할에 불과하니 우리 모두 일을 하지 말자고 하면 약 3-4일 후에 그 결과는 어떻게 될까요?

찬송은 아무에게나 허락된 음악이 아닙니다. 찬송은 오직 선택된 사람들이 영광의 하나님께 드려지는 것입니다. 찬송은 사람에게는 영혼을 풍요롭게 하며, 하나님께는 그분을 기쁘시게 하고, 영광을 돌릴 수 있는 최대의 수단입니다. 이런 찬송을 특별한 자리에서 부르게 되는 찬양대원이 어찌 특별한 분들이 아니겠습니까?

예배를 돕는 자로서, 전문사역자로서 찬양대원, 하나님께서 주신 커다란 은사요, 축복이 아닐 수 없습니다. 때문에 찬양 대원이라면 자신의 신앙을 겸비하며 서로에게 유익을 끼치는 모습을 가져야 합니다.

유치부 어린이들의 찬양대에서 장년들의 찬양대까지 먼저는 마음과 기도 가운데 피차 서로 존경하고 아끼며 칭찬하는 영풍이 불어닥치기를 소원합니다. 그리고 마음과 기도 뿐만 아니라 행정 및 사업 계획 속까지 '부서 이기주의적 행동 및 언어를 절제'하고 남을 나보다 더 낫게 여기는 모습이 봉사 과정 속에서 계속 나타나기를 하나되게 하시는 예수님 이름으로 축원드립니다.

그래서 성가대원들은 "일보다 관계를 우선"하는 것이 성경에서 증거하는 성가대 모습에 부응하여 하나님께 영광이요 피차간에 그리스도 안에서 한피 받아 한 몸 이룬 형제 자매요 영적 한 가족임을 늘 기쁨으로 신앙고백 및 간증하는 은총이 있기를 다시 한 번 축원합니다.

2
절기 설교

인생의 길
(렘 10:23-25)

최병헌 목사(낙원제일장로교회)

새해를 맞는 성도 여러분들에게 우리 하나님의 은혜와 평강이 여러분과 여러분의 가정 위에 함께 하시기를 기원합니다. 이제 우리는 새로운 길을 가기 위해 출발하려고 합니다. 이런 때에 인생의 길을 생각해 보는 것은 중요한 것입니다.

오늘날, 믿는 사람도 많아졌고 교회도 많아졌습니다. 그러나 종교라고 다 같은 종교이겠습니까? 신앙이라고 다 같은 신앙이겠습니까?

많은 사람들은 인생의 길이 자기에게 있는 줄 알아서, 자기 중심으로 믿고, 자기 스스로가 인생을 개척하고 결단하는 것이라고 생각합니다. 그러나 우리 인생은 죄로 말미암아 어두워졌기에 인생의 길을 우리 자신에게 두면 필경 멸망할 수밖에 없습니다. 인생의 길이 자기에게 있지 않고 하나님의 손에 있음을 알 때 우리의 생애는 실패없는 생애가 됩니다.

본문에는 '인생의 길이 자기에게 있지 아니하니 걸음을 시도함이 걷는 자에게 있지 아니하니이다'(렘 10:23)라고 했습니다.

또 한 해가 바뀌었습니다. 지금 우리는 일찍이 한 번도 지나가 보지 못한 길을 떠나려고 합니다. 우리는 낯선 길을 떠나면서 긴장과 흥분이 있는가 하면, 또한 새롭게 전개될 길에 대한 환희와 망설임이 동시에 있을 것입니다. 사실 새해가 되고 절기가 바뀌었지만, 그것은 다만 계절과 전후의 매듭이요, 달력상의 시간의 변화일 뿐이지 별로 새로운 것도 없습니다.

'해 아래는 새 것이 없다'는 전도서의 말씀처럼 어제의 태양이 다시 떠오르고 같은 길, 같은 환경일 뿐, 그 어느 하나 달라진 새로운 것도 없습니다. 그런데 문제는 달력상의 시간이나 계절이 바뀌었기 때문에 새로운 것이 아니라는 사실입니다. 새해가 되면 모든 것이 새로워질 것이라는 우리의 소원 사항일 뿐입니다. 말하자면 달력상의 시간이 우리를 새롭게 만드는 것이 아니고, 새로운 해를 맞이하는 인간이 어떻게 예수 그리스도 안에서 참된 신앙과 결단으로 그 길을 걷는가에 따라서 새로운 해를 만들어가게 될 것입니다. 인생이 새로워지지 않으면 새 것도 새 것일 수 없고, 새로운 제도도 새 환경도 새로울 것이 없습니다.

인생이 새로워지기 전에는 해 아래는 아무 것도 새 것이 없습니다. 우리는 적어도 영원을 상대로 하여 사는 그리스도인이기 때문에 달력상의 시간을 중심으로 기뻐할 것도 슬퍼할 필요도 없습니다. 나이가 한 살 더 먹었다고 실망할 필요도 없고, 새해가 되었다고 덤빌 것도 아니며, 옛날이 오늘보다 나은 것이 어찜이냐 하고 과거의 회상에만 빠져 있어서도 안될 것입니다. 우리는 새로운 해를 맞이하면서 일찍이 선지자 예레미야가 깨달았던 "인생의 길"이 어떤 것인가를 알아서 금년 한 해가 되도록 해야할 것입니다.

본문을 보면, 인생의 길, 즉 인생이 걸어가야 할 길은 인생 자신에게 있는 것이 아니라 하나님의 섭리와 간섭 아래 있다는 깊은 진리를 예레미야는 깨닫고 있습니다. 하나님을 알지 못했을 때, 믿음이 없을 때에는 인생 깊이 자기 손에 있는 줄 알 때가 많았습니다. 그런데 어제 깨달은 것은 인생의 길이 자기 손에 달린 것이 아니라 살아 계신 하나님의 손길에 있으며, 또한 하나님의 주권적인 간섭을 체험적으로 깨달은 것입니다. 예레미야가 깨달은 진리는 결국 참된 구원의 종교는 자율주의가 아니고 타율주의임을 깨달은 것입니다. 예레미야는 확실한 길을 제시하는 선지자였습니다. 민족의 길, 신앙의 길, 인생의 길을 제시했던 것입니다. 걸음을 지도함이 걷는 자에게 있지 않다는 진리입니다. 길이 확실할 때 그 걸음도 확실한 것입니다. 사람들은 모두가 인생의 걸음을 지도함이 걷는 자신에게 있는 줄 알고 있습니다. 그러나 예레미야 선지자는 순간 순간의 걸음을 하나님께서 인도해 주신다는 사실을 알았습니다. 말하자면 삶의 구체적인 표준이 부패하고 불완전한 나 자신이 아니고, 영원하신 하나님이신 줄을 그는 알았습니다.

사실상 인생의 걸음을 지도하시는 분이 하나님이신 줄을 아는 사람만이 하나님 중심의 신본주의 신앙을 갖는 사람입니다. 만물이 주에게서 나오고, 주로 말미암고, 주에게로 돌아가기 때문에(롬 11:36) 그의 지도만이 참된 지도요, 그의 지도를 따르는 것만이 인생의 길을 바로 갈 수 있는 것입니다.

종교는 냉랭한 논리만이 아니고 걸음이 함께 있어야 합니다. 일찍이 아브라함 카이퍼가 말한대로 종교는 사상과 삶이 동시적이어야 한다고 했습니다. 생각이 길이라면 삶은 곧 걸음입니다. 결국 성경이 우리에게 가르치는 사상은 생각도 삶도 하나님께서 주장해 주셔야 된다는 사상입니다. 우리의 한 순간 한 순간의 삶이 하나님의 주권 아래 있음을 믿고 하나님의 면전에 있을 때 우리의 인생은 주 안에서 승리하게 될 줄 믿습니다.

시편 119:105에 보면 "주의 말씀은 내 발에 등이요 내 길에 빛이니이다"라고 했습니다. 이 말씀도 결국 예레미야 10:23의 말씀과 맥을 같이 합니다. 인생의 길이 자기에게 있지 않고, 걸음을 걷는 것이 걷는 자에게

제6장 특별 설교

있지 않기에 하나님 말씀을 내 발의 등이요 내 길에 빛으로 알고, 빛 되신 말씀, 등불 되신 말씀을 빛으로도 등불로도 삼지 못하고 자행자지할 때가 많습니다. 찬송시에 고백한 것 같이 "말씀 위에 서서 내 뜻 버리고 감정을 버리고 말씀에 서니 불완전한 믿음 완전해진다"라는 내용처럼 되어야 되는데, 말씀 위에 서서 내 뜻 버리는 것이 아니라 때로는, 내 뜻 위에 서서 말씀을 버립니다. 또, 감정을 버리고 말씀을 서는 것이 아니라 감정 때문에 말씀버리는 일이 비일비재합니다. 그러면 예레미야가 말한 대로 '인생의 길이 자기에게 있지 아니하고 걸음을 지도함이 걷는 자에게 있지 않다면 누구에게 있단 말입니까?' 구약의 예레미야 선지자가 제기한 질문을 신약에 와서 예수 그리스도께서 대답하고 있습니다. 즉 "내가 길이요 진리요 생명이니 나로 말미암지 않고 아버지께로 올 자가 없느니라"(요 14:6) 하였습니다. 결국, 구약의 진리와 신약의 진리는 하나입니다.

인생의 길이 인생 자신에게 있는 것이 아니라 하나님께 있고 그리스도께 있다는 진리입니다. 이와 같이 신구약이 가르치는 신본주의 신앙에 머물 때만이 우리는 참평안을 가질 수 있음을 확실히 믿습니다. 이 말씀이 새해 첫 주간을 맞이하는 여러분들에게 놀라운 진리가 되기를 소원합니다.

■■■
다이나믹 설교뱅크

사순절의 의미
(사 53:1-6)

성중경 목사(만수감리교회)

사순절은 주일을 빼고 부활절 전 40일 간의 시기입니다. 사순절은 A.D. 325년 니케아 회의에서 결정된 것이지만 기독교인들은 2세기 초부터 사순절을 지켜왔습니다.

사순절이란 말은 '봄'(Lent)이란 뜻으로 앵글로색슨의 말인 '렌텐(Lencten)에서 왔습니다. 사순절은 충성스런 교인들이 헌신적인 생활을 깊이 있게 하는 기간입니다.

디모데전서 4:8에 기록하기를 "육체의 연습은 약간의 유익이 있으나 경건은 범사에 유익하니 금생과 내생에 약속이 있느니라"고 한 것 같이 이 기간은 성도들이 경건하게 살며, 경건하게 살기 위해서 훈련받고 헌신하는 기간입니다. 사순절은 잘못된 습관을 버리고 우리의 영혼이 새롭게 거듭날 뿐 아니라 성장하고 성숙해지는 기간이 되어야 합니다.

옛날 모세가 40일 동안 금식기도한 것처럼 또한 예수님이 40일 동안 금식하신 것같이 우리도 40일 간의 기도생활을 통해 신령한 체험을 하고, 그리스도의 수난의 발자취를 따라서 고난의 뜻을 되새겨야 합니다.

그래서 자신의 변화와 함께 가정도 복되고, 교회도 부흥하는 계기가 되기를 바라면서 사순절의 의미를 생각하며 은혜받고자 합니다.

1. 사순절의 의미

예수님에게는 태어날 때부터 고난이 시작되었습니다. 이 세상에서 아무리 가난하고 어려워도 말구유에 태어난 사람은 없을 것입니다. 그뿐 아니라 예수님은 태어나자마자 애굽으로 피난길을 떠나셨고, 시골 나사렛에서 가난하고 궁색한 가정에서 자라나셨으며, 다른 사람들과 하나님의 영광을 위해서 일하시느라 식사하실 겨를도 없으셨습니다. 그리고는 결국 우리 때문에 치욕적인 십자가도 지셨습니다.

본문에서 "그는 멸시를 받아서 싫어 버린 바 되었으며 간고를 많이 겪었으며 질고를 아는 자라. 사람들이 그에게서 얼굴을 돌렸고 그가 멸시를 받으니 우리도 귀히 여기지 아니하였도다"라고 할 뿐 아니라 "그가 찔림은 우리의 허물을 인함이요, 그가 상함은 우리의 죄악을 인함이라. 그가 징계를 받음으로 우리가 평화를 누리고 그가 채찍에 맞으므로 우리가 나음을 입었도다"라고 했습니다.

사순절은 예수님이 우리 때문에 당하신 고난을 생각하며 경건하게 살도록 하는 데 의의가 있습니다. 오락하는 것과 먹고 마시는 것도 자제하고 예수님의 고난을 생각하며 열심히 기도하고 경건하게 살아야 합니다.

2. 사순절에 버릴 것

인간의 성공과 실패는 무엇을 선택하고 버리느냐에 따라서 결정됩니다. 훼이스 벨드윈은 말하기를 "사순절 기간에 영원히 버려야 할 것이 있는데 복수의 쾌감이나 남을 헐뜯는 험담이나, 편견이나, 음식을 탐하는 것, 잘못된 습관같은 것을 버려야 한다"고 했습니다.

에베소서 4:22에서는 "너희는 유혹의 욕심을 따라 썩어져 가는 구습을 좇는 옛 사람을 벗어 버리라"고 했고, 히브리서 12:1에서도 "얽매이기 쉬운 죄를 벗어 버리라"고 했습니다. 아브라함이 복의 근원이 되고 믿음의 조상이 되기 위해서는 정든 고향과 친척과 아비집을 떠나야 했고, 사랑하는 이삭도 버려야 했습니다. 또한 예수님의 제자가 되기 위해서는 버릴 것은 과감히 버려야 했습니다.

성도 여러분, 우리에게 버릴 것이 무엇입니까? "육신의 정욕과 안목의 정욕과 이생의 자랑"(요1 2:16)이요, "음행과 더러운 것과 호색과 우상 숭배와 술수와 원수 맺는 것과 분쟁과 시기와 분냄과 당짓는 것과 분리함과 이단과 투기함과 술취함, 방탕한 것"(갈 5:19-20)은 경계하고 버려야 합니다. 하나님께서 원치 않으시는 것을 사순절 기간에 끊어버리기를 축원합니다.

3. 사순절에 취할 것

첫째, 예배를 소중하게 생각하고 기도에 힘써야 합니다. 열왕기상 18:30에 보면 아합왕 때에 42개월 동안 비가 오지 않은 것은 하나님께 제단을 쌓지 않고 바알의 제단을 쌓았기 때문입니다. 이 때에 엘리야가 무너진 여호와의 제단을 쌓고 제사하자, 하늘에서 불도 내려오고 비도 내려왔습니다. 이처럼 신앙의 척도는 예배입니다. 예배를 소중하게 생각하고 예배가 삶의 중심이 되어야 합니다.

둘째, 40일 새벽기도에 참여해야 합니다. 새벽기도는 하루의 첫 시간을 바치는 첫 열매 신앙이요, 하나님 제일주의 신앙입니다. 마가복음 1:35에서 예수님도, 창세기 22:3에서 아브라함도, 출애굽기 14:27에서 모세도, 다니엘 6:10에서 다니엘도 새벽기도를 했습니다.

셋째, 희생과 헌신이 있어야 합니다. 새벽기도나 금식기도는 쉬운 것이 아닙니다. 그것은 우리가 좋아하는 것을 끊어버리는 것인데, 어려워도 헌신하는 마음으로 감당해야 합니다. 신앙생활에서 희생처럼 값지고 귀한 것은 없습니다(요 12:24).

끝으로 구령열에 불타야 합니다. 마가복음 1:38에 보면 예수님이 이 땅에 오신 목적은 전도요, 십자가에 죽으신 이유도 죄에 빠진 인생을 구원하시기 위해서입니다. 우리는 사순절 기간에 한 사람 이상 전도하기로 결심하시고 마음에 다짐하기를 축원합니다.

성도 여러분, 우리는 사순절의 의미를 바로 알고 40일 기도와 경건한 삶을 통하여 신령한 체험을 해야 합니다. 그리고 버릴 것은 버리고, 끊을 것은 끊으며 우리가 취할 것은 무엇인가 하고 찾아야 합니다. 예배를 소중히 여기고 정기예배에 참여할 뿐 아니라, 40일 기도에 모두 참예하고, 헌신과 희생이 따르는 봉사의 삶과, 구령열의 뜨거움으로 인해 열심히 전도하시는 성도님들이 되기를 주님의 이름으로 축원합니다.

부활의 세 가지 의미
(고전 15:51-53)

성중경 목사(만수감리교회)

기독교는 고난의 종교이면서 부활의 종교입니다. 십자가의 고난과 부활은 기독교 신앙의 기초요 생명입니다. 십자가가 없는 기독교를 생각할 수 없듯이 부활이 없는 기독교는 기독교가 아닙니다.

고린도전서 15:12-14에서는 "너희 중에 어떤 이들은 어찌하여 죽은 자 가운데서 부활이 없다 하느냐, 만일 죽은 자의 부활이 없으면 그리스도도 다시 살지 못하셨으리라. 그리스도께서 다시 살지 못하셨으면 우리의 전파하는 것도 헛것이요, 너희의 믿음도 헛것이며"라고 했습니다. 또한 고린도전서 15:19에서도 "만일 그리스도 안에서 우리의 바라는 것이 다만 이생 뿐이면 모든 사람 가운데 우리가 더욱 불쌍한 자리라"고 했습니다.

예수님이 십자가에 달려 죽으신 후 사망의 권세를 이기고 다시 살아나셨다는 사실은 너무도 명백하며 재론할 여지가 없습니다. 예수님의 부활 사건에는 몇 가지 확실한 증거가 있는데, 첫째는 무덤이 비어 있었다는 것입니다. 누가복음 24:12에 보면 베드로가 달려가 보니 예수님의 시체가 없고 세마포만 있었다고 기록하고 있습니다.

두 번째는 제자들의 삶의 변화입니다. 예수님이 죽으신 후 낙심해서 실의에 빠져 있던 사람들이 큰 기쁨으로 예루살렘에 돌아가 성전에서 하나님을 찬양했다고 했습니다(눅 24:53).

마지막 세 번째는 부활의 신앙을 갖는 자마다 죽음을 초월하였습니다. 제자들이 예수님께서 십자가에 달리실 때는 모두 부인하고 도망했으나, 부활하신 예수님을 만난 후, 부활의 신앙을 가진 뒤로는 모두 순교했습니다. 사도 바울도 처음에는 기독교를 박해하던 자였으나, 다메섹 도상에서 부활하신 예수님을 만난 후에는 자신이 박해하던 예수 그리스도가 구세주라고 평생을 증거하고 살았으며, 마지막에는 복음을 위해서 죽기까지 했습니다.

오늘은 뜻깊은 부활주일입니다. 주님의 부활이 우리에게 어떤 의미를 주며 우리의 삶과 어떤 관계가 있는지 생각하며 은혜받고자 합니다.

1. 예수님의 부활은 죄와 허물로 죽은 우리를 살리심을 증거합니다.

인간의 생명은 이미 죄와 허물로 죽은 것입니다. 그러나 예수님께서는 죄와 허물로 죽은 우리를 살리셨습니다(엡 2:1). 범죄해서 죽게 된 사람들도 그리스도 안에서 다시 살게 하신 것입니다(창 3:5-19). 예수님께서는 "그런즉 누구든지 그리스도 안에 있으면 새로운 피조물이라"(고후 5:17)고 하셨고 거듭나야 하늘나라에 간다고 말씀하셨습니다(요 3:5).

이렇게 예수님의 부활은 범죄한 인생이 하나님의 은사로 다시 살게 됨을 가르치는 것입니다. 로마서 6:23에 "죄값은 사망이요 하나님의 은사는 예수 안에 있는 영생이라"고 했는데, 영생을 보증하는 것이 곧 부활입

■ ■ ■
다이나믹 설교뱅크

니다. 요한복음 5:24에서도 주님께서 말씀하시기를 "내가 진실로 진실로 너희에게 이르노니 내 말을 듣고 나 보내신 이를 믿는 자는 영생을 얻었고 심판에 이르지 아니하나니 사망에서 생명으로 옮겼느니라"고 했습니다.

예수님의 부활은 여러분이 주 안에서 거듭난 것을 알려 주는 사건입니다. 베드로전서 1:23에서는 "너희가 거듭난 것이 썩어질 씨로 된 것이 아니요 썩지 아니할 항상 살아 있는 하나님의 말씀으로 되었느니라"고 했습니다. 그러므로 주님을 영접하는 자에게는 하나님의 자녀가 되는 권세가 있는 것입니다(요 1:12).

우리는 죄와 상관없는 천국의 시민이요, 하나님의 나라를 상속받을 수 있는 하나님의 자녀입니다(빌 3:20). 갈라디아서 4:6-7에 보면 "너희가 아들인고로 하나님이 그 아들의 영을 우리 마음 가운데 보내사 아바 아버지라 부르게 하셨느니라. 그러므로 네가 이 후로는 종이 아니요, 아들이니 아들이면 하나님으로 말미암아 유업을 이을 자니라"고 했습니다. 예수님의 부활은 우리가 죄에서 해방되고 거듭나서 하나님 나라에 들어갈 뿐 아니라 하나님의 자녀로 그 나라에 당당한 상속자라는 사실을 증거하는 사건입니다.

2. 예수님의 부활은 믿는 자의 생활을 변화시키는 힘이 있습니다.

생명은 화석이 아니고 살아 움직이는 것입니다. 우리가 부활하신 주님을 만나서 새로운 피조물이 되었으면, 우리의 생활은 날마다 신선해야 합니다. "죄에 대해서는 날마다 죽고 의에 대해서는 날마다 사는 삶"(고전 15:31)이 되어야 합니다.

그러면 의에 대해서 사는 것이 무엇입니까? 그것은 바로 데살로니가
전서 5:16-18의 말씀처럼 "항상 기뻐하고 쉬지 말고 기도하며 범사에
감사하면서 사는 삶"을 말합니다. 우리가 이처럼 부활의 주님을 모시고
살면서 의와 평화의 즐거움을 노래할 수 없다면, 이것은 정말로 무의미
한 것입니다. 그리스도의 부활을 믿는 그리스도인은 어떤 상황에도 낙심
이나 좌절이 없습니다.

사도 바울은 옥중에서도 기뻐서 찬미하고, 스데반은 돌에 맞아 죽으면
서도 원수들을 위해서 기도했습니다(행 16:25). 이와 같이 그리스도인
이 항상 기뻐하지 못하고 범사에 감사하지 못한다면 부활의 의미가 없는
것입니다. 우리가 비록 부족하고 죄악 투성이인 세상에 살고 있지만 그
죄악에서 구원받은 기쁨과 미래에 대한 소망을 현재에서 경험해야 합니
다. 예수님께서도 누가복음 17:21에 "하나님의 나라는 볼 수 있게 임하
는 것이 아니요 또 여기 있다 저기 있다고도 못하나니 하나님의 나라는
너희 안에 있느니라"고 하셨습니다.

성도 여러분! 부활하신 주님을 생활 속에서 경험하고 계십니까? 오늘
도 무덤을 헤치고 부활하신 예수님을 만나야 하고, 살아 역사하시는 예
수님을 만나야 합니다. 죽었다고 낙심했던 제자들이 부활하신 예수님을
만남으로 생동감이 넘치고 담대하게 부활하신 주님을 증거했듯이 우리
들도 부활하신 예수님을 믿음으로 활력이 넘치는 삶이 되시기를 축원합
니다.

3. 예수님의 부활은 그를 믿는 우리 육체의 부활을 보증합니다.

본래 인간의 창조 과정을 성경에서 살펴보면 흙을 빚어서 우리 육체를
만들고 그 코에 생기를 불어 넣으시니 생령이 되었다고 했습니다(창

2:7). 그러나 인간은 범죄함으로 에덴동산에서 쫓겨나게 되고 그 대가로 죽음이 오게 되었습니다. 히브리서 9:27에 보면 "한번 죽는 것은 사람에게 정하신 것이요, 그 후에는 심판이 있으리니"라고 했습니다. 이것은 우리가 알고 있는 상식입니다.

인간은 누구나 죽는다는 것은 기정 사실입니다. 그러나 예수님은 무덤을 열고 살아나셨습니다. 이것은 그리스도인들도 부활할 것임을 약속하고 있는 것입니다.

고린도전서 15:51-53을 보면 "보라 내가 너희에게 비밀을 말하노니 우리가 다 잠잘 것이 아니요 마지막 나팔에 순식간에 홀연히 다 변화하리니 나팔 소리가 나매 죽은 자들이 썩지 아니할 것으로 다시 살고 우리도 변화하리라"고 했습니다.

기독교는 부활의 종교입니다. 요한복음 5:28-29에 "이를 기이하게 여기지 말라. 무덤 속에 있는 자가 다 그의 음성을 들을 때가 오나니 선한 일을 행한 자는 생명의 부활로 악한 일을 행한 자는 심판의 부활로 나오리라"고 했습니다.

또한 "우리가 주의 말씀으로 말하노니 주께서 천사장의 소리와 하나님의 나팔로 하늘로 좇아 강림하시리니 주 안에서 죽은 자들이 먼저 일어나고 그 후에 살아 남은 자는 저희와 함께 구름 속으로 끌어올려 공중에서 주를 영접하게 하시리니 항상 주와 함께 있으리라"고 데살로니가전서 4:16-17에 말씀하고 계십니다.

예수님의 부활은 곧 그리스도인의 부활의 약속이요, 보증입니다. 부활은 불가사의한 신비이지만, 그리스도인에게는 가장 큰 소망이요 기쁨입니다.

성도 여러분, 주님께서 재림하시는 마지막 날에 우리가 부활할 것을 믿으십니까? 썩을 것이 썩지 않고 죽을 것이 죽지 않는 새로운 삶으로 다시 살 것을 믿으십니까? 이것은 성경에 예언된 말씀이요, 오직 성도들만의 소망입니다.

예수님의 부활은 세 가지 의미가 있는데, 그 첫 번째는 죄와 허물로 죽었던 우리가 다시 사는 것이며, 두 번째로 날마다 생활 속에서 부활의 주님을 만나 부활의 기쁨을 맛보는 것이고, 마지막으로는 주님이 재림하실 때에 육체까지 부활해서 들림받는다는 것입니다.

부활주일을 맞이하여 부활의 의미를 찾고 날마다 부활을 경험하는 성도들이 되기를 주님의 이름으로 축원합니다.

죄사함과 부활
(사 1:18)

김명기 목사(신기촌장로교회)

요즘 서점가에 계속해서 꾸준히 6개월 이상 베스트셀러가 되는 책이 있습니다. 그 책은 조창인씨가 쓴 〈가시고기〉라는 소설책입니다. 가시고기라는 이 고기는 작은 민물고기인데 엄마 가시고기가 알들을 낳은 후 어디론가 달아나버리고 아빠 가시고기가 혼자 남아서 알들을 돌본다고 합니다.

알들을 먹으려고 달려드는 다른 물고기와 목숨을 걸고 싸움을 하지요. 먹지도 않고 잠을 자지도 않으면서 열심히 알들을 돌봅니다.

알들이 깨어나고 새끼들이 자라서 이제 자생할 능력을 갖추고 각기 제 갈길로 가면 홀로 남은 아빠 가시고기는 돌틈에 머리를 박고 죽어버린답니다.

가시고기라는 책의 내용은 백혈병에 걸린 10살짜리 정다움이라는 아들과 가난한 아빠를 버리고 가버린 아내를 원망하지 아니하고 아빠의 독백을 통해 부자간에 뗄래야 뗄 수 없는 절실한 사랑을 그려가고 있습니다. 다움이 아빠는 자신의 생명보다 더 소중한 아들을 살리겠다고 병든 아들을 2년의 세월 동안 지극정성으로 돌봅니다. 입원하고 퇴원하고, 입원하고 퇴원하고, 마침내는 자기 재산을 다 팝니다. 자신의 자존심도 팔고 양심도 팔면서 병원비를 마련해 봅니다. 마지막에는 골수이식 수술을 받아야 하는 아들의 수술비를 마련하려고 불법인 줄 알면서도 자신의 한쪽 눈을 팝니다. 아빠로서 할 수 있는 마지막 일이었습니다.

눈을 뽑기 위해서 건강검진을 받는 중에 자기 몸에서 커다란 암덩어리, 간암이라는 사실을 발견합니다.

이 아빠는 교회는 나가지 않지만 자신의 고통은 아랑곳하지 않고 오직 고통 속에 있는 아들을 살려달라고 하나님 앞에 애원합니다. 아들 대신 내 목숨을 가져가 달라고 몸부림치는데 아들은 다행히도 골수이식 수술을 받고 몸이 회복되어 건강을 되찾습니다. 그러나 정작 아버지 자신은 간암 말기로 죽어가고 있습니다.

아들을 엄마에게로 떠나보내고 가시고기 아빠는 아들과 40일 동안 함께 지냈던 산골마을로 들어가 조용히 죽음을 맞이합니다.

백혈병 걸린 아이처럼 죄로 만신창이된 나를 구원하고 여러분을 구원하기 위해 하나님은 당신 자신이 이땅에 죄인으로 오셔서 십자가를 지시고 당신 몸을 찢으시므로 우리를 구원하기 위해서 오신 것이 아닙니까?

성경은 우리들에게 죄를 말씀하고 있습니다. 죄는 반드시 그 삯이 있는데 죄의 삯은 사망이라고 말씀하고 있습니다. 우리가 죄의 문제를 해결하지 못하고는 하나님 앞에 갈 수도 없고, 또 이땅에서도 우리의 삶이 잘될 수가 없는 것입니다. 죄는 치명적입니다.

그런데 정말 안타깝고 불행하게도 "의인은 없나니 하나도 없으며 모든 사람이 죄를 범하여 하나님의 영광에 이르지 못하게 되었다"라고 성경은 말씀하고 있습니다. 우리 모두는 죄를 범하여 하나님의 영광에 이르지 못하는 그 모든 사람 안에 들어 있습니다.

세상에 죄처럼 무서운 것이 없습니다. 죄는 우리 인간이 하나님 앞에 드리는 모든 기도의 줄을 끊어버렸고, 하나님이 주신 아름다운 에덴의 삶을 저주의 삶으로 내몰았습니다. 또 죄는 하나님 앞에 나갈 수 있는 모든 길을 다 막아버렸고 저주와 사망의 그늘로 우리 모두를 이끌고 간 것입니다.

저에게는 생명과 같이 소중한 것들이 있는데 그것은 제가 한 아이의 아버지라는 사실과 한 아내의 남편, 그리고 많은 교인들의 목사라고 하는 사실입니다. 아버지와 남편과 목사가 제게는 생명입니다. 그것이 제 인생입니다. 그것이 무너진다면 내 생명과 인생은 아무 것도 아닐 정도로 저는 이것을 소중하고 귀하게 여기고 있습니다. 사실 목사로서 아이에게 존경받는 아버지, 아내에게 사랑받는 남편, 그리고 교인들에게 인정받는 목사보다 제게 더 중요한 것이 어디 있겠습니까?

지금까지 감사하게도 제 아들은 제법 저를 아버지로 인정해 주고 심지어는 존경까지 해주고 있습니다. 아내도 저를 남편으로 극진히 사랑해 주고 있으며, 다는 아니지만 그래도 제법 많은 교인들이 저를 목사로 인정해 주고 있습니다. 그중에는 저를 제법 좋은 목사로 인정해 주는 교인들도 많이 있습니다.

그러나 저들이 저를 아버지로, 남편으로, 그리고 목사로 인정해 주고 따라주는 가장 중요한 것은 저들이 나를 모르기 때문입니다. 저에게는 그와 같은 축복의 관계를 단번에 다 깨뜨릴 수도 있는 죄와 허물이 수백 천가지가 있습니다. 그동안 제가 지은 죄의 1/10 아니 1/100만이라도 드러나고 공개된다면 저들은 제가 자신들의 아버지와 남편 그리고 목사라는 사실을 인정하기 싫어할는지도 모릅니다. 세상에 그것처럼 치명적인 일이 어디 있겠습니까?

저는 죄의 삯이 사망이라는 말씀에 천 번 만 번 동의합니다. 죄의 삯은 사망이 맞습니다. 그러나 아버지로서 자식에게 존경받지 못한다면, 아내에게 남편으로 사랑받지 못한다면, 그리고 목사로서 교인들에게 인정받지 못한다면 그것을 어떻게 살아있는 것이라고만 할 수 있겠습니까?

저는 이제 거의 다 장성한 아이들과 아내에게 제법 사랑받는 아버지와 남편입니다. 그리고 제법 많은 교인들에게서 사랑을 받는 목사입니다. 그것이 바로 하나님의 복인데 그런 면에서 저는 그 누구보다도 하나님의 복을 많이 받은 사람 중에 하나입니다. 그런데 중요한 것은 제가 그와 같은 복을 받을 자격이 없다는 것입니다.

그와 같은 자격이 없는데 그와 같은 복을 받는 까닭이 무엇일까요? 제가 제 속에 있는 죄와 허물을 감쪽같이 숨기고 속이는 위선자이기 때문일까요? 저는 처음에 제가 그렇다고 생각했습니다. 그러나 그것은 그렇지 않습니다. 자기의 죄와 직접적인 관계가 없는 사람들에게 그 모든 죄를 다 알려주고 드러내는 것이 꼭 옳은 일은 아닙니다. 많은 죄와 허물은 하나님에게만 고백하고 회개해야 합니다. 그것이 옳습니다.

세상에 그 누구도 우리의 죄의 문제를 해결해 줄 수 없습니다. 죄의 문제를 해결해 주지 못하는 사람에게 모든 죄를 다 털어놓는다는 것은 옳지 않습니다. 그러므로 제가 사람들에게 저의 모든 죄와 허물을 다 털어놓지 않았다고 해서 그것이 모두 위선이 되는 것은 아닙니다. 물론 사람 앞에 자복하고 털어놓아야 하는 죄와 허물도 있습니다. 그러나 모든 죄와 허물은 다 그렇게 해야 하는 것이 아니라는 말씀입니다.

저는 앞으로도 계속해서 저의 모든 허물과 죄를 다 털어놓지 않을 것입니다. 때문에 제 아들과 아내 그리고 교인들은 계속해서 저를 좋은 아버지와 남편 그리고 괜찮은 목사로 알고 좋은 관계를 유지하게 될 것입니다. 하나님은 그 좋은 관계를 저에게 축복으로 허락해 주셨습니다. 본래 그런 복을 받을 자격이 전혀 없는 사람이지만 지금은 그런 복을 받을 수 있는 자격을 갖춘 사람이 되었습니다. 그것은 하나님께서 저의 모든 죄와 허물을 다 사하여 주셨기 때문입니다. 할렐루야!

저는 예수님께서 십자가에 달려 돌아가심으로 저의 모든 죄가 사함받았다는 것을 믿습니다. 십자가에 나타난 하나님의 구속의 은총을 믿는 믿음이 제게 그 엄청난 자격과 복을 주었습니다. 저는 그래서 오직 의인은 믿음으로 산다는 말씀도 확실히 믿습니다. 제가 지금 바로 그 믿음으로 살고 있기 때문에 그렇습니다.

오늘 본문의 말씀인 이사야 1:18에서 하나님은 우리에게 "오라 우리가 서로 변론하자 너희 죄가 주홍 같을지라도 눈과 같이 희어질 것이요 진홍같이 붉을지라도 양털같이 되리라"고 말씀하십니다.

그 말씀이 맞습니다. 주홍같이 붉었던 제 죄가 정말 흰눈같이 되었습니다. 정말 양털같이 되었습니다. 그리하여 자녀에게 존경받는 아버지, 아내에게 사랑받는 남편 그리고 교인들에게 인정받는 목사가 될 수 있는 자격을 얻게 되었습니다.

저도 누구도 그것을 부인해서는 안됩니다. 누구도 저를 위선자라고만 몰아세워서는 안됩니다. 저를 복받은 사람이라고 부르고 생각하는 것은 옳은 일이지만 위선자라고 부르고 그렇게 말해서도 안됩니다. 말할 수 없는 하나님의 은혜로 말미암아 제가 그런 자격이 있는 사람이 된 것입니다.

시편 32:1에 보면 "허물의 사함을 얻고 그 죄의 가리움을 받은 자는 복이 있도다"라는 말씀이 있습니다. 저는 그 말씀을 이해합니다. 제가 그 복을 받았기 때문입니다. 제가 좋아하는 찬송 중에 410장 찬송이 있습니다. 저는 그 찬송가 가사 중에 "아 하나님의 은혜로 이 쓸데 없는 자 왜 구속하여 주는지 난 알 수 없도다"라는 가사를 특히 좋아합니다.

복중의 복은 죄사함의 복입니다. 세상에 그보다 더 크고 귀한 복이 어디 있습니까? 건강하게 사는 것도 복이요, 넉넉하고 형통하게 사는 것도 다 복입니다. 그러나 그러한 복을 모두 다 합하여도 죄사함의 복과는 비교도 할 수 없습니다.

예수님께서 우리에게 그 죄사함의 복을 주시기 위하여 엄청난 대가를 치르셨습니다. 예수님을 이 땅에 인간의 몸을 입고 태어나게 하셨습니다. 사람이 되신 하나님, 그 이상의 대가와 희생이 어디 있겠습니까?

높고 귀한 사람으로 태어나셔서 인간이 받을 수 있는 모든 존귀와 영광을 다 받으셨다고 해도 희생이신데 예수님은 낮고 천한 몸으로 이 땅에 오셨으며, 이 땅에 계시는 동안 머리 둘 곳 없이 주리고 목말라 하시며 험한 삶을 사셨습니다. 그리고 그것도 부족하여 결국에는 십자가에 달려 물과 피를 우리의 죄를 위하여 다 쏟으시고 돌아가셨습니다.

그 희생과 사랑이 죄로 말미암아 영원히 죽을 수밖에 없었던 우리들을 살리셨습니다. 죄로 말미암아 하나님 나라에 들어가지 못하고, 아이들에게 존경받는 아비가 되지 못하고, 아내에게 사랑받는 남편이 되지 못하고, 교인들에게 인정받는 목사가 되지 못할 뻔하였던 저를 하나님 나라에도 들어가게 하시고, 아이에게 존경받는 아비도 되게 하시고 아내에게 사랑받는 남편도 되게 하시고 한 걸음 더 나아가 교인들에게 인정받는 목사도 되게 하신 것입니다.

예수님의 그 십자가의 보혈로 저와 여러분이 바로 그와 같은 복을 받게 된 것입니다. 생명을 알게 된 것입니다. 구원을 얻게 된 것입니다. 곰곰이 생각해 보니 그것이 바로 부활이었습니다. 죽어서만 부활이 있는 것이라고 생각하였는데, 생각해 보니 살아 있는 지금도 우리는 이미 부활의 삶을 살고 있는 것입니다. 예수님의 십자가는 우리에게 죽은 후에 부활을 가져다 주었을 뿐만 아니라 살아있는 동안에도 부활의 삶과 복을 가져다 주신 것입니다.

예수님께서도 우리를 위하여 십자가를 지심으로 저와 여러분의 모든 죄는 다 사함을 얻게 되었습니다. 누구든지 믿음으로 그 예수님의 십자가를 붙들기만 하면 하나님께서 저와 여러분의 모든 죄를 다 사하여 주실 것입니다. 그 죄가 어떤 죄였든지, 얼마나 많았든지 정말 흰눈같이 깨끗하게 해주실 것입니다. 주의 십자가와 보혈에는 그와 같은 능력이 있습니다.

예수님의 십자가를 믿음으로 붙잡을 수 있기를 바랍니다. 그리고 여러분의 모든 은밀한 죄와 허물을 다 그 십자가 앞에 내려놓을 수 있기를 바랍니다. 그리고 십자가 상에서 회개했던 강도와 같이 "저를 기억해 주십시오"라고 매어 달릴 수 있기를 바랍니다. 예수님께서 틀림없이 그 때 그 강도에게 해주셨던 것과 똑같이 "오늘 네가 나와 함께 낙원에 있으리라"고 약속해 주신 줄로 저는 믿습니다.

믿음으로 부활의 삶을 사시기 바랍니다. 구원의 삶을 사시기 바랍니다. 천국의 삶을 사시기 바랍니다. 본시 우리에게는 그와 같은 자격이 전혀 없는 사람이었지만 믿음이 자격입니다. 율법과 율법을 행하는 것으로 볼 때 우리 모두는 죽고 멸망할 죄인들이지만 하나님과 예수님의 십자가를 믿는 믿음으로 우리는 모두 다 의인이 되었습니다. 구원을 받았습니다. 죽어서 천국에서만 부활의 삶을 사는 것이 아니라 살아 이 땅에서도 누릴 수 있게 되었습니다.

예수님의 부활은 우리의 부활의 시범입니다. 예수님이 오늘 새벽 부활하셨습니다. 그 부활을 통하여 하나님은 우리들의 부활을 계시하고 계시는 것입니다. 우리도 예수님과 함께 이미 부활하였고 훗날 예수님과 함께 부활할 것입니다. 오늘 예수님의 부활의 삶을 살게 하는 하나님께, 그리고 그와 같은 복을 주시기 위하여 십자가에 달리신 예수님께 마음 속 깊은 곳에서부터 우러나오는 감사와 찬송을 올려 드리실 수 있기를 바랍니다.

하나님은 우리에게 엄청난 대가를 치르시고 지금 이 부활의 생명을 주셨습니다. 그러므로 지금 우리가 누리고 있는 이 생명은 귀한 것입니다. 천하보다 귀한 것입니다. 귀한 것은 귀한 것을 하여야 하고 귀한 곳에 쓰여져야만 합니다.

어떤 병원을 운영하시는 장로님이 모처럼 휴가를 맞이해서 기도원에 가서 은혜도 받고 기도해야겠다는 마음을 갖고 기도원 산꼭대기 바위 위에 앉아서 하나님께 기도를 하고 있었습니다. 이 장로님은 평소에 기도원같은 곳은 수준 낮은 사람들이나 가는 곳이고 나처럼 고상한 삶을 사는 사람들은 집회장보다는 이렇게 산꼭대기에 와서 혼자서 조용히 묵상하고 기도하는 것이 귀한 일일 것이라고 생각하고는 한참을 기도했습니다. 그리고나서 저 밑에서 더러운 옷을 입은 어떤 사람이, 그 모습이 남루하고 차마 볼 수 없을 정도로 처참한 모습을 한 어떤 사람이 자기가 있는 곳으로 오는 것입니다. 아니 어떻게 저런 사람이 있을까 할 정도로 갈기갈기 찢어진 옷에다가 더럽기가 이루 말할 수 없는 이 사람이 서서히 앞으로 다가왔는데 보니까 그게 바로 자기 자신이었습니다.

죄로 찢어지고 만신창이가 되고 흙투성이가 되고 다 찢겨진 자기 자신의 모습을 보고 얼마나 불쌍했을까요? 우리들은 수천만금의 돈을 들여 물건을 산 것보다 더 값비싼 존재, 그래서 예수님 말씀대로 천하를 주고도 살 수 없는 귀한 존재가 아닙니까? 예수님께서 십자가를 값으로 치르시고 구원해 주신 생명들입니다.

귀한 생명은 귀한 일을 하는 데 쓰여져야만 합니다. 십자가의 값을 치르고 구원해 주신 생명을 가지고 다시 세상과 짝하여 죄짓고 살 수는 없습니다. 하찮은 일에 세월을 낭비하며 밥이나 먹으면서 살 수는 없습니다. 특별히 큰 죄를 짓지 않는다고 하여도 엄청난 대가를 치르고 구원해 주신 삶을 귀하고 가치 있는 일에 쓰지 아니하고 무가치한 일에 낭비하고 산다는 것은 어리석은 일입니다. 어리석은 정도가 아니라 악한 일입니다.

우리는 더 이상 죄인이 아닙니다. 하찮은 존재가 아닙니다. 우리는 귀한 존재들입니다. 귀한 일에 쓰임을 받아야 할 귀한 그릇들입니다. 그냥 밥이나 먹으면서 세상 재미나 보면서 살 그런 사람들이 아닙니다. 우리는 보다 귀한 일에 쓰임을 받아야만 하는 사람들입니다. 그리고 그렇게 하시기 위하여 하나님이 우리를 깨끗게 하셨습니다.

평생 예수를 믿으면서 부활하신 예수님께 예배만 드려서 무엇 하겠습니까? 십자가의 값을 치르시고 우리에게 주신 부활의 생명을 낭비하면서 살아간다면 그것이 무슨 진정한 예배가 되겠습니까? 십자가의 보람으로 살아가야 하지 않겠습니까? 부활의 의미로 살아가야 하지 않겠습니까? 많은 값을 치르시고 주신 부활의 생명이니 그만큼 가치있고 의미 있는 일에 쓰임받는 사람이 되어 십자가의 보람과 부활의 의미로 살아가는 저와 여러분들이 다 되실 수 있기를 바랍니다.

어린이에게서 배우자
(마 18:1-14)

전석도 목사(신현장로교회)

　가정은 인간이 타락하기 전에 에덴동산에서 인간의 삶을 복되게 하기 위하여 하나님께서 직접 세운 사회라고 할 수 있습니다. 그만큼 가정은 순수하고 하나님의 창조질서에 속합니다. 가정을 통해서 사람은 사랑과 행복의 보금자리를 마련할 수 있습니다. 아무리 초라할지라도 가정은 마음과 생활의 안식처가 되며 모든 삶의 근거지가 되며 기쁨과 보람이 있는 곳입니다. 이러한 가정의 핵은 역시 남편과 아내로 이어지는 부부이고 가정의 꽃은 어린 자녀일 것입니다.

　제자들이 예수님께 나아와 가로되 "천국에서는 누가 크니이까"라며 질문을 던졌습니다. 이 질문에 대한 예수님의 대답이 본문 성경 말씀 3-14절에서 나타납니다.

　"너희가 돌이켜 어린아이들과 같이 되지 아니하면 결단코 천국에 들어가지 못하리라" 했고, "누구든지 이 어린아이와 같이 자기를 낮추는 그이가 천국에서 큰 자니라"고 했습니다. 예수님은 천국에서 큰 자에 대하여 어린이를 예로 들어서 교훈하셨습니다.

3절에는 "너희가 돌이켜"라고 말씀합니다. 이 말씀은 어린아이의 마음으로 돌아가라는 말씀입니다. 어린아이의 천성을 보십시오. 유아세례를 받는 천진난만한 어린아이들의 모습을 보면 얼마나 순진하고 얼마나 순박합니까? 얼마나 티없이 깨끗합니까? 그러나 어른의 모습을 보십시오. 얼마나 이기적이고 이중적인 거짓으로 가득차 있습니까? 거짓과 위선으로 가득찬 어른의 모습에서 순박한 어린이의 모습으로 돌아갈 수 있을 그 때, 하나님을 올바로 믿을 수 있는 신앙인이 될 수 있고 하나님 나라의 가족이 될 수 있습니다. 어린아이들은 책망을 들을 줄 압니다. 책망을 들으면 감정부터 상하고 자기 합리화 내지 자기 변명에 급급해하는 것은 어른들의 모습입니다.

자기를 돌이킬 줄 아는 어린아이의 모습으로 돌아가십시오. 이것이 신앙의 세계입니다. 어린 아이들은 믿음의 세계 속에 살아갑니다. 어렸을 때 부모를 의지하고 학생 때는 스승을 의지하면서 자기를 발전시키고 있습니다. 그러나 어른들은 자기를 과시하고 자기의 독립성을 내세우며 자기를 자랑하고 자기 중심으로 살아갑니다.

믿음으로 산다는 것은 불신의 장벽을 무너뜨리고 어린아이처럼 순박한 믿음의 세계로 돌아가는 것입니다. 어린아이들은 어머니의 젖을 사모하며 성장하고 계속 새로운 것을 터득하며 살아갑니다. 그러나 어른들은 자기 욕심 채우기에 바쁘고 변화보다는 자기 자신을 고수하기를 원하고 있습니다.

4절에는 "누구든지 이 어린아이와 같이 자기를 낮추는 그이가 천국에서 큰 자니라"라고 말씀합니다. 자기를 낮춘다는 말은 겸손히 섬길 줄 아는 마음입니다. 가정은 서로 섬기는 공동체입니다. 하나님께서 아담을 지으신 다음 하와를 지으실 때 돕는 배필을 만드신다고 하셨습니다. 이 말씀은 섬기는 배필이라는 뜻입니다. 서로 낮추고 섬기는 것이야말로 하나님이 원하시는 가정의 모습인 것입니다.

역사를 창조하는 어머니
(행 7:17-22, 출 2:1-11)

전석도 목사(신현장로교회)

이 세상이 아무리 무정하고 삭막할지라도 어머니만은 언제나 훈훈한 사랑의 대명사입니다. 여성은 약해도 어머니는 강하고, 요람을 흔드는 손은 세계를 흔들고 있습니다. 여자에 의하지 않고는 인간이 태어날 수도 없고 성장될 수도 없을 것입니다. 언제나 역사는 인물을 기다리고 있습니다. 하나님은 새로운 역사를 시작케 하려고 할 때는 새로운 인물을 탄생시켰고 그 배후에는 어머니라는 여인이 있었습니다.

"신은 언제든지 있을 수 없기에 어머니를 만드셨다"는 유대 격언이 있습니다. 어머니는 하나님을 대신해서 인간을 사랑하고 만드는 역할을 합니다. 하나님의 심정, 그 사랑을 볼 수 있다면 어머니를 통해서입니다.

인간의 형성과 인격 완성의 가장 큰 영향은 어머니를 통하여 이루어지며 민족과 세계를 위한 길은 훌륭한 어머니의 육성에 있는 것입니다. 가장 잘 믿는 신앙은 바로 훌륭한 어머니가 되는 것입니다. 에머슨은 "사람들은 어머니가 만든 그대로이다"라고 말했습니다. 인류가 어머니의 따스한 가슴을 고향 삼고 성장할 수 있어야 하며, 어머니가 바로 될 때 인류의 소망이 있을 것입니다.

성경에 보면 위대한 어머니가 많이 있습니다. 그 가운데서 모세의 어머니는 역사를 창조했던 어머니임을 생각하면서 은혜를 받고자 합니다.

첫째, 모세의 어머니는 생명의 신비를 보았습니다. 자기 아들에게서 하나님의 뜻을 보았기 때문입니다. 시편 기자는 이렇게 말합니다. "자식은 여호와의 주신 기업이요 태의 열매는 그의 상급이로다." 생명의 탄생은 인간을 통해서 이루어지지만 그것은 인간의 창조가 아니라 하나님의 창조라는 말입니다.

둘째, 모세의 어머니는 모세를 살리는 지혜가 있었습니다. 우리는 알아야 합니다. 하나님의 자녀는 하나님이 살리시고 하나님이 기르신다는 신앙이 있어야 합니다. 모세가 살아난 비밀이 있습니다. 그것은 갈상자를 만들어서(역청과 나무진을 칠하여) 담았다는 것입니다. 모세가 살아난 역청 바른 갈상자는 인류 구원의 한 사건을 신비롭게 예표하고 있습니다.

역청이라는 말은 카파르인데 그 말은 속죄를 의미합니다. 언제나 속죄는 희생제물의 피로 말미암은 것입니다. 그러므로 노아의 방주나 모세가 타고 안전하게 된 그 상자는 안팎으로 역청을 바른 것은 상징적으로 피를 바르는 것과 같은 것입니다. 역청을 발랐으므로 물이 새들어가지 못했다는 것은 죄악의 심판에서 보호해 준 구속의 피를 의미하고 있습니다. 방주나 갈상자는 피로 말미암아 안전하게 된 것을 나타내는 하나님의 상징입니다.

셋째, 모세의 어머니는 애국심을 길러 주었습니다. 오늘도 이 민족은 새 역사의 창조를 위한 어머니를 기다리고 있습니다.

진리가 너희를 자유케 하리라

(요 8:31-36)

서명섭 목사(인천흰돌감리교회)

역사란 무엇입니까?

첫째로, 역사는 '자연계와 인간계에 일어난 과거의 사건들을 정확하게 기록하는 것'이라는 견해가 있습니다. 따라서 역사가의 과업을 '단지 과거에 일어난 사건들을 사실 그대로 보여 주는 데 있다'라고 독일 역사가 란케는 말합니다.

둘째로, 역사는 '과거의 사건들을 해석하는 것'이라는 견해가 있습니다. 즉, 현재의 관점에서 과거를 보는 것이 역사라는 견해입니다. 따라서 역사가의 과업은 그의 마음속에 과거의 역사를 재연하는 것이라고 말합니다. 이와 같이 두 가지 상반되는 견해가 있습니다.

그러나 역사는 자연계와 인간계에 일어난 과거의 사건들을 정확히 기술함과 아울러 그것을 오늘의 삶의 상황에 비추어서 해석하는 것이라고 말할 수 있습니다. 역사는 사건과 해석을 포함하며, 객관적 요소와 주관적 요소를 포함한다고 하겠습니다. 다시 말해서 과거와 현재를 동시에 붙잡는 것이 역사라고 말할 수 있겠습니다. 영국의 역사가 E.H.카르는 역사를 "현재와 과거의 끊임없는 대화"라고 정의를 했습니다.

한국 사람은 비교적 역사 의식이 없는 사람이라고 할 수 있습니다. 왜냐하면 과거의 사건들에 관심도 부족하고 그것을 오늘의 삶의 관점에서 진지하게 해석하고 적용하려는 의욕도 부족합니다. 역사 의식을 결여될 때 현실을 정확히 파악하는 능력을 상실하게 되며, 삶의 방향 감각과 목적의식을 상실하게 됩니다. 결국 현실 도피주의나 개인적 안일주의에 빠질 수밖에 없게 됩니다.

우리는 8.15 광복절을 맞아서 다시 한번 과거 일본이 한반도에서 저지른 죄악을 생각하지 않을 수가 없습니다.

지금도 알파와 오메가가 되시는 살아 계신 하나님은 과거의 한반도의 역사를 낱낱이 기억하고 계십니다. 그런데도 불구하고 그들이 한반도에서 저지른 죄악을 거짓말로 꾸며놓은 역사 왜곡에 대한 일본 외상의 소견을 통해서 다시 한번 분노하지 않을 수가 없습니다.

우리가 36년 동안 뼈아픈 과거의 유산이 너무도 크고 깊다는 것을 우리국민은 깨달아야 할 줄로 압니다. 자유 없이 구속을 당하며 36년 동안을 압박과 설움을 나라 없이 다른 나라에 가서 내 조국을 찾겠다고 얼마나 많은 희생을 치렀습니까? 이 자유 대한을 찾기까지는 너무도 엄청난 희생이 따랐습니다. 피로 물들었습니다.

"진리를 알지니 진리가 너희를 자유케 하리라. 종은 영원히 집에 거하지 못하되 아들은 영원히 거하나니 그러므로 아들이 너희를 자유케 하면 너희가 참으로 자유하리라"

나의 소원(민족통일 중에서)

"네 소원이 무엇이냐?"하고 하나님이 물으시면, 나는 서슴치 않고
"내 소원은 대한 독립이오" 하고 대답할 것이다.
"그 다음 소원은 무엇이냐?" 하면, 나는 또

"우리 나라의 독립이오" 할 것이요 또

"그 다음 소원이 무엇이냐?"하는 세 번째 물음에도, 나는 더욱 소리를 높여서

"나의 소원은 우리 나라 대한의 완전한 자주독립이오" 하고 대답할 것이다.

동포 여러분!

나 김구의 소원은 이것 하나밖에는 없다. 내 과거의 70평생을 이 소원을 위해 살아왔고 현재에도 이 소원 때문에 살고 있는 미래에도 나는 이 소원을 달하려고 살 것이다.

독립이 없는 백성으로 70 평생에 설움과 부끄러움과 애탐을 받은 나에게는 세상에 가장 좋은 것이 완전하게 자주 독립한 나라의 백성으로 살아보다가 죽는 일이다. 나는 일찍이 우리 독립 정부의 문지기가 되기를 원했거니와 그것은 우리 나라가 독립국만 되면 나는 그 나라에 가장 미천한 자가 되어도 좋다는 뜻이다.

왜 그런가 하면, 독립한 제 나라의 빈천이 남의 밑에 사는 부귀보다 기쁘고 영광스럽고 희망이 많기 때문이다.

옛날 일본에 갔던 박제상(朴提上)이, "내 차라리 계림의 개, 돼지가 될 지언정 왜왕(倭王)의 신하로 부귀를 누리지 않겠다"고 한 것이 그의 진정이었던 것을 나는 안다. 제상은 왜왕이 높은 벼슬과 많은 재물을 준다는 것도 물리치고 달게 죽임을 받았으니 그것은 "차라리 내 나라의 귀신이 되리라" 함에서였다.

우리는 선열들의 피와 생활을 헛되이 해서는 안됩니다. 먼저 우리 믿는 그리스도인들이 이 자유를 찾기 위하여 또 수호하기 위하여 최선을 다하지 않으면 안됩니다.

이스라엘 백성들이 430년간 애굽에 머무를 때 처음은 요셉의 덕분으로 고센 땅에서 시작하자 모세가 출생할 무렵에는 이스라엘 민족은 완전히 애굽의 종살이를 하게 되었습니다.

그러나 그 후 세월이 흘러 모세의 나이 80이 될 무렵 하나님의 새로운 명령에 의하여 모세의 인도로 이스라엘 민족이 애굽의 노예생활에서 풀려나 홍해를 건너 자유와 독립을 얻었을 때 그들의 기쁨은 말로 다할 수 없었습니다.

우리 나라의 경우를 생각해 보십시다.

36년간 일제의 핍박 속에 압박당하며 살다가 1945년 8월 15일 연합

군의 승리로 일제의 사슬에서 풀려나 자유를 얻었을 때 우리는 얼마나 기뻐했는지 말로 다할 수 없습니다.

그러나 그 해방과 자유의 기쁨도 얼마 안 가서 38선이 그어지고 소련 군이 들어옵니다. 그리고 동시에 공산주의가 들어와서 백성들의 자유를 다 빼앗아 버리고 말았습니다. 특히 기독교인들의 신앙과 자유는 송두리째 뽑히고 말았습니다. 그러다가 북한에 있던 신자들이 남한에 와서 신앙의 자유를 되찾았을 때 그 기쁨은 경험한 자가 아니고는 상상치 못할 것입니다.

영국의 청교도들이 영국의 핍박을 견디다 못해서 미주 신대륙에 이주하여 신앙의 자유를 찾았을 때 당시 환경과 사정은 어려운 형편이었지만 감사와 기쁨을 감추지 못했던 것입니다.

이렇듯 자유의 기쁨은 곧 생명의 기쁨입니다. 자유 없이는 살 수 없기 때문입니다. 생명은 자유의 밭에서만이 활발하게 구김살없이 자라며, 아름답고 즐겁게 자라며 소망의 꿈을 가지고 자라며 다양한 가치의 열매를 맺습니다. 그래서 사람들은 "자유가 아니면 죽음을 달라"고 자유와 생명을 동등한 위치에 놓기도 합니다.

자유 없는 곳에 의미 있는 생명이 없기 때문입니다. 자유 없는 곳에 생명이 있다면 그 생명은 지옥의 생명과 같은 것입니다. 그 생(生)은 아무 의미와 가치가 없기 때문입니다.

오늘 우리는 대한민국의 자유 민주주의의 체제 안에서 모든 자유를 누리며 살아갑니다. 참으로 행복한 일입니다. 이 자유는 참으로 값진 것입니다. 수많은 세계 청년들이 피 흘려서 지킨 자유입니다. 그러므로 그 만큼 이 자유는 생명의 가치를 가진 것입니다. 자유를 천대하는 자는 노예가 됩니다. 노예의 생명은 무가치합니다. 우리는 이 자유의 가치의 귀중성을 알아 끝까지 이 자유를 수호해 나가도록 해야 할 것입니다.

그런데 인간은 이 외적인 자유만이 필요한 것은 아닙니다. 영적인 자유가 더욱 필요합니다. 영적인 자유가 없이는 영혼 구원의 즐거움과 영생이란 영광된 생명을 가질 수 없기 때문입니다.

그러면 영적 자유란 무엇입니까?

영혼이 죄악의 구속에서 벗어나는 것을 말합니다. 자유 신앙에서 사는 사람들은 육적으로는 자유하나 영적으로는 죄의 노예가 되어서 사는 사람이 많습니다.

죄를 지은 사람은 죄의 종입니다. 죄를 지으면 죄에 구속되기 때문입니다. 이 죄의 종된 자리에서 해방되며 영적으로 자유함을 얻지 않는 이상 그런 분은 마침내 죄가 인도하는 지옥으로 내려가서 영원한 고통을 면할 길이 없을 것입니다. 그러므로 죄의 노예에서 풀려나는 영적인 자유가 얼마나 귀한지 모릅니다. 영적인 자유를 가진 사람이야말로 구원의 기쁨과 영생의 기쁨을 가진 가장 행복된 자입니다.

그러면 이 영적인 자유를 누가 주며 어떻게 얻을 수 있습니까?

본문에 오면 "진리가 너희를 자유케 하리라"고 말하고 있습니다. 진리만이 영적인 자유를 준다고 했습니다.

진리가 무엇입니까?

36절에는 "아들이 너희를 자유케 하면 너희가 참으로 자유하리라" 했습니다. 곧 예수님을 가리켰습니다. 즉 진리란 말씀이며, 말씀이신 예수님만이 인간을 죄의 사슬에서 풀어놓아 자유를 주실 수 있습니다.

로마서 8:1에 보면 "그러므로 누구든지 예수 그리스도 안에 있는 자는 정죄함이 없느니라. 이는 그리스도 예수 안에 있는 생명의 성령의 법이 죄와 사망의 법에서 너를 해방하였음이라"고 말하고 있습니다.

예수님이 십자가에서 대속의 피를 흘려 죽으시고, 다시 사셔서 완성해 놓은 속죄의 진리와 생명의 법 구속의 도리가 죄에서 풀어놓아 자유를 주십니다. 누구든지 이 진리 앞에 나와서 이 진리를 믿음으로 이 진리와 상관된 자는 죄의 종의 멍에를 벗고 영적으로 자유함을 얻습니다.

■ ■ ■
다이나믹 설교뱅크

　인간 자신의 힘으로는 아무리 애써봐도 죄의 고랑을 깨뜨릴 길이 없습니다. 인간의 어떤 방법도, 어떤 철학도, 세상의 어떤 다른 진리도 죄의 고랑을 깨뜨릴 자는 없습니다. 오직 예수님이 십자가와 부활로 완성해 놓은 속죄의 진리만이 만민을 죄에서 풀어놓아 자유를 주십니다.

　이 진리와 생명의 법은 믿는 자에게 자유의 효력을 나타냅니다. 그러므로 믿음을 가진 자는 죄의 종된 신분에서 벗어나서 영적인 자유를 얻고 아울러 마음의 평안과 영혼의 평안을 얻고 항상 감사와 기쁨 속에서 참된 생(生)을 누리게 됩니다.

　우리는 결단코 이 죄와 연결되는 자유를 동경해서는 안 될 것입니다. 만일 우리 속에 진리가 주장하지 않으면 반드시 비진리인 그 무엇은 마귀도 될 수 있습니다. 타락한 나의 성품도 될 수 있습니다. 또 욕심과 정욕도 될 수 있고 그릇된 지식 사상도 될 수 있습니다.

　이런 것이 나를 주장하게 된다면 어떻게 되겠습니까?

　우리는 이러한 것들의 종이 되어 진리 아닌 길을 가다가 참된 삶을 잃어버리게 되고 맙니다. 그러므로 우리는 아직 진리에 자신을 맡겨 진리의 종이 되어 진리가 주장하는 대로 따라 살 것입니다. 이 진리의 종이 될 때에 탈선된 자유가 구속되는 것 같지만 참된 삶에 자유의 기쁨을 얻게 됩니다. 우리는 이 영적인 자유의 기쁨을 영원토록 간직하고 사는 자가 될 것입니다.

　오늘 우리 민족은 자유를 찾은 날입니다. 외적인 자유도 얼마나 귀하며 그 기쁨 또한 비길 수 없었던 것을 압니다.

　그와 같이 영적인 자유는 더욱 귀하며 그 기쁨 또한 비길 수 없었던 것을 압니다. 그와 같이 영적인 자유는 더욱 귀하며 그 기쁨 또한 얼마나 크며 영원한 것인가를 깨달아야 합니다. 외적인 자유는 외적인 여건과 투쟁하는 노력에 의해서 주어지는 것이지만 영적인 자유는 그리스도의 진리만이 주는 것입니다.

오늘 우리 대한민국 내에 그리스도인 된 사람들은 이 두 자유를 다 가
졌습니다. 그러나 자유는 지키는 자만이 누립니다. 방심하는 자는 빼앗
기고 맙니다. 제국주의와 공산주의는 항상 우리의 자유를 빼앗으려고 기
회를 노립니다. 우리는 결사적으로 이 외적인 자유와 영적인 자유를 믿
음으로 지켜 영원토록 값비싼 삶의 기쁨을 누리는 자가 될 것입니다. 또
한 길은 스스로 힘을 키우는 일입니다. 무장하는 일입니다. 항상 깨어서
말씀으로 무장하고 힘을 키울 때에 어떠한 대적이 우리를 엄습하여 올지
라도 결코 승리할 것입니다. 어느 누구도 감히 얕잡아 보지 않을 것입니
다. 우리는 8.15 광복절을 맞아서 정신적으로, 육체적으로, 외적으로 그
리고 내적으로 무장해야 하겠습니다. 그래서 이 자유를 끝까지 지켜서
승리하는 저와 여러분과 우리 민족이 다 되어지기를 주님의 이름으로 간
절히 기원합니다.

마지막의 아름다움
(엡 6:21-24)

차홍식 목사(은석감리교회)

동쪽 바다 끝을 붉게 물들이며 힘차게 떠오르는 태양도 아름답지만 저녁 때 붉은 노을을 지으며 태양의 순수한 모습을 적나라하게 보이며 서산을 넘어가는 태양은 더 아름답습니다.

한 해를 주님 뜻대로 충성을 다하고 보람있게 살아온 사람이라면 한 해를 마감하는 석양 노을을 바라볼 때 얼마나 아름답고 감격스러울까?

아니 더 나아가서 한평생을 살면서 사명을 완수하고 하늘나라의 면류관을 바라보며 평화롭게 생을 마감한다면 얼마나 더 아름답고 감격스러울까요?

이런 생각을 하면서 또 한 해를 보내야 하는 자리에 서고 보니 부끄럽고 죄송합니다. 새 천년이 시작되는 첫 해 생각도 많고 기대도 컸는데 돌이켜 보면 아쉬움과 허탈감이 마음을 어지럽게 합니다. 우리를 보시는 주님의 심정을 생각하면 더욱 괴로워집니다. 그래도 우리는 우리에게 다시 주어지는 새해를 거부할 수는 없습니다. 그래서 또 한 해를 생각하고 부끄럽지만 또 이런 생각을 합니다.

하루살이는 내일이 없습니다. 사람도 마찬가지입니다. 내일에 대한 보장이 없습니다. 아니 1분 후에 대한 보장도 없습니다. 우주적인 종말론이나 개인적인 종말론의 입장에서 생각해도 우리는 지금 보내고 있는 순간 순간이 내게는 마지막 순간들입니다. 그렇기 때문에 한 해나 한평생 전체를 놓고 생각하는 것이 아닙니다. 모든 순간 순간들에 대한 우리의 자세가 중요합니다.

'유종의 미'라는 말이 있습니다. '마지막을 아름답게 마무리 하라'는 뜻도 되고 '마지막을 장식하는 사람은 아름답다'는 말도 됩니다.

아무리 잘나고 유능해도 떠난 후 앉았던 자리가 깨끗하지 못하면 헛사는 인생입니다. 그런 반면에 일한 뒤에도 마무리가 깔끔한, 또 책임져야 할 일에 최선을 다하는 사람의 뒷모습은 매력적이고 아름답습니다.

오늘 본문에 사도 바울은 선교적인 사명을 완수하기 위하여 짐짓 로마까지 가서 감옥에 투옥되어 고생하면서도 에베소 교회를 생각하고 사정을 알리고 위로를 하기 위해 두기고를 보내면서 그를 소개할 때 두 가지 중요한 표현을 썼습니다.

두기고는 사랑을 받은 형제요, 주 안에서 신실한 일꾼이었다고 하는 사실입니다. 만일 한 해를 살았거나 평생을 살았을 때 이런 평을 듣는다면 '그는 얼마나 훌륭한 사람이었을까?'를 상상해 보면 아주 감격스럽고 매력적이라고 느껴집니다.

그러면 우리는 이것이 얼마나 소중하고 귀한 일인가 생각해 보겠습니다.

1. 사랑을 받는 사람이었습니다.

세상에서 사랑을 받지 못하는 사람은 늘 불행하다고 여김 받고 있습니다. 부모를 잃고 쓸쓸하게 살아가는 고아들, 남편을 잃고 혼자 사는 여인들, 아내를 잃고 혼자 사는 남자들, 자식없이 외롭게 사는 사람들의 대명사는 불쌍하다는 것입니다. 사람은 사랑을 받아야 행복하다고 말합니다.

그러나 사랑은 아무나 다 받는 것이 아닙니다. 사랑받을 조건이 있어야 사랑합니다. 그런데 누가 사랑을 받고 있다 한다면 그는 그럴만한 충분한 이유와 조건이 있는 것입니다. 물론 동물은 질투심을 가지고 있기 때문에 조건이 있어도 사랑 받지 못하는 경우도 있는데 질투심, 이해의 부족 같은 심사가 사랑의 길을 막기 때문입니다.

그런데 사도 바울은 두기고를 '사랑을 받은 형제요' 하였습니다. 사랑을 하는 사람도 훌륭하지만 사랑을 받는 사람도 훌륭한 사람입니다. 그런데 여기서 두기고가 사랑을 받은 형제라고 할 때, 사도 바울의 사랑을 받았다는 말도 되고, 여러 사람들로부터 사랑을 받았다는 의미도 되는데 이는 둘 다 아주 귀한 일입니다. 그러면 성경에 나타난 두기고는 어떤 사람입니까?

사도행전 20장에 보면 두기고는 극심한 흉년으로 고통을 당하고 있는 예루살렘 교우들을 구제하려고 이방 교회들에게서 모은 사랑의 구제헌금을 가지고 바울과 함께 예루살렘을 방문한 일이 있고, 또 디모데후서 4장에 보면 사도 바울이 감옥에 갇혀 있을 때 10여년간 헌신적으로 뒷바라지 한 일이 있으며 오늘 본문을 보면 옥중에서 고생하면서 에베소 교회 성도들에게 쓴 바울의 편지를 전달하는 심부름을 하게 된 것을 볼 수 있습니다.

이렇듯 사도 바울의 중요한 사역 중에 두기고는 항상 동행하고 협력하며 심부름을 잘했습니다. 두기고는 아시아 사람이었으며 바울 곁을 떠나간 많은 사람들과는 달리 끝까지 그의 곁을 충실히 지킨 자요, 주 안에서 신실한 일꾼이었고, 사랑받는 형제였습니다. 그는 인격적으로 바울에 의해 보증받은 사람이요, 자질도 갖추고 있어 복음으로 신뢰받기에도 마땅하며, 봉사에도 합당한 사람이었습니다. 그러니 사도 바울이나 모든 사람들로부터 사랑을 받는 것은 지극히 당연한 일입니다.

이렇게 모든 사람들로부터 사랑을 받는 사람이 하루나 일년을 잘 못살겠습니까?

2. 두기고는 신실한 일꾼이었습니다.

두기고는 주 안에서 복음 전파 사역을 잘 감당하며 바울을 도와 주의 일을 하는 신실한 일꾼이었습니다. 이 말씀은 두기고는 복음을 선포함에 있어서 신뢰할 수 있는 사람임을 인정해 주는 말씀입니다. '신실한 일꾼' 그것이 두기고의 신임장입니다.

헛셀 포드가 사우드 캐롤라이너에서 부흥 집회를 열었을 때 일화입니다. 부흥회의 마지막 날 강단에 올라서서 주위를 둘러보니 매우 신실한 일꾼이 보이지 않았습니다. 교회의 충직들도 보이지 않았습니다. 그런가 보다 하고 설교를 시작하는데 그는 이상하게도 평소 보다 강한 영적 힘을 느끼게 되었습니다. 드디어 설교를 마치고, 이제 회개하고 주님을 영접하실 분은 앞으로 나오라고 했을 때 18명이나 되는 사람들이 손을 들고 나왔습니다. 그리고 그가 축복기도까지 다 마치고 나자 기도실 문이 열리더니 그곳에서 집회 시간에 보이지 않던 신실한 중직자들이 하나, 둘 나오는 것이었습니다. 그들은 헛셀 포드가 설교를 하고 있는 동안 기도실에서 힘을 다해 기도하고 있었던 것입니다.

이들이 바로 신실한 일꾼이지요.

어느 건축가가 있었습니다. 건축회사에 간부로 일하다가 어느덧 나이가 들어 정년퇴임을 하게 되었는데 하루는 그를 아끼던 사장이 그를 불러 마지막으로 집 하나만 더 건축하라고 지시를 내렸습니다. 그는 은퇴

해야 하는 마당에 끝까지 일을 시킨다고 별로 좋지 않은 재료를 사용하여 엉성하게 집을 지었고, 건축을 감독하는 일도 게을리하였습니다.

이윽고 집이 다 완성되자 사장이 그를 불러 말했습니다. "지금까지 수고해 온 자네의 노고에 감사하는 마음으로 이 집을 자네에게 선사하네 무엇을 선물로 줄까 생각하다가 바로 자네의 손으로 지은 집을 자네 은퇴기념 선물로 주기로 했네" 하였던 것입니다.

순간 이 건축가는 부끄럽기도 하고 한없이 후회스럽기도 했다는 것입니다. 이런 사람은 신실한 일꾼이 되지 못하는 것입니다.

3. 특별히 보냄 받은 사람입니다.

22절에 보면 '우리 사정을 알게 하고 또 너희 마음을 위로하게 하기 위하여 내가 특별히 저를 너희에게 보내었노라'고 했습니다.

에베소 교인들은 감옥에 투옥된 사실을 알고 있었으며 이로 인해 상당한 어려움과 실의에 빠져 용기를 잃어버릴 위험에 처해 있었습니다. 그래서 바울은 두기고를 보내 비록 자신이 감옥에 있을지라도 그 현실을 통해 하나님의 복음을 이방의 중심자인 로마에 선포하려는 자신의 계획을 알림으로써 에베소 교인들을 위로하고 용기를 북돋아 주기 위해 특별히 두 기고를 보낸 것입니다.

두기고는 바울의 특사였습니다. 특사를 아무나 보내겠습니까? 세월을 얼렁뚱땅 보내는 건달이 특사가 되겠습니까? 사도 바울이 특사를 선택했으니 그 사람의 영생은 보증되어진 것입니다.

이제 한 해를 보내고 또 한 해를 맞게 되었습니다. 새해, 여러분은 두기고와 같이 새 시대 새해에 이 세상을 보냄받은 특사가 되시기를 주님의 이름으로 축원합니다.

3
예식 설교

결혼의 참된 의미
(창 2:18-25)

신덕수 목사(한일순복음교회)

성경에서 결혼은 사회생활의 필수적인 양상으로 언급되어 있는데 하나님께서는 남자와 여자가 서로 짝이 되도록 지으시고 "생육하고 번성하여 땅에 충만하라"고 명령하셨습니다.

1. 결혼한 남녀는 독립해야 합니다.

결혼은 인간이 자신의 필요를 위해서 만든 것이 아닙니다. 하나님이 에덴동산에서부터 친히 만드신 제도입니다. 하나님께서는 "부모를 떠나라"고 하셨습니다. 이 말씀은 결혼한 남녀는 육체적으로, 정신적으로, 심지어는 경제적으로도 완전히 독립해야 함을 의미하는 것입니다.

또한 하나님을 섬기는 데에 있어서도 자신의 인격적인 삶으로 하나님을 섬기라는 것입니다. 남자는 부모의 보호로부터 벗어나서 이제부터는 아내를 보살펴야 하는 책임과 의무를 갖게 되는 것입니다.

2. 서로 연합해야 합니다.

하나님께서는 아담이 홀로 있는 것을 보시고 그의 돕는 배필로 하와를 만드셨습니다. 그리고 둘을 결혼시키셨습니다.

'연합'이란 말은 동등한 인격을 가진 한 남자와 한 여자의 육체와 영혼이 하나가 되는 것을 의미합니다. 두 인격체가 가정이라는 하나의 공동체를 이루어 서로 사랑하는 것이 결혼인 것입니다. 그리고 이 결혼은 사람이 나누지 못합니다.

하나님의 명령으로 '연합'된 사람들이 자신들의 마음대로 나눈다면 분명히 하나님의 명령을 어기는 불순종의 죄를 범하는 것이기 때문입니다.

3. 서로 순결해야 합니다.

결혼 관계는 사랑이 기초되어 순결하고 아름다운 관계를 영위해 나갑니다. 이 관계는 서로의 모든 것을 다 드러내 놓고도 부끄럽지 않을 수 있는 관계입니다. 자신의 약점을 지적해 주어도 부끄러워 하지 않고 고마워 하며, 서로를 위로하며 감싸줄 수 있는 절대적인 이해와 관용의 결혼에는 꼭 필요한 것입니다.

이러한 관계는 서로가 순결하다는 것을 의미하는데 육체적으로, 정신적으로, 또는 영적으로 순결해야 합니다.

오늘 하나님과 여러 친지들을 모시고 축복된 새 가정을 꾸미는 신랑 신부는 이제 부모의 곁을 떠나 둘이 연합하게 되는데, 하나님이 짝지워 준 배필로서 사회의 모범적인 가정 천국을 이루시기 바랍니다.

하나님을 경외하는 자의 복
(시 128:1-4)

성중경 목사(만수감리교회)

황국화가 만발하고 코스모스 향기 그윽한 이 때에 금혼식을 맞이한 ○○○집사, 장로 내외분과 가정에 주님의 은총이 함께 하시기를 주님의 이름으로 축원합니다. 결혼한 후에 50년 동안 함께 사는 것인데 아무나 받는 복이 아닙니다. 그런 의미에서 주님의 이름으로 축복하며 축하드립니다.

시편 90:10 말씀에 인생이 70이요, 강건하면 80이라도 인생의 자랑은 슬픔과 고생뿐이라고 하였으나 요즈음에는 인생은 70부터라고 합니다. 90-100 수하시는 분이 많고, 앞으로 100년 후에는 평균 연령이 150년도 살 수도 있다는 것입니다. 그런 의미에서 볼 때 앞으로 사실 날이 더욱 창창합니다. 그러나 오래만 산다고 다 좋은 것은 아닙니다. 의미 있게 살아야 귀한 것입니다.

우리가 믿는 예수 그리스도는 33세 젊은 나이에 십자가에 못박혀 돌아가셨으나 제일 귀한 인생을 사시고 제일 값진 인생을 사셨습니다. 금혼식을 맞이하신 ○○○장로님 내외분이 어떻게 사셔야 보람이 있고 의

미있게 사실까 생각하며 본문을 중심해서 하나님을 경외하는 자의 복이
란 제목으로 은혜받고자 합니다.

1. 물질의 복을 받고 만사가 형통하는 복을 받게 됩니다.

하나님을 경외하며 도를 행한다는 말은 하나님을 잘 섬기며 하나님의
말씀대로 산다는 뜻인데 그런 사람은 손이 수고한대로 먹게 되고 복되고
형통할 것이라고 말씀하고 있습니다. 콩 심은데 콩 나고 팥 심은 데서
팥이 나는 것같이 형통하는 복은 말씀을 듣고 지켜 행하는데 있습니다.
사도 요한도 말하기를 "말씀을 읽고 듣고 지키는 자가 복받는다"고 했
습니다. 요한계시록 1:3절 예수님께서 말씀하실 때에 무리 중에 한 여자
가 음성을 높여서 말하기를 "당신을 밴 태와 당신을 먹인 젖이 복이 있소
이다" 하니 예수님께서 말씀하시기를 "오히려 하나님의 말씀을 듣고 지키
는 자가 복이 있다"고 하셨습니다.
누가복음 11:27-28절 믿음의 조상인 아브라함이 복의 근원이 되고
형통한 것도 하나님의 말씀에 절대 순종의 신앙이었기 때문입니다. 갈대
아 우르를 떠나라고 할 때 떠났으며, 하갈을 버리라고 할 때 버리고, 이
삭을 드리라고 할 때 이삭을 드렸습니다. 반대로 인류의 조상인 아담이
에덴동산에서 쫓겨난 이유가 무엇입니까? 하나님의 말씀에 순종하지 않
았기 때문입니다.
창세기 2:16-17절 말씀을 보면, 선악과는 먹지 말아라. 그것을 먹는
날에는 반드시 죽으리라고 하셨으나 하나님의 말씀을 소홀히 하고 따먹
어서 범죄함으로 에덴동산에서 추방된 것입니다. 너희는 도를 듣고 행하
는 자가 되고 듣기만 하여 자신을 속이는 자가 되지 말라고 했습니다.
그러므로 여러분은 야고보서 1:22절 말씀을 철저하게 지켜서 형통하는

복이 있기를 주님의 이름으로 축원합니다.

2. 온 가정이 화목하고 행복합니다.

세계적인 화가로 유명한 밀레가 그린 '만종'이란 그림을 보십시오. 하루의 일을 마치고 밭고랑에서 기도하는 한 부부의 모습은 몇 가지 시사하는 바가 큰 것입니다. 첫째, 보통의 신성함을 보여 주고 둘째, 종교의 경건성을 보여 주며 셋째, 가정에 행복함을 보여 주는 것입니다. 현대사회는 삶의 방법이 다양하고 신앙의 자유가 있기 때문에 한 가족이라도 같은 종교를 갖는다는 것이 쉬운 것이 아닙니다. 그런데 온가족이 주님을 모시고 하나님의 자녀가 되는 것같이 행복할 수 없는 것입니다. 고넬료의 가정이 하나님을 경외하고 잘 섬겨 복을 받고 그 집인 사람 전체가 복을 받았습니다.

오늘 본문에서 네 집 내실에 있는 네 아내는 결실한 포도나무 같다는 것은 화목한 가정이요, 행복한 가정을 가르치는 말씀입니다. 결실한 포도는 다닥다닥 붙어서 화목하게 살고 서로 어울러져 사는 것입니다. 하나님을 경외하며 그 도를 행하는 자는 가정이 행복합니다. 포도나무는 수분과 자양분을 공급함으로 포도를 결실하게 하듯이 가정을 따뜻하게 하고 행복한 가정을 가꾸는 덕스러운 아내를 만난다는 것보다 더 큰 복은 없다는 것입니다.

옥중에 있는 사도바울이 찬송을 부를 때에 옥문이 열리고 사진이 날때에 죄수가 도망한 줄 알고 자살하려는 간수에게 주 예수를 믿으라 그리하면 너와 네 집이 구원을 받으리라고 하였습니다. 사도행전 16:31-34절을 보면 주 예수를 믿으면 가정이 구원받고 화목하게 행복하게 살게 된다는 것입니다.

3. 자녀가 잘되는 것입니다.

옛날부터 농사 중에 제일 큰 농사는 자식 농사라는 말이 있습니다. 세상에 둘린 자식은 어린 감람나무 같으리라는 말은 미래를 약속하는 가능성을 말하는 것이요, 강인하게 성장하고 활기차게 자라난 것을 의미하는 것입니다. 감람나무는 강하게 자라고 장수하는 나무입니다. 자녀는 하나님이 주신 기업이라고 하였습니다(시편 127:3). 하나님께서 주신 기업을 잘 양육해야 합니다.

훌륭한 사람은 배후에 훌륭한 부모가 있었습니다. 모세가 이스라엘 백성을 애굽에서 출애굽시킨 것은 어머니 요게벳의 신앙적인 교훈 때문이요, 사무엘이 선지자가 되고 대제사장이 된 것도 대제사장이 된 것도 어머니 한나의 신앙적인 교훈 때문이요, 디모데가 훌륭한 목사가 된 것도 어머니 유니게로부터 성경을 배웠기 때문입니다(디모데후서 1:5, 3:15). 자녀들에게 수백의 재산을 물려주는 것보다 신앙의 유산을 물려주는 것이 더욱 귀한 일이며 자녀들이 잘되는 것입니다.

아브라함의 후손 유대인들이 미국사회 모든 분야에서 성상에 앉아있고 노벨상 받은 사람들이 전체의 30%가 된다는 것은 우연한 일이 아니요, 하나님의 말씀대로 살고 신앙의 유산을 물려받았기 때문입니다. 그러므로 하나님을 경외하고 그 말씀대로 사는 사람의 자녀가 잘 될 수밖에 없습니다. 영혼이 잘됨으로 범사가 잘되고 강건한 길이 삶의 우선순위를 하나님께 두고 살며 하나님의 영광을 위해서 삶으로 자녀들이 잘되는 복을 받고 앞으로도 계속 누리며 사시기를 축원합니다.

하나님을 경외하고 그 도를 행하는 자에게 3대 복을 주시는데 첫째는 물질의 복과 형통하는 복이요, 둘째는 가정의 화목이요, 셋째는 자녀가 잘되는 복입니다. 결혼하고 50년 동안 함께 복된 삶을 사신 것이나 자녀들이 잘된 것이 하나님의 은혜요, ○○○장로님 내외분이 하나님을 경외하고 섬긴 신앙의 보상입니다.

　이처럼 신앙으로 인생을 사시고 신앙의 유산을 물려주신 부모님을 위해서 자녀들에게 부탁합니다. 첫째, 부모님의 은혜를 잊지 말고 기억하시기 바랍니다. 둘째, 부모님의 교훈과 함께 말씀대로 사시기를 바랍니다. 셋째, 부모님의 노후를 행복하게 해드리기 위해서 물질적으로나 정신적으로, 영적으로 배려해 드림으로 더욱 행복한 여생이 되도록 효성스런 자녀가 되기를 주님의 이름으로 축원합니다.

진정한 승리자는 누구인가?
(딤후 4:7-8)

김순갑 목사(동광제일성결교회)

인생을 가리켜 싸움터라고도 합니다. 오늘 본문의 기록자인 바울은 삶의 마감을 앞에 놓고 믿음의 아들 디모데에게 쓰는 편지입니다. 이곳에서 바울은 인생의 여정을 싸움으로 표현하면서 자기의 삶을 되돌아 보며 결산하고 있습니다. 우리의 인생 여정 속에서의 중간 결산은 순간순간 필요합니다. 이는 올바른 방향으로 가고 있는지 또는 앞으로는 어떠한 길을 가야 할지, 이대로 계속 가다보면 결말은 어떨지를 생각해 보아야 할것입니다. 그러기에 죽음을 앞에 놓은 자만이 아니라 젊은이들을 포함한 우리 모두에게 있어 중간 평가는 필요합니다.

아울러 회갑을 맞은 ○○○분께 예수님의 이름으로 축하를 드리며 인생을 되돌아 보고 앞으로의 인생을 생각하는 귀한 시간 되시기 바랍니다.

1. 바울은 "내가 선한 싸움을 싸웠다"고 회고하고 있습니다.

즉 삶의 여정인 수많은 일에 있어서 열심과 열정은 대단히 중요합니다. 성공한 사람의 공통점 중의 하나는 불타오르는 열정의 소유자였다는 사실입니다. 그러나 이보다 더 중요하고 앞선 것이 있다면 그것은 올바른 방향 설정입니다. 즉 아무리 많이 달려 왔어도 후회 없는, 궤도수정이 필요없는 정확한 시작이라는 것입니다.

강도가 열심히 자기 일에 열정을 가지고 충성한다면 충성할수록 사회의 혼란은 점점 커질 것입니다. 이러한 사람은 열심히 하지 않는 것이 좋습니다.

바울은 분명히 선한 싸움이라고 표현하고 있습니다. 시작이 좋아야 합니다. 지금까지 10미터를 달려왔거나 100미터를 달려왔다 할지라도 잘못 왔으면 처음으로 돌아가 다시 시작해야 합니다. 그래서 어떤 사람은 40 또는 50에 직업의 종류를 바꾸기도 합니다. 또 신앙생활을 시작하기도 하고, 죽음을 앞에 놓고 나의 인생은 잘못 살았으니까 너희들은 나와 같은 실수를 범하지 말라고 부탁하며 용서를 빌기도 합니다.

오늘 회갑을 맞으신 귀한 분과 축하하기 위해 참석하신 모든 분들이 후회없는 출발이 되시기를 바랍니다.

2. "나의 달려갈 길을 마쳤다"라고 자신있게 말합니다.

올림픽에서 육상의 꽃은 마라톤이라는 것을 부인하는 사람은 아무도 없습니다. 이 마라톤에서는 원래 승리보다 더 귀한 것이 있다면 자기와의 싸움에서 이겨 끝까지 완주하는 데에 의의가 더 큽니다. 바울이 말하는 나의 달려갈 길을 마쳤다는 것은 마라톤의 완주와 같이 표현하고 있습니다.

오늘날 성공한 사람에게 박수를 보냅니다. 진정한 성공이 무엇인가 생각해 봐야겠지만 성공한 자는 소수입니다. 정말 열심히 한눈 팔지 않고 달려온 다수의 사람이 있습니다. 거창한 환영식은 없지만 그들은 환영받아 마땅합니다. 아버지로서, 자녀로서, 아내로서, 남편으로서, 정말 열심히 묵묵하게 달려온 사람에게 칭찬과 격려를 보내야 할 것입니다. 그리고 이러한 사람들이 인정받고 대접받는 가정과 사회가 되었으면 하는 마음 또한 간절합니다. 때로는 사람이 알아주지 않아도 인정받지 못해도 스포트 라이트의 대상이 되지 않아도 자기가 맡은 분야에서 끝까지 달려갈 길을 마치는 분이 되시기를 부탁드립니다.

3. "믿음을 지켰으니"라고 합니다.

지금까지 60 평생을 살아오시면서 수많은 사건들이 있었을 것입니다. 역사적인 사건만 보아도 6.25전쟁이 있었고, 4.19의거, 5.16혁명, 최근에는 경제 위기가 있었습니다.

이 모든 방해 공작을 뚫고 여기까지 가정을 지키고 나라를 지키는데 일익을 담당하고 특히 경제 성장의 주역 세대가 된 것은 누가 뭐라 해도 칭찬받아 마땅합니다. 지금의 현사회가 착하고 선하게 살려고 하는 사람을 그대로 두지 않습니다.

우리 주위에는 처음 가졌던 좋은 생각을 끝까지 가게 그냥 구경만 하지 않습니다. 방해자들의 유혹이 너무 많습니다. 특히 신앙생활을 하면서 믿음을 잃지 않고 변질되지 않으며 지키기가 참으로 어려운 시대가 되어 버렸습니다.

10절에서는 바울과 함께 복음 사역을 했던 데마가 있습니다. 그런데 지금은 '그가 세상을 사랑하여 데살로니가로 갔다'라고 기록하고 있습니다. 출발은 좋았습니다. 참으로 선한 싸움이었습니다. 그런데 그는 유혹과 방해 공작 앞에 무릎을 꿇고 잘못된 길로 궤도수정을 하고 말았습니다. 반면 함께 사역했던 누가는 끝까지 바울 곁에 동역자로 남아 있습니다. 사랑하는 회갑을 맞으신 분과 참석한 모든 분들이 중도하차 하지 마시고 종착역까지 안전하게 방황하지 마시고 도착하시기를 부탁드립니다.

잊지 마십시오. 우리 앞에는 방해자와 장애물이 당신이 생각하는 것보다 훨씬 많이 있다는 사실을!

출발이 좋았고, 열정적으로 그리고 선한 방법으로 믿음을 지키면서 종착역까지 완주한 사람만이 자신있게 말할 수 있고 웃을 수 있는 미래가 있습니다.

4. "나를 위하여 의의 면류관이 예비되었다"라고 말할 수 있다는 사실입니다.

이는 열심히 땀 흘리며 일한 자에게 아주 달콤한 휴식을 가질 자격이 부여됩니다. 땀 흘리며 일한 후에 먹는 간식과 물 한 잔의 고마움과 달콤함은 땀 흘린 자만이 누릴 특권입니다. 울며 씨를 뿌리러 나간 자만이 기쁨으로 그 단을 거둘 자격이 있습니다.

많은 사람들이 성공자의 성공은 기뻐하지만 아무도 모르게 흐르는 눈물과 고통에는 관심이 없습니다. 진짜로 마지막에 웃을 수 있는 자는 올바른 출발과 과정을 정당하게 거친 자만이 웃을 수 있다는 사실을 우리는 기억해야 할 것입니다.

믿음이 없어 주님을 알지 못하는 자에게는 보이는 이 세상이 끝이겠지만 믿음이 있는 크리스천에게는 이 세상은 더 보이지 않는 그러나 분명히 존재하는 세계가 인생의 종착역인 것을 믿습니다. 그러기에 이 세상에서 고통이 있어도 억울함이 있어도 참을 수 있는 능력은 미래에 대한 분명한 소망이 있기 때문입니다.

바울만큼 믿음을 지키기 위해서 험난한 길을 걸었으며 많은 대가를 지불한 사람은 거의 없을 것입니다.

"내가 수고를 넘치도록 하고 옥에 갇히기도 더 많이 하고 매도 수없이 자고 여러 번 죽을 뻔하였으니 유대인들에게 사십에 하나 감한 매를 다섯 번 맞았으며 세 번 태장으로 맞고 한 번 돌로 맞고 세 번 파선하는데 일 주야를 깊음에서 지냈으며 여러 번 여행에 강의 위험과 강도의 위험과 동족의 위험과 이방인의 위험과 시내의 위험과 광야의 위험과 바다의 위험과 거짓 형제 중의 위험을 당하고 또 수고하며 애쓰고 열 번 자지 못하고 주리며 목마르고 여러 번 굶고 춥고 헐벗었노라"(고후 11:23-27)고 했습니다.

다시 한 번 우리 주 예수님의 이름으로 회갑을 축하드리며, 지금까지 싸웠던 선한 싸움을 끝까지 싸우면서 믿음을 지키시다가 주님 재림하실 때 하늘나라에서 아브라함, 모세, 다윗 등 믿음의 선배들 앞에서 자랑스럽게 의의 면류관을 받아 쓰는 진정한 인생의 승리자가 되시기를 주의 이름으로 축복합니다.

천국에서 만납시다
(요 11:23-27)

김홍수 목사(영광감리교회)

오늘 우리는 고인을 하나님께 보내드리기 위해 이 자리에 모였습니다. 대부분의 사람들은 죽음을 앞에 놓고 인간의 한계와 연약함을 느끼며 처절한 절망을 경험하게 됩니다. 그러나 우리 믿음의 사람들은 그렇지 않습니다. 오히려 이런 죽음이라는 한계상황을 앞에 놓고 우리는 하늘을 바라보며 더 큰 위로와 소망을 경험하게 됩니다. 왜냐하면 하나님께서는 우리 믿는 자들에게 분명한 약속의 말씀으로 부활을 허락해 주셨기 때문입니다. 그러면 주님께서 우리에게 허락해 주시는 약속과 소망이 되는 이 부활은 과연 어떤 것입니까?

1. 죽음 후에 갈 곳이 있습니다.

믿는 자들, 즉 그리스도인들이 가는 세계는 불신자들이 가는 세계와는 전혀 다르다고 하는 사실을 성경은 이야기 해주고 있습니다. 오늘 본문은 우리에게 다음과 같이 증거하고 있습니다. "네 오라비가 다시 살리라, 네 오라비가 다시 죽지 아니하리라." 믿는 자들은 죽지 않습니다. 그들은 하나님의 능력을 힘입어 부활함으로 새롭게 거듭납니다.

사랑하는 가족과 친지 여러분, 이 하나님의 약속을 굳게 믿고 슬픔을 거두시기 바랍니다. 하나님께서는 이 고인을 죽음의 세계가 아닌 다시 사는 생명의 세계, 부활의 세계로 인도하셨음을 확신하기 바랍니다.

2. 우리가 믿는 아들 예수 그리스도는 부활이요 생명입니다.

예수는 죽은 지 사흘만에 다시 살아나셨습니다. 그러므로 죽지 않고 살아서 잠자는 자들의 첫 열매가 되셨습니다. 그리고 이제 우리 주님은 아들을 믿는 자에게 부활의 영광과 능력을 함께 우리 모두에게 나누어 주셨습니다.

사랑하는 유족 친지 여러분, 오늘 이 죽음의 자리에서 "나는 부활이요 생명이니 나를 믿는 자는 죽어도 살겠고 무릇 살아서 믿는 자는 영원히 죽지 아니하리라."는 말씀을 기억하십시오. 우리가 부활하게 되는 것은 아들의 능력을 통해서입니다. 그리고 그 아들의 능력을 통해 부활하실 고인의 영전 앞에서 위로를 받으시기 바랍니다. 함께 아울러 예수 그리스도께 대한 믿음과 소망을 더욱 굳건히 하시길 바랍니다.

오늘 우리는 헤어짐의 자리에 서 있어서 더욱 슬프고 아쉬움이 큰지 모릅니다. 그러나 오늘 우리는 이 자리에서 부활의 소망과 함께 다시 만남의 자리를 베풀어 주실 하나님께 대한 신앙을 확인하게 됩니다.

사랑하는 유족 친지 여러분, 천국에서 다시 만날 그 날을 바라보면서 더욱 믿음과 신앙에 정진하도록 합시다.

행복한 삶
(계 21:1-7)

김용하 목사(송림성결교회)

1. 행복과 불행

어떤 신문사에서 행복의 조건에 대해 여론조사를 한 결과 건강, 좋은 직업, 좋은 가정, 경제적인 안정이라는 순서로 나왔다고 합니다. 여러분은 행복과 불행의 결정은 무엇으로 합니까?

영국의 시인이며 화가이기도 한 브레이크(William Blake, 1757-1827)의 예화가 있습니다. 그가 어느 날 해안에 서서 바다 저편에서부터 해가 떠오르는 것을 바라보고 있을 때의 일입니다. 해가 막 수평선 위로 얼굴을 내미는 순간 그는 그 모습이 너무도 아름다워서 황홀해져 옆에 있던 사람에게 말했습니다. "저 아름다운 모습을 당신은 무엇알 생각하십니까?" 옆에 있던 남자는, "예, 마치 너무나 큰 황금 덩어리 같군요. 제게 금덩이라면 얼마나 큰 돈이 될까?" 그 남자는 브레이크에게 질문합니다. "그런데 당신은 어떻게 보십니까?" "예, 저는 하나님의 영광을 봅니다. 수많은 천사들이 거룩하다 거룩하다 만군의 주여! 라고 하고 있는 것을 듣고 있습니다"라고 대답했다고 합니다.

이처럼 사람들은 너무나 다르게 봅니다. 그런데 무엇을 어떻게 보느냐에 따라 사람의 행복과 불행이 결정되기 때문에 관점이 중요합니다.

2. 하나님을 경외하는 것이 행복이다.

구약성경 중 전도서에 예루살렘의 솔로몬 왕이 인생의 행복을 위하여 많은 노력들을 해보고 나서 고백한 말이 실려 있습니다.

"내가 시험적으로 나를 즐겁게 하리라고 하였으나 이것도 헛되도다. 내 마음에 궁구하기를 내가 어떻게 하여야 내 마음에 지혜로 다스림을 받으면서 술로 내 육신을 즐겁게 할까 또 어떻게 하여야 천하 인생에 쾌락인지 알까 하여 나의 사업을 크게 하고 내가 나를 위하여 집들을 지으며 포도원을 심으며 여러 동산과 과원을 만들고 그 가운데 각종 과목을 심고 수목을 기르는 삼림에 물을 주기 위하여 못을 팠으며, 많은 노비도 사기도 했고 예루살렘에 있던 모든 자들보다도 소와 양떼의 소유를 많게 하였으며 은금과 왕들의 보배와 여러 도에 보배를 쌓고 그것이 부족해서 노래하는 남녀와 인생들이 기뻐하는 처와 처첩들을 많이 두었노라. 내가 이같이 창성하여 나보다 먼저 예루살렘에 있던 모든 자보다 지나고 내 지혜도 내게 여전하여 무엇이든지 내 눈이 원하는 것을 내가 금하지 않고 무엇이든지 내 마음이 즐거워하는 것을 다해 보았습니다. 그러나 그 후에 본즉 내 손으로 한 모든 일과 수고한 모든 수고가 다 헛되어 바람잡는 것 같으며 해 아래서 수고한 것이 다 무익한 것임을 알았습니다"(전 2:3-11)라고 했습니다.

그래서 고백하기를 "헛되고 헛되며 헛되고 헛되니 해 아래서 수고하는 모든 수가 자기에게 무엇이 유익한고 한 세대는 가고 한 세대는 오되 땅은 영원히 있도다. 하늘 아래서 우리의 모든 수고가 수고하지 아니한 자에게 업으로 끼치게 되니 이것도 헛되도다. 사람이 일평생에 근심하며 수고하는 것이 슬픔 뿐이라. 먹고 즐거워하는 일에 누가 나보다 승한 사람이 있느냐? 그러나 해 아래서 수고한 수고는 다 바람잡은 것 같구나"(전 1:2-4)라고 했습니다.

솔로몬 왕은 해 아래서 인생의 수고가 헛된 것임을 고백합니다.

"인생에게 임하는 일이 짐승에게도 임하나니 이 둘에게 임하는 일이 일반이라 다 동일한 호흡이 있어서 이의 죽음같이 저도 죽으니 사람이 짐승보다 뛰어남이 없음은 모든 것이 헛됨이로다. 다 흙으로 말미암았으므로 다 흙으로 돌아가나니 다 한 곳으로 가거니와 인생의 혼은 위로 올라가고 짐승의 혼은 아래 곧 땅으로 내려가는 줄을 누가 알랴?"(전 3:19-21).

즉, 인생이라는 것은 육신의 삶에 있어서는 짐승과 별로 다름이 없음을 말하고 있습니다. 짐승은 새끼를 낳고 살고 사람도 자식을 낳고 살아갑니다. 짐승도 먹고 살고 사람도 먹고 삽니다. 짐승도 먹고 살다가 죽어 땅에 묻히고 사람도 자식을 낳고 살다가 흙으로 갑니다. 그러나 짐승의 혼은 땅으로 내려가지만 인생의 혼은 위로 올라가는 것입니다.

전도자 솔로몬은 "인생의 행복이 무엇이냐, 인생의 본분이 무엇이냐?" 하는 질문에 대한 해답으로 "내 아들아 또 경계를 받으라 여러 책을 짓는 것은 끝이 없고 많이 공부하는 것은 몸을 피곤케 하느니라. 인생의 결국은 다 들어보았는데 인생의 하나님을 경외하고 그 명령을 지키는 것보다 더 나은 것 즉, 행복한 것은 없다"(전 12:12-14)라고 결론을 지었습니다.

3. 천국을 얻은 자가 행복하다.

신약성경 중 누가복음 16:19-31엔 부자와 거지 나사로에 대한 예수님의 비유가 있습니다. 그 비유의 내용을 살펴보면 한 부자가 있는데 자색 옷과 고운 베옷을 입고 날마다 호화로이 연락을 하면서 살았는데 한편 거지 나사로는 온 몸이 상하여 헌 데를 앓으며 부자의 대문간에 누워서 부잣집의 상에서 떨어지는 음식 찌꺼기를 주어 먹으면서 배를 채웠습니다. 심지어 개들이 와서 그 헌 데를 핥았습니다. 그렇게 살다가 그 거지가 죽어서 천사들에게 받들려 천국에 있는 아브라함과 그의 품에 들어갔고 부자도 죽어 장사되어 저는 음부에서 고통 중에 있게 되었습니다.

하나님께서는 어떠한 사람이 행복한 사람이 행복한 사람이라고 했습니까? 전도서에서 이 세상에서 가장 지혜로운 사람이라고 일컬음을 받은 솔로몬 왕이나 누가복음 16:19-31에서 부자와 거지 나사로의 비유 가운데서 말씀하시는 교훈은 이 세상에서 아무리 잘 먹고 잘 입고 잘 살고 즐거운 삶을 살았다고 할지라도 하나님을 믿지 않고 죽어 지옥에 가면 가장 불쌍한 자가 되는 것이고, 이 세상에서 못 먹고 못 살아도 하나님을 믿고 천국에 가는 자가 가장 행복한 삶이라는 사실을 교훈하는 것입니다.

고인 ○○○는 비록 이 세상에서 어떠한 삶을 살았던지 하나님을 알고 하나님을 믿고 하나님의 부르심을 받아 천국에 갔기 때문에 고인 ○○○는 참으로 행복한 삶을 살았을 뿐 아니라 지금 하늘나라에서도 행복한 생을 누리고 있는 것입니다.

4. 천국에 계신 고인(故人), 세상에 살고 있는 유가족(遺家族)

사랑하시는 유가족 여러분, 이제 고인이 되신 ○○○는 오히려 우리보다 지금 더 행복한 삶을 살고 계심을 믿고 위로가 되시기를 바랍니다.

본문 요한계시록 21:1-7의 말씀을 보세요. 천국은 모든 눈물을 씻기시매 다시 사랑이 없고 애통하는 것이나 곡하는 것이나 아픈 것이 다시 있지 않더라고 했습니다.

이 세상의 삶과는 비교도 안되는 아름다운 삶, 평안의 삶, 즐거운 삶을 살고 있습니다. 혹시라도 유가족들 가운데 아직도 하나님을 믿지 않는 분들이 계시면 이제라도 하나님을 잘 믿고 고인 ○○○와 같이 천국에 가서서 함께 행복을 누리시기를 바랍니다.

유가족 되시는 여러분, 앞으로 남은 생애에 하나님 잘 믿으시고 하나님께 충성하시다가 하나님의 부르심을 받아 고인 ○○○와 함께 천국에서 영원한 삶을 사시기를 주님의 이름으로 축원합니다. 아멘.

사회가 필요로 하는 사람
(눅 10:1-16)

임재성 목사(금곡성결교회)

해마다 수많은 사람들이 졸업 시즌이 되면 교정을 나서고 일정 과정을 마치고 졸업을 하게 됩니다. 초등학교에서 대학까지 대학원과 박사원까지 수천 수만의 사람들이 졸업을 하게 됩니다.

오늘 믿음의 자녀들 가운데 각 계층에 따라 졸업을 하게 되므로 교회에서 먼저 졸업예배를 드리게 됨을 진심으로 축하를 드립니다.

졸업을 하면 동시에 진학을 하거나 사회의 한 일원으로 배출되어 나옵니다. 그런데 사람은 많고 직장은 적어서 입사시험은 입학시험보다 더 치열하게 경쟁을 하는 사회가 되었습니다.

그런데 이와 같이 사람이 많은데 왜 주님은 일꾼이 적다고 하였을까요?

말씀을 살펴보면서 정작 이 사회가 필요로 하는 사람이 누구일까를 생각하며 졸업을 하는 여러분에게 새로운 결단의 시간이 되었으면 합니다.

1. 기회를 선용할 줄 아는 사람입니다(1).

예수님께서 추수할 것이 많음에도 불구하고 일꾼이 적다고 말씀하시기 전의 말씀을 보면(눅 9:10-17) 예수님을 따르는 무리가 남자만 5천 명 가량 되었다고 했습니다. 그런데 이들은 정작 주님을 믿음으로 따르는 자들이 아니라 빵을 먹고 배부른 연고로 따랐던 자들이었습니다(요 6:26). 그러나 사회에 정작 필요한 사람은 자신의 빵만을 위해 사는 자가 아니라 사회에 유익한 일을 위해선 어떠한 고난도 감수하겠다는 자세를 갖춘 사람입니다.

추수는 그 적기를 놓치면 큰 손해를 보고 맙니다. 곡식은 떨어져 들짐승들의 먹이가 되고 과일은 썩어져 버려지게 됩니다.

마찬가지로 졸업을 하는 사람에게 기회가 주어졌는데도 다른 일에 분주하여 정작 해야 할 일을 하지 못한다면 일꾼이 추수의 때를 놓친 것과 다를 것이 전혀 없습니다.

기회란 항상 있는 것이 아님을 명심하시고 주어진 기회를 우물쭈물하여 놓치는 자가 돼서는 안되겠습니다. 사회에 필요한 사람이 되기 위해서는 젊음의 기회를 선용할 줄 아는 사람이 되어야 합니다.

본문 말씀 1절에서 보면 "이후에…주께서 앞서 보내시며"라고 한 말씀이 있습니다.

주님께서는 열두 제자들의 첫 번째 전도 활동보다 더 넓은 범위를 위해 70인의 제자들을 따로 선택하셨습니다. 이 70인은 기회를 얻은 사람들입니다. 인정받은 사람들이요 주님 앞에 세움을 받은 사람들입니다. 이들이 주님의 일꾼으로 쓰임받을 수 있는 기회를 얻었을 때 그 기회를 상실하지 않고 기회를 선용하여 주의 일에 헌신함으로 세상에서 주님을 나타내 보이는 사람들로 쓰임받을 수 있었습니다. 사회에 필요한 사람이 되기 위해 기회를 선용할 줄 아는 사람이 되시기를 바랍니다.

2. 편하게 살려는 생각을 버리는 사람입니다(3절).

　주님께서 70인을 세상에 보내시면서 말씀하시길 "양을 이리 가운데 보냄과 같도다"라고 합니다.

　이를 보건대 일꾼은 어떠한 고난과 위험이 그들의 앞길에 있을지라도 어떠한 모험을 각오하고라도 사회의 일선에 뛰어드는 사람이 있어야 합니다. 우리에게 주어진 시간은 한정없이 긴 시간이 아닙니다. 그러므로 어떠한 경우에도 주어진 일을 감당해야 하겠다는 각오를 가져야만 사회의 일원으로 적응해 갈 수 있습니다.

　주님께서는 70인의 제자들을 파송시키며 "어린 양을 이리 가운데로 보냄같이 걱정된다"고 염려해 주셨습니다. 주님은 결코 당신의 제자들에게 연 보랏빛의 행복과 안일 무사한 삶만을 허황되게 약속하신 일은 없습니다. 오히려 그들의 스승처럼 십자가를 지고 능욕과 수모와 고독한 여로를 가야만 한다고 밝히셨습니다.

　인생길은 순탄하지만은 않습니다. 광야 길도 있고 가시밭 길도 있으며 십자가의 길도 가야 합니다.

　사회가 필요로 하는 사람이 되려면 피나는 노력과 고독한 여로를 걸어야 하며 십자가의 고난이 따라야 합니다. 편하게 살려는 생각을 버리지 않고는 성공할 수 없으며 훌륭한 사람이 될 수 없습니다.

　어린 양이 이리 가운데서 살아나려면 온갖 고난과 수모와 역경을 이겨내지 않고는 살 수 없는 것입니다.

　졸업하는 여러분은 기회를 선용하며 무사안일주의를 버리고 사회가 필요로 하는 사람이 다 되시기를 부탁드립니다.

*
다이나믹 설교뱅크
*
발행일 — 2000년 12월 30일

*
엮은이 — 최 정 성
펴낸이 — 이 규 종
펴낸곳 — 엘맨출판사
*
서울시 마포구 합정동 433 - 62
출판등록 — 제10 - 1562호(1985. 10. 29.)
*
TEL. — (02) 323-4060
FAX. — (02) 323-6416
e-mail — elman1985@hanmail.net
*
잘못된 책은 바꾸어 드립니다.
*
값 18,000원